सिनेमा : कल, आज, कल

सिनेमा

कल, आज, कल

विनोद भारद्वाज

वाणी प्रकाशन

वाणी प्रकाशन

4695, 21-ए, दरियागंज, नयी दिल्ली 110 002

फ़ोन : +91 11 23273167 फ़ैक्स : +91 11 23275710

शाखाएँ

अशोक राजपथ, पटना 800 004, बिहार

कॉफ़ी हाउस कैम्पस, महात्मा गांधी मार्ग, इलाहाबाद 211 001, उत्तर प्रदेश

महात्मा गांधी अन्तरराष्ट्रीय हिन्दी विश्वविद्यालय, वर्धा 442 001, महाराष्ट्र

सुल्तानिया रोड, मोतिया पार्क, भोपाल 462 001, मध्य प्रदेश

www.vaniprakashan.com
marketing@vaniprakashan.in
sales@vaniprakashan.in

CINEMA : KAL, AAJ, KAL
by Vinod Bhardwaj

ISBN : 978-81-8143-466-1
Cinema

संस्करण 2006, 2012, 2017
आवृत्ति 2020

मूल्य : ₹ 895

सिटी प्रेस, दिल्ली-110 095 में मुद्रित

वाणी प्रकाशन का लोगो मक़बूल फ़िदा हुसेन की कूची से

देवप्रिया की स्मृति में

भूमिका

तीन दशकों से भी अधिक समय—ठीक-ठीक कहा जाए, तो 32 सालों का फिल्म लेखन है इस पुस्तक में। सौ से अधिक लेख, टिप्पणियाँ, समीक्षाएँ, भेंटवार्ताएँ आदि संकलित हैं। 1970 के आसपास रघुवीर सहाय ने 'दिनमान' में कला, फिल्म, आधुनिक विचार आदि पर लिखने के लिए आग्रह किया था। तब मैं लखनऊ में एम. ए. मनोविज्ञान का छात्र था। कुछ फिल्म समीक्षाएँ भी मैंने लखनऊ से 'दिनमान' भेजीं जो पत्रिका के अंतिम पृष्ठ पर अलग ही नजर आती थीं। फ्रांसुआ त्रुफो की फिल्म 'मिसीसिपी मरमेड' और डेविड लीन की 'रयांस डॉटर' लखनऊ में सिनेमाघरों में देखीं और उन पर 'दिनमान' में विस्तार से लिखा भी। यह फिल्म लेखन की शुरुआत थी जो बाद में पैशन, पागलपन और पेशे का मिलाजुला रूप हो गई। इस पुस्तक में सिनेमा का सब तरह का लेखन शामिल है। कला सिनेमा, मुंबइया सिनेमा, विश्व सिनेमा, हॉलीवुड सभी कुछ मिल जाएगा पाठकों को। मुझे पूरी उम्मीद है कि एक साथ 32 सालों का बिखरा हुआ लेखन पढ़कर फिल्म प्रेमी पाठकों को कुछ विचार जरूर मिलेंगे अलग-अलग समय के लेखन में पाठकों को कुछ दुहराव भी मिलेंगे। पर लेख के तर्क को संपूर्णता में समझने के लिए उन्हें हटाना उचित नहीं था। हिंदी में विदेशी नामों के सही उच्चारण की भी एक शाश्वत समस्या है। फिल्म पर मैंने लिखा तो और भी ज्यादा है। फिल्म समीक्षाएँ बहुत कम शामिल की हैं इस पुस्तक में। आइसबर्ग की तरह वे 'दिनमान', 'नवभारत टाइम्स' और 'आउटलुक' की फाइलों में छिपी पड़ी हैं। 'दिनमान' में चुनी हुई फिल्मों पर लिखता था। 'नवभारत टाइम्स' और 'आउटलुक' में हर सप्ताह रिलीज हुई फिल्मों पर लिखता रहा हूँ।

अरुण माहेश्वरी का आभारी हूँ कि उन्होंने इस पुस्तक को छापने में उत्साह दिखाया। इस पुस्तक में सिनेमा का वर्तमान और अतीत तो है ही। भविष्य को लेकर भी आशंकाएँ, सवाल आदि इन लेखों में छिपे हुए हैं। अजित राय का भी आभारी हूँ जिन्होंने काफी दबाव डाला पुस्तक की पांडुलिपि बनाने के लिए।

जिंदगी का बहुत सारा समय सिनेमाघर के अँधेरे में गुजारा है। एक जबरदस्त जादू है इस माध्यम का। पाठकों को थोड़ी भी रोशनी मिल सके, तो अच्छा लगेगा।

—विनोद भारद्वाज

अनुक्रम

राय की गलती क्या है?

भारतीय सिनेमा के इतिहास में सत्यजित राय के अभूतपूर्व योगदान को रेखांकित करने के लिए यह आवश्यक नहीं है कि उन्हें देवता का दर्जा दे दिया जाए। पिछले 26 वर्षों में सत्यजित राय ने शतरंज के खिलाड़ी के अलावा सभी फिल्में बंगला भाषा में बनाई हैं। पर उनकी फिल्मों ने बंगला सिनेमा ही नहीं दुनिया भर के सिनेमा को अपने खास ढंग से प्रभावित किया है। कला माध्यमों में आज शायद फिल्म एक ऐसा माध्यम है जो अपनी ताकत को अपेक्षाकृत आसानी से अंतर्राष्ट्रीय स्तर पर जाहिर कर सकता है। फिल्म के अलावा अन्य माध्यमों में भी भारत में ऐसे कलाकार मौजूद हैं जो विश्व के चुने हुए कलाकारों की गिनती में आ सकते हैं। सत्यजित राय को यदि विश्व के दस-बारह बड़े फिल्मकारों में आज चुना जाता है, तो इसके पीछे उनकी फिल्म कला की गहरी मानवीयता और उसका सार्विक रूप तो है ही—फिल्म माध्यम को चुनना भी एक कारण है। मिसाल के लिए श्याम बेनेगल ने अभी कुछ ही फिल्में बनाई थीं कि उन्हें अंतर्राष्ट्रीय चर्चा मिल गई। इसका कारण बेनेगल की अपनी प्रतिभा के साथ-साथ सिनेमा माध्यम का चुनाव भी है। एक फिल्म पर फौरन समीक्षाएँ आ जाएँगी, उसके उप-शीर्षकों वाले प्रिंट तैयार हो जाएँगे और अंतर्राष्ट्रीय महोत्सवों के प्रतिनिधि घूम-घूमकर इन फिल्मों को खोजेंगे। अन्य विधाओं में (उनकी अपनी बनावट और नियति के कारण) यह सब आसानी से संभव नहीं है।

लेकिन सत्यजित राय अगर भारतीय या विश्व सिनेमा में इतना सम्मान पा सके हैं तो इसके पीछे बड़ा कारण उनकी बहुमुखी प्रतिभा है। सिनेमा के अलावा साहित्य, चित्रकला, संगीत आदि से सत्यजित राय का बड़ा निकट संबंध रहा है। इसीलिए वह अपनी फिल्मों पर काफी नियंत्रण रखते रहे हैं।

1956 में कान महोत्सव में राय की पहली फिल्म 'पथेर पाँचाली' जब पुरस्कृत हुई तो उसके पीछे निर्णायकों के मन में यह बात नहीं थी कि हमें भारत की गरीबी के प्रति सहानुभूति दिखानी है। 'पथेर पाँचाली' विश्व सिनेमा के इतिहास की उन थोड़ी-सी फिल्मों में से है जिसमें एक कलाकार की मानवीय दृष्टि अपने श्रेष्ठतम

रूप में है और साथ-ही-साथ सिनेमा माध्यम की समझ का बहुत रचनात्मक रूप भी मौजूद है।

भारतीय जिंदगी के बारे में आज कोई कलाकार यदि मन से फिल्म बनाएगा तो उसे गरीबी की जिंदगी का सामना करना पड़ेगा ही। सत्यजित राय की प्रतिष्ठा चूंकि पश्चिम में काफी ज्यादा रही है इसलिए अक्सर लोग बड़े भोले तर्क से यह मान लेते हैं कि सत्यजित राय अपनी कला में गरीबी का व्यापार करते रहे हैं। इन लोगों को यह जानने की जरूरत नहीं है कि सत्यजित राय ने गरीबी को कुछ ही फिल्मों में मुख्य विषय बनाया है। बल्कि लोग यह भूल जाते हैं कि पथेर पाँचाली के बाद जलसाघर, चारुलता, अरण्येरदिनरात्रि आदि सत्यजित राय की अनेक बहुचर्चित फिल्में तथाकथित गरीबी से सीधा संबंध नहीं रखती रही हैं। राय की सभी अच्छी फिल्मों में एक बड़े कलाकार की प्रतिभा को हम पाते हैं। अपने लंबे फिल्म जीवन में उन्होंने कुछ औसत और 'खराब' फिल्में भी बनाई हैं किंतु यह निर्विवाद है कि भारतीय जीवन को सत्यजित राय ने बहुत विविधता और गहराई में देखने की कोशिश की है। यहाँ हम 'पूर्णता' की बात नहीं करेंगे चूँकि हर कलाकार की अपनी शर्तें होती हैं और उसकी अपनी दुनिया होती है।

सत्यजित राय के 60 वें जन्मदिन के अवसर पर नई दिल्ली में सत्यजित राय और विदेशों में भारतीय छवि जैसे नकली विषय पर जब बहस हो रही थी तो अधिकांश वक्ता सत्यजित राय की सराहना में तीन-चार वाक्यों को ही बार-बार दोहरा रहे थे कि अचानक एक नौजवान लड़के ने स्टेज पर आकर यह घोषित कर दिया कि सत्यजित राय की फिल्मों में बंगाल की जिंदगी के अनेक जुझारू पक्ष नहीं हैं। बंगला समाज की बेचैनी, राजनीतिक अस्थिरता तथा हिंसा को सत्यजित राय अपनी फिल्मों में नहीं दिखा पाए हैं। कुछ उत्साही लोगों ने इस नौजवान का तालियों की गड़गड़ाहट से स्वागत किया। खराब माइक्रोफोन से मैरी सेटन, अमिता मलिक और प्रो. अशोक मित्र जो नीरस बहस चला रहे थे हो सकता है उससे मुक्ति के कारण भी यह तालियाँ बजी हों। पर यह सही है कि सत्यजित राय के आलोचक अक्सर उनकी फिल्मों में राजनीति और सांप्रतिक जीवन की लड़ाइयों के न होने की बात करते रहे हैं।

जहाँ तक विदेशों में भारतीय छवि का प्रश्न है सत्यजित राय को सरकारी सांस्कृतिक दूत क्यों मान लिया जाए? सरकारी दूतावास एक खास तरह की भारतीय छवि को दिखाने के लिए विवश हैं। उससे एक कलाकार का क्या रिश्ता हो सकता है? एक कलाकार अपनी कला की जरूरतों और मुश्किलों का सामना करता है। उसके दिमाग में यह बात कैसे हो सकती है कि मेरी इस कला से भारत के बारे में लोग क्या सोचेंगे? सच बात तो यह है कि विदेशों में भारतीय छवि तभी बेहतर हो सकती है जब बेहतर कलाकारों का काम सामने आए। सत्यजित राय अपने

भीतर के कलाकार के श्रेष्ठ रूप के कारण ही दुनिया भर में भारतीय छवि को बेहतर करते रहे हैं।

नई दिल्ली के इस परिसंवाद के तुरंत बाद बी. डी. गर्ग की सत्यजित राय पर कुछ साल पहले बनाई गई लघु फिल्म भी दिखाई गई थी। इस फिल्म में सत्यजित राय के सिनेमा की कला के कुछ उत्कृष्ट उदाहरण तो हैं ही, इसमें खुद राय ने अपने सिनेमा के बारे में भी कुछ बातें कही हैं। उन्होंने कहा है कि किसी फिल्म को बनाते वक्त मैं बहुत-सी नई बातें सीखता हूँ। 'पथेर पाँचाली' बनाते वक्त मुझे भारतीय गाँवों का ऐसा परिचय मिला जो मुझे पहले कभी नहीं मिल पाया था। इसी तरह से 'महानगर' को बनाते वक्त मैं कोलकाता को एक नई तरह से समझ पाया हूँ।

सत्यजित राय की इस बात में शायद बहुत से लोग कोई नई बात न पाएँ। पर इतना तो देखा ही जा सकता है कि सत्यजित राय की दुनिया अनुभवों को लेकर बहुत खुली हुई दुनिया है। सांप्रतिक भारतीय जीवन के बारे में नारेबाजी करना कोई बहुत मुश्किल काम नहीं है। सत्यजित राय इस जीवन की बेचैनी को अपने ढंग से दिखाते हैं। उन्होंने बच्चों के लिए भी कई फिल्में बनाई हैं। पर उन में सांप्रतिक जीवन की हलचलें गायब नहीं हैं। हीरक राजार देशे (सत्यजित राय की सबसे नई फिल्म) भले ही एक फिल्म के रूप में औसत फिल्म है पर उसका राजनीतिक संदेश किसी से छिपा नहीं है। जन अरण्य की दुनिया आज के जीवन की वास्तविकता से बचना नहीं चाहती है।

समस्या तब आती है जब हम एक कलाकार से बहुत ज्यादा उम्मीद करने लग पड़ते हैं। अक्सर ऐसे फिल्मकार राय की फिल्मों की आलोचना करते देखे जा सकते हैं जो अपनी किसी फिल्म के एक प्रसंग में भी फिल्म कला को पकड़ नहीं पाए हैं।

हमें यह उम्मीद नहीं करनी चाहिए कि भारतीय सिनेमा का एक ही विस्तार हो। श्याम बेनेगल ने अपनी कुछ फिल्मों में हिंदी सिनेमा को कुछ नए ढंग से समृद्ध किया, तो यह एक अच्छी बात थी। पर जुनून और कलयुग में श्याम बेनेगल अपनी फिल्म कला की सीमाओं को काफी स्पष्ट करते दीखते हैं। स्वर्गीय ऋत्विक घटक या मृणाल सेन की चार-पाँच फिल्मों को छोड़ दिया जाए, तो सत्यजित राय के सिनेमा का भारतीय सिनेमा में एकछत्र शासन रहा है। (एक-दो अच्छी फिल्मों के फिल्मकारों की हम यहाँ बात नहीं कर रहे हैं)। लेकिन इस स्थिति के लिए दोषी सत्यजित राय को क्यों माना जाए?

1981

बिरकुट की खोज में...
(भारतीय सिनेमा का सौंदर्यशास्त्र)

लगभग दस वर्ष पहले फिल्म वित्त निगम की मदद से बनी चार-छह हिंदी की फिल्में पत्र-पत्रिकाओं में बड़ी चर्चा में रही थीं। तब एक ऐसा वातावरण बना था जिससे कुछ फिल्म प्रेमियों को यह भ्रम भी होने लगा था कि अब शायद मुंबइया सिनेमा का पहले की तरह का जोर न रहे। अब दस साल बाद उन फिल्मों के बारे में जब हम सोचते हैं, तो हमें इस सवाल का सामना करना ही पड़ता है कि आखिर बाद में क्या हुआ कि हिंदी सिनेमा (मुंबइया सिनेमा नहीं) अपनी शक्ल नहीं बना पाया? अक्सर इस बात के लिए दोषी वितरण व्यवस्था को बताया जाता है। पिछले कुछ वर्षों से हाल यह है कि फिल्मकारों की किसी भी संगोष्ठी में चले जाइए सब तरफ से वितरण व्यवस्था के दोष पर बात हो रही होती है। इसमें कोई शक नहीं कि वितरण व्यवस्था में 'रैडिकल' परिवर्तन के बिना सार्थक सिनेमा को आर्थिक मदद देना कोई अर्थ नहीं रखता। फिल्म कोई किताब नहीं है कि उसे छुपाकर रख देने (या मुफ्त बाँट देने) की 'रिस्क' आसानी से उठाई जा सके। लेकिन सोचने की बात यह है कि 'माया दर्पण', 'उसकी रोटी' से शुरू होकर 'गमन' जैसी नई फिल्में अगर बेहतर वितरण व्यवस्था में सामने आतीं, तो क्या इससे हिंदी सिनेमा की स्थिति में कोई गुणात्मक परिवर्तन आ जाता? स्थिति को देखने का एक ढंग यह भी हो सकता है कि वितरण व्यवस्था में सुधार आ जाने के बाद तथा राज्य सरकारों की दिलचस्पी बढ़ जाने के बाद ऐसे बहुत से लोग फिल्म कला में सक्रिय ढंग से रुचि ले सकते हैं जो आज चर्चा में नहीं हैं और अगर चर्चा में हैं तो किसी दूसरे कला माध्यम में अपने विशिष्ट काम के कारण चर्चा में हैं। पर यह तो वितरण व्यवस्था को बदलने के पक्ष में एक और मजबूत तर्क ही होगा लेकिन ऊपर हमने जिस सवाल को उठाया है वह यह है कि हिंदी सिनेमा में जो समानांतर सिनेमा बना उसके प्रति दर्शक वर्ग अधिक संवेदनशील और उत्सुक और आशावादी है लेकिन खुद फिल्मकार इस वातावरण में अपने को कुछ अजीब ढंग से अलग पा रहे हैं। इस तरह की फिल्में ज्यादातर गैर-हिंदी भाषी लोगों ने बनाई हैं और अगर वे गैर-हिंदी

भाषी नहीं भी हैं तो वे शुद्ध अंग्रेजी की दुनिया के लोग हैं। अब उनकी फिल्म सत्यजित राय या गिरीश करनाड की तरह किस तरह से अपने दर्शकों में (कम-से-कम एक 'मिनिमम' दर्शक-वर्ग में) काफी गहराई तक उतर सके?

हिंदी का बुद्धिजीवी या लेखक फिल्म कला में अगर दिलचस्पी लेता है, तो उम्दा संवाद लिखने तक ही उसकी दिलचस्पी सीमित रहती है। यह परंपरा हिंदी में पुरानी रही है और समय-समय पर अनेक लेखक मुंबई में जाकर जम चुके हैं। लेकिन हिंदी के लेखक की जो ऐतिहासिक छवि रही उसमें फिल्म माध्यम कभी बहुत ठीक से बैठ नहीं पाता रहा है। तकनीकी और संगठनात्मक पक्ष ने हिंदी के लेखक को हमेशा निराश किया है। इसलिए संवाद और पटकथा का काम वह अपने ऊपर लेता रहा है लेकिन उसमें उद्देश्य अधिकांशतः चूंकि आर्थिक रहे हैं इसलिए यह दिलचस्पी अंत में घटिया व्यावसायिक फिल्मों के लिए लिखने तक सीमित रह जाती है और क्योंकि हिंदी सिनेमा में अभी ऐसी प्रतिभाएँ सामने नहीं आ सकी हैं जो शुद्ध सिनेमाई कल्पना शक्ति से सक्रिय हों इसलिए लेखक के लिए पटकथा-संवाद का काम भी मन का नहीं रह पाया है। श्याम बेनेगल अगर विजय तेंडुलकर की जगह हिंदी लेखक के नजदीक रहकर फिल्म बनाते, तो यह स्थिति निस्संदेह बेहतर परिणाम देती, पर श्याम बेनेगल ने अपनी फिल्मों का वातावरण हिंदी क्षेत्र नहीं चुना है और जब नई फिल्म में वह है भी, तो कहानी की मूल प्रेरणा रस्किन बांड है। यह सही है कि हिंदी सिनेमा की वास्तविक मुंक्ति तभी संभव है जब फिल्मकार खुद पटकथा में भी दखल रखेगा। पर फिर भी फिल्म जैसे बड़े और फैले हुए माध्यम में हम ऐसी कल्पना कर सकते हैं कि पटकथा लेखक सिनेमा भाषा में दिलचस्पी लेने वाला व्यक्ति होते हुए भी निर्देशक नहीं है। पश्चिम जर्मनी के प्रतिभाशाली फिल्मकार राइनर वेर्नर फासबिंडर ने अपनी फिल्म 'हताशा' (अंग्रेजी में विज्ञापित नाम 'डेसपेयर') के लिए न सिर्फ नोबोकोव का उपन्यास चुना बल्कि पटकथा प्रसिद्ध ब्रितानी नाटककार टॉम स्टॉपर्ड से लिखवायी और फिल्म की समग्रता में कहीं ऐसा नहीं दिखता कि शब्द हावी हैं या कि वे पीछे चले गए हैं।

फिल्म माध्यम की यह खूबी है कि वह शब्द पर बहुत अधिक आश्रित नहीं रहा है। इस संदर्भ में सेनेगल के चर्चित फिल्मकार उस्मान सेंबेन की एक बात मुझे यहाँ ध्यान में आ रही है जो उन्होंने अफ्रीकी सिनेमा के संदर्भ में कही थी। अफ्रीका में भाषा की काफी बड़ी समस्या है चूँकि अक्सर एक कबीले से दूसरे कबीले की भाषा में इतना फर्क है कि सिनेमा की किसी ऐसी भाषा को बनाने में दिक्कत होती है जो 'संदेश' को अधिक से अधिक लोगों तक पहुँचा सके। 'डबिंग' और 'उप-शीर्षक' आदि समस्या का उचित समाधान नहीं हैं। इसलिए वहाँ अनेक फिल्मकार चाक्षुष स्तर पर अपनी बात अधिक जोर देकर कह रहे हैं और

संवादों को काफी कम कर देना चाहते हैं। सेंबेन जैसे फिल्मकार तो खैर फिल्म की भाषा के फिलहाल 'तात्कालिक इस्तेमाल' में अधिक रुचि ले रहे हैं (वे मानते हैं कि हमारी पहली जरूरत अपने लोगों को, उनकी नियति को बदलना है)—लेकिन कुछ साल पहले उनकी एक फिल्म 'खाला' भारत में दिखाई गई थी जिसमें कहानी थी, फिल्म भी थी और वह 'संदेश' भी था जिसमें सेंबेन की दिलचस्पी है। फिल्म का कथानक एक कंपनी के मालिक के अपने नए विवाद के फौरन बाद नपुंसक हो जाने से संबद्ध था और सेंबेन ने नपुंसकता को प्रतीक रूप में रखकर फिल्म को राजनीतिक स्तर पर भी बहुत अर्थवान बना दिया था। फिल्म की समस्या उपनिवेशवाद से मुक्त होकर भी औपनिवेशिक ढाँचे में नए समाज के बनने की थी। 'खाला' की चर्चा करके हम यहाँ इसी बात की तरफ इशारा करना चाहते हैं कि फिल्म माध्यम में नकल के जितने भी आकर्षण मौजूद हों पर भारत जैसे देश में उसका प्रभावशाली रूप तभी आएगा जब फिल्मकार उसे अपने समाज में एक 'कथानक-प्रधान' ढाँचे में जोड़ेगा और अगर ऐसा नहीं हो पा रहा है, तो फिल्म का संदेश (जाहिर है हमारा अभिप्राय इस शब्द के संकुचित अर्थ से नहीं है) डिब्बों में बंद पड़ा रहेगा और इस धोखे में भी शायद ज्यादा दिन तक नहीं रहा जा सकता कि हम फिल्मकारों के फिल्मकार हैं। 'फिल्मकारों के फिल्मकार' होते जरूर हैं पर वे शुरू से ही यह नहीं तय कर लेते कि हम यह होना चाहते हैं। कुछ साल पहले मुंबई की एक संगोष्ठी में एक व्यावसायिक फिल्मकार ने अपने उत्साह में बहुत चमक के साथ कहा था कि इन कला-फिल्मकारों की हालत तो साहब उन वैज्ञानिकों की तरह है जो प्रयोगशालाओं में फार्मूलों और परखनलियों की दुनिया में व्यस्त हैं और हम 'एस्प्रो-एस्प्रो' कहते बाजार में माल पहुँचा रहे हैं (यह बात स्पष्ट है कि इस तरह से तो नहीं ही कही गई थी)। यानी हममें कोई मतभेद नहीं है।

व्यावसायिक फिल्मकार और कला-फिल्मकार का यह रिश्ता ऊपर से रोचक भले ही दिखे पर है यह बड़ा खतरनाक। कृष्ण शाह ('शालीमार' के निर्देशक) ने हाल में पश्चिमी टेलीविजन के लिए एक वृत्तचित्र बनाया है 'सिनेमा सिनेमा'। इसमें मुंबइया सिनेमा के द्वारा भारतीय सिनेमा की एक कहानी कही गई है तमाम तरह से नई-पुरानी फिल्मों के हिस्से दिखाकर, दर्शकों की प्रतिक्रिया का विश्लेषण करने की कोशिश करके तथा 'कमेंटरी' का इस्तेमाल करके। यह एक अलग बात है कि यह फिल्म एम. जी. एम. की 'दिस इज़ इंटरटेनमेंट' से प्रेरणा पाकर बनाई गई है पर इस फिल्म की खास बात यह है कि कृष्ण शाह ने उस सिनेमा को छुआ भी नहीं है जो पश्चिम में भारतीय सिनेमा के रूप में जाना जाता है। यानी सत्यजित राय का सिनेमा। कृष्ण शाह का तर्क है कि मैं सिर्फ व्यावसायिक सिनेमा के इतिहास को ले रहा था। (यानी सत्यजित राय का सिनेमा व्यावसायिक नहीं है!) इसलिए राय के सिनेमा के लिए कोई जगह नहीं थी। कृष्ण शाह ने राय को

एक महान फिल्मकार भी माना (अगर न मानें, तो पश्चिम में रहेंगे कैसे!) फिल्म समीक्षकों के साथ बातचीत में एक समीक्षक ने शाह से सवाल किया कि क्या आपको नहीं लगता कि राय की फिल्मों ने बाद में मुंबइया फिल्मों के थोड़े बेहतर रूप को प्रभावित किया (उन्होंने 'रजनीगंधा' आदि कुछ नाम लिए जो दरअसल राय से प्रभावित फिल्में नहीं हैं) और इस अर्थ में उनकी महत्त्वपूर्ण भूमिका है। यहाँ हम कृष्ण शाह के जबाव को महत्त्व नहीं देना चाहते लेकिन इस सवाल का हमारी यहाँ की बहस में महत्त्व जरूर है।

यह जानकारी बहुत नई या बहुत पते की नहीं है कि कला की उपलब्धियाँ और नुस्खे बाद में व्यावसायिक स्तर पर 'एक्सप्लॉयट' किए जा सकते हैं। इसी तरह से महान फिल्मकारों ने जिन तकनीकी-गैरतकनीकी चीजों का प्रभावशाली इस्तेमाल अपनी फिल्मों में किया है उन चीजों का इस्तेमाल कोई भी औसत या घटिया फिल्मकार बड़े मजे में कर सकता है (दूसरे किसी माध्यम में शायद इतने सतही इस्तेमाल की गुंजाइश भी नहीं है)। मिसाल के लिए स्टैनली क्युबरिक जैसे फिल्मकारों ने जब शुरू-शुरू में 'फिश आई लैंस' या दूसरे विशिष्ट प्रकार के लैंसों का इस्तेमाल किया, तो बहुत जल्दी ही अनेक मुंबइया फिल्मों में इस प्रकार के तकनीकी चमत्कार बेवजह दिखाई दिए थे।

लेकिन फिल्म माध्यम की खास समस्या को अगर इस व्यावसायिक बनाम गैर-व्यावसायिक रूप में देखा जाएगा, तो इसके नतीजे न तो संतोषप्रद होंगे और न ही उनसे अच्छी फिल्मों के लिए जगह बन पाएगी। व्यापक ढाँचे में देखें तो शायद कोई फिल्म गैर-व्यावसायिक नहीं होती (जिस तरह से एक पत्रिका या अखबार हो सकता है!)। जब हम फिल्म को गैर-व्यावसायिक मान लें तो इसका फायदा व्यावसायिक फिल्मकार खूब उठाते हैं। वे गैर-व्यावसायिक फिल्म को साँस भी नहीं लेने देते। पत्रिका तो आप किसी तरह से कुछ लोगों को पोस्ट कर देते हैं पर फिल्म के साथ आप क्या करेंगे? फिल्म माध्यम बुनियादी रूप से चूँकि ग्लैमर-प्रधान माध्यम भी है इसलिए इसमें कोई शक नहीं कि आपकी फिल्म डिब्बे में बंद रहकर भी सिर्फ एक-दो महत्त्वपूर्ण दिखने वाले प्रदर्शनों के माध्यम से अंतर्राष्ट्रीय चर्चा का विषय बन सकती है। फिल्म के साथ अंतर्राष्ट्रीय बाजार इतनी तेजी और इतने पैसे के साथ जुड़ा हुआ है कि चित्रकार भी इस क्षेत्र में पिछड़ गए हैं (हुसेन ने एक भेंटवार्ता में मुझसे कुछ हँसते हुए कहा था कि मैं घोड़े बेचता हूँ और फिल्में बनाता हूँ!)। प्रतिष्ठित इंटरनेशनल फोडर गाइड ने अपने ताज़ा वार्षिक अंक में श्याम बेनेगल को वर्ष के पाँच फिल्मकारों में चुना है। मुखपृष्ठ पर रंगीन छवि है और अंदर फिल्मों की विवेचना है...यहाँ कुछ विषयांतर-सा हो रहा है पर बात यह है कि फिल्म माध्यम के तमाम ग्लैमर के बावजूद एक फिल्मकार के लिए अपने दर्शक दूसरी श्रेणी के नहीं हो सकते। उसे अपने दर्शकों की परवाह करनी

ही होगी और जब तक अश्लील किस्म के सैटों से चमत्कृत करने वाला सिनेमा भी उतने ही पैसे में उपलब्ध है तब तक दर्शक-फिल्मकार संबंध में और भी पेचीदगियाँ आएँगी ही। फिल्म माध्यम के साथ निस्संदेह पश्चिम में हर तरह का 'व्यक्तिगत' और 'अवाँ गार्द' सलूक हुआ है और सफलता भी मिली है पर उस स्थिति की कल्पना हम अपने क्षेत्र में क्या कर सकते हैं?

यूरोप में अधिकांश फिल्मकार (जो सिनेमा को दूसरी कला विधाओं की ही तरह गंभीरता से अपनी अभिव्यक्ति का माध्यम बनाना चाहते हैं) अब इस बात पर जोर दे रहे हैं कि सिनेमा का 'मास आर्ट' का रूप धीरे-धीरे गायब हो रहा है और यह बात सिनेमा के हित में ही है। एक महत्त्वपूर्ण यूरोपीय फिल्मकार ने तो दर्शकों के इस अपेक्षाकृत सिकुड़े हुए रूप को बड़ा शुभ लक्षण माना है। लेकिन इसका मतलब यह नहीं है कि हॉलीवुड का जमाना चला गया–'स्टार वार्स', 'क्लोज एनकाउंटर ऑव द थर्ड काइंड्स' तथा 'सुपरमैन' आदि भव्य फिल्मों की सफलता एक तरफ सिनेमा और टेलीविजन की जबरदस्त टक्कर की बात बताती है और दूसरी तरफ सिनेमा को 'मास आर्ट' के रूप में प्रतिष्ठित करने की बड़ी कोशिशें भी हैं। हॉलीवुड ने बरसों से दुनिया भर के फिल्म बाजार को अपने कब्जे में कर रखा है और 'गॉन विद द विंड', 'बेनहर', 'लारेंस ऑव अरेबिया', 'पैटन' तथा 'स्टार वार्स' आदि फिल्मों की व्यवस्था ही ऐसी रही है जो सिनेमाई छवि के भव्य रूप का 'भयंकर इस्तेमाल' करती चली आ रही है। इस भव्य रूप की अपनी उपलब्धियाँ और अपनी सफलताएँ भी रही हैं–डेविड लीन की फिल्में इसका एक अच्छा उदाहरण हैं। स्टैनली क्युबरिक ने '2001 : ए स्पेस ऑडिसी', 'ए क्लॉकवर्क ऑरेंज' तथा 'बैरी लिंडन' में सिनेमा की 70 एम. एम. छवि का भरपूर इस्तेमाल किया है–पैसा बहाया है और पैसा कमाया भी है। लेकिन इसके बावजूद यूरोप में आज अधिकांश फिल्मकार इस नतीजे पर आ रहे हैं कि सिनेमा के भव्य रूप पर इतना अधिक आश्रित होने का मतलब है कि अपनी बात को कुछ फार्मूलों और कुछ खास तरह की चमक-दमक में ही कह पाना। जॉन फ्रैंकेनहाइमर जैसे अनेक उच्चकोटि के फिल्मकार हॉलीवुड की व्यवस्था में जो सफलताएँ पा रहे हैं वे दरअसल उनकी प्रतिभा को देखते हुए बहुत साधारण हैं। फ्रैंकेनहाइमर की नई फिल्म 'ब्लैक संडे' अरब आतंकवादियों और इजरायली कमांडो कप्तान की लड़ाई को जो भव्य रूप दे देती है उससे सारी राजनीतिक स्थिति, उसकी हिंसा और उसकी क्रूरता परदे के पीछे कहीं चली जाती है। रह जाता है फिल्म का 'स्पेक्टेकल' रूप कि किस तरह से हवा में आतंकवादियों और कमांडो कप्तान की लड़ाई दिखाई गई। सारी फिल्म में आप साँस रोक कर सिर्फ मजा ले सकते हैं!

'स्पेक्टेकल' यानी भव्यता और तमाशे की शैली सिर्फ दर्शक को लूट सकती है। उसे सचमुच कुछ दे नहीं सकती। आदमी परदे के सामने छोटा हो जाता है

और वह स्टीरियोफोनिक साउंड के रहते चीख भी नहीं सकता है। क्युबरिक की '2001' सिनेमा में कल्पनाशक्ति की अद्‌भुत ऊँचाइयों पर पहुँचने के बावजूद कहीं-न-कहीं हॉलीवुड की शैली में दब ही जाती है। इसके विपरीत अगर हम उसकी तुलना रूसी फिल्मकार आंद्रे तारकोवस्की की अंतरिक्ष पर ही बनाई फिल्म 'सोलैरिस' से करें, तो कई चीजें साफ होती हैं।

ये दोनों ही फिल्में बड़े पर्दे और अंतरिक्ष और भविष्य की दुनिया का अपने ढंग से इस्तेमाल करती हैं। क्युबरिक ने साउंड ट्रैक पर योहान स्ट्राउस, रिचर्ड स्ट्राउस तथा आराम खाचातूरियन के संगीत का काफी काव्यात्मक इस्तेमाल किया है। खास तौर पर जब क्युबरिक सभ्यता से पहले की दुनिया में बंदरों की आपसी लड़ाई के एक प्रसंग को अचानक 21वीं शताब्दी के एक स्पेसक्राफ्ट में 'कट' करते हैं, तो आकाश में हड्डी का एक टुकड़ा 'स्लोमोशन' में बंदर के शरीर की हरकतों के साथ ऊपर की ओर बढ़ता है (साउंड ट्रैक पर रिचर्ड स्ट्राउस के नीत्शे से प्रेरित 'दस स्पाक जराथुस्त्र' के झनझना कर जाग्रत कर देने वाले संगीत के प्रारंभिक अंश भी हैं)—21वीं शताब्दी के स्पेसक्राफ्ट में तमाम राजनीतिक जटिलताएँ हैं, कंप्यूटर है (उसकी महत्त्वपूर्ण भूमिका भी है) और साथ में योहान स्ट्राउस के सुप्रसिद्ध वाल्ट्ज 'द ब्ल्यू डैन्यूब' का मधुर संगीत है। फिल्म के अंतिम प्रसंग में जब बूढ़े अंतरिक्ष यात्री का स्वप्न और उसकी कल्पना का अंतरिक्ष-शिशु दिखाया जाता है, तो फिल्म स्वप्न और फंतासी और वैज्ञानिक प्रगति को रंगों के अद्‌भुत संसार में ले जाती है जहाँ एक के बाद एक रंग खुलते ही चले जाते हैं।

लेकिन क्युबरिक की फिल्म की सीमा तारकोवस्की की 'सोलैरिस' को देख कर ही पता चल पाती है। तारकोवस्की सोवियत संघ में बहुत ज्यादा पसंद नहीं किए जाते पर पिछले कुछ वर्षों में उनकी फिल्में पश्चिमी फिल्म महोत्सवों में इतनी अधिक चर्चा पा चुकी हैं कि खुद सोवियत संघ के अधिकारी अब तारकोवस्की के नाम से पहले की तरह की चुप्पी नहीं साध लेते हैं। तारकोवस्की ने 'सोलैरिस' से भी पहले 'आंद्रे रुबलयोव' के द्वारा हॉलीवुड की भव्य शैली की फिल्मों की सीमाएँ स्पष्ट कर दी थीं। 'आंद्रे रुबलयोव' पंद्रहवीं शताब्दी के एक चित्रकार के बारे में है और उसमें मध्य युग में बहुत निजी तरह से पहुँचा गया है। उसमें लड़ाइयाँ, वीरता के प्रसंग वगैरह सब कुछ बहुत 'लो टोन' में रहते हैं। लेकिन फिल्म का समग्र प्रभाव बहुत बेचैन कर देने वाला है। काली-सफेद फिल्म है यह पर बड़े परदे की ही फिल्म है। अंत में रंग बहुत ही धूमिल रूप में उभरते हैं। 'सोलैरिस' रंगीन फिल्म है और उसमें वैज्ञानिक प्रगति की तमाम जटिलताओं, उसके रहस्यों को बहुत ही रसीले रंगों की बगल में रखकर एक ऐसी काव्यात्मक व्याख्या प्रस्तुत की गई है जो '2001 : ए स्पेस ऑडिसी' में जगह-जगह पर उभरने के बाद भी हम पर प्रभाव नहीं डाल पाती।

यहाँ महत्त्वपूर्ण बात यह है कि खुद सोवियत संघ का सिनेमा सामान्य रूप से अंत में भव्यता की हॉलीवुड शैली की अजीब और अश्लील नकल करता दिखाई पड़ता है। इस वक्त सोवियत संघ में भी इस तरह की फिल्मों की भरमार है और शायद यह अचानक नहीं है। सिनेमा को 'लो टोन' में रखने की तमाम अच्छी कोशिशें पूर्व यूरोप के सिनेमा में हुई हैं जहाँ पिछले पंद्रह-बीस वर्षों में काफी काम हुआ है।

पूर्व यूरोपीय सिनेमा ने अपनी पहचान पचास के दशक के मध्य में बनाना शुरू की थी और आंद्रे वायदा (पोल फिल्मकार) की 'राख और हीरे' के बाद पोलैंड, चेकोस्लोवाकिया और हंगरी में सिनेमा ने अपनी अलग भाषा बनाई। शुरू में अधिकांश पूर्व यूरोपीय फिल्मकारों को सीमित कथानक-क्षेत्र में ही अपने को अभिव्यक्त करना पड़ा था। यह सही है कि दूसरे विश्व युद्ध का 'हैंगोवर' हॉलीवुड शैली की फिल्मों पर काफी देर तक रहा और साठ के दशक के अंत तक हम ऐसी फिल्मों की भरमार देखते हैं। लेकिन हॉलीवुड ने युद्ध-कथानक की फिल्मों को बड़ी सुविधा से भव्यता का विस्तार देकर छुट्टी पा ली पर पूर्व यूरोपीय सिनेमा को काफी देर तक युद्ध के प्रति नैतिक दृष्टिकोण को अपनी फिल्मों के माध्यम से सामने लाते रहना पड़ा। पोलैंड, चेकोस्लोवाकिया और हंगरी में चूँकि फिल्म प्रशिक्षण संस्थान तथा अनेक महत्त्वपूर्ण फिल्मकार (वायदा, मंक, पोलांस्की, फोरमान, मिकलोश यांचो आदि कुछ नाम गिनाना ही काफी है) बहुत सक्रिय थे इसलिए वहाँ के सिनेमा ने इन दिक्कतों से अपेक्षाकृत काफी पहले छुटकारा पा लिया पर रोमानिया, युगोस्लाविया जैसे देशों में युद्ध-कथानक अभी इस दशक में भी हावी हैं। रोमानिया में पिछले कुछ वर्षों में सिनेमा ने अपना व्यक्तित्व बनाया है और कई अच्छे फिल्मकार सामने आए हैं पर 'अतीत' से फिल्मकारों का लगाव काफी संदेहास्पद-सा ही दीखता है।

अतीत पूर्व यूरोपीय फिल्मकारों की सबसे बड़ी समस्या और सुविधा दोनों ही है। सुविधा इस अर्थ में है कि पतनशील बूर्जुआ समाज की बारीकियों में जाने से कथानक के कई विस्तारों में जाया जा सकता है। अतीत का रचनात्मक इस्तेमाल भी हुआ है—मिकलोश यांचो ने हंगरी के इतिहास के अनेक अध्यायों को दमन और प्रतिरोध की व्याख्या के सिलसिले में कुछ इस तरह से खोला है कि कैमरे की गति, अभिव्यक्ति के न्यूनतम साधन, मौन के रचनात्मक इस्तेमाल, संवादों की जटिलता आदि बातें आज दुनिया भर के फिल्मकारों को प्रभावित कर रही हैं।

समकालीन समाज पर जाहिर है एक पश्चिमी फिल्मकार अधिक तीखी टिप्पणी कर सका है। यह महत्त्वपूर्ण है कि पूर्व यूरोप के फिल्मकारों को इस तरह की किसी अभिव्यक्ति के लिए उपन्यासों पर आश्रित रहना पड़ा है। यानी भाषा में इस तरह के विस्तार जब आ गए और जन मानसिकता को उन्होंने गहरे में जाकर प्रभावित किया, तो उनके चाक्षुष रूप खोजना फिल्मकारों के लिए आसान हो गया। कुछ

इसी वजह से पूर्व यूरोपीय सिनेमा में उपन्यास और सिनेमा का संबंध इतना आत्मीय हो गया है कि अक्सर एक फिल्मकार यह मान कर चलता है कि दर्शक इन पात्रों और इन घटनाओं से बहुत वाकिफ हैं! संवादों, संपादन आदि में यह बात बाहरी दर्शक के लिए जरूर मुश्किल चीज हो जाती है।

पूर्व यूरोपीय फिल्मकारों ने अभिव्यक्ति की दिक्कतों के बावजूद एक बड़ी सुविधा इस अर्थ में प्राप्त की कि उन्हें राज्य से पैसा मिलता रहा और पश्चिमी फिल्मकारों की तरह उन्हें स्टूडियो सिस्टम का गुलाम नहीं रहना पड़ा। एक महत्त्वपूर्ण बात तो यही कि उनके सिनेमा में 'स्टार सिस्टम' नहीं बन पाया। ध्यान देने की बात है कि हंगरी या पोलैंड में बनी कुछ फिल्मों को अगर एक साथ देखा जाए तो हमें पता चलेगा कि बहुत थोड़े ही कलाकार हैं उनके सिनेमा में पर अलग-अलग भूमिकाओं को वे बड़ी 'मौलिकता' से निभाते रहते हैं। इसके विपरीत हॉलीवुड में जॉन निकोलसन 'इजी राइडर' में एक छोटी-सी भूमिका के माध्यम से जब अपनी प्रतिभा दिखाने में कामयाब हो जाते हैं, तो उन्हें 'स्टार' बनने में देर नहीं लगती। मुंबइया सिनेमा का भी यह पैटर्न रहा है।

खैर, यह तो एक तरह की आर्थिक व्यवस्था का अंतर्निहित दोष है ही। पर पूर्व यूरोप के सिनेमा ने इधर पिछले कुछ वर्षों में जो सफलता प्राप्त की उसके नतीजे सिर्फ सतही नहीं हैं। ऊपर हमने संकेत किया कि पूर्व यूरोपीय सिनेमा में समकालीन समाज (और उसकी औद्योगिक प्रगति!) पर तीखी या गहरी टिप्पणी करना लगभग असंभव काम रहा है। पर इधर पोलैंड, हंगरी वगैरह में ऐसी कुछ महत्त्वपूर्ण फिल्में बनी हैं जो इन विषयों पर आश्चर्यजनक ढंग से तीखी टिप्पणी करती हैं। चेकोस्लोवाकिया में जरूर बच्चों और किशोरों की फिल्मों का ज़ोर है पर उसके कारण स्पष्ट हैं। वहाँ प्रतिभाओं की कमी नहीं है।

पोलैंड में बनी आंद्रे वायदा की नई फिल्म 'द मार्बल मैन' (अंग्रेजी में विज्ञापित नाम) की यहाँ हम विस्तृत चर्चा करेंगे। सातवें अंतर्राष्ट्रीय महोत्सव (नई दिल्ली) के पुरस्कार समारोह के बाद यह फिल्म दिखाई गई थी। पिछले वर्ष कान महोत्सव (फ्रांस) में इस फिल्म को प्रतियोगिता खंड से बाहर दिखाया गया था और 'अंतर्राष्ट्रीय आलोचक संघ' ने इसे अपना पुरस्कार भी दिया। पोलैंड में इस फिल्म को व्यावसायिक स्तर पर सफलता अभूतपूर्व रूप में मिली है (हॉलीवुड की पैसा बटोरने वाली फिल्म 'द टावरिंग इन्फर्नो' के मुकाबले में) लेकिन इस तरह की 165 मिनट लंबी फिल्म के बनने की कल्पना (कहीं किसी भी देश में) आसानी से नहीं की जा सकती है। फिल्म की युवा नायिका डिप्लोमा फिल्म के सिलसिले में बिरकुट नामक एक व्यक्ति की संगमरमर की प्रतिमा (जो पचास के दशक में बड़े शान से कलावीथी के बीचों-बीच रखी गई थी) से प्रभावित होकर उस पर एक फिल्म बनाने की सोचती है। उस लड़की के दिमाग में धीरे-धीरे 'क्रेजी' किस्म के विचार आने लगते हैं।

पचास के दशक के तमाम वृत्तचित्र और सेंसर हो गई फिल्मों के हिस्से देखते-देखते (वे फिल्में 'वर्गीकृत' हैं) वह बिरकुट के बारे में और जानना चाहती है। बिरकुट अपने जमाने का 'मास्टर' मिस्त्री था। ईंटें जमाने के काम में उसकी अद्भुत क्षमता थी। निश्चित अवधि में वह हजारों ईंटें जमा सकता था। फिल्म, रेडियो वगैरह ने उसे बहुत उछाला पर बाद में अपने एक साथी के गिरफ्तार हो जाने के बाद बिरकुट धीरे-धीरे एक दूसरी दुनिया में चला गया। चार साल जेल में बिताने के बाद 1956 में जब वह वापस लौटा (उसके कामरेड उसका जोरदार स्वागत करते हैं), तो उसकी पत्नी उसका सार्वजनिक बहिष्कार कर चुकी है और अब शर्म से वह अपना घर छोड़ कर चली गई है। बिरकुट की जिंदगी के टुकड़ों के सहारे फिल्म की नायिका (वैसे वह फिल्म की नायिका भी कहाँ है!) उन लोगों से संपर्क करती है जो बिरकुट के जीवन में महत्त्वपूर्ण थे और आज अलग-अलग तरह से समाज में विशिष्ट और सफल पदों पर मौजूद हैं। पहले वह फिल्मकार बिरस्की से मिलती है जिन्होंने बिरकुट के 'अनोखे करतबों' को फिल्माया था। वह बिरकुट के साथियों से मिलती है जो गिरफ्तार किए गए थे, पचास के दशक में विदेशी शक्तियों से साँठ-गाँठ के आरोप में। अब वे बहुत बड़ी तोप हैं। हेलिकॉप्टर से वह नायिका को अपना नया 'प्रोजेक्ट' दिखाते हैं और बड़ी मुश्किल से बिरकुट को याद करते हैं। नायिका पहले एक रात्रिक्लब के मैनेजर से मिल चुकी है जिसने बिरकुट के इन्हीं साथी को पकड़वाने में मदद की थी। अंत में नायिका बिरकुट की पत्नी से मिलती है। यह फिल्म का बड़ा मार्मिक प्रसंग है। बिरकुट की भूतपूर्व पत्नी हान्ना कभी बड़ी अच्छी खिलाड़ी थी। फिल्मवालों को आज संपर्क करता हुआ देखकर वह यही समझकर उनका स्वागत करती है कि मुझसे मेरे खेल जीवन के बारे में ये लोग बात करने आए हैं। बिरकुट का नाम सुनकर पहले तो वह कुछ कहने के लिए तैयार ही नहीं होती। अंत में शराब के नशे में वह कुछ टुकड़े बिरकुट की कहानी में जोड़ पाती है।

नायिका की डिप्लोमा फिल्म का बजट बहुत ज्यादा हो गया है। कुछ प्रशिक्षक जब फिल्म देखते हैं तो उन्हें यह सब अर्थहीन मेहनत नजर आती है। नायिका का 'बॉस' (अध्यापक कह सकते हैं) उसे चेतावनी देता है और कहता है कि फिल्म नहीं 'इशू' होगी। नायिका पहले ही टेप पर इंटरव्यू करना शुरू कर चुकी है फिल्म न होने की वजह से। निराश और क्रुद्ध नायिका घर वापस आकर सोफे पर औंधी पड़ी है। उसका पिता उसकी समस्या को समझने की कोशिश करता है। वह उससे बड़ा सीधा-सादा सवाल पूछता है कि बिरकुट के बारे में फिल्म बनाते हुए तुमने बिरकुट से मिलने की कोशिश क्यों नहीं की? अब फिल्म नहीं भी बन रही है, तो भी बिरकुट से तो मिलने में कोई मनाही नहीं है।

बिरकुट मर चुका है। नायिका की मुलाकात उसके बेटे से होती है। वह नायिका के साथ बातचीत के लिए उत्सुक नहीं दीखता। अंत में जिद करके नायिका

बिरकुट के बेटे को अपने संस्थान में अपने 'बॉस' से मिलाने ले आती है। वह संस्थान के गलियारे में प्रवेश कर रही है और फिल्म यहीं खत्म हो जाती है।

विषय-वस्तु और तकनीक का अद्भुत सम्मिश्रण है इस फिल्म में। नायिका के काम करने के ढंग की तेजी, उसकी बेचैनी, उसकी खीझ आदि दिखाने के लिए वायदा ने तेज संगीत और छवि को थोड़ा-थोड़ा बिगाड़ने वाले कैमरा लैंसों का इस्तेमाल किया है। इसके विपरीत अतीत—पचास के दशक का वातावरण—फिल्म में बार-बार अपेक्षाकृत संतुलित और गहरे रंगों में सामने आता है। इतनी लंबी फिल्म के तनावपूर्ण कथानक में वृत्तचित्रों का इतना ज्यादा इस्तेमाल होने के बावजूद फिल्म की रोचकता कहीं नष्ट नहीं होने पाती।

दरअसल वृत्तचित्र और कहानी का संबंध आधुनिक फिल्मकारों के लिए एक बड़ी चुनौती रहा है। वायदा की फिल्म की इस विस्तृत चर्चा के पीछे हमारा मकसद यह भी है कि हम इस बात पर यहाँ जोर देना चाहते हैं कि सिनेमा अगर 'नैरेशन' से मुक्ति पाएगा तो अंत में वह चतुर कैमरा कोणों के अच्छे ाभ्यास में बदलकर रह जाएगा। पश्चिम में फिल्मकार एक ऐसे दर्शक को संबोधित कर रहा होता है जो 'नैरेशन' की परंपरा से एक हद तक मुक्ति पा सका है। इसलिए हम जां लु गोदार और उनकी 'ल काराबीनिये' जैसी फिल्मों की कल्पना वहाँ आसानी से कर सकते हैं—यह जानते हुए भी कि पश्चिम में भी यह सिनेमा कोई बहुत स्वीकृत सिनेमा नहीं है। पर कम-से-कम वहाँ थियेटरों आदि की एक ऐसी व्यवस्था है जहाँ इस तरह की फिल्मों को एक 'न्यूनतम' दर्शक-समुदाय मिल जाता है।

भारत में स्थिति बहुत अलग तरह की है। यहाँ सत्यजित राय जब 'शतरंज के खिलाड़ी' में कहीं-कहीं वृत्तचित्र की शैली अपनी कथा-फिल्म में ले आते हैं, तो दर्शक पर सामान्य प्रभाव उसके एक वृत्तचित्रनुमा फिल्म होने का पड़ता है जबकि राय ने अपनी फिल्म में ठीक ही कथाप्रधान पटकथा तैयार की थी।

आज आप सिनेमा कहीं भी बना रहे हों यह संभव ही नहीं है कि 'आप अकेले अपने देश में ही फिल्म बना रहे हैं।' पर इसके बावजूद यह भी एक बड़ी बात है कि आप अंतर्राष्ट्रीय दर्शक समुदाय के लिए फिल्म नहीं बना रहे होते हैं। कथानक से मुक्त होने की कोशिश या सिनेमा के 'स्पेक्टेकल' में बदलने की दिशा दोनों ही बातें भारतीय सिनेमा के संदर्भ में इसलिए एक बड़ी बहस की माँग करती हैं।

और हम यहाँ उत्पल दत्त शैली की माँग नहीं कर रहे हैं कि हमें फोर्ड और चैपलिन चाहिए, अंतोनीओनी या बर्गमैन नहीं। आज की दुनिया में कोई व्यक्ति या कोई खास रुझान नमूने के रूप में बेकार होने लगता है। उसे हमेशा एक रचनात्मक चुनौती के रूप में ही लिया जाना चाहिए।

1979

बोलने वाला बहरा देवता

सिनेमा के बारे में सोचते हुए जो चीज मुझे सबसे अधिक आकर्षित करती है वह है उसे लोगों के बीच बैठकर देखने की मजबूरी। बहुत कम बार ऐसा हुआ है कि फिल्म को काफी अकेले देखा हो। कुछ साल पहले पुणे स्थित फिल्म तथा टेलीविजन संस्थान के एक कमरानुमा ऑडीटोरियम में फ्रांसीसी फिल्मकार गोदार की फिल्म 'ब्रेथलेस' (अंग्रेजी में विज्ञापित नाम) देखी थी। शुरू में हम दो ही लोग थे (विशेष अनुरोध पर फिल्म शो हो रहा था)। दस-पंद्रह मिनट एक अजीब बेचैनी में बीते। बेचैनी का एक बड़ा हिस्सा तो गोदार के निर्देशन की तेजी और तीखेपन के कारण था पर यह बात भी कुछ बेचैन कर रही थी कि देखने वाले हम सिर्फ दो लोग हैं। थोड़ी देर बाद संस्थान के कुछ छात्र भी फिल्म देखने के लिए आ गए। अब लगा कि हम सिनेमा देख रहे हैं।

टेलीविजन पर एक सिनेमा हाल के लिए बनाई गई फिल्म देखने या उस फिल्म का साउंड ट्रैक रेडियो पर सुनने का कोई विचार मुझे हमेशा फिल्म की धारणा के खिलाफ लगता रहा है। इस तरह की दिलचस्पी उस दासता को ज्यादा बताती है जो रेडियो, टेलीविजन (और फिल्म की लोकप्रिय धारणा) के साथ हमारे संबंध से बनती है। 'रेडियो पर फिल्म सुन रहे हैं' के मुकाबले में 'टेलीविजन पर फिल्म देख रहे हैं' यह बात हमें कुछ और भी बताती है। होना चाहिए—'हम टेलीविजन देख रहे हैं।'

फिल्म महोत्सव की गहमागहमी में इस तरह के कई सुझाव आए कि लोग अच्छी फिल्में देखना चाहते हैं इसलिए कुछ चुनी हुई फिल्मों को टेलीविजन पर दिखाने की व्यवस्था की जाए। आयोजकों ने 'कानूनी' तर्क दिया कि अंतर्राष्ट्रीय महोत्सव के नियम हमें इस तरह की कोई सुविधा नहीं देते (मतलब : नहीं तो हम ऐसा कर देते)।

यूरोप में लगभग सभी महत्त्वपूर्ण फिल्मकार टेलीविजन के लिए अगर कोई काम करते भी हैं, तो वे चाहते हैं कि अलग से कुछ बनाया जाए। फेलीनी ने ऐसी एक फिल्म बनाई थी 'द क्लाउन'। बर्गमैन की बहुचर्चित फिल्म 'सींस फ्रॉम

ए मेरिज' (जिसका छोटा और संपादित अंश अब यूरोप के सिनेमा हालों में दिखाया जा रहा है) टेलीविजन के लिए ही बनाई गई थी। यह फिल्म कई हिस्सों में बनी थी–6 घंटे की फिल्म। इसे थियेटर पर दिखाने के लिए काफी हिस्से काटे-छाँटे गए। बर्गमैन या फेलीनी टेलीविजन के लिए अलग से फिल्म बनाते हैं, इस बात को ध्यान में रखकर हम इस वाक्य पर गौर करें कि मुंबई के अधिकांश फिल्मकार टेलीविजन के लिए ही फिल्म बनाते हैं। यानी वे फिल्म का उस 'ताकत' की तरह इस्तेमाल करते हैं, जो आपको चुप कर दे, चीजों के प्रति आपका आलोचनात्मक रुख कम कर दे (आखिर उसे मिटाना बड़ा मुश्किल है)। हिटलर ने अपनी ताकत की ऊँचाई पर फिल्म माध्यम का इस तरह का इस्तेमाल करने की कोशिश की थी। मुझे लगता है शायद यह एक कारण हो कि फ्रांकफुर्ट स्कूल के नामी विचारक थियोडर एडोर्नो फिल्म से नफरत करने लगे।

'टाइम्स ऑफ इंडिया' में शामलाल ने एडोर्नो की किताब 'मिनिमा मोरेलिया' पर लिखते हुए एडोर्नो के एक वाक्य को उद्धरित किया जिसके अनुसार 'हर बार सिनेमा में जाकर मुझे लगता है, कि तमाम सतर्कता के बावजूद, मैं जड़ और बदतर होता जा रहा हूँ।' एडोर्नो द्वारा किए गए तानाशाह व्यक्तित्व के अध्ययन मशहूर हैं और कोई आश्चर्य नहीं फिल्म का 'तानाशाही इस्तेमाल' एडोर्नो को भयभीत करता हो। पर मैं यहाँ यह बात सामने लाना चाहता हूँ कि एडोर्नो मीडिया के उस इस्तेमाल को लेकर सतर्क रहना जरूरी समझते होंगे जो व्यक्ति की हिस्सेदारी कम कर दे।

हमारे समय में टेकनॉलॉजी और पुरातन समाजों के संबंध को लेकर जो सोच-विचार हुआ है उसमें टेलीविजन और रेडियो की उस ताकत की बहुत चर्चा रही है जो व्यक्ति की 'बातचीत' में बाधा डालती है, उसे सुस्त बनाती है। यहाँ प्रसिद्ध मानवशास्त्री कलोद लेवी स्त्रोस के उस अध्ययन की याद की जा सकती है जिसकी चर्चा मेक्सिकी कवि-आलोचक ऑक्टेवियो पाज ने लेवी स्त्रोस पर अपने संक्षिप्त पर महत्त्वपूर्ण अध्ययन में की है (जोनाथन केप ने इस लेख को पुस्तक रूप में प्रकाशित भी किया है)।

लेवी स्त्रोस का अध्ययन कुछ इस प्रकार है–''एक जमाने में लेखन अल्पसंख्यकों की पूँजी था। तब उसका इस्तेमाल जानकारी को संप्रेषित करने के लिए बहुत कम होता था। वह व्यक्तियों पर शासन करने के लिए, उन्हें गुलाम बनाने के काम आता था। लेखन ने नहीं बल्कि छपाई मशीन ने व्यक्तियों को इस दासता से मुक्त किया। लोग लिखे हुए शब्द के अंधविश्वास से मुक्त हो सके।'' ऑक्टेवियो पाज ने लेवी स्त्रोस के अध्ययन में यह बात और जोड़ दी है कि ऐसा मानना गलत होगा कि छपाई मशीन व्यक्ति को मुक्त कर सकती है (पाज के अनुसार मार्शल मैक्लूहन का यह सोच बचकाना है कि छपाई मशीन ने समाज को रूपांतरित किया)। ''तकनीक समाज को नहीं बदलती, बल्कि व्यक्ति और उसके औजारों में निकटता

आने से समाज बदलता है।'' पाज के अनुसार प्रामाणिक लोकतंत्र या समाजवाद की सच्ची बुनियाद 'बातचीत' में है जबकि टेलीविजन और रेडियो दोनों ही व्यक्ति को बातचीत से बाहर करने की कोशिश करते हैं—आदमी एक-दूसरे के आमने-सामने न आए। रेडियो और टेलीविजन बोलने वाले और सुनने वाले व्यक्ति की दूरी को बढ़ाते हैं—''बोलने वाला व्यक्ति सिर्फ परछाईं रह जाता है।'' इस तरह से ''बोलने वाली ताकत वह देवता बन जाती है जो बोलती है पर सुनती नहीं।''

हॉलीवुड हो, या चाहे सोवियत फिल्म व्यवस्था हो, या मुंबइया फिल्म उद्योग हो सभी का हित इसी में है कि फिल्म 'बोलने वाले बहरे देवता' में बदल जाए। फिल्म माध्यम में दुनिया भर में अगर इतनी कल्पनाशक्ति और संभावनाओं वाला काम न हुआ होता, तो फिल्म और टेलीविजन की दूरी बहुत कम हो गई होती हालाँकि फिल्म और टेलीविजन का मिलता-जुलता माध्यम होने का भ्रम अभी भी तथाकथित आधुनिक समाजों में भयंकर रूप से फैला हुआ है। इसीलिए मैंने शुरू में कहा कि फिल्म देखने का मतलब है (सिद्धांततः) कि आप अकेले मजे में टाँगें फैलाए फिल्म नहीं देख सकते हैं। अपनी मर्जी से आप फिल्म बंद नहीं कर सकते हैं और बगल में बैठे साथी को एक सीमा तक ही नाराज कर सकते हैं। परदे से आपका एक खास संबंध हो जाता है (गोदार की फिल्म 'ल काराबीनिए' का वह सैनिक याद आ रहा है जो सिनेमा देखते हुए, परदे के दृश्य से कुछ इस तरह जुड़ जाता है कि वह अपनी सीट छोड़ देता है और परदे को छूने की कोशिश करता है—उस 'जगह' में सचमुच शामिल होने के लिए बेचैन हो जाता है)। मैक्लूहन टेलीविजन को एक स्पर्शी माध्यम मानने की गलती करते हैं (फिल्म को आमतौर पर चाक्षुष माध्यम माना जाता ही है)। टेलीविजन में परदे को छूने की कोशिश में हम परदे से और भी दूर चले जाते हैं। एक खराब फिल्मकार इस दूरी को बनाना चाहता है—इससे उसकी सत्ता को कोई चुनौती जो नहीं मिलेगी। क्या यह अचानक है कि गोदार ने अपनी प्रारंभिक फिल्मों में नाटककार बर्टोल्ट ब्रेख्ट के 'अलगाव' सिद्धांत को अपनाया? यानी बोलने वाले और सुनने वाले का संबंध बातचीत (और वह भी आलोचनात्मक) का हो सके।

ब्रेसों, गोदार, आलें रेने, फ्रांसुआ त्रुफो (फ्रांस), फेलीनी, अंतोनीयोनी, बर्तोलूची (इटली), ऑर्सन वैल्स, डेनिस हॉपर (अमेरिका), स्टैनली क्युबरिक, लिंडसे एंडरसन (ब्रिटेन), बुनुअल (स्पेन), सत्यजित राय, ऋत्विक घटक (भारत), कुरोसावा, ओशिमा (जापान), मिकलोश यांचो (हंगरी), पोलांस्की, वायदा (पोलैंड), हर्त्सोग, फासबिंडर (प. जर्मनी) तथा बर्गमैन (स्वीडन) आदि ये कुछ चुने हुए नाम हैं जिनकी फिल्में, फिल्म और दर्शक के संबंध को एकतरफा नहीं रहने देतीं। इस सूची में शामिल सभी फिल्मकार अलग-अलग मिजाज के कलाकर्मी हैं। इनमें से कोई प्रखर राजनीतिक और आक्रामक रुख से सिनेमाघर के अँधेरे में पहुँचता है, तो कोई आध्यात्मिक

स्तर पर संवेदना की जाँच करते हुए चीजों तक 'ईथीरियल' ढंग से पहुँचता है। पर ये सभी फिल्मकार टेक्नॉलॉजी (और प्रगति की गलत धारणाओं) पर बन रहे समाज की हिंसा के विरुद्ध नजर आते हैं।

फ्रांसुआ त्रुफो के बारे में फिल्म आलोचक अक्सर कहते हैं कि "वह अभी भी फिल्में बना रहे हैं"। इस टिप्पणी में कुछ व्यंग्य भी है चूँकि तमाम नए और तेज फिल्मकारों ने ऐसी फिल्में बनाई हैं जिन्हें कुछ लोग फिल्म के किसी खाने में रखने में दिक्कत महसूस करते हैं (गोदार की 1967 के बाद की फिल्में और गोदार का कहना कि गोदार की मृत्यु हो चुकी है) पर समस्या गोदार और त्रुफो में से किसी एक को चुनने की नहीं, उस चीज को चुनने की है जो फिल्म के सर्व-सत्तावादी इस्तेमाल को कमजोर कर सके। यह जानते हुए भी कि यह इतना आसान काम नहीं है। एक फिल्म संस्कृति के बनने का स्वागत इसी संदर्भ में किया जा सकता है।

1956 में अकेले शुरू होकर गोदार की 1974 तक गोदार-गोरें की साझेदारी में बदल जाने की बात हमें आज के फिल्मकार की एक खास समस्या बताती है। इससे यह पता चलता है कि आज फिल्मकार अगर 'फिल्म' को सचमुच एक भरी-पूरी सर्जनात्मक ताकत में बदलने की कोई जिम्मेदार कोशिश करता है, तो इसकी कीमत उसका 'चुप' हो जाना भी हो सकती है। और फिर गोदार की मिसाल कोई 'व्यक्तिगत असफलता' भी नहीं कही जा सकती। वह किसी भी कलाकार की बेचैनी और मुश्किल बताती है।

1974

फिल्म एक 'प्रदर्शन' है

सिनेमा के साथ शायद सबसे बड़ी दिक्कत (और यहाँ मैं दिक्कत शब्द का इस्तेमाल जान-बूझकर कर रहा हूँ) यह है कि उसका इतिहास अभी इतना पुराना नहीं है कि चीजों को भुला दिया जाए या वे याद्‌दाश्त के बोझ का हिस्सा न बनें।

फ्रांसीसी फिल्मकार जां रेनुआ (जन्म : 1894) का नाम यहाँ मैं लूँगा जो अभी जीवित हैं हालाँकि उनकी अधिकांश चर्चित फिल्में (जिनकी वजह से उनका इतना नाम है) दूसरी बड़ी लड़ाई के पहले बन चुकी थीं। 1937 में उन्होंने एक फिल्म बनाई थी : द ग्रैंड इल्यूजन (इस लेख में हम फिल्मों के अंग्रेजी नाम इस सुविधा के लिए दे रहे हैं कि अंतर्राष्ट्रीय सिनेमा की दुनिया में वे उन्हीं नामों से जानी जाती हैं)। यह फिल्म पिछले दिनों नई दिल्ली स्थित फ्रांसीसी सांस्कृतिक केंद्र में देखने को मिली। फिल्म के शुरू में प्रथम विश्वयुद्ध के दौरान फ्रांसीसी सैनिकों की एक टुकड़ी को एक जर्मन बंदी शिविर से भागने की कोशिश में लगे हुए दिखाया जाता है। मुख्य कथानक इस भाग निकलने की योजना को सफल बनाने के इर्द-गिर्द घूमता रहता है।

1962 में जां रेनुआ ने एक भेंटवार्ता में इस फिल्म के बारे में जो कहा था उसके कुछ अंश यहाँ मैं उद्धृत कर रहा हूँ। (तब वह अपनी फिल्म 'द इल्यूजिव कारपरल' बना रहे थे)—"मेरी इस नई फिल्म की कहानी 'द ग्रैंड इल्यूजन' की तरह इसलिए है कि यह भी भाग निकलने और किसी चीज से छुटकारे के बारे में है, हालाँकि दोनों में हर प्रकार की स्वाभाविक भिन्नताएँ भी हैं। पर यह अकेला तथ्य कि यह कहानी भाग निकलने के बारे में है, मेरी रुचि जगाने के लिए काफी है चूँकि शायद हम अपने को दुहरा कर एक तरह का आनंद पाते हैं—एक पुराने परिचित ढाँचे में हम वापस जाते हैं और उसके नए बाहरी रूपों की हम खोज करते हैं...." आगे जाकर रेनुआ ने कहा है कि सिनेमा सार्वजनिक सिर्फ इस साधारण सी सच्चाई की वजह से बन जाता है कि वह एक वितरण प्रणाली से संबद्ध है। उसमें एक नेगेटिव होता है या कई सारे नेगेटिव हो सकते हैं और आप अपनी इच्छानुसार ढेर सारे प्रिंट तैयार कर सकते हैं। उसके बारे में हमें सार्वजनिक कला

के रूप में सोचने की जरूरत नहीं पड़ती अगर उसका एक ही प्रिंट तैयार किया जा सकता होता।

और यहाँ अपनी बात को ध्यान में रखते हुए हम रेनुआ की इस महत्त्वपूर्ण बात को भी याद कर लें कि 'द ग्रैंड इल्यूजन' के इतने अधिक लोकप्रिय होने और देखे जाने के पीछे एक बड़ा कारण यह है कि उसकी कहानी 'भाग निकलने' के कथानक को अपना आधार बनाती है। और यह बात (सतही दृष्टि से) उसकी लोकप्रियता का कारण बनी।

जब कि 'द ग्रैंड इल्यूजन' मूलतः बंदी शिविर से कुछ सैनिकों के भाग निकलने की कहानी को कई तरह से बहुत पीछे छोड़ देती है। सबसे पहले वह एक राजनीतिक फिल्म है और उसके मूल में एक बहुत जबर्दस्त सामाजिक आलोचना है। और द्वितीय विश्वयुद्ध के ठीक पहले के यूरोपीय समाज के मूल्यों की परीक्षा करने की भी कोशिश उसमें है। पर यह ध्यान देने की बात है कि 'द ग्रैंड इल्यूजन' में रेनुआ बंदी शिविर से सैनिकों के भागने की योजना को अपनी पटकथा में बहुत ज्यादा जगह नहीं देते। बहुत जल्दी ही हम दो सैनिकों को बाहर एक खुले रेनुआ के वातावरण में देखते हैं और वे एक जर्मन घर में अपना कुछ समय बिता कर फिल्म को एक ऐसी जगह में ले आते हैं जहाँ रेनुआ युद्ध फिल्मों के आम लटकों से मुक्त होकर अपने फिल्मकार को बताने की कोशिश में लगे दीखते हैं।

रेनुआ की इस फिल्म को मैं कोई असाधारण फिल्म नहीं मानता (और फिर फ्रांसुआ त्रुफो के इस कथन में कितना दम है कि फिल्में अच्छी-बुरी नहीं होतीं फिल्मकार अच्छे-बुरे होते हैं)–मैं उसकी 'भाग निकलने' की पटकथा को यहाँ उन युद्ध-फिल्मों से जोड़ना चाहता हूँ जो बाद में हॉलीवुड में बनीं और पिछले दशक तक पैसा कमाने का एक अच्छा फार्मूला रही हैं। यानी इस ढाँचे में देखें, तो एक गंभीर फिल्मकार जो अपनी नियंत्रित कल्पनाशक्ति से इतने लंबे समय तक फिल्में बनाता रहा है वह इस बात को नहीं भूलना चाहता कि दर्शकों का मेरे साथ कोई सीधा और दायित्वपूर्ण संबंध है। मुझे उनसे अगर नियंत्रित नहीं होना है, तो मैं इस बात को भूल भी नहीं सकता कि फिल्म सबसे पहले और सबसे बाद में एक सार्वजनिक कला है।

पिछले एक दशक में अंतर्राष्ट्रीय सिनेमा में यह बात एक अजीब ढंग से सामने आई है कि तथाकथित व्यावसायिक सिनेमा का मुकाबला करते हुए शुद्ध कलावादी या सैद्धांतिक बहसों में जूझ रही कोई भी 'वादी' फिल्में बनाकर डिब्बों में बंद कर दी जाती हैं और यह बात देखी गई है कि फिल्मकार फिल्म की दुनिया की बहसों के घोर सैद्धांतिक व्याकरण में डूबे रहते हैं। और फिर व्यावसायिक फिल्मकार इन फिल्मकारों को अपने लिए कोई सचमुच का खतरा न पाकर बड़ी आसानी से ऐसा कोई प्रस्ताव सामने रख देते हैं कि तुम प्रयोगशाला में काम कर रहे हो

और हम उस फार्मूले को जनता तक पहुँचा रहे हैं।

अंतर्राष्ट्रीय सिनेमा के बारे में यह सामान्य बात हम देख सकते हैं कि जिन फिल्मकारों ने भी कथन या वृत्तांत के साथ बहुत अधिक सुविधा लेनी चाही है वे फिल्म को एक कला के रूप में बढ़ाने में बहुत मदद नहीं दे पाए हैं। अपवाद के रूप में जां लु गोदार जैसे कुछ नाम लिए जा सकते हैं जो कथन को उसके परंपरागत रूप से बहुत परे ले गए हैं और फिल्मकार के रूप में लगभग हत्यारे ढंग से अपनी पुरानी फिल्मों को खत्म करते चले गए हैं। पर यह ध्यान देने की बात है कि गोदार जैसी प्रतिभा का कोई नियम नहीं बनाया जा सकता है। यह सही है कि गोदार की लगभग हर फिल्म ने दुनिया भर के फिल्म आंदोलनों को विचलित किया पर फिल्म विधा को जब उसकी समग्र स्थिति के संदर्भ में रख कर हम देखते हैं, तो फिल्मकार कभी भी दर्शकों को अपनी दृष्टि से बहुत बाहर नहीं कर पाए हैं। ऊपर से बहुत सामान्य-सी नजर आने वाली इस बात को हम यहाँ एक खास वजह से रेखांकित कर रहे हैं।

हाल ही में एडिनब्रा फिल्म महोत्सव (जो 30 वर्ष पुराना हो चुका है) के बारे में डेविड रॉबिनसन ने लंदन टाइम्स में जो रपट लिखी थी उसमें हमें अंतर्राष्ट्रीय सिनेमा में सिद्धांतबाजी के नए संकट की खबर मिलती है। रपट में महोत्सव के बारे में आयोजकों की निम्न पंक्तियाँ उद्धृत की गई हैं–"परंपरागत रूप में फिल्म महोत्सव सांस्कृतिक खपत या बाजार खोजने के विचार से जुड़े रहे हैं लेकिन पिछले कुछ वर्षों से एडिनब्रा महोत्सव के द्वारा महोत्सव की इस धारणा को ही चुनौती दी जाती रही है और इस चुनौती का मुख्य आधार आलोचनात्मक कर्म को बढ़ावा देना और फिल्म आंदोलन का उसे अभिन्न अंग बनाना रहा है।"

इस बात से हमें कोई एतराज नहीं कि फिल्म को लेकर आलोचनात्मक काम को बढ़ावा दिया जाए। दरअसल यह काम अभी बहुत ज्यादा हो भी नहीं पाया है।

पर एडिनब्रा महोत्सव में हो रहे काम के जो तार्किक नतीजे हैं उनकी बारीक जाँच होनी चाहिए। डेविड रॉबिनसन की रपट में कुछ ये नतीजे गिनाए गए हैं–(1) सिनेमा कोई प्रदर्शन नहीं है और न ही वह संप्रेषण है। (2) फिल्म के निर्माण और वितरण से जुड़े तथ्यों का अलग-अलग लगभग औपचारिक महत्त्व हो जाता है। (3) फिल्मों को बुनियादी तौर पर आलोचनात्मक प्रयोगों का कच्चा माल समझा जाना चाहिए।

जाहिर है कि ये नतीजे बहुत खतरनाक हैं। इनसे फिल्म आंदोलन बड़ी आसानी से एक गलत बहस का शिकार हो सकता है और ऐसा हो भी रहा है। दरअसल इस प्रकार की मानसिकता काफी हद तक फिल्म के व्यावसायिक पक्षों की अश्लीलता से घबरा कर बनती है और इसमें भी कोई शक नहीं कि इधर पिछले कुछ वर्षों

में फिल्म के व्यावसायिक पक्ष के अश्लील होने में दिन दूनी 'प्रगति' हुई है। मिसाल के लिए 1956 में जब स्वीडन के विख्यात फिल्मकार बर्गमैन (जो अब अपना देश छोड़कर जर्मनी में रहते हैं) ने अपनी फिल्म द सैवेंथ सील बनाई थी (और यह उन कुछ फिल्मों में से है जिसने फिल्म कला को एक गंभीर रूप देने में बहुत महत्त्वपूर्ण योगदान दिया है), तो 96 मिनट की काली सफेद फिल्म पर कुल खर्च सवा लाख डॉलर का आया था और इस लागत के संबंध में यह बात याद रखने वाली है कि 'सैवेंथ सील' मध्यकालीन वातावरण और वेशभूषा की वजह से कुछ महँगी फिल्म भी थी।

लेकिन फिल्म की दुनिया में इन दिनों जिन बड़ी फिल्मों पर काम हो रहा है उनके बारे में सबसे भड़कीली और महत्त्वपूर्ण बात उनके निर्माण पर आने वाला खर्च है। ब्रितानी अभिनेता निर्देशक रिचर्ड एटेनबरो द्वितीय विश्वयुद्ध के एक कथानक पर आधारित फिल्म ए ब्रिज टू फॉर पर बहुत पैसा खर्च कर रहे हैं—कहते हैं फिल्म के इतिहास में उससे महँगी फिल्म नहीं बनी है। उसका बजट ढाई करोड़ डॉलर का है : सुनने पर एक बार विश्वास नहीं होता।

फ्रांसिस फोर्ड कपोला (द गॉडफादर के निर्देशक और पैटन के पटकथा लेखक विएतनाम युद्ध पर अपनी फिल्म एपॉकेलिप्स नाउ पर एक करोड़ सत्तर लाख डॉलर का खर्च कर रहे हैं। 'द सैवेंथ सील' के बजट की तुलना में ये आँकड़े शायद फिल्म निर्माण से जुड़ी अश्लीलता को ही बताते हैं चूँकि हॉलीवुड की इन फिल्मों में रॉबर्ट रैडफोर्ड जैसा कोई चेहरा लाखों डॉलर की माँग करता है और वितरक जानते हैं कि रेडफोर्ड या ब्रैंडो के होने से फिल्म काफी पैसे खींच सकती है।

ऐसी बात नहीं है कि बड़े बजट वाली फिल्मों को औसत दर्जे के फिल्मकार ही निर्देशित करते रहे हैं। यों हॉलीवुड के निर्माताओं ने इन फिल्मों को चूँकि बड़े अभिनेता-अभिनेत्रियों या युद्ध और धर्मग्रंथों के फिल्मांकन आदि चीजों पर केंद्रित रखा है इसलिए वे औसत प्रतिभा के फिल्मकार को अधिक आसानी से अनुबंधित करते रहे हैं। डेविड लीन जैसे कुछ ऐसे फिल्मकार रहे हैं जो बड़े बजट, नामी कलाकारों तथा सुपरिचित कथानकों को 'संतुलित' ढंग से फिल्माने में माहिर हैं और वितरकों को ऐसी फिल्मों से कोई खतरा नहीं होता है। फिल्मकार के रूप में अपनी विशिष्ट पहचान रखने वालों में शायद इस समय स्टैनले क्युबरिक ही ऐसे फिल्मकार हैं जिनकी पिछली कुछ फिल्में बड़े बजट और बड़े परदे के ढाँचे में भी कलात्मक ऊँचाइयाँ पा सकी हैं—'2001 : ए स्पेस ऑडिसी' तथा 'ए क्लॉकवर्क ऑरेंज' (जो नई दिल्ली के पिछले महोत्सव में चर्चा का विषय रही थी) की सफलता के बाद उनकी नई फिल्म बैरी लिंडन से ऑस्कर पुरस्कारों तथा ढेर सारे पैसे की उम्मीद की जा रही थी पर उसे इस तरह की सफलता नहीं मिल पाई। 'बैरी लिंडन' इस बार दिल्ली महोत्सव में शामिल की जा रही है। क्युबरिक की इस फिल्म से

फिल्म प्रेमियों को निराशा तो नहीं ही होगी, यह अलग बात है कि वे उससे बहुत संतुष्ट न हों। सत्यजित राय का कहना है कि क्युबरिक को फिल्मांकन की इतनी अधिक सुविधाएँ प्राप्त रही हैं कि उस तरह से काम करने की बात यहाँ सोची भी नहीं जा सकती है। स्वयं सत्यजित राय अपनी हिंदी की पहली फिल्म शतरंज के खिलाड़ी (प्रेमचंद की कहानी पर आधारित) को रंगीन बना रहे हैं और उन्हें 35 लाख के बजट में अपनी फिल्म की पटकथा को एक खास ढंग से लिखना पड़ा है। यह पूछे जाने पर कि वह हॉलीवुड जैसी किसी व्यवस्था की मदद से कोई बड़े बजट की फिल्म बनाने की क्यों नहीं सोचते (अंतोनीओनी से लेकर मिलोश फोरमान तक इस तरह से फिल्में बना चुके हैं) उनका जबाव था कि हॉलीवुड के बंधनों में काम करना आसान नहीं नजर आता।

सवाल यह है कि बड़े बजट या फिल्म का खर्च निकालने की समस्या को गंभीर फिल्मकार कैसे ले सकते हैं या लेते रहे हैं। जैसा कि शुरू में हमने चर्चा की थी, आर्थिक प्रश्न और दर्शकों के फिल्म से तात्कालिक संदर्भ को कहीं किसी भी हालत में अलग नहीं किया जा सकता है। पूर्व यूरोप में निश्चित रूप से राज्य की आर्थिक मदद से कुछ अच्छी फिल्में बन पाई हैं (खासतौर पर हंगरी तथा पोलेंड में) पर वहाँ भी उनकी वितरण व्यवस्था को नजरअंदाज नहीं किया जा सका है। हंगरी आदि देशों में (जैसा इस वर्ष के शुरू में वहाँ के प्रतिभाशाली फिल्मकार सोल्तान हुसारिक ने इस टिप्पणीकार को बताया था) यह सुविधा रही है कि सात फिल्मों को अगर स्वीकृति देनी है, तो एकाध ऐसी फिल्म के लिए जगह निकाल ली जाती है जो सोल्तान हुसारिक जैसे फिल्मकारों को अपनी सिंदबाद जैसी व्यक्तिगत फिल्में बनाने का मौका दे दे। 'सिंदबाद' रंगीन फिल्म है और उसमें शुद्ध कविता और स्वैरकल्पना के स्तर पर काम किया गया है।

सोल्तान हुसारिक का यह कथन कि मैं रंगीन फिल्में बनाना चाहता हूँ चूँकि मैं रंगीन स्वप्न देखता हूँ, एक अधूरी कलात्मक सच्चाई है। फिल्म बनाने की समस्या ग्राफिक माध्यम में काम करते हुए काली सफेद या रंगीन कलाकृति बनाने के चुनाव जैसी समस्या बिल्कुल नहीं है। फिल्म के वितरण व्यवस्था पर आश्रित होने का पक्ष कितना वास्तविक और गंभीर है इसकी मिसाल अमेरिकी फिल्मकार ऑर्सन वैल्स हैं।

दुनिया भर के आलोचक वैल्स की फिल्म सिटिजन केन को फिल्म के संपूर्ण इतिहास की सर्वोत्कृंष्ट फिल्म के रूप में गिनते हैं और यह फिल्म 35 वर्ष पहले बनी थी। इन 35 वर्षों में ऑर्सन वैल्स कई दूसरी फिल्में भी बना चुके हैं और आज भी कलाकार के रूप में सक्रिय हैं। पर वैल्स की फिल्मों को सिर्फ सिनेमा प्रेमी दर्शकों की संस्थाएँ ही देख पाती हैं और उनकी किसी फिल्म की योजना को कोई बड़ा वितरक अपने हाथ में नहीं लेता है। इस एक तथ्य से ही स्थिति का

पाठक अनुमान लगा सकते हैं कि माइक निकोल्स की 70 एम. एम. की रंगीन फिल्म कैच 22 में वैल्स को अभिनेता के रूप में अनेक भारतीय दर्शकों ने देखा होगा। यानी माइक निकोल्स अपनी फिल्म ग्रैजुएट की भयंकर आर्थिक सफलता के बाद एक बड़े निर्देशक को अपनी फिल्म में अभिनेता की जगह पर सीमित कर सकते हैं। एक ताजी खबर के अनुसार हॉलीवुड की एक फिल्म में सुपरिचित फ्रांसीसी फिल्मकार फ्रांसुआ त्रुफो को अभिनेता के रूप में अनुबंधित किया गया है। नतीजा है कि इस फिल्म के 26-27 वर्ष के निर्देशक स्पीलबर्ग अपनी फिल्म 'जॉज' की जबर्दस्त (आर्थिक) सफलता के बल पर एक अच्छे अनुभवी फिल्मकार को कैमरे के सामने बिठा रहे हैं। वैल्स या त्रुफो, जाहिर है, अभिनेता के रूप में भी काम करना चाहते हैं। पर हमारी बात इससे खत्म नहीं हो जाती।

हॉलीवुड जैसी किसी व्यवस्था में चाहे काम करना पड़ रहा हो या फिर राज्य की आर्थिक सहायता से फिल्म बन रही हो; फिल्म को उसके दर्शकों से कभी अलग नहीं किया जा सकता है। इस विधा का इतिहास यह जरूर बताता है कि अनेक (लगभग 'सनकी' किस्म के) फिल्मकारों ने कभी-कभी अपने निजी कलाकर्मी स्वभाव को संतुष्ट करने के लिए ऐसी फिल्में बनाई हैं जो दर्शकों या आर्थिक प्रश्नों को गैर-महत्त्वपूर्ण मान कर चली हैं पर फिल्म को उसके 'सम्पूर्ण वातावरण' में रख कर इन सवालों को साधारण महत्त्व का नहीं बनाया जा सकता है। इसीलिए अगर फिल्म पर एडिनब्रा आलोचकों की शैली का कोई काम बहुत व्यापक स्तर पर होता है तो वह उस विधा के तर्क से बहुत मेल नहीं खाता। (एडिनब्रा आलोचकों पर वैसे भी फ्रांस की संरचनावाद जैसी दुर्बोध किस्म की विचारधारा का प्रभाव है)।

कोई भी फिल्म आंदोलन, महोत्सव या संस्था और व्यक्ति फिल्म को रचनात्मक तथा सार्थक भूमिका तभी दे सकता है जब वह फिल्म के आर्थिक पक्ष के आतंक से दब न जाए और उस पक्ष को घबराकर बिल्कुल भुला भी न दे चूंकि यह बड़ी सच्चाई शायद हमेशा रहेगी कि साधारण बजट में बनी फिल्म 'द सैवेंथ सील' सार्थक सिनेमा को बनाने के लिए आज तक उत्तेजक वातावरण बना रही है जबकि करोड़ों डॉलर से बनी फिल्में असंख्य लोगों के साधारण स्वप्न, स्मृतियाँ और रंग बनकर रह जाती हैं।

'प्रदर्शन' पर इतना अधिक आश्रित होना फिल्म की कोई पराजय शायद नहीं है—हाँ, यह बात फिल्म विधा में काम करने को जटिल जरूर कर देती है।

1977

कैमरे की बंदी : स्त्री की छवि

प्रसिद्ध फ्रांसीसी फिल्मकार फ्रांसुआ त्रुफो ने अभी कुछ साल पहले ही एक फिल्म बनाई थी—'डे फॉर नाइट' (अंग्रेजी में विज्ञापित नाम)। यह फिल्म हाल ही में भारत में भी दिखाई गई। जिन्होंने इस फिल्म को देखा है, वे इस फिल्म की आकर्षक ब्रितानी अभिनेत्री को न भूले होंगे। सुंदर आँखों वाली यह अभिनेत्री 'डे फॉर नाइट' में एक अभिनेत्री बनी है, जो कुछ ही समय पहले एक भयंकर मानसिक तनाव के दौर से गुजर चुकी है। इस मुश्किल भूमिका को जैकलाइन बिसिट ने बड़ी ही संवेदनशीलता के साथ निभाया है।

पिछले दिनों जैकलाइन बिसिट एक फिल्म में काम कर रही थी—हॉलीवुड के प्रसिद्ध वितरक 'कोलंबिया' की फिल्म 'द डीप' में। इस फिल्म में बिसिट को पानी के भीतर रहकर भी काम करना पड़ा। फिल्म की शूटिंग समाप्त होने पर बिसिट ने अचानक एक दिन 'पैंटहाउस' तथा 'प्लेब्वॉय' जैसी 'बदनाम' पत्रिकाओं में 'द डीप' का विज्ञापन छपा देखा, जिसमें उसकी तस्वीर भी थी। 'पैंटहाउस' तथा 'प्लेब्वॉय' में नग्न-अर्द्धनग्न तस्वीरों की भरमार रहती है, पर 'द डीप' के विज्ञापन में जैकलाइन बिसिट की जो तस्वीर थी, उसमें उसने तैराकी की पोशाक पहन रखी थी। पानी में शूटिंग के दौरान कैमरे ने बिसिट को काफी नग्न रूप में पकड़ लिया था।

'न्यूजवीक' पर विश्वास किया जाए, तो बिसिट इस विज्ञापन को देखकर रो पड़ी। "उसे देखकर ऐसा लगता है कि मैंने इस तस्वीर को जानबूझकर इसी तरह से खिंचवाया है। इसकी वजह से मुझे दुख ही नहीं पहुँचा है, बल्कि मुझे लगता है कि मेरा इस्तेमाल किया गया है।" बिसिट ने कोलंबिया से इस मामले को लेकर झड़प करने की सोची तो जरूर, पर जाहिर है कि बिसिट के लिए उसमें सफल होना आसान नहीं था। फिर भी उसने कोशिश करके उस तस्वीर का पोस्टर रुकवा दिया।

भारतीय फिल्म-प्रेमी अभी कुछ ही साल पहले के 'सिद्धार्थ' और सिमी के मामले को नहीं भूले होंगे। इसमें भी समस्या कुछ ऐसी ही थी। और मुंबइया फिल्मों

का जी खोलकर परिचय देने वाली पत्रिकाओं के पाठक यह भी जानते ही होंगे कि अपनी अर्द्धनग्न छवि का इस्तेमाल कभी-कभी खुद अभिनेत्रियाँ ही करना चाहती हैं। यह सही है कि ऐसा अपेक्षाकृत असफल अभिनेत्रियाँ या फिर सफलता की सीढ़ी पर जल्दी से चढ़ने की कोशिश करने वाली अभिनेत्रियाँ ही अधिक करती हैं। फिर भी, कोमिला वर्क, केटी मिर्जा से लेकर परवीन बाबी तक ने इसी तरह के प्रयत्न किए हैं। सिद्धांत यह है कि सुंदर शरीर को लुभावने ढंग से दिखाने के अगर लाभ हैं, तो उसमें नैतिकता का सवाल आता ही कहाँ है? वैसे हम यहाँ नैतिकता का सवाल उठा भी नहीं रहे हैं, चूँकि एक महत्त्वपूर्ण बात यह भी है कि अक्सर हमारे यहाँ की अभिनेत्रियों की शारीरिक गठन ही ऐसी नहीं होती है कि उसे अर्द्धनग्न रूप में देखा जा सके।

नैतिकता से कहीं अधिक महत्त्वपूर्ण सवाल है कि क्या अभिनेत्रियाँ या सामाजिक रूप से अधिक जागरूक अन्य स्त्रियाँ इस बारे में कभी खुलकर सोचना चाहती हैं? सोचना ही नहीं, बल्कि संगठित होकर वे क्या कुछ करना भी चाहती हैं? अमेरिकी टेलीविजन पर स्त्री की छवि कैसे बन और बिगड़ रही है, इसकी जाँच के लिए वहाँ बाकायदा एक संगठन काम करता है और उस छवि को समय-समय पर नियंत्रित भी करता है। सवाल नारी मुक्ति आंदोलन के जुझारू आक्रामक रूप का ही नहीं है कि इस अतिवादी मुद्रा को अपना लिया जाए कि पुरुष प्रधान समाज में स्त्रियों का निरंतर शोषण हो रहा है। अक्सर जब अत्यधिक उग्र हो कर सोचा जाता है, तो कुछ समय के लिए एक नाटकीय किस्म की स्थिति बनने का लाभ तो होता है पर बाद में सचमुच कुछ करने की दिशा में दिक्कतें शुरू हो जाती हैं।

सेल्युलाइड पर स्त्री की छवि कैसी है, इससे समाज के अनेक परिवर्तन जुड़े हैं। वह निर्णायक भले ही न हो, पर उसमें आधुनिक समाज में स्त्री की 'भूमिका' को लेकर अनेक भ्रम फैल जाते हैं। और खास भारतीय संदर्भ में जाँचें, तो हम पाएँगे कि मुंबइया फिल्मों में स्त्री की कामुक तस्वीर से कहीं अधिक महत्त्वपूर्ण और निर्णायक छवि उसके निष्क्रिय होने की है।

मुंबइया फिल्मों को लेकर अगर हम फिल्म कला के किसी आधार पर कोई बहस करें, तो मुँह की खाएँगे। यह जरूरी हो जाता है कि इन फिल्मों की चर्चा समाजशास्त्रीय दृष्टिकोण से की जाए। फिल्म माध्यम का कलात्मक निखार...उस माध्यम की तकनीकी सफलताएँ आदि...इन बातों को फिल्म के अंतर्विषय से अलग नहीं किया जा सकता। और चूँकि फिल्म को सचमुच सिनेमाघर तक पहुँचाने की प्रक्रिया बहुत खर्चीली है, इसलिए निर्माताओं ने अपने 'पैसे वसूल करने के सिद्धांत' (वैसे इस सिद्धांत के मूल में यह बात है कि पैसों को गुणात्मक हिसाब से वसूला जाए) को ध्यान में रखकर पटकथा में सबसे अधिक जगह स्त्री की छवि को ही

दी है। और ध्यान देने की बात यह है कि फिल्म में स्त्री अगर मौजूद है तो उसका 'इस्तेमाल' होगा और अगर वह नहीं है तो उसकी अनुपस्थिति में भी उसका इस्तेमाल छिपा है। हॉलीवुड ने समय-समय पर ऐसी फिल्में भी बनाई हैं, जिनमें स्त्रियों की कोई भूमिका ही नहीं रही है—खासतौर पर युद्ध की पृष्ठभूमि पर बनाई गई फिल्में।

ऐसा भी नहीं है कि फिल्म के लोकप्रिय और सफल होने की बड़ी शर्त उसमें स्त्री की छवि के इस्तेमाल पर ही निर्भर है, चूँकि ऐसे उदाहरण आसानी से इकट्ठा किए जा सकते हैं जब हॉलीवुड जैसी संस्था में भी काम करते हुए फिल्म में औरत को एक बराबरी और जिम्मेवारी का दर्जा दिया जा सका। फ्रैंक कैपरा हॉलीवुड के एक बहुत सफल निर्देशक रहे हैं। पिछले दिनों इन पंक्तियों के लेखक ने उन पर बनाया गया एक वृत्तचित्र देखा। उसमें कैपरा बताते हैं कि मेरी फिल्मों में स्त्रियाँ आमतौर पर मजबूत और साहसी और कुछ करने वाली स्त्रियाँ रही हैं।

स्त्री की कोई भी छवि यथार्थवादी या प्रामाणिक हो सकती है—मुंबइया फिल्म निर्माता इसीलिए आसानी से यह तर्क देते हैं कि निरूपाराय, ललिता पवार, शशिकला से लेकर नादिरा तक स्त्रियों के जो 'टाइप' तैयार किए गए हैं, वे हमारे जीवन के बारे में हमें बहुत कुछ प्रामाणिक बताते हैं। पर सच तो यह है कि हमारे निर्माता भी इस बात को समझते हैं कि निरूपाराय के माध्यम से जिस औरत को वे सामने लाकर दर्शकों की आँखों से आँसू निकलवाते रहते हैं उससे औरत का दर्जा और नीचे ही होता है। पिछले दिनों की एक फिल्म में एक ऐसी औरत की कहानी है, जिसकी समस्या अपने धनी पति से जिंदगी में बुरी तरह पिट कर भी उसके कदमों की धूल अपने माथे पर लगाने की है। लेकिन इसी फिल्म के एक प्रसंग में उसकी नायिका (जो शराब की दूकान चलाती है और बड़े-बड़े गुंडों को सीधा कर लेती है) गुस्से में यह कहती हुई दिखाई जाती है कि भला हम कब तक इस तरह से रो-रो कर अपना अपमान कराते रहेंगे। लेकिन हमारे यहाँ के सलीम-जावेद अपने ही बनाए हुए पात्रों से ऊबे हुए हैं, उनमें एक गहरी अपराधभावना है, पर फिर भी वे जानते हैं कि कैसे लोगों की आँखों में आँसू लाए जाएँ। और फिर अंत में वे कभी नहीं चाहेंगे कि हमारी फिल्म में से कोई ऐसा पात्र निकले, जिसकी कोई पहचान हो, जो मजबूत हो और जिसमें कोई अर्थ हो।

जाहिर है कि सामाजिक रूप से जिम्मेवार फिल्मकार संख्या में बहुत अधिक नहीं हो सकते हैं। लेकिन इसका मतलब यह भी नहीं है कि स्त्रियों की छवि को और दूसरे अर्थ दिए नहीं जा सकते हैं। सत्यजित राय की फिल्मों में जिन्होंने माधवी मुखर्जी को देखा है बल्कि उनकी किसी भी फिल्म का कोई भी स्त्री पात्र लिया जा सकता है—हमें बराबर उन पात्रों से बल मिलेगा। जीवन जीने का और जीवन को बेहतर बनाने का।

फिल्म को जीवन के निकट लाने के आंदोलन- नवयथार्थवाद के एक बड़े

नाम ने कुछ निराश होकर यह बात कही थी कि हमारी शताब्दी में फिल्म माध्यम एक महत्त्वपूर्ण और केंद्रीय कला आंदोलन बनने में असफल सिद्ध हुआ है। इस आत्मस्वीकृति के पीछे यह वेदना छिपी है कि सुपर 8 कैमरे के आविष्कार के बाद भी हम यह नहीं कह सकते हैं कि फिल्म बनाना अब सबके लिए संभव हो गया है। (उस तर्क से जो इलेक्ट्रॉनिक के आधुनिक विचारक मार्शल मैक्लूहन ने हाल में दिया है कि 'जेरोक्स' के आविष्कार के बाद हर व्यक्ति प्रकाशक बन गया है।) फिल्म बनाना कुछ ही लोगों के लिए संभव है, पर उसे अफीम की तरह लेने के लिए अधिसंख्य लोग अभिशप्त हैं। और इस संपूर्ण तंत्र का कोई भी विश्लेषण किया जाए, तो पता चलता है कि सबसे अधिक बलि स्त्री की छवि की ही दी गई है।

फिल्म और टी.वी. पर स्त्री की छवि अपने माध्यम की विशिष्टताओं की वजह से इतनी निर्णायक और इतनी भयंकर दीखती है। वह छवि माध्यम की कैद है। इसीलिए जरूरी हो जाता है कि अभिनेत्री से लेकर गैर-अभिनेत्री वर्ग की स्त्रियाँ इसको लेकर जागरूक हों।

1978

आज की दुनिया में फिल्म

फ्रांसीसी फिल्मकार गोदार की फिल्म 'श्वासरहित' (अंग्रेजी में 'ब्रेथलेस' नाम से लोकप्रिय) 1956 में बनी थी और उसने सारी दुनिया के फिल्मकारों को फिल्म के बारे में एक दूसरी ही तरह से सोचने के लिए मजबूर कर दिया था। गोदार फिल्मकार होने से पहले फिल्म आलोचक थे और उन्होंने फिल्म संस्कृति को काफी गहराई से जाँचा-परखा था। गोदार फ्रांसीसी बुद्धिजीवी ज्यां पाल सार्त्र से प्रभावित थे और कोई आश्चर्य नहीं कि उनकी पहली फिल्म में नायक-मायिका बिस्तर पर विलियम फाकनर का भी नाम ले सकते हैं। बात सिर्फ नाम लेने की ही नहीं है—'श्वासरहित' का नायक जिंदगी के साथ एक तरह का साहित्यिक संबंध रखता है। गोदार की दूसरी फिल्म (अंग्रेजी में 'द लिटिल सोल्जर') तो खैर अपने साहित्यिक विवरणों के कारण विख्यात है।

हम कहना यह चाहते हैं कि गोदार ने एक तो फिल्म को बिल्कुल नई तरह से देखा—उसका सारा व्याकरण बदल डाला और फिर उन्होंने अपने फिल्म के पात्रों को साहित्यिक संदर्भ दिए। यह एक शुरुआत थी। धीरे-धीरे ये पात्र राजनीतिक संदर्भों से जुड़ने लगे और चीजें वैसी नहीं रहीं जैसी वे थीं। आज हम 'श्वासरहित' को जब देखते हैं (इन पंक्तियों के लेखक ने उसे पिछले दिनों ही देखा), तो हमें उसे समझने के लिए अमेरिकी गैंगस्टर फिल्मों के इतिहास में नहीं जाना पड़ता बल्कि 1973 के गोदार के बारे में सोचना पड़ता है—गोदार जो अब फिल्में नहीं बनाता। गोदार जो फिल्में बनाता है उसमें एक रेड इंडियन युद्ध से पहले की तैयारी में अपने चेहरे पर प्रलेप लगा रहा है। रंग पर रंग, और वह चेहरा एक पॉप पोस्टर में बदल जाता है। यह गोदार की एक बहुत बाद की फिल्म का प्रसंग है। पर इससे हमें पता चलता है कि गोदार की फिल्मों के पात्र कैसे बदलते हैं और वे नए हैं बहुत नए। गोदार एक पॉप पोस्टर का इस्तेमाल सजावट के लिए नहीं करते—वह उसे राजनीतिक संदर्भ देते हैं (कोई भी महत्त्वपूर्ण फिल्मकार यही करेगा—अंतोनिओनी की 'ब्लो अप' जो भारत में दिखाई जा चुकी है, उसमें एक प्रसंग में एक पॉप गायक अपने गिटार को तहस-नहस कर देता है कि चीजें अपने भयावह रूप में

हमारे सामने आने लगती हैं—वह आदमी साफ-सुथरे ढंग से हम तक नहीं आता—उसका संगीत भी नहीं और उसका गिटार भी नहीं—सब कुछ तहस-नहस)।

सार्त्र अपने उपन्यास 'उबकाई' को आज जिस 'शर्म' के साथ याद करते हैं, अगर ठीक वैसी शर्म नहीं, तो उससे कुछ कम शर्म के साथ गोदार आज 'श्वासरहित' को याद करेंगे। सार्त्र ने अपने उपन्यासों, अपने लेखन को समय-समय पर 'डिसओन' किया, गोदार ने भी। 1972 में सार्त्र ने फ्लोबेयर पर अपने भारी भरकम ग्रंथ का पहला हिस्सा छपवाया और सब सोचते रहे कि आखिर यह लेखक चाहता क्या है? इतने श्रम के बाद लिखी गई इस किताब को कौन लोग पढ़ेंगे? और वे लोग किस तरह से बदलेंगे? बूर्जुआ पंडित लोग? इन्हीं दिनों गोदार ने एक फिल्म बनाई 'वां देस्त' और आलोचकों ने इस फिल्म को संपूर्ण फिल्म माध्यम की आलोचना बताया। गोदार की इन फिल्मों को भी बहुत अधिक दर्शक नहीं मिल पाएँगे। पर उनकी फिल्में हमारे समय की राजनीतिक स्थिति के साथ खूब संवाद करती हैं। गोदार या सार्त्र अपने दर्शकों और पाठकों के साथ कोई सीधा-सरल संबंध नहीं रखते—वह संबंध बड़ा अस्पष्ट और रहस्य भरा है। रहस्य 'भरा' कहते समय हम सिर्फ यही कहना चाहते हैं कि आज का राजनीतिक दृष्टि से जागरूक कलाकर्मी आज की दुनिया को बदलना तो चाहता है पर उसकी रचना और वह स्वयं इस बारे में कोई दावा नहीं करता।

इस तरह के दावे सतही किस्म के होते हैं और दरअसल वह पाठक या दर्शक के साथ छल भी करते हैं। अँधेरे में बैठे हुए दर्शक (वे बार-बार वहाँ मुड़कर नहीं देखते जहाँ से प्रोजेक्टर रोशनी की लकीर फेंक रहा है) या तो फिल्म से इतनी अधिक उम्मीद करते हैं कि फिल्मकार कभी उसे पूरा नहीं कर सकता, या फिर वे फिल्म से कोई उम्मीद नहीं करते। अँधेरे में पर्दे पर जो कुछ हो रहा है वह दर्शकों को कभी उनके कमजोर क्षणों में दबोच भी सकता है, कभी उन्हें किसी छोटी-सी खुशी की पहचान भी करा सकता है, और कभी उन्हें जिंदगी के बारे में बेचैन होकर सोचने की ताकत भी दे सकता है। हमारे मुंबइया फिल्मकार पहली तरह का संबंध अपने दर्शकों के साथ रखना पसंद करते हैं और इसी से उनकी शैली बनती भी है। तीसरी तरह का संबंध तीसरी दुनिया के फिल्मकारों की चिंता होना चाहिए पर खेद है कि ऐसा है नहीं। दरअसल जो हमारे समय की सबसे बड़ी दुर्घटना होनी चाहिए थी, वह हमारी एक सबसे सफल फिल्म है। इस फिल्म का नाम है 'बाबी'।

हमारे नए फिल्मकारों के लिए गोदार का मतलब गोदार नहीं होना चाहिए। उससे कुछ नहीं होगा। गोदार का मतलब अगर 'जंप कट' है, तो भी कुछ नहीं होगा। गोदार का मतलब है एक ऐसा फिल्मकार जो (गोदार के मित्र त्रुफो के अनुसार) सारा दिन कुछ-न-कुछ जानने के लिए बेचैन रहता है, कोई मैगजीन या

किताब पलटता रहता है—यानी वह सिर्फ फिल्म ही नहीं बनाता। हमारे फिल्मकार सिर्फ फिल्म बनाना चाहते हैं।

हमारे फिल्मकार सिर्फ फिल्म ही बनाते हैं और इस 'बनाने' से उनका मतलब लोगों की जेब से पैसा निकलवाने से है। मुंबइया फिल्मों से कोई बहस नहीं की जा सकती। बहस हो सकती है इन फिल्मों की सामाजिक स्थिति को लेकर। यानी हमें फिल्म-समीक्षक नहीं, समाजशास्त्री होना पड़ेगा। हमें इस चिंता में नहीं पड़ना होगा कि हेमामालिनी को एक्टिंग आती है या नहीं, हमें फिल्म निर्माता की उस 'इच्छा' की जाँच करनी होगी जो हेमामालिनी को सिर्फ उसके अंगों तक सीमित कर देती है। इस 'इच्छा' के पीछे पूँजीपति महत्वाकांक्षाओं का वह रोग है जो दिन-पर-दिन कमजोर होती जा रही हमारी जिंदगी के हर रस को अपने में खींच लेना चाहता है। पिछले दिनों एक साप्ताहिक ने भारतीय फिल्मों पर चलने वाली सेंसर की सड़ी कैंची पर अचानक बहुत गुस्सा निकाला। सत्यदेव दुबे तो बाबूराम इशारा को बुद्धिजीवी मानने को तैयार हो गए कि वह मुंबइया फिल्मों में अभिव्यक्ति की स्वतंत्रता की लड़ाई लड़ रहे हैं! उन्हीं दिनों मुंबई में जेम्स आइवरी की फिल्म 'सेवेजेज' को (सेंसर का प्रमाणपत्र देने को) लेकर एक अच्छा-खासा विवाद चल रहा था।

सेंसर का तर्क था कि इस फिल्म में अनेक आपत्तिजनक दृश्य और प्रसंग हैं और उन्हें काटने के बाद वह उसे 'यू' प्रमाणपत्र दे सकता है। (सेंसर का कच्चा दिमाग इसी से पता चलता है, चूँकि 'सेवेजेज' के आपत्तिजनक दृश्य काट भी दिए जाएँ, तो भी वह फिल्म वयस्कों के लिए ही होनी चाहिए)। जेम्स आइवरी नहीं चाहते थे कि फिल्म कटने-छँटने के बाद भारतीय दर्शकों को दिखाई जाए। फिल्म के वितरकों ने मुंबई के फिल्म आलोचक संघ को बुलाकर फिल्म दिखाई (संयोग से इन पंक्तियों का लेखक इस 'प्राइवेट स्क्रीनिंग' में उपस्थित था)। श्रीमती करंजिया के नेतृत्व में अरविंद कुमार आदि ने फिल्म को कलात्मक दृष्टि से महत्त्वपूर्ण बताया और कहा कि इसे भारतीय दर्शकों तक जरूर पहुँचना चाहिए, (दिलचस्प बात यह है कि वहाँ उपस्थित समीक्षक ज्ञानेश्वर नाडकर्णी ने यह स्वीकार किया कि उनकी इस 'स्क्रीनिंग' में इसलिए दिलचस्पी थी चूँकि वह आशा पुतली को निर्वसन रूप में देखना चाहते थे।) वितरकों ने एक बड़ा 'सहज' तर्क दिया कि फिल्म के इस कलात्मक रूप को पश्चिम के प्रबुद्ध दर्शक सराह चुके हैं, अतः इस 'धौंस' से इसे भारतीय दर्शकों तक इसी तरह से पहुँचना चाहिए। 'बाबी' के संवाद लेखक जैनेंद्र जैन भी बहस में जोर-शोर से कह रहे थे कि इस फिल्म के प्रदर्शन को लेकर सरकार से मुकदमा लड़ा जा सकता है (तभी तो डिंपल कपाड़िया का शरीर दिखा-दिखाकर लोगों पर अश्लील समाजवाद लादा जा सकेगा)।

'सेवेजेज' की यहाँ चर्चा एक खास मकसद से की गई है। 'सेवेजेज' को

भारत में दिखाना या न दिखाना कोई खास मतलब नहीं रखता, बल्कि उसे 'अनकट' दिखाने से मुंबई के फिल्म निर्माताओं की चाँदी हो जाएगी। उन्हें फिल्म के सौंदर्यशास्त्र से कोई मतलब नहीं है और न ही अभिव्यक्ति की स्वतंत्रता से। हमारे समाज की बनावट में मुंबइया फिल्में एक बहुत जटिल रोग है और उससे लड़ाई जरूरी है। समाज में किसी बुनियादी परिवर्तन की इच्छा को ये फिल्में बराबर रौंदती हैं।

हमने शुरू में गोदार की चर्चा की। इसलिए नहीं कि हमें हिंदुस्तान में किसी गोदार की तलाश है—गोदार का मतलब है गोदार से बहस करना। हमारे फिल्मकार को अपने 'होने' के मतलब की तलाश करनी चाहिए, सत्यजित राय ने की, और हमारी दुनिया की उन बहुत-सी सच्चाइयों को लाए जिन्हें जानने में फिल्म बहुत बड़ा औजार हो सकती है। सत्यजित राय की फिल्मों में बुनियादी मानवता है। उनकी दिलचस्पी जीवन मूल्यों में है, मृत्यु, निराशा और निषेध में नहीं। सत्यजित राय की फिल्मों को गैर-राजनीतिक कह देने की राजनीति है मृणाल सेन को उनके खिलाफ खड़ा कर देना। क्या हमें सत्यजित राय अथवा मृणाल सेन में से किसी एक को चुनना होगा? सवाल कुछ ऐसा ही है कि क्या हमें तालस्ताय और दोस्तोयवस्की में से किसी एक को चुनना होगा? सत्यजित राय कुछ फिल्मों में असफल हो सकते हैं पर फिल्म माध्यम के प्रति जो उनका लगाव है वह कुमार शहानी के फिल्म संसार में आसानी से नहीं आ सकता। 'माया-दर्पण' जैसी फिल्मों का सीमित महत्त्व है, उनसे बहुत आशा करना फिजूल होगा। एक तो अच्छी और सही फिल्मों के दर्शक हैं नहीं और जो हैं उन्हें भी विभाजित कर देने का मतलब समझ नहीं आता। 'माया दर्पण' कविता के अधिक निकट है और कोई फिल्म कविता नहीं हो सकती (इन पंक्तियों के लेखक को कुमार शहानी का वह भाषण याद आ रहा है जब उन्होंने 100 गुजराती व्यापारियों के एक फिल्म क्लब में अपनी फिल्म के प्रदर्शन से पहले कहा कि यह 'मुश्किल' फिल्म है और आपको धैर्य रखना होगा!) कुमार शहानी की इच्छाएँ और आब्सेशन अपने आप में ईमानदार हो सकते हैं, पर भारत जैसे देश में फिल्म आंदोलन की स्थापना में उनका योगदान नहीं के बराबर है, जबकि हमें किसी मजबूत फिल्म आंदोलन की जरूरत है। मुंबइया फिल्मकारों ने तो कलात्मक फिल्मों से भी समझौता कर लिया है। मणि कौल का एक भाषण सुनने के बाद एक बहस में रामानंद सागर बोले कि कौल किसी फार्मूले को 'लैब' में परिश्रम करके बनाते वैज्ञानिक हैं पर उसे 'पापुलर' करने के लिए भी तो लोगों की जरूरत है यानी मणि कौल से भी रामानंद सागर की कोई बहस नहीं है। बहस से उन्हें क्या लेना-देना?—'जलते बदन' लोगों को तथा बाक्स आफिस को पीट रही है। यह समझौता खतरनाक है और हमारे नए संवेदनशील फिल्मकार भी इसमें धीरे-धीरे शामिल हो रहे हैं। रामानंद सागर के लिए मणिकौल खतरा होना चाहिए, पर रामानंद सागर तो असली व्यापारी हैं!

फिल्मों में अगर मानवीय संबंधों की ऊर्जा नहीं है, तो वे औसत फिल्में हैं। औसत फिल्मों से फिल्म आंदोलन नहीं स्थापित हो सकता। एक बार फिल्म आंदोलन मजबूत हो जाने पर औसत फिल्में बनेंगी ही। सत्यजित राय, मृणाल सेन, अडूर गोपालकृष्णन और कांतिलाल राठौड़ की फिल्मों में मानवीय संबंधों की यह ऊर्जा हमें मिलती है। ये फिल्मकार जिंदगी से न नफरत करते हैं, न प्यार, इसके पास सवालों के सीधे जवाब नहीं हैं जबकि एक घटिया फिल्मकार की जाँच इसी से हो सकती है कि उसके पास हर सवाल का जवाब है और उसे जिंदगी से या तो इतना प्यार है कि वह उससे चिपका हुआ है, या फिर वह जिंदगी से घोर नफरत करता है।

जीवन विरोधी मूल्य और दर्शन जब फिल्म जैसे माध्यम से लोगों के बीच पहुँचता है, तो उसके प्रभाव कहीं अधिक व्यापक और गहरे होते हैं। फिल्म के चेहरों से हम क्या उम्मीद करते हैं? क्या वे भावुक बनाकर हमें धुन देंगे?

एक संवेदनशील फिल्मकार की कल्पनाशक्ति से उपजा चेहरा हमें जिंदगी जीने की दिलचस्पी को अधिक मानवीय बनाने की प्रेरणा देता है। इस प्रेरणा की प्रक्रिया बड़ी ही जटिल है—उन चेहरों का हमसे कोई सीधा-सपाट संबंध नहीं है। फ्रांसीसी फिल्मकार क्लोद लेलूश की फिल्म 'ए मैन एंड ए वूमन' (अंग्रेजी नाम) की नायिका आनुक एमे हमें क्यों उदास कर देती है? 'भुवन शोम' की नायिका सुहासिनी उजाड़ की जिन्दगी में जीवन से कितना जुड़ी लगती है। जॉन बूरमैन की फिल्म 'प्वाइंट ब्लैंक' के नायक ली मार्विन का प्रतिशोध हमें कितना 'मधुर' (शॉपनहावर के शब्दों में कभी-कभी प्रतिशोध बड़ा मधुर होता है) दीखता है।

इस तरह से फिल्में हमारी जिंदगी के धागों को मजबूत बनाती हैं।

फ्रांस की तथाकथित 'नई लहर' की असफलताएँ जो भी हों, उससे एक बहुत बड़ा लाभ हुआ। फिल्म के निर्माण को लेकर एक ऐसी 'मिथ' थी, जो उसे अनावश्यक रूप से रहस्यमय और आडंबरपूर्ण बनाती थी। फिल्म बनाने की प्रक्रिया में इतनी तामझाम थी कि फिल्म बनाने का मतलब था हॉलीवुड की परंपरा में, जोर-शोर से फिल्म बनाना (भारत में राज कपूर इस परंपरा को अभी भी बना-बढ़ा रहे हैं, जबकि हॉलीवुड वालों का भी इसमें विश्वास नहीं रहा!) हॉलीवुड की यह शैली व्यावसायिक और पूँजीवादी हितों को सुरक्षित रखती थी और हॉलीवुड के लिए फिल्म का मतलब था लोगों को कंगाल करना—सिर्फ पैसे की ही बात नहीं, दिमाग से भी। 'बेनहर' या 'माइ फेयर लेडी' जैसी फिल्में बनती बाद में थीं, उनका शोर बहुत पहले शुरू हो जाता था—दर्शकों को दास बनाने की कला तीन घंटे के अँधेरे में बैठने से बहुत पहले से शुरू हो जाती थी। इस तामझाम की परंपरा का शिकार कुछ ऐसे फिल्मकार भी हुए, जिनमें दम था। यहाँ डेविड लीन (ब्रितानी फिल्मकार) की याद सहज ही आती है। डेविड लीन की फिल्मों में मानवीय संबंधों की बारीकियों

को भेदने की उत्कट इच्छा है, पर हॉलीवुड के प्रचारतंत्र ने उसे हमेशा ही तोड़ा—अपने हितों को ध्यान में रखकर। आप कह सकते हैं कि डेविड लीन की यह नियति थी, पर यह बात नहीं है। डेविड लीन की 'फिल्म समझ' में कोई बुनियादी खोट नहीं है पर वे इतना महत्त्वाकांक्षी रहे हैं कि बिना राबर्ट बोल्ट के, बिना किसी तोप अभिनेता और संगीतकार व पचास कैमरों के तामझाम के वे अपनी फिल्म को संभावना नहीं मान सकते हैं। नतीजा यह है कि उनकी सारी 'फिल्म समझ' इन चीजों में कहीं खो जाती है। उनकी फिल्मों के मूल ढाँचे में दम होने के बावजूद वे हमारे ऊपर से कहीं हमें बिना छुए निकल जाती हैं।

'रयान्स डॉटर' (डेविड लीन की ताजा फिल्म) के एक प्रसंग में समुद्र के भयानक रूप और लोगों की सामूहिक ताकत की मुठभेड़ है। पर यह मुठभेड़ कैमरे की सारी कलाबाजियों में कहीं पीछे रह जाती है। दर्शक जैसे एक बहुत बड़े (और महँगे) कैमरे की आँख से लहरों और जनशक्ति की टक्कर को देख रहा है! इससे घटना का बुनियादी असर बहुत कमजोर हो जाता है। बाकी रह जाता है महँगे कैमरे का आतंक।

फ्रांस की नई लहर के फिल्मकार इसीलिए बहुत जिंदादिल थे कि वे कोई छोटा और सस्ता कैमरा लेकर सड़क पर चले जाने की ताकत रखते थे, ताकि फिल्म और फिल्मकार की 'मिथ' टूटे। यह मिथ टूटी। हॉलीवुड भी टूटा। 1970 में आकर कहीं हॉलीवुड के वितरक यह समझ पाए कि 'इस ढंग से' फिल्म बनाने में भी पैसा है। उनकी गिद्ध दृष्टि डेनिस हॉपर की फिल्म 'इजी राइडर' की भयानक सफलता पर थी।

'श्वासरहित' या 'इजी राइडर' जैसी फिल्मों से हमेशा यह खतरा रहता है कि वे एक दूसरी तरह की मिथ बनाएँगी, पर इन फिल्मों की सफलता का प्रमुख कारण यह था कि इन्होंने हमारे बदलते समय में मनुष्य की हालत पर कोई टिप्पणी करने के लिए फिल्म माध्यम चुना। हमारे यहाँ फिल्म माध्यम का आकर्षण गलत और ग्लैमर पूर्ण संभावनाओं की वजह से है। फिल्म माध्यम में पूरे समाज को रोगी बना देने की ताकत है, बल्कि रोगी से अधिक अच्छा शब्द होगा—'अफीमची'—कुछ चुने हुए लोगों का मांस स्वस्थ और गोरा और चिकना बना रहता है। तर्क यही दिया जाता है कि हम आम आदमी को राहत पहुँचा रहे हैं, वह कुंठित, निराश, हताश है, उसे कुछ आराम चाहिए। उसे बौद्धिक बकवास नहीं चाहिए। देखिए न, वह पद्मा खन्ना के कपड़ा-उतार नाच से अँधेरे में अपनी सीट पर उछलता कितना प्रसन्न है!

इस तर्क में बहुत बड़ा धोखा है। फिल्म माध्यम को हाथ में लेते वक्त हमें इस बात से अच्छी तरह वाकिफ होना चाहिए। लोग अगर कुंठित और निराश हैं, तो इसी व्यवस्था-तंत्र के फलने-फूलने के कारण जिस पर हमारा सारा फिल्म

उद्योग टिका है। पर यह छल कैसा? इस व्यवस्था-तंत्र में 'थोड़ा ईमानदार' या 'कम बेईमान' होना कोई मानी नहीं रखता।

हमें कल्पना करनी होगी, फिल्म रहित समाज की। बात इतनी 'गड़बड़' नहीं है, जितनी ऊपर से नजर आती है। फिल्मकार होना हमारे समाज में एक अश्लील शब्द है। फिल्म अभिनेता होना तो अश्लील से भी कोई खराब शब्द है। जिस समाज के बारे में आज का नया पढ़ा-लिखा जागरूक वर्ग बेचैन है, उसमें फिल्म के इस रूप की कोई 'थोड़ी-भी' जगह नहीं हो सकती।

यह बहुत कष्ट की बात है कि हमारे देश में फिल्म जैसा महँगा माध्यम अशिक्षित लोगों के हाथ में है और वे बॉक्स-ऑफिस के बल पर सारे फैसले कर रहे हैं।

हमें इसके बारे में कई तरह से और कई बार सोचना होगा कि कैसे फिल्म माध्यम में लोग अपने दुख, खुशी, अँधेरा और चमक देख सकें—किसी 'जादुई जाल' में नहीं, संवेगों और बुद्धि के संतुलन बनाए रखते हुए।

1973

नया सिनेमा

"और मैं सिनेमा के प्रति जागरूक हो गया। एक ही समय में सिनेमा लाखों को उकसाता और उत्तेजित करता है।"—ऋत्विक घटक

भारतीय सिनेमा का इतिहास विश्व सिनेमा के इतिहास के लगभग बराबर है। भारत में मूक सिनेमा 1896 में शुरू हो गया था और सवाक् सिनेमा 1930 में। लेकिन आजादी से पहले के सिनेमा में यदि हमें अपनी जमीन से जुड़े सिनेमा को खोजना हो, तो हमें मुख्यतः मराठी सिनेमा के इतिहास की ओर देखना होगा। 'संत तुकाराम' (1936) सरीखी ऐतिहासिक फिल्मों की ओर हमें देखना होगा। 'संत तुकाराम' का संयुक्त निर्देशन वी. दामले तथा एस. फत्तेलाल ने किया था। यह पहली भारतीय फिल्म थी जो अंतर्राष्ट्रीय चर्चा और सम्मान पा सकी। 1937 में इसे वेनिस फिल्म महोत्सव में पुरस्कृत किया गया था। दामले व फत्तेलाल की असाधारण सफलता का रहस्य क्या था? दरअसल इस फिल्म से जुड़े लोग जिंदगी को बहुत करीब से जानते थे। वे महाराष्ट्रीय समाज-संस्कृति की उपज थे। विदेशों में शिक्षित-प्रशिक्षित लोग नहीं थे वे। स्टूडियो में खड़े होकर उन्होंने सिनेमा की तकनीक को समझा था। 'संत तुकाराम' को जनता ने स्वीकारा (एक ही सिनेमाघर में वह 57 हफ्ते तक चली) और कला प्रेमियों ने भी। उसके बाद आज तक कोई ऐसी फिल्म नहीं बनी है जो जनता और सिनेमा के गंभीर छात्रों में समान रूप से लोकप्रिय सिद्ध हुई हो।

आजादी के बाद बंगाल ने स्थिति को सँभाला। वहाँ पर एक ऐसी पीढ़ी उभरी जिसने पहले फिल्म संबंधी गंभीर साहित्य पढ़ा। आइजेंस्टीन, पुदोवकिन आदि की पुस्तकें पढ़कर यह पीढ़ी उस वक्त का इंतजार कर रही थी जब सार्थक सिनेमा देखने को मिलेगा—और उसे खुद बनाने का भी अवसर मिलेगा। 1952 में कोलकाता में अंतर्राष्ट्रीय फिल्म महोत्सव और फिर सोवियत फिल्मकारों की खोज ने इस पीढ़ी पर निर्णायक असर डाला। इटली के नवयथार्थवादी सिनेमा को देखकर सत्यजित राय, ऋत्विक घटक, मृणाल सेन आदि फिल्मकार नए सिनेमा के अर्थ को समझ सके। इन लोगों ने अच्छी फिल्मों के बारे में पढ़ा ज्यादा था—उन्हें देखा कम था।

यह समस्या आज भी बनी हुई है। महानगरों में तो स्थिति बेहतर है पर दूर छोटे शहरों, कस्बों में बैठे सिनेमा प्रेमी अच्छी फिल्मों के बारे में पढ़ते ज्यादा हैं—उन्हें वे देख नहीं पाते। इधर टी.वी. ने स्थिति को बदला है लेकिन अच्छा सिनेमा टी.वी. के पर्दे पर अपनी सभी खूबियों को नहीं उभार पाता है इसीलिए जिन दर्शकों ने अखबारों में 'दामुल' और 'खँडहर' आदि के बारे में इतना पढ़ा था वे इन फिल्मों को देखकर बहुत उत्साहित नहीं हो पाए।

बहरहाल पचास के दशक में बंगाल ने भारतीय सिनेमा की भाषा को इतने अधिक विस्तार दिए कि लम्बे समय तक विदेशों में भारतीय सिनेमा का अर्थ था—बंगला सिनेमा। और बंगला सिनेमा में भी सत्यजित राय, ऋत्विक घटक और मृणाल सेन का सिनेमा। और इन तीनों में भी सत्यजित राय का सिनेमा।

घटक और सेन को अलग-अलग कारणों से अंतर्राष्ट्रीय ख्याति की प्रतीक्षा करनी पड़ी। खास तौर पर घटक के साथ काफी अन्याय हुआ। मृणाल सेन तो अच्छी खराब हर शैली की फिल्म बनाते रहे हैं। यह दिलचस्प बात है कि उनकी हिंदी फिल्म 'भुवन शोम' (1969) ने भारतीय सिनेमा में नई धारा की शुरुआत की पर बंगला में वह 'एक दिन प्रतिदिन' (1979) सरीखी फिल्मों के बाद ही अपनी सिनेमाई भाषा की सार्थकता को पा सके। मृणाल सेन को चर्चा और सम्मान अगर देर से मिला, तो उसका कारण उनका अपना सिनेमा ही था।

ऋत्विक घटक को अपनी पहली फिल्म 'नागरिक' (1952-53) से ही एक दूसरी तरह की सच्चाई का सामना करना पड़ा। इप्टा के सामूहिक जोश में बनी 'नागरिक' के लिए किसी ने पैसे नहीं माँगे थे—स्टूडियो, लैब, रॉ स्टॉक सभी कुछ मुफ्त में था। लेकिन 'नागरिक' असंख्य दर्शकों तक न पहुँच पाई। 25 साल तक वह छिपी रही और घटक के निधन के बाद ही सामने आ पाई : "नागरिक अभी तक रिलीज नहीं हुई है। मैं आत्महत्या कर लूँगा।" 1958 में घटक ने 'अजांत्रिक' बनाई। यह फिल्म 'पथेर पाँचाली' के कुछ ही समय बाद बनी है। इन दोनों फिल्मों ने दरअसल आजादी के बाद के नए सिनेमा की नींव रखी। 'अजांत्रिक' रिलीज भी हुई। विदेशी फिल्म विद्वानों ने उसे सराहा भी। पर दोनों ही स्तरों पर घटक को वे चीज़े नहीं मिलीं जो उन्हें आत्महत्या की मनःस्थिति या शराब से दूर रखतीं। यह एक जाना-माना तथ्य है कि 'अजांत्रिक' के रिलीज होने के बाद ही घटक शराब बहुत पीने लगे थे। घटक की एक ही फिल्म असंख्य दर्शकों को उकसा सकी—उन्हें उत्तेजित कर सकी—'मेघे ढका तारा' (1960)। फिल्में तो वह अंत तक बनाते रहे—1976 में उनका निधन हुआ। लेकिन भारतीय सिनेमा के इस अद्‌भुत व्यक्तित्व ने अपनी प्रतिभा के अनुकूल वातावरण बहुत कम पाया।

बंगाल के ये तीनों ही फिल्मकार पश्चिमी परंपरा और अपने आस-पास की जिंदगी से खूब परिचित थे। खासतौर पर राय और ऋत्विक घटक जिस वातावरण

में पले-बढ़े थे उसमें दोनों ही परंपराओं से गहराई से जुड़ने के सुअवसर थे।

नए भारतीय सिनेमा को बंगाल से बाहर आने में काफी समय लगा। मुंबई में विमल राय, गुरुदत्त आदि कुछ फिल्मकार मुख्य धारा से अलग हटकर स्वस्थ-सार्थक सिनेमा बना जरूर रहे थे पर वहाँ कोई मूवमेंट नहीं उभर सकी। बंगाल से थोड़ा हटकर हल्ला 1969 में 'भुवन शोम' के बनने के बाद हुआ। मुंबई में कुछ नए फिल्मकारों ने तथाकथित 'नई धारा' का सिनेमा बनाया। और धीरे-धीरे सत्तर के दशक में नए भारतीय सिनेमा को एक नई जगह मिली—दक्षिण। मलयालम, कन्नड़ आदि भाषाओं के सिनेमा में एक नई संवेदना को अभिव्यक्ति मिली।

दक्षिण की 'लहर' आने से पहले मणि कौल, कुमार शहानी आदि ने 'उसकी रोटी', 'माया दर्पण' आदि फिल्में बनाईं। ये दोनों ही फिल्मकार ऋत्विक घटक के छात्र रह चुके थे। एम. एस. सथ्यु ने 'गर्म हवा', श्याम बेनेगल ने 'अंकुर' आदि फिल्में बनाकर फिल्मों को एक नया झोंका दिया। लेकिन दक्षिण में 'संस्कार', 'काडू', 'निर्माल्यम्', 'चोमना दुड़ी', 'घटश्राद्ध', 'कोडियट्टम', 'थंपु' सरीखी फिल्मों का एक अद्‌भुत सिलसिला शुरू हुआ—मुख्यतः ग्रामीण परिवेश को रचनाभूमि बनाकर भारतीय सिनेमा की भाषा को समृद्ध किया गया। इस लहर ने भारतीय सिनेमा को केरल स्कूल दिया। जी. अरविंदन और अडूर गोपालकृष्णन दो ऐसे मलयालम फिल्मकार हैं जो बंगाल स्कूल के दिग्गजों का मुकाबला कर सकते हैं। अरविंदन ने कम बजट में अर्थपूर्ण, काव्यात्मक फिल्में बनाईं। अडूर गोपालकृष्णन ने बारह वर्षों में केवल 4 कथाफिल्में बनाईं पर जहाँ तक सिनेमा की भाषा और परिवेश की समझ का प्रश्न है सत्यजित राय के उत्तराधिकारी अडूर ही नजर आते हैं। सत्यजित राय का प्रभाव बंगाल की युवा पीढ़ी पर भी है—बुद्धदेव दासगुप्त, गौतम घोष, उत्पलेंदु चक्रवर्ती आदि की फिल्मों से यह स्पष्ट है।

मुंबई में मणि कौल, कुमार शहानी, सईद मिर्जा आदि युवा फिल्मकार अपने-अपने ढंग से कुछ नया करने की कोशिश कर रहे थे कि श्याम बेनेगल की हिंदी फिल्मों का सिलसिला शुरू हुआ। 'अंकुर', 'निशांत', 'मंथन', 'भूमिका', 'जुनून', 'कलयुग', आदि फिल्मों ने भारतीय सिनेमा को कई तरह से प्रभावित किया। एक्टर, तकनीशियन, संवाद लेखक आदि सभी क्षेत्रों के युवा नाम उभरे। गोविंद निहालानी का वंश यही है। बेनेगल और निहालानी नाटककारों पर ज्यादा आश्रित रहे हैं। इससे उनकी फिल्मों को नुकसान ज्यादा हुआ है। खास तौर पर तेंडुलकर शैली के नाटकीय अंत सिनेमा की भाषा में सहज नहीं लगते। लेकिन 'भूमिका' इस दौर की एक क्लासिक फिल्म है।

'भुवन शोम' से 'दामुल' (1985) तक की यात्रा को ध्यान में रखें, तो इस समय भारतीय सिनेमा समृद्ध नजर आ रहा है। युवा निर्देशकों की एक पूरी टीम सक्रिय है। पिछले दो-तीन वर्षों में कुछ नए अनजान क्षेत्रों के फिल्मकार भी उभर

रहे हैं। मिसाल के लिए 'माया मिरिगा' जैसी सुंदर फिल्म बनाकर नीरद महापात्र ने उड़िया सिनेमा का एक व्यक्तित्व बना दिया। इसके अलावा असमिया, मणिपुरी जैसे क्षेत्रों से बिलकुल नए नाम नई संवेदना के साथ उभर रहे हैं।

कला माध्यमों में आज सिनेमा ही ऐसा माध्यम है जिसमें आप अपनी बात को देखते-देखते कान, वेनिस, कार्लोवी वारी के दर्शकों से शुरू होकर अपने देश के दूर के गाँव तक पहुँचा सकते हैं। कोई आश्चर्य नहीं कि सिनेमा माध्यम की इस ताकत को पहचान कर कई रचनाकर्मी आज कैमरे से कुछ लिखना चाहते हैं।

1985

एक यथार्थ जो अनछुआ है

कुछ साल पहले सुपरिचित फिल्म पटकथा लेखिका शमा जैदी ने एक बातचीत में कहा कि आप इतने वर्षों से फिल्म समीक्षक हैं, दक्षिण का कोई फिल्म समीक्षक होता, तो अब तक न जाने कितनी पटकथाएँ लिख चुका होता।

लेकिन सवाल यह है कि उत्तर भारत या हिंदी भाषी प्रदेशों में यदि आप सिनेमा को गंभीरता से लेते हैं, उसे अपनी कलात्मक अभिव्यक्ति का साधन बनाना चाहते हैं, तो आपको कोई माहौल नहीं मिलेगा। न तो आप आसानी से अच्छी फिल्में देख पाएँगे (दिल्ली की बात नहीं कर रहा हूँ), पुस्तकालयों में आपको फिल्म संबंधी अच्छी पुस्तकें या पत्रिकाएँ नहीं मिलेंगी और न ही आप कॉफी हाउस में बैठकर फिल्म पर उत्तेजक बहसें कर पाएँगे। नतीजा यह होता है कि अनेक रचनाकारों के मन में कई फिल्में, पटकथाएँ या विचार होते हैं पर सचमुच वे कुछ नहीं कर पाते।

टी. वी. माध्यम इस दिशा में मदद कर सकता है लेकिन अभी तक इस क्षेत्र में भी कोई सार्थक काम नहीं हो पाया है। एक दिलचस्प उदाहरण दूँगा। लगभग चार-पाँच साल पहले दिल्ली दूरदर्शन ने कुछ लेखकों से संपर्क किया कि वे कुछ जानी-मानी कहानियों को आधार बनाकर पटकथाएँ लिखें। दूरदर्शन उन पर फिल्में बनाएगा। देशी-विदेशी कहानियाँ चुनी गईं। चेखव की कहानी 'ग्रीफ' से लेकर श्रीकांत वर्मा की कहानी 'ठंड' आदि दूरदर्शन की आकर्षक सूची में शामिल थीं। मुझसे 'ग्रीफ' की पटकथा लिखने के लिए कहा गया। मैंने बहुत उत्साह और मेहनत से इस कहानी को भारतीय परिवेश का हिस्सा बनाते हुए पटकथा लिखी। दूरदर्शन के अधिकारियों को यह पटकथा काफी पसंद आई। कम से कम दो प्रोड्यूसरों ने इस पटकथा पर फिल्म बनाने की इच्छा प्रकट की।

लेकिन क्या आप यकीन करेंगे कि मुझे पटकथा का पारिश्रमिक तो मिल गया पर फिल्म आज तक नहीं बनी है। कारण? इस पटकथा को स्टूडियो के लिए नहीं लिखा गया था। सचमुच की फिल्म बनानी पड़ती। जाहिर है कि मैंने यह मेहनत छोटे-मोटे पारिश्रमिक के लिए नहीं की थी। इच्छा थी कि फिल्म बने। निर्देशक

के साथ मैं सक्रिय होऊँ। फिल्म विधा का सीधा अनुभव मिले।

इन दिनों युवा निर्देशक प्रकाश झा की दूसरी कथा फिल्म 'दामुल' की बहुत चर्चा है। मृणाल सेन सरीखे वरिष्ठ फिल्मकारों ने इस फिल्म की खुलकर तारीफ की है। 'दामुल' अगर हमारे मन को छूती है, हमें उद्वेलित करती है तो उसका एक बड़ा कारण यह है कि सिनेमा के पर्दे पर संभवतः पहली बार बिहार की जिंदगी के प्रामाणिक रूप मिले हैं। प्रकाश झा ने समझौते नहीं किए हैं। बचपन से उन्होंने शोषण की एक जिंदगी नजदीक से देखी थी। एक बातचीत में उन्होंने बताया कि 'इस फिल्म के एक-एक शॉट को मैंने जिया है।' 'दामुल' के संवाद सीधे जिंदगी से लिए गए हैं इसीलिए वे हम पर सीधा असर छोड़ते हैं। प्रकाश झा ने एक ऐसी जिंदगी हमें दिखाई है जो परिचित होते हुए भी अपरिचित थी।

आज हिंदी प्रदेशों में कितने ऐसे लोग हैं जो प्रकाश झा की तरह भाग्यशाली हों। लेकिन 'दामुल' ने एक रास्ता जरूर दिखाया है। हो सकता है कि बिहार, मध्यप्रदेश, राजस्थान, उत्तरप्रदेश के लोग निकट भविष्य में अपने यहाँ के यथार्थ को पर्दे पर ईमानदारी से पेश करने की कोशिश करें। यह एक बहुत बड़ी बात होगी। अभी तक हिंदी सिनेमा के नाम पर पिछले पंद्रह वर्षों में जो फिल्में बनी हैं वे कहने को ही हिंदी की हैं। मिसाल के लिए श्याम बेनेगल की फिल्मों में जो परिवेश चित्रित हुआ है वह आमतौर पर गुजरात, महाराष्ट्र या आन्ध्रप्रदेश का है। कुमार शहानी, मणि कौल ने जो फिल्में बनाई हैं उनका संबंध एक दूसरी तरह के परिवेश से है। यथार्थ को वे दूसरी तरह से परिभाषित करते रहे हैं। मृणाल सेन की हिंदी फिल्मों में उत्तर भारत का परिवेश आपको नहीं मिलेगा। सईद मिर्जा सरीखे फिल्मकार अपनी फिल्मों में मुंबई की जिंदगी को आधार बना रहे है चूँकि उसी जीवन को वे जानते हैं। स्पष्ट है कि इन सब फिल्मकारों ने अपेक्षाकृत बड़ा दर्शक वर्ग प्राप्त करने के लिए ही हिंदी या हिंदुस्तानी का इस्तेमाल किया है। पीलीभीत या राजनाँदगाँव का यथार्थ जब किसी फिल्मकार ने देखा ही नहीं है, तो सिनेमा पर वह यथार्थ हमें दिखेगा कैसे?

मणि कौल सुप्रसिद्ध हिंदी कवि-कहानीकार विनोद कुमार शुक्ल के चर्चित उपन्यास 'नौकर की कमीज' पर फिल्म बनाने की सोच रहे हैं। अच्छी बात है। मणि कौल की एक अपनी खास संवेदना और शैली है। लेकिन मध्यप्रदेश में यदि फिल्म संस्कृति होती—सार्थक सिनेमा का वातावरण वहाँ होता, तो शायद कोई युवा फिल्मकार 'नौकर की कमीज' के माध्यम से मध्यप्रदेश के अपने परिवेश को पर्दे पर लाता। रायपुर या जबलपुर का रचनाकार यदि सिनेमा की भाषा को अच्छी तरह जानता हो, तो 'नौकर की कमीज' को वह बहुत प्रामाणिक ढंग से फिल्म में बदल सकता है। मैं यह नहीं कह रहा कि 'बाहर के फिल्मकार' इन कृतियों पर अच्छी फिल्में नहीं बना सकते। मैं तो सिर्फ परिवेश की बात कर रहा हूँ। फिल्म का

सबसे प्रमुख हिस्सा है उसका वातावरण।

पिछले पंद्रह वर्षों में दक्षिण भारतीय भाषाओं में इसीलिए अच्छी और सार्थक फिल्में बनी हैं। यह कहने की जरूरत नहीं है कि जितना आप स्थानीय होंगे उतना ही आप सार्विक (यूनीवर्सल) भी होंगे। मलयालम फिल्मकार अडूर गोपालकृष्णन की फिल्में इसका सबसे अच्छा उदाहरण हैं। वह कई बार कह चुके हैं कि हिंदी या दूसरी भाषाओं में फिल्म बनाने की कल्पना वह नहीं कर सकते। वातावरण, भाषा की ध्वनियों को वह अत्यधिक महत्त्वपूर्ण मानते हैं।

सिद्धांततः एक फिल्मकार दूसरी भाषा और परिवेश को आधार बनाकर सार्थक फिल्में बना सकता है। ऐसे अनेक उदाहरण हमें मिलते हैं। लेकिन इसका अर्थ यह नहीं है कि अनुभव का एक बहुत बड़ा क्षेत्र पर्दे पर आने से वंचित रह जाए। दसवें अंतर्राष्ट्रीय फिल्म महोत्सव के दौरान सुप्रसिद्ध हिंदी कवि-लेखक कुँवर नारायण 'पार' के चर्चित युवा निर्देशक गौतम घोष को यह सुझाव दे रहे थे कि वह भुवनेश्वर की कहानी 'भेड़िए' पर एक अच्छी फिल्म बना सकते हैं। इस कहानी के बारे में सुनकर गौतम घोष चकित रह गए।

अगर उत्तरप्रदेश में फिल्म संस्कृति का उपयुक्त माहौल बने, तो कोई आश्चर्य नहीं कि इसी जमीन का कोई फिल्मकार 'भेड़िए' सरीखी कहानियों को सिनेमा का अविस्मरणीय अनुभव बना दे। लेकिन इसके लिए जरूरी है कि स्थानीय स्तर पर लोग सक्रिय हों। अच्छी फिल्में देखें, उन पर बहसें करें और फिर सचमुच के सिनेमा को सामने बनते हुए देखें।

1985

जिंदगी से जुड़े होने का सच क्या है?

सिनेमा बीसवीं शताब्दी की विधा है—वह एकमात्र ऐसी विधा है जिसका 'संदेश' दुनिया भर में पहुँचता है। कला, साहित्य, रंगमंच या संगीत में समकालीन भारतीय कलाकर्मी की बात और उसका काम आसानी से यूरोप और अमेरिका तक नहीं पहुँच पाता है। यह एक अलग सवाल है कि समकालीन भारतीय कलाकर्मी पश्चिम की कितनी परवाह करे। लेकिन फिल्म माध्यम की इस विशेषता और सत्यजित राय (जन्म 1921) की महानता को समझने के लिए इसे यहाँ रेखांकित करना जरूरी है।

यह दिलचस्प है और महत्त्वपूर्ण भी कि पश्चिम में शुरू-शुरू में सत्यजित राय की फिल्मों को मानवजाति विज्ञान का ही एक अंग मान कर देखा गया। राय की पहली फिल्म 'पथेर पाँचाली' (1955) आज कालजयी कृति मानी जाती है। यह फिल्म भारत में रिलीज होने से पहले अमेरिका के सुप्रसिद्ध आधुनिक कला संग्रहालय (न्यूयार्क) में दिखाई गई थी। पश्चिम के प्रारंभिक प्रदर्शनों के बाद पश्चिमी समीक्षकों की प्रतिक्रियाएँ गौर करने लायक हैं—"यह फिल्म दूतावास के कर्मचारियों को दिखाई जानी चाहिए ताकि वे इन गरीब लोगों की कुछ मदद कर सकें।" "ठीक है, मैं जानता हूँ इस फिल्म ने चार पुरस्कार जीते हैं और यह एक महान फिल्म है, लेकिन क्या यह डालर कमा पाएगी?" "इस फिल्म को समझने के लिए मुझे कहीं से दूसरा दिमाग लाना होगा।"

इसमें अंतिम प्रतिक्रिया महत्त्वपूर्ण है। पश्चिम में किसी भारतीय कलाकर्मी को यदि उसकी शर्तों पर समझना है, तो उसे सचमुच दूसरा दिमाग चाहिए। सत्यजित राय ने पश्चिम को इस बात तक पहुँचने के लिए मजबूर किया कि उनकी फिल्मों को मानवजाति विज्ञान का हिस्सा समझ कर जाँचने से नुकसान पश्चिम का ही होगा। बहुत जल्दी ही 'जलसाघर' (1958), 'अभियान' (1962), 'चारुलता' (1964) सरीखी फिल्मों से सत्यजित राय ने अपनी अद्भुत सिनेमाई प्रतिभा को सिद्ध कर दिया।

यह बहुत बड़ा भ्रम रहा है कि सत्यजित राय ने भारत की गरीबी को पश्चिम

में भुनाया।

कोई भी अच्छी या महान फिल्म गरीबी, अन्याय, तानाशाही आदि के खिलाफ एक सार्थक वक्तव्य देगी। राय ने 29 वर्षों में 25 कथाफिल्मों तथा 6 लघु फिल्मों से इस बात को हर बार साबित किया है। राय को अक्सर 'जिंदगी से कटा हुआ' बताया जाता है। 'जन-अरण्य' (1975) सरीखी फिल्मों में राय सीधे-सीधे समकालीन जिंदगी के सवालों से जूझते हुए दिखाई देते हैं। लेकिन 1964 की 'चारुलता' हो या 1984 की 'घरे बाइरे'—इन फिल्मों में उन्नीसवीं शताब्दी के वातावरण को कैसे दिखाया गया है? उस दुनिया के सवाल आज भी हमारे लिए महत्त्वपूर्ण हो जाते हैं। त्रिकोण के माध्यम से राय स्त्री-पुरुष संबंधों की जटिलताओं को समकालीन संदर्भ दे देते हैं। 'चारुलता' में चारु, भूपति और अमल हों या 'घरे बाइरे' में विमला, निखिलेश और संदीप हों—आज भी हम इन चरित्रों के माध्यम से जिंदगी से अपने आप को जोड़ सकते हैं। स्वयं सत्यजित राय कई बार यह बात कह चुके हैं और 'चारुलता' से यह स्पष्ट है कि इस त्रिकोण के दो पुरुष पात्रों को आसानी से 'पुरातनपंथी' या 'क्रांतिकारी' के खाने में डालकर नायक या खलनायक नहीं बनाया जा सकता।

सत्यजित राय के व्यक्तित्व को अक्सर पश्चिम के किसी पढ़े-लिखे साहब की तरह पेश किया जाता है जो भारतीय जिंदगी से कटा हुआ है। आज की पत्रकारिता की शैली राय के बारे में हमें कुछ इस तरह की जानकारियाँ देती है—उनके पास 500 रेकार्ड तथा 4000 किताबें हैं। कोलकाता में उन जैसा पश्चिमी शास्त्रीय संगीत का रसिक ढूँढ़ना मुश्किल होगा। वे उन्नीसवीं शताब्दी का सेट तैयार करते समय माचिस की डिबिया भी उस वक्त की ही खोज लाते हैं, आदि-आदि। जाहिर है कि ये सब तथ्य हैं। लेकिन इन तथ्यों को आतंक क्यों बना दिया जाता है? 'घरे बाइरे' की शूटिंग के बाद दिए गए एक इंटरव्यू में सत्यजित राय से सवाल किया गया कि इस फिल्म के घोर भारतीय कथानक में पश्चिमी संगीत का थोड़ा बहुत इस्तेमाल भी कैसे किया जा सकता है। राय के लंबे जवाब का एक अंश इस प्रकार है—"लेकिन फिल्म में कई ऐसे भी राग हैं जिन्हें आप न तो भारतीय कह सकते हैं न पश्चिमी—वे केवल संगीत से संबद्ध हैं। दरअसल ये चीजें आपको मेरी दूसरी फिल्मों में भी मिलेंगी—मैं एक ऐसे बिंदु पर पहुँचने की कोशिश करता हूँ जहाँ आप यह नहीं सोचना चाहेंगे कि यह भारतीय है या पश्चिमी..." राय ने यह बात संगीत के संदर्भ में कही है पर उनकी फिल्म-कला को भी इसी से समझा जा सकता है।

राय की फिल्म-कला की दो और खासियतों का यहाँ मैं जिक्र करूँगा। एक तो उनकी फिल्मों के स्त्री पात्र अद्‌भुत हैं। किसी भी वर्ग, समाज की स्त्री हो—राय का कैमरा उसे अपने ही ढंग से पर्दे पर प्रस्तुत करेगा। राय ने स्वयं कहीं कहा

है कि वे ''समझदार सौंदर्य की खोज करते हैं।'' ''स्त्रियों में मैं चारुता, परिष्कार और बुद्धि का प्रशंसक हूँ। ऐसा नहीं है कि मेरी फिल्मों में सभी स्त्रियाँ पढ़ी-लिखी या सम्मान्य हैं। 'अभियान' की गुलाबी (वहीदा रहमान) या 'अरण्येर दिन रात्रि' की आदिवासी स्त्री (सिमी) को देखिए। वे पढ़ी-लिखी नहीं हैं और उनमें परिष्कार भी नहीं हैं पर उनकी प्रतिक्रियाएँ कितनी सच्ची हैं। और उनमें दया, प्रेम व घृणा आदि को लेकर कितनी स्पष्ट संवेदनशीलता है। इन्हीं बातों को मैं सुंदर समझता हूँ। चारुलता की सुंदरता मुख्यतः उसके दिमाग की सुंदरता है। फिल्म में मैंने उसके समृद्ध दिमाग का ही चित्रण किया है।''

सत्यजित राय की फिल्म कला के विकास में एक उल्लेखनीय बात यह भी रही है कि धीरे-धीरे फिल्म-निर्माण के सभी क्षेत्रों में उनकी पकड़ मजबूत होती गई है। कुछ लोग इसे दखल के रूप में भी देखते हैं। निर्देशन, छायांकन, कला-निर्देशन, संगीत, पटकथा, संवाद आदि सभी क्षेत्रों में राय का योगदान बढ़ता चला गया है। शुरू में उन्होंने रविशंकर और विलायत खान (जलसाघर) का संगीत इस्तेमाल किया था। साहित्यिक कृति पर फिल्म बनाते समय वे मूल कृति के 60-70 प्रतिशत संवादों को रहने देते थे। आज 'घरे बाइरे' में रवींद्रनाथ ठाकुर की मूल कृति का एक भी संवाद नहीं है। जाहिर है कि राय का आत्मविश्वास बराबर बढ़ा है। वे एक फिल्म-निर्देशक को लेखक की ही तरह रचनात्मक मानते हैं। फिल्म पर अपने नियंत्रण को बढ़ाने से राय को लाभ भी हुए हैं—नुकसान भी। लेकिन मैं समझता हूँ राय 1970 में 'अरण्येर दिन रात्रि' के बाद एक लंबे समय से कोई बड़ी फिल्म नहीं बना पाए हैं। इन दिनों राय ह्यूस्टन (अमेरिका) में शल्यचिकित्सा के बाद कोलकाता में स्वास्थ्य लाभ कर रहे हैं। वे कह चुके हैं कि अपनी सर्वश्रेष्ठ फिल्म उन्हें बनानी है।

1984

हिंदी में फिल्म पत्रकारिता

यदि फिल्म पत्रकारिता का सामान्य अर्थ लिया जाए, तो हिंदी में फिल्म पत्रकारिता बहुत व्यापक स्तर पर हो रही है। न जाने कितनी फिल्म पत्रिकाएँ निकल रही हैं और जिन पत्रिकाओं का विषय फिल्म नहीं है, वे भी फिल्मों पर काफी सामग्री देती हैं। लेकिन जहाँ तक सार्थक और गंभीर हिंदी फिल्म पत्रकारिता का प्रश्न है—इस क्षेत्र में स्थिति बड़ी दयनीय है। इसके अनेक और जटिल कारण हैं—जिनमें से कुछ पर हम यहाँ विचार करेंगे।

तथाकथित हिंदी सिनेमा सचमुच हिंदी का सिनेमा बहुत कम हो पाया है। हिंदी में फिल्में इसलिए बनती रही हैं कि सारे देश में बाजार आसानी से मिल जाता है। दक्षिण में भी हिंदी फिल्मों की व्यावसायिक स्थिति हमेशा अच्छी रही है। उत्तर भारत में क्षेत्रीय स्तर पर हिंदी सिनेमा को पनपने का अवसर बिल्कुल नहीं मिल पाया है। सरकारी या निजी स्तर पर इस प्रकार के प्रयत्न नहीं हुए हैं। कारण दो प्रकार के हैं—इन प्रदेशों में अपनी भाषा के सिनेमा को विकसित करने की कोई सक्रिय संस्था नहीं है। हिंदी फिल्में मुख्यतः मुंबई में बनती हैं। दूसरे, व्यावसायिक सिनेमा का इतना जबरदस्त आतंक रहा है कि सिनेमाघरों की कमी के कारण अच्छी या गंभीर कही जा सकने वाली फिल्मों को बनने के बाद डिब्बे में ही बंद रहना पड़ता है। कोई फिल्म बन भी जाए, तो उसे दिखाया कैसे जाए? इन बातों का फिल्म पत्रकारिता पर गहरा असर पड़ा है। अच्छी फिल्म पत्रकारिता का विकास अच्छी फिल्मों से जुड़ा है। जब अच्छी फिल्में ही नहीं हैं, तो अच्छी फिल्म पत्रकारिता कैसे जन्म ले लेगी?

हमारे यहाँ एक विचित्र स्थिति देखी जा सकती है कि जो थोड़ी बहुत अच्छी हिंदी फिल्में बनी हैं, उन पर अंग्रेजी में ही लिखा गया है। जबकि बंगाल में (या अब दक्षिण में) अच्छे बंगला (या दक्षिण भारतीय भाषाओं के) सिनेमा पर बंगला (दक्षिण भारतीय भाषाओं) में भी खूब लिखा जाता रहा है। सिर्फ लिखा ही नहीं जाता रहा है—उस लेखन में गंभीरता, विश्लेषण और पत्रकारिता की भाषा को गढ़ने की कोशिश भी मौजूद रही है। खुद बंगला फिल्मकार और संबद्ध व्यक्ति अपनी

भाषा में फिल्म लेखन करते रहे हैं।

किसी भी भाषा में किसी विषय से जुड़ी पत्रकारिता या समीक्षात्मक लेखन तभी आगे आ सकता है, जब साहित्य और भाषा से जुड़े लोग उसमें दिलचस्पी दिखाएँ तथा उस विषय के तकनीकी पक्ष और तंत्र से निकट संबंध बनाने का माहौल हो। हिंदी में इन बातों की कमी रही है।

एक लंबे समय तक हिंदी साहित्यकार फिल्म को दूसरे दर्जे की विधा के रूप में देखते रहे। फिल्म से उनका संबंध रहा भी तो व्यावसायिक किस्म का। यह दिलचस्प बात है कि प्रेमचंद, अमृतलाल नागर आदि अनेक साहित्यकार मुंबई जाकर फिल्मों से जुड़े रहे, लेकिन उनका मुख्य उद्देश्य फिल्मलेखन नहीं था। फिल्म विधा पर हिंदी की साहित्यिक पत्रिकाओं में कभी लिखा ही नहीं गया।

फिल्म विधा से जुड़ी अद्‌भुत ताकत से परिचित होने के बावजूद आज हिंदी की साहित्यिक लघु पत्रिकाओं (जो मुख्यतः जनवादी स्वरूप लिए हुए हैं) में फिल्म संबंधी गंभीर विवेचनात्मक सामग्री दुर्लभ है। बल्कि एक-दो अपवाद छोड़कर कभी कुछ लिखा ही नहीं जाता। पिछले डेढ़-दो दशकों में स्थिति थोड़ी-सी बेहतर हुई है—आधुनिक और युवा लेखकों ने फिल्म लेखन में सक्रिय दिलचस्पी दिखाई है। पर कोई ऐसा मंच नहीं है जहाँ सब लोग एक साथ लिख सकें। बल्कि स्थिति इतनी दयनीय है कि फिल्म पर हिंदी में कोई बड़ी पुस्तक ही नहीं है। न तो किसी प्रकाशक की दिलचस्पी है और न ही भारतीय फिल्म समारोह निदेशालय ने इस दिशा में कुछ किया है।

इस परिप्रेक्ष्य में भारत सरकार की फिल्म संबंधी लेखन को हर वर्ष पुरस्कृत किए जाने की योजना का स्वागत किया जाना चाहिए। पहला पुरस्कार एक बंगला पुस्तक को मिला—यह भी एक उल्लेखनीय बात है। क्षेत्रीय भाषाओं के लेखन को न सिर्फ पुरस्कृत किया जाए बल्कि उनके अनुवाद भी उपलब्ध कराए जाने चाहिए। इससे निश्चय ही फिल्म संस्कृति को स्वस्थ माहौल में फलने-फूलने का मौका मिलेगा।

हिंदी की पत्र-पत्रिकाओं की हालत किसी से छिपी नहीं है। केवल लोकप्रिय सिनेमा और अभिनेताओं पर चटपटी सामग्री छापी जाती है। 'फिल्म शिक्षा' का काम ये पत्रिकाएँ बिना किसी खास नुकसान के कर सकती हैं, मगर संपादकों की दिलचस्पी नहीं है। तर्क दिया जाता है कि यूरोपीय या विश्व सिनेमा की जानकारी से क्या लाभ है? या फिर उन फिल्मों पर विस्तार से क्यों लिखा जाए जिन्हें लोग देख ही नहीं पाते। ऊपर से ये तर्क बहुत आकर्षक नजर आते हैं। मगर इस बात पर ध्यान नहीं दिया जाता कि बेहतर सिनेमा के प्रति जनमानस बनाने के लिए इस तरह की सामग्री की कितनी उपयोगिता है। जिस तरह से अच्छी किताब की विस्तृत और विश्लेषणात्मक समीक्षा किताब के उपलब्ध न होते हुए भी किताब में उठाए गए सवालों और बातों से हमारा सार्थक परिचय कराती है, उसी तरह

से गोदार या फेलीनी की किसी क्लासिक फिल्म की विस्तृत समीक्षा फिल्म तकनीक से लेकर फिल्म से जुड़ी कल्पनाशक्ति के अद्भुत विकास और संभावनाओं की हमें गहरी जानकारी दे सकती है। मूल की महिमा तो है ही, मगर उस तक सीधे पहुँचना भी जरूरी नहीं है।

हमारे यहाँ खासतौर से उत्तर भारत के विश्वविद्यालयों को फिल्म की समझ बढ़ाने की कोशिश करनी चाहिए। फिल्म समाज आंदोलन दिल्ली आदि शहरों तक सीमित न रहे तो इसके अच्छे परिणाम सामने आ सकते है। कोलकाता में इसी सदी के पाँचवें और छठे दशकों में फिल्म आंदोलन ने बेहतर सिनेमा के लिए बड़ा महत्त्वपूर्ण काम किया था।

हिंदी फिल्म पत्रकारिता को न तो सामान्य रूप से पत्रकारिता में सम्मान मिल सका है, और न ही हिंदी फिल्म जगत् को उसकी चिंता है। अजीब दयनीय स्थिति है। हिंदी फिल्म पत्रकार की छवि पर गौर करें, तो जैसे कोई भी व्यक्ति फिल्म पर लिख सकता है। कोई प्रतिमान नहीं हैं, कोई इतिहास नहीं है–आगे बढ़ने का कोई रास्ता भी नहीं है। भाषा बनाने की तो बात ही दूर की है। हिंदी में जो थोड़ा बहुत अच्छा सिनेमा बनता है, उसे हिंदी पत्रकार की तरफ देखना भी नहीं पड़ता है–अपने आप में यह कितनी दुःखद बात है।

कला समीक्षा और कला लेखन या पत्रकारिता का इतिहास देखा जाए, तो उसे सम्मानित रूप देने में दूसरी विधाओं का खास तौर पर कवियों का कितना बड़ा हाथ रहा है। फ्रांस में बोदलेयर से लेकर एपोलिनेयर तक कला समीक्षा की भाषा समृद्ध करते रहे हैं। अमेरिका में अनेक आधुनिक कवियों ने कला समीक्षा लिखी है। हिंदी में इसलिए मुझे लगता है–साहित्य के क्षेत्र में पहल होनी चाहिए। साहित्यिक पूर्वग्रह अवश्य रहेंगे, मगर शुरू में यह कोई बुरी बात नहीं है। एक निश्चित स्तर बनने लगेगा, तो पेशेवर फिल्म लेखक-पत्रकार भी सामने आ सकते हैं। अभी तो कोई भाषा-संस्कार ही नहीं है। इसके लिए एक लंबा रास्ता सामने है।

1981

आज की छटपटाहट को देखने वाली आँखें

गोविंद निहालानी को शुरू में श्याम बेनेगल की फिल्मों के कैमरामैन के रूप में ख्याति मिली ('गाँधी' फिल्म में वह सहायक कैमरामैन थे), लेकिन निर्देशक के रूप में अपनी पहली फिल्म 'आक्रोश' से ही उन्होंने एक गंभीर फिल्मकार के रूप में प्रतिष्ठा बना ली। 1981 के नई दिल्ली फिल्म महोत्सव में 'आक्रोश' को पुरस्कृत किया गया। उसके बाद उन्होंने वायुसेना के लिए 'विजेता' बनाई और उनकी तीसरी और ताजा फिल्म 'अर्धसत्य' मुंबई में प्रदर्शित होकर चर्चा और विवाद का विषय बनी हुई है। 'आक्रोश' में न्याय व्यवस्था की तीखी आलोचना थी और 'अर्धसत्य' में पुलिस की जिंदगी का ऐसा चित्रण है, जो इससे पहले भारतीय सिनेमा में इतनी सच्चाई और संवेदना के साथ कभी नहीं दिखाई पड़ा था।

'आक्रोश' में जाने-माने नाटककार विजय तेंडुलकर की पटकथा थी–'अर्धसत्य' में भी उन्हीं की पटकथा है। गोविंद निहालानी ने एक तरह से बेनेगल की सफल टीम का सहारा लेकर ही अपनी फिल्में बनाई हैं, लेकिन इसके बावजूद उन्होंने एक निर्देशक के रूप में अपनी अलग छवि बनाई है। 'अर्धसत्य' में ओम पुरी, स्मिता पाटील, विजय तेंडुलकर तथा स्वयं कैमरामैन निहालानी की उपस्थिति बेनेगल की ही पूरी टीम का भ्रम पैदा करती है, लेकिन निहालानी ने अपनी बात को बेनेगल शैली से काफी बचाया है। शायद यह जरूरी भी था।

एक फिल्म के रूप में 'आक्रोश' में कमजोरियाँ भी थीं, लेकिन उसकी सबसे बड़ी उपलब्धि एक भ्रष्ट राजनीतिक जीवन के खुले और साफ चित्रण में थी जो भारतीय सिनेमा में आश्चर्यजनक रूप में गायब रहा है। दरअसल हमारे यहाँ के अधिकांश फिल्मकार सेंसर को चुनौती देने से घबड़ाते हैं। यह पहले ही मान लिया जाता है कि सेंसर फलाँ चीज पास करेगा ही नहीं, इसलिए झंझट में क्यों फँसा जाए। 'अर्धसत्य' को लेकर सेंसर का भय स्वाभाविक था, लेकिन निहालानी और उनके साथी अदालत में जाने के लिए भी तैयार थे। मुंबई में प्रेस को फिल्म दिखा दी गई। प्रेस काफी प्रभावित हुई। लेकिन जब तक अखबारों में इस तरह के लेख छपना शुरू हुए कि यह फिल्म सेंसर की कैंची का शिकार हो जाएगी, तब तक

सेंसर ने चुपचाप बिना विवाद के फिल्म को 'ए' प्रमाणपत्र दे दिया था। कुछ भी काटने या जोड़ने के लिए नहीं कहा गया।

ऐसी बात नहीं है कि निहालानी ने 'अर्धसत्य' सेंसर को नाराज करने के लिए ही बनाई थी, लेकिन उन्होंने थोड़ा जोखिम से काम लिया और सफल भी हुए। फिल्म के प्रदर्शन के बाद मुंबई के कुछ अफसरों ने शिकायत जरूर की कि इस फिल्म में पुलिस की खराब छवि दिखाई गई है—एक पुलिस अफसर को शराबी दिखाया गया है। फिल्म पर प्रतिबंध लगाने की भी दबे स्वर में माँग हुई। लेकिन निर्माताओं के पास कोई लिखित विरोध नहीं आया। बल्कि अनेक पुलिस अफसरों ने निहालानी को व्यक्तिगत रूप में आकर बताया कि फिल्म में काफी संवेदना और सच्चाई के साथ पुलिस की जिंदगी का चित्रण हुआ है। जाहिर है कि सार्वजनिक रूप से वे इस फिल्म का समर्थन कैसे कर सकते हैं?

ऐसी बात नहीं है कि मुंबइया फिल्मों में अभी तक पुलिस की कार्यशैली पर चोट नहीं होती रही है। अधिकांश व्यावसायिक फिल्मों में पुलिस या तो एक कामेडियन के रूप में मौजूद रहती है या फिर वह घटनास्थल पर हाँफते हुए तब पहुँचती है, जब नायक खलनायक की जमकर पिटाई कर चुका होता है यानी पुलिस हमारी फिल्मों में बराबर मौजूद रही है, लेकिन कुछ इस तरह से कि सेंसर आपत्ति न कर सके।

'विजेता' भारतीय वायुसेना की बहादुरी दिखाने के लिए बनाई गई थी। अधिकांश आलोचकों ने उस फिल्म पर ध्यान नहीं दिया—निर्माता शशि कपूर भी उस फिल्म को भूल जाना चाहते हैं। बॉक्स ऑफिस पर भी 'विजेता' असफल रही। और अब लगता है कि निहालानी भी 'विजेता' को भूल जाने के लिए तैयार हैं।

हम लोग भूल जाते हैं कि एक अच्छी प्रचार फिल्म भी बनाई जा सकती है। आखिर 'अर्धसत्य' को भी एक प्रचार फिल्म के रूप में देखा जा सकता है। वह पुलिस की हालत, उसके काम करने की स्थितियों में बड़ा बदलाव लाने का स्पष्ट प्रचार करती है। उसमें जगह-जगह पर प्रचार फिल्मों की (और वृत्तचित्र सरीखी) शैली में पुलिस से संबंधित समस्याओं और बहसों को उभारा गया है। पुलिस तंत्र को मानवीय बनाने का जबरदस्त प्रचार है।

सौभाग्यवश 'अर्धसत्य' को कला फिल्म की चिप्पी की ज्यादा जरूरत नहीं है। इस फिल्म को आम आदमी भी अच्छी तरह से समझ सकता है—आखिर पुलिस हमारे जीवन में इतनी परिचित चीज है! फिल्म एक खास तरह की तेजी से आगे बढ़ती है—कैबरे, रेस्तराओं, जुआघरों, चोर-डाकुओं और अपराधियों की दुनिया में पुलिस अफसर अनंत वेलणकर (ओमपुरी) की समस्या यह है कि वह जितनी सच्चाई और ईमानदारी से अपने काम को करने की कोशिश करता है उतना ही उसे विक्षिप्त होने के लिए विवश होना पड़ता है। फिल्म की पटकथा की सबसे कमजोर कड़ी

है कालेज की एक महिला अध्यापिका ज्योत्स्ना गोखले (स्मिता पाटील)। निर्देशक कहीं भी प्रामाणिक ढंग से यह नहीं साबित कर पाता कि अनंत और ज्योत्स्ना में थोड़े-बहुत मधुर संबंध भी किस तर्क से बने हुए हैं। पटकथा में ज्योत्स्ना अगर अनंत को गिनीपिग (प्रयोगशाला का चूहा) मानकर सहानुभूति दिखाती नजर आती, तो फिल्म में जटिल और महत्त्वपूर्ण संभावनाएँ सामने आतीं।

गोविंद निहालानी ने 'अर्धसत्य' में दिलीप चित्रे की कविताओं का भी खूबसूरत इस्तेमाल किया है। फिल्म में दिखाई क्रूरता, यंत्रणा और हिंसा को ये कविताएँ राहत पहुँचाती हैं। एक तथाकथित फिल्म समीक्षक ने फिल्म देखने के बाद निहालानी से प्रेस कान्फ्रेंस में कहा कि इन कविताओं से फिल्म आम आदमी तक नहीं पहुँचेगी। यह है हमारे यहाँ कि मानसिकता। आम आदमी की दुहाई देकर तो किसी फिल्म के जटिल फ्रेम को भी निकाल देने के लिए कहा जा सकता है।

प्रेस कान्फ्रेंस के बाद निहालानी ने एक बातचीत में इस टिप्पणीकार से कहा कि अगली फिल्म में मैं कुछ ज्यादा ही कविताएँ इस्तेमाल करने जा रहा हूँ।

मराठी रंगमंच के अभिनेता सदाशिव आम्रापुरकर ने अपनी पहली फिल्म में ही अद्‌भुत अभिनय किया है। 'आक्रोश', 'विजेता' और 'अर्धसत्य' (बजट : साढ़े चौदह लाख) सरीखी फिल्में बनाकर गोविंद ने हिम्मत का काम किया है। इस हिम्मत से सिनेमा के पर्दे पर एक दूसरी तरह का सत्य सामने आ सकेगा।

1983

एक चेहरा जो स्मिता पाटील का है

पचास और साठ के दशक में भी हिंदी सिनेमा में अनेक अच्छी अभिनेत्रियाँ थीं लेकिन तब ऐसे निर्देशक और फिल्में नहीं थीं जो किसी अभिनेत्री की प्रतिभा का पूरा और अर्थपूर्ण इस्तेमाल कर सकें। ऐसे पटकथा लेखक नहीं थे जो किसी अभिनेत्री की सामर्थ्य को सामने रखकर भूमिकाओं की रचना कर सकें। वहीदा रहमान और नूतन सरीखी अभिनेत्रियों ने अपने समय में अपनी सीमाओं के भीतर अच्छा और अर्थपूर्ण काम किया। लेकिन सत्तर के दशक में हिंदी सिनेमा में अभिनेत्रियों को ऐसे अनेक अवसर मिले जो स्त्री की बदलती छवि के साथ न्याय करते हों और जिनमें अभिनय की भी गुंजाइश हो। इसी दशक में शबाना आजमी और स्मिता पाटील सरीखी अभिनेत्रियों को उभरने का मौका मिला और अस्सी के दशक में तो आज यह हालत है कि ये अभिनेत्रियाँ अपना रोल और पटकथा तक 'डिक्टेट' करने लग पड़ी हैं।

शायद सत्यजित राय ने ही कहीं 'भुवन शोम' की नायिका सुहासिनी मुले के संदर्भ में लिखा था कि अच्छी अभिनेत्री वह है जो भले ही फिल्म के हर फ्रेम में मौजूद न हो लेकिन हर जगह उसकी याद आपको आती रहे।

इसीलिए अच्छी अभिनेत्रियों को यह चिंता नहीं होनी चाहिए कि उन्हें कितने प्रंसगों में कैमरे का फोकस बनाया गया। कुछ अभिनेत्रियाँ अपने चेहरे के बल पर सिनेमा की दुनिया के जादू का केंद्रीय आकर्षण बनी रहती हैं, लेकिन स्मिता और शबाना की पीढ़ी को कड़ी मेहनत के बाद अपने चेहरे को स्थापित करने का मौका मिला है। उनके चेहरे ऐसे नहीं हैं जो उन्हें सिनेमाई ग्लैमर का हिस्सा तुरंत बना दें।

रेखा या राखी ऐसी अभिनेत्रियाँ हैं जिन्होंने औसत व्यावसायिक फिल्मों में अपना बाजार बनाकर कभी-कभार अच्छी फिल्मों में काम किया। खासतौर पर रेखा जब लोकप्रियता के शिखर पर पहुँच गई तो उसने 'उमराव् जान' और 'कलयुग' सरीखी फिल्मों में काम किया। जाहिर है कि इन अच्छे निर्देशकों ने रेखा की सामर्थ्य का अच्छा इस्तेमाल किया और उसकी लोकप्रियता का भी फायदा उठाया। सुप्रसिद्ध

क्यूबाई फिल्मकार तोमास आलिया ने एक बार बातचीत में मुझसे कहा था कि वे अपनी फिल्मों में जाने-माने अभिनेता इसलिए भी लेते हैं कि उन्हें दर्शक ज्यादा मिल जाते हैं।

स्मिता पाटील की कहानी थोड़ा अलग है। पहले उसने खूब मेहनत से अपने चेहरे की सच्ची सुंदरता दर्शकों तक पहुँचाई और फिर कई कमर्शियल फिल्मों में भी काम किया। 'नमक हलाल' में अमिताभ के साथ बारिश में चालू नृत्य करने से पहले स्मिता 'भूमिका' और 'उंबरठा' (जो बाद में हिंदी में 'सुबह' नाम से रिलीज हुई) में अपनी अभिनय प्रतिभा के श्रेष्ठ रूप को वे दिखा चुकी थीं।

मुंबइया सिनेमा की दुनिया में काम करना और अपने को बचाए रखना आसान काम नहीं है। स्मिता का कहना है कि उसे कम बजट की कुछ फिल्मों से इसलिए हटाया गया कि उसकी 'मार्किट वेल्यू' नहीं थी। इस खीझ के कारण भी उसने औसत व्यावसायिक फिल्मों में उछल-कूद शुरू की।

शबाना और स्मिता के बहुप्रचारित 'युद्ध' का एक महत्त्वपूर्ण पक्ष यह भी है कि शबाना 'अंकुर' और 'खँडहर' से शुरू होकर 'अवतार' और 'दूसरी दुल्हिन' में अपने चेहरे को सफलतापूर्वक 'फिट' कर सकती हैं। स्मिता के सामने यह सुविधा कभी नहीं रही। तथाकथित 'बीच के सिनेमा' में उसे अधिक भूमिकाएँ नहीं मिल सकती हैं। उसे या तो श्याम बेनेगल सरीखा निर्देशक चाहिए या फिर वह 'नमक हलाल' और 'हादसा' सरीखी भूमिकाओं में थोड़ा बहुत ग्लैमर पैदा कर सकती है।

स्मिता पाटील का जीवन लगभग दस बरस पुराना है। टी. वी. पर खबरें पढ़ने के काम से शुरू होकर 'सुबह' तक की यात्रा दिलचस्प और मुश्किल है। अरुण खोपकर ने पुणे के फिल्म संस्थान की अपनी डिप्लोमा फिल्म में स्मिता की मदद ली। श्याम बेनेगल ने इस तरह से स्मिता को खोजा। 'निशांत', 'मंथन' आदि फिल्मों ने स्मिता को एक पहचान दी लेकिन 'भूमिका' में मराठी अभिनेत्री हंसा वडकर के जीवन को सिनेमा के पर्दे पर उतारने की चुनौती ने स्मिता को एक बड़ी अभिनेत्री साबित कर दिया। बेनेगल की दूसरी फिल्मों को चर्चा भले ही ज्यादा मिली हो लेकिन आज भी 'भूमिका' उसकी सर्वश्रेष्ठ फिल्म है और इस फिल्म में स्मिता का अभिनय अद्‌भुत है। स्मिता को 'भूमिका' के लिए राष्ट्रीय पुरस्कार मिला (बाद में 'चक्र' में भी उसे दूसरा राष्ट्रीय पुरस्कार मिला)।

एक अभिनेत्री के रूप में स्मिता की क्षमता को समझने के लिए 'भूमिका', 'बाजार' और 'सुबह' इन तीन फिल्मों के उदाहरण लिए जा सकते हैं। स्मिता 'सुबह' को अपनी सर्वश्रेष्ठ फिल्म मानती है—शायद इसलिए भी कि उसमें सावित्री महाजन स्त्री के रूप में अपनी सच्ची ताकत को दिखाने में सफल हुई है। स्त्रियों की स्वतंत्रता और ताकत को इन दिनों चालू फिल्मों में भी धड़ल्ले से दिखाया जा रहा है। लेकिन 'सुबह' में स्मिता पाटील ने सावित्री के चरित्र को सुंदर अर्थ दिया है। पटकथा

और निर्देशन (जब्बार पटेल) ने भी इस काम में स्मिता की पूरी मदद की है।

'बाजार' ने स्मिता के अभिनय के विस्तृत क्षेत्र को सिद्ध किया। हैदराबाद के मुस्लिम वातावरण को आधार बनाने वाली इस फिल्म में स्मिता ने एक नए यथार्थ को प्रस्तुत किया और यह यथार्थ गिलास में बढ़िया ह्विस्की का पेग उँड़ेलने के प्रसंग तक में उभरता है।

ये तीनों फिल्में काफी हैं स्मिता को बड़ी अभिनेत्री सिद्ध करने के लिए (वैसे आजकल रेखा, स्मिता और शबाना तीनों ही अपने आपको जोर देकर 'नंबर एक' अभिनेत्री कह रही हैं!)—इस समीक्षक को इनमें 'भूमिका' सर्वश्रेष्ठ लगती है चूँकि उसमें निर्देशन और अभिनय का दुर्लभ मेल है। सुप्रसिद्ध स्वीडी फिल्मकार बर्गमैन अपनी फिल्मों में अभिनेत्रियों के साथ अक्सर इस तरह का मेल दिखाते हैं। 'भूमिका' का रोल मुश्किल भी है—'सुबह' का रोल तो बहुत सहज है। उसमें सीपिया रंग के अतीत में जाकर स्मिता एक पुराने जमाने की अभिनेत्री भी नजर आती है। संभवतः स्मिता को 'सुबह' में सावित्री की भूमिका इसलिए भी पसंद है कि वह सामाजिक जीवन में उस तरह के काम करने की कोशिश करती रही है, जो स्त्री को पुरुष प्रबल समाज में अपनी जगह दिलाएँ।

स्मिता और शबाना की तुलना स्वाभाविक है। ये दोनों स्वयं ही तुलना करके अपने-अपने को श्रेष्ठ बताती हैं। 'अर्थ' और 'मंडी' इन दो फिल्मों ने इस तुलना को और भी तीखा विषय बना दिया है। 'अर्थ' में शबाना की भूमिका वैसे भी दर्शक के मन में सहानुभूति पैदा करती है। दूसरी औरत (जो लगभग मानसिक रोगी भी है) के रूप में स्मिता वहाँ खलनायिका है। लेकिन 'अर्थ' में यह निर्देशक की कमजोरी है कि उसने स्मिता के चरित्र को हॉलीवुड की अभिनेत्री सरीखा बना दिया है। जिस घर में स्मिता रहती है उसका डिजाइन तक भारतीय नहीं है। (हमारी अभिनेत्रियाँ घर की सज्जा भले ही पश्चिमी शैली की करती हों पर वे 'अर्थ' के सेट में तो नहीं ही रहती हैं!) फिर भी स्मिता ने इस भूमिका की चुनौती को जगह-जगह पर स्वीकार किया है।

'मंडी' में जरूर शबाना स्मिता को पीछे छोड़ देती है। लेकिन 'मंडी' पूरी तरह से शबाना केंद्रित फिल्म है। जीनत (स्मिता) का काम तो सिर्फ सजे-धजे बैठे रहना है।

शबाना और स्मिता बहुत अलग किस्म के वातावरण की पैदाइश हैं। शबाना एक संस्कृति संपन्न वातावरण से है—अंग्रेजी बहुत बढ़िया बोलती है। शुरू से ही उसमें आत्मविश्वास है। 1973 में मुंबई में फिल्म संस्थान की डिप्लोमा फिल्मों को देखकर ही ल़गा था कि शबाना आजमी बहुत तेज तर्रार और सफल अभिनेत्री साबित होगी, बल्कि एक डिप्लोमा फिल्म में तो वह बहुत 'माड' शैली में अंग्रेजी में अपना परिचय देती है कि मैं शबाना आजमी हूँ।

स्मिता के बचपन का वातावरण दूसरी तरह का रहा है। उसके पिता मंत्री रह चुके हैं। मराठी वातावरण में वह पली-बढ़ी। अंग्रेजी बोल नहीं पाती थी। निजी भावनात्मक जीवन शुरू से ही उसका तनावपूर्ण रहा है। एक पत्रकार से एक बार स्मिता ने कह दिया था, 'मैं शायद ज्यादा दिन जिंदा न रहूँ।'

स्मिता के इस निराशावाद को उसके मिजाज (खासतौर पर अभिनय के मिजाज) के संदर्भ में देखना चाहिए। आज स्मिता का महत्त्व केवल इसलिए नहीं बढ़ गया है कि फ्रांस में सुप्रसिद्ध निर्देशक कोस्टा गावरास ने उसकी फिल्मों का पुनरवलोकन प्रदर्शन आयोजित करवा दिया है। इस सफलता के पीछे मेहनत और मौके हैं और सबसे बड़ी बात तो यह है कि वह अपनी जमीन से जुड़ी रही है।

1984

दर्शकों को निराश नहीं करना ओम पुरी

चेकोस्लोवाकिया की राजधानी प्राहा से कुछ घंटों की दूरी पर छोटी-सी खूबसूरत जगह है—कार्लोवी वारी। दरअसल यह जगह तरह-तरह के रोगियों के स्वास्थ्य लाभ के लिए प्रसिद्ध है। लेकिन सिनेमा की दुनिया में कार्लोवी वारी एक जाना-पहचाना अंतर्राष्ट्रीय महोत्सव है। कथाफिल्मों के क्षेत्र में पूर्व यूरोप में दो ही फिल्म महोत्सव मशहूर हैं—मास्को और कार्लोवी वारी। हर साल बारी-बारी से इन दोनों शहरों में फिल्म महोत्सव आयोजित होते हैं। इस साल जुलाई में यह महोत्सव कार्लोवी वारी में हुआ जहाँ 'अर्धसत्य' में सब-इंस्पेक्टर वेलणकर की भूमिका के लिए ओम पुरी को सर्वश्रेष्ठ अभिनेता का पुरस्कार मिला। इस अंतर्राष्ट्रीय सम्मान से कुछ ही सप्ताह पहले ओम पुरी को इसी भूमिका के लिए राष्ट्रीय पुरस्कार भी मिल चुका था। ओम पुरी 'आरोहण' में भी अपनी भूमिका के लिए राष्ट्रीय पुरस्कार पा चुके हैं।

ओम पुरी का फिल्म जीवन 1978 में शुरू हुआ 'गोधूलि' फिल्म से। इस थोड़े से समय में ओम पुरी लगभग 25 फिल्मों में छोटी-बड़ी भूमिकाएँ कर चुके हैं। इनमें से अनेक फिल्में—कला फिल्मों की चिप्पी के कारण रिलीज नहीं हो पाई हैं पर 'आक्रोश' और 'अर्धसत्य' ने ओमपुरी को एक जाना-पहचाना चेहरा बना दिया है। एक लोकप्रिय फिल्म-पत्रिका ने तो ओम पुरी को 'आर्ट फिल्मों का अमिताभ बच्चन' ही घोषित कर दिया है।

बहरहाल ओम पुरी के संदर्भ में अमिताभ बच्चन की याद आने का एक कारण और भी है। अमिताभ को 1973 में 'जंजीर' में पुलिस इंस्पेक्टर की भूमिका से ही 'एंग्री यंगमैन' का खिताब मिला था। यहाँ यह भी उल्लेखनीय है कि 'जंजीर' में अमिताभ ने पुलिस इंस्पेक्टर की भूमिका को एक अर्थ भी देने की कोशिश की थी। 'जंजीर' ने अमिताभ को लोकप्रिय बनाया। और अब 'अर्धसत्य' ने ओम पुरी को लोकप्रिय बना दिया है—एक पुलिस इंस्पेक्टर की ही भूमिका से। इस साल जनवरी में मुंबई के फिल्मोत्सव के उद्घाटन समारोह में जीनत अमान और अमोल पालेकर जब मंच पर उपस्थित सितारों की परेड करा रहे थे, तो दर्शकों ने सबसे अधिक स्वागत ओम पुरी का ही किया। मुंबई में उन दिनों 'अर्धसत्य' की बड़ी धूम थी।

व्यावसायिक सिनेमा ने 'अर्धसत्य' और 'आक्रोश' के पटकथा लेखक विजय तेंडुलकर की सेवाओं का इस्तेमाल करना शुरू कर ही दिया है। जहाँ तक ओम पुरी का सवाल है—एक अभिनेता कब तक व्यावसायिक सिनेमा से बच सकता है। इन दिनों ओम पुरी को 'बहू माँगे इंसाफ' सरीखी फिल्मों में खलनायक की भूमिका भी निभानी पड़ रही है। 'अर्धसत्य' के रिलीज होने से ठीक पहले हुई एक बातचीत में ओम पुरी ने मुझसे कहा था, ''मन से तो मैं ऐसी फिल्मों में नहीं काम करूँगा। अब आप देखिए बनिया सभी पार्टियों को चंदा देता है। वैसे इन दिनों इंडस्ट्री में कमर्शियल सिनेमा की शक्ल भी बदल रही है। 'मासूम', 'अर्थ' सरीखी फिल्मों को मैं अच्छी कमर्शियल फिल्में ही मानता हूँ।''

ओम पुरी का चेहरा मुंबइया फिल्मों की सुंदरता से कोई मेल नहीं खाता है। मक्खन की तरह वह मुलायम नहीं है। उस पर चेचक के दाग हैं। बल्कि शुरू में ओम पुरी फिल्मों में आने की सोच ही नहीं रहे थे। लेकिन देश-विदेश की अच्छी फिल्मों को देखकर उन्हें महसूस हुआ कि उनके चेहरे के लिए भी सिनेमा में जगह है। और फिर सुंदर चेहरे की परिभाषा क्या है? शशि कपूर और राबर्ट रेडफोर्ड? (शबाना आजमी ने हाल में एक इंटरव्यू में इन दो सुंदर चेहरों की चर्चा की है—एक भिन्न संदर्भ में।) ओम पुरी को दरअसल एलेक गिनेस जैसे चेहरों ने प्रेरित और प्रभावित किया। मेहनत और लगन से उन्होंने अपने चेहरे की सुंदरता को सिनेमा के पर्दे पर स्थापित किया है।

इस समय सौभाग्यवश हिंदी सिनेमा में ओम पुरी, नसीरुद्दीन शाह, स्मिता पाटील और शबाना आजमी सरीखे चेहरे मौजूद हैं जिन्होंने अपनी सुंदरता को सही अर्थों में साबित किया है। ये चारों अभिनेता हिंदी में तथाकथित कला सिनेमा के माध्यम से सामने आए। श्याम बेनेगल ने हिंदी सिनेमा में अभिनेताओं को खूब अवसर दिए। 1968 के जमाने में हिंदी सिनेमा में समानांतर सिनेमा की जब चर्चा शुरू हुई थी, तो फिल्मकार और फिल्में चर्चित हुईं पर अभिनेता नहीं। बेनेगल ने हिंदी सिनेमा में राष्ट्रीय नाट्य विद्यालय और फिल्म संस्थान की प्रतिभाओं को कई अच्छे मौके दिए। 1968 की नई लहर के एक फिल्मकार तो अभिनेताओं को अपने हाथ की कठपुतली बता चुके हैं। एक हद तक यह बात भले ही सच हो लेकिन अभिनेताओं को गंभीर (या अच्छे) सिनेमा में दूसरे दर्जे का यात्री कम-से-कम इस भाषा में क्यों साबित किया जाए?

स्मिता और शबाना तो खुल्लमखुल्ला एक-दूसरे के खिलाफ वक्तव्य देने लगी हैं कि कौन और कैसे बढ़िया रोल हथियाने की कोशिश करती है। सौभाग्यवश ओम पुरी और नसीर में यह युद्ध नहीं चल रहा है। 'फिल्मफेयर' पुरस्कार पाने के बाद नसीर ने एक अखबार को भेंटवार्ता में कहा था कि इस बार का पुरस्कार

ओम पुरी को मिलना चाहिए था। यह पुरस्कार न पाकर ओम पुरी भी निराश हुए थे पर अब उन्हें निराश होने की जरूरत नहीं है।

अंतर्राष्ट्रीय ख्याति प्राप्त फिल्मकार कोस्टा गावरास ने मुंबई के फिल्मोत्सव के दौरान स्मिता की फिल्मों को देखा और इतना अधिक प्रभावित हुए कि पेरिस में स्मिता का सिंहावलोकन प्रदर्शन ही आयोजित करवा दिया। जाहिर है कि इन सब बातों ने अच्छे सिनेमा के पक्ष को मजबूत ही किया है।

ओम पुरी का जन्म पटियाला के पास संतौर नामक जगह में हुआ था। पटियाला खालसा कालेज में पढ़ाई की। वहीं से नाटकों का शौक शुरू हुआ जो बाद में दिल्ली के राष्ट्रीय नाट्य विद्यालय में ले आया। अलकाजी के जमाने में वह नाट्य विद्यालय के छात्र थे। पुणे फिल्म संस्थान ने एक नजर में तो ओम पुरी को 'रिजेक्ट' ही कर दिया था।

ओम पुरी का प्रारंभिक जीवन काफी संघर्षपूर्ण रहा। बचपन में ही माँ, भाई, बहन की मृत्यु के अनुभवों ने हिला दिया। छोटी उम्र में उन्हें खुद ही अपनी पढ़ाई की जिम्मेदारी भी सँभालनी पड़ी।

शुरू में ओम पुरी सेना में भर्ती होने का सपना देखते थे। स्कूल में दारासिंह की फिल्मों के शौकीन थे। "दारासिंह पाँच-सात लोगों को जब मारता था, तो वह विश्वसनीय नजर आता था।" इन फिल्मों का ओम पुरी पर खुमार-सा रहता था। दूध पीते थे, व्यायाम करते थे।

लेकिन कालेज के प्रोफेसर हरपालसिंह दिवाना की नाटक मंडली ओम पुरी को एक दूसरी दुनिया में ले आई। पहले नाटक (पंजाबी) का अनुभव भी दिलचस्प है। जमींदार और किसान के संघर्ष की कहानी। एक प्रसंग में पुलिस किसान को फँसाने के लिए उसके यहाँ देसी शराब रखवा देती है। इस नाटक में ओम पुरी नाटक में इतना बह गए कि कुछ संवाद अपनी तरफ से भी बोलने लगे। पुलिस वालों को गालियाँ भी सुना दीं। बाद में डाँट खानी पड़ी चूँकि दर्शकों में पुलिस कमिश्नर भी मौजूद थे।

यानी पहले ही नाटक में पुलिस का चक्कर। यह चक्कर 'अर्धसत्य' तक ले आया। ओम पुरी की कुछ प्रमुख फिल्में हैं : 'सद्‌गति', 'आरोहण', 'आक्रोश', 'अर्धसत्य', 'चीख', 'विजेता', 'शोध', 'कलयुग'।

ओम पुरी को अक्सर यह बताना पड़ता है कि वह अमरीश पुरी के रिश्तेदार नहीं हैं।

जाहिर है कि ओम पुरी आम मुंबइया अभिनेताओं से अलग हैं। मार्क्सवाद में उनकी आस्था है। अपने अभिनय को लेकर वह काफी सजग हैं।

सबसे अच्छी बात तो यह है कि वह आम जनता में अपनी लोकप्रियता को दूसरे अर्थ में देखने समझने की कोशिश करते हैं। पिछले साल की मुलाकात

में उन्होंने मुझे बताया था, "दिल्ली स्टेशन पर मुझे एक कंघी बेचने वाले युवक ने पहचान लिया। उसने मुझे बहुत प्यार से एक कंघी भेंट में दी और कहा, आप ऐसी ही फिल्मों में काम करिए, हमें निराश मत कीजिए।"

भविष्य में ओम पुरी की सफलता इस बात पर निर्भर करेगी कि अपने दर्शकों के प्यार को वह कितना पहचानते हैं।

1984

पति-पत्नी संबंध फिल्मी आईने में

इधर अचानक मुंबइया फिल्मों में विवाह के बाद के संबंधों में दूसरी स्त्री बहुत महत्त्वपूर्ण हो गई है। यह स्त्री किसी-किसी फिल्म में तो वैवाहिक संबंधों को खत्म ही कर देती है (और सतही स्तर पर आधुनिक समाज की मुक्त स्त्री की छवि को प्रबलित करती है) या फिर उसकी उपस्थिति पत्नी के सामने एक चुनौती रखती है कि उसकी संतान को स्वीकार किया जाए अथवा नहीं? अक्सर मासूम बच्चे की दुहाई देकर पत्नी का मन पिघलाया जाता है और पतिदेव के धोखे को अंत में पत्नी स्वीकार कर लेती है, लेकिन इनमें से बहुत कम ऐसी फिल्में हैं जो किसी बात को वजन के साथ कह पाई हैं। विनोद पांडे की 'एक बार फिर' और शेखर कपूर की 'मासूम' दो ही ऐसी फिल्में हैं जो स्त्री-पुरुष संबंधों को एक सार्थक और नई रोशनी देती हैं। महेश भट्ट की 'अर्थ' की पत्नी का विद्रोह 'एक बार फिर' की तरह अपनी सार्थकता सिद्ध नहीं कर पाता।

'बंधन कच्चे धागों का' और 'मासूम' एक ही तरह के कथानक की फिल्में हैं लेकिन 'मासूम' का निर्देशक फिल्म कला की अपनी अच्छी पकड़ और बच्चों के सुंदर अभिनय से कम-से-कम कुछ बातें दर्शक तक पहुँचाता है। संभवतः बॉक्स ऑफिस पर 'मासूम' की सफलता से प्रेरित होकर 'बंधन कच्चे धागों का' फिल्म बना दी गई। लेकिन इस फिल्म में मुंबइया फिल्मों की हिंसा और क्रूरता को एक नई बोतल में और एक नए मानव विरोधी तरीके से पेश किया गया है। यह सही है कि 'मासूम' का कथानक एक विदेशी उपन्यास से प्रेरित था लेकिन उसमें निर्देशक के पास एक दृष्टि थी और फिल्म कला की समझ भी। 'बंधन कच्चे धागों का' का व्यवसायी नायक शशि कपूर लगभग स्मगलरों की तरह रहता है—उसकी पत्नी राखी एक जज है। घर में दो बच्चे हैं। अचानक शशि कपूर को पता चलता है कि विवाह के बाद भावावेश में परिस्थितियों के कारण जीनत अमान के साथ उसके जो संबंध बने थे उनसे एक संतान इस दुनिया में मौजूद है। जीनत अमान कैंसर से मर रही है इसलिए वह शशि कपूर को अचानक बुलवा कर उसके बेटे से मिलाती है। यानी 'मासूम' की ही नकल की गई है। लेकिन निर्देशक महोदय अपनी क्रूर

कल्पनाशक्ति का खूब परिचय देते हैं। यहाँ तक कि कैंसर से लड़ रही जीनत अमान अमेरिका में खलनायक प्रेम चोपड़ा को समुद्र किनारे कार से कुचल देती है। बहरहाल फिल्म में जीनत अमान की आखिरकार मौत हो जाती है और राखी किसी तरह से अपने परिवार को टूटने से बचाती है। इस फिल्म में राखी अपने पति के गैर-वैवाहिक संबंधों से इतनी परेशान नहीं है जितनी इस बात से कि उसके पति ने उसे अँधेरे में रखा। वह बच्चे को आसानी से स्वीकार कर लेती है। लेकिन 'मासूम' में शबाना आजमी अधिक वास्तविक नज़र आती है चूँकि वह स्वाभाविक रूप से 'डिस्टर्ब्ड' है और बच्चे को आसानी से स्वीकार नहीं करती है।

'अर्थ' में पति-पत्नी ने सालों के संबंध के बावजूद बच्चा नहीं पैदा किया और उसमें प्रेमिका भी बच्चे की माँ नहीं बनती है। लेकिन ऐसे पति जो अपने को कलाकार समझने की गलतफहमी में जिंदा रहते हैं वे बच्चे पैदा करने के 'सही काम' में कोई देरी नहीं करते हैं। वे जानते हैं कि पत्नी घर में बच्चे पैदा करके ही व्यस्त रह सकती है। उन्हें इस बात की चिंता नहीं होती कि मुंबई में बच्चे पालने लायक घर है या नहीं। इस तरह से घर में वे पत्नी के साथ भी निभाते हैं और बाहर अपने सामाजिक जीवन में तथाकथित 'लिबरेटेड' स्त्रियों के साथ मुक्त संबंध भी सफलतापूर्वक स्थापित करते हैं। यानी वे 'अर्थ' का अनर्थ नहीं होने देते।

इन फिल्मों में पर्याप्त 'कन्फ्यूजन' है। लेकिन फिल्म इतना ताकतवर माध्यम है कि उसके मिथक समाज में दूर-दूर तक असर डालते हैं। पश्चिमी समाज में (फिर चाहे वह समाजवादी समाज क्यों न हो) विवाह संस्था की हालत काफी खराब हो चुकी है। यंत्रविधि और उपभोक्ता समाज ने स्त्री-पुरुष के संबंधों को बुरी तरह से हिला दिया है। लेकिन भारतीय समाज में विवाह संस्था अभी इतनी खस्ता हालत में नहीं है। निश्चित रूप से पुरुष (यानी प्रेमी) अधिक अन्यायी, आक्रामक और चालाक है, इसीलिए राजश्री फिल्म्स छाप औरत की छवि फिल्मों के माध्यम से भारतीय स्त्री का नुकसान करती रही है चूँकि वहाँ पर एक नकली परंपरा और आदर्शवादिता को प्रतिष्ठित किया जाता रहा है।

लेकिन महत्त्वपूर्ण प्रश्न यह है कि विवाह के बाद भारतीय समाज में कौन-सा वर्ग विवाहेतर संबंधों को बढ़ावा देता है? पैसे वाला वर्ग या फिर नकली बौद्धिक और कलाकारों का वर्ग। पैसे वाले वर्ग के लिए यह आसान है कि वह पत्नी को सुविधाएँ उपलब्ध कराने के बाद सुरा सुंदरी के पीछे लगा रहे। इसी तरह से थोड़े बहुत नक्काल बौद्धिक और कलाकार पत्नी को पिछड़ा हुआ साबित करके ऐसी 'लिबरेटेड' स्त्रियों को खोजते रहते हैं जो उनकी बौद्धिक और शारीरिक भूख को बिना किसी दिक्कत के पूरा कर सकें। सौभाग्य से ऐसे लोगों की संख्या बहुत कम है। लेकिन दुर्भाग्य से पैसे वाले स्मगलरनुमा या 'टॉप एक्जीक्यूटिव' वर्ग के

जीवन को इधर फिल्मों में खूब रंगीनियत प्रदान की गई है चूँकि इसमें काफी 'स्कोप' है। यह अकारण नहीं है कि 'अर्थ' फिल्म की कथा की प्रेरणा निर्देशक को अपनी पत्नी और परवीन बाबी के संबंधों से मिली है। सच्चाई यह है कि हिंदी फिल्मों में आज हाजी मस्तान से शुरू होकर धनी फिल्मकारों की अपनी जिंदगी के तनाव और रोग ज्यादा चित्रित हो रहे हैं।

1983

हम चीखते क्यों नहीं

सन् 1970 के दशक की शुरुआत में अमिताभ ने प्रकाश मेहरा और मनमोहन देसाई और सलीम-ज़ावेद की मदद से जिस हिंसक सिनेमा की नींव डाली, उस में स्त्रियों की कोई जगह नहीं थी। भारतीय सिनेमा के इतिहास में ऐसा कभी पहले नहीं हुआ था। तीन घंटे की फिल्म में स्त्री को अगर तीस मिनट की जगह मिल भी जाती थी, तो रोने धोने, देवी माँ के आगे सर झुकाने या किसी डिस्को-कैबरे में नितंब हिलाने तक सीमित थी। मनमोहन देसाई का कहना है कि वह स्त्री की देह को नंगा करके दर्शकों को नहीं आकर्षित करते।

दरअसल मनमोहन देसाई ने तथाकथित 'एंग्री यंग मैन' की अमिताभ छवि को इतना भुनाया, कि सिनेमा के पर्दे पर उन्होंने स्त्रियों को फिजूल की चीज बना दिया।

भारत सरीखे देश में फिल्मों की क्रूर हिंसा को हँसी में नहीं लिया जा सकता (एक फिल्मी हस्ती ने कहा कि हिंदी फिल्मों में बलात्कार भी कॉमेडी होता है)। एक हद तक पर्दे की हिंसा व्यक्ति के भीतर मौजूद हिंसा की भावना का 'परिष्कार' (सब्लीमेशन) कर सकती है पर क्रूर हिंसा यह काम भी नहीं कर सकती है। न्यायमूर्ति जी. डी. खोसला ने सेंसर से संबंधित एक टिप्पणी में सही लिखा था कि क्रूर हिंसा के दृश्यों की भरमार दर्शक को दूसरों की पीड़ा के प्रति संवेदनहीन बना देती है। साथ में वह क्रूरता और अपराध के लिए उसे तैयार भी करती है। कैमरे की क्लोजअप शैली और रंगीन फिल्मों ने यह काम और भी खतरनाक कर दिया है।

एक ओर मुंबई के ये सारे 'मर्द' हैं और दूसरी ओर दक्षिण भारतीय सिनेमा का लगभग अतियथार्थवादी संसार। दक्षिण के किसी भी शहर में सिनेमा के बड़े-बड़े पोस्टर ही सब कुछ बता देते हैं। विशाल वक्षस्थल और नितंबों वाली सिल्क स्मिताएँ और तरह-तरह की खूँखार मुद्राओं में मारते-पीटते पुरुष। एक दूसरे स्तर पर श्रीदेवियों के साथ जितेंद्र उछल-कूद करते नजर आते हैं। अमिताभ क्रुद्ध युवा (एंग्री यंग मैन) हैं, तो जितेंद्र हँसमुख युवा (हैप्पी यंग मैन)।

कमर्शियल सिनेमा की यह खूबी और भयावह ताकत होती है, कि उसमें हर चीज को भुनाया जा सकता है। इधर अचानक पर्दे पर स्त्री की उपस्थिति को महत्त्वपूर्ण और केंद्रीय बनाने की कोशिश की गई है। उसके हाथ में बंदूक पकड़ा दी गई है।

दहेज और 'गैंग रेप' को नंगा करने के लिए जिस क्रूर हिंसा को दर्शक पर लादा जा रहा है वह शायद और भी खतरनाक है। एक-दो फिल्मों की चर्चा ही काफी होगी। 'जुल्म का बदला' में नायिका (अनिता राज) के माता-पिता खलनायकों द्वारा मार दिए गए हैं। इस फिल्म में पुलिसकर्मी खलनायक हैं। पुलिस बॉस की बहू पर्दे पर पर पीड़न की सारी बारीकियों को दिखाते हुए जुल्म का बदला लेती है।

'मैं चुप नहीं रहूँगी' (बी.आर. इशारा) सेंसर द्वारा पास नहीं की जा रही थी, पर बाद में उसे कई हफ्तों के विवाद के बाद पास कर दिया गया। उल्लेखनीय है कि पिछले दिनों 'चमेली की शादी', 'शीशा', 'मैं चुप नहीं रहूँगी', 'आग और शोला', 'दोजख', 'बिस्तर', 'बेड रूम स्टोरी', 'इंसाफ कहाँ है', 'औरत' आदि दर्जनों फिल्में सेंसर से लड़ती झगड़ती रही हैं। वैसे इन फिल्मों के नाम ही सब कुछ बता देते हैं।

'मैं चुप नहीं रहूँगी' में सेक्स और क्रूर हिंसा का जबरदस्त मेल है। प्रेमविवाह में असफलता के बाद 'अरेंज्ड' विवाह का हश्र सास के अत्याचारों में होता है। बहू सास को थप्पड़ मार के घर से निकल पड़ती है। काल गर्ल रैकेट में फँस जाती है फिर 'गैंग रेप' के बाद वह बलात्कारियों की हत्या करती है।

चीजें इतनी हिंसक और भयावह हो चुकी हैं कि 'संवेदनशील' समझे जाने वाले कमर्शियल फिल्म निर्देशक भी यही सब करते दिख रहे हैं। 'फासले' में यश चोपड़ा का यही हाल था। उसमें एक अमीर घर की बेटी एक क्रूर व्यापारी परिवार में ब्याह दी जाती है। इस घर में अतियथार्थवादी हिंसा होती रहती है। अंत में बड़ी बहू (सुषमा सेठ) हाथ में बंदूक उठाकर देवर के खूनी शिकंजे से देवरानी को बाहर कर देती है। संवेदनशीलता का 'सिलसिला' यहाँ आकर दम तोड़ देता है।

पिछले दस-बारह सालों ने दुनिया इतनी बदल दी है कि गुरुदत्त के जमाने की वहीदा रहमान को याद करना भी मुश्किल हो गया है। 'प्यासा' की गुलाबो की भूमिका करते समय वहीदा रहमान एक प्रसंग में चीख नहीं पाई, गुरुदत्त ने चौंककर कहा, "मैं जीवन में पहली बार ऐसी लड़की देख रहा हूँ जो चीखना नहीं जानती। एक चूहा या तिलचट्टा देख कर भी लड़कियाँ चीखने लग पड़ती हैं।" पर गुरुदत्त ने वहीदा रहमान को चीखना नहीं सिखाया—कवि की मृत्यु का समाचार सुनकर गुलाबो (वहीदा) के हाथ से सिर्फ अखबार गिर जाता है।

मनमोहन देसाई या बी. आर. इशारा के जमाने में नायिका चीख नहीं सकती, तो उसे किसी भी कीमत पर चीखना सिखाया जाएगा, पर सचमुच में इस मर्दानगी व्यवस्था के विरुद्ध वह कभी नहीं चीख पाएगी। उसकी चीख सिर्फ पर्दे पर दिखाई सुनाई देगी।

1986

जन-अरण्य

कुछ साल पहले कॉलिन विल्सन का एक लेख पढ़ा था जिसमें उन्होंने सांस्कृतिक तानाशाही की चर्चा की थी। यह धारणा उन्होंने अंग्रेजी नाटककार जार्ज बर्नार्ड शॉ के संदर्भ में उठाई थी। विल्सन की स्थापना थी कि कला, साहित्य और संस्कृति आदि से संबंधित कोई व्यक्ति जब अपने जीवन काल में ही बहुत मशहूर हो जाता है, तो उसका नाम और उसके काम अक्सर एक ऐसा वातावरण पैदा कर देते हैं जिसमें बहुत से लोग मानों उस नाम के मशहूर होने से ही चिढ़ने लगते हैं। अंग्रेजी संदर्भ में कॉलिन विल्सन ने उपन्यासकार चार्ल्स डिकेंस से लेकर कवि आलोचक टी. एस. एलियट जैसे लेखकों को अपने जीवनकाल में इस आक्रामक किस्म के वातावरण के शिकार की मिसाल के रूप में रखा था।

कॉलिन विल्सन के लेख की यहाँ इसलिए याद आई चूँकि भारत में फिल्म के बारे में सोचते हुए सत्यजित राय का नाम जिस तरह से आता है उसको लेकर अतिप्रशंसा और अतिआलोचना दोनों ही बड़ी आसनी से सुनने-पढ़ने को मिलती हैं। पिछले कुछ वर्षों से तथाकथित प्रतिबद्ध कहे जाने वाले फिल्मकार और फिल्म आलोचक (और प्रशंसक) सत्यजित राय को अपनी आक्रामकता का अक्सर केंद्र बनाते रहे हैं। छिटपुट चर्चाएँ छोड़ भी दी जाएँ, तो सत्यजित राय को लेकर दो-तीन लेख जो काफी चर्चा का विषय रहे हैं उनमें एक 18 मार्च 1973 की 'टाइम्स वीकली' में छपा था जिसके लेखक थे ज्ञानेश्वर नाडकर्णी। इस लेख का शीर्षक ही काफी नाटकीय था—'सत्यजित राय की अधोगति तथा पतन?' पिछली अक्तूबर में 'फिल्मफेयर' में ओरिएंट लांगमैन द्वारा प्रकाशित सत्यजित राय के फिल्म संबंधी अंग्रेजी के लेखों के संग्रह 'हमारी फिल्में, उनकी फिल्में' की समीक्षा का रुख भी काफी नाटकीय तथा आक्रामक ही था। समीक्षक डैरिल डीमोंटे थे। इससे पहले सत्यजित राय 'फिल्मफेयर' में भारत में बनी तथाकथित नई धारा की फिल्मों के बारे में अपने विवादास्पद विचार लिख चुके थे (यह लेख 'हमारी फिल्में, उनकी फिल्में' पुस्तक में शामिल है।) और इस लेख ने भी काफी बहस खड़ी की थी। इन सब आलोचनाओं में जो दो-तीन बातें उठाई गई थीं उनके बारे में हम सत्यजित

राय की ताजा फिल्म 'जन-अरण्य' की मदद से बात कर सकते हैं। 'जन-अरण्य' पिछले दिनों नई दिल्ली में सूचना तथा प्रसारण मंत्रालय द्वारा राष्ट्रीय फिल्म पुरस्कार प्राप्त फिल्मों के महोत्सव के अवसर पर दिखाई गई थी।

सत्यजित राय के आलोचकों की यह आम शिकायत रही है कि वह आज की (प्रासंगिक) समस्याओं से कतराते हैं और यह भी कि वह 'चीजों' को कुछ इतने सुंदर (और संवेदनशील) ढंग से देखते हैं कि आज की भ्रष्ट, कुंठा पैदा करने वाली और हिंसक होती जा रही दुनिया से कोई सीधी टक्कर लेना उनके अंदर के फिल्मकार के बस का काम नहीं लगता है। जब 'प्रतिद्वंद्वी' और 'सीमाबद्ध' प्रदर्शित हुईं तो उन्हें 'पदातिक', 'इंटरव्यू', 'कोलकाता 71' (मृणाल सेन की फिल्मों) की तुलना में रखकर देखा गया था कि हमारे वक्त की समस्याओं का कोई सीधा और प्रासंगिक सामना सत्यजित राय की इन फिल्मों में नहीं हो पाया है। उसके बाद 'अशनि संकेत' तथा 'सोनार केल्ला' ने इन आलोचकों को और भी सुविधा दी चूँकि उनके विचार में ये 'सुंदर फिल्में' हैं।

पहले हम यहाँ 'सुंदर फिल्म' के मिथक पर ही गौर कर लें चूँकि 'जन-अरण्य' जो कि निश्चय ही अत्यधिक आक्रामक फिल्म है और हमें चैन से नहीं बैठने देती पर वह उस व्यक्ति का सपना है जो मानवीय गरिमा और उससे जुड़ी सुंदरता के जीवन में रहने न रहने को लेकर हमेशा चिंतित रहा है। 'जन-अरण्य' में भी यह सुंदरता है—यह अलग बात है कि पूरी फिल्म में जिस दुनिया को हमें देखना पड़ रहा होता है वह चूँकि उसी सुंदरता को खत्म कर देने के बिंदु पर बराबर पहुँचती दिखाई देती है इसलिए हमें निराशा, कुंठा और विषाद का वातावरण जकड़े रहता है।

लेकिन 'जन-अरण्य' के फिल्मकार को इस घोर निराशावादी रुख रखने की छूट शायद इसलिए भी दी जानी चाहिए कि समाज को बदलने का भी यह एक तरीका है (यही एक तरीका नहीं)। अक्सर यह भ्रम बना रहता है कि उल्लसित आशावादी दुनिया की तस्वीर हमें मजबूत और स्वस्थ दुनिया की तरफ ले जाती है जबकि 'जन-अरण्य' में जहाँ निराशा में सब कुछ डूबा हुआ है, शहरी जिंदगी के मूल्यों पर इतनी जबरदस्त चोट है पर जिंदगी को इसी तरह छोड़ देने का कोई असहाय मन नहीं बनता है।

'जन-अरण्य' का नायक सोमनाथ (प्रदीप मुखर्जी जो एक नए अभिनेता हैं) मध्यवर्ग की संपूर्ण सुरक्षा और स्वप्नों में पला है। उसके पिता एक अवकाश प्राप्त प्राध्यापक हैं जिनका बड़ा बेटा भोंबोल (दीपंकर राय) विवाहित है और चार सदस्यों का यह परिवार फोन, फ्रिज, ट्रांजिस्टर और खाने की मेज वगैरह सुविधाओं के साथ रहते हुए एक ऐसी संतुलित जिंदगी को बनाए रखने की कोशिश में है जिसमें सब कुछ 'ठीक-ठाक' रहे, इस बात को जान लेने के बाद भी कि अब इस तरह

की ठीक-ठाक जिंदगी जीने पर सब तरफ से आक्रमण हो रहे हैं। सोमनाथ मेहनत से इम्तहान देता है ('जन-अरण्य' की शुरुआत इस इम्तहान के इतिहास के परचे से होती है जहाँ अधिकांश छात्र नकल कर रहे हैं) पर उसकी छोटी बारीक लिखाई को परचे को जाँचने वाले अध्यापक की अभाव की जिंदगी का शिकार होना पड़ता है (उसके पास अपना चश्मा नहीं है और वह पड़ोसी जिसके चश्मे से काम चल जाता है घर पर नहीं है)। सोमनाथ उतने अच्छे नंबरों से इम्तहान नहीं पास कर पाता है (प्रथम श्रेणी रुक जाती है) जितनी कि योग्य पिता को अपने बेटे से उम्मीद थी (फिर भी वह कोशिश करेंगे कि अपने परिचयों की कोई मदद ले सकें)।

सोमनाथ अच्छी नौकरी की तलाश में जुटा हुआ है। अर्जियाँ भेज रहा है और इंटरव्यू दे रहा है। वह अपनी तरफ की और अपनी तरह की सारी कोशिशें कर रहा है। अनेक कुंठाजनक अनुभवों से निकलने के बाद सोमनाथ को एक दिन अचानक एक अधेड़ दोस्त (उत्पल दत्त) मिल जाते हैं जो अपने 'युवा मित्र' की मदद करने के लिए उत्सुक हैं। यह महाशय सोमनाथ को सुई से लेकर हाथी तक के 'आर्डर' और 'सप्लाई' के धंधे की राह बताते हैं। सोमनाथ भी एक ऐसा धंधा शुरू कर देता है। शुरू में उसको कुछ उत्साहजनक सफलताएँ भी मिल जाती हैं। पर धीरे-धीरे उसे अपने काम की मुश्किलें पता चलती हैं। उसका परिचय एक 'दलाल' किस्म के व्यक्ति नटवर मित्र (रबी घोष) से होता है जो उसे इस धंधे को आगे बढ़ाने की राह बताता है। सोमनाथ को बहुत जल्दी यह पता चल जाता है कि वह भी एक दलाल है और जिस समाज में वह सफल जिंदगी बिताने के स्वप्न देख रहा है वह दरअसल एक दलाल सभ्यता होती जा रही है। अंत में सोमनाथ को एक धनी व्यवसायी गोयनका मिलता है जो अपने प्रभाव से उसे कुछ आर्डर दिलवा सकता है। सोमनाथ को गोयनका के पास जो लड़की पहुँचानी पड़ती है वह कोई और अपरिचित 'काल गर्ल' न होकर उसके दोस्त सुकुमार (जो किसी एम. एल. ए. की सिफारिश से अब टैक्सी का परमिट पा चुका है) की बहन होती है। अपनी प्रारंभिक झिझक से जल्दी ही मुक्ति पाकर सोमनाथ (उसका यह चालाक चरित्र पूरी फिल्म में है) सुकुमार की बहन को गोयनका के होटल के कमरे में पहुँचा देता है। फिल्म के अंतिम प्रसंग में वह घर लौट कर चुपचाप बैठे पिता को अपने आर्डर प्राप्त करने की सफलता की संक्षिप्त खबर देता है।

शंकर के उपन्यास पर आधारित 'जन-अरण्य' (इससे पहले 'सीमाबद्ध' भी शंकर के ही उपन्यास पर आधारित थी) की संक्षिप्त कहानी हम तक फिल्म के ढाँचे की ही जानकारी पहुँचाती है। पर फिल्म की सारी ताकत उसके प्रसंगों में है जो सत्यजित राय ने बहुत ही तीखे ढंग से सम्पादित किए हैं। ऊपर से देखने पर पहला प्रसंग—इम्तहान देने का बड़ा साधारण नजर आता है। पर वह साधारण इसलिए है कि वह बहुत सामान्य हो गए अनुभव को हास्यास्पद होने की सीमा

पर ले जाता है और त्रासदी यह है कि हमारी हँसी भी कहीं रुकी या फँसी रह जाती है। निरीक्षकों के मृत और भयावह व्यवहार के बारीक विवरण हमें एक बहुत बुरी खबर देते हैं। ठीक दूसरा प्रसंग परचा जाँच रहे अध्यापक के घर का है; उसकी अभाव की जिंदगी और पढ़ने-लिखने की व्यवस्था के खत्म हो रहे रूप की पूरी जानकारी हमें इन दोनों प्रंसगों से मिल जाती है। सत्यजित राय किसी संक्षिप्त प्रसंग को भी याद रहने वाला अनुभव बना देने की जबंर्दस्त प्रतिभा रखते हैं। इसी तरह के एक अन्य प्रसंग में सोमनाथ अपने धंधे में लग जाने के शुरू में सुकुमार के घर जाता है, तो उस प्रसंग के विवरण और उसकी तीव्रता को आसानी से भुलाया नहीं जा सकता। सुकुमार के माता-पिता और उसके भाई-बहनों से मुलाकात (वह बहन भी जो 'काल गर्ल' के नरक में फँसी हुई है और यह बात सुकुमार से बहुत छिपी नहीं है पर सुकुमार अपने 'सम्मानित मित्र' के सामने उसकी कोई झलक नहीं आने देना चाहता है : दोनों दोस्त घर से बाहर निकलते हैं, तो आवारा लड़कों का एक दल खिड़की से उसकी बहन को कपड़े बदलते देख रहा है। सुकुमार लौटकर अपनी बहन को डाँटता है।) परदे पर समय अधिक नहीं लेती पर फिल्म के शेष प्रसंगों पर उसका असर रहता है।

सोमनाथ के घर के कुछ प्रसंग—खास तौर पर बिजली के न रहने पर मोमबत्ती की रोशनी में काम चलाने के प्रसंग फिल्म-कला और 'जन-अरण्य' की दुनिया की अपनी खास जरूरतों को ध्यान में रखते हुए बहुत महत्त्वपूर्ण हैं। सोमनाथ और नटवर मित्र की बातचीत, दोनों का देर शाम मिलकर काल गर्ल की तलाश में जाना : सत्यजित राय ने इन प्रसंगों में कोई छूट नहीं दी है। फिल्म के शुरू के कुछ प्रसंगों में वह कुछ-कुछ आत्मीयता बनाए भी रखते हैं (सोमनाथ टाइपराइटर पर अर्जी टाइप करने की कोशिश में डियर सर के आगे कौमा लगाने की बजाय प्रश्नचिन्ह लगा देता है। भाभी उसे स्नेह से 'देख' रही है। इसी तरह से भाभी एक शुरू के प्रसंग में सोमनाथ की प्रेमिका का फोन उठाती है और खास तरह से सोमनाथ को फोन पर बुलाती है)—पर बाद में इस आत्मीयता के लिए जगह नहीं रह जाती। नटवर मित्र के साथ सोमनाथ एक ऐसी 'काल गर्ल' के घर पहुँचता है जिसका क्लर्क पति शराब के नशे में धुत अचानक घर में आ जाता है और दोनों 'दलाल' धक्के देकर निकाले जाते हैं। वे फिर एक कुत्ते वाले कोठे में जाकर निराश होते हैं (दीवार पर कुत्ते की बड़ी फ्रेम की हुई तस्वीर पर सत्यजित राय ध्यान देना नहीं भूलते)। अंतिम प्रसंग में सुकुमार की बहन सोमनाथ के सामने आती है।

यह कहना शायद गलत है और भ्रामक भी कि 'जन-अरण्य' की दुनिया सत्यजित राय की फिल्मों में अचानक या अकेली या आलोचकों के जवाब से आ गई है। 'प्रतिद्वंद्वी' या 'सीमाबद्ध' की परंपरा में 'जन-अरण्य' को बिना किसी मुश्किल के रखा जा सकता है पर 'जन-अरण्य' की अपनी जरूरतें ही कुछ ऐसी हैं कि

एक भयावह खबर (जिसमें पीड़ा है और नॉस्टेल्जिया भी एकदम गायब नहीं है) पहुँचाने का काम फिल्मकार को पटकथा के हर प्रसंग और कैमरे के हर कोण में करना पड़ा है। एक कलाकर्मी की सबसे बड़ी चिंता और मुश्किल अपने 'मिजाज' और 'पसंद' को बनाए रखने की होती है—वह दूसरों के दबाव में अपना मिजाज आसानी से छोड़ नहीं देना चाहता। दरअसल यह सवाल एक 'समझदार' राजनीति से प्रेरित है कि सत्यजित राय ने 'जन-अरण्य' में आक्रामक रुख अपना कर एक ऐसा रास्ता चुना है जो उनके फिल्मकार का नहीं है या जिसे बनाए रखना उनके लिए बहुत कठिन है।

1976

शतरंज के खिलाड़ी

सत्यजित राय की पहली हिंदी फिल्म 'शतरंज के खिलाड़ी' के बारे में प्रदर्शन से पहले ही कई तरह की बहसें हो चुकी हैं। फिल्म काफी समय पहले तैयार हो चुकी थी पर शायद बर्लिन फिल्म महोत्सव और भारतीय वितरकों ने इस फिल्म को पिछली 31 मार्च को प्रदर्शन का मौका दिया। बर्लिन महोत्सव में सत्यजित राय की बंगला फिल्में कई बार पुरस्कृत हो चुकी हैं इसलिए 'शतरंज के खिलाड़ी' के निर्माता का यह सोच स्वाभाविक था कि बर्लिन में इस फिल्म को कोई सम्मान मिलने के बाद दर्शकों को अधिक 'प्रभावित' किया जा सकता है। पर बर्लिन में 'शतरंज के खिलाड़ी' को कोई पुरस्कार नहीं मिल पाया—फिल्म आलोचकों के अंतर्राष्ट्रीय संघ द्वारा दिया जाने वाला पुरस्कार इस फिल्म को मिलते-मिलते रह गया।

अंतर्राष्ट्रीय महोत्सवों (शायद कान महोत्सव को छोड़कर) के पुरस्कार अब पहले जैसे महत्त्वपूर्ण नहीं रह गए पर 'शतरंज के खिलाड़ी' से हिंदी सिनेमा के प्रबुद्ध दर्शकों और सामान्य रूप से सत्यजित राय के प्रशंसकों (जिनमें से मैं भी एक हूँ) को बहुत आशाएँ थीं। कारण जो भी हो सत्यजित राय की पहली हिंदी फिल्म 'साधारण फिल्म' ही बनकर रह गई है। वैसे यह सही है कि सत्यजित राय की फिल्म के साधारण होने का मतलब दूसरी तरह का है। एक तो 'शतरंज के खिलाड़ी' देखने से पहले हमें 'जलसाघर', 'चारुलता', 'अरण्येर दिन रात्रि' तथा 'जन-अरण्य' का ध्यान बार-बार आता है। और इस ध्यान से भी 'शतरंज के खिलाड़ी' एक साधारण फिल्म नजर आती है। खास तौर से 'चारुलता' और 'जलसाघर' की याद करके। 'शतरंज के खिलाड़ी' को देखते हुए इन 'पीरियड' फिल्मों की याद आना स्वाभाविक है।

मध्यांतर तक 'शतरंज के खिलाड़ी' से आशाएँ बनी रहती हैं। उसके कुछ प्रसंग हमें आश्वस्त करते हैं कि सत्यजित राय हमें जिस दुनिया में ले जा रहे हैं वह प्रेमचंद की दुनिया भले ही न हो पर वह सत्यजित राय की दुनिया जरूर होगी। संजीव कुमार के घर के प्रसंग (हमारा मतलब उनकी भूमिका से है) और

दोनों शतरंज के खिलाड़ियों का शतरंज की तलाश में एक मरते हुए बूढ़े आदमी के घर से जाना—ये दो प्रसंग अपने प्रभाव में संपूर्ण थे और उम्मीद थी कि फिल्म की समग्र समझ में इस तरह के प्रसंग हमें कहीं ले जा सकेंगे।

इसमें कोई संदेह नहीं कि चाक्षुष प्रभाव में 'शतरंज के खिलाड़ी' हिंदी में एक अच्छे रंगीन रसीले रंगों वाली 'अँधेरी' फिल्म की संभावना को बता सकी है। वाजिद अली शाह (अमजद खान), जनरल ऊटरम (रिचर्ड एटेनब्रो) के प्रसंग अलग-अलग रंग और असर को बनाते हैं पर मध्यांतर के बाद वाजिद अली शाह का अपने मंत्री के साथ आत्मालाप का एक प्रसंग और ऊटरम का इसी प्रकार का एक लंबा प्रसंग—ये दोनों ही फिल्म को भटकाना शुरू कर देते हैं। वाजिद अली शाह की भूमिका में अमजद खान शुरू में तो निराश नहीं करते पर बाद में उन्हें देखना सत्यजित राय की फिल्मों के पात्रों को देखने जैसा नहीं है। वैसे जहाँ तक भूमिकाओं का प्रश्न है सईद जाफरी ने इस फिल्म में दिलचस्पी बनाए रखने में काफी मदद की है।

'शतरंज के खिलाड़ी' को देखते हुए सबसे अधिक आश्चर्य उसके अंतिम प्रसंग से होता है। एक 'धारणा' के रूप में यह प्रसंग शायद बहुत कमजोर नहीं है। पर उजाड़ गाँव को सत्यजित राय के कैमरे ने कल्लू (समर्थ नारायण) और शतरंज के खिलाड़ियों के साथ जिस तरह से फिल्माया है उससे फिल्म का वह असर बिलकुल छूट जाता है जो शुरू में हवेली और महल और ऊटरम के कमरे के प्रसंगों में बना था। यह प्रसंग शायद फिल्म की बुनियादी असफलता है।

'शतरंज के खिलाड़ी' की वृत्तचित्रनुमा शैली से कोई खास एतराज नहीं है। एनीमेशन शैली बल्कि फिल्म के मूल विषय को बहुत सरल ढंग से दर्शकों के सामने ला देती है (वैसे इस काम में अमिताभ बच्चन की आवाज बहुत मदद नहीं दे पाती) और सत्यजित राय की पटकथा में वृत्तचित्र शैली को उचित जगहों पर तोड़ भी दिया गया है। पर सत्यजित राय लखनऊ को मोटे-मोटे ढंग से दिखाने के लोभ से बच नहीं पाते (मुर्गों की लड़ाई और मोहर्रम का शॉट दोनों का संपादन वैसा चुस्त और गहरा नहीं है जैसा एक जगह पर मेढों की लड़ाई का है।)।

सत्यजित राय 'शतरंज के खिलाड़ी' में शायद बहुत महत्त्वाकांक्षी हो गए हैं। वाजिद अली शाह और ऊटरम के प्रसंगों को अगर पटकथा में थोड़ा दूसरी तरह से जगह दी गई होती—सिर्फ एक आवाज और एक उपस्थिति के रूप में, तो शायद हम सत्यजित राय की दुनिया को देख सकते। और कहीं ऐसा तो नहीं है कि रंगीन सिनेमा सत्यजित राय की दुनिया नहीं है। पर विडंबना यह है कि वह हिंदी फिल्म की दुनिया में रंगीन फिल्म बनाने के लिए भी आना चाहते थे।

1978

सत्यजित राय की दो टी.वी. फिल्में

सद्गति की पिछले दिनों मध्यप्रदेश में जब शूटिंग हुई थी तो इस विषय पर गंभीर विवाद उठ खड़ा हुआ था कि प्रेमचंद ने जब कहानी लिखी थी तब हरिजनों की हालत बहुत अलग थी, आज उसी हालत को क्यों फ़िल्माया जा रहा है? कहने की जरूरत नहीं है कि यह विवाद व्यर्थ और राजनीतिक है। सत्यजित राय ने कहानी का समय तो बदला नहीं है लेकिन फिल्म में यह बात स्पष्ट रहती है कि यह समय आज का भी हो सकता है। सद्गति में जिस क्रूरता का चित्रण है उससे कहीं अधिक भयावह क्रूरताओं की खबरें आज हम अखबारों में पढ़ते हैं। दूरदर्शन इस फिल्म को पता नहीं अपने दर्शकों को उत्साह से दिखाना चाहेगा अथवा नहीं। राय की फिल्म है इसलिए कुछ कहना भी मुश्किल है पर सचमुच 'बुरे फँसे'! फिल्मोत्सव के उद्घाटन के अवसर पर सबने राय का अभिनन्दन किया। सूचना और प्रसारण मंत्री ने भी उनको सराहा पर बिना किसी प्रसंग के उन्होंने स्व. नरगिस की शैली में गरीबी बेचने की बात भी कह दी।

इन दोनों फिल्मों में वैसे चुनाव की कोई आवश्यकता नहीं है पर 'पिकू' ज्यादा प्रभावशाली और पूर्ण है। 27 मिनट की इस फिल्म में राय ने एक कथा फिल्म की पूरी लंबाई को समेट लिया है। बड़ी सादगी के साथ बहुत ही धीमे स्वर में। पिकू एक 6 साल का बच्चा है। एक आलीशान घर में रहता है। पर यह घर टूट रहा है। बिखर रहा है। खत्म हो रहा है। पिता का व्यवसाय चौपट हो रहा है। माँ पति को धोखा दे कर प्रेमी से संबंध बढ़ा रही है। पिकू के बूढ़े बाबा दूसरे दिल के दौरे के बाद मौत के करीब हैं। पिकू सब देख रहा है। नहीं भी देख रहा है। माँ के प्रेमी से उसे रंग भरने की कापी मिल जाती है। और माँ उसे बड़े बाग के अलग-अलग रंगों के फूलों में व्यस्त करके अपने प्रेमी के साथ बिस्तर में चली जाती है। फिल्म का अंत बाबा की मृत्यु से होता है। पिकू छत पर से चाहे सड़क देख रहा हो या चाहे एक गरीब नौकर के खाने की थाली को देख रहा हो—राय इस दुनिया को खूब अच्छी तरह से पहचानते हैं।

'सद्गति' हिंदी भाषा में ही नहीं है उसमें बेनेगल द्वारा खूब परिचित करा

दिए गए अभिनेता ओम पुरी, मोहन अगाशे और स्मिता पाटील भी हैं। कलाकारों का यह चुनाव फिल्म के पक्ष में नहीं जाता है। दुःखी हरिजन की बीवी की भूमिका में स्मिता पाटील कोई असर नहीं छोड़ पातीं। ओम पुरी (दुखी) और मोहन अगाशे (पण्डितजी) अपनी भूमिकाओं में सफल कहे जा सकते हैं लेकिन वे राय की फिल्मों के पात्र नहीं लगते। यह कुछ अजीब-सी बात है और शायद महत्त्वपूर्ण भी कि राय बंगला से अलग किसी भाषा के सिनेमा में सफल नहीं हो पाते। उन्होंने दो फिल्में हिन्दी में बनाई हैं और दोनों ही प्रेमचंद की कहानियों पर आधारित हैं। 'सद्‌गति' 'शतरंज के खिलाड़ी' के मुकाबले में बेहतर फिल्म कही जा सकती है, पर वह हमें झकझोरती नहीं, सतह पर ही रह जाती है।

'सद्‌गति' में मूल कहानी के मुकाबले में सत्यजित राय निश्चय ही प्रेमचंद से भी अधिक मुखर हैं। इसका कारण फिल्म माध्यम भी है। न काटने लायक लकड़ी पर पिले हुए ज्वर-पीड़ित दुखी को देखने वाला व्यक्ति आक्रामक है। वह आग की तरफ इशारा भी करता है। लेकिन फिल्म अपना वातावरण बहुत साधारण ढंग से बनाती है। पंडित-पंडितानी के यहाँ जो कुछ हो रहा है उसका अपना तर्क फिल्म में उभर नहीं पाता। लेकिन सत्यजित राय मूल कहानी को काफी ईमानदारी से फिल्माते नजर आते हैं। रवींद्रनाथ की कहानियों को राय बेहतर ढंग से फिल्माते हैं। प्रेमचंद की दुनिया शायद उनकी दुनिया नहीं है।

1982

खँडहर

'एक दिन प्रतिदिन' के बाद मृणाल सेन की फिल्म कला में महत्त्वपूर्ण मोड़ आया है। उन्होंने अपनी फिल्मों में स्थूलता के मोह को छोड़कर सूक्ष्म बातों को कहने की कला पर अद्‌भुत नियंत्रण पा लिया है। 'भुवन शोम' और 'एक अधूरी कहानी' से मृणाल सेन बरसों पहले ही अपनी सम्भावनाओं को साबित कर चुके थे लेकिन अपनी चौथी हिन्दी फिल्म में मृणाल सेन ने अपनी फिल्म कला की परिपक्वता को पूरी तरह से दिखाया है। एक 'मास्टर' की पकड़ 'खँडहर' के हर फ्रेम में देखी जा सकती है।

'खँडहर' को देखकर बर्गमैन की 'आटम सोनाटा' सरीखी फिल्मों की याद (अच्छे अर्थ में) आती है। मृत्यु, पीड़ा, अकेलेपन की दुनिया को 'खँडहर' में खूब प्रभावशाली ढंग से दिखाया गया है। अपनी फिल्मों में शायद पहली बार मृणाल सेन बर्गमैन के इतना करीब दिखे हैं।

'खँडहर' में तीन मित्र शहर की भाग-दौड़ से दूर जंगल के बहुत भीतर एक खँडहर में जाकर कुछ समय बिताते हैं। (सत्यजित राय की 'अरण्येर दिन रात्रि' की याद आना स्वाभाविक है।) इनमें एक फोटोग्राफर (नसीरुद्दीन शाह) है जो खँडहरों के सौंदर्य को पकड़ने के लिए उत्सुक है। उसका दोस्त (पंकज कपूर) उन खँडहरों का वारिस है पर अपने पुरखों में उसकी कोई दिलचस्पी नहीं है। तीसरा मित्र (अनु कपूर) फिल्म में 'ह्यूमर' के क्षणों को लाने का काम बखूबी कर रहा है।

इन खँडहरों के एक हिस्से में यामिनी (शबाना) अपनी बूढ़ी और बहुत बीमार माँ के साथ रह रही है। माँ को उम्मीद है कि निरंजन कभी आएगा जिसे यामिनी से शादी करनी है। वह फोटोग्राफर को निरंजन बनने के लिए मजबूर कर देती है। फोटोग्राफर यामिनी के प्रति आकर्षित और सम्मोहित जरूर है, पर उसमें इतना साहस नहीं है कि वह उसे इन खँडहरों से मुक्त करा दे। अंत में वह अपने मशीनी व्यवसाय में फँसी सुंदर सजीधजी शहरी स्त्री के फोटो बना रहा है, और उसके दिमाग पर खँडहरों की यामिनी छाई हुई है। उसमें कुछ करने का साहस नहीं है और न ही यामिनी को उससे कोई उम्मीद थी।

जाहिर है कि इस तरह की फिल्म में फोटोग्राफी की भूमिका केंद्रीय हो जाती है। के. के. महाजन ने कैमरे का अद्भुत चमत्कार दिखाया है। इससे पहले किसी फिल्म में खँडहरों ने इतने कम शब्दों में इतनी ज्यादा बातें नहीं कही थीं।

'खँडहर' में अभिनय के उत्कृष्ट रूपों को देखा जा सकता है। शबाना, श्रीला मजूमदार, राजेन तरफदार, अनु कपूर, नसीरुद्दीन शाह, गीता सेन आदि सभी कलाकारों ने खँडहरों की बात को बखूबी पकड़ा है। पंकज कपूर ने जरूर रंगमंच के असर में काम किया है।

फिल्म में अनेक स्मरणीय प्रसंग हैं। खासतौर पर जब श्रीला मजूमदार शबाना से कुछ बर्तन माँगने आती है, तो वह एक बहुत बड़ी पेटी के ऊपर के सामान को एक-एक करके हटाती है और फिर कुछ गिलास और थालियाँ निकालकर श्रीला को देती है। नवविवाहिता श्रीला के चमकते कपड़ों और जीवन को निर्देशक ने बहुत अच्छी तरह से शबाना की जिंदगी के 'कंट्रास्ट' में रखा है।

'खँडहर' में समय, सभ्यता, स्मृतियों, अतीत और वर्तमान के बड़े सूक्ष्म और गहरे रूप हैं। एक बार जब फिल्म अपनी 'गति' पकड़ लेती है तो खँडहरों का संगीत सुनने लग पड़ता है।

संगीत मृणाल सेन की फिल्मों की एक कमजोरी रही है। 'खँडहर' में अगर संगीत बहुत अच्छा होता, उसका संवेदनशील इस्तेमाल होता तो यह फिल्म और भी अच्छी हो जाती।

1984

दुविधा

मणि कौल की नई फिल्म 'दुविधा' (जिसे 1973 में सर्वोत्कृष्ट निर्देशन का पुरस्कार भी मिला है) पर लगाए जा रहे इस आरोप का कोई जवाब देना मुश्किल है कि इस फिल्म में शुरू से आखिर तक बैठ पाना बड़ा मुश्किल है। फिल्म को ढिल्लड़ माध्यम के रूप में अनेक फिल्मकारों ने देखा है और इसमें वे सफल भी हुए हैं। पर इसका मतलब यह नहीं है (जैसा एक समीक्षक ने लिखा है) कि मणि कौल भारतीय ग्रामीण वातावरण में राबर्त ब्रेसां और गोदार को बिठाने की असफल कोशिश कर रहे हैं। ये आरोप बड़े सतही हैं और 'दुविधा' को देखने के बाद किसी विदेशी फिल्मकार की नहीं, सिर्फ मणि कौल की याद आती है। संयोग से इस समीक्षक को 'दुविधा' को मृणाल सेन की 'पदातिक' के फौरन बाद देखने का मौका मिला और 'दुविधा' के बाद इस समीक्षक ने अवतार कौल की '27 डाउन' भी देखी। इन दो फिल्मों के साथ में 'दुविधा' के बारे में सोचकर मणि कौल की तारीफ और भी करने का मन करता है चूँकि मृणाल सेन की फिल्म की असफलता इसमें है कि वह बहुत ज्यादा 'समझ' में आती है और '27 डाउन' की असफलता इसमें है कि वह बुनियादी तौर पर मुंबइया फिल्मों के समानांतर एक सिनेमा खड़ा करने की कोशिश करती है और बाद में बड़ी आसानी से मुंबइया फिल्मों के जाल में फँस भी जाती है।

पहले हम यह स्वीकार कर लें कि 'दुविधा' जैसी फिल्में आसानी से लोकप्रिय नहीं हो सकतीं। इस तरह की फिल्में किसी देश के फिल्म आंदोलन में भी कोई स्पष्ट मदद नहीं दे सकतीं। पर इन सबके बावजूद 'दुविधा' को खारिज नहीं किया जा सकता है। दुविधा का दम इस बात में है कि वह फिल्म को पेंटिंग में बदलने की पूरी कोशिश करती है पर तब भी वह फिल्म बनी रहती है। हमें कई-कई बार लगता है कि अब फिल्म एक पेंटिंग में बदल जाएगी और हम बेचैन हो जाते हैं पर हम यही पाते हैं फिल्म पेंटिंग की तरफ सिर्फ बढ़ती ही है, उसे पाती नहीं। फिल्म का पेंटिंग में बदल जाना उसकी असफलता होगी पर पेंटिंग की ओर बढ़ना और पेंटिंग न बनने का तनाव हमें एक दूसरी दुनिया में ले जाता है।

लेकिन इस फिल्म में एक खास तरह से 'संदेश' छिपा है। फिल्म बहुत धीमे-धीमे आगे बढ़ती है; वह एक औरत की पीड़ा के बारे में है और यह पीड़ा और भी गहरी हो जाती है जब कैमरा बीच-बीच में फिल्म की 'गति' को रोक देता है और इस औरत की दुनिया की समस्त सुंदरता और समस्त भयावहता हमारे सामने रुक जाती है। हम कुछ सोचने लग पड़ते हैं और किसी नतीजे तक पहुँचने से पहले ही फिल्म आगे बढ़ जाती है।

पाठक शायद फिल्म की कहानी (जो दरअसल एक लोककथा है) के बारे में कुछ जानना चाहेंगे। एक लड़की का विवाह हुआ है और पालकी में अपने पति के साथ वह अपने ससुराल जा रही है। उसका पति बगल में बैठा बही के हिसाब किताब में डूबा पड़ा है। एक पेड़ के पास पालकी रुकती है। कुछ देर के लिए। उस पेड़ पर एक भूत का निवास है जो दुल्हन पर लट्टू हो जाता है। बल्कि यों कहें कि वह बेहोश हो जाता है। दूल्हा दुल्हन को घर पर ले आता है। फिर पाँच साल के लिए कहीं बाहर व्यापार से पैसा कमा कर लाने की तैयारी करके रवाना हो जाता है। भूत इस बात को जान लेता है और अब वह सोचता है कि अगर मैं हू-ब-हू दूल्हे की शक्ल में बदल जाऊँ तो दुल्हन के साथ आराम से पाँच साल बिताए जा सकते हैं। किसी को पता भी नहीं चलेगा। भूत दूल्हे की शक्ल ले लेता है। घर आता है, असली दूल्हे के पिता को बताता है कि रास्ते में एक साधू बाबा मिल गए जिनके शरीर पर दीमक लगी थी। मैंने दीमक साफ की और अब उन्होंने मुझसे वायदा किया है कि रोज सुबह बैठे-बैठे तुम्हें धन मिल जाएगा, कहीं व्यापार पर जाने की जरूरत नहीं। पिता को कोई एतराज नहीं—उसे रोज सुबह सिक्के गिनने हैं। भूत दुल्हन को धोखा दे सकता था चूँकि दुल्हन को कभी शक न हो पाता कि यह मेरा पति नहीं कोई भूत है! पर भूत भी पक्का प्रेमी है। वह अपनी असलियत बताकर ही रहना चाहता है। चार साल बीत जाते हैं। असली दूल्हे तक खबर पहुँचती है कि 'कोई दूसरा' उसकी जगह ले चुका है। वह घबड़ाया वापस आता है पर पिता उसे स्वीकार करने के लिए तैयार नहीं है। वह लड़का जो रोज सुबह सिक्के गिना रहा है वही ठीक है। झगड़ा होता है और फिर एक गड़रिया फैसला करता है। वह अपनी सूझबूझ से भूत को अपने चमड़े के थैले में बंद करने में सफल हो जाता है।

ऊपर से यह कहानी बड़ी गतिवान नजर आती है। जैसे बराबर कुछ घट रहा है, कुछ-न-कुछ बदल रहा है। पर मणि कौल की खूबी इसी में है कि उन्होंने सूक्ष्म संकेतों से, पात्रों से बहुत कम बुलवाकर बहुत कम लोगों की मदद से कहानी को आगे बढ़ाया है। फिल्म के पात्र पर्दे पर बहुत कम बोलते नजर आते हैं। वे बोलते हैं, तो उनके होंठ नहीं हिलते। फिल्म में गुड़ बाँटने का एक प्रसंग है जिसमें कुछ हाथ हैं जो गुड़ ले जा रहे हैं और कुछ गुड़ बाँटने वाले हाथ हैं। लो गुड़ नीचे

उतरो और जाओ! लो गुड़ नीचे उतरो और जाओ! यही प्रसंग बाद में दुबारा अकेली लेटी दुल्हन की तरफ भी बढ़ता है। वह दृश्य बड़ा मार्मिक हो जाता है।

मणि कौल दृश्यों का संयोजन करते वक्त बहुत बारीकी से काम लेते हैं। वह जानते हैं कि किसी भरे-पूरे दृश्य में एक थाली पर अगर कुछ मक्खियाँ हरकत कर रही हैं, तो उनकी तरफ ध्यान खींचा जा सकता है। 'दुविधा' में अक्सर लगता है कि यह सारी दुनिया असली नहीं है। कुछ लोगों और कुछ भूखंडों पर रंग पोते जा रहे हैं और वे अलग हो गए हैं। वे एक स्वप्न पेंटिंग में बदलने वाले हैं पर इसी प्रक्रिया में अचानक हमें पता चलता है कि यह दुनिया किसी असली दुनिया से अधिक असली है। यह बनिया है, यह बनिए की बहू है, यह बनिए का बेटा है, ये (राजस्थान के किसी) गाँव के लोग हैं, यह गाँव की दीवार है, यह गड़रिया है और कहीं कोई राजा भी है। वास्तविकता को स्वप्न में बदलकर उसे 'ईथीरियल' (लोकोत्तर) बनाकर और भी वास्तविक बनाया गया है।

1974

विजेता

कुछ समय पहले निर्माता-अभिनेता शशि कपूर ने अपनी ताजा फिल्म 'विजेता' के बारे में एक भेंटवार्ता में कहा था कि 'मेरी फिल्म न तो प्रचार फिल्म है और न ही यह वृत्तचित्र है।' लेकिन शशि कपूर और 'विजेता' फिल्म के निर्देशक गोविंद निहालानी ने भले ही अपनी फिल्म को प्रचार और वृत्तचित्र की बनावट से परे ले जाने की पूरी कोशिश की है पर मूलतः 'विजेता' एक प्रचार फिल्म ही कही जाएगी। 'प्रचार फिल्म' की चिप्पी से हमारे यहाँ लोग घबड़ाते हैं लेकिन एक अच्छी प्रचार फिल्म भी बनाई जा सकती है। 'विजेता' एक साफ-सुथरी प्रचार फिल्म है।

'आक्रोश' के बाद गोविंद निहालानी ने अपनी प्रतिभा को एक नई तरह की शैली में निखारने की कोशिश की है। गोविंद निहालानी एक कुशल कैमरामैन भी हैं और 'विजेता' जैसी फिल्म के लिए कैमरे का उम्दा काम बहुत महत्त्वपूर्ण था। दरअसल इस फिल्म की सफलता का एक बड़ा हिस्सा कैमरे का बढ़िया काम है। लेकिन आधुनिक सिनेमा ने तकनीकी स्तर पर इतनी अधिक सफलताएँ प्राप्त कर ली हैं कि किसी फिल्म का मूल्यांकन उसकी तकनीकी श्रेष्ठता अथवा भव्यता के आधार पर शायद संभव नहीं है। हॉलीवुड ने 70 एम.एम. के विशाल पर्दे पर पायलटों की उड़ानों को अनेकों बार आकर्षक रूप में फिल्माया है। 'विजेता' की सफलता को इसीलिए तकनीकी स्तर पर समझने की जरूरत नहीं रह जाती। उसमें मानवीय संबंधों और जीने-मरने की बुनियादी स्थितियों से आत्मीय साक्षात्कार करने की कोशिश की गई है। यह आकस्मिक नहीं है कि विजेता में तीन पात्रों की मृत्यु होती है। लेकिन अनेक पात्र मृत्यु के मुख से निकल कर बाहर भी आते हैं। 'विजेता' का कथानक जीने की इच्छा जगाता है।

'विजेता' की कहानी दिलीप चित्रे की है और सत्यदेव दुबे के साथ उन्होंने फिल्म की पटकथा लिखने में भी मदद की है। इसलिए कोई आश्चर्य नहीं कि 'विजेता' का कथानक स्पष्ट रूप से प्रचारात्मक होते हुए भी आम फिल्मी कथानकों से अलग है। 'विजेता' के अंतिम हिस्से में युद्ध फिल्म की बनावट हावी हो जाती है। लेकिन वह हिस्सा अपेक्षाकृत छोटा है, और उसमें भी 'हकीकत' शैली की फिल्मों

के मुकाबले में कुछ अधिक परिपक्वता देखी जा सकती है। 1971 के भारत-पाक युद्ध के संदर्भ 'विजेता' के कथानक के लिए बहुत जरूरी नहीं थे। जीवन और अपनी कमजोरियों से लड़ने की कोशिश किसी दूसरे नाटकीय ढंग से भी दिखाई जा सकती थी। 'विजेता' चूँकि अपनी मूल बनावट में एक 'भव्य' फिल्म नहीं है इसलिए युद्ध के प्रसंग गैर-महत्त्वपूर्ण हो जाते हैं।

'विजेता' की कहानी विभाजन के बाद भारत आए एक मोने सरदार निहाल सिंह (शशि कपूर) और उसके बेटे अंगद सिंह (कुणाल कपूर) के इर्द-गिर्द घूमती रहती है। निहाल सिंह की पत्नी नीलिमा (रेखा) मराठी है और उसे संगीत का शौक है। निहाल सिंह एक व्यापारी है। अंगद सिंह वायुसेना में भर्ती हो जाता है। अंगद सिंह चूँकि अमिताभ बच्चन शैली का हीरो नहीं है इसलिए अपनी कमजोरियों पर विजय पाने के लिए उसे बराबर जिंदगी से जूझना पड़ता है। वह हीरो तो है चूँकि नायिका एना (सुप्रिया पाठक) अंगद के अफसर की बेटी है और उसी पर मोहित हो जाती है। अभिनेता के रूप में कुणाल कपूर की यह पहली .फेल्म नहीं है लेकिन इस फिल्म में उनकी प्रतिभा और क्षमता को ध्यान में रखकर भी पटकथा तैयार की गई है।

अंगद की भूमिका में कुणाल कपूर ने थोड़ा आत्मविश्वास के साथ अभिनय किया है। किंतु 'विजेता' में सबसे अधिक प्रभावशाली अभिनय सुप्रिया पाठक का है। 'कलयुग' और 'बाजार' आदि फिल्मों की मदद से सुप्रिया पाठक ने अपनी एक अलग छवि बना ली है जो शबाना आजमी और स्मिता पाटील सरीखी अभिनेत्रियों से सुखद रूप से अलग है। सुप्रिया पाठक को अभिनय के लिए अधिक कोशिश नहीं करनी पड़ती। वे बहुत सहजता के साथ अभिनय करती हैं। एक तरह की उदासी भी सुप्रिया के अभिनय में रहती है। रेखा ने भी एक उदास पत्नी और माँ की भूमिका में कुछ जान लाने की कोशिश की है। दुर्घटना से पहले अपनी मृत्यु की आहट पा लेने वाला प्रसंग प्रभावशाली है। रेखा ने वहाँ पर अच्छा अभिनय किया है।

जैसा कि हम ऊपर कह चुके हैं इस फिल्म में तीन पात्रों की मृत्यु पर्दे पर दिखाई जाती है। सबसे पहले अंगद सिंह की दादी का निधन होता है। फिर रेल के डिब्बे में मुकाबला करते अंगद के घायल हो जाने के बाद नीलिमा हवाई अड्डे की तरफ जाते हुए दुर्घटना का शिकार हो जाती है और उसकी मृत्यु हो जाती है। अंत में एना के पिता वर्गीज (अमरीश पुरी) का निधन एक असाध्य रोग के कारण हो जाता है। इस तरह से फिल्म की पटकथा में मृत्यु-विषाद बराबर हावी है। निहाल सिंह को जब अपने बेटे अंगद के लापता होने का समाचार मिलता है, तो उसे दिल का दौरा पड़ जाता है। फिल्म के अंतिम प्रसंग में अस्पताल में अपेक्षाकृत स्वस्थ हालत में निहाल सिंह एना और अंगद को अपने सामने खड़ा

मुस्कराता देखता है और फिल्म यहीं खत्म हो जाती है।

फिल्म का मूलभूत आशावाद छिपा हुआ नहीं है। लेकिन आधुनिक जीवन के डर और तनाव फिल्म में बराबर छाए रहते हैं।

'विजेता' में गाने वगैरह भी नहीं हैं। प्रेम प्रसंग भी अपेक्षाकृत कल्पनाशीलता के साथ फिल्माए गए हैं। के. के. रैना, मदन जैन, राजा बुंदेला आदि सिनेमा के अपेक्षाकृत नए ताजे चेहरों ने 'विजेता' को थोड़ी अलग तरह की आत्मीयता दी है। लेकिन इस फिल्म ने सुप्रिया पाठक को एक महत्त्वपूर्ण अभिनेत्री के रूप में निश्चय ही प्रतिष्ठित कर दिया है।

1983

काडू

गिरीश कार्नाड की कन्नड़ फिल्म 'काडू' (जंगल) की दुनिया एक बिल्कुल दूसरी तरह की दुनिया है—वह दुनिया जिसमें रहने की आपकी, हमारी आदत नहीं है। चूँकि हमारी आदत नहीं है इसलिए हम सोचते हैं, परेशान होते हैं कि इस दुनिया में कैसे रहते होंगे लोग? 'काडू' देखते वक्त हमें इस दुनिया की गुप्त जानकारी मिलती है, फिर हम उसका एक हिस्सा हो जाते हैं। एक दूसरी ही तरह के भूखंड, लोग, जिंदगी, रोशनी, पत्तियाँ और आवाजें हमारी दुनिया में आ जाती हैं और फिल्म देखने के बाद भी कई दिन तक हम सोचते रहते हैं कि हमने देखी थी एक फिल्म। हमने फिल्म ही नहीं देखी थी, फिल्म भी हमको देख पायी। 'काडू' चूँकि हिंसा के बारे में है, इस दुनिया में हिंसा के आने के बारे में, इसलिए आखीर में आते-आते उजाड़ कोप्पल गाँव में पुलिस के आ जाने के बाद घूमता हुआ छोटा लड़का किट्टी, अपने परिचितों के दरवाजे बंद पाकर जंगल में आ जाता है और जंगल में उसे कुछ आवाजें सुनाई देती हैं—उसे पुकारा जा रहा है—एक कथा मालूम थी किट्टी को कि उस जंगल में एक चिड़िया वहाँ आने वाले का नाम लेती है और अगर तुमने जवाब दिया तो बस, तुम नहीं रहे। किट्टी क्या बोलेगा? इस छोटी-सी जिंदगी में उसने बहुत कुछ देखा है—जिंदगी का जैसे सब कुछ देख लिया है—वह शहर से आया था गाँव में, गाँव में अब शहर भी आ गया (पुलिस) और किट्टी अब काडू में अकेला भयभीत पड़ा अपने नाम को पहचानने की कोशिश भी नहीं कर रहा है।

'काडू' कन्नड़ के युवा लेखक आलनहल्लि कृष्ण के उपन्यास के आधार पर बनाई गई है। इस फिल्म में हमारी मुलाकात कोप्पल गाँव के चंद्रेगौड़ा (अमरीश पुरी) से होती है जो अपनी पत्नी कमली (नंदिनी) से विमुख होकर दूसरे गाँव होसूरू की बसक्का (उमा शिवकुमार) के पास जाता है। चंद्रेगौड़ा किट्टी का मामा है, किट्टी शहर से आया है। फिल्म में सब कुछ देखने की कोशिश किट्टी ही कर रहा है—उसी की दुनियां है। उसे बहुत कुछ देखना है—हिंसा, बलात्कार, सेक्स और संक्रांति की लोटा लड़ाई।

'काडू' में संक्रांति की लोटा लड़ाई जो सिर्फ पानी की जोर आजमाइश तक सीमित होनी थी, किस तरह से नाक पर प्रहार करके टपकते रक्त में बदल जाती है और दोनों गाँव के जवान एक-दूसरे से गुत्थमगुत्था हो जाते हैं (यह आयोजन उन दोनों गाँवों के समझौते के उद्देश्य से किया गया था) और फिर 'काडू' के कैमरे का काम पहली बार फिल्म में पूरे जोर और ऊँचाई पर आता है।

कमली के जादू-टोने से चंद्रेगौड़ा कोप्पल के जवानों का दस्ता लेकर होसूरू के शिवगंगा (लोकेश) और साथियों का वध करके वापस आएगा। इस अँधेरे की अजीब रोशनी में कुछ भी हो सकता है। इस वातावरण को और भी प्रभावशाली बनाने में कला और संगीत की जिम्मेदारी ब.व. कारंत की थी। 'काडू' एक याद रहने वाली फिल्म इसलिए भी है कि फिल्म देखते वक्त और कुछ नहीं याद रहता और फिल्म देखने के बाद कोप्पल और होसूरू की जिंदगी जैसी किट्टी ने देखी, हमें बार-बार याद आती है और हम किट्टी बनना चाहते हैं और नहीं भी बनना चाहते हैं। क्या किट्टी चिड़िया के मिथक को मान ले?

1974

सुबह

जब्बार पटेल की मराठी फिल्म उंबरठा को सर्वश्रेष्ठ मराठी फिल्म का पुरस्कार मिला है। मराठी में 'उंबरठा' का अर्थ होता है दहलीज। लेकिन यह फिल्म हिंदी में 'सुबह' नाम से प्रदर्शित की जाएगी। जब्बार पटेल पेशे से एक डॉक्टर हैं और मुख्य क्षेत्र उनका रंगमंच रहा है। 'घासीराम कोतवाल' के कारण रंगमंच के क्षेत्र में उन्हें अंतर्राष्ट्रीय प्रतिष्ठा मिल चुकी है। लेकिन कुछ वर्षों से वह सिनेमा भी बना रहे हैं। पहली कथा फिल्म 'सामना' थी और 1979 में 'सिंहासन' नाम से उन्होंने एक अलग तरह का राजनीतिक सिनेमा बनाया।

'उंबरठा' की पटकथा प्रसिद्ध नाटककार और सिनेमा लेखक विजय तेंडुलकर ने लिखी है। यह फिल्म एक स्त्री के जीवन संघर्ष पर केंद्रित है और अभिनेत्री स्मिता पाटील ने सुलभा के रूप में प्रभावशाली अभिनय किया है।

'उंबरठा' की मुख्य विशेषता यही है कि उसमें स्त्रियों के जीवन की समस्याओं को बहुत बारीकी और संवेदनशीलता के साथ देखा गया है। भारतीय सिनेमा में आधुनिक स्त्री की समस्याओं को अच्छी समझ के साथ बहुत अधिक नहीं देखा गया है। 'उंबरठा' की नायिका सुलभा अच्छा-खासा उच्च मध्यवर्गीय जीवन जी रही है। घर में सुख-सुविधाएँ हैं, पति वकील है और जेठ एक डॉक्टर है। सास भी पढ़ी-लिखी है और समाज सेवा के कार्य में लगी हुई है। सास ने सुलभा की 'प्रतिभा' को पहचान कर उसे टाटा समाज विज्ञान संस्थान से समाज कार्य में एक वर्ष का 'कोर्स' भी करवाया है।

फिल्म के शुरू के 15-20 मिनट सुलभा के घर के हैं। दरअसल फिल्म शुरू तो तब होती है जब अपने घर वालों की मर्जी के खिलाफ सुलभा बहुत दूर एक छोटी-सी जगह के महिला आश्रम की अधीक्षिका का काम सँभाल लेती है। इस नियुक्ति की खबर से घर में हलचल-सी मच जाती है। घर के सदस्यों का आधुनिक नजर आने वाला दृष्टिकोण अब अपने असली चेहरे को दिखाना शुरू कर देता है। सास सुलभा के इस फैसले से प्रसन्न नहीं है। वकील पति (गिरीश कार्नाड) भी मुनमुनाता नजर आता है। लेकिन सुलभा अपने आलीशान लगने वाले घर की

निरर्थकता को पहचान चुकी है। उसकी बच्ची स्कूल जाती है लेकिन उसकी जेठानी के यहाँ कोई संतान न होने के कारण उसका पालन-पोषण वही लोग कर रहे हैं। नियुक्ति-पत्र पाकर, सुलभा अकेले ही एक दूर के छोटे से शहर में पहुँच जाती है।

घर में सुलभा का जीवन कुछ ऐसा था कि कैसेट पर भीमसेन जोशी के गायन के साथ में हजामत बनाते हुए वकील पति के चाय-नाश्ते का प्रबंध कर देना, आदि-आदि। टाटा संस्थान में अपनी बहू को प्रशिक्षित कराने के पीछे सास की शायद यही इच्छा थी कि वह मुंबई के किसी ऊँचे किस्म के समाज कार्य में अपने को व्यस्त कर ले। लेकिन सुलभा ने अपने फैसले के बाद अपने आपको एक ऐसे महिला आश्रम में पाया जहाँ तरह-तरह की अपराधी और समाज द्वारा बहिष्कृत स्त्रियाँ रह रही थीं। कोई पति द्वारा सताई हुई है, तो कोई वेश्या है और कोई पागल है। जाहिर है कि यह बहुत मुश्किल किस्म की दुनिया है।

सुलभा का व्यक्तित्व ऐसा रोबीला भी नहीं है कि महिला आश्रम के भ्रष्ट और सुस्त कर्मचारी उससे आसानी से डर जाएँ। और फिर आश्रम में रहने वाली स्त्रियों की तो अनगिनत समस्याएँ हैं। छोटे-छोटे समूहों में बैठकर सुलभा इन औरतों की जिंदगी को जानने की कोशिश करती है। कोई औरत आश्रम से भाग जाना चाहती है, तो कोई औरत आश्रम में ही अपनी जिंदगी बिता देना चाहती है कि बाहर उसके साथ अधिक अत्याचार होगा।

आश्रम की भ्रष्ट (और अभागी) जिंदगी को पहचानने में सुलभा को देर नहीं लगती। साथ ही वह यह भी समझ जाती है कि जिस तरह की अत्याधुनिक और फैशनप्रिय अध्यक्षा के निर्देशों के अनुसार उसे काम करना है उस स्थिति में अपने ढंग से काम करना आसान नहीं होगा। फिर भी वह आश्रम के नियमों को बेहतर बनाने की कोशिश करती है।

सुलभा के लिए यह भी एक कटु अनुभव है कि आश्रम के बोर्ड की बैठकों में अभागी औरतों की समस्याओं को जिस उदासीनता और क्रूरता के साथ निपटाया जाता है उसमें अपनी बात को मनवाना भी आसान नहीं है।

सुलभा का वकील पति एक बार आश्रम में उससे मिलने भी जाता है लेकिन दुर्भाग्यवश उस दिन सुलभा को एक गर्भवती स्त्री की समस्याओं से जूझना पड़ता है। अपने पति से वह अच्छी तरह मिल नहीं पाती।

आश्रम के जीवन में अचानक एक बड़ी दुर्घटना हो जाती है। दो औरतें आश्रम से भाग जाती हैं और फिर उन्हें पकड़कर आश्रम की जेलनुमा कोठरी में बंद कर दिया जाता है। ये औरतें कपड़ों पर आग लगाकर आत्महत्या कर लेती हैं। इस दुर्घटना की जाँच में सुलभा को दोषी तो सिद्ध नहीं किया जा पाता पर अपना काम छोड़ने के लिए वह मजबूर हो जाती है। सुलभा वापस अपने घर आती है तो उसे

यह भी पता चलता है कि उसके पति ने अपनी 'शारीरिक जरूरतों' को ध्यान में रखकर एक दूसरी स्त्री से मित्रता कर ली है। सुलभा अपने घर के वातावरण से बहुत कुंठित होती है। उसका पति यह तो नहीं चाहता कि सुलभा घर छोड़ दे पर सुलभा घर छोड़ने का फैसला कर लेती है और अंत में हम उसे रेलगाड़ी की खिड़की के पास बैठे बाहर के भागते हुए दृश्यों को देखता हुआ पाते हैं।

जब्बार पटेल के निर्देशन में एक आकर्षक सादगी है। छायांकन, पटकथा आदि भी फिल्म के मूड को बनाने में मदद देते हैं। 'उंबरठा' निःसंदेह एक अपने ढंग की अच्छी फिल्म है और आधुनिक समाज में औरत को बराबरी की जगह दिलाने की सार्थक कोशिश करती है।

1982

सत्यम् शिवम् सुंदरम्

यह दिलचस्प बात है और साथ में बहुत कुछ बताती भी है कि सिनेमा के भव्य पक्ष के इस्तेमाल को लेकर सिर्फ हॉलीवुड ही नहीं सोवियत सिनेमा भी उत्साहित रहता है। यह भव्यता मनुष्य के संवेगों को सस्ता बनाने का 'महत्त्वपूर्ण' काम तो करती ही है तकनीकी स्तर पर फिल्म को अपने चमत्कारों से बोझिल भी बनाती है। राज कपूर का सिनेमा नजदीक तो हॉलीवुड के है पर उसके चहेते रूस में ज्यादा रहे हैं। राज कपूर ने शुरू में 'जूता है जापानी' वाली शैली में चैप्लिन और ख्वाजा अहमद अब्बास की खिचड़ी से सोवियत संघ में खूब लोकप्रियता प्राप्त की थी। उसका आज भी बने रहना एक तरह का चमत्कार है चूँकि राज कपूर ने दलितों से प्यार करने वाली शक्ल के सतही रूप को भी न जाने कब से छोड़ दिया है।

राज कपूर अपनी फिल्मों के प्रचार को लेकर काफी सावधान रहते हैं बल्कि उनकी फिल्मों के अग्रिम प्रचार की भव्यता ही बहुत से दर्शकों के मन में यह बात पैदा कर देती है कि चलकर फिल्म को देखा जाए। 'सत्यम् शिवम् सुंदरम्' पिछले कई महीनों के शोर के बाद अब दर्शकों के पास पहुँच गई है। इस फिल्म के प्रदर्शन के अवसर पर एक सिने साप्ताहिक में राज कपूर ने अपना एक लंबा लेख छपवाया है जिसमें उन्होंने इस फिल्म को अपनी सबसे महत्त्वाकांक्षी तथा विवादास्पद फिल्म बताया है। सच पूछा जाए (यों राज कपूर अपनी आवाज में फिल्म के शुरू में कहते हैं कि सत्य तो अपने देखने का एक ढंग है) तो राज कपूर की सबसे महत्त्वाकांक्षी फिल्म थी 'मेरा नाम जोकर'—हाँ, उनकी सबसे विवादास्पद फिल्म 'सत्यम्' जरूर हो सकती है चूँकि इस फिल्म को 'ए' प्रमाणपत्र के बाद राज कपूर अपने ढंग से बचाए रखने में सफल हो गए हैं। (तथाकथित) चुंबन और नायिका जीनत अमान (फिल्म में रूपा) के अर्द्धनग्न शरीर का राज कपूर ने काफी इस्तेमाल किया है। नैतिक दृष्टि से हमें कोई खास एतराज नहीं है लेकिन आप अगर चुंबन दिखा रहे हैं, तो उसे चुंबन की तरह दिखाइए और फिर नग्नता भी पटकथा में गुंजाइश निकाल कर दिखाई जाती है। राज कपूर एक प्रसंग में जीनत अमान की नंगी पीठ और वक्षस्थल काफी उदारता से दिखाते हैं, जबकि वहाँ स्थिति के सारे संदर्भ

शृंगार की माँग नहीं कर रहे थे।

सेक्स को लेकर निर्बंध धारणा का स्वागत है पर इसका अर्थ यह नहीं है कि हम गाँव में रहने वाली लड़कियों की उस छवि को लगभग कुत्सित रूप में दिखाएँ कि सफेद मक्खन चेहरे वाले इंजीनियर नायक (शशि कपूर) को देखकर सारा गाँव कामाग्नि से पीड़ित हो गया।

फिल्म का संपूर्ण कथानक जिस आधार पर खड़ा है (नायिका के चेहरे के जले हुए हिस्से को इंजीनियर नायक शारीरिक संपर्क के बाद भी देख नहीं पाते हैं) उसकी तार्किक कमजोरी को नजरअंदाज करने के बाद भी 'सत्यम्' में ऐसा कुछ नहीं है जिसमें सिनेमा और रचना के प्रति थोड़ा भी लगाव दिखाई दे। तकनीकी स्तर पर फिल्म कहीं-कहीं बहुत सुंदर है पर उससे कुछ सिद्ध नहीं होता।

कुछ लोग 'सत्यम्' के पक्ष में एक तर्क यह निकाल रहे हैं कि इन दिनों दर्शक जिस 'त्रिशूल' शैली की हिंसा के आदी हो गए हैं उसे देखते हुए 'सत्यम्' का स्वाद अलग निजी किस्म का है। यह बहुत भ्रामक तर्क है। बाढ़ और बाँध टूटने के प्रसंग का राज कपूर ने जैसा लंबा इस्तेमाल किया है उसकी हिंसा काफी जबरदस्त है जबकि पटकथा में उसकी बहुत अधिक जरूरत नहीं थी।

राज कपूर सेक्स और धार्मिक भावनाओं का भव्य इस्तेमाल करने के सभी फार्मूले जानते हैं और करोड़ों रुपए खर्च करके उन्हें दर्शकों से वसूलना भी जानते हैं। यह सिनेमा का एक कमाल है कि वह यह धौंस दिखा सकता है कि ढाई-तीन रुपए की कीमत पर हमने अपने प्रिय दर्शकों को कितने शानदार स्वप्न दिखा दिए। अब वह और क्या चाहता है!

1978

गंगा में शैंपेन

राज कपूर की बहुचर्चित फिल्म 'राम तेरी गंगा मैली' के एक प्रसंग में खलनायकों का एक समूह शैंपेन की बोतल खोलता है और उसकी झाग को हम गंगा में गिरता हुआ देखते हैं। द्रौपदी के चीर हरण की याद दिलाते हुए एक खलनायक नायिका गंगा (मंदाकिनी) की साड़ी को उतारता है और नाचगाना शुरू हो जाता है। शायद इस प्रसंग में राज कपूर का सारा दर्शन (?) छिपा हुआ है। अपनी फिल्म में उन्होंने जगह-जगह पर पवित्र गंगा को प्रदूषित और नंगा करने के लिए समाज को दोषी ठहराया है। भिखारिन, पंडित, राजनेता, उद्योगपति, अंधा आदमी इन सभी को गंगा को अपवित्र करने वाला बताया गया है।

लेकिन अजीब बात यह है कि खुद राज कपूर भी हमें इन्हीं खलनायकों के साथ खड़े दिखाई देते हैं। उन्होंने भी बॉक्स ऑफिस पर सफलता पाने के लिए अपनी 'पवित्र गंगा' को बेवजह जगह-जगह पर नंगा किया है। खासतौर पर बच्चे को दूध पिलाने वाले प्रसंगों में मंदाकिनी को जिस तरह से अपना ब्लाउज खोलते हुए दिखाया गया है उस तरह से कोई भी माँ अपने बच्चे को दूध नहीं पिलाती है। मंदाकिनी को तो शायद मातृत्व का अनुभव नहीं होगा पर वरिष्ठ फिल्मकार और अभिनेता राज कपूर तो कम से कम यह जानते होंगे कि माँ (चाहे वह वेश्या ही क्यों न हो) अपने बच्चे को दूध पिलाती है तो वह घटिया स्तर का अंग प्रदर्शन नहीं करती है। नारी के वक्षस्थल से राज कपूर शुरू से ही आंदोलित रहे हैं, पर अब उन्होंने सारी शर्म हया छोड़ दी है।

गीली साड़ी में लिपटा हुआ नारी का तन भी राज कपूर को बहुत पहले से आकर्षित करता रहा है। इस बार वह अपने कैमरे को गंगोत्री की 'पवित्र ऊँचाइयों' में ले गए हैं जहाँ पर उनकी नायिका झरने के नीचे जबर्दस्त अंग प्रदर्शन करती है। पर नहाने और गाने का यह प्रसंग रुचि संपन्न ही कहा जाएगा।

फिल्म की कहानी अजीबो-गरीब है। आश्चर्य की बात यह है कि इसके लेखक स्वयं राज कपूर हैं। एक उद्योगपति का बेटा (राजीव कपूर) छात्रों के एक दल के साथ गंगोत्री की यात्रा करता है। प्रदूषित कोलकाता से शुरू हुई यात्रा पहाड़ों

के सुंदर वातावरण में हमारे किशोर नायक को ले जाती है। गंगा जल लाने के लिए दादी माँ (सुषमा सेठ) का लोटा हाथ में लिए राजीव कपूर अपनी गंगा की बाँहों में पहुँच जाता है। जाहिर है कि यह गंगा पवित्र ही नहीं है बल्कि उन्मुक्त भी है। उसे शायद पता है कि नायक छोटा-मोटा आदमी नहीं है—कपूर खानदान का बेटा है! वह राजीव कपूर के भाव शून्य चेहरे पर बुरी तरह से फिदा हो जाती है और 'सुन साहेब सुन' की सुंदर धुन के साथ गंगा कपूर कुल शिरोमणि को चुन लेती है। फौरन सुहागरात मनाई जाती है। एक निर्देशक के रूप में राज कपूर की दृष्टि कितनी कमजोर हो चुकी है इसका पता सुहागरात के प्रसंग से लग जाता है। उल्लेखनीय है कि फिल्म का संपादन भी राज कपूर ने किया है। एक ओर हम राजीव कपूर और मंदाकिनी को (सहमे हुए) एक-दूसरे का चुंबन लेते हुए देखते हैं और दूसरी ओर बार-बार कैमरा बाहर जाता है जहाँ पर गंगा का भाई गुंडों का मुकाबला कर रहा है। अपने प्रभाव में यह प्रसंग फूहड़ है। प्रेम और हिंसा के इस 'कंट्रास्ट' में परिपक्वता बिल्कुल नहीं है।

बहरहाल हमारे नायक महोदय सुहागरात मनाकर वापस कोलकाता आ जाते हैं। नायक का उद्योगपति पिता एक प्रभावशाली राजनेता की गिरफ्त में है। इस राजनेता की बेटी (दिव्या राणा) नायक से प्रेम करती है पर नायक इस प्रेम को दोस्ती से अधिक कुछ नहीं समझता। वह अपनी दादी को अपने पवित्र विवाह की खबर देती है तो दादी को दिल का दौरा पड़ जाता है। वह मर जाती है। अब बाप (कुलभूषण खरबंदा) छड़ी हाथ में लेकर बेटे की जबर्दस्त पिटाई करता है। इस प्रसंग में भी राज कपूर का निर्देशन और उनकी संवेदना की सारी पोल खुल जाती है।

इधर नायक मजबूर है और उधर नायिका एक बच्चे को जन्म देकर कोलकाता की राह पकड़ लेती है। रास्ते में उसे कोई भला आदमी नहीं मिलता। (किस पर भरोसा किया जाए—जब निर्देशक भी भला न रह जाए) वह कोठे पर पहुँच जाती है और अंत में बहुत नाटकीय ढंग से वह जिस राजनेता की रखैल बन कर कोलकाता पहुँचती है वह उसके पति का होने वाला ससुर है। यानी राज कपूर की कल्पनाशक्ति ने कुछ भी नहीं छोड़ा। बहरहाल आधे घंटे की दिमाग रहित हिंसा के बाद गंगा को बचा लिया जाता है और पति, पत्नी और बेटा गंगोत्री की ओर चल देते हैं।

इस फिल्म में नायक के मौसा के रूप में सईद जाफरी का अभिनय बेजोड़ है। वही अकेले कैमरे के सामने एक एक्टर नजर आते हैं। संगीत साधारण है। फोटोग्राफी में भी कोई खास बात नहीं है। कुल मिलाकर यह फिल्म निराशाजनक ही कही जाएगी। राज कपूर ने जिस हिंदू इथास को उद्वेलित करने की कोशिश की है उसके पाखंड और प्रदूषण पर चोट करते-करते वह स्वयं एक पाखंडी और प्रदूषण का स्रोत नजर आते हैं।

1985

वहाँ पैदल ही जाना है

आजादी के दस साल बाद जन्मी पीढ़ी जिस राज कपूर को जानती है, वह एक 'शोमैन' है, स्टार है, स्त्री के सौंदर्य का पुजारी है, रंगीन है। लेकिन आजादी से दस साल पहले जन्मी पीढ़ी एक दूसरे राज कपूर को जानती है। बुनियादी रूप से यह 'आवारा' राज कपूर है। वह रंगीन सपने नहीं देखता। काली-सफेद दुनिया को जाँचता-परखता है। वह कभी-कभी स्वैरकल्पना की दुनिया में भी चला जाता है पर सचाई से एक खास तरह का रिश्ता बनाए रखता है। मुंबइया फिल्मी दुनिया में इस राज कपूर ने 23 साल की उम्र में 'आग' फिल्म से जन्म लिया था। राज कपूर ने इस फिल्म में नायक, निर्देशक पटकथा लेखक की भूमिका निभाई थी। 1948 में एक अलग तरह की आग लेकर एक युवक हिंदी सिनेमा की दुनिया में आया जो आने वाले 12 सालों में लोकप्रिय सिनेमा की धारणा में महत्त्वपूर्ण बदलाव लाने जा रहा था। 'आग' से लेकर 'जिस देश में गंगा बहती है' (1960) की फिल्म यात्रा भारतीय सिनेमा के इतिहास में अपनी एक अलग जगह रखती है। लेकिन 'जिस देश में गंगा बहती है' का भोला भाला राजू बाद की रंगीन फिल्मों में किसी भी तरह से लौटने की बराबर कोशिश तो करता रहा, पर वह कभी लौट नहीं पाया। दरअसल राज कपूर की फिल्म यात्रा काली-सफेद फिल्मों के दौर में ही खत्म हो जाती है। हम सभी जानते हैं कि राज कपूर ने बाद में 'संगम', 'बॉबी', 'राम तेरी गंगा मैली' सरीखी सुपर हिट फिल्में बनाईं और इन फिल्मों में मनोरंजन की खास राज कपूर शैली को भी पहचाना जा सकता है। पर इनमें से कोई भी फिल्म 'आवारा', 'श्री 420', 'जागते रहो', 'जिस देश में गंगा बहती है' के करीब नहीं पहुँच पाई।

यह भी गौर करने की बात है कि अपनी रंगीन फिल्मों में राज कपूर ने जो नुस्खे इस्तेमाल किए उनकी झलक 'जिस देश में गंगा बहती है' में मिल जाती है। डाकुओं को 'चोचलिस्ट' कहने वाला भोला भाला राजू उस फिल्म में कम्मो (पद्मिनी) की जिस सेक्स प्रधान छवि को पहचानना शुरू कर देता है वह बाद की सभी फिल्मों में बराबर प्रमुख होती चली गई। पद्मिनी से लेकर मंदाकिनी सरीखी

फिल्म अभिनेत्रियों को राज कपूर कभी नरगिस की ग्रेस नहीं दे पाए, भले ही 'बॉबी' में उन्होंने डिंपल कपाड़िया को अपने किशोर दिनों की नरगिस के रूप में ही देखा। नरगिस से जब वह पहली बार मिले थे तो वह शायद रसोई में पकौड़े तल रही थी। उसने दरवाजा खोला और बेसन सने हाथों को अपने बालों में जिस तरह से रखा, उसी को ध्यान में रखकर राज कपूर ने 'बॉबी' में डिंपल और ऋषि कपूर की पहली मुलाकात करवाई। यह सही है कि राज कपूर ने डिंपल और मंदाकिनी सरीखी अभिनेत्रियों का जिस तरह से इस्तेमाल किया, वह काफी अलग तरह का था। बल्कि मंदाकिनी 'राम तेरी गंगा मैली' में तमाम सीमाओं के बावजूद एक खास मोहक अंदाज में मौजूद रहती है। पर उस फिल्म के बाद कोई भी निर्देशक मंदाकिनी के 'गंगा' वाले उस जादू को वापस पर्दे पर नहीं ला पाया। डिंपल को भी 'बॉबी' की छवि कभी वापस नहीं मिल पाई। यह अलग बात है कि उसने बरसों बाद महेश भट्ट की 'काश' में एक नया जन्म लिया।

'जागते रहो' (1956) में नरगिस की सिर्फ झलक दिखाई देती है। उसके बाद राज कपूर को कभी हम नरगिस के साथ नहीं देखते हैं। लेकिन आठ सालों के इस पर्दे के संबंध ने एक ऐतिहासिक फिल्मी जोड़ी को जन्म दिया। दरअसल फिल्म अभिनेत्रियों की 'ग्रेस' 1960 के बाद बराबर कम होती चली गयी। शुरू में उनमें एक शोखी, मादकता आई जो आगे चलकर लगभग अश्लीलता और फूहड़ता में बदल गई। नरगिस या मधुबाला सरीखी अभिनेत्रियों ने पचास के दशक में हिंदी सिनेमा में जिस सुंदरता और 'प्रेम' को जन्म दिया, वह बाद में सिनेमा के पर्दे पर एक दुर्लभ चीज हो गई।

यह भी सही है कि राज कपूर को 'बरसात' (1949) के दिनों से ही सेंसर से जूझना पड़ा था। यह लड़ाई 'राम तेरी गंगा मैली' तक चलती रही। कहा जाता है कि राज कपूर तो अपनी फिल्मों में हर तरह के दृश्य पास करवा लेते हैं। दूसरे फिल्म निर्माताओं को यह सुविधा नहीं मिलती। लेकिन राज कपूर और सेंसर की मुठभेड़ प्रेम, सेक्स आदि के चित्रण को लेकर होती रही। कम से कम उन्हें हिंसक प्रसंगों को लेकर सेंसर से नहीं जूझना पड़ा। सत्तर और अस्सी के दशक की तेजाबी फिल्मों का दौर राज कपूर पर कोई असर नहीं डाल सका। स्त्री की सुंदरता राज कपूर को शुरू से ही प्रभावित करती रही है। कोई आश्चर्य नहीं कि 'बरसात' के दिनों से ही उन्होंने अपनी कृष्ण कन्हैया वाली छवि को बनाना शुरू कर दिया था। समय-समय पर राज कपूर ने एक कलाकार के रूप में अपने 'इराटिक' किस्म के रुचि संस्कारों के पक्ष में दलीलें दी हैं। एक हद तक कहा जा सकता है कि राज कपूर ने पाखंड से परहेज किया है। अभी जनवरी में त्रिवेंद्रम फिल्मोत्सव के उद्घाटन समारोह में एक ब्रितानी फिल्म दिखाई गई थी जिसमें सेक्स प्रसंग पर्याप्त मात्रा में थे। लोगों ने बड़ा होहल्ला मचाया कि इस तरह की फिल्म को उद्घाटन

फिल्म के रूप में क्यों दिखाया गया। तब राज कपूर ने जो टिप्पणी की, वह गौर करने लायक है। 'लेकिन मैंने किसी दर्शक को अपनी सीट छोड़ कर जाते हुए नहीं देखा'। कम से कम राज कपूर इस तरह के पाखंड को प्रश्रय नहीं देते रहे।

अभिनेता के रूप में पचास के दशक में हिंदी सिनेमा में दिलीप कुमार, राज कपूर, देव आनंद की अपनी एक विशिष्ट जगह बनी हुई थी। इन तीनों ही अभिनेताओं ने अपने समय के दर्शकों पर निर्णायक किस्म का असर डाला। साठ के दशक में भी यह असर कायम रहा। एक अभिनेता के रूप में राज कपूर पर चार्ली चैपलिन सरीखे महान अभिनेता की स्पष्ट छाप थी। बल्कि उनके पटकथा लेखकों ने राज कपूर की जिस 'आवारा' छवि को असंख्य भारतीयों के दिल में उतारा वह सजग रूप से चैपलिन की फिल्मों से ली गई थी। चैपलिन एक जीनियस फिल्मकार और अभिनेता थे। राज कपूर में उस तरह की जीनियस को खोजना व्यर्थ है। लेकिन यह भी सही है कि उन्होंने चैपलिन की छवि का जो भारतीयकरण किया उसका अपना एक आकर्षण और महत्त्व है। राज कपूर अपनी मौलिक आवारा छवि तो नहीं बना पाए, पर वह एक संपूर्ण फिल्मकार के रूप में मुंबइया मनोरंजन उद्योग के महत्त्वपूर्ण हिस्सा बने रहे। राज कपूर अपनी फिल्मों में खुद एक सुपरस्टार जरूर रहे। पर उनकी फिल्मों की सफलता की कल्पना नरगिस, शंकर जयकिशन, राधू करमाकर, ख्वाजा अहमद अब्बास, शैलेंद्र, हसरत जयपुरी, मुकेश, एम. आर. अचरेकर सरीखे नामों के बिना नहीं की जा सकती। इसीलिए बहुत से नए फिल्मकार राज कपूर का मूल्यांकन करते समय उन्हें एक महान संयोजक के रूप में भी देखते हैं। आज लोकप्रिय हिंदी सिनेमा में शैलेंद्र सरीखे अच्छे गीत, मुकेश सरीखी सच्ची आवाज आसानी से कहाँ मिलेगी? शैलेंद्र ने राज कपूर के लिए एक से एक खूबसूरत गीत लिखे जिन्हें मुकेश ने गाया। शैलेंद्र का निधन 1966 में 14 दिसंबर को हुआ। वह दिन राज कपूर का जन्मदिन था। दोस्त की इस असामयिक मृत्यु का सदमा बड़ा गहरा था। कुछ सालों बाद मुकेश नहीं रहे तो राज कपूर को लगा जैसे 'मैं गूँगा हो गया हूँ।'

कहने का आशय यह है कि राज कपूर अकेले अपने बल पर खड़े होने की कोशिश भी नहीं करते रहे। यूँ भी फिल्म कला भले ही एक निर्देशक का माध्यम हो, पर जब तक ऊँचे किस्म के लेखक, संगीतकार, अभिनेता, कला निर्देशक आपके साथ न हों तो सफल होना मुश्किल है। आखिर अब्बास सरीखे लेखक ने राज कपूर को भारतीय चैपलिन बनाने में एक महत्त्वपूर्ण भूमिका निभाई। 'जिस देश में गंगा बहती है' में कहानीकार, पटकथा लेखक और संवाद लेखक अर्जुनदेव रश्क की भूमिका साधारण नहीं थी। 'जिस देश में गंगा बहती है' में राजू जब अपने ही अंदाज में कहता है राका इस बंदूक को छोड़ो—इसने गाँधी को भी नहीं पहचाना—तो इस तरह के संवादों के पीछे अर्जुनदेव रश्क की कलम थी।

एक अभिनेता के रूप में राज कपूर 'जागते रहो' और 'तीसरी कसम' में सर्वश्रेष्ठ कहे जा सकते हैं। 'जागते रहो' तक पहुँचते-पहुँचते चैपलिननुमा आवारा धोती पहन चुका था। लेकिन सबसे कठिन चुनौती 'तीसरी कसम' के हीरामन की भूमिका के रूप में थी। फणीश्वरनाथ रेणु की इस प्रसिद्ध कहानी को फिल्माने का सपना शैलेंद्र ने देखा था। राज कपूर ने पूरे मन से इस फिल्म में ग्लैमर को मुंबई की दुनिया में छोड़ दिया। एक कलाकार के रूप में वह पर्दे पर आए। इस फिल्म में यह अहसास भी बराबर नजर आता है कि अपनी रचनात्मकता की ऊँचाइयों को पाने के लिए एक कलाकार को दूसरी दुनिया की यात्रा पैदल ही करनी पड़ती है। जाहिर है कि 'तीसरी कसम' बॉक्स ऑफिस पर सफल नहीं हुई। लेकिन कम बजट, ईमानदारी और काली-सफेद बुनियाद पर बनी 'तीसरी कसम' अगर नहीं चली, तो फिर आलीशान बजट पर बनी रंगीन फिल्म 'मेरा नाम जोकर' (1970) भी तो नहीं चली। राज कपूर ने 'जोकर' में पहले हिस्से में तो अपनी फिल्म कला का परिचय दिया है पर बाद में वह कुछ जरूरत से ज्यादा ही दीन हीन बन गए। आइए और मुझ पर तरस खाइए वाली मुद्रा ने इस फिल्म को कहीं का नहीं रखा। यह अलग बात है कि निजी रूप से राज कपूर को यह फिल्म पसंद रही है, चूँकि इसमें आत्मकथा की बनावट थी और बॉक्स ऑफिस पर राज कपूर का यह बच्चा असफल भी रहा।

फिल्मकार के रूप में राज कपूर की तुलना गुरुदत्त से की जा सकती है। गुरुदत्त ने भी अपनी फिल्म 'कागज के फूल' में 'जोकर' की तरह अपनी जिंदगी को खोलने की कोशिश की थी। गुरुदत्त एक अभिनेता के रूप में राज कपूर सरीखी लोकप्रियता और सफलता तो नहीं हासिल कर पाए, लेकिन आजादी के बाद के हिंदी सिनेमा का जब भी मूल्यांकन होगा तो राज कपूर और गुरुदत्त की फिल्मों की उपेक्षा नहीं की जा सकेगी। इन दोनों भिन्न मिजाज के कलाकारों के पास एक अपनी दृष्टि थी।

राज कपूर में स्त्रियों और सेक्स को लेकर पाखंड भले ही न था पर एक खास तरह की 'मर्द की हेकड़ी' तो उनमें भी पहचानी जा सकती है। कहा जा सकता है कि यह 'हेकड़ी' तो कपूर खानदान की खास पहचान है। नरगिस को अपनी कला और अपनी पत्नी कृष्णा को औलाद के लिए जरूरी कहना इसी दृष्टि की मिसाल है।

2 मई को नई दिल्ली के सिरी फोर्ट आडिटोरियम में राज कपूर ने राष्ट्रपति के हाथों दादा साहेब फालके पुरस्कार जिन परिस्थितियों में लिया उन्हें देखकर 'मेरा नाम जोकर' की याद आना स्वाभाविक है। प्रसंग लगभग समान था, लेकिन रिटायर होने जा रहा नायक अपनी सभी प्रेमिकाओं को आडिटोरियम में नहीं बुला पाया। पत्नी जरूर साथ थी। बाद में सब यही कहते रहे कि राज कपूर को उस दिन

अपने स्वास्थ्य को देखते हुए पुरस्कार लेने नहीं आना चाहिए था लेकिन जीवन और कला को कभी-कभी अलग करना मुश्किल हो जाता है। जीवन कभी-कभी अपनी ही कला का अनुकरण करना शुरू कर देता है। 2 मई की शाम को ठीक यही हुआ। दुनिया एक सर्कस हो या न हो, पर कुछ लोग इसे सर्कस मानकर जीने और मरने के सपने देखते हैं। इसमें आत्मदया भी है और एक गहरी मानवीय सच्चाई भी।

1988

जंजीर

जहरीली शराब और नकली दवाइयों के अमानवीय धंधे की इन दिनों बड़ी चर्चा है। इसलिए इसकी कोई-न-कोई फिल्मी व्याख्या होनी ही चाहिए थी। निर्माता-निर्देशक प्रकाश मेहरा की नई फिल्म 'जंजीर' में जहरीली शराब के दुष्परिणामों को (सतही स्तर पर) समेटने की कोशिश की गई है। फिल्म में एक खास तरह की तेजी है। कैमरे और कल्याणजी-आनंदजी के संगीत की चतुराई है। लगभग सभी कलाकारों का अभिनय सधा हुआ है। इससे फिल्म एक औसत फिल्म से कुछ ऊपर हो जाती है। लेकिन 'समग्र समझ' की बात की जाए, तो 'जंजीर' में भी वही खिचड़ी है जिसे दर्शक न जाने कितनी बार खा चुके हैं।

'जंजीर' में हिंसा का बोलबाला है, सेक्स का नहीं। नायिका जया भादुड़ी भी चाकू-छुरी को तेज करने का काम करती है। यानी सभी प्रतीक कहीं-न-कहीं हिंसा से जाकर जुड़ते हैं। नायक अमिताभ बच्चन एक पुलिस इंस्पेक्टर हैं, जो अपराध और अपराधी को अपने बचपन की क्रूर व दुर्दमनीय स्मृतियों के माध्यम से देखते हैं। स्मृतियों का यह तनाव सिनेमा माध्यम में कलात्मक निखार की संभावना रखता है। पर निर्देशक ने फिल्म को अमेरिकी फिल्मों का ऐसा अनुवाद बना दिया है कि सिर्फ ऊपरी लक्षण यह बताते हैं कि फिल्म की कहानी मुंबई में चल रही है। बचपन में बच्चे का माँ-बाप को मरते हुए देखना, इन स्मृतियों की काली और भयावह छाया में उस बच्चे का जवान होना और फिर पुराने दुश्मन को अचानक अपनी दुनिया में सामने पाना। लेकिन 'जंजीर' में निर्देशक ने पात्रों की अनावश्यक नुमाइश लगा दी है। प्राण और ओमप्रकाश दो ऐसे ही पात्र हैं। प्राण का अभिनय निखरा हुआ है। पर फिल्म के फ्रेम से वह बाहर है। शेर खाँ (प्राण) जैसे पात्र हिंदी फिल्मों की रूढ़ि बन चुके हैं।

अमिताभ बच्चन और जया भादुड़ी 'जंजीर' का केंद्र हैं। और उनमें ताज़ापन है। फिल्म कहीं-कहीं ही अपनी ऊँचाई पर पहुँची है। कल्याणजी-आनंदजी ने 'संताना' के चोब और ढोल के शोर को चुपचाप चस्पां कर दिया है।

'सात हिंदुस्तानी', 'आनंद', 'परवाना' आदि फिल्मों में अमिताभ बच्चन की

जो छवि बनी थी वह लीक से हट कर थी और उम्मीद हुई थी कि अमिताभ मुंबइया फिल्मों के फ्रेमवर्क में काम करते हुए भी कुछ नया और सर्जनात्मक जोड़ सकेंगे। फिर अमिताभ की कुछ ऐसी फिल्में आईं जिनमें अभिनय कम, अदाओं के लटके और कपड़ों के फैशन ज्यादा थे। 'बांबे टू गोवा' में लगा था कि कहीं अमिताभ भी 'जंगली' के शम्मी कपूर तों नहीं बनना चाहते हैं। फिर अमिताभ बच्चन के फिल्मों पर विचार भी इधर-उधर पत्रिकाओं में देखने को मिले जिन्हें 'दिलचस्प' ही कहा जा सकता है।

लेकिन 'जंजीर' में अमिताभ ने मेहनत से काम किया है और एक नया ताजगी भरा प्रभाव दर्शकों पर छोड़ा है। इस एक फिल्म के आधार पर हालाँकि कोई एक बात नहीं कही जा सकती है, पर इससे अमिताभ की आने वाली फिल्मों में दर्शक की दिलचस्पी बढ़ी है। इधर हिंदी फिल्मों के हीरो 'ग्रेस' (शालीनता) से दूर हटते चले जा रहे हैं। अशोक कुमार की तीस साल पुरानी फिल्मों को देखकर लगता है कि किसी भी रोल में वह शालीनता के एक निश्चित क्रम को बनाए रखते थे। हॉलीवुड में यह शालीनता हमें मार्लेन ब्रैंडो के अभिनय में मिलती है। यह देखना है कि अमिताभ बच्चन के अभिनय में जो शालीनता उभर कर आई है वह चमत्कार है या उससे कुछ और आगे उसमें कहीं कुछ गहरा है। यह उनकी अगली फिल्में बताएँगी, जिनका अब जागरूक दर्शकों को इंतजार है।

स्मृतियों के बोझ से दबा हुआ नायक, 'बदले' के लिए इस वास्तविक दुनिया में वापस लौटता हुआ नायक हॉलीवुड की फिल्मों का प्रिय विषय रहा है। पश्चिम की फिल्मों का सारा 'रोमांटिसिज्म' इसी में है। 'प्वांइट ब्लैंक' में ली मार्विन के अभिनय का जादू भी स्मृतियों के आतंक की वजह से था। 'जंजीर' में अमिताभ का रोल भी कुछ इसी प्रकार का है लेकिन इसका अर्थ यह नहीं है कि हॉलीवुड के अभिनेता हमारे आदर्श हैं। यहाँ तो हम सिर्फ एक्टर की मिथ की बात कर रहे हैं—उसकी सीमाओं और संभावनाओं की।

1973

महान

पिछले दिनों लोकप्रिय अभिनेता अमिताभ बच्चन की दो फिल्में प्रदर्शित हुई हैं—अंधा कानून और महान। इनमें से 'अंधा कानून' में अमिताभ बच्चन की भूमिका को 'अतिथि कलाकार' की भूमिका बताया गया है जो बात हमारी समझ में नहीं आई। 'अंधा कानून' में चूँकि तमिल फिल्मों के सफल नायक रजनीकांत को पहली बार हिंदी फिल्मों की दुनिया में लाया गया है इसलिए दर्शकों को अपनी तरफ खींचने के लिए अमिताभ बच्चन वाले प्रसंग को फिल्म में जबर्दस्ती डाला गया है। अरअसल 'अंधा कानून' 'टू इन वन' फिल्म है, जिसमें आठ-आठ रील की आप दो फिल्में देख सकते हैं। इन 'दोनों' फिल्मों में जबर्दस्त हिंसा है। और कानून के अंधेपन को जगह-जगह चीख-चीखकर बताया गया है। इस बहाने दिमाग रहित हिंसा को सिनेमा के पर्दे पर दिखाए जाने का बढ़िया मौका निर्देशक टी. रामाराव को मिला है। यह भी सही है कि पुलिस, व्यवस्था और कानून की इतनी तीखी आलोचना अब पिछले कुछ समय से ही व्यावसायिक फिल्मों में दिखने लगी है।

'महान' को 'थ्री इन वन' कहा जा सकता है, चूँकि उसमें अमिताभ की तीन भूमिकाएँ हैं। 'महान' में दिमाग रहित हिंसा का जोर नहीं है, इसीलिए उसे 'अंधा कानून' की तरह 'ए' प्रमाण पत्र भी नहीं मिला है। 'महान' में सब तरह के दर्शकों को प्रसन्न करने की कोशिश की गई है और निर्देशक और अमिताभ बच्चन मुख्य रूप से बच्चों से संबोधित नजर आते हैं।

'अंधा कानून' में क्रूर हिंसा के इतने अधिक प्रसंग हैं कि दर्शकों के एक वर्ग ने यह सवाल भी उठाया है कि इस तरह की फिल्मों को पास क्यों किया जाता है? हम यहाँ अपने पाठकों को एक बार फिर याद दिला दें कि स्वीडन के एक फिल्मकार ने दिल्ली में पत्रकारों से बातचीत करते हुए बताया था कि उनके देश में सेंसर सेक्स और पोर्नोग्राफी की कोई खास परवाह नहीं करता है। लेकिन हिंसा के सिनेमा को किसी भी तरह की छूट नहीं दी जाती है। हमारे यहाँ धीरे-धीरे सिनेमा इतना अधिक हिंसक हो गया है कि व्यावसायिक सिनेमा में अब एकाध खलनायक से काम नहीं चलता। पाँच-सात खलनायक अपने खूँखार चेहरों के साथ कभी किसी

का सर फोड़ते हैं और कभी अपना सर फुड़वाते हैं। 'अंधा कानून' में अमरीश पुरी बेरहमी से एक हत्या करवाते हैं। फॉरेस्ट ऑफिसर अमिताभ बच्चन जेल से निकलने के बाद अमरीश पुरी को बहुत नाटकीय ढंग से अदालत में ही ला कर बेरहमी से उसकी हत्या करता है। यह भी दिलचस्प है कि 'अंधा कानून' सरीखी फिल्मों में कॉमेडियन की भूमिका पुलिस के जिम्मे रहती है। आखिर पुलिस को क्रूर तो दिखाया नहीं जा सकता है। इसलिए पुलिसकर्मियों का काम अब हँसोड़ अभिनेताओं का हो गया है।

वैसे तो 'अंधा कानून' में नायक रजनीकांत भी खलनायक ही नजर आते हैं। उनका दिलचस्प किस्म का 'एक्शन' सस्ते किस्म के सिनेमा के प्रशंसकों को पसंद आ सकता है, लेकिन रजनीकांत जगह-जगह पर हाथ-मुँह जिस तरह से हिलाते हैं उससे वह आसानी से अमिताभ बच्चन को (अतिथि कलाकार होने के बावजूद) नायकत्व प्रदान कर देते हैं। 'अंधा कानून' में हेमा मालिनी ने पुलिस अफसर की जैसी भूमिका पर्दे पर उतारी है उसको देखकर लगता है कि अब हेमा मालिनी के रिटायर होने का समय भी नजदीक आ गया है।

'महान' की पटकथा पूरी तरह से अमिताभ बच्चन को समर्पित है। पुराने जमाने की याद दिलाने के लिए वे वहीदा रहमान के साथ हैं। फिर उनके जुड़वाँ बच्चे परवीन बाबी और जीनत अमान के साथ प्रेम करते हैं और खलनायक अमजद खाँ और उनकी औलादों के साथ मारधाड़ करते हैं। 'महान' का मुख्य उद्देश्य माँ, बच्चों, युवकों और सस्ते किस्म के सिनेमा के प्रशंसकों को एक साथ प्रभावित करना है। और निश्चय ही अपने इस उद्देश्य में फिल्म सफल हुई है। एक अमिताभ भावनाओं के आँसू बहाते हैं, दूसरे अमिताभ पुलिस के फर्ज को बड़ी सख्ती के साथ निभाते हैं और तीसरे अमिताभ कॉमेडियन बनने के लिए कुछ भी करने के लिए तैयार हो जाते हैं। हिजड़ों के साथ वह बाकायदा नाचते भी हैं। मजेदार बात यह है कि 'महान' में अमिताभ को सबसे अधिक सफलता कॉमेडियन भूमिका में मिली है।

पुलिस अफसर के रूप में तो वह लगभग शशि कपूर का चेहरा लिए घूमते हैं। पिता की भूमिका में अमिताभ का अभिनय प्रभावशाली कहा जाएगा, लेकिन उनका मेकअप उन्हें जुड़वाँ भाइयों का बड़ा भाई अधिक बनाता है—पिता कम। इससे एक बार फिर सिद्ध होता है कि अमिताभ बच्चन लोकप्रिय और प्रभावशाली अभिनेता होने के बावजूद दिलीप कुमार के पास भी नहीं पहुँच पाते हैं। 'महान' में काठमांडू के माहौल में अपेक्षाकृत ताजगी है। अमिताभ और जीनत अमान 'प्यार में दिल पे मार दे गोली, ले ले मेरी जाँ' गीत काठमांडू के मंदिरों के माहौल में जब गाते हैं, तो उसका प्रभाव आम हिंदी सिनेमा से अलग है।

1983

चुपके-चुपके

ऋषिकेश मुखर्जी मुंबई के उन फिल्मकारों में से हैं जो स्वस्थ फिल्में बनाने के लिए प्रतिष्ठित हैं। स्वस्थ इन अर्थों में कि उनमें मारधाड़, कैबरे और 'तालीमार' संवाद नहीं होते। पर कुछ चीजों के न होने से उन्हें एक महत्त्वपूर्ण फिल्मकार मान लेना एक बड़ी भूल होगी। दरअसल ऋषिकेश मुखर्जी दूसरे तथाकथित घटिया फिल्मकारों की ही तरह अपने दर्शकों को 'पहचानते' हैं और निश्चिंत हैं। बल्कि 'अतिप्रसन्न' हैं ('चुपके-चुपके' के एक तालीमार संवाद से ही हम यह शब्द ले रहे हैं।) दरअसल उन्हें फिल्म से कुछ लेना-देना नहीं है। उनकी एक अपनी थियेटर कंपनी है जिसे वह साल में दो-चार बार कैमरे की मदद से 'मनोरंजन की भूखी जनता' तक पहुँचा देते हैं।

यह केवल संयोग नहीं है कि 'आनंद' जैसी फिल्मों की सफलता के बाद ऋषिकेश मुखर्जी ने अपने साथी कलाकारों की एक सूची-सी तैयार कर ली है और घुमा-फिराकर वही लोग आते-जाते रहते हैं। अगर बारीकी से उनकी फिल्मों का विश्लेषण किया जाए, तो पता चलेगा कि उनकी फिल्मों में अभिनेता असरानी की जो भूमिका रहती है वह अपनी बनावट में हीरो के उसी दोस्त की भूमिका है जिसे कॉमेडियन राजेंद्रनाथ काफी भुना चुके हैं। कहने का मतलब यह है कि ऋषिकेश मुखर्जी की फिल्म मानसिकता आम हिंदी फिल्मों की है। ऋषिकेश मुखर्जी अच्छी तरह से जानते हैं कि उन्हें कुछ चीजें निकालकर कुछ चीजें धीमे स्वर में कह देनी हैं। इससे मध्यवर्ग की लड़कियाँ, स्त्रियाँ भी उनकी फिल्मों से संतुष्ट होकर निकलती हैं।

वैसे तो फिल्म का सौंदर्यशास्त्र मुंबई की फिल्मों पर क्या लागू किया जाए (और हर बार की तरह इस बार भी हम यही सोचते रहे कि 'चुपके-चुपके' पर कोई चर्चा फिल्म की नहीं किसी अन्य पुस्तक में की जाए) पर यह कहना जरूरी हो जाता है कि ऋषिकेश मुखर्जी के लिए कथानक के स्थूल तत्त्व इतने महत्त्वपूर्ण हैं कि वह बिल्कुल नहीं चाहते कि फिल्म के अपने बुनियादी गुणों का इस्तेमाल किया जाए। मिसाल के लिए उनकी फिल्मों में 'बाहरी' वातावरण कम से कम

होता है। 'चुपके-चुपके' में तो हम बराबर एक बंद कमरे में आते जाते हैं। बाहरी दुनिया जब कथानक को आगे बढ़ाने के लिए जरूरी हो जाती है, तभी दिखाई जाती है। वसुधा (जया भादुड़ी) और सुकुमार (अमिताभ बच्चन) के प्रेम प्रसंग में हमें बाहर लाया तो जाता है पर यहाँ भी अमिताभ बच्चन की बेतुकी (लाउड) कॉमेडी 'जगह' का कोई सिनेमाई अनुभव हमें नहीं कराती। कमरों के अंदर भी जो कुछ हो रहा होता है उसमें दृश्यों के संयोजन के स्तर पर फिल्मकार के पास कल्पनाशक्ति का अभाव है।

सुलेखा (शर्मिला टैगोर) के सामने जब परिमल (धर्मेंद्र) और सुकुमार नाचते-गाते हैं तो बड़ी कोशिश करके कमरे की लंबाई-चौड़ाई को ऋषिकेश मुखर्जी पकड़ पाए हैं। (यह प्रसंग बहुत घटिया है पर अमिताभ बच्चन ने अपनी लंबाई को खास तरह से धर्मेंद्र के मुकाबले घटा-बढ़ाकर दृश्य-संयोजन को सुंदर बनाने की कोशिश की है)। लेकिन अन्य प्रसंगों में तो हम सस्ते चुटकुलों और भाषा के अपमान को देखते, सहते, सुनते रहते हैं।

बड़ी चालाकी से 'चुपके-चुपके' में ऋषिकेश मुखर्जी ने एक संवाद हमारे कान में डाल दिया है कि यहाँ भाषा का नहीं एक खास तरह के व्यक्ति का मखौल उड़ाया जा रहा है। पर दरअसल पूरी फिल्म में समस्या 'बोलने' की है और इसकी तार्किक परिणति में परिमल अंत में हकला कर हमें हँसाने की आखिरी कोशिश करता है। ऋषिकेश मुखर्जी बड़े और नामी अभिनेता और रंगीन फिल्म जैसी तामझाम छोड़कर बोलें, तो हम देखें। आखिर सुनेंगे क्या?

1975

मुखामुखम

बहुचर्चित मलयालम फिल्मकार अडूर गोपालकृष्णन ने 1965 में पुणे के फिल्म और टी. वी. संस्थान से पटकथा लेखन व निर्देशन का डिप्लोमा प्राप्त किया था। उनकी पहली फिल्म 'स्वयंवरम्' 1972 में बनी थी जिसे राष्ट्रीय पुरस्कार प्राप्त हो चुका है। 'कोडियट्टम' उन्होंने 1977 में बनाई और 'एलीपत्तायम' 1981 में। 'मुखामुखम' उनकी चौथी कथा फिल्म है। यह कहने की जरूरत नहीं कि अडूर ने अपनी फिल्में खूब समय लेकर बनाई हैं। उन्होंने कभी किसी तरह की हड़बड़ी नहीं दिखाई है। "जब कभी भी मैं फिल्म बनाता हूँ तो मुझे महसूस होता है कि मैं पहली बार फिल्म बना रहा हूँ। इसका मुख्य कारण यही है कि मेरी फिल्मों के निर्माण के बीच में एक लंबा अंतराल होता है। और चूँकि मैं एक फिल्म के निर्माण के लगभग सभी पक्षों से जुड़ा रहता हूँ इसलिए अगली फिल्म के बारे में सोचने के लिए मुझे पुरानी फिल्म को भूल जाना पड़ता है।"

अडूर की नई फिल्म 'मुखामुखम' (आमने-सामने) रिलीज होने से पहले ही काफी विवादास्पद साबित हो चुकी है। कोई भी फिल्म प्रेमी मजबूर है कि वह इस फिल्म की तुलना 'एलीपत्तायम' (रैट ट्रैप) से करे और फिर इस निष्कर्ष पर पहुँचे कि पिछली फिल्म बेहतर थी। जाहिर है कि यह तुलना फिल्मकार को नहीं अच्छी लगती है। पर हमें यह नहीं भूलना चाहिए कि 'एलीपत्तायम' जैसी फिल्में हर बार नहीं बनती हैं। निर्देशक भले ही बहुत कम फिल्में क्यों न बनाता हो।

लेकिन 'मुखामुखम' का हर फ्रेम अडूर को एक बड़े भारतीय फिल्मकार के रूप में स्थापित कर देता है। बंगाल के बाद दक्षिण से कोई महत्त्वपूर्ण फिल्मकार यदि उभरा है, तो निश्चित रूप से वह अडूर गोपालकृष्णन हैं। अडूर की फिल्मों का स्वभाव और स्थान सत्यजित राय या मृणाल सेन से बहुत भिन्न है। पर उसकी जड़ें हिंदुस्तान में हैं।

'मुखामुखम' के संदर्भ में पहला सवाल यही उठता है कि क्या यह एक राजनीतिक फिल्म है? यहाँ यह सवाल भी महत्त्वपूर्ण हो जाता है कि आखिर हम राजनीतिक सिनेमा किसे मानें? अडूर जानते हैं कि 'राजनीतिक सिनेमा' की चिप्पी

की यदि व्याख्या करनी पड़ेगी, तो सब तरह की फिल्में राजनीतिक दिखने लगेंगी। "लेकिन मैंने इस फिल्म में कोई पक्ष लेने की कोशिश नहीं की है और न ही कुछ सिद्ध करना चाहा है। यह फिल्म नायक श्रीधरण के बारे में नहीं है बल्कि मध्यवर्ग के बारे में है। वे लोग जो चीजों को बदलते तो देखना चाहते हैं लेकिन कुछ करना नहीं चाहते।"

अडूर का यह भी कहना है कि श्रीधरण एक साम्यवादी तो है पर वह साम्यवाद नहीं है। दरअसल कई क्षेत्रों में इस फिल्म को साम्यवाद विरोधी फिल्म के रूप में भी देखा जा रहा है। एक बड़ा कारण यही है कि श्रीधरण को अडूर ने एक 'आसान' चरित्र नहीं बना दिया है। वह 'रेडीमेड' ट्रेड यूनियन नेता नहीं है। किसी रूढ़ किस्म की छवि को निर्देशक ने बिल्कुल नहीं उभारा है।

फिल्म महोत्सव के दौरान प्रेस कान्फ्रेंस में फिल्म समीक्षकों ने अडूर से श्रीधरण की छवि के बारे में कई तीखे सवाल किए। लोग शायद श्रीधरण के रूप में ओम पुरी की छवि को देखना चाहते थे। "श्रीधरण तो कम्युनिस्ट नेता नजर ही नहीं आता है। लाल झंडा, लेनिन की तस्वीर और फैक्ट्री के सामने भूख हड़ताल दिखा देने से वह कम्युनिस्ट नहीं बन जाता।"

दरअसल इस बात का जवाब हमें 'मुखामुखम' की समग्र गति को जानने और पहचानने से ही मिल सकता है। अडूर ने वातावरण पर अधिक जोर दिया है। सूक्ष्म और मार्मिक चाक्षुष संकेतों से उन्होंने एक ट्रेड यूनियन नेता की मानसिकता को पर्दे पर उभारा है। क्या एक ट्रेड यूनियन नेता 'अस्तित्ववादी' किस्म के सवालों का सामना करने के लिए मजबूर नहीं हो सकता है? इसका मतलब यह नहीं है कि वह पश्चिम के लगभग बदनाम दर्शन अस्तित्ववाद का शिकार हो गया है।

'मुखामुखम' की कहानी संक्षेप में इस प्रकार है। श्रीधरण एक समर्पित कम्युनिस्ट नेता है। एक कस्बे में वह मजदूरों के हितों की लड़ाई लड़ रहा है। फैक्ट्री के मालिक की हत्या हो जाती है। श्रीधरण अपने कुछ कामरेडों के साथ भूमिगत (फरार) हो जाता है। कई साल बीत जाते हैं। लोग मान लेते हैं कि श्रीधरण मर चुका है। लोग उसे देवता बना देने में देर नहीं करते हैं। उसके नाम से इमारतें खड़ी हो जाती हैं। चायघरों से लेकर पार्टी दफ्तरों में उसे लोग श्रद्धा और आदर से याद करने लग पड़ते हैं। उसका एक जबरदस्त मिथक बन जाता है। श्रीधरण फरार होता है पचास के दशक के मध्य में। 1965 में जब वह अपने कस्बे में वापस आता है, तो दुनिया बदल चुकी है। पार्टी का विभाजन हो चुका है। लोग नहीं चाहते कि मरा हुआ मान लिया गया श्रीधरण भूत की तरह कस्बे की जिंदगी में वापस आ जाए। उसका मौन, उसका पियक्कड़ रूप उसके प्रशंसकों को मुश्किल में डाल देता है। वे परेशान नजर आते हैं—घबड़ाए हुए। और अपने कामरेड की यह हालत देखकर वे एक गहरे संकोच की स्थिति में भी हैं।

जाहिर है कि 'मुखामुखम' का नायक श्रीधरण एक 'सच्चा कम्युनिस्ट' नहीं है। उसके स्त्रियों के साथ शुरू से ही सहज संबंध नहीं हैं। भूमिगत जीवन ने उसके भीतर के रोगों को और भी कस कर उभार दिया है। शुरू में उसमें अपने रोगों को छिपाने की ताकत थी। और अब वह भी नहीं रह गई है।

स्वयं अडूर फिल्म के नायक को एक ठोस चरित्र के रूप में देखते हैं। पुलिस लाठी चार्ज के बाद पुलिस स्टेशन में श्रीधरण के चेहरे पर बस एक मुस्कान है। श्रीधरण एक भी फ्रेम में उग्र नहीं नजर आता। अडूर का कहना है कि उन्होंने जान-बूझकर श्रीधरण के चरित्र को किसी वास्तविक कम्युनिस्ट नेता से मिलाना नहीं चाहा है।

'मुखामुखम' पूरी तरह से सिनेमाई भाषा पर आश्रित फिल्म है। श्रीधरण के एक मित्र (कामरेड) की बहन उसके प्रति आकर्षित है और उसे आश्चर्य है कि दूसरे ट्रेड यूनियन नेताओं की तरह श्रीधरण की स्त्रियों में दिलचस्पी क्यों नहीं है! एक प्रसंग में वह श्रीधरण के यहाँ से संक्षिप्त वार्तालाप के बाद कमरे से बाहर जाती है। चाक्षुष संयोजन से ही निर्देशक उस औरत की मानसिकता और श्रीधरण की सच्ची किस्म की विवशता को कई स्तरों पर उद्घाटित कर देता है।

उल्लेखनीय है कि अडूर ने श्रीधरण के भूमिगत जीवन का एक भी प्रसंग पर्दे पर नहीं रखा है। हम कभी नहीं जान पाएँगे कि श्रीधरण ने दस वर्ष कैसे बिताए। पर हम यह जान जाते हैं कि मरा हुआ श्रीधरण ही यथास्थिति को बनाए रख सकता है।

1985

माया मिरिगा

जहाँ तक भारतीय पेनोरामा खंड का सवाल है उसमें युवा फिल्मकार नीरद महापात्र की पहली कथा फिल्म माया मिरिगा (उड़िया) इस फिल्मोत्सव की एक उपलब्धि कही जा सकती है। पुणे के फिल्म संस्थान से प्रशिक्षित नीरद महापात्र ने अपनी पहली कथा फिल्म बनाने में लगभग 12 वर्षों का समय लिया। पर इस पहली ही फिल्म से उन्होंने उड़िया सिनेमा को एक नई छवि दे दी है। जापानी फिल्मकार ओज़ू और ऋत्विक घटक के प्रभाव को स्वीकार करने वाले नीरद महापात्र की इस पहली फिल्म पर सत्यजित राय का भी असर देखा जा सकता है। खासतौर पर 'माया मिरिगा' की बूढ़ी दादी 'पथेर पाँचाली' की याद दिलाती है।

लेकिन एक अच्छे फिल्मकार की तरह नीरद ने अनुकरण नहीं किया है। संवेदनशीलता और समझ के साथ उन्होंने एक संयुक्त (मध्यवर्गीय) परिवार के टूटने की मार्मिक कथा कही है। फिल्म के अधिकांश प्रसंग एक बड़े और पुराने घर के कमरों, छत और आँगन में फिल्माए गए हैं। कैमरा कभी-कभार परिवार के मुखिया के साथ टहलने भी चला जाता है (सैर करने के प्रसंग सचमुच बड़े प्रभावशाली हैं। उनकी खासियत चाक्षुष विस्तार और सहजता में है)। नीरद महापात्र ने गैर-पेशेवर अभिनेताओं की मदद से एक बहुत ही सादगी से चीजों को सामने लाने वाली फिल्म बनाई है। नीरद का कहना है, "सादगी मुझे पसंद है।"

नीरद तकनीकी लटकों से बहुत दूर नजर आते हैं। फिल्म संस्थान के अन्य फिल्मकारों की तरह वह भारतीय परिवेश की जड़ों से कटे हुए नहीं नजर आते और न ही उन्होंने गोदार या ब्रेसां बनने की कोई हास्यास्पद कोशिश की है।

शुरू की 6 रीलों में 'माया मिरिगा' बहुत मजे-मजे में आगे बढ़ती है। धीरे-धीरे जब हम उस अध्यापक परिवार का एक हिस्सा-सा बन जाते हैं तो अचानक मोटरसाइकिल की फर्राटेदार शैली से फिल्म को एक झटका लगता है। घर का बेटा आई.ए.एस. में चुन लिया जाता है। ऊँचे घर से उसके लिए शादी का प्रस्ताव आता है। चीजें बदलनी शुरू होती हैं।

नीरद महापात्र ने लेकिन बाद में भी कोई हड़बड़ी नहीं दिखाई है। चेहरों

को भी आसानी से नायक या खलनायक नहीं बना दिया है। घटनाक्रम को मानवीय भावनाओं की अच्छी समझ के साथ उभारा गया है। अधिकांश चीजें हमारी बहुत पहचानी हुई हैं लेकिन हम शायद उन्हें इतना ज्यादा जानते हैं कि उनसे कट से गए हैं।

परंपरागत औसत भारतीय जीवन पर जिस संस्कृति का असर हो रहा है–छोटे शहरों में किस तरह से बाहरी चीजें हमला कर रही हैं–'माया मिरिगा' में उन्हीं को उभारा गया है।

निर्देशक के पास फुरसत है कि वह घर के बाहर लगे पेड़ की अच्छी पहचान हमें करा दे। एक पुरानी आरामकुर्सी को भी हम पहचानने लगते हैं। और बूढ़ी दादी की उस खुशी को भी जब वह फ्रिज का ठंडा पानी पीने की प्यारी-सी जिद करती है।

विवाह, बच्चे का जन्म, मृत्यु, नियुक्ति, स्थानांतरण और रिटायर होना–फिल्म में सब कुछ होता है। निर्देशक के पास मितव्ययी दृष्टि है।

'माया मिरिगा' कोई महान फिल्म भले न हो पर वह एक ऐसे निर्देशक से हमारा परिचय कराती है जो भविष्य में फिल्म प्रेक्षकों का ध्यान अपनी ओर खींचेगा।

1984

सईद मिर्जा

हिंदी सिनेमा (जिसे आम मुंबइया सिनेमा से अलग माना जाना चाहिए) में नए फिल्मकारों की दूसरी पीढ़ी में सईद मिर्जा का नाम विशेष रूप से उल्लेखनीय है। सईद मिर्जा अपनी पिछली फिल्म 'अल्बर्ट पिंटो को गुस्सा क्यों आता है' की सफलता के बाद एक नए आत्मविश्वास के साथ फिल्मोत्सव की फिल्मों में व्यस्त दिख रहे थे। एक छात्र की ही तरह वह एक फिल्म से निकलकर दूसरी फिल्म में बैठते हुए देखे जा सकते थे। इन फिल्मों के बीच में ही उनसे बातचीत हुई। ''दरअसल फिल्म इंस्टीट्यूट की आदत है न मुझे—खूब फिल्में देखने की।'' रवींद्र सदन में दोपहर के एक और शो को देखने के लालच से वह अपने को रोक न पाए लेकिन दस मिनट बाद बाहर निकल आए, ''अब थकान हो रही है।'' पर भेंटकर्ता की 'थकान' ने सईद मिर्जा को एक बार फिर से प्रेरणा दी। कॉफी और बातचीत के बाद वह पुराने उत्साह के साथ सिनेमा के अँधेरे में गायब हो गए।

सईद मिर्जा ने बताया कि इन दिनों उनके दिमाग में तीन फिल्में हैं। उम्मीद है कि मार्च-अप्रैल में अपनी नई फिल्म की शूटिंग का काम वह शुरू कर सकेंगे। इस फिल्म का फिलहाल अस्थायी नाम सईद मिर्जा की परिचित शैली का ही है—'श्रीमान् जोशी इंसाफ के लिए अदालत चले'। अपनी पिछली दो फिल्मों के अनुभव से सईद को महसूस हुआ है कि शायद सही रास्ते पर हूँ। जो फार्म मैंने इस्तेमाल किया है शायद वह लोगों को पसंद आया है। यों उसमें सुधार की पूरी गुंजाइश है।

'अल्बर्ट पिंटो' को तो खैर लोग देख सके पर सईद की पहली फिल्म 'अरविंद देसाई की अजीब दास्तान' दर्शकों तक कैसे पहुँचेगी? ''मैं अभी जानता नहीं। सवाल यह है कि वह फिल्म प्रदर्शित हो सकती है अथवा नहीं। पहले उसे रिलीज करवाएँ...'' जो लोग दर्शकों का ध्यान रखने की बात कर रहे हैं वे कहीं अपना ध्यान तो नहीं रख रहे हैं—सईद मिर्जा ने इस बात को जोड़ा—दर्शकों की प्रतिक्रिया एक ही तरह से नहीं हो सकती है। सवाल प्रयोग करने का है।

जहाँ तक खुद के विकास का सवाल है सईद मिर्जा पर सबसे ज्यादा असर

ऋत्विक घटक, गोदार और ग्लाउबर रोशा जैसे फिल्मकारों का रहा। रोशा की किन खूबियों ने आपको आकर्षित किया क्योंकि उनकी फिल्मों से भारतीय दर्शकों का कोई खास परिचय नहीं है पर उनके विचार काफी जाने जाते हैं? "रोशा की मैंने भी दो फिल्में देखी हैं। रोशा से मैं पहली बार सही तरीके से जान सका कि 'एपिक' बनावट को कैसे सिनेमा में संभव किया जा सकता है। राजनीतिक सिनेमा के लिए यह 'एपिक' बनावट बहुत महत्त्वपूर्ण है। मेरे दिमाग में विचारों का सिनेमा और राजनीतिक संबंधों और वातावरण का सिनेमा इसी 'एपिक' बनावट में आता रहा है। रोशा ने इस दिशा में पहली बार कुछ महत्त्वपूर्ण प्रयोग किए।"

सईद मिर्जा को वैसे सत्यजित राय, मणि कौल, कुमार शहानी और (कुछ-कुछ) मृणाल सेन भी पसंद रहे हैं। "नए फिल्मकार की बड़ी चुनौती यही है कि वर्तमान राजनीतिक और आर्थिक व्यवस्था में क्या और कैसे प्रयोग किए जा सकते हैं?" सईद उन चीजों की जाँच करना चाहते हैं जो स्पष्ट हैं और स्पष्ट नहीं हैं। ऋत्विक घटक की फिल्मों को देखें। उनमें एक जबरदस्त आवेग है। 'मेघे ढका तारा' की कहानी देखिए और फिर फिल्म देखिए। यही विषय किसी और फिल्मकार के यहाँ क्या बन जाता। घटक के यहाँ आवेग और 'मेलोड्रामा' का कितना अद्भुत रूप है!

राय और घटक की बात शुरू हुई, तो सईद मिर्जा ने इस बात को बहुत स्पष्ट कर देना चाहा कि राय बनाम घटक के विवाद में उनकी कोई दिलचस्पी नहीं है। इन दोनों फिल्मकारों को वह अपनी-अपनी शर्तों से देखना चाहते हैं। सईद मिर्जा इस बात से क्षुब्ध थे कि कोलकाता के किसी अखबार में उनके नाम से राय की आलोचना छपी है जो बात दरअसल उन्होंने कही नहीं थी।

सईद मिर्जा फिलहाल अपनी फिल्मों का कथानक मुंबई शहर के इर्द-गिर्द ही रखना चाहते हैं। उनका कहना है कि मुंबई इतना बड़ा शहर है और इस शहर के बारे में कहने के लिए उनके पास अभी इतनी सारी चीजें हैं कि और कहीं जाने की जरूरत नहीं है।

सईद मिर्जा ने स्वीकार किया कि उन्हें अपनी फिल्मों के लंबे नामों से विशेष लगाव है। श्रीमान जोशी को अदालत आखिर क्यों जाना पड़ा—दर्शक शीर्षक से ही सोचना शुरू कर देता है। श्रीमान जोशी के जीवन में क्या हुआ? सईद मिर्जा अपनी फिल्मों को एक निबंध की तरह से देखते हैं। एक तर्क से शुरू होकर एक तर्क तक आने की जरूरत है। फिल्म पसंद नहीं आई तो क्यों और नहीं आई तो क्यों नहीं?

कोलकाता में 3 जनवरी की मार्क्सवादी रैली को फिल्माने में विप्लव राय चौधरी ('शोध' के निर्देशक) के अलावा सईद मिर्जा भी सक्रिय थे। हमने पूछा कि क्या वह इस रैली की फिल्म का कोई विशेष इस्तेमाल करेंगे? "नहीं, वे शॉट्स तो अपने फिल्म पुस्तकालय में रखना चाहता हूँ, कभी भविष्य में उनका इस्तेमाल हो सकता है..."

फिल्म और उसके दर्शकों के संदर्भ में बात करते हुए सईद मिर्जा ने अपने सपने के बारे में बताया जब एक खुला सिनेमाघर होगा। 30,000 लोग बैठ सकेंगे। फिल्म मेला इसी विशाल पैमाने पर होना चाहिए। इतने सारे लोगों को एक साथ फिल्म दिखाने की तकनीकी दिक्कतें भी आसानी से दूर की जा सकती हैं। दरअसल रोम में हर साल इस तरह का एक फिल्म मेला होता है जिसमें प्रवेश की मुफ्त सुविधा रहती है। एक दीवार पर फिल्म दिखाई जाती है। ''वैसे वहाँ का नगर प्रमुख एक कम्युनिस्ट है...''

हमारी टिप्पणी थी कि पश्चिम में या साम्यवादी देशों में इस समय सिनेमा को देखने के लिए जनसमूह कहाँ उमड़कर आता है? पूर्व यूरोपीय देशों के अनेक बहुचर्चित फिल्मकार अपने देशों में थोड़े बहुत दर्शकों और महोत्सवों आदि में मिली चर्चा के बल पर ही आज बचे हुए हैं।

सईद मिर्जा ने स्वीकार किया कि उनके सिनेमा को दर्शकों का जो वर्ग देखता है वह सही वर्ग नहीं है। यह विडंबना है और यह तकलीफ का भी विषय है।

सईद मिर्जा ने महोत्सव में इलमाज गुने का काम बहुत पसंद किया। ''उनकी फिल्मों में अद्‌भुत परिष्कृत आवेग है! वहाँ पर चीजें दरअसल सीधे दिल से बाहर आती हैं। अगर वह अपनी फिल्मों का तकनीकी पक्ष दुरुस्त कर लें, तो उनकी फिल्में सचमुच बड़ी फिल्में हो सकती हैं।''

सईद मिर्जा गोदार की फिल्म शैली से बहुत प्रभावित हैं। ''वह बहुत ही ज्यादा आधुनिक हैं। यों कहा जाए कि वह हर जमाने के लिए आधुनिक हैं। उनका होना—उनकी हैसियत इसी आधुनिकता में है। महालिंगम की आपने कभी बाँसुरी सुनी है? गोदार की फिल्मों का असर उसी तरह का है।''

गुने को फिर से याद करते हुए सईद ने कहा कि हमें आज दिल से सीधे सामने आए सिनेमा की जरूरत है।

सईद मिर्जा की नई फिल्म का बजट अच्छा-खासा है। ''आखिर मुझे दो बड़े सेट बनाने हैं। एक चाल का और एक अदालत का। कई तरह के पात्र हैं। खर्च तो होगा ही!''

मलयालम फिल्मकार अरविंदन का कहना है कि वह बहुत कम बजट—लगभग असंभव दिखने वाले बजट पर अपनी फिल्में पूरी कर लेते हैं। आपकी क्या राय है?

इस सवाल पर सईद मिर्जा मुस्कराए—फिर कहा, ''तो भई वह अपने साथियों को पारिश्रमिक नहीं देते होंगे! मेरी धारणा दूसरी है। यूनिट के एक-एक सदस्य को पैसा मिलना चाहिए! इस तर्क से कम बजट का मुझे कोई मोह नहीं है। अच्छे फिल्मकार को 'पे मास्टर' भी अच्छा होना चाहिए।''

1982

नीरद महापात्र

"भारत में अफवाहें बहुत फैलती हैं—अफवाह थी कि मुंबई के फिल्मोत्सव के भारतीय पेनोरमा खंड में इस बार सर्वश्रेष्ठ फिल्म पूर्व की हॉलीवुड जोड़ी मुंबई या चेन्नई से नहीं थी और न राय, घटक और मृणाल सेन के बंगाल से—यह फिल्म उड़ीसा की थी। सुनने में यह बात कुछ अजीब लगी लेकिन जब हमने नीरद महापात्र की 'माया मिरिगा' देखी, तो असहमति की कोई खास गुंजाइश न थी।" यह विचार है ब्रितानी अखबार द गार्डियन के मशहूर फिल्म समीक्षक डेरेक मेल्कम का। 1947 में जन्मे नीरद महापात्र उड़ीसा के कस्बे में पले-बढ़े। उन्होंने पुणे फिल्म संस्थान से 1971 में ही डिप्लोमा प्राप्त कर लिया था। लेकिन अपनी पहली फिल्म बनाने के लिए उन्हें लंबी प्रतीक्षा करनी पड़ी। आखिर 1983 में माया मिरिगा बनी और अब इस फिल्म से अचानक उड़िया सिनेमा अंतर्राष्ट्रीय नक्शे पर आ गया है। देश-विदेश में इस फिल्म की इन दिनों चर्चा हो रही है। पिछले दिनों ही 'माया मिरिगा' को कान महोत्सव के 'क्रिटिक्स वीक' खंड में दिखाया गया। इस वर्ष यह फिल्म लास एंजेलिस, मैनहाइम और लंदन फिल्म महोत्सवों में भी दिखाई जा रही है। राष्ट्रीय पुरस्कार समारोह की चमक-दमक में नीरद महापात्र का विनम्र व्यक्तित्व कुछ अलग ही दिख रहा था। पुरस्कार समारोह की अगली सुबह नीरद महापात्र से उड़ीसा भवन में एक लंबी बातचीत हुई। नीरद पिछले ही दिनों कान समारोह में हिस्सा लेकर फ्रांस से लौटे हैं—

• कान समारोह को तो अंतर्राष्ट्रीय फिल्म समारोहों का मक्का समझा जाता है। आपका अपना अनुभव कैसा रहा? फिल्मों का सामान्य स्तर कैसा था?

जाहिर है कि कान महोत्सव सिनेमा की दुनिया में विश्व का सबसे बड़ा बाजार है। मैं बहुत सारी फिल्में तो नहीं देख सका क्योंकि अपनी फिल्म दिखाने को लेकर ही मुझे बराबर उलझे रहना पड़ा। लेकिन ऐसा लगता है कि पश्चिम में इन दिनों तकनीक और 'प्रोडक्शन वेल्यू' पर बहुत जोर दिया जा रहा है। अभिव्यक्ति महत्त्वपूर्ण नहीं रह गई है। प्रतियोगिता खंड की 24 फिल्मों में से मैंने केवल चार फिल्में देखीं। सर्वश्रेष्ठ अभिनेत्री का पुरस्कार पाने वाली फिल्म 'कैल' की काफी

प्रशंसा हुई है। यह आयरलैंड की पृष्ठभूमि को लेकर बनाई गई एक राजनीतिक फिल्म है। लेकिन विषयवस्तु को अगर अलग कर दिया जाय, तो इस फिल्म की शैली 'गैंगस्टर' फिल्मों से अलग नहीं है। 'मिसिंग' और 'जेड' आदि फिल्मों का भी यही मिजाज था। आज यूरोप में फिल्म देखते वक्त 10-10 मिनट के बाद पर्दे पर कोई न कोई 'विस्फोट' जरूर होना चाहिए। फिल्म बनाने की सारी की सारी 'स्ट्रेटेजी' टी.वी. को ध्यान में रखकर तैयार की जाती है। 'सेंसेशनल' और 'सेंसुअस' का अजीब घालमेल दिखाई पड़ता है। जहाँ तक कान फिल्म महोत्सव का सवाल है वहाँ सब कुछ भव्य और खर्चीला है। सैकड़ों पार्टियाँ दी जाती हैं। बहुत महँगी प्रचार सामग्री लगभग फेंकी जाती है। विशाल पोस्टर लगाए जाते हैं। ऐसे वातावरण में भारतीय फिल्में वहाँ पर धीमी गति की और पिछड़ी हुई नजर आ रही थीं। मेरी फिल्म का 'प्रिंट' खराब था—उसकी एक अलग कहानी है। लेकिन फिर भी फिल्म के बाद बहस में लोगों ने महत्त्वपूर्ण सवाल किये। भारतीय समाज और संस्कृति से जुड़े अनेक सवाल थे। घरों में स्त्रियों की भूमिका, भारत की शैक्षणिक व्यवस्था कैसी है, घर में पिता की भूमिका क्या होती है आदि सवाल मेरी फिल्म देखकर लोगों के मन में उठे।

• यह शिकायत अक्सर की जाती है कि विदेशी फिल्म महोत्सवों में एन.एफ.डी.सी. की भूमिका अच्छी नहीं होती। आपका क्या अनुभव रहा?

इस बार कान महोत्सव के विभिन्न खंडों में एक साथ चार भारतीय फिल्में दिखाई गई थीं। कान के इतिहास में पहली बार भारतीय सिनेमा को इतने बड़े स्तर पर सामने आने का मौका मिला। लेकिन इन फिल्मों के प्रचार में एन.एफ.डी.सी. की भूमिका कोई खास नहीं रही। सत्यजित राय की 'घरे बाइरे' यदि कान में नहीं जाती, तो भी उसकी माँग होती। आज विश्व सिनेमा में 'प्रमोशन' और बेचने की प्रक्रिया विशेष महत्त्व रखती है। लेकिन दुर्भाग्यवश इन चीजों को लेकर हमारे यहाँ अंतर्दृष्टि की कमी रही है। इस क्षेत्र में कोई सुखद स्थिति नहीं है।

• 'माया मिरिगा' की असाधारण सफलता के बाद अब आपको अपनी दूसरी फिल्म बनाने में तो ज्यादा दिक्कत नहीं होनी चाहिए।

हाँ, मेरी दूसरी फिल्म 'शेष वसंत' की पटकथा तैयार है। इस फिल्म का वातावरण भी कस्बे का है। यह फिल्म तीन लड़कियों के बारे में है, जो पढ़ाती हैं और अपने चारों तरफ के वातावरण में पुरुषों के प्रभुत्व को महसूस करती हैं। इस फिल्म में कोई नायक नहीं है। अधिकांश स्त्री पात्रों को ही उभारा गया है। जो पुरुष हैं वे भी बूढ़े हैं। इस फिल्म में विवाह, दहेज जैसी कुछ सामाजिक समस्याएँ भी होंगी लेकिन जैसा कि मेरी फिल्म शैली है इन सब चीजों को बहुत जोरशोर से नहीं कहूँगा। फिल्म में लड़कियाँ स्कूल की ऊँची दीवारों से घिरी हुई हैं। दरअसल मैं अपनी फिल्मों में कस्बों के निम्न मध्यवर्गीय जीवन को ही फिल्माना चाहता

हूँ। यही मेरा अनुभव क्षेत्र रहा है। पर इस फिल्म के लिए तीन लड़कियों को ढूँढ़ना एक मुश्किल काम है क्योंकि मैं गैरपेशेवर अभिनेता पसंद करता हूँ। उड़ीसा में फिल्म का 'कैरियर' बहुत अच्छा नहीं समझा जाता। खास तौर पर लड़कियाँ इस दुनिया में नहीं आ पातीं। अगर मुझे बहुत ज्यादा समझौते न करने पड़ें और मैं अपनी बात को अपने ढंग से कह पाऊँ तो शायद यह फिल्म मैं हिंदी में बनाऊँ। पृष्ठभूमि और सांस्कृतिक बारीकियों की समस्या जरूर सामने आ जाएगी।

• अगर आप यह फिल्म हिंदी में बनाते हैं तो मध्यप्रदेश के किसी कस्बे को आधार बनाकर वातावरण का अच्छा इस्तेमाल कर सकते हैं...

हाँ, मेरे मन में भी मध्यप्रदेश का ही कोई कस्बा है क्योंकि उड़ीसा से जुड़ा होने के कारण म.प्र. में मेरी समस्याएँ कुछ कम हो सकती हैं।

• आप गैरपेशेवर अभिनेताओं को ही क्यों लेना चाहते हैं?

परिचित अभिनेताओं की छवि 'रोल' पर अक्सर हावी हो जाती है। 'नायक' में जब सत्यजित राय ने उत्तम कुमार को लिया तो यह समस्या नहीं थी। उत्तम कुमार की भूमिका एक फिल्म हीरो की ही थी। आम तौर पर ऐसा नहीं होता है। मैं अपने पात्रों को ढूँढ़ते वक्त शारीरिक बनावट पर विशेष ध्यान देता हूँ। 'माया मिरिगा' में जिस अभिनेता ने पिता की भूमिका निभाई है वे स्वयं एक अवकाश प्राप्त कर्मचारी हैं। और मुझे उन्हें अभिनय के लिए ज्यादा हिदायतें नहीं देनी पड़ीं, चूँकि फिल्म के 'रोल' को वे बहुत करीब से जानते थे।

• बर्गमैन जैसे निर्देशक कुछ परिचित अभिनेताओं को ही अपनी फिल्मों में बार-बार दोहराते रहे हैं...

हाँ, एक तो बर्गमैन रंगमंच और फिल्म दोनों विधाओं में एक साथ काम करते हैं। उनके पास एक खास तरह के अभिनेताओं का 'सेट' हमेशा रहा है। मेरे पास ऐसा कोई 'सेट' नहीं है। लेकिन शायद मैं अपनी पहली फिल्म के कुछ अभिनेताओं को दूसरी फिल्म में भी रखूँ। और जब मैं गैरपेशेवर अभिनेताओं की बात करता हूँ, तो मेरा आशय उन लोगों से है जो फिल्म व्यवसाय में नहीं हैं। संजीव कुमार, अमजद खान या नसीरुद्दीन शाह को देखकर दर्शक उन्हें फिल्म के खास चरित्र के साथ आसानी से जोड़ नहीं पाता है। उसे सहसा विश्वास नहीं होता है।

• पश्चिम में राय की नई फिल्म 'घरे बाइरे' ज्यादा सराही नहीं गई है। आपको यह फिल्म कैसी लगी?

मुझे तो यह फिल्म बहुत अच्छी लगी। यूरोपीय दर्शकों के लिए इस फिल्म की शैली और गति के साथ समायोजन जरूर मुश्किल काम है। फिल्म का पूर्वार्द्ध मुख्यतः क्लोज-अप शॉट्स, संवादों और भीतरी दुनिया में ही चलता रहता है। आमतौर पर यूरोप में इस शैली को टी.वी. की शैली माना जाता है। वहाँ के दर्शकों में धैर्य

भी नहीं है। लेकिन इस फिल्म का अंत बहुत मार्मिक है। वैसे इस फिल्म को राय की सर्वश्रेष्ठ फिल्म तो नहीं ही कहा जा सकता है। इस फिल्म में राय की एक दिक्कत 'सेट' बड़ा न होने की भी थी। कैमरा बहुत 'पैन' नहीं कर पाता है। उसे बार-बार आगे या पीछे ही जाना पड़ता है। इस फिल्म में बाहरी दुनिया भी बहुत बाद में आती है।

● राय और ऋत्विक घटक की तुलना आप करना चाहेंगे? कौन आपके ज्यादा नजदीक है?

सामान्य रूप से सत्यजित राय में तकनीकी चमक ज्यादा है। लेकिन जहाँ तक भावनाओं और आवेगों का सवाल है मुझे लगता है कि घटक वहाँ पर राय को पीछे छोड़ जाते हैं। 'मेघे ढका तारा' मुझे बहुत पसंद है। हमारे यहाँ अक्सर व्यावसायिक हिंदी सिनेमा के कारण 'मैलोड्रामा' को बहुत खराब चीज मान लिया जाता है। लेकिन शब्दकोश में उसका अर्थ वह ड्रामा है जो मैलोडी को पैदा करे। राय और घटक ने जिस दौर में फिल्में बनाना शुरू कीं उस समय नवयथार्थवाद की बहुत धाक थी। राय की शैली ने उन्हें आलोचकों में अधिक लोकप्रिय बनाया। ये दोनों फिल्मकार बिल्कुल अलग-अलग मिजाज के रहे हैं। सत्यजित राय बंगाली बाबू हैं—सभ्य, समझदार और जानकार। वे पश्चिमी शास्त्रीय संगीत के भी मर्मज्ञ हैं। लेकिन आप देखिए, ऋत्विक घटक ने 'मेघे ढका तारा' में कोरस और आवाजों का कैसा बारीक और बढ़िया इस्तेमाल किया है। घटक ने कई जगहों पर आवाजों से जो असर पैदा किया है वह सारंगी या सरोद जैसे परंपरागत वाद्यों से संभव नहीं था। दरअसल सत्यजित राय एक 'फिनोमिना' हैं। घटक अपने वक्त के लिए सही फिल्मकार नहीं थे। हालाँकि आज फ्रांस में भी उनकी फिल्मों की बहुत पूछ हो रही है।

● इधर पिछले कुछ वर्षों में 'आक्रोश' और 'अर्धसत्य' सरीखी फिल्मों की सफलता पर आपकी क्या प्रतिक्रिया है?

एक फिल्मकार के रूप में 'बीच के सिनेमा' की सफलता मुझे एक खतरा ही नजर आती है। आम बौद्धिक वर्ग में अब इन्हीं फिल्मों को गंभीर सिनेमा के रूप में स्वीकार किया जाने लगा है। दरअसल ये फिल्में गंभीर सिनेमा को व्यावसायिक सिनेमा से भी ज्यादा नुकसान पहुँचाती हैं!

1984

कुंदन शाह

'जाने भी दो यारो' के युवा निर्देशक कुंदन शाह ने 1976 में पुणे के फिल्म संस्थान से डिप्लोमा प्राप्त किया था। सईद मिर्जा की फिल्म 'अल्बर्ट पिंटो...' और स्व. रवींद्र धर्मराज की फिल्म 'चक्र' में सहयोगी के रूप में काम करने के बाद अब कुंदन शाह अपनी पहली फिल्म 'जाने भी दो यारो' से फिल्मी दुनिया के चर्चित युवा निर्देशकों की सूची में आ गए हैं। जल्दी ही वह उत्तर प्रदेश सरकार के लिए हरिजनों पर एक 'कामेडी' फिल्म बनाने जा रहे हैं। इस फिल्म की पटकथा विजय तेंडुलकर लिख रहे हैं।

कामेडी में कुंदन शाह की दिलचस्पी इसलिए भी है कि उसमें दर्शकों की प्रतिक्रियाएँ तुरंत सामने आती हैं। कुंदन शाह का यह कहना है कि 'प्यार किए जा', 'दिल तेरा दीवाना' सरीखी अनेक ऐसी फिल्में हैं जिनमें कामेडी विधा का बढ़िया इस्तेमाल किया गया है। ''कामेडी फिल्म को अलग करके भी हम बात करें, तो मेरा मानना है कि अच्छी फिल्मों के दर्शक हमारे यहाँ हमेशा रहे हैं। आखिर गुरुदत्त आदि की फिल्में अपने समय की असफल फिल्में नहीं थीं। मैं समझता हूँ सिनेमा माध्यम का इस्तेमाल अफीम की तरह नहीं किया जाना चाहिए, लेकिन मनोरंजन कोई खराब चीज नहीं है और न ही वह कोई आसान काम है।''

कुंदन शाह के अनुसार चैप्लिन, जैरी लुइस आदि की फिल्मों से शुरू होकर गुरुदत्त की 'मिस्टर एंड मिसेज 55' तक मनोरंजन की एक स्वस्थ परंपरा सिनेमा के इतिहास में रही है। टी.वी. की ही तरह सिनेमा माध्यम से भी दर्शक को शिक्षित किया जाता है। फिल्म आपके नजरिए को अच्छे अर्थों में बदलती है।

''अभी उस दिन मैं जर्मन फिल्म 'एडिथ की डायरी' देख रहा था। उसे देखना मेरे लिए एक अनुभव था। इस फिल्म की पृष्ठभूमि बिल्कुल पश्चिमी है पर फिल्म को देखते-देखते मैं इतना डूब-सा गया कि अपने बच्चों की परवरिश के बारे में एक नई तरह से सोचने के लिए मजबूर हो गया।''

कुंदन शाह पश्चिमी फिल्मों के असर को दूसरे ढंग से देखते हैं। ''बर्गमैन की 'फैनी एंड एलैक्जेंडर' बहुत अच्छी फिल्म है। लेकिन उससे एक फिल्मकार

के रूप में मैं यही सीख सकता हूँ कि तीन घंटे तक दर्शकों को कैसे बाँधकर रखा जाए। जाहिर है कि यह कोई आसान काम नहीं है और इसी में बर्गमैन की फिल्म कला का रहस्य और शक्ति है। 'जाने भी दो यारो' में कोई अंतोनिओनी की फिल्म 'ब्लो अप' देख रहा था, तो कोई कह रहा था कि इसकी कहानी की प्रेरणा आलिया की फिल्म 'डेथ आफ ए ब्यूरोक्रेट' से ली गई है जब कि ऐसी कोई बात है नहीं। पश्चिमी फिल्मों से इस तरह की प्रेरणा मैंने कभी नहीं ली। 'ब्लो अप' तो मैंने देखी भी नहीं थी।''

कुंदन शाह गुजराती हैं पर उन्हें हिंदी फिल्में बनानी पड़ रही हैं। गुजराती में फिल्म बनाना आर्थिक दृष्टि से बहुत मुश्किल काम है। सईद मिर्जा की ही तरह वह भी मुंबई को अपनी दुनिया मानते हैं। इस शहरी दुनिया को वह अपनी फिल्मों में खोजना और समझना चाहते हैं।

व्यावसायिक सिनेमा में प्रतिभा के अस्तित्व को स्वीकार करते हुए कुंदन शाह 'कुली' सरीखी फिल्मों को सेंसर द्वारा पास करने पर ही आश्चर्य प्रकट करते हैं चूँकि उसमें 'अंधी आस्था' को इतना बढ़ा-चढ़ाकर दिखाया गया है। ''एक निर्देशक के रूप में मनमोहन देसाई की कलाकारी मुझसे भी बड़ी है। बल्कि तथाकथित समानांतर सिनेमा के किसी भी निर्देशक के पास इतनी प्रतिभा नहीं होगी। लेकिन इन फिल्मों का बस एक ही उद्देश्य है—पैसा कमाना। दर्शक उनके लिए बस उपयोगी वस्तु है।''

1984

कुमार शहानी

भारतीय सिनेमा में पिछले कुछ वर्षों में जो रेडिकल किस्म के फिल्मकार उभरे हैं उनमें कुमार शहानी का नाम प्रमुख है। उन्होंने अभी तक सिर्फ दो ही कथा फिल्में बनाई हैं। 1973 में उनकी पहली फिल्म 'माया दर्पण' बनी थी और एक लंबे अंतराल के बाद बनी उनकी दूसरी फिल्म 'तरंग' सिनेमा-प्रेमियों में चर्चा का विषय बनी हुई है। इन दोनों फिल्मों की बनावट काफी अलग-अलग है। पर इन फिल्मों को देखकर एक बात स्पष्ट है कि कुमार शहानी अपनी फिल्मों में नारी पात्रों को बहुत अधिक महत्त्वपूर्ण मानते हैं। 'माया दर्पण' की अदिति हो या 'तरंग' की जानकी और हंसा—कुमार ने स्त्री पात्रों को केंद्र में रखकर अपनी बातें कही हैं। एक कारण यह भी है कि कुमार के प्रारंभिक जीवन में माँ की बड़ी महत्त्वपूर्ण भूमिका रही है। हमने कुमार शहानी की फिल्म अभिनेत्रियों और सिनेमा में नारी पात्रों की स्थिति को लेकर एक बातचीत की।

कुमार शहानी का मानना है कि भारतीय कल्पनाशक्ति में स्त्री को बहुत मजबूती से केंद्रीय स्थान दिया गया। इसका संबंध भारतीय परंपरा से है। सांस्कृतिक स्तर पर इस छवि को काफी बल मिला है जबकि यहूदी, इस्लामी या क्रिश्चियन परंपरा के बारे में यह बात सच नहीं है। इन सभ्यताओं में स्त्री का स्थान प्रमुख नहीं रहा है। भारतीय सोच में कोसांबी से लेकर ऋत्विक घटक में स्त्री की प्रतिमा को बिल्कुल अलग तरह से गढ़ा गया है। जाहिर है कि इस बात ने फिल्म की बनावट पर भी असर डाला है।

क्या एक पुरुष फिल्मकार स्त्रियों को सिनेमा के पर्दे पर बेहतर ढंग से प्रस्तुत कर सकता है? कुमार का मानना है कि स्त्री एक पुरुष को अधिक तीव्रता के साथ चित्रित कर सकती है। इसी तरह से स्त्री को एक पुरुष बेहतर ढंग से देख और समझ सकता है। महान लेखकों और महान फिल्मकारों ने स्त्रियों को बहुत गहराई और सार्थकता से चित्रित किया है। विस्कौंती की 'डेथ ऑफ वेनिस' सरीखी फिल्में अपवाद ही कहीं जाएँगी जिनमें समलैंगिक अनुभवों को केंद्रीय माना गया है।

हमने जब जिक्र किया कि पश्चिम के मुकाबले में भारत में तो महिला चित्रकारों को भी विशेष दर्जा प्राप्त रहा है, तो कुमार शहानी ने अपने पास रखे एक फोल्डर को दिखाया जिसमें अमृता शेरगिल की पेंटिंग की अनुकृति थी। ''हमारी संस्कृति में स्त्रियाँ मुख्य धारा में रही हैं।''

आप अपनी फिल्मों में एक अभिनेत्री से किस तरह से संवाद स्थापित करते हैं? कुमार ने बताया कि उनकी फिल्मों में अभिनेत्रियों से संवाद के तीन स्तर हैं। पहले तो उन्हें वह एक अभिनेत्री के रूप में देखते हैं फिर एक स्टार के रूप में और फिर एक व्यक्ति के रूप में। यदि इन तीनों स्तरों के प्रति आदरभाव न दिखाया जाए तो फिल्म के 'फार्म' के प्रति आदर दिखाना भी संभव नहीं है। यह जरूरी है कि एक फिल्मकार अपनी कला में तीनों चीजों का विवेकपूर्ण सम्मिश्रण करे। मिसाल के लिए 'माया दर्पण' फिल्म में केवल अभिनय के पक्ष पर ध्यान दिया जाता, तो शायद बात नहीं बनती।

कुमार का मानना है कि इधर भारतीय सिनेमा में सोच-विचार की संभावना काफी बढ़ी है। वातावरण काफी बदला हुआ है। अपने समय में वहीदा रहमान, मीना कुमारी, गीता बाली आदि अभिनेत्रियाँ अभिनय के क्षेत्र में और भी ऊँचाइयाँ पा सकती थीं अगर उन्हें उचित वातावरण मिलता। ''इधर केवल फिल्म निर्देशन के क्षेत्र में ही उपलब्धियाँ सामने नहीं आई हैं बल्कि एक समग्र वातावरण बना है।''

तथाकथित एक्शन फिल्मों के छा जाने से स्त्रियों की भूमिकाएँ तो बहुत गौण हो गई हैं? ''जंगली फिल्म के बाद से हमारे यहाँ फिल्मों में जो चीजें उभरी हैं उनका संबंध किसी भी परंपरा से नहीं है। वे न भारतीय परंपरा से जुड़ी हैं और न पश्चिमी परंपरा से। इस पृथ्वी की किसी भी चीज से उनका संबंध नहीं है।''

कुमार शहानी के अनुसार एक फिल्म में किसी अभिनेत्री के साथ संवाद स्थापित करने के लिए यह जरूरी है कि उसे व्यक्ति के रूप में भी वह अच्छी तरह से जानते हों। यह संबंध अकथित भी हो सकता है। ''मुझे स्मिता पाटील से सब कुछ कहना नहीं पड़ता है। बिना कुछ बोले हम दोनों की आँखों के बीच भी संवाद चलता रहता है। स्मिता या अमोल जैसे अभिनेताओं से मैं बिना किसी रुकावट के संवाद स्थापित कर सकता हूँ। हमें अपनी जीवन शैलियों में कोई परिवर्तन नहीं करना पड़ता है। मैं अपनी अभिनेत्रियों का चुनाव उनकी फिल्में देखकर नहीं बल्कि उनसे मिलकर करता हूँ।''

अंतर्राष्ट्रीय सिनेमा की चर्चित अभिनेत्रियों के बारे में बात करते हुए कुमार शहानी ने बताया कि स्वीडन में तो फिल्म अभिनय की एक महान परंपरा है। वहाँ अभिनेता और अभिनेत्रियाँ मूक फिल्मों के समय से ही सच्चाई को अद्‌भुत ढंग से सिनेमा के पर्दे पर उभारती रही हैं। लेकिन विश्व सिनेमा में अभिनय की वास्तविक संभावनाएँ कार्ल ड्रेयर की फिल्म 'द पैशन आफ जोआन आफ आर्क'

की नायिका फालकेनोती या 'संत तुकाराम' (निर्देशक : बी. दामले तथा एस. फत्तेलाल) में विष्णुपंत पगनिस सरीखे अभिनेताओं ने उजागर की हैं। "अभिनेता अक्सर इस बात से डरते हैं कि वे कहीं अपने को एक्सपोज न कर दें। लेकिन स्टार बनने की सच्चाई इसी बात में है कि अपने अस्तित्व (बीइंग) को बाहर लाया जाए। ग्रेता गार्बो ने यही किया था। फ्रांसीसी फिल्मकार ब्रेसां ने अपनी फिल्मों में व्यक्ति के भावनात्मक अस्तित्व को न उभार कर उसके आध्यात्मिक अस्तित्व को उभारा है।"

अपने समय की अभिनेत्रियों में कुमार शहानी स्मिता पाटील, शबाना आजमी और रोहिणी हट्टंगड़ी आदि की अभिनय प्रतिभा से विशेष रूप से प्रभावित हैं। स्मिता को वह एक स्वाभाविक फिल्म अभिनेत्री मानते हैं। "उसने एक-दो नाटकों में ही काम किया होगा। उसके अभिनय में लय और ताल का एक अद्‌भुत अहसास है। उसे अगर यह बताया जाएगा कि यह करो यह न करो तो शायद अच्छे नतीजे सामने न आ पाएँ। जहाँ तक शबाना का सवाल है उसमें एक तरह की प्रेजेंस है जो लोगों को उसकी ओर खींचती है। कुछ खास क्षणों में शबाना अपने आपको पूरी तरह से बाहर लाने में सफल हो जाती है।"

1985

मुजफ्फर अली

गमन, उमराव जान और आगमन आदि फिल्मों के निर्देशक मुजफ्फर अली ने पिछले दिनों लखनऊ में अपनी नई फिल्म अंजुमन की शूटिंग पूरी की। मुंबई वापस जाने से पहले वह दो-तीन दिन के लिए दिल्ली में रुके थे। इंडिया इंटरनेशनल सेंटर में एक दोपहर को उन्होंने एक विशेष बातचीत की। प्रकाश झा की ही तरह मुजफ्फर अली भी पेंटर हैं। फिल्म और चित्रकला के अलावा उनकी अनेक दिलचस्पियाँ हैं। मिसाल के लिए वह विंटेज कारों के बहुत शौकीन हैं। हमसे जिस दिन उन्होंने बातचीत की उसकी अगली सुबह वह जीप से मुंबई की ओर रवाना होने वाले थे। "तीन-चार घंटे में इंटरव्यू देना मुझे पसंद नहीं है। क्यों नहीं आप जीप से मुंबई चलते?" निश्चय ही वह जीप यात्रा हमारे लिए दिलचस्प साबित होती लेकिन फिलहाल उनसे हुई तीन-चार घंटे की बातचीत के कुछ अंश हम यहाँ दे रहे हैं। लंबे कद के मुजफ्फर अली देखने में किसी फिल्म के हीरो ज्यादा नजर आते हैं। अंदाज आज भी उनका कालेज के लड़कों वाला है। बातचीत के दौरान मुजफ्फर अली के पुराने दोस्त और सहपाठी हिंदी कथाकार असगर वजाहत भी मौजूद थे—शायद इसलिए भी मुजफ्फर अली को अलीगढ़ विश्वविद्यालय के दिनों की याद आ गई हो!

• अपने शहर लखनऊ जाकर अब आपको कैसा लगता है? 'अंजुमन' की शूटिंग के दौरान आपने क्या लखनऊ के लैंडस्केप को बदला हुआ पाया?

मैंने लखनऊ को बहुत करीब से बदलते हुए देखा है। आज के लखनऊ की कैफीयत में तमाम चीजें शामिल हैं। जो परिवर्तन दिखते हैं उनसे एक खास किस्म की घुटन और दर्द भी महसूस होता है। शायद 'अंजुमन' की शक्ल में मैं इस शहर को ही पहचान रहा हूँ। यह फिल्म चीजों को भविष्य के संदर्भ में देखने की कोशिश करती है। अंजुमन नाम की लड़की जागृति पैदा करना चाहती है। दरअसल बहुत-सी प्रगतिशील चीजें सोच-विचार के स्तर पर रह जाती हैं—वे फैल नहीं पाती हैं। अंजुमन पुराने लखनऊ में रह रही है। मोहल्ले की गरीब औरतों के साथ वह चिकन का काम कर रही है। एक पुराने बड़े मकान में अंजुमन की

खास किस्म की इच्छाएँ हैं और उसमें एक खास तरह की चमक भी है। अंजुमन की कहानी का बेसिक आइडिया मेरा खुद का है। लेकिन बाद में मैंने अपनी पत्नी सुहासिनी की मदद लेकर उसे आगे बढ़ाया है। अंत में डॉ. राही मासूम रज़ा की मदद ली।

• अपने किसी आइडिया को आगे बढ़ाते हुए किसी दूसरे की मदद से रचना की प्राइवेसी में खलल नहीं पड़ता है?

यह सही है कि कुछ खास तरह का क्रिएटिव काम अकेले ही करना चाहिए। लेकिन सुहासिनी से मशविरा लेने का कारण यह भी था कि कथानक को मैं राजनीतिक विस्तार और संदर्भ देना चाहता था। यह एक सामाजिक विषय है जिसके व्यापक संदर्भ हैं। इसलिए टीम वर्क जरूरी था। फिल्म में एक निर्देशक का ही विजन होता है—जहाँ तक सिनेमाई भाषा का सवाल है मैं उसमें किसी का दखल नहीं पसंद करता।

• मैं अपने पहले सवाल पर वापस आना चाहूँगा। आज के लखनऊ के बारे में आप क्या सोचते हैं?

मेरे लिए यह अजीब-सा सवाल है चूँकि मेरा लखनऊ खोखला-सा हो गया है। बचपन के माहौल में एक खास तरह की सुंदरता और समृद्धि थी। अब उसे न पाकर खालीपन सा महसूस होता है। कई बातें सामाजिक, आर्थिक कारणों से भी जुड़ी हैं। लोगों ने जब फटे चिथड़े पहने हों, तो आपको शहर क्या अच्छा लगेगा! खूबसूरत और खुशहाल लोग हों तो शहर अच्छा भी लगे। गरीबी बढ़ रही है और परंपरा से संपर्क कम होता जा रहा है। लेकिन सबसे अजीब बात तो यह है कि शहर में मुझे लगाव की कमी महसूस होती है और लोगों का अंदाज पेशेवर भी नहीं है। निनानवे प्रतिशत विकास फूहड़ है। सार्वजनिक स्थलों के निर्माण में निजी हिस्सेदारी नहीं दिखती है। अवध की संस्कृति की समृद्ध परंपरा है। संगीत, नृत्य, मर्सिये, मजलिस, मातम, रहन-सहन का अपना एक खास रंग रहा है। लेकिन कांग्रेस के राज में हर चीज साइड ट्रैक हो गई।

• 'अंजुमन' की नायिका के रोल की कल्पना करते समय क्या आपके दिमाग में शुरू से शबाना आजमी थीं?

नहीं, मेरे दिमाग में कोई खास शख्स नहीं था। कोई भी उपयुक्त अभिनेत्री इस भूमिका को निभा सकती थी। जरूरत सिर्फ दिलो जान से काम करने की थी। शबाना से जब बातचीत हुई, तो उन्हें यह रोल बहुत ज्यादा पसंद आया।

• आपने अपनी फिल्मों में स्मिता, रेखा और शबाना आजमी आदि आज की श्रेष्ठ अभिनेत्रियों के साथ काम किया है।

हाँ, यह सभी बहुत संवेदनशील अभिनेत्रियाँ हैं। काफी रिसेप्टिव भी हैं। 'आगमन' में मैंने दीपा के साथ भी काम किया था। फिल्म बनाने के दौरान बाज

वक्त इन अभिनेत्रियों की प्रतिभा पूरी तरह से उभर भी नहीं पाती है। क्या किया जाए—अच्छी से अच्छी अभिनेत्री का भी दिमाग खराब हो जाता है!

• फिल्म निर्माण की संपूर्ण प्रक्रिया में आपको कौन-सा हिस्सा अपने सबसे नजदीक नजर आता है?

शूटिंग में काफी गहमागहमी और तनाव रहता है। वैसे तो मुझे लोगों से मिलने-जुलने और दौड़-भाग में मजा आता है लेकिन जहाँ तक संपूर्ण प्रक्रिया का सवाल है मुझे सबसे ज्यादा मजा स्कैचिंग स्टेज में आता है क्योंकि मैं अपनी पटकथा के चाक्षुष रूपों को बहुत मेहनत से स्कैच करता हूँ।

• अनेक महत्त्वपूर्ण युवा फिल्मकार आज कम बजट की फिल्मों में ही अपनी अभिव्यक्ति की सार्थकता महसूस करते हैं। इस बारे में आपका क्या ख्याल है?

मैं समझता हूँ किफायत बहुत जरूरी है लेकिन फिल्म पर पैसा चाहे मेरा लगा हो या आपका—यह जरूरी है कि मैं स्वतंत्रता के साथ काम कर सकूँ। तब हम निर्माण-व्यय के बारे में ज्यादा सोच नहीं सकते। मैं बेगम हजरत महल पर फिल्म बनाना चाहता हूँ। उस फिल्म को कम बजट में नहीं बनाया जा सकता। लेकिन मेरे लिए महत्त्वपूर्ण चीज है जीवन-शैली और फिल्मकार का रवैया। मुझे लगता है कि हमें फाइव स्टार कल्चर से हटकर फिल्म बनानी चाहिए। कुछ साल पहले लखनऊ में जब 'जुनून' की शूटिंग हुई थी तो हर आदमी फाइव स्टार होटल में ठहरा था। उस तरीके से मैं सोच नहीं सकता।

• फिल्म में आप किस बात को अपने बहुत करीब पाते हैं?

किसी फिल्म में यदि माहौल नहीं है, तो सामाजिक यथार्थ नहीं उभर सकता है। अगर एक फिल्मकार माहौल नहीं बना पाता है तो मुझे वह फिल्म बोर करती है। 'उमराव जान' में 'इन आँखों की मस्ती' गाने के बाद फारूख शेख की शुरू की मुलाकातें और कोठे पर आकर कफस का अहसास आदि अनेक छोटे-छोटे टुकड़ों में मैंने एक अजीब किस्म का माहौल ही तो बनाने की कोशिश की है!

• हिंदी सिनेमा के बेघर होने के बारे में आपका क्या कहना है?

फिल्म विधा की अनेक सीमाएँ भी हैं। अपने काम को दूसरों तक पहुँचाने के लिए संघर्ष करना पड़ता है। सत्यजित राय की अहमियत इसलिए भी ज्यादा है कि उनकी फिल्मों का रूपविधान अंतर्विषय के जरिए सामने आया। कोलकाता और बंगाल के छोटे-छोटे सर्किल्स में पहले उसे समझा गया—फिर उसे दुनिया भर में पहचाना गया। कोलकाता का दर्शक वर्ग राय के साथ-साथ सॉफिस्टिकेटेड होता चला गया। बाद में और भी लोग आए। केरल में भी कुछ हद तक यही बात है। मुझे लगता है कि हमारा दर्शक भी बहुत हद तक लखनऊ सरीखे शहरों में ही पैदा होगा। उसके आने में थोड़ा वक्त जरूर लगेगा। आपको शायद यह अजीब लगे पर आज भी लखनऊ में ऐसे लोग हैं जो फिल्म विधा को बाजारू मानते हैं,

उसे हिकारत की नजर से देखते हैं। 'उमराव जान' को हजारों की तादाद में औरतों ने देखा। मेरे पिता ने 30-40 साल से कोई फिल्म नहीं देखी थी। 'उमराव जान' उन्होंने देखी। ऐसे कई बूढ़े दर्शक जो फिल्में नहीं देखते थे वे 'उमराव जान' को देखने आए।

• आप अपनी फिल्मों में नारी पात्रों को किसी खास वजह से इतना महत्त्व देते हैं?

माँ से करीबी इसका एक कारण हो सकता है। जनाना माहौल में पला-बढ़ा इसीलिए औरतों के जरिए चीजें ज्यादा समझ में आती हैं।

• आपको अपनी कौन-सी फिल्म अधिक संतोषजनक नजर आती है?

(हँसकर) फिल्म लाइन में तो मैं अपने को अभी बच्चा ही समझता हूँ। अभी तो खाने-खेलने के दिन हैं। सीरियस बातें 10-15 साल बाद होंगी। लेकिन जब सीरियस काम का वक्त आता है तो पता चलता है कि आपका स्वास्थ्य कमजोर है, कमर और टाँगें हिल गई हैं, ब्लड प्रेशर बढ़ गया है!

• अभिनेत्रियों से मन लायक काम करवाने का आपका अनुभव कैसा रहा है?

ये चीजें बाज वक्त समझ में नहीं आती हैं। दिमाग सही है तो क्या से क्या सामने आ जाता है। कभी-कभी लाख समझने पर भी काम नहीं बनता। अभिनेत्री को सही काम करने के लिए तैयार जरूर हो जाना चाहिए। शबाना के साथ यही है। मूड हो तो बस क्या बात है। लेकिन अगर आप गुस्सा हैं तो हम क्या कर सकते हैं? हमसे किसी के नखरे बर्दाश्त नहीं होते। हमने सबके मूड बराबर करने का ठेका तो नहीं ले रखा है।

• आपके तो कई तरह के शौक मशहूर हैं—फैशन, फिल्म, पेंटिंग, गाड़ी...

हाँ, कुछ न कुछ चक्कर जरूरी है। दर्जी, धोबी, वैल्डर, पेंटर, कारीगर किसी से भी मुलाकात हो जाए तो यह चक्कर शुरू हो जाता है। मैं फिल्म को एक रुटीन जाब की तरह नहीं देखता हूँ। मोटरों का शौक मुझे बचपन से रहा है। पुरानी गाड़ियों का शौकीन हूँ। बहुत पैसा तो नहीं है पर 4-5 पुरानी गाड़ियाँ रखी हुई हैं। वे बहुत समय और पैसा माँगती हैं। मोटरों पर तो मैं एक फिल्म ही बना सकता हूँ।

• दर्शकों के बीच बैठकर कभी आप अपनी फिल्में देखते हैं?

सिनेमाघर में लोग मेरी फिल्म देख रहे हों, तो दस मिनट बाद कोई आदमी हाल में घुसता नजर आ जाता है तो मन करता है कि फिल्म दुबारा शुरू करूँ। गलत जगह पर ताली सुननी पड़ती है। फारूख शेख के कपड़े नीचे जा रहे हैं और तालियाँ बज रही हैं! झाँसी में दो-चार लौंडों ने 'उमराव जान' देखी। हाल से यह कहते हुए निकले—"अच्छी नहीं लगी। हमारी समझ में नहीं आई।" 3-4

दिन बाद फिर फिल्म देखते हुए पकड़े गए। बोले, "क्या करें साहब मजा आने लग पड़ा है।" फिल्मों की रिपीट वैल्यू महत्त्वपूर्ण है। सही किस्म के आशिक हर बार अपनी महबूबा में नयापन देखते हैं। कुछ घरों में बार-बार जाने, अलग-अलग वक्त पर उन्हें देखने का मन करता है। उस माहौल से खास किस्म का इश्क हो जाता है। कोई भी कला अगर अपने साथ रहने की दावत न दे तो मजा नहीं आता।

• हिंदी फिल्मों के अभिनेताओं के बारे में आप क्या सोचते हैं?

कोई अच्छा अभिनेता है ही नहीं। नसीर सरीखे कुछ अपवाद हैं। पर वह भी हर जगह अलग-अलग टोपियाँ पहन कर खड़े हैं। फिर भी उन्हें लेने का जी तो चाहता है। वह आर्टिस्ट उम्दा है। अमिताभ अच्छा एक्टर है। काफी उम्मीद थी, पर कमर्शियल फिल्मों ने उसका औंधा इस्तेमाल करना शुरू कर दिया।

• फारूख शेख से आपका खास लगाव रहा है...

लेकिन इधर जब वह 'अंजुमन' की शूटिंग के लिए पहुँचे तो उन्हें देखकर मैं बेहोश हो गया। बहुत मोटे होकर आए थे। अरे भई, यह तो अपने शरीर के साथ ज्यादती है। आखिर एक एक्टर है—अपनी फिजीक तो ठीक रखे।

1985

प्रकाश झा

'दामुल' युवा निर्देशक प्रकाश झा (जन्म : 1952) की दूसरी कथा फिल्म है। उनकी पहली कथा फिल्म 'हिप हिप हुर्रे' औसत व्यावसायिक फिल्मों से अलग थी। दसवें अंतर्राष्ट्रीय फिल्म महोत्सव के भारतीय पेनोरमा खंड की 21 फिल्मों में उसे भी चुना गया था। लेकिन यह कहना गलत न होगा कि प्रकाश झा की सही अर्थों में पहली फिल्म 'दामुल' है। बॉक्स ऑफिस पर भले ही इस फिल्म को बहुत सफलता न मिले लेकिन पहली बार हिंदी सिनेमा में हिंदी की दुनिया इतने सशक्त ढंग से सामने आई है। श्याम बेनेगल, मृणाल सेन, सईद मिर्जा या कुमार शहानी जब हिंदी फिल्में बनाते हैं तो आमतौर पर वे हिंदी भाषी प्रदेशों के वातावरण को नहीं चुनते हैं। जो थोड़ी बहुत फिल्में हिंदी भाषी प्रदेशों के वातावरण को ध्यान में रखकर बनाई गई हैं वे या तो 'पीरियड' फिल्में हैं या फिर उनका हश्र 'कालका' की तरह का हुआ है। स्व. लोकसेन लालवाणी ने 'कालका' में बिहार की कोयला खदानों में माफिया की जबर्दस्त पकड़ को दिखाने के लिए जिस शैली का इस्तेमाल किया था उसमें ईमानदारी तो थी लेकिन आम व्यावसायिक सिनेमा के लटकों झटकों ने उसे एक गंभीर और उद्देश्यपूर्ण फिल्म नहीं बनने दिया। प्रकाश झा बिहार के वातावरण को बहुत अच्छी तरह से जानते हैं। अपनी बहुचर्चित लघु फिल्म 'फेसेज आफ्टर द स्टार्म' में वह दंगों के बाद पीड़ित चेहरों के सामने जिस तरह सें कैमरे को ले गए थे उससे आम लोगों की अपनी बात दर्शकों तक पहुँची थी। उस फिल्म में एक जगह पर तो एक औरत खीझकर यह भी कह देती है कि ''चले जाइए आप यहाँ से बार-बार फोटो खींचने आ जाते हैं।'' 'दामुल' पिछले दिनों ही बन कर तैयार हुई है। नई दिल्ली में उसके एक विशेष शो के बाद हमने प्रकाश झा से एक लंबी बातचीत की। इस बातचीत के प्रमुख अंश हम यहाँ दे रहे हैं। युवा निर्देशक प्रकाश झा सुपरिचित अभिनेत्री दीप्ति नवल के पति हैं। 'दामुल' को देखकर लगता है कि आने वाले दिनों में इस युवा निर्देशक की प्रतिभा फिल्म प्रेमियों में चर्चा का विषय बनेगी। मृणाल सेन 'दामुल' को देखकर चकित रह गए और उन्होंने इस फिल्म की खुलकर तारीफ की।

'दामुल' शब्द का अर्थ है फाँसी। फिल्म का कथानक बिहार के गाँवों में प्रचलित 'पनाह' व्यवस्था है जिसमें जमींदार कुछ खास बँधुआ मजदूरों को चुन कर उन्हें आश्रय देते हैं और फिर उनसे जानवरों की चोरी करवाते हैं।

• आपकी फिल्म को देखकर लगता है कि बिहार की आम जिंदगी से आपका गहरा परिचय रहा है।

मेरी पैदाइश चंपारण की है। बचपन वहीं बीता। 'दामुल' में चित्रित ग्रामीण परिवेश को ही नहीं—मैं उसके एक-एक चरित्र और घटनाओं को बचपन से आज तक जीता आया हूँ। माँ-बाप वहीं हैं, जमीन वहीं है। आप कहीं भी रहिए और पढ़िए—वापस लौटकर तो अपनी जमीन पर ही जाएँगे। इस तरह की फिल्में 'सैकेंड हैंड एक्सपीरिएंस' से नहीं बनाई जा सकती हैं। बेनेगल 'अंकुर' बना पाए चूँकि उस माहौल को वह जानते थे। 'दामुल' में जो कुछ दिखाया गया है उसकी एक-एक बात सच्ची है।

• 'दामुल' में संवाद दर्शक का बहुत ध्यान आकर्षित करते हैं। जिंदगी से जुड़े इस तरह के सशक्त संवाद हमारी हिंदी फिल्मों में बहुत कम सुनाई पड़ते हैं।

इस फिल्म की कहानी और संवाद शैवाल के हैं। वह गया में रहते हैं। बिहारशरीफ दंगों के दौरान ही मेरा उनसे परिचय हुआ था। वह बहुत प्रतिबद्ध आदमी हैं। कहानियाँ-कविताएँ लिखते हैं और रिसर्च करते हैं। इस फिल्म को देखकर जावेद और गुलजार ने तारीफ करते हुए मुझसे कहा था कि एक संवाद भी ऐसा नहीं है जो लिखा हुआ हो। शैवाल की कहानी 'कालसूत्र' पनाह व्यवस्था को लेकर लिखी गई छोटी-सी कहानी है। मैंने उसकी पटकथा पर बाद में चार-पाँच बार काम किया।

• इस फिल्म के अंत में श्रीला मजूमदार जिस तरह से गाँव के मुखिया माधो पांडे (मनोहर सिंह) की हत्या करती है उससे दर्शक को 'आक्रोश' की याद आ जाती है हालाँकि आपने इस हत्या के प्रसंग को काफी अलग तरह से फिल्माया है। माधो पांडे के आसपास बैठे हुए लोग जिस तरह से धीरे-धीरे मजा लेकर अदालत के फैसले की नकल करते हैं उससे एक दूसरी ही तरह का माहौल बन जाता है। क्या यह अंत शुरू से ही आपके दिमाग में था?

हाँ, यह अंत पटकथा में शुरू से ही है। दमन की प्रतिक्रिया के रूप में हिंसा बहुत स्वाभाविक है। लेकिन मैं हिंसा को किसी हल के रूप में नहीं देखता हूँ। आप एक आदमी को तो मार देंगे लेकिन उसके एजेंट बचे रहेंगे। 'दामुल' की नायिका अंत तक लड़ती रहती है। लेकिन आदमियों ने उसके हाथ जकड़े हुए हैं। इस असंगठित हिंसा से कुछ बदला नहीं है। कुछ बदलने के लिए तो ताल-मेल युक्त प्रयास की जरूरत है। 'दामुल' में जिस घटना का जिक्र है उस तरह की

तीन-चार घटनाओं से तो मैं खुद वाकिफ हूँ। एक जमींदार (जिन्हें मैं जानता था) को एक औरत ने हँसली से खेत में ही मार दिया था। अत्यधिक दमन से जमींदार ने उस स्त्री को अपराध के लिए मजबूर कर दिया था।

• सिनेमा में तो अक्सर इस तरह के प्रसंगों को खूब व्यावसायिक बना दिया जाता है।

हाँ, यह सही है कि फिल्मों में भावनाओं और नृशंसता को खूब 'एक्सप्लायट' किया जाता है। मेरी फिल्म में ऐसे अनेक प्रसंग हैं जिन्हें एक फिल्मकार के रूप में खूब 'एक्सप्लायट' कर सकता था। लूटमार, औरतों की इज्जत लूटने के प्रसंगों में मैंने जानबूझकर एक दूसरी तरह की शैली अपनाई है। मैं दर्शकों के संवेगों को कुरेदना चाहता हूँ। उनके सामने स्थितियों की कड़ियाँ रखना चाहता हूँ ताकि दर्शक सोच सकें। पूरी फिल्म में मैंने चरित्रों से दूरी रखी है। क्लोज अप का बहुत कम इस्तेमाल किया है। संजीवना (अनु कपूर) को लोग जब खींचकर ले जा रहे हैं और वह चीख रहा है, तो आसानी से आप क्लोजअप का इस्तेमाल करके उत्तेजना पैदा कर सकते हैं। लेकिन मुझे लगता है कि आज हम सिनेमा के विश्व में इस तरह की 'किक्स' में खो गए हैं। अनेक प्रसंगों का मैं भयावह चित्रण कर सकता था लेकिन मैंने 'अंडरटोन' में रहने की कोशिश की है। उस यथार्थ को जानने और देखने के बाद बड़ा आश्चर्य होता है कि इतना सब-कुछ होते हुए भी जीवन चल कैसे रहा है! मेरी फिल्म में कैमरा बराबर घूमता रहता है। इस 'मूवमेंट' के पीछे मेरे दिमाग में यही सवाल था।

• वैसे तो आपकी फिल्म में कहीं-कहीं पर कैमरे की गोलाकार गति बहुत प्रभावशाली है लेकिन कुछ प्रसंगों में आपने कैमरे की गतियों को जरूरत से ज्यादा महत्त्वपूर्ण बना दिया है।

मैं चरित्रों के क्लोजअप में उलझना नहीं चाहता था। मुझे यह डर था कि दर्शक कहीं संजीवना या नगीना आदि के चरित्रों में ही न उलझ जाए। मैं उनके चेहरे के भावों को दूर ही रखना चाहता था। यदि मैं कैमरे को स्थिर रखता, तो यह संभव न होता। स्थितियों के गैरसंवेगात्मक चित्रण के लिए यह जरूरी था कि कैमरा बराबर मूव करता रहे।

• मुंबई में शुरुआत तो आपने एक पेंटर के रूप में की थी। फिल्म विधा में आपकी दिलचस्पी कैसे शुरू हुई?

वैसे पेंटिंग तो मैं अभी भी करता हूँ। शुरू में मेरी फिल्मों में कोई खास दिलचस्पी नहीं थी। मुंबई में एक पेंटर के रूप में ही काम करना चाहता था। लेकिन फिल्म विधा ने मुझे इसलिए आकर्षित किया कि उसमें सभी कलाओं का सम्मिलन है। शुरू में मैं सिनेमा का 'फैन' था भी नहीं। बहुत कम फिल्में देखी थीं। उम्र भी ज्यादा नहीं थी—19-20 साल का था। शुरू में मैंने अनेक लघु फिल्में बनाईं। उस

जमाने से ही वे फिल्मकार मुझे नजदीक लगते रहे हैं जो अपनी सामाजिक प्रतिबद्धता को बताने के लिए इस माध्यम को अपनाते हैं। सत्यजित राय, मृणाल सेन, श्याम बेनेगल, गौतम घोष आदि अनेक नए-पुराने फिल्मकारों की फिल्मों ने मुझ पर प्रभाव डाला। 'पथेर पाँचाली', 'अशनी संकेत', 'निशांत' आदि फिल्मों ने मुझे काफी प्रभावित किया। केतन मेहता की 'भवनी भवई' भी मुझे पसंद आई थी। ग्रामीण परिवेश के यथार्थ को सामने लाने की कोशिश मुझे हमेशा प्रभावित करती है। लेकिन फिल्मकार इस कोशिश में स्वयं भी शोषण का एक यंत्र बन सकता है। इसीलिए मेरी कोशिश ग्रेट फिल्म बनांने की नहीं है जिसे देखकर लोग कहें कि वाह साहब, क्या खूबसूरत फिल्म आपने बनाई है। क्या केरेक्टर हैं आपके! मुझे इसकी चिंता नहीं है कि मेरी फिल्म विदेशों में बिके क्योंकि वे हमारी गरीबी को एक खास तरह से देखना चाहते हैं। 'दामुल' में आपको माधो पांडे द्वारा दिए गए भव्य भोज का ध्यान होगा। उसमें नाच वगैरह चल रहा है। एक कोने में डोम भी दिखाई देते हैं। बड़ी आसानी से यह दिखाया जा सकता था कि एक तरफ लोग खा-पी रहे हैं और दूसरी तरफ भूखे-नंगे बैठे हैं।

• मृणाल सेन जैसे अच्छे फिल्मकार भी अपनी फिल्मों में यह सब दिखाते रहे हैं।

हाँ, लेकिन मैं गाँव को एक राजनीतिक रूपक की तरह प्रस्तुत करना चाहता था। बच्चा सिंह हरिजनों के हितों का रक्षक दिखने की कोशिश कर रहा है। उसमें आप आसानी से 'सोशलिस्ट ब्लाक' की राजनीति को देख सकते हैं। माधो पांडे का जीवन दूसरी तरह का है। वह अमेरिका का राष्ट्रपति रोनाल्ड रेगन भी हो सकता है जिसे पता ही नहीं है कि लातीनी अमेरिकी देशों की क्या स्थिति है। वह समझ रहा है कि शांति बनाए रखने के लिए हमें बहुत सारे काम करने पड़ते हैं। 'दामुल' में सारा खेल ताकत का है।

• आपकी फिल्म की एक खूबी यह भी है कि केंद्रीय चरित्रों को पर्दे पर लाने के लिए आपने जो चेहरे चुने हैं वे बहुत सही हैं। मिसाल के लिए राधो की छोटी-सी भूमिका भी बहुत प्रभावशाली है।

हाँ, वह भूमिका रंजन कामथ ने निभाई है। मैंने अपनी फिल्म में अपरिचित चेहरों को काफी मौका दिया है। डेढ़ साल से मैंने 'दामुल' की पटकथा को सात बार लिखा था। इस फिल्म की शूटिंग, संपादन, डबिंग, मिक्सिंग आदि सारे काम कुल 62 दिनों में हुए हैं। 15-16 लाख के बजट पर मैंने 400 लोगों की टीम के साथ काम किया। लगभग ढाई सौ अभिनेता मेरे साथ काम कर रहे थे। यह मेरा सौभाग्य ही है कि सब कुछ योजनानुसार ठीक-ठीक चलता रहा। 16 अक्तूबर को काम शुरू हुआ और 18 दिसंबर को फिल्म का निर्माण रिकार्ड समय में पूरा हो गया। 'दामुल' को मैं केवल अपनी ही रचना के रूप में नहीं देखता हूँ। सारे

बिहार से लोगों ने आकर इस फिल्म में अपना सहयोग दिया। पटना, आरा, गया, मोतीहारी आदि से थियेटर के लोग आते थे। हम सब लोग पटना में मिलते थे, रिहर्सल करते थे। हमारे पास बहुत वक्त था। हर चरित्र और स्थिति को हम समझने की कोशिश करते थे। मैंने सबके सामने फिल्म की संपूर्ण पटकथा को पढ़ा। सभी लोग बहुत 'इन्वाल्व' होकर सुनते थे। अगर आप प्रेमचंद की कहानियाँ फिल्माना चाहते हैं तो यह बहुत जरूरी है कि आप उस वातावरण से परिचित हों। फिल्म में गोकुल का जो करेक्टर है वह आज भी जिंदा है। बचपन से मैंने उसे देखा है। उसकी भूमिका गोपाल शरण ने निभाई है। वह रेलवे मेल सर्विस पटना में काम करते हैं। थियेटर में मैंने उन्हें तलवार भाँजते देखा था। लेकिन सिनेमा में नाटकीयता को तोड़ना बहुत जरूरी है। तभी वास्तविक जीवन के निकट पहुँचा जा सकता है...'दामुल' को सेंसर ने पास कर दिया है—क्या आपको इस बात पर आश्चर्य नहीं है?

• नहीं, बहुत आश्चर्य तो नहीं है क्योंकि इधर सेंसर की सहनशीलता बढ़ी है। बहुत से कारण हैं जिन्होंने सिनेमा विधा में अभिव्यक्ति की स्वतंत्रता को बढ़ाया है। वैसे 'दामुल' में आपको सेंसर से किस तरह की परेशानी हो सकती थी?

यह आश्चर्य है कि फिल्म सेंसर ने पूरी पास कर दी। संवादों की भाषा को लेकर मुझे डर था। इसके अलावा एक प्रसंग में जब मंत्री जी गाँव पहुँचते हैं, तो वहाँ कुछ मुश्किलें हो सकती थीं।

• दामुल में चाक्षुष स्तर पर कुछ प्रसंग बहुत प्रभावशाली हैं। मिसाल के लिए दो-तीन प्रसंगों में आपने नाव से दरिया पार करते हुए लोगों को बहुत अच्छी तरह से दिखाया है। वे प्रसंग 'दामुल' में एक अच्छी कविता के प्रभाव को पैदा करते हैं। फिल्म के अंत में जब नायिका जमींदार की हत्या करती है तो पर्दे पर छोटे-छोटे धब्बे दिखाई देते हैं। इसके लिए आपने कौन-सी तकनीक अपनाई है?

वहाँ पर ग्रेन स्क्रीन तकनीक का इस्तेमाल किया गया है। वह एक तरह का 'आप्टिकल' प्रभाव है। मेरा उद्देश्य उस प्रसंग के प्रभाव को हल्का और फीका करना था। शायद आपने मनोहर सिंह और दीप्ति नवल को लेकर फिल्माए गए केवल एक शॉट वाले पाँच मिनट के प्रसंग पर भी ध्यान दिया हो। उसमें दीप्ति अँधेरे में पीछे हैं। मैंने उस प्रसंग में एक औरत पर होने वाली मानसिक यंत्रणा को दिखाने की कोशिश की है। वैसे इस फिल्म को सात-आठ बार देखने के बाद मुझे लग रहा है कि कुछ अंशों को छोटा करने की जरूरत है। शायद मैं फिल्म के 8-10 मिनट और संपादित कर दूँ।

• चित्रकार विवान सुंदरम् से मुझे पता चला था कि दीप्ति नवल अमृता शेरगिल के जीवन को आधार बनाकर एक फिल्म बनाने की सोच रही हैं। आप स्वयं एक पेंटर हैं। क्या आपकी दिलचस्पी भी इस तरह की किसी फिल्म में है?

दीप्ति ने इकबाल सिंह द्वारा लिखी अमृता शेरगिल की जीवनी के फिल्मांकन अधिकार प्राप्त कर लिए हैं। लेकिन सच बात तो यह है कि अमृता शेरगिल के बारे में मैं ज्यादा जानता नहीं हूँ। हुसेन की जिंदगी के बारे में फिल्म बनानी हो तो मैं दिलचस्पी दिखा सकता हूँ।

• सुना है कि आप इन दिनों स्त्रियों की बदलती हुई भूमिका पर एक वृत्तचित्र भी बना रहे हैं?

हाँ, बना तो रहा हूँ। लेकिन मुझे सब 'आइ वाश' लगता है। स्त्री की नई भूमिका में उसका काम बढ़ ही गया है। अब उस पर घर के अलावा दफ्तर का भी बोझ रहता है। उससे उम्मीद की जाती है कि वह घर का काम करे और बाहर का काम भी।

1985

ओम पुरी

"अमिताभ बच्चन की 'टैरीटरी' में इतनी भीड़ इकट्ठा कर लेना कम बड़ी बात नहीं है।" एक अगस्त को गुलमोहर पार्क (जहाँ पर अमिताभ का बंगला भी है) में 'न्यू देहली टाइम्स' नाम से बन रही फिल्म के मुहूर्त के अवसर पर ओम पुरी को देखने के लिए उत्सुक भीड़ के बारे में हिंदी के एक युवा कवि और फिल्म समीक्षक ने यह दिलचस्प टिप्पणी की। 'खोजी' पत्रकारिता को आधार बनाकर इस फिल्म में आज की राजनीतिक-सामाजिक जिंदगी पर कुछ टिप्पणियाँ करने की कोशिश की गई हैं। ओम पुरी इस फिल्म में एक एम. एल. ए. की भूमिका निभा रहे हैं, जो अपने ही दल की सरकार के मुख्यमंत्री को गद्दी से उतारने की तिकड़म कर रहा है।

हमने पिछली बार ओम पुरी से जब विशेष मुलाकात की थी, तो अर्धसत्य पत्र-पत्रिकाओं में तो चर्चित हो गई थी पर दर्शकों तक नहीं पहुँची थी। अब इस फिल्म की भूमिका के लिए ओम पुरी को न केवल राष्ट्रीय पुरस्कार मिल चुका है बल्कि उन्हें जुलाई महीने में कारलोवी वारी का अंतर्राष्ट्रीय पुरस्कार भी मिल चुका है। ओम पुरी अपनी पहली विदेश यात्रा से अभी लौटे ही हैं। हमने दिल्ली में उनसे दो अगस्त की सुबह (इंडिया इंटरनेशनल सेंटर और गुलमोहर पार्क में) एक लंबी बातचीत की जिसके कुछ प्रमुख अंश यहाँ दिए जा रहे हैं–

● कारलोवी वारी तो बहुत सुंदर जगह है। आपका अनुभव कैसा रहा?

विदेश मैं पहली बार गया था। प्राहा के हवाई अड्डे से हम सीधे कार से कारलोवी वारी रवाना हो गए। बहुत ठंड थी और आसमान पर काफी बादल थे। छोटे-छोटे सुंदर गाँवों और वहाँ के लोगों को बहुत खुश देखकर काफी अच्छा लगा। पहाड़ी इलाके की खूबसूरती स्वाभाविक है। हमारे यहाँ भी पहाड़ी इलाके बहुत खूबसूरत हैं। लेकिन वहाँ के लोगों में चेहरों पर एक खास तरह की गरिमा और अनुशासन की भावना नजर आई। लोगों की आपसे पहचान हो या न हो पर वे बहुत गर्मजोशी से मिलते थे।

● महोत्सव में तो आपने अनेक फिल्में देखी होंगी। उन फिल्मों के बारे में

कुछ बताइए।

महोत्सव के अनेक खंड थे। सूचना खंड मुख्य था। इसके अलावा फिल्म बाजार सक्रिय था। चेक फिल्मों को भी दिखाया जाता था। प्रतियोगिता खंड की सभी फिल्में तो मैं नहीं देख पाया पर सिडनी ल्यूमेट की डेनियल ने बहुत प्रभावित किया। इस फिल्म को जूरी का विशेष पुरस्कार दिया गया। 'डेनियल' में भाई और बहन—इन दो केंद्रीय पात्रों की मदद से 'एक्टिविस्ट' की जिंदगी का बहुत संवेदनशील चित्रण था कि किस तरह से व्यवस्था उन्हें तोड़ने की कोशिश करती है। बचपन में उन बच्चों के माता-पिता को राजनीतिक कारणों से फाँसी पर चढ़ा दिया गया था। लड़की संवेदनशील है। लड़का भीतर से टूटा हुआ होने के बावजूद ऊपर से मजबूत है। इस फिल्म में वातावरण का इस्तेमाल बहुत अच्छा था। एक अन्य फिल्म 'डांस हाल' की बनावट दिलचस्प थी। उसके कुछ पात्र बार-बार अनेक काल खंडों में दिखाए जाते हैं। प्रतियोगिता खंड में सर्वोच्च पुरस्कार रूसी फिल्म तालस्ताय को दिया गया, जो कि तकनीकी स्तर पर संतोषजनक फिल्म है। लेकिन एक तो वह बहुत लंबी है, दूसरे उसमें तालस्ताय के जीवन को वस्तुनिष्ठ होकर नहीं चित्रित किया गया। तालस्ताय की दिलचस्पी सर्वहारा में थी—सुबह के वक्त टहलते हुए अगर उन्हें कोई भिखारी या बेकार मिल जाता था तो उससे वह बातचीत करने लग पड़ते थे—इस तरह के अनेक प्रसंगों को 'आब्जेक्टिव' और अर्थपूर्ण ढंग से सिनेमा के पर्दे पर लाने की कोशिश नहीं की गई। 'अर्धसत्य' वहाँ पर जब दिखाई गई, तो साठ-पैंसठ प्रतिशत हाल भरा हुआ था। फिल्म की पब्लिसिटी वहाँ काफी कमजोर थी। फिर भी प्रतिक्रियाएँ अच्छी ही रहीं।

• इस बार आपको राष्ट्रीय पुरस्कार दिए जाने की तो पहले से ही काफी चर्चा थी लेकिन अचानक अंतर्राष्ट्रीय पुरस्कार पाकर आपको कैसा लगा?

राष्ट्रीय पुरस्कार की चर्चा जरूर थी लेकिन 'आक्रोश' के समय भी इसी तरह की चर्चा हवा में थी। तब मुझे पुरस्कार नहीं मिला था। बहरहाल, इस पुरस्कार के बाद मुझे काफी लोग बहुत प्यार और गर्मजोशी से मिले। वापसी में एयर इंडिया के कर्मचारियों ने मुझे उपहार आदि दिए। इस पुरस्कार से मेरा आत्मविश्वास बढ़ा है और मेरा ख्याल है कि इससे इस तरह के सिनेमा को अधिक संरक्षण मिल सकेगा। इन बातों से 'मूवमेंट' को सफलता मिलती है। इस 'मूवमेंट' में पहले कम लोग थे। अब और भी लोग सामने आ रहे हैं।

• नसीरुद्दीन शाह ने फिल्मफेयर पुरस्कार के बाद एक इंटरव्यू में बहुत सहज भाव से कहा था कि उन्हें 'मासूम' के लिए पुरस्कार की कोई उम्मीद नहीं थी—यह पुरस्कार तो 'अर्धसत्य' के लिए ओम पुरी को मिलना चाहिए था। गनीमत है कि आप दोनों शबाना और स्मिता पाटील की तरह एक-दूसरे को नुकसान पहुँचाने वाली टिप्पणियाँ नहीं कर रहे हैं। स्मिता और शबाना की तू-तू-मैं-मैं मीडिया में

क्या बढ़ा-चढ़ा कर पेश की जा रही है? इन दोनों अभिनेत्रियों की तुलना आप करेंगे?

मोटे तौर पर तो मीडिया ने ही इन बातों को उछाला है। थोड़े बहुत मतभेद होते ही हैं। और यह कोई गलत बात नहीं है। लेकिन इतने बड़े पैमाने पर कोई भी चीज सामने आ रही हो, तो उसे बस एक 'गप्प' नहीं कहा जा सकता। मैं समझता हूँ कि छोटे-मोटे मतभेदों को दूर करने की कोशिश की जानी चाहिए। हाँ, अगर बड़े और सच्चे मतभेद हों तो उन्हें जोरदार आवाज में कहना चाहिए। जहाँ तक इन दोनों अभिनेत्रियों की तुलना का सवाल है, सामान्यतः दोनों ही प्रतिभाशाली हैं। शबाना को अपने परिवार में सांस्कृतिक माहौल मिला है। उसके अभिनय में ज्यादा 'वैराइटी' है। उसे अपेक्षाकृत अधिक अवसर भी मिले हैं। अभी तक तो उसने अपनी क्षमता को अधिक सिद्ध किया है। स्मिता पाटील में निजी किस्म की हिस्सेदारी ज्यादा है। वह सामाजिक आंदोलनों से अधिक जुड़ी हुई है। वह अपने अस्तित्व को केवल अभिनेत्री के रूप में ही नहीं सामने लाती है।

• श्याम बेनेगल और निहालानी की आप तुलना करना चाहेंगे?

जाहिर है कि श्याम बेनेगल का अनुभव ज्यादा है। दस-बारह फिल्में बना चुके हैं, उन्हें मीडियम के बारे में अधिक जानकारी है। सामान्य जागरूकता भी उनमें अधिक है। गोविंद में 'पैशन' ज्यादा है, चीजों को वह अंदर से महसूस करता है। वह संतुलन की खोज नहीं करता। फिल्म के अंत में अपनी प्रतिक्रियाओं को भी दर्ज करना नहीं भूलता है। वह दर्शकों के सामने अस्पष्ट-सा अंत नहीं छोड़ देता। उनसे मानों वह कह देता है कि सोच लो क्या करना है—मैं इस स्थिति में होता तो यह करता।

• एक निर्देशक के रूप में तो यह एक अच्छा गुण नहीं है कि समस्या का कोई स्पष्ट हल बता दिया जाए। इसमें तो दर्शक स्थिति को गलत ढंग से भी समझ सकता है।

मेरा ख्याल है 'अर्धसत्य' में वेलणकर जब रामा शेट्टी को मार देता है, तो उसे निरर्थकता का भी अहसास होता है। 'इंकलाब' की तरह उसमें विरोधी दल के नेताओं को ढेर नहीं कर दिया गया है।

• एक अभिनेता के रूप में अमिताभ के बारे में आपकी क्या राय है?

अमिताभ की 'बैकग्राउंड' बहुत अच्छी है। एक रिक्शा वाले को अचानक अगर लाटरी मिल जाए, तो उसका चकरा जाना मुझे समझ में आता है। लेकिन ऐसे परिवार से आने के बावजूद अमिताभ ने अपनी सफलता को इस तरह से क्यों लिया यह मेरी समझ में नहीं आता। एक बार मैंने 'मूवी' पत्रिका के लिए अमिताभ का इंटरव्यू लिया था। मिलकर बड़ा अच्छा लगा था। लेकिन अगर आपका इतना 'स्टेटस' हो जाए तो फिल्मी दुनिया में आप परिवर्तन अपेक्षाकृत जल्दी ला

सकते हैं। अमिताभ का आम जनता पर जबरदस्त प्रभाव है। इस तरह की सफलता लोगों को बहुत कम मिलती है।

• सुना है कि अमिताभ ने 'अर्धसत्य' के बाद गोविंद निहालानी के साथ काम करने की इच्छा प्रकट की थी।

हाँ, लेकिन इस इच्छा की 'टाइमिंग' बहुत गलत थी। अब आप डूब रहे हों, तो अच्छे सिनेमा के सहारे की बात कुछ समझ में नहीं आती। बलराज साहनी 'कमर्शियल' फिल्मों में भी काम करते थे। 'दो बीघा जमीन' के बाद उन्हें हर तरह की फिल्मों में काम करना पड़ा। वह खुश नहीं थे। लेकिन एक नागरिक के रूप में वह तरह-तरह के काम करते रहते थे। और कुछ नहीं हुआ तो पंजाब के किसी विश्वविद्यालय में जाकर भाषण ही दे आया करते थे। जेन फौंडा को ही देखिए। केवल अभिनय से ही नहीं अन्य सामाजिक-राजनीतिक कामों से भी लोग उसको पहचानते हैं।

• यह एक अच्छी बात है कि इधर के नए हिंदी सिनेमा में कुछ बहुत अच्छे अभिनेता सक्रिय हैं। 1968 में जब तथाकथित समानांतर सिनेमा की बहुत चर्चा हो रही थी तो निर्देशक ही ज्यादा उभर कर आए थे।

मेरा ख्याल है कि फिल्म उद्योग में प्रतिभाओं की कमी नहीं है। सबसे अधिक प्रतिभा तो हमारे यहाँ तकनीकी क्षेत्रों में है। अभिनेताओं में सभी भले ही प्रशिक्षित न हों, लेकिन सही निर्देशन से उनके गुणों को सामने लाया जा सकता है। मिसाल के लिए पद्मिनी कोल्हापुरे एक प्रतिभाशाली अभिनेत्री है। अमिताभ, फारूख शेख, विनोद खन्ना आदि अनेक अभिनेता प्रतिभाशाली हैं। पर फिल्म उद्योग में जहाँ निर्माता हमेशा दस के पचास बनाने के चक्कर में रहता है, वहाँ अभिनेताओं में भी सिनिसिज्म आ जाता है। दरअसल हमारे फिल्म उद्योग के किसी क्षेत्र में प्रतिभाओं की अगर कमी है तो निर्देशन, लेखन, और निर्माण के क्षेत्रों में। दुर्भाग्यवश फिल्मोद्योग का अपना कोई आर्थिक आधार नहीं है। फिल्मों में अक्सर फालतू पैसों के बल पर ही जीवित रहना पड़ता है।

• आपकी बैकग्राउंड अलग तरह की और संघर्षपूर्ण रही है। वे क्या बातें थीं जो आज आपको यहाँ तक ले आईं।

बचपन तो मेरा गाँव में ही बीता। मैट्रिक के बाद मैंने फिल्में देखनी शुरू कीं। लेकिन राष्ट्रीय नाट्य विद्यालय के अलावा मुझे लगता है कि मेरी 'बैकग्राउंड' ने मुझे अपनी कमजोरियों को समझने का मौका दिया। मेरी महत्त्वाकांक्षाएँ अवास्तविक नहीं थीं और न ही मैंने बहुत से भ्रम पाल रखे थे। इसके अलावा मुझे लगता है कि मुझमें शुरू से ही उत्सुकता की भावना बहुत रही है। मिसाल के लिए मैं सड़क पर जा रहा होता था और अगर किसी कैदी को पुलिस वाले के साथ देख लेता था तो वहाँ खड़े होकर मैं उन्हें गौर से देखता था। बगैर किसी काम धंधे

के भी टहलने का मन करता था–किसी भिखमंगे को देखता था तो यह सवाल सामने आ जाता था कि यह आदमी भीख क्यों माँग रहा है? किसी बहुत अपंग व्यक्ति को देखकर उसे समझने की इच्छा जाग जाती थी।

• इधर हिंदी में नए सिनेमा को जनसंचार माध्यमों द्वारा काफी प्रचार मिल रहा है। इस स्थिति के बारे में आपकी क्या राय है?

मीडिया ने सामाजिक-राजनीतिक रूप से जागरूक सिनेमा की काफी मदद की है। लेकिन मुझे लगता है कि कई बार फिल्मी समीक्षक कुछ ज्यादतियाँ कर देते हैं। संपूर्ण स्थिति को समझकर ही कोई टिप्पणी करनी चाहिए। अब आप शशि कपूर की फिल्म 'उत्सव' को ही लीजिए। इसकी इतनी 'नेगेटिव पब्लिसिटी' हो रही है कि आश्चर्य होता है। जो आलोचक धड़ाधड़ हर हफ्ते 'कमर्शियल' सिनेमा देखते हैं और उनकी समीक्षाएँ लिखते हैं, वे 'उत्सव' सरीखी फिल्मों से इतना नाराज क्यों हो जाते हैं?

• एक गंभीर समझे या कहे जाने वाले सिनेमा पर जब एक समीक्षक अपनी राय देता है, तो जाहिर है कि उसे कमर्शियल सिनेमा से थोड़ा हटकर सोचना पड़ता है। अब अगर 'सारांश' फिल्म एक गंभीर सिनेमा होने का दावा करती नजर आ रही है, तो उसको जाँचने के लिए दूसरी तरह के औजारों की जरूरत है।

लेकिन मुझे समझ में नहीं आता कि इन फिल्मों पर इतना 'डैमेजिंग' ढंग से क्यों लिखा जाए? यह तो एक शुरुआत है। मूवमेंट को अभी तेज होना है। आप दो को मार भी देंगे तो क्या फर्क पड़ेगा? हैं ही इतने कम लोग।

• विजय आनंद की राय में 'अर्धसत्य' इसलिए सफल हुई कि उसमें भ्रष्टाचार का मसाला है और वह शुरू से ही बॉक्स ऑफिस का एक प्रमुख आकर्षण रहा है। इसके अलावा उसे सेंसर ने भी काफी छूट दी।

मैं इस बारे में एक ही सवाल करूँगा कि विजय आनंद फिर अपनी फिल्मों में इतने गाने और कैबरे वगैरह क्यों भर देते हैं?

• इतने नाम और सम्मान के बाद अब तो कमर्शियल सिनेमा में भी आपकी माँग बढ़ जाएगी। फिल्म इंडस्ट्री में अब आपकी काफी चर्चा है।

लेकिन अच्छी फिल्मों के अनुपात को मैं हमेशा बनाए रखूँगा। इस देश में ऐसे लोग काफी हैं जो आपसे सवाल करते हैं, आपसे कुछ उम्मीद करते हैं। एक अभिनेता को इन लोगों के प्रति जिम्मेवार महसूस करना चाहिए। दरअसल हम लोग जनता पर कोई एहसान नहीं कर रहे हैं। इस तरह के सिनेमा में स्थायित्व भी तो अधिक है!

• निर्देशन के बारे में तो अभी आपने कुछ नहीं सोचा है?

निर्देशन के दो-तीन आफर जरूर आए हैं। मुझे ताज्जुब भी है चूँकि अभी मुझे इस माध्यम की तकनीकी जानकारी बहुत कम है।

• वैसे एक अभिनेता के रूप में बराबर काम करते रहने में रचनात्मक सुख तो मिलता ही रहता है। क्या यह जरूरी है कि निर्देशन में भी दखल दी जाए?

निर्देशक के रूप में भी काम करने में कोई हर्ज नहीं है। एक अभिनेता के रूप में तो मैं किसी फिल्म का हिस्सा ही हूँ। लेकिन पहले जरूरी है कि मैं फिल्म माध्यम को अच्छी तरह समझ लूँ। अपनी फिल्में बनाने की लेकिन इच्छा जरूर रहती है।

• क्या आपके पास फिल्म बनाने के कुछ खास विचार या कथानक आदि हैं...

क्यों नहीं? बहुत-सी चीजें हैं। विभाजन पर फिल्म बनाना चाहता हूँ। दंगों को राजनीतिक परिप्रेक्ष्य में देखना चाहता हूँ। आज भी जो दंगे होते हैं वे आखिर बनाए ही तो जाते हैं। बाकायदा उनकी पटकथा लिखी जाती है। असम, भिवंडी, पंजाब में यह सब क्यों हुआ?

• पंजाब की घटनाओं पर कोई जागरूक फिल्मकार बहुत प्रभावशाली फिल्म बना सकता है।

हाँ, इन सब घटनाओं से मुझे बहुत तकलीफ हुई। बचपन में पंजाब में रहा हूँ। तीन साल में जिन चीजों ने आंदोलन को शुरू किया उनको अब लोग भूल गए हैं। 'रीजन' की जगह जब 'फैशन' ले लेती है और आंदोलन को जनाधार नहीं मिल पाता तो व्यवस्था को उसे दबाने का मौका मिल जाता है। वह आंदोलन फिर जन-आंदोलन नहीं बन पाता है। वैसे इन सब घटनाओं को ध्यान में रखकर गोविंद निहालानी सरीखे कुछ निर्देशक फिल्म बनाने की सोच जरूर रहे हैं...

'न्यू देहली टाइम्स' का सेट तैयार था। ओम पुरी की प्रतीक्षा की जा रही थी। इस फिल्म में शशि कपूर पत्रकार बने हैं। वैसे ओम पुरी भी पत्रकार बन सकते थे। (ओम पुरी ने बताया कि एक फिल्म में स्मिता के साथ उन्हें पत्रकार का रोल मिलने की संभावना है।) हमने ओम पुरी से कहा, "अंतर्राष्ट्रीय पुरस्कार के बाद टी. वी. ने आपका एक इंटरव्यू अंग्रेजी में प्रसारित किया था। इससे आपके प्रशंसकों को काफी दुख पहुँचा है। अखबारों में इस बारे में कई चिट्ठियाँ छपी हैं।"

ओम पुरी सीढ़ियाँ उतरते समय कुछ सोचते रहे।

वैसे मुंबइया फिल्मी दुनिया में हिंदी सिर्फ पर्दे पर ही बोली जाती है। कैमरे के सामने से हटते ही सब जाने-माने अभिनेता 'स्टाइल' से अंग्रेजी बोलने की कोशिश करते हैं। आखिर पैसे वाले और ताकतवर होने की भाषा हमारे यहाँ हिंदी नहीं है—सिर्फ अंग्रेजी है। ओम पुरी अपने को इस व्यवस्था से आखिर इतनी आसानी से अलग कैसे कर लें?

1984

शबाना आजमी

पिछले लगभग 13 वर्षों में शबाना आजमी ने पचास से भी अधिक फिल्मों में काम किया है। पहली फिल्म 'अंकुर' ने ही शबाना को सर्वश्रेष्ठ अभिनेत्री का राष्ट्रीय पुरस्कार दिला दिया था। बाद में यही पुरस्कार उन्हें 'अर्थ' और 'खँडहर' के लिए भी मिला। आज हिंदी सिनेमा में एक ओर रेखा, जयप्रदा और श्रीदेवी हैं जो बराबर सुपरस्टार और नंबर एक बनने की होड़ में नजर आती हैं। लेकिन जैसाकि राजेश खन्ना का कहना है, "ठीक है शबाना सुपर स्टार नहीं होगी लेकिन वह भावनाओं की सुपर स्टार है।" आज शबाना, स्मिता पाटील, दीप्ति नवल और श्रीला मजूमदार भारतीय सिनेमा में एक नई तरह की ख्याति पा चुकी हैं। शबाना ने अंकुर, मंडी, खँडहर, अर्थ, पार से लेकर अवतार, कामयाब आदि फिल्मों में कला और कमर्शियल सिनेमा का एक अनोखा मेल दिखाया है।

शबाना आजमी सुप्रसिद्ध उर्दू शायर कैफी आजमी और इप्टा से जुड़ी सुप्रसिद्ध रंगमंच अभिनेत्री शौकत आजमी की बेटी हैं। शबाना (रात का या रातवाला) नाम रखा अली सरदार जाफरी ने। सेंट जेवियर्स से शबाना ने मनोविज्ञान में आनर्स किया और पिछले ही दिनों जाँ निसार अख्तर के पुत्र सुप्रसिद्ध पटकथा लेखक जावेद अख्तर से विवाह किया।

● अक्सर यह कहा जाता है कि इधर पिछले कुछ वर्षों में हिंदी सिनेमा में स्त्री की नई और बेहतर छवि उभर कर आई है। 'सुबह', 'अर्थ' जैसी फिल्मों को देखकर यह बात एक हद तक सही भी लगती है। लेकिन एक बड़ी सच्चाई यह भी है कि सत्तर के दशक के बाद जो सिनेमा सामने आया है उसमें पुरुषों का जबरदस्त शासन रहा है। हीरोइनों की भूमिकाएँ लगभग बेकार, और सजावटी होती चली गई हैं। पचास के दशक में कम से कम हिंदी सिनेमा में हीरोइनों के रोल कुछ अर्थपूर्ण होते थे। परंपरागत ढाँचे में भी हीरोइन अपनी प्रतिभा के अनुसार अपनी भूमिका को कुछ अर्थ दे सकती थी। पिछले दस-बारह साल की फिल्मों में 'अंकुर' से 'अर्थ' तक की यात्रा ने स्त्रियों की छवि को कैसे बदला है? इस बारे में आपका अपना अनुभव कैसा है?

कभी-कभी मुझे लगता है कि फिल्मों के माध्यम से लोग मुझे बहुत उत्साहित होकर सुन रहे हैं लेकिन एक हिस्सा ऐसा भी है जो मुझे इंतिहाई तौर पर होस्टाइल (विरोधी) नजर आता है। मिसाल के लिए अभी परसों मैं एक पार्टी में गई थी जहाँ किसी ने मेरी मुलाकात एक गर्भवती स्त्री से कराई और कहा कि प्रार्थना कीजिए कि इनके बेटा हो। मैंने कहा कि क्यों? उन्होंने कहा कि इनके तीन बेटियाँ हो चुकी हैं और अब यह बेटा चाहती हैं। मैंने कहा कि इससे क्या फर्क पड़ता है कि बेटी होगी या बेटा? तभी उनके मियाँ आ गए। उन्होंने कहा, क्यों नहीं फर्क पड़ता है? आप समझाती हैं कि संतति इस तरह से चलेगी? तब मैं उनसे बहुत बहस करने लग पड़ी। मैंने कहा कि मेरा भाई—माशाअल्ला—एक कामयाब और अच्छा कैमरामैन है। लेकिन मैं नहीं समझती कि मैंने अपने माँ-बाप या आजमी खानदान के लिए कुछ कम किया है। और देखिए मेरी शादी हुई है फिर भी मेरा नाम शबाना आजमी ही है और मैं उसी नाम से जानी जाऊँगी। मैंने जिस सफलता को प्राप्त किया है वह किसी तरह से भी कम नहीं है। आपके यहाँ लड़का हो और कल को वह दुष्ट या बदमाश हो जाए तो आप क्या करेंगे? मेरी बात सुन कर उन्होंने कहा कि सब लोग आपकी तरह थोड़े ही कामयाब हो सकते हैं। कितनी लड़कियों को इस तरह सफलता मिलती है? मैंने कहा आप घबड़ाते हैं कि आप अपने बच्चों को ऐसी तालीम नहीं दे सकेंगे। अगर आपको यकीन है कि आप अपने बेटे को दुष्ट या बदमाश नहीं बनाएँगे तो आपको इतना ही यकीन इस बात में क्यों नहीं है कि बेटी को भी आप कामयाब बनाएँगे। इस बहस को सुनकर पार्टी में बहुत-सी औरतें तो बहुत खुश हुईं। उन्होंने कहा, 'वाह, वाह क्या खूब!' और वे मेरी तरफ आ गईं। मेरी बात सुनती रहीं। लेकिन बहुत-सी औरतें मुझसे बहुत नाराज हो गईं। उनका कहना था कि आपका तो अपना एक अलग तरह का समाज है। आप लोगों के रूल्स बिल्कुल अलग हैं। और आप लोगों को भड़का के हमारे लिए मुश्किल पैदा कर देती हैं। यानी हमारे समाज में प्रतिरोध औरत की तरफ से भी है। मेरा ख्याल है कि जब औरत माँग करेगी तो निश्चित रूप से अशांति की स्थिति पैदा होगी। पहले औरत की जो भूमिका थी वह अच्छी तरह से परिभाषित थी। औरत घर का काम करती थी, बच्चे सँभालती थी और मियाँ बाहर रहते थे। तब उन भूमिकाओं में कोई दिक्कत नहीं होती थी क्योंकि वे ओवरलैप नहीं करती थीं।

• लेकिन मेरे सवाल का इशारा इस ओर भी था कि 50 के दशक में जो सिनेमा लोगों तक पहुँचता था उसमें औरतों की एक अर्थपूर्ण भूमिका भी होती थी। आज तो जो सिनेमा आम जनता तक पहुँच रहा है उसमें औरत की लगभग कोई भूमिका ही नहीं है।

मैं आपके सवाल को समझ रही हूँ कि आप क्या प्वाइंट आउट करना चाहते

हैं। एक्शन सिनेमा में लोग जब जाते हैं तो एक खास तरह की संवेदनशीलता के साथ जाते हैं। उनसे उम्मीदें दूसरी तरह की होती हैं। वे जानते हैं कि हीरोइन दो-तीन नाच-गानों में हिस्सा लेगी और उससे उन पर कोई खास असर नहीं पड़ता है। दर्शक नायक के साथ आइडेंटिफिकेशन कर लेता है। रोने-धोने और लंबे समय तक दुख झेलने वाली स्त्रियों की जो भूमिकाएँ थीं उनका दर्शक पर प्रभाव ज्यादा पड़ता था। इसलिए उस चरित्र के माध्यम से जो कहा जा रहा होता था उसका प्रभाव नुकसानदेह हो सकता था। वह कैरेक्टर नुकसानदेह इस तरह से था कि बार-बार यही कहा करता था कि आपका शौहर आपके साथ कैसे भी पेश आ रहा हो लेकिन है तो वह आपका स्वामी। आपको जूते खाकर भी वापस उसी के पास रहना चाहिए। माँ का यह फर्ज है, बहन का यह फर्ज है, आदि आदि।

• अभी पिछले दिनों मेरी एक युवा महिला पत्रकार से बातचीत हो रही थी। बहस का मुद्दा यह था कि मुंबइया सिनेमा की नायिकाएँ जिस दुनिया से आती हैं, जिस भाषा में बात करती हैं, जिस माहौल में रहती हैं वह बिल्कुल अलग तरह का माहौल होता है। तमाम पत्र-पत्रिकाओं और दूसरे माध्यमों से नायक या नायिकाओं के व्यक्तिगत जीवन के बारे में जो जानकारियाँ सामान्य मध्यवर्गीय पाठकों को मिलती हैं वे अक्सर उनके जीवन पर जबर्दस्त असर डालती हैं।

लेकिन यह उनकी समस्या है मेरी नहीं। मैं अपनी जिंदगी को इसलिए नहीं जीती हूँ कि किसी पर उसका क्या असर होने वाला है। मेरी प्राइवेट लाइफ एक बिल्कुल अलग चीज है। मैं अपनी पब्लिक इमेज की वेदी पर अपने निजी जीवन की बलि नहीं दे सकती हूँ। मेरी प्राइवेट लाइफ भले ही अलग हो लेकिन अपनी कला के माध्यम से या अपनी बातचीत में जो मैं कहती हूँ उसका क्यों नहीं अच्छा असर होता है? हम क्यों हमेशा बुरे असर की ही फिक्र करें? हम जो अच्छे असर की तमाम कोशिशें करते हैं उनसे कोई फर्क ही नहीं पड़ता है! उसे आप पूरी तरह से नेगेट कर देते हैं और कहते हैं कि वह शून्य है। समस्या तो लोगों की अपनी है। वे क्यों आपकी बुराइयों को ही लेना चाहते हैं और आपकी पाजिटिव चीजों को भूल जाना चाहते है? और फिर सवाल यह भी है कि जिन चीजों को वे निषेधी चीजें मान लेते हैं उनके बारे में हम इतनी आसानी से फैसला कैसे कर लेते हैं। आखिर लोगों के नैतिक मापदंड अलग-अलग हैं।

• आपको ऐसा नहीं लगता है कि एक व्यक्ति अगर बहुत लोकप्रिय है, जनता में बहुत पहचाना जाता है तो उसके व्यक्तिगत जीवन पर भी बहुत बड़ा असर पड़ता है। एक जाना-माना सुपर स्टार या नेता आम आदमी की तरह सुपर बाजार में जाकर सब्जी या किताबें तो नहीं खरीद सकता है।

वास्तविक जीवन में हम जो हैं उसे अगर सही ढंग से पेश किया जाए तो कोई बात है! जो हम हैं वह तो कभी प्रोजेक्ट ही नहीं होता। उसमें खूब मिर्चमसाला

लगा दिया जाता है। मीडिया हमारा जो व्यक्तित्व बना देता है वह तो सचमुच होता ही नहीं है! मैंने न जाने कितनी लड़कियों (अभिनेत्रियों) से इस बात को सुना है कि उनकी जिस पर्सनेलिटी को मीडिया बना देता है वह वास्तव में तो कहीं होती ही नहीं है। तो यदि लोग एक स्टार की गलत इमेज से अपने को आइडेंटीफाई कर रहे हैं तो क्या किया जा सकता है। यदि आप हमें सही ढंग से प्रोजेक्ट करेंगे तभी तो हम अपनी बात या अपनी छवि की जिम्मेदारी ले सकेंगे। तो जिम्मेदारी आपकी है और जिम्मेदारी हमारी भी है।

● एक जाने-माने स्टार की निजी जिंदगी के बारे में लोग चाव से पढ़ना चाहते हैं। प्राइवेट जिंदगी को उछालने वाली पत्रकारिता पिछले कुछ वर्षों में बहुत ज्यादा बढ़ी है। क्या आपको लगता है कि इस बारे में कुछ सख्ती और सार्थक ढंग से स्टैंड लिया जा सकता है? क्या चीजें नियंत्रण से बाहर चली गई हैं?

मैं इन चीजों पर ज्यादा ध्यान नहीं देती हूँ।

● तो क्या आप गासिप मैग्जीन्स में जो छपता है उसे बिल्कुल नहीं पढ़तीं?

जो मेरे बारे में छपता है उसे पढ़ती हूँ। मेरे साथ प्रेस ने कोई बहुत बुरा सलूक नहीं किया है। प्रेस मेरे बारे में लगभग फेयर रही है। अगर किसी ने मेरे बारे में कोई शरारतपूर्ण लेख लिख भी दिया है तो मैंने कभी उसे फोन करके नहीं कहा कि तुमने मेरे बारे में यह क्यों लिखा है। अगर आप मेरे बारे में कुछ अच्छी चीजें भी कह रहे हैं, तो आपको हक है कि मेरे बारे में कुछ बुरी चीजें भी कहें। लेकिन यदि कुछ तथ्य गलत हैं या छूट गए हैं तो बड़ी आसानी से उन्हें चेक किया जा सकता है। मैं इतना जरूर बोल देती हूँ कि भइया इन तथ्यों को कम से कम मुझसे पूछ ही लिया होता। दरअसल मैं एक ऐसी जगह पर पहुँच गई हूँ जहाँ मुझ पर इन चीजों का कोई खास असर नहीं पड़ता है क्योंकि फिर जिंदा रहना ही मुश्किल हो जाएगा। एक पीरियड ऐसा आता है कि जब प्रेस बहुत अच्छी-अच्छी बातें बोलती है, फिर एक पीरियड ऐसा भी आता है जब प्रेस होस्टाइल हो जाती है। मुझे बराबर मौका दिया गया है कि अगर मेरे बारे में कुछ गलत या शरारतपूर्ण छपा है तो उसका मैं ईमानदारी से जवाब दे सकूँ। और फिर हमेशा मेरी बात को ठीक से छापा भी गया है। लेकिन कल आपने देखा कि प्रेस मेरे साथ कितनी होस्टाइल थी।

● शुरू में ही कुछ ऐसे सवाल कर दिए गए जिससे बात कभी शुरू ही नहीं हो पाई। और शायद प्रेस कान्फ्रेंस में जब खूब सारे पुरुष होते हैं और उनके सामने एक ऐसी स्त्री आ जाए जो अपनी बात को आत्मविश्वास के साथ कह रही हो तो पुरुष प्रेस को बेचैनी-सी होने लग पड़ती है!

और उनको अपनी आवाज सुनने में बहुत मजा आता है।

● आपकी पारिवारिक पृष्ठभूमि तो खैर सुविख्यात और सुसंस्कृत है ही। आपके

बचपन की खास स्मृतियाँ किस तरह की हैं?

मेरा बहुत ही सामान्य किस्म का बचपन था। अक्सर कलाकारों के बारे में कहा जाता है कि उनके भीतर कोई दुख या दर्द रह जाता है जो बाद में उनकी रचना के माध्यम से बाहर निकलता है। मेरे साथ ऐसा कुछ भी नहीं हुआ। बहुत ही सामान्य किस्म का बचपन रहा है मेरा। ऐसे बहुत कम अनुभव हैं जिन्हें मानसिक आघात पहुँचाने वाला कहा जा सके। हमारा ऐसा खानदान था जिसमें बहुत ही स्वतंत्रता थी। घर पर हम दो ही लोग तो थे। मैं और मेरा भाई। हम चारों अत्यंत और प्रचंड रूप से स्वतंत्र लोग हैं। पर हम एक धागे से भी बँधे हुए हैं। मेरे बचपन की स्मृति बिल्कुल नार्मल रही है। मुझे कुछ भी ऐसा याद नहीं कि कभी कोई खास तकलीफ हुई हो।

• मेरा आशय सिर्फ तकलीफदेह अनुभवों से ही नहीं था। हर आदमी की बचपन की खास तरह की स्मृतियाँ होती हैं और एक कलाकार के बचपन की स्मृतियों का तो विशेष महत्त्व होता है।

कोई खास बात मुझे नहीं याद आ रही है। मेरी ममी तो पृथ्वी थियेटर में काम करती थीं। 3-3 महीने के लिए मुझे और मेरे भाई को छोड़कर चली जाती थीं। हमें इसमें कुछ भी असामान्य बात नहीं लगती थी। अक्सर बच्चे इस बात को लेकर कैसे-कैसे कांप्लेक्स विकसित कर लेते हैं कि उन्हें देखने के लिए माँ घर में नहीं होती थीं। हमें इतना ज्यादा स्पेस और इतनी ज्यादा फ्रीडम घर में मिली है कि आप कल्पना ही नहीं कर सकते। घर में हमें जब भी कोई फैसला लेना होता था तो चारों की राय ली जाती थी। हमारी बात का वजन एक वयस्क आदमी की बात जैसा होता था। इस तरह की फ्रीडम और स्पेस से एक तो उड़ान का मौका मिलता है और जड़ें भी गहरी हो जाती हैं। हमारे घर का पूरा माहौल व्यक्ति की रचनात्मकता को बराबर बढ़ावा देने वाला था। घर में जो महफिलें होती थीं उनमें जोश मलिहाबादी, फ़ैज़ अहमद फ़ैज़, सरदार जाफ़री जैसे लोग होते थे। मैं छोटी-सी बच्ची थी। ज्यादा शायरी तो समझ नहीं पाती थी। लेकिन वे सारे लफ्ज तो मेरे कानों पर पड़ते ही रहते थे। हम लोगों पर फिल्म का असर तो बिल्कुल भी नहीं रहा है। कभी भी नहीं रहा है। थियेटर का असर जरूर रहा था। थियेटर वालों के लिए हमारा घर अपना घर था। सैकड़ों बार ऐसा होता था कि लोग हमारे ही घर ठहर जाते थे। खाना वहीं पर खाते थे। थियेटर वालों के लिए हमारा घर अपना ही घर था। थियेटर में अजीब सी बात है कि बहुत ही बराबरी के स्तर पर बातचीत होती है। किसी का चाहे एक लाइन का रोल हो और चाहे कोई हीरो हो लेकिन वहाँ वह भेदभाव नहीं रहता जो फिल्मों में आ ही जाता है। इस तरह से बचपन से ही मुझमें बराबरी का एहसास भी काफी स्ट्रांग था।

• क्या आप पर सिनेमा का कोई असर ही नहीं था?

नहीं कोई खास नहीं। थोड़ी-बहुत फिल्में देखती जरूर थी। मैं स्कूल में एक्टिंग करती थी। इंगलिश मीडियम स्कूल था। मेरी क्लास में लोग कहा करते थे, अरे, इसका बाप तो फिल्मों में है यह तो एक्ट्रेस बनेगी। मैं सोचती थी कि यह लोग क्या समझते हैं—क्या मैं कुछ और नहीं बन सकती हूँ। क्या मैं सिर्फ एक एक्ट्रेस ही बन सकती हूँ। मैं बहुत ही कस कर रियेक्ट करती थी—वाट नानसेंस! इस तरह की मानसिकता में मेरा विकास हुआ।

• फिल्म में आने से पहले क्या आपकी कुछ प्रिय अभिनेत्रियाँ नहीं थीं?

नहीं, मेरे दिमाग में ऐसी अभिनेत्रियाँ कभी नहीं हुआ करती थीं। मीना जी मुझे पसंद थीं लेकिन उनका असर दूसरी तरह का था। मुझ पर उनके व्यक्तित्व का असर था। वह शायरी लिखा करती थीं। अब्बा उनके गुरु थे। वह अपनी शायरी अब्बा से करेक्ट करवाती थीं। कई बार ऐसा होता था कि मैं जानकी कुटीर में (जहाँ वह रहती थीं) उनकी करेक्टेड शायरी लेकर जाती थी। वह मुझे बहुत चाहती थीं। बहुत प्यार करती थीं। लेकिन अब यह कहना बहुत मुश्किल है कि उनका मुझ पर कितना असर एक एक्ट्रेस के रूप में था और कितना असर उनकी पर्सनेलिटी का था।

• पुणे के फिल्म और टी.वी. संस्थान में एक्टिंग कोर्स के दिनों में तो आपको कुछ खास अभिनेत्रियाँ अच्छी लगती रही होंगी?

मुझे स्वीडन की अधिकांश अभिनेत्रियाँ बहुत पसंद रही हैं। लिव उल्मान आदि ने मुझे उन दिनों बहुत प्रभावित किया था। जाँ मोरो भी मेरी प्रिय अभिनेत्री रही हैं। इन दिनों महोत्सव की जूरी में जाँ मोरो के साथ एक ही प्लेटफार्म पर बैठना मेरे लिए सचमुच बहुत सुखद और आश्चर्यजनक अनुभव है।

• आज बंगाल के अनेक निर्देशक इसलिए भी हिंदी फिल्म बनाना चाह रहे हैं कि हिंदी में बहुत अच्छे अभिनेता और अभिनेत्रियाँ उपलब्ध हैं। क्या हमारे यहाँ निर्देशक कुछ खास एक्टरों को ध्यान में रखकर फिल्म की योजना बनाते हैं?

क्यों नहीं? इधर एक अच्छी बात यह भी हुई है कि अनेक युवा फिल्मकार मेरे पास अपनी फिल्मों की योजनाएँ लेकर आते हैं। मैं इसको एक बहुत सुखद स्थिति समझती हूँ। मैं यह भी कहना चाहूँगी कि व्यावसायिक फिल्मों के माध्यम से यदि हम अपनी जगह बनाते हैं, तो इससे हम बहुत से दूसरे अच्छे काम आसानी से कर सकते हैं। आप जब फिल्म की दुनिया में सेलेबल बन जाते हैं, तो उससे अपनी बात को मनवाना थोड़ा आसान हो जाता है।

• पश्चिम के अनेक अच्छे अभिनेता—बलमांदो या आलें देलों आदि यही करते रहे हैं। वे साधारण कमर्शियल किस्म की फिल्म में काम करते हैं और अच्छी फिल्मों को भी वे बराबर सहयोग देते रहते हैं...इधर जो आपने कुछ चर्चित भूमिकाएँ की हैं, उनमें 'मंडी' में रुक्मिणी देवी की भूमिका विशेष रूप से उल्लेखनीय है।

आप खुद उस भूमिका की व्याख्या किस तरह से करती हैं। कुछ फिल्म समीक्षकों की राय में 'मंडी' एक फासिस्ट फिल्म है।

'मंडी' को किसी भी तरह से फासिस्ट फिल्म कहना गलत है। सबसे पहले तो मैं रुक्मिणी देवी को एक एलिमेंटल मदर फिगर के रूप में देखती हूँ। और फिर उसे सरवाइवल से भी जोड़ कर देखती हूँ। आमतौर से फिल्मों में वेश्याओं को बहुत दयनीय रूप में दिखाया जाता है। बच्चा रो रहा है और वह गा रही है, आदि आदि। इस तरह की रूढ़ छवि मुझे बहुत खराब लगती है। मैं अनेक वेश्याओं से मिल चुकी हूँ। वे अपनी जिंदगी को अपनी शर्तों से जीना चाहती हैं। अक्सर कुछ लोग मुझसे कहते हैं कि आप तो एक फेमिनिस्ट हैं, तो फिर किस तरह से वेश्या की भूमिका निभा सकती हैं? मुझे यह बड़ी अजीब बात लगती है क्योंकि यदि एक वेश्या को रूढ़ ढंग से नहीं पेश किया जा रहा है और आपको एक चुनौतीपूर्ण भूमिका दी जा रही है (जिसमें अनेक तहों को खोजने की संभावनाएँ हैं) तो मैं इस चुनौती को क्यों न स्वीकार करूँ? इससे मुझे एक नई समझ मिलती है। 'मंडी' में रुक्मिणी देवी वेश्यालयों की आम मादाम से अलग है। अगर कोई निर्देशक आपको ऐसा मौका देता है तो मैं क्यों एक कोशिश न करूँ? ऐसा मौका आसानी से नहीं मिलता है।

● एक तरफ तो नसीरुद्दीन शाह यह कहते हैं कि 'पार' की भूमिका के लिए उन्होंने अपना वजन घटाया और आप कहती हैं कि 'मंडी' की भूमिका के लिए आपने अपना वजन बढ़ाया है। लेकिन 'दूसरी दुल्हन' में बड़ा अजीब लगता है कि आप एक साधारण वेश्या की भूमिका निभा रही हैं और उसी तरह से बोल रही हैं लेकिन आपके शैंपू किए हुए बाल शानदार ढंग से चमक रहे हैं!

देखिए यह सब कुछ निर्देशक के मिजाज पर निर्भर करता है। स्टार हमेशा अपने को निर्देशक पर लाद नहीं सकता है! 'दूसरी दुल्हन' में मैंने शुरू में बहुत भड़कीला मेकअप किया है और उस फिल्म के निर्देशक लेखजी बहुत 'सुरुचिसंपन्न' आदमी हैं। उन्हें वह मेकअप भी बहुत रूढ़ लग रहा था। वह चाह रहे थे कि मैं बहुत साफ्ट दिखाई दूँ। वह जल्दी से जल्दी फिल्म में भावनात्मक कोण की ओर आ जाना चाहते थे। मैं आपकी बात से शत-प्रतिशत सहमत हूँ। लेकिन वह एक निर्देशक की जरूरत थी।

● कमर्शियल फिल्मों में क्या आप अपनी भूमिका को लेकर समझौते करने को गलत समझती हैं? 'अमर अकबर एंथनी' या 'कामयाब' की भूमिकाओं को आप किस तरह से सँभालती हैं?

'अमर अकबर एंथनी' में तो मेरी भूमिका बहुत छोटी-सी थी इसलिए कोई समस्या ही नहीं थी। लेकिन 'कामयाब' में काफी बड़ी भूमिका थी। मेरा ख्याल है कि किसी फिल्म को स्वीकार करने से पहले ही एक एक्टर को इस ड्रामा से

मुक्त हो जाना चाहिए कि वह उसे करेगा या नहीं करेगा। बाद में अगर आप हिचकिचाते हैं तब तो बड़ी मुश्किल है। अगर आप सोचें कि अरे यार, यह तो चेन्नई की फिल्म है—तुम उल्लू लगोगे, तो उल्लू तो आप लगेंगे ही। 'कामयाब' सरीखी फिल्मों की जितनी भी आप आलोचना कर लें लेकिन एक बात आप देखेंगे कि उस फिल्म में मेरी कोई अलग सत्ता नहीं। मैं फिल्म के ग्रुप का ही एक हिस्सा लगती हूँ और उसे मैं एक कलाकार की सफलता के रूप में देखती हूँ। कमर्शियल सिनेमा एक अलग तरह का ही माध्यम है। जिस तरह से टी.वी. और स्टेज आदि बिल्कुल अलग माध्यम हैं। उसमें एक वैकल्पिक यथार्थ होता है। मनोरंजन के लिए बनाए गए सिनेमा में अगर आप सवाल करेंगे, तर्क करेंगे तो आप उस फिल्म को नुकसान ही पहुँचाएँगे। फिल्म का अपना फ्रेमवर्क समझना बहुत जरूरी है।

• आपको 'मंडी' के लिए सबसे ज्यादा तैयारी करनी पड़ी थी।

ऊपर से यह बात बहुत फैशनेबुल लग सकती है कि एक एक्ट्रेस वेश्यालय में जा रही है। लेकिन इस तरह की चीजों को आर्गेनाइज करना बहुत मुश्किल काम है। हमारे पास वक्त बहुत कम होता है इसलिए फिजिकल दिक्कतें भी होती हैं। इसके अलावा एक समस्या जिम्मेदारी की है। कहीं हम दूसरों का इस्तेमाल करके उन्हें भूल न जाएँ। मिसाल के लिए 'दूसरी दुल्हन' के सिलसिले में मैंने सड़क पर घूमने वाली तीन वेश्याओं को घर बुलाया। उनसे बहुत कुछ जाना और समझा। जाहिर है कि वे मेरी दोस्त भी बन गईं। अब कहीं जुहू पर नजर आ जाती हैं तो वे दीदी कहते हुए मुझसे बहुत चाव से मिलती हैं। लिफ्ट भी माँग लेती हैं। अब मान लीजिए आप अपने घर में दोस्तों के साथ बैठे हैं और वे आ जाएँ तो लोग शक्ल से ही उन्हें पहचान लेंगे लेकिन आप उन्हें पहचानने से इंकार तो नहीं कर सकते। इसीलिए यह एक बहुत बड़ी जिम्मेदारी का काम है।

• क्या आपको नहीं लगता कि कमर्शियल सिनेमा हमारे लोकजीवन और लोक-संस्कृति को बुरी तरह से नष्ट कर रहा है?

कुछ हद तक तो यह बात सही है। लेकिन इस बात को बढ़ा-चढ़ाकर कहा जाता है। यह एक तरह का मिथक भी है कि सिनेमा में अगर आप किसी को कत्ल करते हुए देखेंगे या बलात्कार का दृश्य होगा तो आप उसका अनुकरण भी करेंगे।

• अनुकरण की बात नहीं कर रहा हूँ। सवाल लोक संस्कृति के भ्रष्ट और नष्ट होने का है।

इसके लिए आपका समाज, आपके माँ-बाप, आपका माहौल दोषी है। बीस साल तक आप जिस माहौल में पले-बढ़े अगर वह कुछ नहीं कर सकता तो आई एम सारी टु से—हमें अपने समाज के बारे में ही सवाल उठाने होंगे।

• लेकिन सिनेमा और टी. वी. के भयावह असर को तो हमें जाँचना ही होगा।

क्या कह रहे हैं आप? क्या सिनेमा और टी. वी. जिंदगी से अधिक ताकतवर चीजें हैं।

• मैं यह कहना चाह रहा हूँ कि इन माध्यमों का जीवन पर निर्णायक असर होता है। आम लोग अपनी चीजें भुलाना शुरू कर देते हैं।

नहीं लोगों पर सिनेमा का बहुत क्षणिक असर होता है। 'गाँधी' फिल्म देखकर आप एक भले आदमी क्यों नहीं बन जाते। फिल्म का असर एक अच्छी किताब की तरह होता है।

• मुझे तो लगता है कि फिल्मों के शक्तिशाली रूप के कारण अच्छी किताबों को भी लोग अब फिल्मी छवि की मदद से ही पहचानते हैं...अच्छा यह बताइए कि इतनी सफलता के बाद आम जिंदगी में घूमते हुए आपको कैसा लगता है?

असल में हमें एक अजीब किस्म का सार्वजनिक एकांत विकसित करना पड़ता है। कई बार ऐसा भी होता है कि आप बहुत परेशान हैं और सौ लोगों के बीच में आपको अपनी उस परेशानी को छिपाना पड़ रहा है। एक बार देव साहब मुझसे कह रहे थे कि अगर एक एक्टर परेशान है, तो उसे अपने कमरे में ही बंद रहना चाहिए। उसे कोई हक नहीं है कि वह सार्वजनिक जीवन में जाकर अपनी परेशानी को दिखाए और अपनी इमेज को नष्ट करे। आप परेशान हैं तो कमरे से ही न निकलिए। लेकिन आखिर एक एक्टर भी आदमी है। वह इस तरह की कोशिश ही तो कर सकता है! लेकिन जहाँ तक मेरा सवाल है 'अर्थ' के बाद से कई चीजें मेरे मन को बहुत छू जाती हैं। मुझे अनेक अजनबी औरतें मिल जाती हैं जो मुझसे परिचय न होने के बावजूद अपनी बहुत ही निजी समस्याओं को मेरे सामने रख देती हैं।

• तब शायद एक्टर की भूमिका एक मनोचिकित्सक (थेरेपिस्ट) की तरह हो जाती है।

हाँ, ऐसी औरतें मेरे ग्लैमर से प्रभावित नहीं होती हैं। वे मुझे स्टार समझ कर मुझसे नहीं मिलती हैं और यह चीज मुझे बहुत मर्मस्पर्शी लगती है।

• इसमें कोई शक नहीं कि सिनेमा के कुछ अच्छे असर भी होते ही हैं। किसी एक भूमिका को देखकर असंख्य लोग अपने जीवन में नई तरह की शक्ति भी महसूस करते हैं...आप शायद एक निर्देशक के रूप में भी काम करना चाहती हैं। यह बात बड़ी अजीब है कि दुनिया भर में महिला फिल्मकार ज्यादा नहीं हैं। हंगारी फिल्मकार मार्ता मेसारोज की फिल्म देखकर यह अहसास होता है कि अनुभव का इतना बड़ा क्षेत्र है जो फिल्मों में आ ही नहीं पाता है।

मार्ता मेसारोज की फिल्म 'नौ महीने' को जब तेहरान में पुरस्कार दिया गया था, तो मैं भी जूरी की एक सदस्य थी। जहाँ तक महिला फिल्मकारों के उभरकर न आने का सवाल है मुझे लगता है कि एक फिल्म में संगठन पक्ष को सँभालने

के लिए जिस तरह की काबिलियत चाहिए उसे स्त्रियाँ विकसित नहीं कर पाती हैं। उन्हें उसका मौका ही नहीं मिलता। वैसे मुझे ठीक-ठीक मालूम नहीं है कि महिला फिल्मकारों के उभरकर न आने की क्या वजह है।

● आप अपनी फिल्म तुरंत क्यों नहीं बनातीं? इसके लिए 5-10 साल इंतजार करना क्यों जरूरी है?

नहीं 10 साल बाद तो नहीं फिल्म डायरेक्ट करूँगी। 2-3 साल बाद जरूर बनाने का इरादा है।

● आपकी फिल्मों में से ऐसी कोई खास भूमिका है जिसकी कल्पना आपने स्वयं की हो। निर्देशक का उसमें योगदान ज्यादा न रहा हो?

नहीं ऐसी कोई खास भूमिका नहीं है। श्याम बेनेगल, मुजफ्फर अली, महेश भट्ट आदि सभी ने अपने ढंग से फिल्मों के बारे में सोचकर ही मुझे रोल आफर किए।

● सिनेमा के पर्दे पर यह समस्या बहुत पुरानी है कि एक अच्छा एक्टर भी अधिक से अधिक सीन लेना चाहता है या किसी दूसरे प्रतिभाशाली एक्टर के सामने आने से कतराता है। प्रेस ने आपके और स्मिता पाटील के बारे में काफी लिखा है और विभिन्न भेंटवार्ताओं में आपने और स्मिता दोनों ने कुछ विवादास्पद बातें भी कही हैं।

सब झूठे इल्जाम मुझ पर लगाए गए हैं और मुझे इससे बहुत नफरत है। मैं थक चुकी हूँ इन चीजों का जवाब देते-देते। यह एक झूठी बात है कि 'अर्थ' शुरू में दूसरी तरह की फिल्म थी। यह बिल्कुल गलत बात है कि महेश भट्ट ने मेरे दबाव से 'अर्थ' को बदल दिया। मेरा ख्याल है कि किसी भी अभिनेत्री को इस बात के लिए तैयार रहना चाहिए कि उसकी भूमिका कितना डोमिनेट कर पाएगी। फिर उस हिसाब से मेहनत की जानी चाहिए। यह समस्या तो है ही नहीं कि आपके सामने की अभिनेत्री कितनी सफल हो रही है! यह सचमुच शर्मनाक है। अब आप 'कमला' को ही लीजिए। मुझे 101 प्रतिशत यकीन है कि उसमें दीप्ति नवल की ही तारीफ होगी। लेकिन मुझे यह चुनने का मौका दिया गया था कि मैं बीवी बनना चाहती हूँ या कमला। पर मैं जो कहना चाहती हूँ यह बीवी का करैक्टर पूरी तरह से कह रहा है। अब इसका मतलब यह नहीं है कि बाद में मैं यह कहूँ कि कमला में तो दीप्ति की भूमिका प्रमुख है। इस तरह का चुनाव तो पहले ही कर लेना चाहिए। मैं किसी भी अभिनेता या अभिनेत्री से किसी तरह का खतरा नहीं महसूस करती हूँ। इतनी समझ मुझमें है कि यह सीन आपका है या किसी और का है। 'अर्थ' में उसी सीन को ले लीजिए जिसमें स्मिता पाटील मंगलसूत्र का जिक्र करती है। मेरे किसी भी क्लोजअप में आप मुझे असुरक्षित नहीं पाएँगे कि भइया यह तो उसका सीन है और वह छा जाएगी। एक एक्टर

को यह समझना पड़ता है कि यह सीन किसका है। 'शक्ति' में अमिताभ बच्चन की भूमिका को ही लीजिए। फिल्म के दौरान निश्चित रूप से अमिताभ को अहसास हुआ होगा कि यह फिल्म दिलीप कुमार की है। लेकिन एक अभिनेता अपनी ईमानदारी और आत्मविश्वास को नहीं छोड़ देता है। आप अपनी भूमिका के साथ अन्याय नहीं कर सकते हैं चूँकि आपकी गैर ईमानदारी फौरन उभर कर सामने आ जाएगी।

• अब आपको साहित्य आदि पढ़ने का मौका मिलता है?

नहीं। बहुत कम।

• फिल्में आप खूब देखती हैं?

महोत्सवों में तो मैं काफी फिल्में देखती हूँ लेकिन आमतौर पर मैं बहुत कम फिल्में देख पाती हूँ। वीडियो पर तो मुझे फिल्में देखना बहुत तकलीफदेह लगता है।

• पश्चिम की अभिनेत्रियों के मुकाबले में आपको हमारे यहाँ क्या स्वतंत्रता की कमी महसूस होती है? पश्चिम में भी पिछले 15-20 वर्षों में ऐसी स्थिति बन पाई है कि एक फिल्मकार या एक एक्टर बहुत निर्मम होकर किसी खास तरह की सच्चाई को पर्दे पर पेश कर पाता है। हमारे यहाँ एक खतरा यह भी है कि अच्छी फिल्म को सेंसर यदि छूट देगा तो फौरन कमर्शियल फिल्मकार एक्टर पर उसी तरह के दबाव डालना शुरू कर देते हैं।

कुछ तरह की भूमिकाएँ तो मैं नहीं करना चाहूँगी। मिसाल के लिए बर्तोलूची की फिल्म 'द मून' मैंने इसी फैस्टिवल में देखी। एक तो मैं नहीं समझती कि इस फिल्म में माँ-बेटे का सेक्स संबंध मुख्य कथानक है और उसमें माँ-बेटे का जो बहुत प्रोवोकेटिव प्रसंग फिल्माया गया है वो कम-से-कम मुझे ऐसा सेक्स मोमेंट नहीं नजर आता है जो आपको गुदगुदाए। शायद दर्शक उसे देखकर मजा ले रहे हों।

• नहीं वह प्रंसग तो पेनफुल है। उसे उसी तरह से फिल्माया भी गया है।

भले ही दुनिया इधर से उधर हो जाए मैं वह रोल नहीं कर सकती। जिल क्लेबर्ग ने जिस स्वतंत्रता के साथ उस रोल को किया है उसे मेरे लिए करना असंभव है। इसके अलावा मैं जब किसी फिल्म में काम करती हूँ तो एक तरह की नैतिक जिम्मेदारी भी महसूस करती हूँ। खासतौर पर बच्चों के साथ एक्टिंग करते वक्त तो हमें बहुत जिम्मेदार होना चाहिए। यह तो नामुमकिन है कि 'द मून' फिल्म का वह लड़का अब अपने सारे जीवन में सामान्य बना रहेगा।

• इस तरह के सवाल कई बार मेरे मन में भी आते हैं कि 'द टिन ड्रम' में छोटे से लड़के ने जिस तरह से अनेक प्रसंगों में विभिन्न स्त्रियों के साथ सेक्स संबंधों को फिल्माया है, उससे उसके जीवन पर क्या निषेधी असर नहीं पड़ेगा? लेकिन यहाँ एक सवाल यह भी है कि खास तरह के यथार्थ को दिखाने के लिए

क्या एक फिल्मकार को एक तरह के 'अपराध' के लिए मजबूर नहीं होना पड़ता है?

मेरा ख्याल है कि यह पूरी तरह से व्यक्तिगत मामला है। मैं तो अपने लिए यह कह रही हूँ कि मैं ऐसा काम नहीं करूँगी। आप करते हैं तो ठीक है। हरेक को अपना अस्तित्व बनाए रखने का अधिकार है। मैं किसी खास तरह का सिनेमा लोगों पर लाद नहीं देना चाहती। इंसान जिस आबोहवा में जीता है उसी का रिफ्लेक्शन तो हम आमतौर पर उसकी कला में देखेंगे।

• वैसे तो पश्चिम में भी कलाकार अपनी फिल्म स्वतंत्रता का खास तरह से ही इस्तेमाल करते हैं। खुद बर्तोलूची ने ही '1900' फिल्म के एक प्रसंग के लिए चाहा था कि एक प्रमुख नायिका सिनेमा के पर्दे पर पेशाब करते हुए दिखाई जाए। उस अभिनेत्री ने इनकार कर दिया था। इसके अलावा एक बात यह भी देखी गई है कि बहुत कम फिल्मकार ऐसे हैं जो अपनी पत्नी (अगर वह अभिनेत्री है) से कुछ बोल्ड बेडरूम सीन पर्दे पर फिल्मा सकें। लेकिन यह सही है कि इस समय पश्चिमी फिल्मों में काफी स्वतंत्रता का वातावरण है...खैर, आप तो दुनिया भर के फिल्म महोत्सवों में जाती रही हैं। किस शहर का महोत्सव आपको पसंद आया?

बर्लिन। हालाँकि वहाँ मैं 1975 में गई थी। मुझे वहाँ के वातावरण की गंभीरता बहुत पसंद आई थी। कान में तो बाजार काफी महत्त्वपूर्ण हो जाता है। ज्यादा जोर ग्लैमर पर रहता है। कुछ-कुछ हॉलीवुड जैसा वातावरण बन जाता है।

• आमतौर पर माना जाता है कि लड़कियाँ घर में अपने पिता से काफी प्रभावित होती हैं। खुद इस बारे में आपका क्या अनुभव रहा?

माँ से मैं कुछ भी छिपाने की जरूरत नहीं महसूस करती हूँ। अब्बा से थोड़ी दूरी जरूर है, लेकिन इसके बावजूद जो मेरी वास्तविक समस्याएँ या सवाल हैं, उन्हें मैं आसानी से उन्हीं के साथ डिस्कस कर पाती हूँ चूँकि मुझे लगता है कि वह आब्जेक्टिव होकर बहस कर सकते हैं, जबकि माँ भावनात्मक रूप में इनवाल्व हो जाती हैं।

• आप मनोविज्ञान की छात्रा रही हैं। इस विषय के अध्ययन ने आपको कुछ खास फायदा पहुँचाया?

कुछ फायदा तो जरूर हुआ है। पहले मैं साहित्य पढ़ना चाह रही थी, लेकिन अब्बा ने कहा कि साहित्य में अगर तुम्हारी दिलचस्पी बनी रही तो बाद में भी पढ़ सकती हो, लेकिन मनोविज्ञान की पढ़ाई बाद में मुश्किल है। मेरा ख्याल है कि मुझे मनोविज्ञान में बड़ा मजा आया। काफी दिलचस्प विषय था।

• सिग्मंड फ्रायड के विचारों को कभी आपने गंभीरता से लिया?

फ्रायड मुझे एक आँख भी नहीं भाता है। जिस किस्म की बातें फ्रायड ने

कही हैं वे अविश्वसनीय हैं। उनके विचार स्त्रियों के विरुद्ध हैं। बस, एक थ्योरी उन्होंने बना ली और लोगों ने उसे मान लिया।

• फ्रायड के विचारों का बीसवीं शताब्दी पर जबरदस्त प्रभाव है...

मेरा ख्याल है कि फ्रायड ने औरत को बहुत नुकसान पहुँचाया है।

• फेमिनिस्ट किस्म के आक्रामक लेखन के बारे में आपकी क्या राय है? उससे क्या औरत को फायदा हुआ है?

शुरू में जब परिवर्तन लाना होता है, तो बहुत रेडिकल होकर सोचना और लिखना पड़ता है। एक तरह का अतिवाद भी आ ही जाता है। शुरुआत के लिए तो यह ठीक है, पर बाद में दूसरे ढंग से सोचना पड़ता है। लेकिन अगर हमें गीयर को बदलना हो, तो पूरी ताकत लगानी पड़ती है।

• अमेरिका में फेमिनिस्ट आंदोलन ने जब विकृत रूप ले लिया, तो उससे समलैंगिकता को अनावश्यक बढ़ावा मिला है...

मैं इस बात के बिल्कुल खिलाफ हूँ कि मर्द औरत बन जाए और औरत मर्द।

• माँ बनने के अनुभव के बारे में आपकी क्या राय है? एक सुप्रसिद्ध युवा चितेरी गोगी की राय है कि माँ बनने का अनुभव अद्वितीय है और वह पुरुष के मुकाबले में स्त्री को श्रेष्ठ भी बनाता है, बल्कि अमेरिका में तो इस तरह के प्रयोग भी हो रहे हैं कि प्रसव के समय पति सामने उपस्थित हो ताकि पिता बनने की जिम्मेदारी को वह अच्छी तरह से समझ सके।

मुझे लगता है कि आज मातृत्व को पुनःपरिभाषित करने की जरूरत है। मैं लिव उल्मान की आत्मकथा पढ़ रही थी। उसमें बहुत साहस है कि बिना शादी किए उसने बच्चा पैदा किया। लेकिन लिव ने इस बात को स्वीकार किया कि मैं इस वक्त टाइपराइटर लिए जब किताब लिख रही हूँ तो मेरे मन में एक तरह की अपराध भावना भी है। मेरी बेटी की आया सख्त निगाहों से मुझे देखती है कि बच्ची के लिए तुम्हारे पास वक्त नहीं है, फिजूल टाइपराइटर पर वक्त बर्बाद कर रही हो! अगर बच्ची का बाप यही काम कर रहा होता तो यही आया कहती कि 'हश्! पापा काम कर रहे हैं, उन्हें डिस्टर्ब न करो।' तो आप देखिए कि इतनी जबरदस्त सफलता के बावजूद लिव उल्मान के मन में यह अपराध भावना थी। मेरा ख्याल है कि मातृत्व की परंपरागत धारणा औरत में अत्यधिक अपराध भावना पैदा करती है।

• हाँ, यह तो सही है कि पिता की भूमिका में काफी बदलाव की जरूरत है...'शतरंज के खिलाड़ी' में आपकी बहुत छोटी सी भूमिका है लेकिन देर तक याद रहती है। राय ने कहीं कहा था अच्छी अभिनेत्री पर्दे पर भले ही पाँच मिनट के लिए आए पर उसकी उपस्थिति पूरी फिल्म में महसूस होती रहती है। इस हिसाब

से यह बहस बेकार है कि किसको बड़ा सीन मिला।

'शतरंज के खिलाड़ी' में ज्यादा कमाल सत्यजित राय का ही है।

• किसी अच्छी फिल्म के आइडिया को सुनकर क्या आप बहुम कम पैसे में काम करने के लिए तैयार हो जाती हैं?

आपको क्या लगता है कि 'पार' के लिए गौतम घोष ने मुझे बहुत पैसे दिए होंगे?

• 'पार' की बात आई तो याद आ गया उसका अंतिम प्रसंग। क्या आपने उसमें डबल का इस्तेमाल भी किया है?

नहीं, सब मैंने ही फिल्माया है, बल्कि 'पार' में कई बड़े अच्छे शाट थे जो आउट आफ फोकस हो गए हैं। एक शाट का मुझे बहुत अफसोस है। दरिया के अंदर जब मैं और नसीर सूअरों के झुंड को पार करवा रहे हैं तो एक जगह पर मैं दो सूअरों के पीछे अपनी ठुड्डी रख देती हूँ। उस शाट में मैं बिल्कुल एक जानवर लग रही थी। मेरा चेहरा भी सूअर की तरह हो गया था।

• 'पार' में एक बड़ा मार्मिक प्रसंग है जब वह औरत आपको खाना देती है और आप उस खाने का एक बड़ा हिस्सा चुपके से अपने पति के लिए बचा लेती हैं।

यह मेरा उस फिल्म में पहला शाट था। आपको पता है कि जर्मन उपन्यासकार गुंटर ग्रास को यह फिल्म काफी पसंद आई थी। वेनिस फेस्टिवल में गौतम घोष के साथ इस शाट को लेकर वह बहुत बहस करते रहे। उन्हें यह शाट समझ में नहीं आ रहा था!

• शायद एक यूरोपीय के लिए इस तरह की चीजों को समझना आसान नहीं है। आपको अपनी कौन-कौन सी फिल्में प्रिय लगती हैं?

बहुत मुश्किल है कुछ कहना। अर्थ, मंडी और खँडहर मुझे पसंद हैं।

• क्या 'अंकुर' इस सूची में शामिल नहीं है चूँकि उसमें आपकी अभिनय प्रतिभा के लगभग सभी गुण नजर आ जाते हैं?

नहीं अब जब मैं 'अंकुर' को देखती हूँ तो मुझे बहुत अजीब लगता है। उसमें ऐसी कई चीजें हैं जिनसे मुझे शर्मिंदगी महसूस होती है। मिसाल के लिए उसमें मेरी भौंहें लगभग उखड़ी हुई हैं। एक जगह पर लिपिस्टिक बहुत खराब लगती है। खासतौर पर 'अंकुर' में अपनी भौंहों को आज मैं जब देखती हूँ तो बेहोश होने लग पड़ती हूँ!

• इंटरव्यू देना आपको कैसा लगता है? 'इंडिया टुडे' सरीखी अंग्रेजी पत्रिकाओं को क्या आप आसानी से इंटरव्यू दे देती हैं?

मुझे इंटरव्यू देने से ही नफरत है। हिंदी, मराठी, गुजराती, अंग्रेजी या किसी भी भाषा में इंटरव्यू देना मुझे पसंद नहीं है। मैं थक गई हूँ अपने बारे में बातें

करते-करते। साल में एक बार तो मैं लंबा इंटरव्यू दे सकती हूँ पर फिर उसके बाद मैं दो साल चुप रहना चाहूँगी। लेकिन जीवन के हर पल में मैं एक इंटरव्यू नहीं दे सकती हूँ। रेडियो, टी.वी. और सैकड़ों पत्रिकाओं में इंटरव्यू के लिए मुझे बराबर परेशान किया जाता है। कुछ लोग फोन करके मुझे गालियाँ भी देते हैं कि मैं भेदभाव करती हूँ लेकिन आई एम सौरी–मेरे पास ताकत नहीं है कि मैं चौबीस घंटे अपने बारे में बोलती रहूँ। यह सही है कि पत्रकारों का काम इंटरव्यू लेना है, लेकिन मेरे पास इतनी एनर्जी कहाँ से आएगी? अब आपसे इतनी लंबी बातचीत के बाद मेरा बिल्कुल मन नहीं है कि टी.वी. पर जाकर फिर कुछ बोलूँ। यह सचमुच बहुत टैक्सिंग है। मैं क्यों बोलूँ अपने निजी जीवन के बारे में? पहले आप मुझमें ट्रस्ट पैदा कीजिए कि मुझे गलत ढंग से उद्धरित नहीं किया जाएगा। समय दीजिए। हर ऐरे-गैरे के सामने क्यों मैं खुल जाऊँ? एक साहब ने फोन करके कहा कि पत्रकारों से तो आपको बड़ी एलर्जी है...मैंने फौरन कह दिया जिंदगी भर आप यहाँ गिड़गिड़ाते रहें लेकिन आपको मैं इंटरव्यू नहीं दूँगी। आप यह देखिए कि एक इंसान में ताकत नहीं रह जाती है कि वह अपने बारे में बोलता चला जाए। यह फिल्म लाइन इतना आत्मप्रेमी पेशा है कि हमेशा अपने बारे में बात करो, अपने कपड़ों का ख्याल रखो, अपनी शक्ल देखो और फिर अपने कैरेक्टर के बारे में सोचो। नफरत होने लग पड़ती है इन सब चीजों से।

1985

जो सिर्फ अभिनेत्री नहीं थी

लोग हैरान हैं कि स्मिता पाटील की मौत के बाद देश भर में तमाम तबकों में इतनी व्यापक प्रतिक्रिया कैसे हुई। शायद भारतीय सिनेमा के इतिहास में ऐसा पहले कभी नहीं हुआ था। मीना कुमारी, गीता बाली, नरगिस, संजीव कुमार, गुरुदत्त जैसे कई नाम ध्यान में आते हैं जिनका गुजर जाना तमाम लोगों के लिए बातचीत और शोक का विषय था। पर स्मिता की मौत ने राजनीतिकों, अभिनेताओं, लेखकों और बुद्धिजीवियों से शुरू होकर आम लोगों पर इतना गहरा और मार्मिक असर कैसे छोड़ा? स्मिता के अभिनेता पति राज बब्बर ने भी कुछ हैरान होकर कहा कि मैं समझता था कि स्मिता को मैं ही इतना चाहता हूँ पर अब मौत के बाद पता चला कि कितने लोग स्मिता को इतना चाहते थे।

स्मिता सिर्फ एक अच्छी अभिनेत्री होतीं तो शायद लोगों के मन पर उनकी मौत का इतना गहरा असर न पड़ता, पर पिछले 10-11 सालों से स्मिता धीरे-धीरे आज की हिंदुस्तानी औरत की अंदरूनी ताकत की पहचान बन गई थीं। फिल्मों में उनकी तरह-तरह की भूमिकाओं के साथ दूसरे क्षेत्रों में किए गए उनके काम ही इसकी वजह है। दरअसल उनकी पीढ़ी भारतीय सिनेमा के इतिहास में अभिनेताओं-अभिनेत्रियों की एक बिल्कुल नई भूमिका के लिए पहचानी जाएगी। कुछ नामी अभिनेता भले ही चुनाव वगैरह जीत कर संसद पहुँच गए हों पर उन्होंने ऐसा कुछ नहीं किया जो आज के भारतीय समाज की तस्वीर को बदलने की सच्ची इच्छा से कहीं गहरे जुड़ा हो। फिल्म उद्योग की हड़ताल को लेकर बड़े-बड़े अभिनेताओं का सड़क पर आने से हिचकना और गर्भवती होने के बावजूद जुलूस में शामिल होने से भी बाकी अभिनेताओं से स्मिता के व्यक्तित्व का फर्क साफ दिखता है।

कोई ताज्जुब नहीं कि स्मिता और शबाना ऐसी अभिनेत्रियाँ रही हैं, जो अपने माथे की कुछ लटों को अगर सफेद कर लेती थीं तो अचानक एक जवान औरत से एक बड़ी उम्र की औरत नजर आने लगती थीं, अपने आपको इस तरह से बदल लेने की क्षमता हमें इन अभिनेत्रियों के नजरिए को नए ढंग से बताती है। 'अमृत' और 'अवतार' सरीखी 'कमर्शियल' कही जाने वाली फिल्मों में इन अभिनेत्रियों ने

जिंदगी के कई चेहरे इसी अद्भुत क्षमता के बल पर दिखाए।

स्मिता अच्छी तरह से जानती थीं कि छोटे शहरों और कस्बों के लोग 'सुबह' सरीखी फिल्में आसानी से नहीं देखेंगे। और फिर एक आम मुंबइया फिल्मकार सामाजिक बदलाव के लिए भला फिल्म क्यों बनाना चाहेगा? "यहाँ पर भला कौन सामाजिक बदलाव के लिए काम कर रहा है?" इसलिए धीरे-धीरे स्मिता को यह अहसास होने लगा था कि 'सुबह' सरीखी फिल्मों को दस साल बाद भी कोशिश करके रिलीज कराया जा सकता है। पर इस बीच दूसरी तरह के लोकप्रिय सिनेमा में भी कुछ ऐसा किया जाए जो अलग और सार्थक हो।

यह बात किसी से छिपी नहीं है कि आधुनिक मुंबइया सिनेमा का इतिहास 'मर्द' की छवि से बुरी तरह से आतंकित रहा है। हमारे यहाँ फिल्म लेखक ऐसी बहुत कम फिल्मों की कल्पना करते रहे हैं, जिनमें एक औरत को देर तक और अच्छी तरह से बात करने का मौका मिले। यह गौर करने की बात है कि स्मिता-शबाना जिस दौर में उभर कर आईं, उसी दौर में फिल्मों में 'एंग्री यंगमैन', एक्शन, मल्टी-स्टार व्यवस्था और 'मर्द' के आस-पास घूमता कथानक बहुत महत्त्वपूर्ण हो गया था। ऐसे दौर में अपनी अभिनय प्रतिभा के बल पर इन अभिनेत्रियों ने फिल्म लेखकों और निर्देशकों को मजबूर किया कि वे स्त्रियों के कथानकों पर केंद्रित फिल्में भी बनाएँ। मिसाल के लिए सलीम-जावेद की बहुचर्चित जोड़ी के सलीम खान ने लंबे समय तक अभिनेताओं के लिए फिल्में लिखीं, पर आखिर में उन्हें भी स्मिता पाटील को ध्यान में रखकर 'अंगारे' लिखनी पड़ी। यह अलग बात है कि इस तरह की फिल्में आम मुंबइया फिल्मों का ही एक हिस्सा थीं। पर इससे कुछ रास्ते खुले ही। ध्यान देने की बात है कि हमारे यहाँ अच्छे फिल्मकार भी अपनी फिल्मों में अभिनेत्रियों को कम महत्त्व देते रहे हैं। स्मिता ने तो एक बार कहा भी था कि गोविंद निहालानी सरीखे फिल्मकार भी अपनी फिल्मों में औरतों को कोई खास महत्त्व ही नहीं देते हैं।

सिनेमा की दुनिया से जुड़े लोगों में शायद सिर्फ लता मंगेशकर एक ऐसा नाम है जो समाज के विभिन्न क्षेत्रों में गहरे सम्मान और प्रेम को जगाता है। लता का फोटो बुजुर्ग कवि माखनलाल चतुर्वेदी भी अपने कमरे में लगा सकते थे और आज बुजुर्ग गायक पंडित निवृत्ति बुआ सरनायक भी लता का नाम भीमसेन जोशी के साथ लेने का साहस दिखा सकते हैं। स्मिता पाटील का नाम भी सहज ढंग से इसी तरह से हम लोगों के मन में आता है। एक गहरे सम्मान और संवेदना के साथ।

17 अक्तूबर, 1955 को पुणे में जन्मी स्मिता पाटील ने 18-19 साल की उम्र तक कोई फिल्म नहीं देखी थी। एक बार एक बातचीत में वह बहुत याद करके भी यह नहीं बता पाई कि मुंबई दूरदर्शन में समाचार पढ़ने का काम करने

से पहले उन्होंने कोई खास फिल्म देखी भी थी। स्मिता की सफलता की कहानी दरअसल एक आम भारतीय चेहरे की सफलता और संघर्ष की कहानी है। दुर्भाग्यवश हमारे यहाँ महत्त्वपूर्ण व्यक्तियों की भी अच्छी जीवनियाँ नहीं लिखी जा पाती हैं। अगर कोई मेहनत से स्मिता पाटील की जीवनी तैयार करे, तो 31 साल के जीवन में स्थायी महत्त्व का बहुत कुछ खोजा और जाँचा जा सकता है। बीस साल की उम्र तक दुबली-पतली, साँवली, हिंदी-मराठी बोलने वाली यह लड़की अपने को फिल्मों के लायक तो भला क्या समझती, बचपन से ही इस लड़की के मन में था कि 'मैं कुरूप और साधारण हूँ'। दस साल बाद स्मिता को जब लोग सुंदर, सेक्सी और मोहक मानने लगे थे, तब भी उनके भीतर कहीं न कहीं अपने साधारण होने की हीन भावना थी। मुंबइया फिल्म उद्योग के वातावरण में ग्लैमर का जो मतलब है, दरअसल उसकी स्मिता पाटील ने कभी, कोई परवाह नहीं की। जिस औरत का चेहरा कैमरे के सामने पसीना-पसीना होने लगे, वह भला 'ग्लैमरस' कैसे कही जा सकती है। पर साँवले रंग, अंग्रेजी कम जानने, हिंदी-मराठी बोलने, 'ईमानदारी' सरीखी पुरानी चीजों में विश्वास करने और पसीना-पसीना होने के पीछे ही स्मिता पाटील की अभिनय प्रतिभा की काफी बड़ी ताकत छिपी हुई थी।

एक अभिनेत्री के रूप में स्मिता को हमेशा शबाना आजमी का कड़ा मुकाबला करना पड़ा। शबाना एक दूसरी दुनिया की पैदाइश थीं। निश्चय ही वह एक बहुत अच्छी अभिनेत्री हैं, पर सतही तौर से देखने पर जो चीजें स्मिता की सीमाएँ हो सकती थीं, कुछ उन्हीं की वजह से वह शबाना से बेहतर अभिनेत्री नजर आने लगती थीं। धीरे-धीरे इन दोनों अभिनेत्रियों में एक स्पर्धा देखी जाने लगी थी, जिसे कम-से-कम 'स्वस्थ' तो नहीं कहा जा सकता था। शबाना ने एक के बाद एक लगातार तीन राष्ट्रीय पुरस्कार जीत लिए तो जुलाई, 1984 में फ्रांस में स्मिता पाटील के फिल्मों के दो बड़े पुनरावलोकन प्रदर्शन भी आयोजित हुए। अंतर्राष्ट्रीय ख्याति प्राप्त फिल्मकार कोस्ता गावरास (जेड, मिसिंग सरीखी फिल्मों के निर्देशक) जनवरी, 1984 में जब मुंबई के फिल्मोत्सव में आए, तो वह स्मिता पाटील की फिल्में देख कर बहुत प्रभावित हुए। नतीजा यह हुआ कि उसी साल ला रोशेल और पेरिस में स्मिता की फिल्मों का एक पुनरावलोकन प्रदर्शन आयोजित हुआ।

किसी भी अभिनेत्री के लिए यह एक बहुत बड़ा सम्मान है। खासतौर से एक ऐसी औरत के लिए यह बहुत बड़ी बात है जो पुणे में अपने किशोरावस्था के प्रेम में सफल होकर घर बसा लेती तो शायद उसे कभी फिल्मों में काम करने का मौका भी नहीं मिलता। पुणे से मुंबई के अंग्रेजीदाँ और बौद्धिक वातावरण वाले एलिफिंस्टन कॉलेज में स्मिता को उनके माता-पिता ने इसलिए भी भेजा था कि पुणे में वह एक युवक से प्रेम करने लगी थीं। स्मिता के पिता शिवाजी राव पाटील महाराष्ट्र के भूतपूर्व मंत्री रह चुके हैं। उनकी माँ विद्या पाटील ने जब किशोर बेटी

को प्रेम से पीड़ित देखा तो माहौल बदलने के लिए उसे मुंबई भेज दिया। कभी-कभी कुछ फैसले व्यक्ति के बाद के जीवन को देखते हुए बहुत महत्त्वपूर्ण साबित होते हैं। विद्या पाटील का यह फैसला भी कुछ इसी तरह का था। वर्ना राष्ट्र सेवा दल की एक सदस्या के रूप में बस में बैठ कर देश का भ्रमण करने वाली लड़की की प्रतिभा घर की चहारदीवारियों तक ही सीमित रह जाती। लोग 'भूमिका' की उषा, 'उंबरठा' की सावित्री महाजन, 'चक्र' की अम्माँ या 'तरंग' की जानकी से कभी न मिल पाते। जिस तरह से विश्वप्रसिद्ध स्वीडी फिल्मकार बर्गमैन अपनी फिल्मों में अभिनेत्रियों पर आश्रित हैं, कुछ उसी तरह से श्याम बेनेगल भी अभिनेत्रियों पर आश्रित रहे हैं। शबाना और स्मिता के बिना बेनेगल की शुरू की फिल्मों की कल्पना भी नहीं की जा सकती है।

पर शबाना एक संस्कृति संपन्न और अंग्रेजी बोलने वाले वातावरण की पैदाइश थीं। इस लेखक ने बरसों पहले 1973 में पुणे फिल्म संस्थान की कुछ डिप्लोमा फिल्में देखी थीं। उनमें से एक फिल्म में शबाना कैमरे के सामने आ कर कुछ ज्यादा ही आत्मविश्वास के साथ अंग्रेजी में अपना परिचय देती हैं। उस तरह का अंदाज और अंग्रेजी स्मिता के पास नहीं थी। शबाना कम्युनिस्ट वातावरण की पैदाइश थी, जबकि स्मिता का पारिवारिक माहौल गाँधीवादी था। कहने की जरूरत नहीं है कि सत्तर के दशक के जिस माहौल में ये दोनों अभिनेत्रियाँ उभर कर आईं, उसमें गाँधीवादी होना किसी अभिनेत्री के लिए अनुकूल बात नहीं थी। पर स्मिता ने अपनी स्वाभाविक प्रतिभा, श्याम बेनेगल सरीखे अच्छे निर्देशकों की मदद और 'भूमिका' की सफलता के बाद एक अभिनेत्री के कड़े संघर्ष की चुनौती को स्वीकार किया। इस संघर्ष का मतलब था कैमरे के सामने पसीना-पसीना होना। एक ऐसे माहौल में जहाँ आमतौर पर अभिनेत्रियाँ 'शो पीस' की तरह फिल्मों में दिखाई देती थीं वहाँ स्मिता और शबाना ने अभिनेत्री होने का अर्थ ही बदल दिया। शबाना ने कई बार खुल्लम-खुल्ला स्मिता की आलोचना की। पर स्मिता भी बाद में इस होड़ में पीछे नहीं रहती थीं। प्रीतिश नंदी को 1984 में दिए लंबे इंटरव्यू के अंत में स्मिता ने शबाना के बारे में दिलचस्प टिप्पणी की है—"शबाना एक अच्छी अभिनेत्री है पर मैं सर्वश्रेष्ठ हूँ। (हँसकर) इस बारे में कम-से-कम मुझे कोई शक नहीं है। मैं निश्चय ही सर्वश्रेष्ठ हूँ।"

शबाना ने भी स्मिता की चुनौती का हमेशा मुकाबला किया। कभी-कभी यह तय करना वाकई मुश्किल हो जाता था कि इन दोनों में से बेहतर अभिनेत्री कौन है। कला-साहित्य में इस तरह के चुनाव की समस्या हमेशा रही है। रूसी साहित्य के जानकार हमेशा इस बहस में उलझे रहते हैं कि तालस्तॉय बेहतर हैं या दोस्तोयव्स्की? सवाल मिजाज का है। शबाना में एक तरह का 'आशावाद' है, जबकि स्मिता के अभिनय और जीवनशैली, दोनों में ही एक खास तरह का 'निराशावाद' था। जाने

माने इतालवी विचारक ग्राम्सी को अनातोले फ्रांस का यह उद्धरण बहुत पसंद था–"बुद्धि का निराशावाद और संकल्प शक्ति का आशावाद"। स्मिता के 'निराशावाद' को इस उद्धरण की कुंजी से समझा जा सकता है। उनमें एक जबरदस्त संकल्पशक्ति थी। यह ठीक है कि अपने अभिनय जीवन की ऊँचाई पर पहुँच कर भी वह बातचीत में इस तरह की टिप्पणियाँ कर देती थीं कि 'शायद मैं ज्यादा दिन जिंदा न रहूँ'। इस तरह की बात रोमानी भी हो सकती है पर इसे व्यक्ति के भीतर के 'निराशावाद' से भी जोड़ा जा सकता है। स्मिता पाटील के अभिनय की यह एक बड़ी ताकत थी और इसी से वह शबाना से अलग दिखाई देती हैं। उनका चेहरा एक आम हिंदुस्तानी औरत का चेहरा था जो बरसों से दबता-पिटता रहा है पर उसमें लड़ने की एक अनोखी ताकत है।

एक बार किसी पत्रकार ने स्मिता से कुछ इस तरह का सवाल किया था कि अब आप धड़ाधड़ फिल्में क्यों साइन करती चली जा रही हैं, स्मिता ने खीझ कर कुछ इस तरह का जवाब दिया था कि आप लिख दीजिए कि मैं अमिताभ बच्चन की तरह मोमबत्ती के दोनों सिरों को जला रही हूँ। आज इन सब टिप्पणियों को सोच कर आश्चर्य होता है कि स्मिता पाटील के भीतर बड़ी जबरदस्त किस्म की पूर्व जानकारी भी थी। उन्हें शायद अच्छी तरह से पता था कि मुझे सिर्फ दस सालों में सब कुछ कर दिखाना है। कोई आश्चर्य नहीं कि हिंदी के अलावा मराठी, बंगला, मलयालम आदि सभी भाषाओं के बहुचर्चित फिल्मकारों ने स्मिता पाटील को ध्यान में रख कर अपनी फिल्मों की कल्पना की। स्वीडी फिल्म दुनिया में इंग्रिड तुहलिन, बीवी एंडरसन, लिव उलमान सरीखी अभिनेत्रियों के होने की वजह से अनेक फिल्मकार अपनी अच्छी फिल्मों की कल्पना कर सके थे। कुमार शहानी 'तरंग' में स्मिता पाटील के बिना जानकी को पर्दे पर देखने की शायद कल्पना भी नहीं कर सकते थे। एक बार उन्होंने बातचीत में कहा भी था, "मुझे स्मिता से सब कुछ कहना नहीं पड़ता है, बिना कुछ बोले हम दोनों की आँखों के बीच भी संवाद चलता रहता है।" इसी तरह के अर्थपूर्ण और सार्थक संवाद के कारण स्मिता ने भारतीय सिनेमा को इतनी स्मरणीय भूमिकाएँ दी हैं। 'उंबरठा' में सावित्री महाजन की भूमिका को अगर थोड़ा-सा भी 'लाउड' कर दिया गया होता तो वह एक औसत फिल्म बन कर रह जाती। पर स्मिता कभी उस तरह की 'फेमिनिस्ट' नहीं थी। सावित्री महाजन की भूमिका में उन्होंने अद्भुत नियंत्रण दिखाया है। इसीलिए नए समाज की नई औरत का प्रतीक हमें सबसे ज्यादा 'उंबरठा' में ही मिलता है। कोई आश्चर्य नहीं कि खुद स्मिता की यह सबसे प्रिय फिल्म थी। भले ही चर्चा 'चक्र' और 'अर्थ' को ज्यादा मिली हो।

एलिफिंस्टन कॉलेज का तनाव और संघर्ष जाहिर है कि बहुत गहरा रहा होगा, "न हमको अंग्रेजी आती थी, न कपड़े पहनना आते थे"। यह 1972 की

बात है। 1974 में स्मिता को मुंबई दूरदर्शन पर मराठी के समाचार पढ़ने का काम मिल गया। 400 रुपए की इस नौकरी से वह बहुत खुश थीं। स्मिता का चेहरा पर्दे के बहुत अनुकूल था। बहुत जल्दी ही फिल्म वाले उनमें दिलचस्पी लेने लगे। बलदेवराज चोपड़ा के भाई धर्म चोपड़ा से लेकर मनोज कुमार के कैंप के लोग स्मिता को ब्रेक देना चाह रहे थे। पर 'देहाती' स्मिता को सिनेमा के ग्लैमर का कोई एहसास ही नहीं था। एक तरह से यह अच्छा ही हुआ कि स्मिता अपने अभिनय कैरियर के अंतिम वर्षों में चोपड़ा और राज बब्बर के कैंप में गईं। 1974 में युवा फिल्मकार अरुण खोपकर (जिन्हें गुरुदत्त पर लिखी मराठी किताब के लिए राष्ट्रीय पुरस्कार भी मिल चुका है) ने अपनी डिप्लोमा फिल्म तीव्र मध्यम के लिए स्मिता को चुना। इस तरह से जो स्मिता पुणे में रहते हुए भी वहाँ के फिल्म संस्थान में प्रशिक्षण नहीं पा सकी थीं उन्हें वहीं की एक डिप्लोमा फिल्म में काम करने का मौका मिल गया। श्याम बेनेगल ने दूरदर्शन और इस डिप्लोमा फिल्म से स्मिता को खोजा। यह बताने की जरूरत नहीं है कि यह खोज भारतीय सिनेमा के इतिहास के लिए कितनी महत्त्वपूर्ण साबित हुई।

अभिनेता राज बब्बर से स्मिता का प्रेम और विवाह स्मिता के बहुत से प्रशंसकों को अटपटा लगा था। शायद इस वजह से भी कि लोगों ने कहीं न कहीं अपने मन में स्मिता के साथ उनके 'पर्दे के पति' नसीरुद्दीन शाह की छवि मन में बैठा रखी थी। लोग ठीक ही सोचते थे कि स्मिता सरीखी महान और प्रतिभाशाली अभिनेत्री के साथ नसीर सरीखा बड़ा अभिनेता ही सही नजर आता है। लोगों का यह भी कहना है कि स्मिता की शादी के बाद राज बब्बर काफी बदल गए हैं। निश्चय ही वह बदले होंगे, पर यह भी जरूरी नहीं है कि कोई बड़ी अभिनेत्री अपनी टक्कर के अभिनेता से ही शादी करे। स्मिता इस बात को बहुत सहज रूप से कई बार स्वीकार कर चुकी थीं कि वह काफी भावुक, असुरक्षित और पुरुष पर काफी आश्रित रही हैं। वह इस बात को पहचानती थीं कि 'सुबह' में सावित्री जिस तरह से घर छोड़ कर बाहर की दुनिया के संघर्ष का रास्ता चुनती है, उसे सचमुच की जिंदगी में उनके लिए भी चुनना आसान नहीं है। पर वह यह भी जरूरत महसूस करती थीं कि औरत पत्नी या माँ की भूमिका में जिस तरह के दबाव में रहती है। उससे अलग या स्वतंत्र होने की कोशिश का भी एक खास महत्त्व है। स्मिता को लगता था कि शाम को पति के घर लौटने के बाद उसके साथ खाना खाने का एक अपना सुख है। इस सुख की कैद के प्रति भी वह जागरूक थीं और वह इस बात को भी अच्छी तरह से महसूस करती थीं कि "मैं चाहूँगी कि मेरा पति मेरी सफलता में साथ दे, पर कोई भी आदमी सचमुच इस तरह का साथ नहीं दे सकता है।"

राष्ट्रीय पुरस्कार को चॉकलेट समझने वाली मुंबई की अनेक फिल्म अभिनेत्रियाँ इधर यह कहती नजर आती हैं कि जब स्मिता और शबाना भी कमर्शियल फिल्मों

में ही सफल होना चाहती हैं, तो हमने अगर शुरू से ही इस रास्ते को चुना तो क्या गलत किया। पर वे यह भूल जाती हैं कि कुछ बहुत अच्छी फिल्मों में मेहनत से काम करने के बाद 'चालू' फिल्मों में नृत्य करना एक बिल्कुल अलग बात है। 'भूमिका' में अपनी प्रतिभा के अद्‌भुत विस्तार को दिखाने के बाद स्मिता अमिताभ के साथ 'नमक हलाल' में बारिश में भीगते हुए जब नाच रही थीं, तो वह आम मुंबइया फिल्म अभिनेत्रियों की तरह का नाच नहीं था। पर महत्त्वपूर्ण बात यह है कि शबाना या स्मिता ने 'अवतार', 'आज की आवाज' सरीखी फिल्मों की सफलता के बावजूद अपने आप को मुंबइया फिल्मों के 'फाइव स्टार कल्चर' का हिस्सा कभी नहीं बनाया।

शबाना और स्मिता में होड़ हमेशा रही है—पर मरने की होड़ में स्मिता बहुत आगे आ गईं, इस तरह से आगे आने का अभी सही वक्त नहीं था। पर शायद स्मिता को दस साल का फिल्म जीवन ही मिला था और वह इस छोटे-से जीवन की मोमबत्ती को दोनों तरफ से जला देना चाहती थीं।

1987

काश हमारे दर्शक ग्रो कर सकें

विनोद : दीप्ति जी, अपनी निजी जिंदगी के बारे में अखबारों और पत्र-पत्रिकाओं में पढ़कर आपको कैसा लगता है? कभी-कभी उलझन नहीं होती कि बीमारी, प्रेम या पारिवारिक झगड़े मीडिया द्वारा इतने उछाले जाते हैं?

दीप्ति नवल : प्रसिद्ध होने के बाद कभी-कभी तो अच्छा भी लगता है कि लोग आपको चारों तरफ से घेर लेते हैं। उनके अच्छे-बुरे कमेंट भी सुनने पड़ते हैं। पर पश्चिम में जिस तरह से सितारों को लोग चाहते हैं, वैसी स्थिति हमारे यहाँ नहीं है। दरअसल हमारे यहाँ के गासिप लेखकों ने स्थिति को बहुत बिगाड़ दिया है। लोगों के मन में फिल्मी दुनिया के प्रति कोई आदर भाव नहीं रह जाता। कभी-कभी तो पब्लिक का व्यवहार भयभीत कर देने वाला हो जाता है। प्रेस सचमुच हमारी छवि को नष्ट कर देती है। हमें बराबर 'सफर' करना पड़ता है। हमारे बारे में जो लिखा जाता है उसे बहुत ज्यादा डिस्टार्ट किया जाता है। वे हमारी छवि को खूब पेंट कर देते हैं। नतीजा यह होता है कि हम लोग एक समझदार या आदर के लायक व्यक्ति नहीं नजर आते। बल्कि मूर्ख दिखाई देते हैं। इस बात को लेकर मेरे मन में काफी गुस्सा है। 'फिल्मफेयर', 'स्क्रीन' या कुछ हद तक 'मूवी' सरीखी पत्रिकाएँ ही कुछ जिम्मेदारी से लिखती हैं। सच बात तो यह है कि इसको लेकर हम कुछ नहीं कर सकते। अधिक से अधिक इन चीजों को 'इग्नोर' कर सकते हैं। पर दुख तो होता है। हमारी जो प्राइवेट जिंदगी पब्लिक में आती है वह अगर सच हो तो इतनी परेशानी न हो। अगर आपका पति आपको छोड़ कर चला जाए, तो अखबारों में उसकी चर्चा स्वाभाविक है। प्रसिद्ध होने की इतनी कीमत तो हमें चुकानी ही पड़ेगी। अगर आप एक्टर हैं तो सारा हिंदुस्तान आपके बारे में जानना या पढ़ना चाहेगा ही। पर हर तरह की सही-गलत चीज हमारे बारे में छपती रहती है।

दीपा साही : एक अजीब तरह का बदला लेने का सिद्धांत चलता है। बड़ी ही परवर्स (विकृत) थ्योरी है कि आप प्रसिद्ध हैं तो आपको उसकी कीमत भी चुकानी पड़ेगी। हम लोग जो कुछ करते हैं और लोगों को देते हैं उसके बदले में एक खास

तरह का आदर तो हम चाहेंगे ही। दरअसल इस थ्योरी के पीछे कोई तर्क नहीं हैं, केवल विकृत मानसिकता है।

दीप्ति : और फिर आजकल की अभिनेत्रियाँ अपनी स्टार इमेज भी तो अपने साथ लादे नहीं घूमती हैं। खास तरह की साड़ी या गागल्स वगैरह पहन कर वे पब्लिक के बीच में नहीं दिखाई देती हैं। दरअसल यह पीढ़ियों का फर्क है। पुराने जमाने की अभिनेत्रियों के लिए स्टार इमेज बहुत जरूरी हुआ करती थी।

दीपा : दोष सिर्फ प्रेस का ही नहीं है। दो तीन दूसरे कारण भी हैं, जिनकी वजह से आम आदमी के मन में फिल्मी दुनिया के प्रति कोई आदरभाव नहीं रह जाता है...

विनोद : आम आदमी ही क्यों, कई पढ़े-लिखे, समझदार माने जाने वाले लोग भी इसी तरह से सोचते हैं।

दीपा : परफार्मिंग आर्ट्स को लेकर लोगों के मन में कोठे और नौटंकी की इमेज ज्यादा है। ऐसा मान लिया जाता है कि फिल्मी दुनिया में लोग पढ़ते लिखते ही नहीं हैं और फिर बार-बार इसी इमेज को रीइन्फोर्स (प्रबलित) किया जाता है। मैं जब मुंबई में आई तो मकान ढूँढ़ रही थी। एक घर में पहुँची तो उन्होंने पूछा कि क्या करती हो? मैंने कहा, थियेटर करती हूँ। उस वक्त टी. वी. पर एक फिल्म चल रही थी जिसमें हेमा मालिनी थियेटर कर रही थी। थियेटर करने का मतलब यह है कि हाथ में शराब की बोतल लेकर झूम रही थी। फौरन उन साहब ने कहा कि थियेटर का मतलब यही है न? सॉरी, किराए के लिए मकान खाली नहीं है।

विनोद : फिल्मोद्योग में जो नई अभिनेत्रियाँ जाती हैं, तो उन्हें क्या अपमानजनक अनुभवों से गुजरना पड़ता है? दूर से तो यही लगता है कि आसानी से आप फिल्मी दुनिया में आदर सम्मान नहीं पा सकते हैं। भले ही बाद में नाम हो जाने के बाद प्रोड्यूसर लोग 'श्रीदेवी जी श्रीदेवी जी' कहते हुए पीछे-पीछे घूमें।

दीपा : शुरू में मैं भी यही समझती थी। मेरे मन में भी यही रूढ़ि थी कि फिल्मी दुनिया में बहुत गड़बड़ी है। लेकिन अब मेरा मन पूरी तरह से बदल गया है।

दीप्ति : ओ. पी. रल्हन तथाकथित 'हार्ड कोर कमर्शियल सिनेमा' की पैदाइश हैं। एक बार उन्होंने अपने इंटरव्यू में इसका विरोध किया कि फिल्मी दुनिया में अपनी जगह बनाने के लिए लड़कियों को इधर-उधर बिस्तरों में जाकर सोना पड़ता है। उनका सवाल था कि क्या दीप्ति, शबाना सरीखी लड़कियों को यह सब करना पड़ा होगा? यह बात चूँकि कमर्शियल फिल्मी दुनिया के एक आदमी ने कही है इसलिए इसे मैं कांप्लीमेंट ही मानती हूँ। थोड़े बहुत दूसरी तरह के उदाहरण भी होते होंगे, पर मुझे उनके बारे में पता नहीं है।

विनोद : पश्चिम में समकालीन अभिनेत्रियाँ हर तरह की चुनौतीपूर्ण भूमिकाएँ

बड़े साहस के साथ स्वीकार कर रही हैं। आप क्या रोल स्वीकार करते समय कुछ सीमाएँ बनाना चाहेंगी? मेरा मतलब केवल न्यूड सीन करने से ही नहीं है।

दीप्ति : क्यों दीपा तुम्हारा क्या ख्याल है?

दीपा : मेरे लिए महत्त्वपूर्ण यह है कि पटकथा की जरूरत क्या है। इस तरह के सीन कहीं सिर्फ पैसे बनाने के लिए ही तो नहीं रखे गए हैं? क्या उन्हें सिर्फ दर्शक को गुदगुदाने के लिए रख दिया गया है?

दीप्ति : कल रात को हम लोगों ने ब्रितानी फिल्म 'प्लेंटी' देखी थी, उसमें मेरियल स्ट्रीप ने चार-पाँच सेक्स संबंधी बोल्ड सीन किए हैं। बल्कि दर्शक उन्हें देख कर चिल्लाए भी नहीं।

विनोद : लेकिन रामकृष्ण थियेटर में जो दर्शक थे, वे फिल्मोद्योग के लोग, फिल्म समीक्षक या एफ. टी. आई. के छात्र थे। अभी हमारे यहाँ आम जनता में इस तरह के दृश्यों को लेकर हाल में बड़ा घटिया माहौल हो जाता है।

दीप्ति : मुझे समझ में नहीं आता क्योंकि हिंदुस्तान की संस्कृति में यह बात नहीं रही। मंदिरों और गुफाओं में बड़ी इरॉटिक कला बनती रही है जिसका संबंध जिंदगी से होता था। 'राम तेरी गंगा मैली' में मंदाकिनी के स्तनपान के दृश्य को दर्शक फिल्म के संदर्भ में क्यों नहीं देख सकते। काश कि हमारे दर्शक ग्रो कर सकें—सेक्स को वे जिंदगी का हिस्सा समझ सकें। मुझे तो बड़ी खीझ होती है। 'निर्वाण' में सारिका ने जो न्यूड सीन किया है, वह सहज है, फिल्म में उसकी जरूरत थी। मैं तो मंदाकिनी की प्रशंसा करूँगी कि उसने राज कपूर की फिल्म में साहस के साथ काम किया।

विनोद : खैर, 'राम तेरी गंगा मैली' की वल्गैरिटी का संदर्भ दूसरा है। पहाड़ में पली बढ़ी एक महिला एक दिन इस फिल्म की तारीफ को पढ़ कर बहुत नाराज मुद्रा में 'नवभारत टाइम्स' के दफ्तर में पहुँची। उनकी सही शिकायत थी कि बारह-तेरह हजार फुट की ऊँचाई पर पहाड़ी औरत की तकलीफ और लड़ाई को तो देखिए। बहरहाल इस बातचीत के संदर्भ में मैं कहना चाहूँगा कि पर्दे पर 'नग्नता' और 'नंगेपन' में भेद है।

दीपा : हाँ, पेंटिंग के संदर्भ में जान बर्जर ने अपनी पुस्तक 'वेज आफ सीइंग' में इसे बहुत अच्छी तरह से समझाया है। आखिर चित्रकारों ने यदि नग्न स्त्री को बनाया है तो नंगी स्त्री को भी बनाया है। लेकिन मैं समझती हूँ कि धीरे-धीरे स्थिति बदलेगी, लोग बहुत-सी चीजों को स्वीकार करेंगे।

विनोद : पर इस दिशा में पहल निर्देशक को ही करनी होगी। उसे एक जबरदस्त पटकथा लेकर सामने आना होगा।

दीप्ति : हाँ, यह बिल्कुल सही बात है। पहल किसी निर्देशक की ओर से ही होनी चाहिए।

विनोद : दीप्ति जी, किसी रोल को स्वीकार कर लेने के बाद आप उसमें ज्यादा हस्तक्षेप करना पसंद करती हैं?

दीप्ति : हर डायरेक्टर एक-दूसरे से अलग होता है। सई परांजपे की दो फिल्मों 'चश्मे बद्दूर' और 'कथा' में मैंने काम किया है। अब कथा में चाल की जिंदगी के बारे में सई की एक निश्चित धारणा है। उसका अपना एक कन्सेप्ट है जिसे आप हिला नहीं सकते। अभिनय के समय आप अपनी आब्जर्वेशन का इस्तेमाल कर सकते हैं या किसी भाव या मत इत्यादि में सूक्ष्म अंतर कर सकते हैं। लेकिन आप डायरेक्टर पर हावी नहीं हो सकते और न डायरेक्टर पटकथा लेखक पर हावी हो सकता है।

विनोद : वैसे आजकल आमतौर पर निर्देशक अपनी पटकथा खुद ही लिखना पसंद करते हैं।

दीप्ति : नहीं, आमतौर पर तो ऐसा नहीं होता है। बहुत कम ही निर्देशक अपनी पटकथा खुद लिखते हैं। बहरहाल जहाँ तक भूमिका की व्याख्या का प्रश्न है 'कमला' में मुझे टोटल फ्रीडम थी। एक भी सीन करके नहीं बताया गया कि ऐसे करो, ऐसे बैठो। लेकिन कुछ निर्देशकों के सुझाव काम भी आते हैं।

विनोद : अभी आपने कहीं कहा था कि फिल्म बनाने के संदर्भ में आपके अपने कुछ आइडिया हैं, कुछ किताबें आपने पढ़ी हैं जिन पर अच्छी फिल्में बन सकती हैं।

दीप्ति : पर कोई निर्देशक पहले मुझे प्रेरित तो करे। अपना-अपना नजरिया है। मुझे तो अभी ऐसा कोई निर्देशक नहीं मिला है।

विनोद : आपके एक इंटरव्यू से ऐसा लगता है कि अब सिप्पियों, चोपड़ाओं, कपूरों की फिल्मों से ऊब चुकी हैं। केवल कुछ अच्छी भूमिकाएँ करना चाहती हैं। 'फासले' सरीखी फिजूल की भूमिकाएँ नहीं।

दीप्ति : नहीं, मैंने ये नाम इस तरह से कभी नहीं लिए। 'फासले' तो मैंने चोपड़ा परिवार के साथ पुराने संबंधों के कारण स्वीकार कर ली थी। पर मुझे लगता है कि इस तरह के रोल करने से कोई फायदा नहीं है। अपने 25-30 दिन मैंने किसी और फिल्म में लगाए होते तो कुछ रचनात्मक सुख मिलता। कम से कम आप एक अभिनेत्री के रूप में ग्रो तो कर सकती हैं, कुछ कंट्रीब्यूट तो कर सकती हैं। मुझे चोपड़ा की यूनिट का सलीका अच्छा लगता है। बड़े अच्छे लोग हैं वे। पर आगे इस तरह के रोल ऑफर होंगे तो मैं झट से हाँ नहीं कर दूँगी। मैं समझती हूँ कि अब मुझे न करना भी सीखना होगा। मैं महसूस करती हूँ कि कमर्शियल स्तर पर जीने योग्य होने का अपना महत्त्व है। लेकिन कहाँ तक करते रहोगे ऐसे रोल? 'श्रीमान श्रीमती', 'रंग बिरंगी', 'अंगूर', 'किसी से न कहना', न जाने कितनी ऐसी फिल्में मैंने की हैं। पर 'मोहन जोशी हाजिर हों' के बाद मेरे जीवन में एक

नया दौर आया है। 'अनकही', 'अंधी गली', 'कमला' सरीखी फिल्मों को काफी लोगों ने देखा है। चाहे वीडियो पर या सिनेमाघर में। ऐसा नहीं है कि ये फिल्में डिब्बों में बंद पड़ी हैं, उन्हें कोई देख नहीं रहा। सबने देखी है 'कमला', सबने देखी है 'अनकही' तो मैं क्यों शिकायत करूँ? मुझे संतोष, प्रशंसा, स्वीकृति सब कुछ मिल रहा है। जहाँ तक मेरा सवाल है, मैं खुश हूँ। पैसा कमाने के प्वाइंट पर बहुत से लोग मार खा जाते हैं। आखिर आपको गुजर करनी है। फोन के बिल चुकाने हैं। यह सब इसी प्रोफेशन से करना है। आप अपने को लाख संवेदनशील समझदार समझें, पर कुछ ट्रैश (कूड़ा) फिल्में भी आपको स्वीकार करनी पड़ती हैं। 'कमला' सरीखी फिल्मों का अगर अच्छा बजट बन सके, अच्छा पैसा हमें मिल सके तो स्थिति में फर्क पड़ सकता है। अभी तो दो-तीन साधारण कमर्शियल प्रोजेक्ट भी स्वीकार कर लेने पड़ते हैं। पर अब मैंने तय कर लिया है कि एकदम घटिया सिनेमा किसी भी हालत में नहीं करूँगी। आखिर 'फनी गर्ल' सरीखी फिल्में भी बनी हैं, जिनमें कामेडी है, नाचगाने हैं, स्त्री-पुरुष संबंधों के कई रूप हैं। इस तरह की फिल्मों में कमर्शियल संभावनाएँ भी हैं और गहराई भी। पर मैं अब ऐसी औरत की भूमिका नहीं करूँगी जिसका कोई अस्तित्व ही न हो। 'कुँवारा बाप' में जो औरत है, वैसी औरत तो मैंने कभी कहीं नहीं देखी।

विनोद : कुछ कमर्शियल फिल्मों का वातावरण तो इतना भयावह होता है कि बाहर आकर जिंदगी बहुत अच्छी लगने लगती है। 'फासले' में जब सुषमा सेठ बंदूक उठा लेती है तो अपना सर पीटने के अलावा आप क्या कर सकती हैं।

दीप्ति : आपको सच बताऊँ? मैंने 'फासले' नहीं देखी है। बस डबिंग तक ही मेरा काम था।

विनोद : सुनते हैं कि अशोक कुमार भी 'हम लोग' नहीं देखा करते थे...अच्छा दीप्ति जी, शुरू में इतनी तेजी से आपकी 'स्वीट गर्ल नेक्स्ट डोर' (पड़ोस की आकर्षक घरेलू लड़की) की छवि कैसे बन गई?

दीप्ति : हर अभिनेता का कोई न कोई स्लॉट बन जाता है। जीनत अमान, हेमा, श्रीदेवी, सबके अपने-अपने स्लॉट हैं। मेरा एक स्लॉट बन गया था। बस, मैं उससे किसी तरह से बाहर निकल आई।

विनोद : दीपा जी, आपको थियेटर का अनुभव सिनेमा के संदर्भ में कितना जरूरी नजर आता है। हमारे यहाँ थियेटर में नाम कमाने के बाद अभिनेता अक्सर पर्दे से वापस रंगमंच पर नहीं आते हैं।

दीपा : दरअसल थियेटर और सिनेमा में आवाजाही प्रेक्टिकल नहीं है। हमारे फिल्म उद्योग की बनावट कुछ ऐसी होती है कि पाँच-छह फिल्मों में आप उलझे रहते हैं। ऐसा नहीं है कि डेढ़ महीने एक फिल्म में काम किया और फिर थोड़ा

वक्त आपको थियेटर के लिए मिल जाए। शिड्यूल बिखरा-बिखरा रहता है। मैंने मुंबई में तीन-चार बार कोशिश की कि अनुभवी कलाकारों के साथ कुछ काम किया जाए। हर बार योजना कैंसिल हो जाती थी। पर थियेटर की बैकग्राउंड का स्पष्ट लाभ है कि आप साहित्य से जुड़ जाते हैं। गोर्की, टॉलस्ताय सरीखे नाम आपके लिए अजनबी नहीं रहते। अभी तक तो हमारे यहाँ थियेटर के अच्छे एक्टरों ने सिनेमा में बहुत सफलता प्राप्त की है। यह संबंध बहुत लाभदायक रहा है।

दीप्ति : मुझे तो कभी-कभी बड़ा अफसोस होता है कि मेरी थियेटर की बैकग्राउंड नहीं है। फिल्म में आप कभी जान ही नहीं पाते कि आपकी सामर्थ्य कितनी है। थियेटर में आप अपने रोल को किसी दूसरी तरह से भी देख सकते हैं। फिल्म में दो-तीन टेक के बाद लगता है कि अब और कहाँ तक पहुँचे। आखिर रॉ स्टॉक का सवाल है।

दीपा : थियेटर की बैकग्राउंड का एक खतरा भी है। उसमें एक तरह का ट्रैप भी रहता है। कभी-कभी आपके अभिनय में सहजता और ताजगी नहीं रह जाती है। सच बात तो यह है कि हमारे यहाँ अधिकांश शहरों में थियेटर की कोई वास्तविक परंपरा है ही नहीं। लोगों को थियेटर की जरूरत ही नहीं महसूस होती। एन.एस.डी. की वजह से दिल्ली में थोड़ा बहुत थियेटर है, लेकिन वहाँ मैं 5-6 साल रह कर देख चुकी हूँ। कुल मिलाकर ढाई सौ-तीन सौ लोग आते हैं और ये लोग दर्शक की तरह नहीं आते। उन्होंने नाटक पढ़ा होता है या पहले उसका कोई दूसरा प्रोडक्शन देखा होता है। वे लोग नाटक देखते वक्त बराबर चीजों का विश्लेषण करते रहते हैं। वहाँ नए दर्शक बहुत कम आते हैं। जाहिर है कि इससे कुंठा पैदा होती है। जब लोगों को थियेटर चाहिए ही नहीं, तो इतनी मेहनत क्यों की जाए। हर युग का अभिव्यक्ति का अपना एक विशेष साधन होता है। कभी उपन्यास का युग था, कभी नाटक का। ऐसा नहीं है कि आज उपन्यास या नाटक रहेंगे नहीं, पर यह युग सिनेमा और टी.वी. का है। यह शताब्दी सिनेमा की है।

विनोद : दीप्ति जी, आपने फिल्मों में आने से पहले किन कलाकारों, फिल्मकारों की फिल्में देखी थीं?

दीप्ति : फिल्म में आने से पहले मैंने बहुत कम फिल्में देखी थीं। मजे के लिए कुछ फिल्में जरूर देखी थीं। पर क्लासिक के बारे में बिल्कुल नहीं जानती थी कि कुरोसावा, फैलीनी वगैरह कौन हैं। फिल्म का तकनीकी ज्ञान मेरा बहुत सीमित है। जिंस तरह से आप लोग या एफ.टी.आई. के छात्र सिनेमा की भाषा से अच्छी तरह परिचित होते हैं, वैसी जानकार मैं आज भी नहीं हो पाई हूँ। मेरी अपनी क्या तकनीक है, मैं यह भी नहीं जानती।

विनोद : आपके अभिनय का एक बड़ा गुण सहजता और व्यक्तित्व का मधुर आकर्षण है। आप किसी रोल के लिए किस तरह की तैयारी करती हैं?

दीप्ति : थोड़ी बहुत तैयारी तो करनी ही पड़ती है। अपने रोल के साथ मानसिक रूप से तादात्म्य स्थापित करना जरूरी है। एक बार जब यह मानसिकता बन जाती है तो स्वाभाविक रेस्पांस मिलने लग पड़ते हैं। 'अनकही' के रोल के लिए मैं मानसिक रोगियों के अस्पताल में भी गई थी। वहाँ जो मैंने देखा, उसकी मैंने नकल नहीं की। कुछ चीजें पकड़ीं जरूर। कुछ संभावनाएँ मन में पैदा हुईं जो बाद में शायद अवचेतन में ही काम करती रही होंगी। उसके बाद मैं अपने रोल में पूरी तरह से इनवॉल्व हो गई।

विनोद : क्या आप एक साथ कई फिल्मों में काम करना पसंद करती हैं?

दीप्ति : बिल्कुल नहीं, एक दो बार कुछ पुराने अनुबंध पूरे करने के सिलसिले में कुछ ज्यादा फिल्में मैंने एक ही वक्त पर जरूर की थीं। अच्छा तो यह है कि हमें एक बढ़िया और परिभाषित भूमिका करने को मिले। लेकिन हमारे यहाँ सिनेमा में अभिनेताओं को ही इस तरह के चरित्र मिल पाते हैं। नसीर या ओम पुरी को जो भूमिकाएँ निभानी पड़ती हैं, वे भले ही उनके लिए न लिखी गई हों, पर अच्छी तरह से लिखी गई होती हैं। कम से कम हिंदी फिल्मों में इस तरह के अच्छी तरह से डिफाइंड रोल अभिनेत्रियों को बहुत कम मिलते हैं।

विनोद : हमारे यहाँ अभिनेत्रियों के लिए परिभाषित भूमिकाओं की परिणिति हेमा मालिनी की टी. वी. शृंखला 'तेरह पन्ने' के रूप में होती है, जहाँ औरत को मध्य युग में धकेलने की कोशिश की जाती है।

दीपा : मेरे विचार में चीजें धीरे-धीरे ही बदल पाएँगी। फिलहाल समाज में पुरुषों का प्रभुत्व है। कपड़ा मिलों की हड़ताल हो या दूसरी जगहें, पुरुष अधिक सक्रिय दिखाई देते हैं। पर स्थिति पर प्रहार करना पड़ेगा। स्त्री मुक्ति आंदोलन के साथ दिक्कत यह है कि पुरुष विरोधी होने के कारण उसमें असंतुलन आ जाता है। उनकी पत्र-पत्रिकाओं में नारी यातना की जो इमेज रहती है, उसमें स्थिति को बहुत बढ़ा-चढ़ाकर बताया जाता है।

दीप्ति : नूतन, मीना कुमारी के समय में रोल भले ही दबी-दमित जिंदगी के थे, पर उन्हें करते समय इन अभिनेत्रियों को रचनात्मक संतोष मिलता था।

दीपा : ध्यान देने की बात है कि इधर 'आखिर क्यों' सरीखी फिल्मों में ऊपर से स्त्री का जो पक्ष लिया गया है, उसकी परिणिति अंत में आदमी के कंधे पर अपना सर रख देने में ही होती है।

दीप्ति : नारी मुक्ति के झंडे तले यदि रोल लिए जाएँ तो 'कमला' सरीखे रोल मैं कभी ले ही नहीं सकती। मेरी मुख्य चिंता यह है कि फिल्म किस प्वाइंट को सामने लाती है। 'अंधी गली' में नायिका की बहुत-सी बातों से मैं सहमत नहीं हूँ। उसकी आत्महत्या की बात भी मुझे ठीक नहीं लगती। पर एक अभिनेत्री के रूप में वह भूमिका मेरे लिए बहुत 'मीटी' है। अब मैं अपनी पुरानी फिल्मों

के बारे में सोचती हूँ तो लगता है कि मैंने कुछ फिल्में स्वीकार करके गलत किया था। 'प्रतिमा' में लड़की जिस तरह से दहेज के लिए दो लाख रुपए प्राप्त करने के लिए वेश्यावृत्ति करती है, उसके बारे में मुझे लगता है कि यह बहुत डिग्रेडिंग भूमिका थी। ऐसे रोल भविष्य में मैं कभी नहीं लूँगी। एक और फिल्म है 'औरत पैर की जूती नहीं है'। यह बी ग्रेड फिल्म है। पूरी फिल्म में औरत को सताया जाता है, पर अंत में एक सीन है जिसमें वह सारे दमन के खिलाफ हो जाती है। इस फिल्म को देखकर कुछ स्त्रियों की स्वाभाविक प्रतिक्रिया थी कि इस औरत को अपने पति को छोड़ कर जाना ही चाहिए था। आखिर उसका आधिपत्य क्यों स्वीकार किया जाए। मेरा ख्याल है कि भले ही ये बहुत अच्छे और परिष्कृत रोल न हों, पर हमें आखिर चीजों को तोड़ना है। हम ट्रांजिशन के दौर से गुजर रहे हैं। हम जानते हैं कि हम अपने लक्ष्य तक कभी नहीं पहुँच पाएँगे। आने वाली पीढ़ी ही वहाँ पहुँच सकती है। पर इस लड़ाई में हमारा योगदान जरूर होगा।

1986

भरत से मुंबइया सिनेमा तक

जर्मन प्रोफेसर डॉ. लोठार लुत्से हिंदी की दुनिया के लिए एक परिचित नाम हैं। वह भारत में काफी समय तक रह चुके हैं। और हिंदी साहित्य और भारतीय संस्कृति से अपने प्रेम के कई रचनात्मक रूप उन्होंने प्रस्तुत किए हैं। पिछले दो वर्षों से दक्षिण एशिया संस्थान के निदेशक के रूप में काम करते हुए उन्होंने दो सहयोगियों के साथ हिंदी सिनेमा पर एक दिलचस्प और काफी अलग तरह का काम किया है। अपनी इस प्रायोजना में डॉ. लुत्से ने, बीयाटरिक्स फ्लाइडरेरबेकर (समाज वैज्ञानिक) तथा अंग्रेजी फिल्म समीक्षक अनिल साहरी के साथ भारत के गाँवों और छोटे शहरों में घूम कर हिंदी सिनेमा और उसके सामाजिक असर पर खूब सामग्री एकत्रित की है जिसका इस्तेमाल ये तीनों व्यक्ति एक पुस्तक में करेंगे। यह पुस्तक तीन हिस्सों में होगी। पहले हिस्से में हिंदी सिनेमा के बारे में कुछ सैद्धांतिक तथा सूचनात्मक सामग्री होगी जिसमें डॉ. लुत्से और अनिल साहरी का योगदान होगा, दूसरे हिस्से में कुछ हिंदी फिल्मों को गाँवों, छोटे शहरों-कस्बों में दिखाकर दर्शकों की जो प्रतिक्रियाएँ इकट्ठी की गई हैं (कैमरे, टेप, नोट्स आदि की मदद से) उसका विवेचन होगा। राज खोसला की एक समय की चर्चित फिल्म 'दो रास्ते' को कई जगहों पर दिखाकर जो सामग्री इकट्ठी की गई है उसका विवचेन भी इसी हिस्से में रहेगा। तीसरा हिस्सा सामान्य रूप से हिंदी सिनेमा पर बहस के कुछ मुद्दे रखेगा। इनमें से एक हिस्सा राज खोसला से एक भेंट के रूप में प्रस्तावित है।

जाहिर है कि हिंदी सिनेमा के सामाजिक प्रभाव का यह विस्तृत अध्ययन अपने ढंग का अकेला काम है। फरवरी में मैक्समुलर भवन (नई दिल्ली) के तत्त्वावधान में इस प्रायोजना पर एक बहस हुई थी जिसमें डॉ. लुत्से ने एक संदर्भ में हिंदी सिनेमा को 'पाँचवाँ वेद' कहा था जिस पर काफी चर्चा हो रही है। एक लोकप्रिय अंग्रेजी सिनेमा साप्ताहिक में तो इस बात पर संपादकीय ही लिख दिया गया। इस संपूर्ण प्रायोजना तथा हिंदी सिनेमा के बारे में डॉ. लुत्से से एक बातचीत यहाँ दी जा रही है। डॉ. लुत्से अच्छी हिंदी जानने वाले विदेशी विद्वानों में से हैं पर इस बातचीत के कुछ हिस्से अंग्रेजी से अनुवाद किए गए हैं।

• लुत्से जी, हिंदी सिनेमा में आपकी दिलचस्पी किस तरह से शुरू हुई?

मेरी बुनियादी रुचि भाषा में रही है। एक लंबे समय से मैं इस समस्या पर सोचता रहा हूँ कि हिंदी एक विकासशील भाषा के रूप में कैसे देखी और समझी जा सकती है। मेरी दिलचस्पी लोक जबान या लोक भाषा में रही है—लोग जिस भाषा को बोलते हैं और लेखक जिस भाषा में साहित्य की रचना करते हैं। प्रशासन की भाषा एक तरह से आरोपित होती है। इसीलिए दक्षिण में हिंदी को आरोपित भाषा समझा गया। लेकिन मैं यह समझता रहा हूँ कि हिंदी को संपर्क भाषा का रूप तभी दिया जा सकता है जब उसे उसका इस्तेमाल करने वालों और उसके निर्माताओं के हाथ में दे दिया जाए। प्रशासक वर्ग यह काम आसानी से नहीं कर सकता। इसी संदर्भ में मेरी दिलचस्पी हिंदी फिल्मों की हिंदी पर गई यानी हिंदुस्तानी पर। हिंदी-उर्दू के खुलेपन में मैंने रुचि ली। मैं इस बात को अच्छी तरह समझता हूँ कि हिंदी फिल्म निर्माताओं के सामने मुख्य उद्देश्य फिल्म को बेचना है। अधिक से अधिक कितना मुनाफा कमाया जा सकता है उनका प्रमुख लक्ष्य यही रहता है। शुरू में मुझे हिंदी फिल्मों को देखने में कुछ समस्याएँ हुईं लेकिन धीरे-धीरे मैंने इन फिल्मों को देखने की आदत-सी बना ली।

• पश्चिम के तथाकथित लोकप्रिय सिनेमा और मुंबई के सिनेमा के फर्क को आप किस तरह से देखते हैं?

मेरा ख्याल है कि इन दोनों में आज तुलना के लिए बहुत अधिक कुछ नहीं है। हॉलीवुड की मनोरंजन की एक खास शैली रही है लेकिन वर्तमान संदर्भ में पश्चिम में कोई ऐसी चीज नहीं है जिसकी तुलना भारतीय सिनेमा से की जा सके। मैं जब एक छोटा युवक था तो हर सप्ताह अपने मोहल्ले के कोने के सिनेमा-घरों में जाकर फिल्में देखता था। लेकिन आज टेलीविजन ने स्थिति को काफी बदल दिया है। सिनेमाघर सुपर मार्केट बन गए हैं। अपने स्वभाव से ही वे आज कला फिल्मों के लिए रह गए हैं। टेलीविजन के प्रसार से भारत में भी यह स्थिति जल्दी ही आ सकती है। रविवार को अब शाम के वक्त यहाँ भी किसी के साथ कार्यक्रम बनाना मुश्किल काम हो जाता है चूँकि सभी फिल्म देख रहे होते हैं।

• हाँ, और यह बड़ा अजीब लगता है कि सारे शहर में लोग किसी एक वक्त पर एक ही तरह का काम कर रहे हैं। उस दिन मैक्समुलर भवन में आपने बहस में हिस्सा लेते हुए 'शोले' फिल्म के नायक अमिताभ बच्चन के बारे में एक दिलचस्प बात यह कही थी कि उस फिल्म को लोग बार-बार इसलिए भी देखते हैं कि वे अपने नायक को पुनर्जन्म देना चाहते हैं?

हाँ, वह बात मैंने एक तरह की 'उक्ति' के रूप में कही थी जिसमें मैंने कुछ 'विटी' होने की कोशिश भी की थी। किंतु इस बात की गंभीर पृष्ठभूमि है। बीसवीं शताब्दी के सिनेमा के 'शौकीनों' की जब हम बात करते हैं तो एक तरफ

तो शहरी लोग हैं और दूसरी तरफ मुख्य रूप से ग्रामीण लोग। ये दूसरी तरह के दर्शक एक खास तरह के नौसिखिए दर्शक कहे जा सकते हैं। 'शोले' की ही बात करें तो अमिताभ बच्चन उसकी कहानी का एक चरित्र है या उस चरित्र के वे भक्त हो गए हैं? कहानी के चरित्रों से दर्शकों का गहरा संबंध हो जाता है। जाहिर है कि जब मैंने यह बात कही थी तो मुख्य रूप से मैं सिनेमा के नौसिखिए शौकीनों को ध्यान में रखकर यह बात कह रहा था।

• पश्चिम में भी तो सिनेमा देखने वालों में हमें अनेक विचित्र व्यवहार दिखाई देते हैं जो हमारे यहाँ नौसिखिए दर्शकों में मिलते हैं। इस संदर्भ में अक्सर एक प्रकार की सार्विकता भी हमें काम करती दिखती है।

हाँ, यह सही है और स्वाभाविक भी। दरअसल फर्क तो मात्रा का ही होता है। ग्रामीण किस्म का नौसिखियापन जर्मनी में हम बच्चों में देख सकते हैं जब वे पर्दे के खतरे को सचमुच का खतरा समझ लेते हैं।

• उस गोष्ठी में आपने एक अन्य उक्ति का इस्तेमाल किया था—हिंदी सिनेमा भरत से मुंबई तक। इस बात को आप क्या स्पष्ट करेंगे?

भरत के नाट्यशास्त्र में मनोरंजन और विनोद की अवधारणा की चर्चा हुई है। मैं समझता हूँ कि भारतीय सौंदर्यशास्त्र की यह अवधारणा भारतीय सिनेमा को समझने के लिए बहुत आवश्यक है। भारतीय रंगमंच में मनोरंजन की अवधारणा बहुत बुनियादी रही है। मंच पर मृत्यु को नहीं दिखाया जाता था। चुंबन आदि के प्रसंग नहीं रहते थे ताकि मस्तिष्क की शांति भंग न हो।

• लेकिन अब तो सिनेमा में चुंबन के प्रसंग मनोरंजन का ही हिस्सा हो जाते हैं।

(हँसकर) हाँ, यह भी हो सकता है। असल में हम या आप जैसे लोग शायद कला से एक तरह की प्रतिबद्धता की माँग करेंगे। फिल्म, उपन्यास या किसी भी अन्य कला से प्रतिबद्धता की माँग भारतीय सौंदर्यशास्त्र की परंपरा में नहीं रही है। एक बौद्धिक के रूप में मैं सत्यजित राय, मृणाल सेन या दक्षिण के कुछ फिल्मकारों की फिल्में देखना चाहूँगा चूँकि मैं अपनी पसंद से एक खास तरह से जुड़ा हूँ। लेकिन मैं समझता हूँ कि प्रतिबद्धता की एक धारणा काफी इधर की है। और मूलतः गैर-भारतीय है।

• मुंबइया सिनेमा पर आपने जो काम किया है उसमें क्या आपको ऐसा नहीं लगता कि पिछले कुछ वर्षों में इस सिनेमा का रूप अत्यधिक विकृत होता चला जा रहा है?

दरअसल जिस मुंबइया सिनेमा में मैं रुचि लेता हूँ वह कुछ पुराना मुंबइया सिनेमा है। आज जो फिल्में बन रही हैं उनमें और पुरानी फिल्मों में बहुत ज्यादा अंतर है। मेरी अधिकांश बातें पुरानी फिल्मों के संदर्भ में कही गई हैं। मिसाल

के लिए पहले इन फिल्मों का संगीत काफी सुरुचिपूर्ण होता था—उसमें क्लासिक संगीत तथा लोक संगीत का अच्छा मिश्रण हमें मिलता था। आज उसकी जगह एक ऐसे संगीत ने ली है जो नकली किस्म का रॉक और पॉप संगीत है। वह संगीत पश्चिमी संगीत की घटिया नकल है।

• हाँ, आज नौशाद सरीखे संगीतकार दुर्लभ हो गए हैं।

और जब हम भारतीय फिल्मों में पश्चिमी तत्त्वों की बात करते हैं तो अक्सर वे वही चीजें होती हैं जो पश्चिमी दुनिया में भी दूसरे दर्जे की कही जाती हैं।

• भारत में बर्टोल्ट ब्रेश्ट से प्रभावित नाटकों में या फिर ब्रेश्ट के अनेक अनुवादों-प्रदर्शनों में एक बात देखने को मिली है कि वे मुंबइया सिनेमा के बहुत निकट हैं। इसकी वजह क्या हो सकती है?

ब्रेश्ट के 'अलगाव' के सिद्धांत में चेतना के प्रतिधारण की बात निहित है। हिंदी फिल्मों का जो शौकीन है वह उनके फार्मूलों से अच्छी तरह परिचित होने के कारण यह समझता है कि वह यथार्थ को नहीं देख रहा। इस अर्थ में वह ब्रेश्ट की सैद्धांतिक अवधारणा वाला दर्शक अपनी चेतना को नहीं खोएगा जब कि हिंदी सिनेमा में निर्माता का उद्देश्य दर्शक को 'बेहोश' करना ही होता है...

इस बातचीत के बाद इस लेखक ने सिने साप्ताहिक वाला वह संपादकीय दुबारा पढ़ा जिसमें लिखा गया है कि इस देश के फिल्म निर्माताओं के हृदय प्रसन्नता से भर सकते हैं यह जानकर कि हिंदी सिनेमा पाँचवाँ वेद है। 'यह फिर एक ऐसी मिसाल हमें मिलती है कि एक विदेशी प्रेक्षक भारतीय सिनेमा को भीतर तक जाने वाली गंभीरता से देख रहा है'। आदि-आदि।

यही सही है कि हिंदी सिनेमा को गैर-महत्त्वपूर्ण मानकर छोड़ा नहीं जा सकता लेकिन उससे भी अधिक सही यह है कि हिंदी सिनेमा का कोई अध्ययन उसके सारे समाजशास्त्र को ध्यान में रखकर ही हो सकता है। डॉ. लुत्से और उनके साथियों के अध्ययन से यह बात एक बार फिर स्पष्ट हो जाती है।

1980

छोटा-सा घर होगा बादलों की छाँव में

एक खास तरह की मस्ती, दीवानगी, चोचचहाई और मधुरता का नाम था—किशोर कुमार। किशोर कुमार के जीनियस को 1948 में ही पहचान लिया गया था। 'जिद्दी' में खेमचंद प्रकाश ने किशोर कुमार से उनके फिल्म जीवन का पहला गाना गवाया—'मरने की दुआ'। मशहूर गायक मन्ना डे ने जब इस गाने को सुना तो उन्हें महसूस हुआ कि एक जीनियस ने जन्म लिया है।

पचास के दशक में इस जीनियस ने मशहूर अभिनेता देव आनंद के गानों को गाया। लंबे समय तक देव आनंद और किशोर कुमार की आवाज का वही संबंध रहा जो दिलीप कुमार/मोहम्मद रफी, राज कपूर/मुकेश का रहा था। आजादी के बाद के लोकप्रिय हिंदी सिनेमा के इन तीन बड़े नायकों की ये आवाजें अब हमारे बीच नहीं रही हैं। किशोर कुमार के साथ इस महान तिकड़ी का आखिरी नाम भी अब नहीं है। 12 अक्तूबर को महबूब स्टूडियो में मिठुन चक्रवर्ती, श्रीदेवी की फिल्म के लिए किशोर कुमार ने आशा भोंसले के साथ भप्पी लाहिड़ी के संगीत निर्देशन में अपना गाना रेकार्ड करवाया। 13 अक्तूबर को शाम को 58 साल की उम्र में किशोर कुमार का दिल के दौरे से अचानक निधन हो गया।

किशोर कुमार की पत्नी लीना चंदावरकर का कहना है कि पिछले दो-तीन साल से वह बार-बार अपने कस्बे खंडवा जा कर रहने की बात कर रहे थे। वहाँ जा कर खेती करके रहने की बात कर रहे थे।

किशोर इस तरह की बातें अपने मित्रों पत्रकारों के बीच भी कहते रहे हैं। पर लोग इसे एक 'सनकी जीनियस' की नई सनक ही समझते थे। वे इस बात को नहीं पहचान पाए कि 19-20 साल की उम्र में खंडवा से मुंबई आया नौजवान मृत्यु से इतना आंदोलित क्यों है? वह क्यों अपने मध्यप्रदेश के छोटे शहर खंडवा में वापस जाना चाहता है? क्यों उसे अपनी इंदौर के कालेज के दिनों की यादें सता रही हैं? आज की मुंबई की फिल्मी दुनिया में हिंदी फिल्मों के गाने स्वर्णयुग से जब ताम्रयुग में प्रवेश करके प्रस्तर युग की ओर बढ़ रहे हों, तो ऐसे माहौल में किशोर कुमार जैसे मस्त आदमी के लिए अपनी रचनात्मकता को बचाये रखना

आसान काम नहीं रहा होगा।

किशोर कुमार की प्रतिभा बहुमुखी थी। लेकिन उन्हें याद एक गायक के रूप में ही किया जाएगा। सत्यजित राय जैसे महान फिल्मकार ने भी किशोर कुमार के कंठ की सराहना की है। 'चारुलता' और 'घरे बाइरे' फिल्मों में रवींद्र संगीत के लिए उन्होंने किशोर कुमार की आवाज को ही सबसे उपयुक्त समझा।

कुछ फिल्म विशेषज्ञों की इस राय से सहमत हुआ जा सकता है कि अंतर्राष्ट्रीय सिनेमा के क्षेत्र में भारतीय सिनेमा का सबसे बड़ा योगदान फिल्मी गानों के क्षेत्र में है। फिल्मों ने जब बोलना शुरू किया, तो बस गाने ही गाने छा गए, कभी-कभी तो कुछ ऐसी फिल्में भी बनती थीं जिनमें 12-13 गाने होते थे। बीच में कहानी को चलाने के लिए कुछ संवाद ठूँस दिए जाते थे। दुनिया की किसी भाषा में भी फिल्मी गीतों की यह जबरदस्त भूमिका नहीं रही है। कुंदनलाल सहगल ने फिल्मी गानों को एक खास तरह का व्यक्तित्व दिया।

सहगल के बाद मोहम्मद रफी, मुकेश, किशोर कुमार, मन्ना डे, तलत महमूद, हेमंत कुमार सरीखे गायकों ने हिंदी फिल्मों के पुरुष कंठ पर अपना कब्जा किए रखा। इनमें से हेमंत कुमार, मन्ना डे, और तलत महमूद सौभाग्यवश अभी हमारे बीच हैं, पर वे अब फिल्म की मुख्य धारा से कट चुके हैं। भप्पी लाहिड़ी सरीखे संगीतकारों के जमाने में युवा गायकों की जो भीड़ रफी, मुकेश और किशोर की जगह लेने की कोशिश करती रही है, उनमें से अभी एक भी नाम इन महान गायकों के नजदीक नहीं दिखाई दे रहा है।

मोहम्मद रफी ने बहुत लंबे समय तक फिल्मों में 'नंबर एक प्लेबैक सिंगर' का दर्जा लिए रखा। 1969 में सचिनदेव बर्मन ने 'आराधना' फिल्म में किशोर कुमार और राजेश खन्ना की जिस जोड़ी का इस्तेमाल किया, उसका असर अब ऐतिहासिक हो चुका है। सचिन दा टेनिस के बहुत शौकीन थे। अपनी बातें वे टेनिस की भाषा में भी कहते थे। एक बार उन्होंने कहा कि 'आराधना' में मेरी पहली सर्विस मोहम्मद रफी थे और दूसरी सर्विस किशोर कुमार, लेकिन 'आराधना' में दूसरी सर्विस हिट साबित हुई। 'मेरे सपनों की रानी' और 'रूप तेरा मस्ताना' सरीखे गानों में किशोर कुमार ने युवा पीढ़ी को एक नई तरह की थ्रिल दी। 1970 के आसपास जवान हुए लड़के 40 साल के किशोर कुमार की आवाज के सहारे प्रेम और जीवन को जानने लगे। पचास के दशक में भी किशोर कुमार ने एक से एक शानदार गाने गाए थे। 1954 में 'नौकरी' फिल्म में उषा मंगेशकर के साथ उनका गाना 'छोटा सा घर होगा' अद्भुत था। उसी दशक में 'पेइंग गेस्ट' में देवानंद पर फिल्माए गए किशोर कुमार के गाने ('ओ निगाहें मस्ताना', 'माना जनाब ने पुकारा नहीं' वगैरह) उसी मस्ती और मधुरता का किशोर रूप थे जो 1969 में 'आराधना' से इतनी हिट साबित हुई। साठ के दशक के अंत में किशोर कुमार की ऐसी वापसी

हुई कि मोहम्मद रफी को अपने अंतिम दिनों में नंबर दो पोजीशन पर रहना पड़ा। 1975 में सचिनदेव बर्मन का निधन हो गया, पर 'आराधना' के बाद सचिन दा और किशोर कुमार 'कांबीनेशन' ने हिंदी फिल्मों के गानों को एक नयी दिशा दे दी। 'प्रेम पुजारी' में इस कांबीनेशन में लोकप्रिय गीतकार नीरज भी शामिल हो गये। 'प्रेम पुजारी' के गाने भले ही 'आराधना' की तरह सुपरहिट साबित न हुए, पर उनमें गहराई ज्यादा है। 'फूलों के रंग से दिल की कलम से' और 'शोखियों में घोला जाए फूलों का शबाब' (लता मंगेशकर के साथ) सरीखे गानों में आवाज, संगीत और शब्दों का अद्‌भुत और लगभग आदर्श मेल है। रोमांटिक दो गानों के इतिहास में 'शोखियों में घोला जाए' गाना अपना एक अलग ही स्थान रखता है। दरअसल अपनी वापसी के बाद किशोर कुमार ने पूरी पीढ़ी को सोचने और चीजों को देखने का एक नया नजरिया दिया। 'जहरीला इंसान' का गाना 'ओ हंसिनी कहाँ उड़ चली' इसी तरह के गानों में से है जो प्रेम को एक नया विस्तार और नई तरह की कल्पनाशक्ति देता है। बाद के वर्षों में किशोर कुमार इन चीजों को बचा नहीं पाए। फिल्में बदल गई थीं संगीत बदल गया था। जहरीले और गुस्सैल नायकों के लिए अच्छे गानों की कोई जगह नहीं रह गई थी। जिस गायक ने 800 से भी ज्यादा फिल्मों में हजारों गाने गाए हों उसके याद रखने लायक गानों की सूची भी बहुत लंबी हो जाती है। शुरू से ही किशोर कुमार ने अपने गानों की अद्‌भुत रेंज को बता दिया था। 'छोटा सा घर' का जिक्र किया जा चुका है। 'ईना मीना डीका', 'इक लड़की भीगी भागी सी', 'पाँच रुपइया बारह आना', 'मेरी नींदों में तुम, मेरे ख्वाबों में तुम', 'दुखी मन मेरे' और 'कोई हमदम न रहा' (दूसरी पत्नी मधुबाला की मृत्यु के बाद रेकार्ड कराया गया गाना) सरीखे गाने हिंदी फिल्मी गानों के इतिहास में अपनी ही जगह रखते हैं।

गायक किशोर कुमार एब्सर्ड से एब्सर्ड को भी एक दिलचस्प गाने में बदलने की क्षमता रखते थे। ऐसी क्षमता दूसरे गायकों के पास नहीं थी। किशोर कुमार दर्द भरे गाने जिस तरह से गाते थे उन्हें सुनकर महेंद्र कपूर के दर्दीले गानों की पोल भी खुल जाती थी। वह जब मस्ती भरे गाने गाते तो उनके मुकाबले आना मुश्किल नजर आता था। किशोर की आवाज जाहिर है कि एस.डी. बर्मन (और बाद में राहुल देव बर्मन) को ज़्यादा 'सूट' करती थी। नौशाद की महानता अपनी जगह पर है। उसमें मस्ती का ज्यादा काम भी नहीं है। किशोर कुमार की मस्ती भरी महानता अपनी जगह है।

कामेडियन किशोर कुमार को आज की पीढ़ी भूल चुकी है, पर किशोर कुमार ने 'चलती का नाम गाड़ी' और 'प्यार किए जा' सरीखी फिल्मों में कामेडी के ढाँचे को भी काफी अच्छी तरह से बदला। किशोर कुमार एक अभिनेता, गायक, निर्देशक, संगीतकार सब कुछ थे। इंदौर के कालेज के दिनों का शर्मीला नौजवान आखिर

तक शर्मीला बना रहा। पर उनके गानों ने न जाने कितने युवकों की शर्म तोड़ी, उसे एक नया अर्थ और विस्तार दिया।

4 अगस्त, 1929 को खंडवा में जन्मे किशोर कुमार ने चार शादियाँ कीं। उनकी पहली पत्नी रूमा गुहा थीं। बाद में उन्होंने तीन अभिनेत्रियों—मधुबाला, योगिता बाली और लीना चंदावरकर से शादी की। पहली पत्नी से अमित कुमार का जन्म हुआ जो किशोर का स्थान तो खैर क्या ले पाएँगे। कंठ कोई क्रिकेट जैसा खेल नहीं है जिसे पीढ़ियों में दौड़ाया जा सके। किशोर कुमार का दूसरा बेटा लीना चंदावरकर से पैदा हुआ जो अभी छोटा ही है।

किशोर कुमार की जीवन शैली की 'लैजेंड' एल्विस प्रैस्ले से कम नहीं है। हिचकाक की फिल्मों के शौकीन, अपने घर के बाग के पेड़ों से बात करने का दावा करने वाले इस 'सनकी जीनियस' के बारे में न जाने कितने किस्से सुनने को मिलते रहे हैं। इमरजेंसी के दिनों में किशोर कुमार ने संजय गाँधी के कार्यक्रम के लिए गाने से इनकार कर दिया था। विद्याचरण शुक्ल ने अपने अति उत्साह में इस लोकप्रिय गायक को रेडियो-टी.वी. से ही बाहर कर दिया। पर 'विद्या भाई' किशोर कुमार को लोगों के दिलों से कैसे बाहर करते?

1987

पंद्रह वर्षों की दस सर्वश्रेष्ठ फिल्में

साठ के दशक के अंत में भारतीय सिनेमा में एक नई लहर उभर कर आई थी। अनेक नए-पुराने फिल्मकारों ने हिंदी, बंगला, मलयालम आदि भाषाओं में कुछ ऐसी फिल्में बनाईं जिन्हें देश-विदेश में पर्याप्त चर्चा और सम्मान मिला। 15 वर्षों के भारतीय सिनेमा का मूल्यांकन किया जाए तो एक महत्त्वपूर्ण बात यह दिखाई देती है कि बंगला के अलावा दूसरी (खासतौर पर दक्षिण भारतीय) भाषाओं में सार्थक सिनेमा को सामने आने का मौका मिला। जरूरी नहीं है कि इन सभी चर्चित फिल्मों को बॉक्स ऑफिस पर भी सफलता मिली हो बल्कि अनेक फिल्में तो रिलीज ही नहीं हो पाईं। सार्थक सिनेमा को दर्शक तक पहुँचाने की एक अलग समस्या है और इसके लिए कुछ निश्चित कदम उठाए जाने चाहिए। हमें यह भी नहीं भूलना चाहिए कि पश्चिमी देशों में भी गंभीर और कलात्मक फिल्मों को बहुत ज्यादा दर्शक नहीं मिल पाते हैं। लेकिन एक अच्छी फिल्म को अपने दर्शक की तलाश होती ही है। दसवें अंतर्राष्ट्रीय महोत्सव के दौरान अरुणा वासुदेव के संपादन में निकलने वाले पत्र 'फेस्टिवल न्यूज' में अनेक फिल्म समीक्षकों ने 15 वर्षों (1969-1984) की दस सर्वश्रेष्ठ फिल्मों को चुना था। यहाँ इन समीक्षकों के अलावा कुछ दूसरे समीक्षकों की सूची यह सोचकर प्रकाशित की जा रही है कि पाठक समीक्षकों की राय जान सकें। अपनी सीमाओं के बावजूद फिल्म समीक्षक अच्छी फिल्मों को पहचानने में देर नहीं करते हैं। जो सूची प्रकाशित की जा रही है वह श्रेष्ठता के क्रम में नहीं है–

अनिल धरकर

(1) आक्रोश (हिंदी), निर्देशक गोविंद निहालानी, (2) अंकुर (हिंदी), नि. श्याम बेनेगल, (3) अरण्येर दिन रात्रि (बंगला), नि. सत्यजित राय, (4) भुवन शोम (हिंदी), नि. मृणाल सेन, (5) गरम हवा (हिंदी), नि. एम. एस. सथ्यु, (6) काडू (कन्नड़), नि. गिरीश कार्नाड, (7) मुखामुखम (मलयालम), नि. अडूर गोपालकृष्णन, (8) संस्कार (कन्नड़) नि. पट्टाभी रामरेड्डी, (9) शतरंज के खिलाड़ी (हिंदी), नि. सत्यजित राय,

(10) थंपु (मलयालम), नि. जी. अरविंदन।

अमिता मलिक

(1) प्रतिद्वंद्वी (बंगला), नि. सत्यजित राय, (2) चोख (बंगला), नि. उत्पलेंदु चक्रवर्ती, (3) चोमना दुड़ी (कन्नड़), नि.ब.व. कारंत, (4) मंथन (हिंदी), नि. श्याम बेनेगल, (5) एक दिन प्रतिदिन (बंगला), नि. मृणाल सेन, (6) एलिपत्तायम (मलयालम), नि. अडूर गोपालकृष्णन, (7) उंबरठा (मराठी), नि. जब्बार पटेल, (8) 36, चौरंगी लेन (अंग्रेजी), नि. अपर्णा सेन, (9) आक्रोश, (10) अलबर्ट पिंटो को गुस्सा क्यों आता है (हिंदी), नि. सईद मिर्जा।

स्वप्न मलिक

(1) अकालेर संधाने (बंगला), नि. मृणाल सेन, (2) एलिपत्तायम, (3) गृहयुद्ध (बंगला), नि. बुद्धदेव दासगुप्त, (4) गरम हवा, (5) जन अरण्य (बंगला), नि. सत्यजित राय, (6) घटश्राद्ध (कन्नड़), नि. गिरीश कासरवल्ली, (7) मंथन, (8) माया मिरिगा (उड़िया), नि. नीरद महापात्र, (9) संस्कार, (10) शतरंज के खिलाड़ी।

चिदानंद दासगुप्ता

(1) गरम हवा, (2) अंकुर, (3) संस्कार, (4) एलिपत्तायम, (5) उसकी रोटी (हिंदी), नि. मणि कौल, (6) अकालेर संधाने, (7) माया मिरिगा, (8) पोक्कुवेइल (मलयालम), नि.जी. अरविंदन, (9) 36, चौरंगीलेन, (10) अर्धसत्य (हिंदी), नि. गोविंद निहालानी।

इकबाल मसूद

(1) मुखामुखम, (2) थंपु, (3) तरंग (हिंदी), नि. कुमार शहानी, (4) सतह से उठता आदमी (हिंदी), नि. मणि कौल, (5) भूमिका (हिंदी), नि. श्याम बेनेगल, (6) माया मिरिगा, (7) बैंकर मरगैया (कन्नड़), नि.टी. एस. नागभरण, (8) पार (हिंदी), नि. गौतम घोष, (9) मोहन जोशी हाजिर हो (हिंदी), नि. सईद मिर्जा, (10) आधारशिला (हिंदी), नि. अशोक अहूजा।

आशीष राजाध्यक्ष

(1) तीताश एकती नदीरनाम (बंगला), नि. ऋत्विक घटक, (2) तरंग, (3) सतह से उठता आदमी, (4) घटश्राद्ध, (5) भवनी भवाई (गुजराती), नि. केतन मेहता, (6) उसकी रोटी, (7) अरविंद देसाई की अजीब दास्तान (हिंदी), नि. सईद मिर्जा, (8) मायादर्पण (हिंदी), नि. कुमार शहानी, (9) एलिपत्तायम, (10) प्रतिद्वंद्वी।

जान दयाल

(1) पोक्कुवेइल, (2) एलिपत्तायम, (3) काड़ू (4) पार, (5) गरम हवा, (6) मृगया (हिंदी), नि. मृणाल सेन, (7) उसकी रोटी, (8) अलबर्ट पिंटो को गुस्सा क्यों आता है, (9) थंपु, (10) प्रतिद्वंद्वी।

मैथिली राव

(1) खारिज (बंगला), नि. मृणाल सेन, (2) एलिपत्तायम, (3) माया मिरिगा, (4) एसथप्पन (मलयालम), नि. जी. अरविंदन, (5) मंथन, (6) दुविधा (हिंदी), नि. मणि कौल, (7) भवनी भवाई, (8) गरम हवा, (9) पार, (10) जन-अरण्य।

जुगु अब्राहम

(1) पिकू (बंगला), नि. सत्यजित राय, (2) मुखामुखम, (3) काड़ू, (4) चोमना दुड़ी, (5) खँडहर (हिंदी), नि. मृणाल सेन, (6) जन-अरण्य, (7) उमराव जान (हिंदी), नि. मुजफ्फर अली, (8) आदि शंकराचार्य (संस्कृत), नि.जी.वी. अय्यर, (9) हंस गीते (कन्नड़), नि.जी.वी. अय्यर, (10) गरम हवा।

विनोद भारद्वाज

(1) अरण्येर दिन रात्रि, (2) एलिपत्तायम, (3) उंबरठा, (4) माया मिरिगा, (5) भूमिका, (6) तरंग, (7) दुविधा, (8) एकदिन प्रतिदिन, (9) पार, (10) 36, चौरंगी लेन।

1985

हिंदी सिनेमा के पिछले 75 साल

"फिल्म मनोरंजन का उत्तम माध्यम है लेकिन वह ज्ञानवर्द्धन के लिए भी अत्यंत बेहतरीन माध्यम है।"

—दादा साहब फाल्के

भारतीय सिनेमा के जन्मदाता दादा साहब फाल्के ने 1919 में एक भेंटवार्ता में यह बात कही थी। ऊपर से देखने में यह बात सुपरिचित और साधारण है लेकिन गहराई से विचार किया जाए, तो भारतीय सिनेमा के अस्सी साल के इतिहास में फिल्मविधा का संपूर्ण विकास इन दोनों चीजों—मनोरंजन और ज्ञानवर्द्धन पर टिका हुआ है। इन अस्सी सालों में जाहिर है कि मनोरंजन का अर्थ भी कई बार बदला है और ज्ञानवर्द्धन की भी बॉक्स ऑफिस पर कई बार बलि दी गई है।

भारतीय सिनेमा के इतिहास में तीन तिथियों का विशेष महत्त्व है। 7 जुलाई, 1896 के दिन मुंबई के वाटसन होटल में लुमिएर बंधुओं की फिल्म दिखाई गई। भारत में पहली बार फिल्म विधा का जादू पर्दे पर देखने को मिला। एक रुपए का टिकट था और विज्ञापन में कहा गया कि 'मनोरंजन' 6, 7, 9 और 10 बजे होगा।

दूसरी महत्त्वपूर्ण तिथि थी—3 मई, 1913। इस दिन दादा साहब फाल्के की पहली वास्तविक फिल्म 'राजा हरिश्चंद्र' रिलीज हुई थी। इसका प्रेस शो 21 अप्रैल को हुआ था। फाल्के सच्चे अर्थों में पहले 'स्वदेशी' फिल्मकार थे। तीसरी महत्त्वपूर्ण तिथि है 14 मार्च, 1931। इस दिन मुंबई के मैजेस्टिक सिनेमा में भारत की पहली बोलती फिल्म 'आलमआरा' रिलीज हुई थी। पहली बोलती फिल्म बनाने की जबरदस्त दौड़ में अर्देशीद ईरानी मदन थियेटर्स वालों को पछाड़ने में सफल हो गए थे। इतिहास में इंपीरियल फिल्म कंपनी की 'आलमआरा' को पहली वास्तविक हिंदी फिल्म कहलाने का गौरव प्राप्त है। इस फिल्म में कई सारे गाने थे, फंतासी थी, पारसी रंगमंच शैली का मनोरंजन था। मूक फिल्मों के दौर में भारत के 'डगलस फेयरबैंक' (जाहिर है कि आदर्श शुरू से ही हॉलीवुड की फिल्में थीं।) मास्टर विट्ठल इस फिल्म के नायक थे जो अपनी आवाज के कारण बोलती फिल्मों में असफल रहे। जुबैदा इस

फिल्म की नायिका थी। पृथ्वीराज कपूर भी इस फिल्म में थे।

यह भी एक दिलचस्प तथ्य है कि 'मदर इंडिया' के मशहूर निर्देशक महबूब खान ने भी 'आलमआरा' के नायक बनने की असफल कोशिश की थी। 'आलमआरा' 10,000 फुट लंबी फिल्म थी (राजा हरिश्चंद्र की लंबाई 3700 फुट थी)। 1931 में बोलती फिल्मों ने व्यावसायिक संभावनाओं को देखते हुए लगभग भारतीय दर्शकों पर धावा-सा बोल दिया था। 22 फिल्में हिंदी में बनीं, 3 बंगला में और एक-एक तमिल और तेलुगू में।

मुश्किल सवाल यह है कि क्या 'आलमआरा' से हिंदी फिल्मों के इतिहास को शुरू किया जाए? दरअसल 'आलमआरा' में भी संस्कृतनिष्ठ हिंदी और फारसी में रची-बसी उर्दू का मिला-जुला इस्तेमाल था। 'हिंदी फिल्में' एक तरह की सुविधा थी अधिक दर्शकों तक पहुँचने की।

एक अनुमान के अनुसार 1913-34 के समय में करीब 1300 मूक फिल्में बनीं। लेकिन पुणे के राष्ट्रीय अभिलेखागार के पास मुश्किल से दर्जन भर प्रामाणिक मूक फिल्में हैं। 'राजा हरिश्चंद्र' जब 1913 में पहली बार दिखाई गई थी, तो उसमें अंग्रेजी के 'सब टाइटल्स' (पर्दे पर लिखकर आए शब्द) थे। राष्ट्रीय अभिलेखागार से लंबे समय तक जुड़े रहे भारतीय फिल्म विशेषज्ञ पी.के. नायर के अनुसार फाल्के ने दो भाषाओं के फार्मूले को अपनाया था। विशिष्ट वर्ग की भाषा अंग्रेजी और सामान्यजन की भाषा हिंदी, दोनों में 'सब टाइटल्स' रहते थे। लेकिन उन्होंने 'संत तुकाराम' सरीखी फिल्मों में मराठी 'सब टाइटल्स' का भी सहारा लिया। 'फाल ऑफ स्लेवरी' (1931) सरीखी फिल्मों में अंग्रेजी, हिंदी, गुजराती और उर्दू में एक साथ 'सब टाइटल्स' थे।

दादा साहब फाल्के ने जब पहली बार 'सेतुबंधन' में आवाज को शामिल किया, तो उन्होंने हिंदी का ही इस्तेमाल किया। बहरहाल हिंदी भाषा सिनेमा सरीखे लोकप्रिय माध्यम में शुरू से ही थी। इसी तरह से संगीत भी शुरू से ही था। बाकायदा एक वाद्यवृंद मंडली मूक फिल्मों के साथ अपना काम करती थी।

'आलमआरा' के बाद जब बोलती फिल्मों ने अपनी पहचान बनानी शुरू की, तो बंगला, मराठी आदि की भाषा-संस्कृति ने भी हिंदी सिनेमा को संपन्न किया। इस तरह शुरू से ही हिंदी सिनेमा, हिंदी भाषा-संस्कृति के क्षेत्र का सिनेमा नहीं था। उसे हिंदुस्तानी सिनेमा भी कहा जा सकता है। लेकिन बाद में फिल्म इतिहास में उर्दू का जमकर इस्तेमाल करने वाली फिल्मों को भी हिंदी फिल्में ही कहा गया।

1931 के बाद से मुंबई और कोलकाता की स्टूडियो व्यवस्था में जो हिंदी सिनेमा बन रहा था उस पर हिंदी, उर्दू, बंगला और मराठी संस्कृति और परिवेश का गहरा असर था।

फाल्के को भारतीय सिनेमा का जनक माना जाता है हालाँकि उनके अंतिम

दिन गुमनामी में बीते। समाज दरअसल सिनेमा विधा को रचनात्मक विधा के रूप में स्वीकार नहीं करता था। बुद्धिजीवी फिल्म को सस्ती विधा मानते थे। आज भी ऐसे अनेक बुद्धिजीवी हैं जो सिनेमा के लोकप्रिय होने के कारण उसे गैर-महत्त्वपूर्ण विधा मानने की गलती करते हैं। कुछ लोगों ने चतुराई से शास्त्रीय संगीत की तर्ज पर शास्त्रीय सिनेमा की बात शुरू कर दी है। लेकिन सभी महत्त्वपूर्ण फिल्मकार फिल्म बनाने की महँगी प्रक्रिया को ध्यान में रखकर किसी-न-किसी तरह से यही बात कहते हैं कि "जब एक फिल्म को सेंसर प्रमाण-पत्र मिल जाता है, तो वह व्यावसायिक फिल्म खुद ही बन जाती है।" ('दीक्षा' के निर्देशक अरुण कौल)।

तीस के दशक में हिंदी सिनेमा की बुनियाद को ध्यान में रखें, तो इसमें फाल्के के अलावा दूसरी हस्तियों का भी महत्त्वपूर्ण योगदान है। प्रसिद्ध फिल्म निर्देशक श्याम बेनेगल के अनुसार, 'भले ही फिल्म का जादू भारत में पर्दे पर लाने में फाल्के का योगदान था लेकिन बाबूराव पेंटर ने भारतीय सिनेमा को यथार्थवादी और प्रकृतिवादी मोड़ दिया'। 'सैरंध्री' सरीखी मूक फिल्मों से पेंटर ने फिल्म को एक नई भाषा दी। उनके भव्य सेट बहुत चर्चित हुआ करते थे। दामले और फत्तेलाल सरीखे फिल्मकार बाबूराव पेंटर के साथ जुड़े थे। 1925 में पेंटर की 'साहूकारी पाश' फिल्म ने समकालीन यथार्थ को चित्रित करने का एक नया सिनेमाई रास्ता खोला। बाद में 1936 में यही फिल्म दुबारा बोलती फिल्मों के दौर में बनी। दामले और फत्तेलाल के अलावा भालजी पेंढारकर और शांताराम सरीखे निर्देशकों ने भी फिल्म कला का प्रशिक्षण पेंटर से ही प्राप्त किया।

तीस के दशक में वनकुद्रे शांताराम ने 'साहूकारी पाश' की परंपरा को 'दुनिया न माने' (1937) सरीखी फिल्मों से आगे बढ़ाया। उनसे पहले न्यू थियेटर्स से जुड़े पी.सी. बरुआ की 'देवदास' (1935) और बांबे टाकीज की 'अछूत कन्या' (1936) हिंदी सिनेमा की एक पहचान बना चुकी थीं। 'देवदास' ने कुंदनलाल सहगल की आवाज और शरत्चंद्र के 'ट्रेजडी हीरो' देवदास की पर्दे की छवि को आलोकित किया। 'अछूत कन्या' की नायिका देविका रानी हालाँकि दूर-दूर से अछूत नहीं दिखाई देती थीं लेकिन देविका रानी और अशोक कुमार की जोड़ी ने इस त्रासदी-प्रधान फिल्म से खूब लोकप्रियता हासिल की।

बरुआ की 'देवदास' हिंदी सिनेमा ही नहीं भारतीय सिनेमा में एक निर्णायक फिल्म साबित हुई। यह फिल्म पहले बंगला में बनी थी जिसमें देवदास खुद बरुआ बने थे। लेकिन हिंदी में कुंदनलाल सहगल ने 'देवदास' ही नहीं अपनी आवाज को भी एक जादुई और अनोखा त्रासद विस्तार दे दिया। 1956 में विमल राय ने भी दिलीप कुमार की अभिनय प्रतिभा का पूरा इस्तेमाल करते हुए शरत् के इस उपन्यास को नया सिनेमाई जन्म दिया। सहगल गायक-अभिनेता थे और दिलीप कुमार सिर्फ अभिनेता थे। लेकिन 'देवदास' हिंदी सिनेमा के इतिहास में एक मील

का पत्थर है। प्रसिद्ध बंगला फिल्मकार ऋत्विक घटक का कहना है कि देवदास एक तरह का 'घिनावना' चरित्र है। वह डरपोक है जबकि पारो की कथा एक स्त्री के साहस की कथा है—एक ऐसी स्त्री जो अपनी जिम्मेदारी को स्वीकार करती है। ''दरअसल देवदास की कहानी पारो की ही कहानी है।''

लेकिन इस डरपोक नायक की रोमानी छवि लंबे समय तक हिंदी सिनेमा को किसी-न-किसी तरह प्रभावित करती रही। 'देवदास' ने केदार शर्मा की प्रतिभा को भी रेखांकित करने का मौका दिया। केदार शर्मा ने 'देवदास' के हिंदी रूप में संवाद लिखे थे। ये संवाद 'रोजमर्रा के जीवन की बाँहों' में से लिए गए थे।

तीस के दशक में गीत-संगीत महत्त्वपूर्ण हुआ और संवादों को भी एक नई परिपक्वता मिली। 'देवदास' के गाने (बालम आय बसो मेरे मन में, दुख के दिन अब बीतत नाहीं आदि) आज भी सुनने वाले को बाँधते हैं।

संवादों का इतना महत्त्व हो गया था कि सोहराब मोदी सरीखे अभिनेताओं की ऐतिहासिक फिल्मों के असरदार संवाद सुनने के लिए ही दर्शक सिनेमाघरों में जाते थे। 1939 में बनी उनकी फिल्म 'पुकार' और 1941 में बनी 'सिकंदर' इस दृष्टि से महत्त्वपूर्ण फिल्में हैं।

1935-40 के दौर में वैल्श और यूनानी मूल की आस्ट्रेलियाई अभिनेत्री नाडिया ने 'हंटरवाली', 'डायमंड क्वीन' सरीखी स्टंट फिल्मों से एक अलग दर्शक वर्ग को बाँध रखा था। होमी वाडिया के निर्देशन में बनी इन एक्शन फिल्मों की एक खासियत यह भी थी कि नाडिया अपने स्टंट दृश्यों में 'डबल' का इस्तेमाल नहीं करती थी। टाइपिस्ट से सर्कस कन्या और फिर नर्तकी बनी नाडिया ने स्त्री की जुझारू छवि को पर्दे पर प्रस्तुत किया।

तीस के दशक में बोलती फिल्मों ने जब सुलोचना (रूबी मेयर्स) सरीखी मूक फिल्मों की सफल अभिनेत्रियों को हिंदी में संवाद बोलने की मुश्किल में डाल दिया, तो अभिनेत्रियों की एक नई पौध की जरूरत महसूस हुई। आवाज के आ जाने से पुरुष अब स्त्रियों की भूमिका भी नहीं कर सकते थे। धीरे-धीरे अच्छे घरों की लड़कियों को सिनेमा की दुनिया में लाने की कोशिशें शुरू हुईं। देविका रानी को 'फर्स्ट लेडी' का खिताब मिल गया पर दुर्गा खोटे सरीखी अभिनेत्रियों ने पर्दे पर आकर अभिनेत्रियों को एक नई गरिमा प्रदान की। जहानआरा, कज्जन, जद्दनबाई, दुर्गा खोटे, शांता आप्टे, कानन देवी, जमुना, छाया देवी, देविका रानी से एक नया दौर शुरू हुआ। अभिनेताओं में पृथ्वीराज कपूर, जयराज, मुबारक, मास्टर निसार, शांताराम, अशोक कुमार, कुंदनलाल सहगल, जयंत, चंद्रमोहन, याकूब, जागीरदार, सुरेंद्र, मोतीलाल आदि ने फिल्म विधा को बेहतर और 'आदरणीय' बनाया।

लेकिन तीस के दशक की सबसे महत्त्वपूर्ण फिल्म हिंदी में नहीं बनी। दामले और फत्तेलाल के निर्देशन में मराठी फिल्म 'संत तुकाराम' इस दौर की एक असाधारण

फिल्म है। विष्णुपंत पगनिस ने इस फिल्म में तुकाराम की छवि को दिव्य रूप दे दिया। इस फिल्म में गौरी नाम की अभिनेत्री ने तुकाराम की पत्नी की भूमिका निभाई थी। गौरी शुरू में प्रभात फिल्म कंपनी में झाड़ू लगाने का काम करती थी। एक संपूर्ण सिनेमाई भाषा को पहली बार 'संत तुकाराम' में इतने आत्मविश्वास के साथ भारतीय पर्दे पर देखा गया।

दामले और फत्तेलाल 'दुनिया न माने' (1937) के निर्माता थे। निर्देशक थे शांताराम। शांता आप्टे इस फिल्म की नायिका थी। एक बूढ़े के साथ ब्याही निर्मला के विद्रोह की कहानी हिंदी सिनेमा में एक महत्त्वपूर्ण मोड़ है। शांताराम ने 1939 में 'आदमी' बनाई जिसमें एक पुलिस का सिपाही वेश्या से प्रेम करने लगता है और उसे घर ले आता है। स्वयं शांताराम का कहना है कि 'आदमी' का आशावाद इसलिए प्रमुख है कि 'देवदास' के निराशावाद को वे निरर्थक साबित करना चाहते थे। शांताराम बराबर आशावादी बने रहे। 1941 में उन्होंने 'पड़ोसी' बनाई जिसमें हिंदू और मुसलमान पड़ोसियों की निकट मित्रता है। फिल्म में मजहर खान एक हिंदू बने थे और गजानन जागीरदार एक मुसलमान बने थे।

फिल्मकारों ने अपनी कृतियों से समाज की कुरीतियों को बदलना चाहा। एक कलाकार सिर्फ कोशिश कर सकता है। 'पड़ोसी' विभाजन को रोक नहीं पाई जिस तरह से अनेक युद्ध-विरोधी फिल्में युद्ध को रोक नहीं पाईं।

बांबे टाकीज की 'किस्मत' चालीस के दशक की शुरुआत में एक मील का पत्थर बनी। अशोक कुमार की 'एंटी-हीरो' छवि ने एक नया फार्मूला बनाया। इस फिल्म में आठ 'हिट' गाने थे। कोलकाता में यह फिल्म करीब चार साल तक चली। अपराधी संसार के अलग तरह के चित्रण ने बॉक्स ऑफिस की किस्मत ही बदल दी। अमीर पिता और उसके दो बेटों का बिछुड़ना और आखिर में मिलना। इनमें से एक बेटा एय्याश है और दूसरा अपराधी होते हुए भी नायक के गुणों से संपन्न है। 'किस्मत' के कथानक का असर सत्तर के दशक के सिनेमा पर भी देखा जा सकता है। अमिताभ बच्चन और अनिल कपूर से बरसों पहले अशोक कुमार 'एंटी-हीरो' के रूप में लोकप्रियता हासिल कर चुके थे।

चालीस और पचास का दशक हिंदी फिल्म संगीत का स्वर्णयुग था। अच्छे संगीतकारों, गायकों, गीतकारों सभी ने मिलकर फिल्म संगीत का अर्थ ही बदल दिया। तीस के दशक में 'बाबुल मोरा' (कुंदनलाल सहगल, स्ट्रीट सिंगर), 'पिया मिलन को जाना' (पंकज मलिक, कपाल कुंडला), 'मैं वन की चिड़िया' (अशोक कुमार—देविका रानी, अछूत कन्या) सरीखे गानों ने एक माहौल बनाया था। लेकिन चालीस के दशक में 'किस्मत', 'खजांची' (लारा लप्पा सरीखी लोक धुनें), 'अनमोल घड़ी', 'बरसात', 'दुलारी', 'महल' जैसी अनेक फिल्मों में संगीत को नया और बिल्कुल नया आयाम मिल गया।

गुलाम हैदर, नौशाद, खेमचंद प्रकाश (कमाल अमरोही की 1949 की फिल्म 'महल'), शंकर जयकिशन, हुस्नलाल भगतराम, श्यामसुंदर, अनिल विश्वास, सी. रामचंद्र, वसंत देसाई, सचिन देव बर्मन, ओ. पी. नैयर, सलिल चौधरी, खय्याम, रवि, मदनमोहन, जयदेव, लक्ष्मीकांत प्यारेलाल आदि नामों की एक लंबी सूची हिंदी फिल्म संगीत के स्वर्ण युग में पहचानी जा सकती है। प्रदीप, शकील, कमर जलालाबादी, मजरूह, राजेंद्र कृष्ण, शैलेंद्र, कैफी आजमी, साहिर जैसे कवियों-शायरों ने अगर राजकुमार, लता मंगेशकर, सुरैया, जोहराबाई अंबालेवाली, नूरजहान, मोहम्मद रफी, मुकेश, किशोर कुमार, तलत महमूद, शमशाद बेगम, आशा भोंसले, गीता दत्त, हेमंत कुमार की आवाजों का साथ न दिया होता, तो क्या हिंदी फिल्म संगीत अपनी इन ऊँचाइयों को प्राप्त कर सकता था?

यह बात गौर करने की है कि हिंदी फिल्मों में जब भारतीय शास्त्रीय, पश्चिमी शास्त्रीय, रॉक ऐंड रोल, लोक संगीत आदि से प्रेरित उच्चस्तर का संगीत आया, तो साथ ही फिल्म निर्देशकों ने भी अच्छी कल्पनाशक्ति का सहारा लेकर इन गीतों का फिल्मांकन किया। राज कपूर, गुरुदत्त, विमल राय जैसे निर्देशकों ने पचास के दशक की फिल्मों (आवारा, श्री 420, प्यासा, कागज के फूल, मधुमती, सुजाता) में गानों को कभी सपाट ढंग से फिल्मांकित नहीं किया। फिल्मी गानों के निर्देशन के लिए इन फिल्मकारों ने तकनीकी दक्षता और कल्पनाशीलता दोनों से काम लिया।

दरअसल पचास का दशक हिंदी फिल्मों का स्वर्णयुग है। संगीत के स्वर्ण युग को तो हम चालीस के दशक में भी ले जा सकते हैं। लेकिन राज कपूर, शांताराम, गुरुदत्त, विमल राय, महबूब खान, नितिन बोस सरीखे निर्देशकों ने इस दशक में अपनी बेहतरीन फिल्में बनाईं। फिल्म कला के सभी क्षेत्रों में इन निर्देशकों की अच्छी पकड़ थी। यह अलग बात है कि भारतीय सिनेमा की समग्रता में बात की जाए, तो बंगाल में सत्यजित राय और ऋत्विक घटक ने इस दौर में फिल्में बनाकर अंतर्राष्ट्रीय स्तर पर ख्याति पाई।

लेकिन इस दशक में आने से ठीक पहले 'नीचा नगर' (चेतन आनंद), 'धरती के लाल' (ख्वाजा अहमद अब्बास) और 'कल्पना' (उदय शंकर) सरीखी फिल्में भी बनीं जिन्हें हिंदी सिनेमा के संक्षिप्त इतिहास में भी जगह मिलनी चाहिए। उदय शंकर विश्वविख्यात नर्तक थे और 'कल्पना' (1948) उनकी एक बहुत निजी किस्म की फिल्म है। नृत्य के दिव्य रूप को पर्दे पर जैसे हमेशा के लिए सुरक्षित रख दिया गया है। उदय शंकर की नृत्य मंडली में रह चुके गुरुदत्त 'कल्पना' में सह-निर्देशक थे।

1946 में चेतन आनंद ने 'नीचा नगर' में कामगारों और मालिकों के संघर्ष को प्रभावशाली ढंग से प्रस्तुत किया था। कान (फ्रांस) जैसे महत्त्वपूर्ण फिल्म समारोह में इस फिल्म को पुरस्कार भी मिला था। ख्वाजा अहमद अब्बास की 'धरती के

लाल' में सामाजिक यथार्थ का अभूतपूर्व चित्रण था। इस फिल्म के निर्माण में इंडियन पीपुल्स थियेटर एसोसिएशन (इप्टा) का हाथ था। लेकिन देश में सांप्रदायिक दंगों की भयावह स्थिति ने 'धरती के लाल' को चलने ही नहीं दिया।

यानी आजादी से ठीक पहले हिंदी फिल्मकार कल्पना और यथार्थ के बीच एक रचनात्मक स्थान खोज रहे थे। पचास के दशक में 'दो बीघा जमीन', 'दो आँखें बारह हाथ', 'आवारा', 'श्री 420', 'जागते रहो', 'गंगा जमुना', 'मदर इंडिया', 'सुजाता' सरीखी फिल्मों ने हिंदी फिल्म निर्देशकों की माध्यम पर पकड़ को साबित किया। अच्छे गायकों, गीतकारों, संगीतकारों, लेखकों के अलावा राज कपूर, दिलीप कुमार, देव आनंद, राजकुमार, गुरुदत्त, मोतीलाल, बलराज साहनी, नर्गिस, मधुबाला, नूतन, गीताबाली, मीना कुमारी, वहीदा रहमान आदि की अद्‌भुत अभिनय प्रतिभा भी इन फिल्मों का इतना जादू बना सकी।

राज कपूर ने ख्वाजा अहमद अब्बास की 'समाजवादी समझ' का पूरा लाभ उठाकर अपनी फिल्म कला को एक नया विस्तार दिया। चार्ली चैप्लिन की छवि को भारतीय रूप दिया गया और हिंदी फिल्मों को एक नया भोलाभाला 'राजू' मिल गया। 'जागते रहो' का निर्देशन बंगाल के प्रसिद्ध रंगकर्मी शंभु मित्र ने किया लेकिन 1956 की यह फिल्म राज कपूर की अभिनय प्रतिभा पर अत्यधिक आश्रित थी। 'जिस देश में गंगा बहती है' (1960) तक राज कपूर स्वस्थ मनोरंजन की तलाश करते रहे। रंगीन फिल्मों ने अवश्य उनकी मनोरंजन की धारणा को अवरुद्ध किया।

विमल राय की 'दो बीघा जमीन' (1953) पर इतालवी नवयथार्थवादी फिल्मों का असर था। 1951 में मुंबई में हुए पहले अंतर्राष्ट्रीय फिल्म महोत्सव ने इतालवी नवयथार्थवादी धारा की शक्ति को बताया था। बलराज साहनी ने इस फिल्म में शंभू नाम के गरीब किसान की मर्मस्पर्शी भूमिका निभाई थी, जो अपनी दो बीघा जमीन के लिए कोलकाता पहुँच जाता है। 'सुजाता' (1959) में विमल राय ने देविका रानी से अधिक प्रामाणिक अछूत कन्या (नूतन) को प्रस्तुत किया।

एक फिल्म निर्देशक के रूप में गुरुदत्त इस दौर के सबसे कल्पनाशील निर्देशक थे। वह अभिनेता भी अलग तरह के थे—हिंदी सिनेमा की मुख्य धारा में वह 'आउटसाइडर' नजर आते थे। 'प्यासा' (1957) और 'कागज के फूल' (1959) इन दो अद्‌भुत फिल्मों ने गुरुदत्त की 'कवि-निर्देशक' के रूप में पहचान बना दी। 'प्यासा' के जमाने में 'कला' और 'व्यावसायिक' फिल्मों का विवादास्पद विभाजन नहीं था। इस फिल्म को आम दर्शकों ने भी सराहा और विशिष्ट दर्शक भी इसके कलात्मक निखार से प्रभावित हुए।

गुरुदत्त ने 1962 में 'साहब बीवी और गुलाम' बनाई, हालाँकि निर्देशक के रूप में संवाद लेखक अबरार अलवी का नाम गया है। (राज कपूर ने 'जिस देश में गंगा बहती है' में निर्देशक के रूप में कैमरामैन राधू कर्माकर को प्रतिष्ठित किया

था और 'गंगा जमुना' में दिलीप कुमार द्वारा निर्देशन में दखल देने की बात सुविदित है।) गुरुदत्त में देवदास शैली का आत्मघाती 'रोमांटिसिज्म' था लेकिन फिल्मकार के रूप में उन्होंने हिंदी सिनेमा को अनोखा विस्तार दिया। 'मिस्टर ऐंड मिसेज 55' से लेकर 'कागज के फूल' इसका प्रमाण हैं।

के. आसिफ की 'मुगलेआजम' (दिलीप कुमार-मधुबाला) अपने समय की भव्य और बहुप्रचारित फिल्म थी। धीमे स्वर में संवाद बोलने की अद्वितीय शैली दिलीप कुमार ने विकसित की थी जो रंगमंच से अलग थी—काफी हद तक सिनेमाई भी। वैसे संवाद बोलने के अपने अंदाज के कारण राजकुमार ने भी हिंदी फिल्मों में लंबी और विश्वसनीय पारी खेली है।

1957 में 'मदर इंडिया' बनाकर महबूब खान ने हिंदी फिल्मों को एक नई अंतर्राष्ट्रीय प्रतिष्ठा दिलाई। 1940 में सरदार अख्तर को माँ की केंद्रीय भूमिका देकर महबूब 'औरत' बना चुके थे। लेकिन इस फिल्म के रंगीन और भव्य संस्करण 'मदर इंडिया' में भारतीय माँ की अद्वितीय गाथा के लिए महबूब ने नर्गिस को चुना। अनेक फिल्मकार और समीक्षक ठीक ही 'मदर इंडिया' को बाद के हिंदी सिनेमा की भी माँ मानते हैं।

साठ के दशक में रंगीन फिल्मों की धाक जमी, तो 'जंगली' (शम्मी कपूर का अभिनेता के रूप में नया अवतार) शैली की अनेक फिल्में बनीं। कश्मीर सरीखी सुंदर जगहें, इन हर तरह से 'रंगीन' फिल्मों का विशेष आकर्षण बनीं। लेकिन हृषिकेश मुखर्जी (अनुपमा, अनुराधा, आशीर्वाद, सत्यकाम) ने विमल राय की परंपरा को अपने ढंग से बढ़ाया। बाद में गुलजार ने भी इसी परंपरा का एक अपना रोमांटिक रूप हिंदी फिल्मों को दिया। गुलजार तो आज भी सक्रिय हैं।

चालीस के दशक में जब स्टूडियो व्यवस्था चरमराई और फिल्म निर्माण व्यक्तियों के हाथों में चला गया, तो अभिनेताओं-अभिनेत्रियों के बंधन भी टूटे। धीरे-धीरे वे 'स्टार' बन गए और फिर 'सुपरस्टार' हो गए। अभिनय को प्रतिष्ठा और गरिमा दिलाने की बात की जाए, तो दिलीप कुमार हिंदी फिल्मों के पहले सुपरस्टार थे। लेकिन 'बॉक्स ऑफिस' ने जब सितारों को जरूरत से ज्यादा महँगा बना दिया, तो 'आराधना' जैसी फिल्मों की सफलता के बाद राजेश खन्ना पहले सुपर स्टार के रूप में स्थापित हुए। 'आराधना' ने गायक के रूप में किशोर कुमार की भी अद्भुत सफलता भरी वापसी की।

1973 में प्रकाश मेहरा की 'जंजीर' सफल हुई और उसके बाद हिंदी व्यावसायिक सिनेमा की जंजीरें सुपरस्टार अमिताभ बच्चन के हाथ में थीं जिसमें निर्माता से लेकर दर्शक सभी बाँधे जा सकते थे। दो दशकों तक अमिताभ ने हिंदी सिनेमा के अर्थशास्त्र को नियंत्रित किया। अमिताभ में प्रतिभा थी, पर 'जंजीर', 'दीवार', 'शोले', 'अमर अकबर एंथनी' से 'शहंशाह' तक की यात्रा हिंदी फिल्मों को क्रूर

हिंसा से रक्तरंजित कर चुकी थी। धर्मेंद्र, संजीव कुमार, मनोज कुमार (जिन्होंने देश भक्ति को एक दूकान बना दिया) आदि सभी अमिताभ के युग में दबे-छिपे रहे। अभिनेत्रियों में एक हद तक रेखा और बाद में श्रीदेवी अपना अस्तित्व कायम रख सकीं।

साठ के दशक में फिल्म वित्त निगम (जिसे बाद में राष्ट्रीय फिल्म विकास निगम का नाम दे दिया गया) ने हिंदी में स्तरीय फिल्मों को प्रोत्साहित किया। मृणाल सेन की 'भुवन शोम' (1969), बासु चटर्जी की 'सारा आकाश' (1969), कुमार शहानी की 'माया दर्पण' (1972), मणि कौल की 'दुविधा' (1973), एम. एस. सथ्यु की 'गर्म हवा' (1973), सईद मिर्जा की 'अलबर्ट पिंटो को गुस्सा क्यों आता है' (1980) आदि फिल्में इस प्रोत्साहन की नीति का बेहतर नतीजा हैं। श्याम बेनेगल ने 1974 में 'अंकुर' बनाकर हिंदी फिल्मों में एक नई परंपरा की शुरुआत की। 'भूमिका' (1977) उनकी सर्वश्रेष्ठ फिल्म है लेकिन 'निशांत', 'चरनदास चोर', 'मंथन', 'जुनून', 'कलयुग', 'मंडी' आदि फिल्मों ने स्मिता पाटील, शबाना आजमी, ओम पुरी, नसीरुद्दीन शाह, अमरीश पुरी (जो बाद में मसाला फिल्मों में नंबर एक खलनायक बन गए) आदि अनेक प्रतिभाओं को उभरने का मौका दिया।

गौतम घोष की 'पार' (1984), केतन मेहता की 'मिर्च मसाला' (1984), गोविंद निहालानी की 'आक्रोश' (1980), महेश भट्ट की 'अर्थ' (1982), सईद मिर्जा की 'सलीम लँगड़े पे मत रो' (1989) हिंदी सिनेमा की बाद के वर्षों की अपने-अपने ढंग की उपलब्धियाँ हैं। 1966 में बासु भट्टाचार्य ने 'तीसरी कसम' और बरसों बाद सुखवंत ढड्ढा ने 'एक चादर मैली सी' (1985) बनाकर दो श्रेष्ठ साहित्यिक कृतियों पर श्रेष्ठ फिल्में बनाईं। 'तीसरी कसम' कई दृष्टियों से हिंदी फिल्मों में एक मील का पत्थर है। रेणु की कहानी पर आधारित यह फिल्म गीतकार शैलेंद्र का एक सपना थी। वह स्वयं इस फिल्म के निर्माता थे।

सत्यजित राय की एकमात्र हिंदी फिल्म 'शतरंज के खिलाड़ी' ('सद्‌गति' टेली फिल्म थी) प्रेमचंद की मूल हिंदी कहानी को एक नया विस्तार और अर्थ देती है।

रमेश सिप्पी की 'शोले' ने 1975 में बॉक्स ऑफिस पर रिकार्ड तोड़ सफलता हासिल की। अमजद खान ने इस फिल्म में घर के धोबी के बोलने की लोक शैली अपना कर गब्बर खान को एक मिथक में बदल दिया। वैसे इसी साल कम बजट पर बनी 'जय संतोषी माँ' ने भी जबरदस्त सफलता हासिल की।

'शोले' के बाद सिनेमा हिंसक होता चला गया। 1990 में 'मैंने प्यार किया' की अप्रत्याशित सफलता ने प्रेम कथाओं और संगीत आदि को प्रतिष्ठा दिलाई। तब से मुंबई का हिंदी फिल्म उद्योग प्रेम और हिंसा के बीच में बँटा हुआ है। संगीत ने कैसेट उद्योग को शक्तिशाली बना दिया है। जहाँ तक तकनीकी दक्षता

और कल्पनाशक्ति का सवाल है दक्षिण के फिल्म निर्माता, कैमरामैन आदि हिंदी सिनेमा से अधिक पेशेवर हैं। तमिल फिल्मकार मणिरत्नम् जैसी प्रतिभाएँ मुंबई में नहीं हैं। सुभाष घई या महेश भट्ट दिलचस्प फिल्में तो बना रहे हैं पर 'श्री 420', 'प्यासा', 'मदर इंडिया' का स्वर्णयुग कहीं दिखाई नहीं दे रहा।

दादा साहब फाल्के के उद्धरण को याद करें, तो मनोरंजन भी सस्तेपन का शिकार हो गया है, ज्ञानवर्द्धन तो खैर बहुत दूर की चीज है।

1992

सिनेमा, समय और इतिहास

पश्चिम के एक प्रसिद्ध मानवशास्त्री ने कहीं कहा था—कुछ समय पहले के इतिहास के मुकाबले में दूर का इतिहास अधिक सुविधाजनक होता है। कोई विशेष कालखंड जब हमसे बहुत दूर होता है, तो अनेक तथ्यों की बारीकियों में हम नहीं जा पाते। लेकिन कुछ ही साल पहले का इतिहास कहीं अधिक बड़ी चुनौती साबित होता है।

हिंदी सिनेमा के संदर्भ में देखें, तो हमारे अधिकांश फिल्मकार अतीत, इतिहास, स्मृति, समय आदि के सवालों से जूझने की बहुत कम कोशिश करते रहे हैं। इतिहास से जूझना या इतिहास में जाना एक फिल्मकार को अनेक कारणों से आकृष्ट करता है। फिल्मकार श्याम बेनेगल ने अपनी फिल्म 'जुनून' के संदर्भ में एक बहुत महत्त्वपूर्ण बात कही है :

> *"मैं आपको बताता हूँ कि 'जुनून' या 'भूमिका' बनाते हुए क्यों मुझे बहुत मजा आया। यह अनुभव स्वयं को अपने इतिहास के एक समय विशेष में रखकर उस इतिहास को ठोस या वास्तविक रूप देने जैसा था—इतना अधिक वास्तविक कि वह आपको अपने वातावरण का हिस्सा लगने लगे। इतिहास की वे सभी चीजें आपके सामने आ जाएँ जो बहुत महत्त्वपूर्ण तो हैं पर जो हमें इतिहास की पुस्तकों में कभी दिखती नहीं हैं। व्यक्तियों के जीवन के वे हिस्से उभरें जो अधिकांश इतिहास पुस्तकों में बहुत कम चर्चा पाते हैं। और जब ये चीजें आपके सामने आती हैं, तो वे आपके लिए यथार्थ का एक विस्तार बन जाती हैं। जुनून, भूमिका या त्रिकाल में मैंने सिर्फ एक कालखंड को ही नहीं प्रस्तुत किया है बल्कि उस अतीत का वर्तमान से रिश्ता बनाना चाहा है।"*

इस समय तथाकथित हिंदी सिनेमा में श्याम बेनेगल संभवतः सबसे अधिक इतिहास संपन्न दृष्टि रखने वाले फिल्मकार हैं। वह बराबर अतीत में जाना चाहते हैं और फिर उस अतीत की रोशनी में अपने वर्तमान और भविष्य को जानना और जाँचना चाहते हैं। वह मानते हैं कि जो चीजें पहले हो चुकी हैं वे बराबर अपने

को दोहराती रहती हैं। प्रत्येक व्यक्ति अपने अतीत से ही बना है। इसीलिए एक रचनाकार के लिए अतीत-मोह वर्तमान को उजागर करने का एक महत्त्वपूर्ण औजार है।

आमतौर पर हिंदी फिल्मों में हमें इतिहास शून्य दृष्टि मिलती है। इतिहास का सतही आकर्षण तो हमें मिलता है—एक कालखंड विशेष में जाने के तामझाम तो हमें खूब मिलते हैं पर फिल्मकार जब तक कैमरे का कलम की तरह इस्तेमाल करने की शक्ति नहीं रखता हो तब तक वह इतिहास के पन्ने पलट कर भी एक उजाड़ में घूमता और भटकता रहेगा। दरअसल सिनेमा में इतिहास प्रवेश देखने में काफी आसान है पर वास्तव में वह बहुत मुश्किल काम है।

मिसाल के लिए सामंतवाद और उपनिवेशवाद को ही लिया जाए। इन दोनों से घृणा करके भी दोनों की गहरी जाँच पड़ताल बहुत जरूरी है। ब्रितानी उपनिवेशवाद का विश्लेषण हमारे समाज के अनेक वर्तमान रोगों को बता सकता है।

एक प्रसिद्ध लातीनी अमेरिकी लेखक बोर्खेस ने चेक लेखक काफ्का के संदर्भ में लिखा है—"हर लेखक अपने पूर्ववर्तियों की रचना खुद करता है।" मिसाल के लिए अगर हम काफ्का के रचना-जगत से साक्षात्कार के बाद किसी अठारहवीं शताब्दी के लेखक को पढ़ें, तो हमें उसमें कुछ ऐसे गुण और प्रवृत्तियाँ नजर आएँगी जो सिर्फ काफ्का को पढ़ने के बाद ही समझ में आ सकती हैं।

इसीलिए एक फिल्मकार जब इतिहास में जाता है, तो व्यक्तियों, घटनाओं आदि को वह वर्तमान की तमाम जानकारियों से लैस होकर देखता है। सत्यजित राय 'शतरंज के खिलाड़ी' और बेनेगल 'जुनून' में लगभग एक ही दौर में जाते हैं पर वाजिदअली शाह या 1857 की क्रांति को समझने के लिए दोनों फिल्मकारों के पास जानकारियों का विशाल भंडार है। किसी व्यक्ति विशेष में जो गुण-अवगुण हमें दिखते हैं उनके पीछे पर्याप्त ऐतिहासिक प्रमाण हैं। 'शतरंज के खिलाड़ी' के मीर और मिर्जा सिर्फ वाजिद अली शाह के समय में ही नहीं शतरंज में कैद थे। गौर से देखें, तो वे आज भी कहीं वीरान में शतरंज खेल रहे हैं।

फिल्मकार के लिए अतीत में जाने के कई रास्ते हैं। वह चाहे तो एक कालखंड विशेष का मिजाज लेकर पात्रों और घटनाओं की शतरंज बिछा सकता है। अनेक फिल्मकारों ने ऐसा किया है। अतीत के सतही आकर्षण—बारीकियों आदि को छोड़कर वे चरित्र और घटनाओं के माध्यम से एक समय का बोध कराते हैं।

लेकिन जैसा कि बेनेगल ने इशारा किया है—सिनेमा माध्यम से इतिहास का एक पूरा वातावरण सामने आ जाता है। और यह वातावरण एक पुस्तक के माध्यम से इतना मूर्त या वास्तविक नहीं हो सकता है।

मिसाल के लिए सत्यजित राय ने 'शतरंज के खिलाड़ी' बनाने के लिए जिन अनेक स्रोतों का इस्तेमाल किया है उनमें अब्दुल हलीम शरर की किताब 'पुराना

लखनऊ' एक प्रमुख स्रोत है। इस किताब में पुराने लखनऊ की बारीकियों का अद्‌भुत साहित्यिक कौशल से चित्रण किया गया है। उन बारीकियों में जाकर अचानक नवाबी लखनऊ हमारे सामने वास्तविक सा नजर आने लगता है।

लेकिन सिनेमा माध्यम मुख्य रूप से एक चाक्षुष (विजुअल) माध्यम होने के कारण दर्शक की कल्पनाशक्ति को लगभग दबोच लेता है। एक अभिनेता जब इतिहास के किसी जाने-माने नाम के रूप में प्रभावशाली ढंग से हमारे सामने आता है, तो उस छवि को हम आसानी से भुला नहीं सकते हैं। खासतौर पर यदि कालखंड नजदीक के इतिहास का न हो।

रिचर्ड एटेनब्रो की फिल्म 'गाँधी' में अधिकांश ऐसे भारतीय राजनेता पर्दे पर आते हैं जिन्हें हमने देखा है, जिनके बारे में हम बहुत-कुछ जानते हैं, डाक्युमेंटरी फिल्में उन पर उपलब्ध हैं। संक्षेप में उन राजनेताओं के बारे में हमारे पास प्रामाणिक जानकारियाँ बहुत हैं। इसलिए कोई अच्छा से अच्छा अभिनेता उम्दा अभिनय, मेकअप आदि के बल पर भी किसी राजनेता विशेष की छवि को नहीं बदल सकता है। बेन किंग्स्ले ने गाँधी की छवि का असाधारण अनुकरण किया—वे सफल भी हुए। पर उसे देखकर हमारे मन से महात्मा गाँधी की वास्तविक छवि हट नहीं सकती है।

पंडित नेहरू की छवि को रोशन सेठ और प्रताप शर्मा (कुमार किरण की नई फिल्म 'जवाहर' में) दोनों ने ही पर्याप्त ईमानदारी, निष्ठा और प्रामाणिकता से पर्दे पर उभारा है। पर पंडित नेहरू की वास्तविक छवि हमारे इतने निकट है कि उसे आसानी से कोई अभिनेता मिटा नहीं पाता है।

लेकिन 'शतरंज के खिलाड़ी' में वाजिदअली शाह के रूप में अमजद खान को देखकर दर्शक अपने मन में वाजिदअली की 'अमजद छवि' को कहीं-न-कहीं किसी कोने में बैठा लेगा। यह सिनेमा की अपनी शक्ति है, उसका अपना एक खास जादू है।

एक फिल्मकार जब इतिहास में जाता है, तो उसकी जानकारियाँ बहुत पक्की होनी चाहिए। सत्यजित राय या श्याम बेनेगल इसीलिए अपनी फिल्मों में सफल हुए हैं (भले ही 'शतरंज के खिलाड़ी' और 'जुनून' उनके कैरियर की बहुत महत्त्वपूर्ण फिल्में न हों) क्योंकि वे तैयारी के साथ, खूब रिसर्च करने के बाद इतिहास को पर्दे पर एक अधिक ठोस रूप देने की सोच पाए।

श्याम बेनेगल ने एक भेंट में कहा था कि रस्किन बांड के उपन्यास पर आधारित फिल्म 'जुनून' के लिए उन्होंने गदर के जमाने की अनगिनत जानकारियाँ इकट्ठा कीं। उन्होंने उस जमाने की ढेरों किताबें पढ़ीं। यहाँ तक कि मंगल पांडे के कागजात तक पढ़ डाले।

इस तरह की जानकारियाँ पर्दे की प्रस्तुति को निश्चय ही समृद्ध करती हैं।

एक साधारण फिल्मकार और महान् फिल्मकार में यही फर्क नजर आएगा। कुमार किरण की फिल्म 'जवाहर' में गाड़ियों के नंबर तक उस दौर के साथ 'मैच' नहीं करते हैं। इस तरह की बारीकियों में जाना फिल्मकार के बजट से जुड़ी बात नहीं है। सवाल लगाव का है। अगर सत्यजित राय किसी 'पीरियड' फिल्म में उस वक्त के सिगरेट या माचिस की डिब्बी का प्रामाणिक 'ब्रांड' खोजने में काफी वक्त लगाते हैं, तो यह सतही दिलचस्पी नहीं है। अब्दुल हलीम शरर की कालजयी कृति अगर उनके लिए वाजिदअली शाह के पतन को समझने के लिए महत्त्वपूर्ण है, तो उस दौर के शतरंज और हुक्के आदि की प्रामाणिकता भी कम महत्त्वपूर्ण नहीं है।

इतिहास में जाने का अर्थ है कि फिल्मकार खुद को 'कालदोष' से अलग नहीं कर सकता है। 'शतरंज के खिलाड़ी' फिल्म में लखनऊ शहर की सड़कें, रास्ते, गलियाँ सूनी हैं। जाहिर है कि वे सहज नहीं नजर आती हैं। दरअसल बिजली के खंभों आदि के कारण राय को पुराने लखनऊ को फिल्माने में काफी सावधानी बरतनी पड़ी। पोस्टर, मोटरसाइकिल आदि आसानी से हटाए नहीं जा सकते थे।

आमतौर पर पश्चिम की महँगे बजट वाली फिल्मों में इन दिक्कतों से बचने के लिए महँगे सेट लगाए जाते हैं। लेकिन सीमित बजट का यह अर्थ भी नहीं है कि फिल्मकार अतीत में वर्तमान को दिखा दे।

समकालीन सिनेमा में डाक्युमेंटरी और कथाफिल्म का पुराना भेद कम होता जा रहा है। कथाफिल्मों में डाक्युमेंटरी शैली का काफी इस्तेमाल होता है। डाक्युमेंटरी में भी कथाफिल्म के तत्त्व प्रवेश पा लेते हैं। संभवतः यह आधुनिक समय की जरूरत है। समकालीन यथार्थ से रिश्ता बनाने का यह एक रास्ता है। 'शतरंज के खिलाड़ी' में एनीमेशन, कमेंट्री आदि की मदद से लार्ड डलहौजी द्वारा खेली जा रही शतरंज को संक्षेप में डाक्युमेंटरी शैली में दिखाया गया है।

अतीत में जाने और वर्तमान का सामना न कर पाने का एक और सिनेमाई पहलू है। आधुनिक सिनेमा के इतिहास में इस पहलू का विशेष महत्त्व हो गया है। द्वितीय विश्वयुद्ध के बाद पूर्व यूरोपीय सिनेमा ने अंतर्राष्ट्रीय सिनेमा को बहुत प्रभावित किया। पोलैंड, चेकोस्लोवाकिया, हंगरी आदि के सिनेमा का सौंदर्यशास्त्र अत्यंत महत्त्वपूर्ण है।

लेकिन गौर करने की बात है कि इन देशों के फिल्मकारों ने अतीत में जाकर लगभग शरण ली। वर्तमान को वे चित्रित नहीं कर सकते थे। अतीत की उन्हें एक खास तरह की व्याख्या करनी पड़ती थी। अनगिनत फिल्में द्वितीय विश्वयुद्ध, नात्सी अत्याचारों, फासीवाद के विरुद्ध लड़ाई, पर्दे पर दिखाती रहीं। फिल्मकार उससे भी पहले के इतिहास में गए ताकि सामंती या बुर्जुआ समाज की विकृतियों को दिखाया जा सके।

फिल्म की असाधारण शक्ति को इन समाजों ने समझा था। लेकिन फिल्मकारों

ने इतिहास की पुनर्व्याख्या में ही अपनी अभिव्यक्ति की स्वतंत्रता को पहचाना। लंबे समय तक समकालीन समाज की विकृतियों और समस्याओं की उपेक्षा की गई। और आज पूर्व यूरोपीय सिनेमा द्वितीय विश्वयुद्ध के बाद के इतिहास के सारे गड़े मुर्दे उखाड़ रहा है। आंद्रे वायदा, मार्ता मेसारोज आदि की फिल्में उस इतिहास की भूलभुलैया को तोड़ना चाहती हैं जो विशाल मूर्तियों, सपनों और वायदों में दबी पड़ी है।

भारतीय फिल्मकार की यह समस्या नहीं है। यहाँ अभिव्यक्ति पर व्यावसायिक दबाव जरूर है पर अधिक बड़ी समस्या यह है कि हिंदी सिनेमा के दिग्गज अतीत से रिश्ता बनाने के लिए सही औजारों से कभी लैस नहीं रहे। जबकि एक महत्त्वपूर्ण फिल्मकार त्रिकाल में जीता है—अतीत, वर्तमान और भविष्य में। यह आवाजाही बहुत महत्त्वपूर्ण है।

1991

अच्छी फिल्मों के दर्शकों तक पहुँचने की दुविधा

पिछले एक-डेढ़ साल में हिंदी में अनेक अच्छी फिल्में बनी हैं। ये फिल्में मसाला मनोरंजन की शर्तों और व्याकरण से अलग होकर अपनी बात को सार्थक ढंग से दर्शकों तक पहुँचाना चाहती हैं। श्याम बेनेगल की 'सूरज का सातवाँ घोड़ा', अरुण कौल की 'दीक्षा', केतन मेहता की 'माया मेमसाहब', कल्पना लाजमी की 'रुदाली', मणि कौल की 'इडियट', गौतम घोष की 'पतंग', सुधीर मिश्र की 'धरावी' सरीखी फिल्मों का बनना इस बात का प्रमाण है कि हिंदी में बेहतर सिनेमा को एक नया जीवन मिला है।

जाहिर है कि ये सभी फिल्में कालजयी या महान नहीं कही जा सकती हैं। लेकिन एक साथ इन फिल्मों का बनना और इनमें से कुछ फिल्मों का सिनेमाघरों में रिलीज होना एक शुभ संकेत है। स्पष्ट है कि इन फिल्मों को एक ही तराजू पर नहीं तौला जा सकता। लेकिन यह बात कम महत्त्वपूर्ण नहीं है कि लंबे समय बाद हिंदी फिल्मों में एक गंभीर सक्रियता देखी गई है।

दरअसल आज इन सवालों पर एक नए सिरे से विचार जरूरी हो गया है कि 'गैरमसाला फिल्मों' को किस तरह से कम बजट में बनाया जाए और फिर बाद में किस तरह से इन फिल्मों को इनके अल्पसंख्यक दर्शक वर्ग तक पहुँचाया जाए।

रंगीन फिल्मों ने फिल्मों का बजट पूरी तरह से बदल दिया। पिछले दिनों प्रसिद्ध मलयालम फिल्मकार अडूर गोपालकृष्णन ने एक महत्त्वपूर्ण बात कही कि "जब फिल्में श्वेत-श्याम थीं, तो वे एक लघु उद्योग के ढाँचे में आती थीं। यह बात समानांतर सिनेमा के पक्षधरों के अनुकूल थी। रंगीन फिल्मों के युग ने फिल्म निर्माण को एक बड़े व्यापार में बदल दिया है जिससे नए निर्देशकों की समस्याएँ बढ़ गई हैं।"

अडूर की यह टिप्पणी समानांतर (चाहे आप उसे कोई भी नाम दें—कला सिनेमा, सार्थक सिनेमा, गैरमसाला सिनेमा) सिनेमा की एक बड़ी समस्या की ओर इशारा करती है। सत्तर के दशक में अरविंदन ने अंतर्राष्ट्रीय फिल्म महोत्सव के

एक संवाददाता सम्मेलन में कहा था कि लोग हैरान रह जाते हैं कि हम लोग अपनी फिल्में एक-डेढ़ लाख के बजट में कैसे बना लेते हैं।

आज फिल्म निर्माण का अर्थशास्त्र बदल चुका है। कम बजट, अनुशासनप्रिय शूटिंग के बावजूद किसी फिल्म को 25 लाख रु. से कम में नहीं बनाया जा सकता है। 25 से 35 लाख के बजट का स्पष्ट अर्थ है कि फिल्म को दर्शकों का सहारा चाहिए।

बंगला या मलयालम सरीखी भाषाओं की तुलना में हिंदी के समानांतर सिनेमा की थोड़ी अलग समस्याएँ हैं। कहने को तो इन फिल्मों का दर्शक वर्ग बहुत बड़ा है लेकिन वास्तव में हिंदी सिनेमा के प्रतिबद्ध दर्शक कम हैं और जो हैं उन तक पहुँचने की कोशिशें नहीं की जाती हैं। यह विचित्र विरोधाभास है।

इन अलग तरह की फिल्मों को 'मीडिया' का सहारा चाहिए। अडूर गोपालकृष्णन जब अपनी फिल्म बनाते हैं, तो वह प्रयत्नपूर्वक 'मीडिया' का सहारा लेते हैं। इन फिल्मों की विशेष स्क्रीनिंग होती है। महत्त्वपूर्ण संस्कृतिकर्मियों को ये फिल्में दिखाई जाती हैं। वे जो लिखते हैं या आपस में जो बात करते हैं उससे दूसरे फिल्म प्रेमियों की उत्सुकता बढ़ती है।

हाल में अडूर ने अपनी नई फिल्म 'विधेयन' को बनाने के बाद महानगरों में इस फिल्म के विशेष शो आयोजित किए। नतीजा यह हुआ कि अपेक्षाकृत कम प्रतिबद्ध (लेकिन संख्या की दृष्टि से महत्त्वपूर्ण) दर्शकों की उत्सुकता बढ़ी।

यह विडंबना ही है कि जिन्हें अक्सर प्रतिबद्ध दर्शक कहा जाता है वे टिकट खरीद कर फिल्में नहीं देखते हैं। एक बार प्रकाश झा ने बातचीत में मुझसे कहा कि फोकट में फिल्म देखने वालों के लिए मैं फिल्में क्यों बनाऊँ?

सच तो यह है कि 'अपेक्षाकृत कम प्रतिबद्ध' दर्शकों के सहारे ही इन फिल्मों का निर्माण हो सकता है। राष्ट्रीय फिल्म विकास निगम या दूरदर्शन सहारा दे भी दे, तो भी इन फिल्मों को इन दर्शकों तक अधिक-से-अधिक पहुँचाने की कोशिश करनी चाहिए।

फिल्म का बाजार बनाना भी एक कला है। और कोई भी अच्छी फिल्म बाजार के बिना किसी तरह की हलचल पैदा करने की उम्मीद करे, तो यह एक झूठ है।

यहाँ एक उदाहरण दिया जा सकता है। 'सूरज का सातवाँ घोड़ा' नई दिल्ली के एक बड़े सिनेमाघर में रिलीज हुई। भले ही दोपहर का एक शो रखा गया था पर यह एक अच्छी बात है कि इस फिल्म को पहले सिनेमाघर में रिलीज किया गया। लेकिन बिना किसी प्रकार की व्यवस्था के यह फिल्म चुपचाप रिलीज कर दी गई। राष्ट्रीय दैनिक पत्रों के फिल्म समीक्षकों से यदि फिल्म की रिलीज के समय संपर्क स्थापित किया जाता, तो मीडिया में इस फिल्म की बेहतर चर्चा होती।

अपेक्षाकृत अधिक दर्शक इस फिल्म को देखते। लेकिन राष्ट्रीय फिल्म विकास निगम या दूरदर्शन (जिन्होंने मिलकर 'सूरज का सातवाँ घोड़ा' बनाई) ने फिल्म के प्रचार में कोई खास दिलचस्पी नहीं दिखाई। हिंदी में अच्छी फिल्मों को तब तक समुचित प्रचार के साथ रिलीज नहीं किया जाएगा तब तक सिनेमाघरों में भीड़ नहीं हो पाएगी।

जरूरी नहीं है कि इन फिल्मों में 'हाउस फुल' हो जाए। लेकिन 50-60 प्रतिशत सीटें भरने की दिशा में तो कुछ सार्थक कोशिशें की जा सकती हैं।

फिल्मकारों या निर्माताओं का यह दृष्टिकोण सही नहीं है कि किसी संस्था से 'कला के विकास' के नाम पर पैसा माँग कर फिल्म बना दी जाए। और यह फिल्म किसी राष्ट्रीय या अंतर्राष्ट्रीय महोत्सव में दिखाए जाने या पुरस्कृत होने तक अपने अस्तित्व को सीमित रखे। ये प्लेटफॉर्म भी महत्त्वपूर्ण हैं लेकिन हर अच्छी फिल्म को अपने सीमित दर्शकों की संख्या बढ़ाने की हर संभव कोशिश करनी होगी।

किसी भी देश में एक साल में चार-पाँच अच्छी फिल्में ही बन सकती हैं। लेकिन इन फिल्मों को अधिक-से-अधिक दर्शकों तक पहुँचाने की कोशिश होनी चाहिए। छोटे पर्दे से पहले ये फिल्में सिनेमाघरों में जरूर रिलीज होनी चाहिए अन्यथा अच्छी फिल्मों का कोई भी आंदोलन अंत में असफल हो जाएगा।

1993

साहित्य बनाम छोटा और बड़ा पर्दा

एक नजर में ऐसा लगता है कि साहित्य–सिनेमा–टेलीविजन का रिश्ता बड़ा सहज, स्पष्ट और सीधा है। लेकिन वास्तव में ऐसा है नहीं। यह अलग बात है कि छोटे और बड़े दोनों ही तरह के पर्दों के प्रति घोर उपेक्षा से लेकर आक्रामकता की भावनाओं के बावजूद साहित्यिक कृतियों पर अच्छी फिल्में और अच्छे धारावाहिक दोनों ही बने हैं।

इतनी शक्तिशाली चाक्षुष (विजुअल) विधा से साहित्यकार और साहित्य का संबंध आदर्श नहीं रह पाया है। पाकिस्तान के एक मशहूर लेखक ने एक अनौपचारिक बातचीत में इन पंक्तियों के लेखक को बताया था कि उनके देश में टेलीविजन के कार्यक्रम अच्छे हैं क्योंकि प्रमुख साहित्यकार इस माध्यम से गहरे स्तर पर जुड़े हैं। लेकिन फिल्मों के प्रति पाकिस्तान में शुरू से ही सम्मानजनक रुख नहीं रहा इसलिए अनेक संस्कृति-संपन्न लोग फिल्म से बचते रहे।

अक्सर भारतीय दूरदर्शन के कार्यक्रमों को पाकिस्तानी धारावाहिकों की तुलना में कमजोर और नीरस पाया जाता है। पाकिस्तानी धारावाहिकों में भाषा का एक अपना अलग आनंद आता है। वहाँ आमतौर पर छोटे पर्दे की भाषा भ्रष्ट नहीं हुई है। इसके पीछे प्रमुख कारण यही है कि अच्छे लेखकों ने टेलीविजन में सक्रिय दिलचस्पी दिखाई।

एक जमाने में हिंदी के कुछ अच्छे लेखक फिल्म विधा के प्रति आकर्षित हुए थे। अमृतलाल नागर, प्रेमचंद सरीखे लेखक उर्दू लेखकों की तुलना में मुंबई में बेगाने साबित हुए। वे वहाँ जम नहीं पाए। स्वतंत्रता के तुरंत बाद उर्दू के अनेक अच्छे लेखक-कवि फिल्मों से जुड़े। हिंदी के कुछ अच्छे गीतकार ही फिल्मों में दिलचस्पी दिखा पाए।

आज भी पचास और साठ के दशक के सर्वश्रेष्ठ फिल्मी गीत शैलेंद्र के हैं जो मूल रूप से हिंदी के एक अच्छे कवि-गीतकार थे। राज कपूर की फिल्मों में शैलेंद्र के फिल्मी गीतों का सुंदर रूप देखा जा सकता है। 'दिल का हाल सुने दिलवाला' सरीखी सहज सुंदर 'जनवादी' अभिव्यक्ति आज भला क्या फिल्मों में आसानी से मिल सकती है।

शैलेंद्र ही क्यों, देवानंद की फिल्म 'प्रेम पुजारी' में सचिनदेव बर्मन के संगीत और किशोर कुमार की आवाज में नीरज के कुछ अच्छे फिल्मी गीत मौजूद हैं। 'फूलों के रंग से दिल की कलम से' और 'शोखियों में घोला जाए फूलों का शबाब' (जिसमें आगे जाकर 'रंग में पिघले सोना अंग से रस यों छलके' सरीखी रसपूर्ण पंक्तियाँ हैं) सरीखे गाने इसलिए भी अलग से आकर्षित करते हैं कि उनके पीछे एक कुशल गीतकार की कलम सक्रिय है।

आज स्थिति बहुत बदल गई है। जावेद अख्तर में अपने पिता सरीखी प्रतिभा भले ही न हो लेकिन उनमें प्रतिभा तो है। पर फिल्मों के 'तेजाब युग' में वे प्यार का पहाड़ा गिनने के लिए मजबूर हैं। लेकिन खराब से खराब स्थिति में भी एक अच्छा साहित्यकार चालू प्रसंग को भी निखार सकता है।

हिंदी में पिछले दो-ढाई दशकों में जिन अच्छे फिल्मकारों ने कुछ अच्छी फिल्में बनाईं वे अक्सर हिंदी साहित्य के परिदृश्य से दूर रहने वाले फिल्मकार थे। कुमार शहानी ने एक बार रघुवीर सहाय की कहानी 'किले में औरत' पर एक टेली फिल्म की पटकथा अवश्य लिखी थी (जिसकी प्रति इस लेखक के पास सुरक्षित है) लेकिन वह फिल्म कभी बन नहीं पाई।

श्याम बेनेगल ने अक्सर शमा जैदी या विजय तेंडुलकर की सेवाएँ प्राप्त कीं। यह भी गौर करने की बात है कि हिंदी की अपने समय की चर्चित कृति 'सूरज का सातवाँ घोड़ा' पर अब जाकर बेनेगल ने एक अच्छी फिल्म बनाई है। इस फिल्म की पटकथा शमा जैदी की है लेकिन धर्मवीर भारती के मूल उपन्यास की बनावट ने भी इस फिल्म को एक अच्छा ढाँचा प्रदान किया है। धर्मवीर भारती लंबे समय तक मुंबई में रहे लेकिन फिल्म विधा से वे लगभग दूर ही रहे। यह भी अच्छी बात है कि 'सूरज का सातवाँ घोड़ा' पर बेनेगल सरीखे बढ़िया निर्देशक ने फिल्म बनाई। शुरू में इस उपन्यास पर फिल्म बनाने के अधिकार किसी और के पास थे।

हिंदी लेखकों में कमलेश्वर, मनोहरश्याम जोशी, शानी, मन्नू भंडारी, मृणाल पांडे आदि कुछ चुने हुए लेखक फिल्म और टेलीविजन से जुड़े रहे। हिंदी के अनेक लेखक मनोहरश्याम जोशी के 'सोप ऑपेरा' से जुड़ने की आलोचना जरूर करते रहे हैं। लेकिन अक्सर आलोचना करने वाले ये लेखक फिल्म या टेलीविजन विधा के ढाँचे, उसकी जरूरतों, उसकी दिक्कतों को जानते ही नहीं हैं। फिल्म और टेलीविजन में पैसा ज्यादा है इसलिए आसानी से यह निष्कर्ष निकाल लिया जाता है कि लेखक बिक गया।

संभवतः यह समस्या कहीं-न-कहीं लेखक के अपने मिजाज से जुड़ी है। बहुत से लेखक फिल्म और टेलीविजन के ग्लैमर, लोकप्रियता, दबावों आदि से घबराते हैं। इस तरह के दबाव में काम करना उनके वश की बात नहीं होती है। इन लेखकों

का संकोच तो समझ में आता है। लेकिन इसका अर्थ यह भी नहीं है कि जो लेखक इन विधाओं से जुड़ें उनकी आलोचना ही की जाए। लेखक खराब फिल्म लिखे, तो उसकी आलोचना उसी तरह से होनी चाहिए जैसी एक खराब रचना के बाद होती है। लेकिन फिल्म और टेलीविजन का अपना ढाँचा और अपनी शर्तें हैं। उन्हें ध्यान में रखकर ही रचनाकार की सफलता-असफलता को मापा जाना चाहिए।

कई बार लेखक पर्दे पर अपने चरित्रों को देखकर संतुष्ट नहीं होते हैं। इस बात का उन्हें पूरा अधिकार है। धर्मवीर भारती यदि 'सूरज का सातवाँ घोड़ा' के फिल्म रूप से संतुष्ट हैं तो यह इस बात का प्रमाण है कि लेखक-फिल्मकार एक-दूसरे के पूरक भी हो सकते हैं।

प्रसिद्ध जर्मन लेखक गुंटर ग्रास का एक बहुचर्चित उपन्यास है—'द टिन ड्रम'। इस उपन्यास में एक ऐसे अनोखे बौने ऑस्कर के माध्यम से कहानी कही गई है जो युद्ध की विभीषिका, समाज के पतन के विरुद्ध अपने विकास को स्वयं ही रोक लेता है। वह ड्रम बजाता है, तो उसकी आवाज से शीशे टूट जाते हैं। कहने का आशय यह है कि इस बौने की दृष्टि को सिनेमा के पर्दे पर लाना लगभग असंभव काम था। लेकिन जर्मन फिल्मकार श्लौंडोर्फ ने 1979 में इसी उपन्यास पर एक अविस्मरणीय फिल्म बनाई। स्वयं गुंटर ग्रास भी इस फिल्म को देखकर संतुष्ट थे। बौना ऑस्कर पर्दे पर आकर और भी असरदार ढंग से युद्ध और अमानवीयता के विरुद्ध अपना 'ड्रम' बजाता रहा। कान महोत्सव (फ्रांस) में इस फिल्म को सर्वश्रेष्ठ फिल्म भी माना गया।

पर्दे के लिए मुश्किल नजर आने वाली गुंटर ग्रास की कृति का फिल्मांकन सफल रहा। लेकिन अक्सर अच्छे, चर्चित और कालजयी उपन्यास पर्दे के लिए एक मुश्किल किस्म की चुनौती नजर आते हैं। नोबेल पुरस्कार प्राप्त लेखक गाब्रिएल गार्सिया मार्केस का उपन्यास 'वन हंड्रेड ईयर्स ऑफ सॉलीच्यूड' दुनिया भर में चर्चित है। हॉलीवुड से शुरू होकर निजी निर्माताओं के प्रस्ताव मार्केस के पास आए कि हम इस उपन्यास पर फिल्म बनाना चाहते हैं, लेकिन मार्केस ने अनुमति नहीं दी।

हो सकता है भविष्य में किसी समर्थ फिल्मकार को मार्केस अनुमति दे भी दें। उनकी एक अन्य चर्चित कृति 'क्रॉनिकल ऑफ ए डेथ फोरटोल्ड' पर इतालवी फिल्मकार फ्रांचेस्को रोस्सी एक फिल्म बना भी चुके हैं जो अगर बहुत अच्छी नहीं थी, तो खराब भी नहीं थी।

सिनेमा और टी.वी. के इतिहास में ऐसे असंख्य उदाहरण मौजूद हैं जब श्रेष्ठ साहित्यिक कृतियों के अच्छे फिल्म रूप बने। रवींद्रनाथ ठाकुर, विभूतिभूषण, शरत्‌चंद्र, माणिक वंद्योपाध्याय, ताराशंकर वंद्योपाध्याय, समरेश बसु इन सभी चर्चित बंगला लेखकों ने फिल्मकारों को प्रेरित किया है। खुद सत्यजित राय की अनेक कालजयी

कृतियाँ इन्हीं लेखकों की रचनाओं का पर्दे पर रूपांतरण हैं। प्रेमचंद की दो कहानियों पर राय फिल्में बना चुके हैं।

दूरदर्शन पर पिछले कुछ सालों में अनेक साहित्यिक कृतियों पर स्तरीय धारावाहिक बने हैं। शानी के उपन्यास 'काला जल', भीष्म साहनी के उपन्यास 'तमस', शरत् के उपन्यास 'चरित्रहीन' आदि दर्जनों उदाहरण हैं जो दर्शकों को इन कालजयी कृतियों से परिचित करा रहे हैं।

यह सही है कि टी.वी. माध्यम ने किसी-न-किसी रूप में युवा और बाल दर्शकों की पढ़ने-लिखने की आदतों पर खराब असर डाला है। आज का बच्चा अधिक-से-अधिक कॉमिक्स पढ़ना चाहता है। कल्पनाशक्ति को विस्तार देने की बजाय वह कल्पना की कैद में रहता है। पर कुछ सर्वेक्षणों से यह भी पता चला है कि टी.वी. पर जब 'तमस', 'काला जल' आदि धारावाहिक दिखाए गए, तो इन कृतियों की बिक्री पर भी महत्त्वपूर्ण असर पड़ा। दर्शकों का एक छोटा-सा वर्ग पर्दे पर किसी कृति विशेष के पात्रों को देखने के बाद मूल कृति का स्वाद भी लेना चाहता है।

अच्छा तो यह होगा कि टी.वी. सरीखे माध्यम खुद अच्छे लेखकों से संपर्क करें, उन्हें प्रेरित करें। युवा लेखकों को पटकथा लेखन या सिने भाषा समझाने के छोटे-छोटे 'कोर्स' भी तैयार किए जा सकते हैं।

एक जमाने में पूर्व यूरोपीय देशों में श्रेष्ठ साहित्य को पर्दे पर लाने की सार्थक कोशिशें हुई थीं। लेकिन कालजयी कृतियों और ग्रंथों को पर्दे पर व्यावसायिक ढंग से पेश करने के भी कई खतरे हैं।

पंडित नेहरू की पुस्तक 'डिस्कवरी ऑफ इंडिया' पर श्याम बेनेगल ने जब धारावाहिक बनाया, तो वह सामान्य दर्शकों द्वारा भी सराहा गया। प्रबुद्ध दर्शकों को भी यह पसंद आया। इस लेखक की यह दृढ़ धारणा है कि 'महाभारत' और 'रामायण' को अगर मसाला फिल्मकारों को न दे दिया गया होता, तो इन पर स्तरीय धारावाहिक बनते और दर्शकों द्वारा सराहे जाते। कम-से-कम दूरदर्शन उन दिनों 'सेटेलाइट युद्ध' का सामना नहीं कर रहा था। उसे 'बॉक्स ऑफिस' की चिंता भी नहीं थी। सारा सवाल दृष्टि और समझ का था।

1993

आधुनिक सभ्यता का बूचड़खाना

यूनान, फ्रांस, रूस या हॉलैंड की किसी फिल्म में आज किस तरह का चाक्षुष प्रसंग सामान्य कहा जा सकता है? हाल ही में बेंगलूर के तेइसवें अंतर्राष्ट्रीय फिल्म महोत्सव की फिल्मों को देखते हुए यह महसूस हुआ कि आज कसाई, उसका बूचड़खाना और उसके तेज औजार बहुत महत्त्वपूर्ण हो गए हैं। एक नहीं बल्कि अनेक (अलग-अलग देशों की) फिल्मों में बहुत बारीकी से कसाई के चाकू, गंडासे वगैरह को अपना काम करते हुए दिखाया जा रहा है। गौर करने की बात यह है कि चालू फिल्मकार को भी बूचड़खाना उतना ही आकर्षित कर रहा है जितना एक संवेदनशील फिल्मकार को। आखिर इन दिनों मुंबइया मसाला फिल्मों में भी कैमरा अक्सर बूचड़खाने में पहुँच जाता है।

लेकिन एक विशाल घास के मैदान की कल्पना कीजिए। मंगोलिया का एक अत्यंत विशाल घास का मैदान जो हरा भी हो सकता है और पीला भी। इंद्रधनुष अचानक थोड़े समय के लिए नजर आकर उस उजाड़ को एक जादुई रूप दे देता है। इस उजाड़ में रहता है गोंबो नाम का एक मंगोलियाई। वह एक साधारण गड़रिया है। उसका प्यारा-सा परिवार है। उसकी अधिक पढ़ी-लिखी और जागरूक बीवी है जो टेलीविजन के बारे में भी जानती है और गर्भ नियंत्रण को लेकर भी चिंतित है। इस महा मैदान में चीनी कानून मंगोलियाई परिवार को तीन बच्चे पैदा करने की छूट देता है जबकि एक चीनी परिवार सिर्फ एक बच्चा पैदा कर सकता है।

इस अनोखी दुनिया का अपना एक अलग एंटेना है जिसे 'उर्गा' कहते हैं। रूसी फिल्मकार निकता मिखालकोव की फ्रांसीसी सहयोग से बनी फिल्म 'उर्गा' को पिछले वेनिस फिल्म महोत्सव का सर्वोच्च पुरस्कार मिल चुका है। लेकिन यह उर्गा किस तरह का एंटेना है? दरअसल उर्गा बाँस की तरह का एक ऊँचा 'फाँसा' है जिसका इस्तेमाल मंगोलियाई गड़रिए जानवर पकड़ने के लिए करते हैं। लेकिन निर्देशक इस फाँसे को एक साधारण औजार के रूप में न देखकर प्रेम, अकेलेपन और ताकत के प्रतीक के रूप में देखता है। मिसाल के लिए मंगोलियाई, घास के मैदानों के अनंत विस्तार में जब प्रेम के लिए अपना एकांत खोजते हैं, तो उर्गा

को जमीन पर गाड़ देते हैं। कोई भूला भटका वहाँ पहुँच भी जाए, तो उसे पता चल जाता है कि यह 'हमें परेशान न करिए' का बोर्ड है।

गोंबो के पास उर्गा है और जब एक दिन वह शहर से लौटता है, तो उसके पास एक आकर्षक आधुनिक 'पैक' में एक रंगीन टेलीविजन होता है। टेलीविजन का एंटेना उस जादुई उजाड़ में अकेलेपन, ताकत और प्रेम का प्रतीक होना चाहता है। एक दूसरी तरह का फाँसा गोंबो और उसकी जीवन शैली को पकड़ लेना चाहता है। यह एंटेना गोंबो को शिकार के एक जानवर में बदल देता है।

इस उजाड़ में कोई बूचड़खाना तो नहीं है। पर निर्देशक ने भेड़ के वध और फिर उसे खाने का एक प्रसंग 'ग्राफिक' बारीकियों में फिल्माया है। एक मंगोल गड़रिया अच्छी तरह जानता है कि भेड़ के वध का काम उसे कहाँ और कैसे करना है। कैसे उसे जानवर को लिटाना है। मिखालकोव के अनुसार "अगर मैं उस भेड़ को पर्दे पर मारे जाते हुए न दिखाता और पर्दे पर पात्रों को भेड़ खाते हुए दिखाता, तो कोई भी उँगली न उठाता। इससे साबित होता है कि हमारी यह जानने में रुचि नहीं है कि कैसे हम उसे मारते हैं पर हम उसे खाने के लिए हमेशा तैयार हैं।"

जाहिर है कि एक महाएकांत की अपनी गति और लय में पशु के वध को समस्त बारीकियों में दिखाया जाना एक अलग अर्थ ले लेता है। निर्देशक ने इस मंगोलियाई घास के मैदान में एक रूसी ट्रक ड्राइवर को अनोखे ढंग से फँसा हुआ दिखाया है। उस अनंत उजाड़ में गाड़ी चलाते-चलाते वह ऊँघने लगता है और ट्रक को लगभग पानी में डुबो देने के नजदीक पहुँच जाता है। उसकी नींद खुल जाती है। वह चकित है। अपने को बिल्कुल अकेला इस हाल में पाकर वह तमाम तरह की बेतुकी उछलकूद करता है। एक अजीब-सी मस्ती उसे घेर लेती है। और फिर उस उजाड़ में उसे मिलता है—गोंबो गड़रिया। दोनों की दोस्ती हो जाती है।

एक फिल्म समीक्षक ने 'उर्गा' को दो पंक्तियों में यह कह कर समेट दिया था कि यह फिल्म दरअसल निरोध के प्रचार के बारे में है। गोंबो को नहीं पता है कि कैसे गर्भ नियंत्रण होता है। रूसी ट्रक ड्राइवर उसे निरोध के बारे में बता देता है और गोंबो नजदीक के शहर में जाकर कैमिस्ट की दुकान में प्रवेश करता है। दुकान पर काम करने वाली लड़की उससे पूछती है कि क्या आपको निरोध चाहिए? गोंबो यह सवाल सुनकर शरमा और घबरा जाता है। वह लामा के पास जाकर यह सलाह लेना चाहता है कि क्या निरोध का इस्तेमाल ठीक रहेगा?

लेकिन फिल्म की इस तरह की व्याख्या 'अश्लील' होगी। यह सही है कि निर्देशक ने फिल्म के पूर्वार्ध में सिनेमाई भाषा पर जो अद्‌भुत पकड़ दिखाई है वह उत्तरार्ध में ढीली हो जाती है। टेलीविजन लेकर लौटने पर घास के मैदान में सपना देखने का प्रसंग कमजोर और स्थूल है। पर पूरी फिल्म पर्याप्त संवेदनशीलता से एक गायब होती दुनिया की सच्चाई को पर्दे पर लाना चाहती है। यह दुनिया बच

नहीं पाएगी। लेकिन सिर्फ इसी वजह से वह गैर-महत्त्वपूर्ण नहीं हो जाती है?

महोत्सव की एक अद्वितीय फिल्म फ्रांसीसी फिल्मकार जाक्स रिवेत की चार घंटे की फिल्म 'ला बेलेक नोइजे' थी। 1928 में जन्मे जाक्स रिवेत शुरू में एक फिल्म समीक्षक थे। फिर उन्होंने रेनुआ और बेकर सरीखे मशहूर फिल्मकारों के सहयोगी के रूप में काम किया। फ्रांस की मशहूर फिल्म पत्रिका 'काहिएर दू सिनेमा' में रिवेत ने लिखा और दो सालों तक उसका संपादन भी किया हालाँकि उनका नाम संपादक के रूप में नहीं छपता था।

यह भी गौर करने की बात है कि फ्रांस के मशहूर सिनेमा आंदोलन 'नूवेल वाग' (नई धारा) के अधिकांश फिल्मकार कहानी कहने की कला में अब लगभग विश्वास नहीं करते हैं। पर रिवेत ने एक बूढ़े कलाकार की मास्टरपीस कलाकृति को बनाने की बेचैनी को 240 मिनट की लंबाई में कुछ इस तरह से फिल्माया है कि प्रेक्षक को महसूस होता है कि वह कलाकार की मानसिकता के एक-एक क्षण को महसूस कर रहा है। मिशेल पिकोली एक बहुत अच्छे अभिनेता हैं, इस फिल्म में उनका अभिनय अपनी ऊँचाई पर है।

जिस तरह से अनगिनत फिल्मों में कसाई के गँडासे को बारीकियों में अपना काम करते हुए दिखाया गया है उसी तरह से (बल्कि उसके मुकाबले में) इस फिल्म में एक कलाकार की पेंसिल, कलम, कूची को पर्दे पर अपना काम करते हुए दिखाया गया है। कलाकार जब अपनी मॉडेल का स्कैच बना रहा है तो कागज पर पेंसिल और कलम की निब के चलने की बारीक आवाज को भी पकड़ लिया गया है। फिल्मकार जैसे कह रहा है कि बूचड़खाने की बारीकियाँ ही महत्त्वपूर्ण नहीं हैं—एक कलाकार की छोटी और निरीह नजर आने वाली अपनी पेंसिल घिसने के एक-एक क्षण, एक-एक आवाज़ को जानना कहीं जरूरी है।

दस साल से एक पेंटर अपनी एक अधूरी पेंटिंग को नहीं बना पा रहा है। यह पेंटिंग उसे 'मास्टरपीस' लग रही है। पर वह उसे पूरा न कर पाने की रचनात्मक बेचैनी को पूरी शिद्दत से महसूस कर रहा है। उसकी अधूरी पेंटिंग की मॉडल उसकी पत्नी है। अचानक एक युवा कलाकार और उसकी प्रेमिका उस पेंटर के यहाँ आते हैं। इस लड़की को देखकर बुजुर्ग पेंटर में अपनी 'मास्टरपीस' को पूरा करने की इच्छा भयंकर रूप से जागती है। शुरू में तो यह लड़की मॉडल बनने के लिए तैयार नहीं होती परंतु धीरे-धीरे मॉडल के रूप में वह अपने शरीर और उसकी 'सही मुद्राओं' को एक बिल्कुल नए ढंग से पहचानने लगती है।

मजेदार बात यह है कि कलाकार के पेंटिंग पर काम करने की सारी बारीकियों, तनाव वगैरह को दिखाने के बावजूद कलाकृति के अंतिम रूप को हम कभी नहीं देख पाते। कलाकार अंत में उसे एक दीवार में ईंट और सीमेंट से कैद कर देता है। फिल्मकार ने दो स्त्रियों के संबंधों (पुरानी मॉडल यानी पत्नी और नई मॉडल),

कलाकार की प्रेरणा, उसकी बेचैनी, स्टूडियो का माहौल, युवा कलाकार के मन में पैदा हुई ईर्ष्या आदि को एक अविस्मरणीय सिनेमा में बदल दिया है। हम कलाकार की 'मास्टरपीस' को नहीं देख पाते पर कोई हर्ज नहीं चूँकि हमने एक फिल्मकार की 'मास्टरपीस' को देख लिया है।

मॉरिस पियाला फ्रांस के उन फिल्मकारों में से हैं जो नई धारा फिल्म आंदोलन के बहुचर्चित फिल्मकारों—मिसाल के लिए गोदार—के कटु आलोचक रहे हैं। उनकी नई फिल्म 'वॉन गॉग' भले ही एक मास्टर पेंटर के जीवन पर बनी है पर वह रिवेत की फिल्म सरीखा उत्तेजक अनुभव नहीं बन पाई है।

वॉन गॉग के जीवन ने लेखकों-फिल्मकारों को लंबे समय से आकर्षित किया है। इस जीवन पर 'लस्ट फॉर लाइफ' सरीखी भावुक किताबें लिखी गई हैं और ऐसी ही फिल्में भी बनी हैं। मॉरिस पियाला ने वॉन गॉग की एक दूसरी ही तस्वीर और जिंदगी पर्दे पर प्रस्तुत की है। उन्होंने वॉन गॉग की जिंदगी के आखिरी महीनों को अपनी पटकथा का विषय बनाया है। वॉन गॉग के अपने भाई थियो के साथ जटिल रिश्ते थे। उनका पत्र-व्यवहार साहित्य सरीखा महत्त्व रखता है। उल्लेखनीय है कि आस्ट्रेलियाई फिल्मकार पॉल कॉक्स ने थियो के नाम लिखी गई वॉन गॉग की चिट्ठियों के चुने हुए अंश और कलाकृतियों को लेकर एक पूरी फिल्म बना दी थी।

मॉरिस पियाला ने वॉन गॉग के अंतिम दिनों के नाटकीय प्रसंगों को जानबूझकर पर्दे पर नहीं दिखाया है। मिसाल के लिए वॉन गॉग द्वारा अपना कान काट लिए जाने का प्रसंग या आत्महत्या का प्रसंग पर्दे पर सामने नहीं नजर आता। इन दुर्घटनाओं के बाद का माहौल पर्दे पर आता है। खासतौर पर वॉन गॉग के निधन के बाद सराय की मालकिन के पैर पर चोट लगने, दर्द से उसके कराहने के प्रसंग ने एक त्रासद जीवन के अंत को एक-दूसरे ही ढंग से असरदार बना दिया है। निर्देशक ने कलाकार के जीवन को 'रोमांटिक' न बनाकर अच्छा ही किया है। पर वॉन गॉग के जीवन की यह भिन्न व्याख्या एक बड़ी फिल्म में नहीं बदल पाती।

पोलिश फिल्मकार क्रिस्तोफ जानुसी की फिल्म 'वेयरएवर यू आर, इफ यू आर' बेंगलूर में दिखाई गई फिल्मों में एक अन्य महत्त्वपूर्ण फिल्म थी। जानुसी की इस फिल्म के केंद्र में नीना नाम की एक स्त्री है जो मनोविदलता का शिकार हो जाती है। फिल्म में द्वितीय विश्वयुद्ध के ठीक पहले का माहौल है। जानुसी ने वारसा के एक मानसिक अस्पताल की फाइलों में छिपी एक विक्षिप्त स्त्री की सच्ची कहानी को अपनी फिल्म का आधार बनाया है। युद्ध की काली छाया फिल्म के सभी पात्रों पर है लेकिन नीना को जैसे सब-कुछ और सबसे ज्यादा सहना है।

शुरू में जानुसी ने अपनी फिल्मों में एक वैज्ञानिक सरीखा नियंत्रण और विश्लेषण दिखाया था। वे संभवतः सबसे अधिक 'बौद्धिक' पूर्व यूरोपीय फिल्मकार

थे। लेकिन इस फिल्म में मन का अँधेरा बाहर के अँधेरे से लड़ने की कोशिश में एक स्त्री की त्रासद कथा को बहुत गहरे मानवीय स्तर पर सामने लाता है। इस स्त्री की लड़ाई आज भी अर्थपूर्ण और प्रासंगिक है।

शायद मन का भी एक बूचड़खाना होता है। वहाँ भी चाकू बहुत तेजी से चलता है। पर एक कलाकार इस हिंसा को एक सार्थक विस्तार देने की क्षमता रखता है। मन के इस अँधेरे में कहीं कोई चमक जरूर है।

1992

एक भरे-पूरे जीवन की अधूरी आत्मकथा

सत्यजित राय की पहली फिल्म 'पथेर पाँचाली' 1955 में बनी थी। पच्चीस साल बाद स्व. नर्गिस दत्त ने संसद में इस फिल्म में गरीबी के चित्रण को लेकर आश्चर्यजनक आपत्तियाँ उठाई थीं। ब्रितानी लेखक एंड्रयू रॉबिंसन ने अपनी किताब 'द इनर आई' में इस ऐतिहासिक विवाद पर कुछ दिलचस्प और अर्थपूर्ण दस्तावेज दिए हैं।

विदेश में भारत की छवि और 'अपू त्रयी' फिल्मों की अंतर्राष्ट्रीय सफलता पर संसद में हंगामे के बाद नर्गिस ने एक भेंटवार्ता में कुछ ऐसी टिप्पणियाँ कीं जो एक खास तरह की मानसिकता को सामने लाती हैं–

भेंटकर्ता : अपू त्रयी में राय किस बात का चित्रण कर रहे हैं। और उसको लेकर आपकी क्या आपत्तियाँ हैं?

नर्गिस : वे पश्चिम बंगाल के एक ऐसे क्षेत्र का चित्रण कर रहे हैं जो इतना ज्यादा गरीब इलाका है कि वह भारतीय गरीबी का वास्तविक प्रतिनिधि नहीं है। मुझे बताइए कि आप भारत के किस इलाके से हैं?

भेंटकर्ता : उत्तर प्रदेश से।

नर्गिस : तो आप यह बताइए कि क्या आप अपनी अस्सी साल की दादी को श्मशान घाट में लावारिस छोड़ सकते हैं?

भेंटकर्ता : नहीं।

नर्गिस : लेकिन पश्चिम बंगाल में लोग ऐसा करते हैं। और राय इसी का अपनी फिल्मों में चित्रण करते हैं। यह भारत की सही छवि नहीं है।

भेंटकर्ता : लेकिन पश्चिम बंगाल में लोग क्या ऐसा करते हैं?

नर्गिस : मुझे नहीं पता। लेकिन जब मैं विदेश जाती हूँ, तो लोग मुझसे इस तरह के संकोच में डाल देने वाले सवाल करते हैं–क्या भारत में स्कूल हैं? क्या भारत में कारें हैं? ये सवाल सुनकर मुझे बहुत शर्म आती है। उनके सामने मेरी आँखें झुक जाती हैं। 'पथेर पाँचाली' सरीखी फिल्में विदेशों में इसलिए इतनी लोकप्रिय हैं कि वे भारत की दुर्दशा वाली छवि को अपने दिमाग में बैठाए हुए हैं और जब एक फिल्म इस छवि को प्रबलित करती है, तो वह उन्हें प्रामाणिक नजर आती है।

नर्गिस विवाद की आज भी प्रासंगिकता है। सत्यजित राय एक ऐसे दौर में हमारे बीच में से गए हैं जब सिनेमा सरीखी सशक्त विधा में मानवीय मूल्यों, गरिमा आदि की बात करना एक गुनाह माना जाने लगा है। फिल्में क्रूर हिंसा का बुरी तरह से शिकार हैं। यह जानना और जाँचना मुश्किल हो जाता है कि फिल्में जीवन का अनुकरण कर रही हैं या जीवन फिल्मों का। एक तरफ मसाला सिनेमा है जो जीवन को पर्दे पर कुछ इस भयानक ढंग से लाता है कि बाहर की हिंसक जिंदगी भी बेहतर नजर आने लगती है। दूसरी तरफ तथाकथित कला फिल्में हैं जो समकालीन जीवन की कोई अर्थपूर्ण कहानी कहने में अपनी तौहीन समझती हैं। इसीलिए उनके दर्शक लगभग नहीं के बराबर हैं।

सत्यजित राय, ऋत्विक घटक, अरविंदन आदि कुछ ऐसे फिल्म निर्देशक थे जो उस मुश्किल दौर में मानव-जीवन और प्रकृति को सुंदरता और गरिमा के साथ जोड़ने की दुर्लभ कला में दक्ष थे। ये तीनों ही आज हमारे बीच नहीं हैं। अरविंदन पिछले साल अपेक्षाकृत छोटी उम्र में ही दिल के दौरे का शिकार हो गए। घटक की अनुपस्थिति लंबे समय तक कला-प्रेमियों को खटकती रही। राय इधर कई सालों से बीमार थे। उनकी रचनात्मकता पर बीमारी ने रोक लगा दी थी। पर 'शाखा प्रशाखा' (1990) और 'आगंतुक' (1991) अपनी इन दो अंतिम फिल्मों में राय ने जिस तरह से मनुष्य के बेहतर जीवन और सभ्यता के वर्तमान स्वरूप पर प्रासंगिक बातें की थीं उससे एक नई उम्मीद जगी थी।

यह अचानक नहीं है कि सत्यजित राय की इन दोनों आखिरी फिल्मों में ऐसे दो चरित्र हैं जो राय के व्यक्तित्व और विचारों से मेल खाते हैं। 'शाखा प्रशाखा' का केंद्रीय चरित्र देखने में राय जैसा ही है। अपने बेटों को भ्रष्ट तंत्र के साधारण पुर्जे के रूप में देखकर यह 'मेहनती' और 'सफल' व्यक्ति जीवन से घबरा जाता है। पर उसका एक लड़का ऐसा भी है जो अत्यंत प्रतिभाशाली था पर दुर्घटना के कारण अपंग हो गया। पिता के पास संतोष के लिए सिर्फ यही बेटा है जो—उसे उम्मीद है कि—भ्रष्ट तंत्र का पुर्जा बन ही नहीं सकता।

राय की अंतिम फिल्म 'आगंतुक' का केंद्रीय चरित्र मनमोहन (उत्पल दत्त) स्वस्थ है, बुद्धिजीवी है, उसने दुनिया घूम रखी है। वह पैंतीस साल बाद लौटता है अपनी एक ऐसी भानजी (ममता शंकर) से मिलने के लिए जो उसे पहचानती भी नहीं है। लेकिन यह फिल्म तथाकथित जंगली समाज को सभ्य समाज की तुलना में अधिक मानवीय साबित करती है। समाज का सफल और प्रखर तंत्र मनमोहन को भी एक 'गिनीपिग' (प्रयोगशाला का चूहा) के रूप में आमने सामने बैठा देता है। वह साबित करने पर तुला हुआ है कि यह आदमी भगोड़ा है, फ्रॉड है, परजीवी है। इसकी पहचान कैसे हो? इसका पासपोर्ट देखना चाहिए। लेकिन मनमोहन का तर्क है कि पासपोर्ट मेरे पास है, मैं साबित कर सकता हूँ कि मैं ही मनमोहन

हूँ, लेकिन क्या यह मेरी सही पहचान होगी?

मनमोहन अपनी भानजी के इकलौते बेटे को सलाह देता है कि तुम कूपमंडूक नहीं बनना। दुनिया को देखने निकल जाना। 'वांडरलुस्ट' (घूमने की उत्कट इच्छा) ही आदमी का चेहरा आदमी जैसा बनाए रखती है।

लेकिन जाहिर है कि यह घूमना अभिनेत्री नर्गिस जैसा घूमना नहीं होगा कि लोग भारत के बारे में कैसे सवाल करेंगे? भारत को 'डैम' प्रधान, प्रगति प्रधान, यंत्रविधि से सुसज्जित देश के रूप में प्रस्तुत करने का भय या आशंका तब चित्त को नहीं अशांत करेगी। दुनिया को देखने का मतलब है—ऐसे लोगों की खोज जो समाज में तेजी से गायब होते जा रहे हैं। ऐसे पेड़-पौधों की खोज जो दुनिया में रहेंगे नहीं।

तीन साल पहले इन पंक्तियों का लेखक जब सोवियत संघ गया था, तो वहाँ अनेक व्यक्ति (युवा और वृद्ध दोनों) इस तरह के सवाल करते थे कि भारत में क्या सबके पास इतने आलीशान बँगले हैं जिनमें अमिताभ बच्चन या मिठुन चक्रवर्ती को दिखाया जाता है? विदेशों में भारत की छवि का सवाल बड़ा जटिल है। बल्कि सत्यजित राय सरीखे फिल्मकारों की कला ने विदेशियों के मन में भारतीय मनीषा और प्रतिभा के प्रति सम्मान जगाया है। 1970 के बर्लिन फिल्म महोत्सव में राय की फिल्म 'अरण्येर दिन रात्रि' को देखने के बाद एक पश्चिमी फिल्म लेखक की टिप्पणी थी कि पूरे महोत्सव में वही एक ऐसी फिल्म थी जो उसे याद रह सकी। क्यों? पश्चिम का ही नहीं दुनिया भर का सिनेमा कल्पनाशक्ति, तकनीक वगैरह में चतुराई दिखाकर आत्ममुग्ध है लेकिन राय अपनी फिल्मों में तकनीक में दक्ष होते हुए भी कुछ ऐसा असर डालते हैं कि वह तकनीकी चमत्कारों को जैसे जानते ही नहीं हैं।

भारतीय सिनेमा में इस तरह की दृष्टि आज भी जीवित है—यही एक बात हमें थोड़ा आश्वस्त करती है। असम में, केरल में, इस तरह का सिनेमा जीवित है। अडूर गोपालकृष्णन और जानू बरुआ (जिनकी नई असमिया फिल्म 'फिरिंगोटी' को 'आगंतुक' के साथ वर्ष की दूसरी सर्वश्रेष्ठ फिल्म का पुरस्कार मिला है) सरीखे फिल्मकार उम्मीद जगाते हैं।

यह दुर्भाग्यपूर्ण है कि राय को अपने जीवन के अंतिम महीनों में एक ऐसे पुरस्कार के दबदबे और आतंक में जीना पड़ा जो उस संस्कृति का निषेध करता है जिसका प्रतिनिधि राय थे। निश्चय ही 'क्राफ्ट' के स्तर पर राय ने हॉलीवुड के फिल्मकारों से बहुत-सी चीजें सीखी होंगी। लेकिन जीवन-भर उनकी फिल्में, उनके विचार, उनके सरोकार हॉलीवुड की 'सिंथेटिक' संस्कृति के विरुद्ध थे। यह विडंबना ही है कि बीमारी से टूट चुके राय को जीवन का अंतिम यश हॉलीवुड के 'सिंथेटिक' स्वप्न उद्योग से ही मिलना था। ऑस्कर को सिनेमा के नोबेल पुरस्कार

के रूप में देखने के लिए मजबूर होना राय के जीवन की विडंबना नहीं तो और क्या है!

एशिया ने दो ऐसे महत्त्वपूर्ण फिल्मकार पैदा किए हैं—कुरोसावा और राय जो हॉलीवुड की किसी भी धारा से नहीं जुड़ते, पर हॉलीवुड ने उन्हें अपना सर्वोच्च सम्मान दिया। कुरोसावा को जब जापान में अपनी फिल्मों के लिए पैसा नहीं मिल पाया, तो हॉलीवुड के सुपरस्टार फिल्मकारों ने उन्हें पैसा दिलवाया।

बरसों पहले सत्यजित राय ने एक मार्मिक संस्मरण लिखा था—'कोलकाता में रेनुआ'। मशहूर फ्रांसीसी फिल्मकार रेनुआ तब अपनी फिल्म 'द रिवर' की शूटिंग के सिलसिले में कोलकाता आए थे। राय तब फिल्मकार नहीं थे—सिर्फ एक फिल्म उत्साही थे। फिल्मकार के रूप में रेनुआ का मिजाज हॉलीवुड के अनुकूल नहीं था। यह अलग बात है कि द्वितीय विश्वयुद्ध ने उन्हें भी अमेरिका खदेड़ दिया था।

राय ने अपने संस्मरण में हॉलीवुड की नकली व्यवस्था के अनेक उल्लेख किए हैं। राय ने रेनुआ को बताया कि भारतीय फिल्मकारों की दिलचस्पी आसपास के यथार्थ के मुकाबले में हॉलीवुड के कुशल और नकली तंत्र में ज्यादा है। रेनुआ ने कहा, "हाँ, अमेरिकी सिनेमा...हाँ, मैं जानता हूँ उसका बड़ा खराब प्रभाव है।" हर चीज सही वक्त पर चलाने की अत्यंत संगठित व्यवस्था के रोग पर रेनुआ ने कई मार्मिक टिप्पणियाँ कीं। यहाँ तक कह दिया कि ब्रिटेन में 'ब्रीफ एन्काउंटर' सरीखी महान फिल्म इसलिए बन पाई कि उन दिनों लंदन को हवाई हमले झेलने पड़े। दबाव की स्थिति एक देश में अच्छी फिल्में पैदा करती है। मुझे लगता है कि हॉलीवुड को तो कुछ हवाई हमलों की जरूरत है!

रेनुआ की टिप्पणी में गहरा व्यंग्य और मर्म दोनों हैं। सत्यजित राय या कुरोसावा की कला का सही सम्मान हॉलीवुड में नहीं हो सकता है। हो रहा है, तो इसकी राजनीति है। शायद हॉलीवुड को राय या कुरोसावा खतरनाक नहीं नजर आते हैं।

राय की कला के मूल्यांकन में इस बात को भी ध्यान में रखना होगा कि वे रंगीन फिल्मों के दौर में आकर कम खतरनाक हो गए। 1979 में 'अरण्येर दिन रात्रि' के बाद वे महान फिल्में नहीं बना सके। रंगीन फिल्में महत्त्वपूर्ण तो हैं पर अपू त्रयी, चारुलता, जलसाघर, अरण्येर दिन रात्रि आदि से उनका कोई मुकाबला नहीं है। काली-सफेद फिल्मों के दौर की साधारण फिल्में भी रंगीन फिल्मों के दौर की असाधारण फिल्मों से बेहतर हैं। कहीं-न-कहीं इसका संबंध राय की कला से है। उसकी अपनी जरूरतों से।

लेकिन अपनी अंतिम दो फिल्मों में राय ने आत्मकथा-सी लिखनी शुरू कर दी थी। शब्द और संवाद उनकी फिल्मों में महत्त्वपूर्ण हो गए थे। दुखद बात यही है कि कला को इतना समृद्ध करने के बावजूद राय की यह आत्मकथा अधूरी रह गई है। यह कमी गहराई से महसूस की जाएगी।

1992

सिनेमा के एक सच्चे जीनियस के न रहने पर

जापान के मशहूर फिल्मकार अकीरा कुरोसावा ने कहीं कहा था—"सत्यजित राय की फिल्मों को न देखने का मतलब इस दुनिया में सूर्य या चंद्रमा के अस्तित्व को जाने बिना रहने जैसा है।"

एक महान फिल्मकार किसी दूसरे—खासतौर पर समकालीन—महान फिल्मकार के बारे में शायद इससे बड़ी टिप्पणी नहीं कर सकता। एशिया में कुरोसावा और राय दो ऐसी फिल्मी हस्तियाँ हैं जिन्हें विश्व सिनेमा के शलाका पुरुषों में बिना संकोच के गिना जा सकता है।

पश्चिम के लिए लंबे समय तक भारतीय सिनेमा ही नहीं बल्कि भारत का मतलब सत्यजित राय का बंगाल हो गया था। किसी भी दूसरे भारतीय फिल्मकार के लिए यह आसान नहीं है कि वह खुद को राय का उत्तराधिकारी समझ सके। लेखक, फिल्मकार, चित्रकार, संगीतकार, कला-साहित्य-संगीत मर्मज्ञ, डिजाइनर, फोटोकार—राय दरअसल 'रेनेसां' की कोई हस्ती लगते हैं। फिल्मकार श्याम बेनेगल ने कहीं कहा था कि राय बंगाल रेनेसां के आखिरी नाम और सच्चे अर्थों में एक आधुनिक एक साथ नजर आते हैं।

सत्यजित राय सरीखी दृष्टि आसानी से नहीं मिलती। विश्व सिनेमा के महान और मार्मिक क्षणों की कोई सूची बनाई जाए, तो राय की कालजयी फिल्मों के प्रसंग इसमें बहुत ऊपर नजर आएँगे। 'पथेर पाँचाली' (1955) का वह दृश्य क्या कभी कोई भूल सकता है जब महीनों बाहर रहने के बाद हरिहर घर लौटता है और अपनी पत्नी सर्वजया को एक-एक करके बड़े उत्साह से उपहार दिखाना शुरू करता है। जब वह अपनी बेटी दुर्गा के लिए लाया उपहार निकालता है, तो उसे पता नहीं है कि दुर्गा मर चुकी है। सर्वजया फूट-फूट कर रोने लगती है।

दरअसल 'पथेर पाँचाली' में इस तरह के एक नहीं अनेक दृश्य हैं जो मनुष्य को अधिक मानवीय होने की प्रेरणा देते हैं। राय की अपू त्रयी (पथेर पाँचाली, अपराजित और अपूर संसार), चारुलता, जलसाघर और अरण्येर दिन रात्रि इन छह फिल्मों के बल पर ही फिल्मकार की महानता को स्वीकारा जा सकता है। इनमें से अंतिम

फिल्म 1969 में बनी थी। इसका मतलब यह नहीं है कि राय बाद के 23 वर्षों में महत्त्वपूर्ण फिल्में नहीं बना पाए। बल्कि राय का तो विश्वास आखिरी समय तक काम करते रहने का था। ऐसा उन्होंने किया भी। पिछले तीन सालों में उन्होंने लगातार तीन फिल्में बनाईं और ये फिल्में अपने समय की महत्त्वपूर्ण फिल्में हैं। ऑस्कर पुरस्कार के बाद एक कवि मित्र की बधाई के जवाब में राय ने लिखा था कि बस मैं इतना स्वस्थ रहना चाहता हूँ कि हर साल एक फिल्म बना सकूँ। बीमारी ने राय की गतिविधियों को सीमित कर दिया था पर प्रतिकूल परिस्थितियों को अनुकूल बनाने की उनमें असाधारण क्षमता थी। आखिरी फिल्म 'आगंतुक' की पटकथा कमाल की है। लोकेशन पर जाकर वे सक्रिय नहीं रह सकते थे पर फिल्म को लिखने, उसकी चाक्षुष भाषा खोजने में वे सारी बारीकियों को ध्यान में रखते थे।

एक गहरी नैतिक दृष्टि राय को दूसरों से अलग करती थी। उन्होंने आदर्श दर्शक वर्ग की हमेशा तलाश की। वे जानते थे कि सीमित दर्शक वर्ग का भी बड़ा और सफल सिनेमा हो सकता है पर एक आदर्श सफल फिल्म वे उसे मानते थे जो समझौता किए बिना आर्थिक दृष्टि से सफल हो सके। उनका विश्वास कुछ बुनियादी मूल्यों में था। मिसाल के लिए ईमानदारी को वे बड़ा मूल्य मानते थे और मनुष्य में पाखंड को दुर्भाग्यपूर्ण मानते थे। दलितों के प्रति सहानुभूति को भी वे जरूरी मानते थे। जाहिर है कि ये सारी चीजें उनकी फिल्मों में भी आईं।

खासतौर पर उनके स्त्री पात्र मानवीय गरिमा का अद्‌भुत प्रमाण हैं। माधवी मुखर्जी (चारुलता और महानगर), शर्मिला ठाकुर (अपूर संसार और नायक), अपर्णा दासगुप्त (तीन कन्या), वहीदा रहमान (अभिजान), सिमी (अरण्येर दिन रात्रि), शबाना आजमी (शतरंज के खिलाड़ी), स्मिता पाटील (सद्‌गति), स्वातिलेखा चटर्जी (घरे बाइरे)—राय की फिल्मों में स्त्री पात्रों का संसार अद्वितीय है। अपू त्रयी के तो सभी पात्र जीवन के सुखों-दुखों, राग-विराग की अद्‌भुत अभिव्यक्ति हैं।

राय के पुरुष पात्र (खासतौर पर सौमित्र चटर्जी द्वारा पर्दे पर लाए गए पात्र) भी उनके ईमानदारी के सीधे सादे दर्शन की जटिल बारीकियों में जाने का दुस्साहस करते नजर आते हैं। अपू (पथेर पाँचाली), पिकू (पिकू) और मुकुल (सोनार केल्ला) सरीखे बच्चे सिनेमा में क्या आसानी से आते हैं? 'पथेर पाँचाली' की अविस्मरणीय वृद्धा और 'शाखा प्रशाखा' के नब्बे की उम्र पार कर चुके वृद्ध को हम क्या कभी भूल सकते हैं? इसी तरह की सभी चीजों में राय की महानता छिपी हुई है। राय का सिनेमा सजग रूप से चुने गए मूड और माहौल का सिनेमा है। हॉलीवुड की 'स्पेक्टेकल' शैली ने उन्हें कभी आकर्षित नहीं किया। दुनिया भर के सभी बड़े पुरस्कार पाने के बाद राय को आखिर में ऑस्कर पुरस्कार भी मिला। कारण जो भी हों, हॉलीवुड ने भी इस 'दूसरी दुनिया' के फिल्मकार की प्रतिभा को स्वीकार किया।

एक ब्रितानी फिल्म समीक्षक ने राय के परिवार की तुलना ब्रिटेन के हक्सले परिवार से की है। राय के दादा उपेंद्र किशोर ब्रह्मसमाज के बड़े प्रवक्ता थे। छपाई के क्षेत्र में उन्होंने क्रांतिकारी काम किया और बंगला में बाल साहित्य को उन्होंने प्रतिष्ठा दिलाई। सत्यजित राय के पिता सुकुमार राय चित्रकार और कवि दोनों थे। 1923 में उनकी 34 साल की अल्पायु में मृत्यु हो गई। तब सत्यजित सिर्फ ढाई साल के थे। राय को अपना बचपन मामा के यहाँ बिताना पड़ा।

सत्यजित राय की पत्नी विजया उम्र में उनसे दो साल बड़ी हैं। उनका बेटा संदीप राय अब एक सुपरिचित फिल्म निर्देशक है।

सत्यजित राय ने शांति निकेतन में भी अधूरी पढ़ाई की थी। बाद में वे एक ब्रितानी विज्ञापन एजेंसी में चले गए। फिल्मों में सक्रिय होने से पहले पुस्तक डिजाइनिंग में भी उन्होंने महत्त्वपूर्ण काम किया। लेकिन अपनी पहली फिल्म 'पथेर पाँचाली' बनाने के लिए राय को पत्नी के गहने गिरवी रखने पड़े। बंगला बाल और किशोर साहित्य में राय बहुत सम्मानित नाम हैं। प्रोफेसर शंखू और जासूस फेलू दा उनके रचे लोकप्रिय चरित्र हैं।

इमर्जेंसी के दौर में राय ने श्रीमती गाँधी के लिए फिल्म बनाने से इनकार कर दिया था। उनकी बाल फिल्म 'हीरक राजार देशे' में इमर्जेंसी की आलोचना भी है।

1992

गुरुदत्त : एक कवि और एक फिल्मकार

गुरुदत्त शिवशंकर पादुकोण—फिल्म प्रेमियों को यह नाम कुछ अजीब लग सकता है। गुरुदत्त का पूरा नाम यही था। इस प्रतिभाशाली कलाकार को लंबा जीवन नहीं मिला। आज गुरुदत्त अगर जीवित होते, तो वे सिर्फ 64 साल के होते। उन्होंने 'प्यासा' (1957) 32 साल की उम्र में बनाई थी। आज भी इस फिल्म को देखकर आश्चर्य होता है। पचास के दशक में लोकप्रिय हिंदी सिनेमा की दो मुख्य धाराएँ थीं। राज कपूर और गुरुदत्त इन धाराओं के प्रतिनिधि थे। मोटे तौर पर कहा जा सकता है कि राज कपूर इस दुनिया के फिल्मकार थे और गुरुदत्त दूसरी दुनिया के।

ये दोनों ही निर्देशक कुशल अभिनेता ही नहीं थे बल्कि फिल्म के सभी हिस्सों की गहरी जानकारी भी रखते थे। फिल्म इतिहास के 'क्रेडिट टाइटल्स' के अनुसार राज कपूर 'जिस देश में गंगा बहती है' के निर्देशक नहीं थे और गुरुदत्त 'साहब, बीवी और गुलाम' के निर्देशक नहीं थे, लेकिन इन दोनों ही फिल्मों पर इन्हीं के निर्देशन की छाप है।

गुरुदत्त का प्रारंभिक फिल्म प्रशिक्षण प्रभात स्टूडियो में हुआ था जहाँ उन्हें फिल्म को एक समग्र कला के रूप में समझने का मौका मिला। बल्कि वे प्रख्यात नर्तक उदयशंकर के नृत्य स्कूल में बाकायदा प्रशिक्षण प्राप्त कर चुके थे। शुरू में उन्होंने 'हम एक हैं' फिल्म में नृत्य निर्देशक का काम भी किया।

एक अभिनेता के रूप में गुरुदत्त की एक खास तरह की रोमांटिक और 'दूसरी दुनिया' से जुड़ी छवि है। बराबर लगता है कि वे जिस दुनिया में फँसे दिखाई पड़ रहे हैं दरअसल वे उस दुनिया के हैं नहीं। फिर चाहे पर्दे पर वह एक असफल कवि की भूमिका निभा रहे हों या एक सफल फिल्म निर्देशक की। इन दोनों भूमिकाओं ('प्यासा' और 'कागज के फूल') में गौर करने की बात यह है कि सफलता में असफलता का अँधेरा है और असफलता में सफलता की एक अलग तरह की चमक।

'प्यासा' में गुरुदत्त असफल कवि विजय के रूप में सामने आए हैं जो मृत्यु के बाद ही जैसे सफल होने के लिए अभिशप्त है। वह वास्तव में नहीं मरता है। जीवित है पर उसे मृत समझ लिया गया है। उसके 'मरते' ही उसकी किताबें छपती

हैं, धड़ाधड़ बिकती हैं और उसकी स्मृति में बड़े-बड़े आयोजन होते हैं। 'प्यासा' की कहानी में फिल्मी किस्म की अतिरंजना है लेकिन विजय की कहानी में बीसवीं शताब्दी की एक संवेदनशील दुनिया की पीड़ा छिपी हुई है जिसकी छायाएँ हम चित्रकला में मोदिग्लियानी से लेकर साहित्य में मुक्तिबोध तक देख सकते हैं। इस दुनिया में मृत्यु के बाद रचनाकार को अधिक महत्त्व मिलता है।

अतिरंजना 'कागज के फूल' में भी है। उसका नायक एक अत्यंत सफल फिल्म निर्देशक सुरेश सिन्हा है। उसने एक अमीर घर की बेटी से विवाह किया पर पत्नी से लेकर ससुर तक फिल्मी दुनिया को घटिया धंधा मानते हैं। एक बेटी है जिसे पिता से मिलने नहीं दिया जाता है। लेकिन यह सफल फिल्म निर्देशक गुमनामी और गरीबी में एक दिन स्टूडियो में निर्देशक की कुर्सी पर ही मृत पाया जाता है। सुरेश सिन्हा का यह असफल अंत बहुत तार्किक नहीं है। लेकिन गुरुदत्त ने विजय और सुरेश को एक ही सिक्के के दो हिस्सों में बाँटकर अपने समय में कलाकार की स्थिति, त्रासदी और नियति को एक आश्चर्यजनक सिने भाषा दी है।

अक्सर जो फिल्म दर्शकों द्वारा अस्वीकृत की जाती है वह कलाकार की बेहतर अभिव्यक्ति होती है। 'प्यासा' और 'कागज के फूल' दोनों बहुत निजी किस्म की (एक अर्थ में आत्मकथात्मक भी) फिल्में हैं। 'प्यासा' सफल हुई पर वह एक बेहतर फिल्म भी है। 'कागज के फूल' असफल हुई और कुछ बेहतरीन फिल्म प्रसंगों के बावजूद वह एक कमजोर फिल्म है। बड़े धूल भरे स्टूडियो का अँधेरा और रोशनी इस फिल्म को अद्भुत चाक्षुष अनुभव में बदलती है। पर कलाकार के एक वक्तव्य के रूप में 'प्यासा' अधिक प्रामाणिक और पक्की फिल्म है। और इन दोनों फिल्मों में गुलाब (प्यासा) और शांति (कागज के फूल) की भूमिका में वहीदा रहमान की उपस्थिति भी विजय और सुरेश को एक प्रकार की पूर्णता देती है। वहीदा के आकर्षक व्यक्तित्व (जिसका आकर्षण उसकी सादगी में है) के बिना गुरुदत्त का कवि-फिल्मकार रूप जैसे अधूरा रह जाता है। मतलबी और सतही सफलता की दुनिया इस कवि-फिल्मकार को खारिज कर रही है—सिर्फ गुलाब (वेश्या) और शांति (अनाथ लड़की) उसे समझ पा रही है।

'प्यासा' में जॉनी वाकर एक चंपी तेल मालिश करने वाले दोस्त की भूमिका में विजय की ही एक छवि को अर्थ देते हैं जबकि 'कागज के फूल' में जॉनी वाकर को एक अमीर बाप का बिगड़ैल बेटा बनाकर गुरुदत्त ने गलती की। गुरुदत्त सिक्के का दूसरा पहलू बन सके लेकिन जॉनी वाकर नहीं।

पर आज गुरुदत्त की फिल्मों को देखकर सुखद आश्चर्य होता है कि एक व्यावसायिक ढाँचे में वह अपने भीतर के कवि को अभिव्यक्त कर सके।

1989

अरविंदन : एक बेहतर जीवन का सपना

आजादी के बाद के भारतीय सिनेमा में पचास और साठ के दशक में सत्यजित राय और ऋत्विक घटक की जो उपस्थिति थी उसने हमारे यहाँ के सिनेमा को अपनी भाषा और गरिमा प्रदान की। बाद में सत्तर और अस्सी के दशक में फोकस बंगाल से केरल पर हो गया। अडूर गोपालकृष्णन और जी. अरविंदन ने भारतीय सिनेमा को एक नया विस्तार दिया। कोई आश्चर्य की बात नहीं है कि बंगाल और केरल दोनों ही प्रदेशों में बौद्धिक सांस्कृतिक चेतना का सामान्य स्तर बेहतर रहा है और यहाँ फिल्म सोसायटी आंदोलन की मजबूत जड़ों के कारण सार्थक सिनेमा को दर्शकों का अपेक्षाकृत अधिक समर्थन मिलता रहा है। इन फिल्मकारों ने अक्सर कम बजट में फिल्में बनाईं और अपनी शर्तों पर फिल्में बनाईं। पर एक खास बात यही थी कि थोड़ा ही सही पर दर्शकों का सहयोग इन्हें मिला।

बंगाल और केरल ने एक तरह से चार दशकों के भारतीय सिनेमा को लगभग 'नियंत्रित' किया है। किसी क्षेत्र में दो बड़ी प्रतिभाएँ जब एक ही दौर में सक्रिय हों, तो अनेक युवा फिल्मकारों को भी उभरने का मौका मिलता है।

स्व. अरविंदन इन चारों में अलग तरह के फिल्मकार थे। अक्सर उन्हें सिनेमा का 'कवि पेंटर' कहा जाता है। अरविंदन के लिए यह बात सही है। पर मणि कौल को भी 'कवि पेंटर' कहा जा सकता है (अचानक नहीं है कि अरविंदन को मणि कौल की फिल्में पसंद थीं)। अरविंदन शायद इसलिए अधिक महत्त्वपूर्ण और प्रासंगिक हैं कि कवि-पेंटर होने के अलावा वे एक 'विजनरी' भी हैं। कल्पना की अपनी ही दुनिया में रहने वाले एक स्वप्नदर्शी फिल्मकार। साहित्य, संगीत, रंगमंच, कला, दर्शन, संस्कृति से वे बहुत गहरे में जुड़े थे। बल्कि फिल्मकला को उन्होंने बहुत देर से अपनाया। वे बाकायदा प्रशिक्षित भी नहीं थे। अच्छी फिल्में देखकर वे फिल्म कला की ओर अचानक आकर्षित हुए। लेकिन कुल दस कथाफिल्मों में अरविंदन ने फिल्म कला पर अपनी अद्भुत पकड़ को साबित किया। 'थंपू' (1978), 'पोक्कूवेइल' (1981), 'इस्थपन्न' (1978-80), 'चिदंबरम' (1985), 'ओरीदथ' (1986) और 'वास्तुहारा' (1991) सरीखी फिल्में इस दौर की सिनेमाई उपलब्धियाँ हैं।

सत्यजित राय और अडूर गोपालकृष्णन की फिल्म दृष्टि अधिक 'संतुलित' और 'तगड़ी' कही जा सकती है। लेकिन अरविंदन का स्वप्नद्रष्टा स्वभाव उन्हें बिल्कुल एक अलग जगह दे देता है। यह भारतीय सिनेमा का दुर्भाग्य ही कहा जाएगा कि अरविंदन जब अपनी फिल्मों में 'नैरेशन' में एक नई पकड़ दिखा रहे थे, जब वे अधिक राजनीतिक हो रहे थे, तो उनकी मृत्यु हो गई। 'वास्तुहारा' उनकी आखिरी फिल्म है और इसमें एक 'मास्टरपीस' होने के सारे गुण मौजूद हैं। 'चिदंबरम' शायद अरविंदन की सबसे संपूर्ण और तराशी हुई फिल्म है। 'वास्तुहारा' में उन्होंने एक नए सिनेमाई आत्मविश्वास का परिचय दिया है। विस्थापित मानसिकता की भीतरी गहराइयों का पूरा ध्यान रखते हुए उन्होंने बाहरी सच्चाई से भी जैसे पूरी मुठभेड़ की कोशिश की है।

'चिदंबरम' अगर अरविंदन की सबसे संपूर्ण फिल्म लगती है, तो उनके स्वभाव के अनुकूल फिल्में 'इस्थपन्न' और 'पोक्कूवेइल' हैं। 'पोक्कूवेइल' एक संवेदनशील युवक बालू की दुनिया में हमें ले जाती है। यह युवक धीरे-धीरे अपने आसपास से कटकर विक्षिप्तता के अँधेरे में जा रहा है। मानसिक अस्पताल से शुरू हुई यह फिल्म वहीं खत्म होती है। लेकिन इस बीच बालू का पिता, प्रेमिका, महत्त्वाकांक्षी खिलाड़ी और एक क्रांतिकारी से संबंध और इन संबंधों की एक पूरी भूलभुलैया पर्दे पर आती है। बालू के भीतर एक कवि मौजूद है। इस कवि को पहचाना जा सकता है पर शायद इसका सामना करना, उसे स्वीकार करना, समाज के लिए आसान नहीं है।

'इस्थपन्न' भी एक तरह से 'पोक्कूवेइल' का ही विस्तार है। समुद्र से हम स्टीफन को आता हुआ देखते हैं। अंत में वह समुद्र की ओर ही जा रहा है। स्टीफन के होने, न होने के बारे में कई कहानियाँ प्रचलित हैं। वह मसीहा है, एक चमत्कारी पुरुष है, एक चोर है, एक धूर्त है। वह सब-कुछ होने का भ्रम पैदा कर सकता है। वह संत भी है और कवि भी है।

खुद अरविंदन बालू और स्टीफन के नजदीक हैं। ये दो पात्र उनके प्रिय पात्र हैं। ये वास्तविक हैं और अवास्तविक भी। वे अपने आस-पास से जुड़ने की कोशिश जरूर करते हैं पर सफल होना उनकी नियति नहीं है।

'थंपू' और 'ओरीदथ' दोनों ही गाँव की कहानियाँ हैं। इनमें बालू और स्टीफन जैसे केंद्रीय चरित्र नहीं हैं। लेकिन जैसे बहुत से लोग अपनी सामूहिकता में अरविंदन के 'लैंडस्केप' में खड़े हैं। सर्कस की दुनिया दूर के एक गाँव से जुड़ती है और अलग होती है। एक गाँव में बिजली आने वाली है। दुनिया बदल जाएगी। पर अरविंदन को पूरा भरोसा नहीं है कि दुनिया बेहतर ही होगी।

एक कलाकार के लिए शायद भरोसा करना आसान भी नहीं है। रूसी फिल्मकार तारकोवस्की 'फिल्मकारों के फिल्मकार' कहे जाते हैं। दुनिया भर के फिल्मकार

तारकोवस्की की फिल्म कला से प्रभावित रहे हैं। एक बार एक इंटरव्यू में अरविंदन ने कहा भी था कि बरसों से उन्होंने 'सैक्रीफाइस' (तारकोवस्की की आखिरी फिल्म) जैसी कोई फिल्म नहीं देखी है और उन्हें तारकोवस्की की सभी फिल्में पसंद हैं।

अरविंदन ने दरअसल एक अच्छे अर्थों में तारकोवस्की से सीखा है। अरविंदन और उनकी अनेक फिल्मों के कैमरा निर्देशक शाजी करुण ('पीरवी' के निर्देशक) की संयुक्त सिनेमा दृष्टि तारकोवस्की के बहुत निकट है। कोई आश्चर्य नहीं कि प्रकृति अरविंदन के यहाँ केंद्रीय पात्र है। वही व्यक्ति को मुक्त करती है और वही सामूहिक मुक्ति का भी एक केंद्रीय स्रोत है।

'चिदंबरम' और 'वास्तुहारा' दोनों में प्रकृति की इस शक्ति को देखा जा सकता है। 'पोक्कूवेइल' और 'इस्थपन्न' तो खैर प्रकृति केंद्रित फिल्में हैं। पर 'चिदंबरम' और 'वास्तुहारा' में एक पौधा या पेड़ या खेत जब हिलता है, तो कहानी को जैसे एक 'विजनरी' विस्तार मिल जाता है।

'चिदंबरम' में तीन पात्र हैं और चौथी चीज है प्रकृति। एक सुंदर दुनिया हमें जैसे सम्मोहित कर रही है। सुपरिंटेंडेंट शंकरन फार्म के छोटे कर्मचारी मुनियांदी की पत्नी शिवकामी के प्रति आकर्षित है। अपनी पत्नी के विश्वासघात को मुनियांदी सहन नहीं कर पाता। वह अपनी पत्नी की हत्या कर देता है और स्वयं आत्महत्या कर लेता है। जीवित बचा रह जाता है शंकरन। अपनी अपराधभावना के अँधेरे में चीजों को पहचानने की वह सिर्फ कोशिश कर सकता है।

अरविंदन का व्यक्तित्व भी बहुत शांत था। बहुत धीरे बोलना उनकी खास पहचान थी। उनकी फिल्में भी वहुत धीरे बोलती हैं। 'चिदंबरम' की कहानी में परस्त्री गमन, हत्या, आत्महत्या सब-कुछ है। पर फिल्म एक जादुई लोक के आकर्षण के बाद एक वर्जित प्रदेश में प्रवेश के मोह और फिर उसकी वजह से पैदा हुई अपराध भावना को जानने-जाँचने की कोशिश करती है।

'वास्तुहारा' में विभाजन और बंगलादेश के मुक्ति संग्राम के विस्थापितों के न्यूजरील फुटेज का भी इस्तेमाल किया गया है। फिल्म का बहुत बड़ा हिस्सा शरणार्थियों की समस्याओं से जूझ रहे एक रिफ्यूजी जूनियर ऑफिसर के संसार को समर्पित है। फिल्म के केंद्र में एक ऐसी बंगला महिला है जिसने एक मलयाली से शादी की थी पर पति की मृत्यु के बाद उसने अपने जीवन की लड़ाई खुद लड़ी। उसके बच्चे नक्सलवाद से आकर्षित हुए। लड़की जेल से 'पेरोल' पर आई हुई है। लेकिन बाहरी दुनिया की इन कटु सच्चाइयों के बीच अचानक प्रकृति एक बड़ी राहत का काम करती है।

अरविंदन अपने पात्रों और प्रकृति के प्रति एक अद्भुत ममता दिखाते हैं। 'वास्तुहारा' में एक साधारण-सा प्रसंग है। कोलकाता के होटल में ठहरा हुआ नायक सुबह-सुबह उठकर बाल्कनी में आता है। वह आधी नींद में सुबह का स्वागत कर

रहा है। बगल की बाल्कनी में हम एक दाढ़ी वाले बूढ़े को बड़े जोश में कसरत करते हुए देखते हैं। बाद में रेस्तराँ में वह दूर अकेला मेज पर बैठा खूब जमकर खाता हुआ दिखाई देता है। यह पात्र फिल्म की मूल कथा से कोई मतलब नहीं रखता। पर वह हमें याद रहता है। अरविंदन की फिल्म कला की यह एक बड़ी विशेषता है।

अरविंदन कवियों, विक्षिप्तों, संतों, विस्थापितों के फिल्मकार थे। उन्होंने कुछ गिनी-चुनी फिल्मों से ही अपना एक खास 'प्रदेश' रच दिया था। इस 'प्रदेश' की अपनी सिनेमाई शर्तें थीं। मूल रूप से यह चाक्षुष विश्व था जहाँ संत, पागल, कवि, विस्थापित सब भटक रहे थे। पर जीवन से उनका गहरा लगाव था। वे एक बेहतर जीवन का सपना थे।

1991

‘चिदंबरम’ कहाँ है?

अरविंदन की मलयालम फिल्म ‘चिदंबरम’ एक विश्वसनीय और गहरा सिनेमाई अनुभव है। अरविंदन की यह सातवीं कथाफिल्म सी.यू. श्रीरमण की कहानी पर आधारित है। इसके केंद्र में एक बड़ा सुंदर और रसीला सरकारी फार्म है जहाँ शंकरन (गोपी) ऑफिस सुपरिंटेंडेंट के रूप में काम कर रहा है। वह अविवाहित है और उसकी एक अकेली-सी जिंदगी है। यह फार्म केरल और तमिलनाडु की सीमा के पास एक पहाड़ी इलाके में बना हुआ है। बहुत सुंदर और रसीला फार्म है यह और कोई आश्चर्य नहीं कि लोगों को यह स्विट्ज़रलैंड के किसी सैरे (लैंडस्केप) की याद दिलाए। अरविंदन ने अपनी फिल्म की शूटिंग जिस फार्म में की है वह यूँ भी स्विस सहयोग से बना है। इस फार्म में हट्टे-कट्टे तंदुरुस्त मवेशी भी हैं। शंकरन के पास अपने काम के लिए छोटा-सा दफ्तर है, एक टाइपिस्ट है। फार्म का एक अन्य कर्मचारी जैकब है जो दुनियादार किस्म का आदमी है।

‘चिदंबरम’ बहुत आसानी से अपने प्रमुख पात्रों से हमारी पहचान करा देती है। थोड़ी देर के लिए हम उस दुनिया में चले जाते हैं। उस फार्म में मुनियांदी नाम का एक सीधा सादा (भगवान से डरने वाला) चौकीदार भी काम करता है। हम शुरू में देखते हैं कि शंकरन शाम को अपने कमरे में अकेला बैठा शराब पी रहा है। मुनियांदी उसके पास शरमाता-झिझकता हुआ आता है। जल्दी ही वह शादी करने वाला है। उसे छुट्टी चाहिए। शंकरन उसे अपने साथ बैठाकर शराब पिलाता है। (बाद में जैकब इस बात पर एतराज करता है।) मुनियांदी पहले तो झिझकता है पर बाद में गटागट शराब पीने लगता है। वह जल्दी ही धुत होकर ऊँचे स्वर में एक गाना गाने लगता है। यह फिल्म का एक स्मरणीय प्रसंग है। अरविंदन ने इसे बहुत ही सहजता से फिल्माया है।

मुनियांदी की शादी एक तमिल लड़की शिवकामी (स्मिता पाटील) से होती है। शंकरन इस शादी में शरीक होता है और अपने कैमरे में नवविवाहित जोड़े के चित्र भी खींचता है। जैकब मुनियांदी को विवाह के बाद लंबी छुट्टी देने के पक्ष में नहीं है। शादी के फौरन बाद मुनियांदी को शिवकामी के साथ फार्म में

आ जाना पड़ता है। मुनियांदी अपनी सुंदर पत्नी से अभिभूत है। उस फार्म में सुंदर पेड़ हैं, फूलों के आकर्षक बाग हैं। शिवकामी एक सपने देखने वाली लड़की है। शुरू में फार्म के वातावरण से वह भयभीत है पर धीरे-धीरे वहाँ उसे एक नया अर्थ दिखाई देने लग पड़ता है। उसका डर कम हो जाता है। एक दिन वह फूलों के बगीचे से बहुत खुश वापस लौटती है। लेकिन मुनियांदी उससे कहता है कि "तुम उस बाग में मत जाना"। मुनियांदी यह बात बहुत सहजता और प्यार से ही कहता है, पर धीरे-धीरे शिवकामी और शंकरन में निकटता आ जाती है। जैकब एक दिन मुनियांदी की रात की ड्यूटी लगा देता है। सीधे-सादे और अपने अफसरों से आतंकित मुनियांदी को स्वाभाविक ही इसमें एक साजिश नजर आती है। वह ड्यूटी करते-करते अचानक वापस अपने घर आता है। वह दरवाजा खटखटाता है और हम एक परछाईं को भागता हुआ देखते हैं। यह परछाईं शंकरन की है। अगली सुबह शंकरन को मालूम पड़ता है कि मुनियांदी ने रस्सी से लटककर आत्महत्या कर ली है। लोगों को हम यह बात करते हुए सुनते हैं कि आत्महत्या से पहले मुनियांदी ने शायद अपनी बीवी की हत्या भी कर दी थी।

भयभीत शंकरन फार्म से भाग जाता है। वह तरह-तरह के काम करता है। जगह-जगह भटकता है। उसे 'शांति' नहीं मिलती। अंत में हम उसे चिदंबरम के उस प्राचीन मंदिर में देखते हैं जिसके बारे में कहा जाता है कि वहीं भगवान शिव के आदि लिंग रूप को नटराज की छवि मिली थी। इस मंदिर में शंकरन एक भिखारी औरत के पास जाता है। उसे देखकर वह चौंक जाता है। उस औरत में उसे शिवकामी की छवि नजर आती है। उसके चेहरे पर घाव है। कैमरा धीरे-धीरे ऊपर की ओर उठता है। फिल्म यहीं खत्म हो जाती है।

निर्देशक ने कहानी के दोनों रूपों को बनाए रखा है। शायद मुनियांदी ने आत्महत्या से पहले अपनी पत्नी की हत्या कर दी हो। यह भी हो सकता है कि शुरू में कुछ लोगों को गलतफहमी हुई हो और शिवकामी सिर्फ घायल हुई हो। फिल्म के शुरू के एक प्रसंग में हम यह भी देख चुके हैं कि शिवकामी शंकरन से अपने घर का पता लिखवाती है। उसका घर चिदंबरम में है।

अरविंदन एक पेंटर भी हैं और केरल के जाने-माने कार्टूनिस्ट भी। उनकी फिल्में शुरू से ही एक जबर्दस्त चाक्षुष अनुभव सिद्ध होती रही हैं। 'चिदंबरम' के अनेक प्रसंगों में निर्देशक की खूबसूरत पकड़ है। मुनियांदी के धुत हो जाने वाले प्रसंग के अलावा खुले मैदान में मित्रों के साथ शंकरन की छोटी-सी शराब पार्टी का फिल्मांकन और उसकी संपूर्ण कल्पना अद्‌भुत है। इस पार्टी में शिवकामी को लेकर जैकब और शंकरन के बीच झगड़ा भी हो जाता है। जैकब का कहना है कि शिवकामी 'चालू' है जबकि शंकरन कहता है कि नहीं वह दूसरी तरह की औरत है। एक अन्य प्रसंग में हम सुबह शंकरन को बिस्तर पर औंधा पड़ा देखते

हैं। उसके कमरे में चीजें और बोतलें बिखरी पड़ी हैं। ब्लैक लेबल स्कॉच व्हिस्की की बोतल और उसका डिब्बा भी वहाँ है। (शंकरन का एक रिश्तेदार दुबई से लौटा है।) शिवकामी वहाँ पर आती है और चीजों को समेटकर रखना शुरू कर देती है। बोतल को वह नीचे एक कोने में रख देती है। लेकिन उस बोतल के चमकदार डिब्बे को वह बड़े आदर से मेज पर किसी देवता की मूर्ति की तरह खड़ा कर देती है!

गोपी ने हमेशा की तरह बहुत अच्छा अभिनय किया है। प्रेस कान्फ्रेंस में अरविंदन से किसी ने कहा कि स्मिता पाटील एक तमिल लड़की नहीं नजर आती है। अरविंदन ने हँसकर कहा; "मैं आपको स्मिता पाटील सरीखी दर्जनों तमिल लड़कियाँ दिखा सकता हूँ"।

बहुत-से लोग कह सकते हैं कि 'चिदंबरम' की धर्मभीरु नवविवाहिता इतनी आसानी से 'सपने' कैसे देखने लग सकती है? लेकिन 'सपने देखने वाली लड़कियाँ' क्या किसी खास वातावरण में ही पैदा होती हैं? इस फिल्म में शंकरन की भूमिका 'नेगेटिव' जरूर है पर अरविंदन ने अपने केंद्रीय पात्र को खलनायक भी नहीं बना दिया है। मुनियांदी की शादी में जाने के पहले हम शंकरन को उजाड़ ग्रामीण सैरे में मिट्टी के बड़े-बड़े घोड़ों की तस्वीरें खींचते हुए देखते हैं। वह एक अलग तरह का ऑफिस सुपरिंटेंडेंट है और 'चिदंबरम' एक अलग तरह की फिल्म है। यह फिल्म अपराध भावना, प्रेम, परस्त्रीगमन आदि की दुनिया से हमें आध्यात्मिक-धार्मिक विकल्प की ओर नहीं ले जाती है। यह तो एक बहुत आसान रास्ता होता। 'चिदंबरम' नाम निर्देशक के लिए कई अर्थ छायाएँ रखता है। वह एक ऐसा शहर है जहाँ हममें से कइयों को अपने जीवन में जाना पड़ता है। और वहाँ पर हमें भ्रम-विभ्रम की स्थिति से कड़ा संघर्ष भी करना पड़ता है।

1986

जो डरा वो मरा

1989 के नई दिल्ली महोत्सव के भारतीय पेनोरमा खंड में दिखाए जाने से पहले मीरा नायर की पहली कथाफिल्म 'सलाम बांबे' इतने ज्यादा अंतर्राष्ट्रीय पुरस्कार और ख्याति पा चुकी थी कि इस फिल्म के सामने 'नतमस्तक' होने के अलावा कोई रास्ता ही नहीं था। पिछले साल गर्मियों में विश्व के सबसे प्रतिष्ठित महोत्सव कान (फ्रांस) में 'सलाम बांबे' को महत्त्वपूर्ण पुरस्कार ही नहीं मिला, बल्कि अभूतपूर्व अंतर्राष्ट्रीय 'एक्सपोजर' भी मिला। 31 साल की छोटी उम्र में ही मीरा नायर 'इंडिया कैबरे' नाम से एक ऐसा वृत्तचित्र बना चुकी हैं, जिसमें कथाफिल्म के गुण हैं। उस गैरकथा फिल्म की अद्भुत कैबरे नर्तकी रेखा को भला कैसे भुलाया जा सकता है? और अब रेखा नाम की वेश्या (अनिता कँवर) 'सलाम बांबे' में भी है। दिलचस्प बात यह है कि 'सलाम बांबे' एक ऐसी कथाफिल्म है जिसमें वृत्तचित्र के भी अनेक गुण छिपे हुए हैं। शायद मीरा नायर की कल्पनाशक्ति में वृत्तचित्र और कथाफिल्म की आवाजाही केंद्रीय है।

क्या 'सलाम बांबे' को शुद्ध अर्थों में हिंदी की फिल्म, बल्कि यों कहें कि भारतीय फिल्म माना जा सकता है? द रॉकफैलर फाउंडेशन ने इसके निर्माण में सहयोग दिया। राष्ट्रीय फिल्म विकास निगम, दूरदर्शन, ब्रिटेन का चैनल चार, फ्रांस की टेलीविजन कंपनी–सभी इस फिल्म के निर्माण में शामिल हैं। खुद मीरा नायर का जन्म उड़ीसा के एक कस्बे में हुआ था जहाँ वह 15 साल तक रहीं। बाद में वह दिल्ली विश्वविद्यालय में भी थीं जहाँ रंगमंच की अभिनेत्री के रूप में वह कुछ समय तक सक्रिय रहीं। 1976 में वह हार्वर्ड विश्वविद्यालय चली गईं। अमेरिका में ही मीरा की फिल्म-विधा में दिलचस्पी शुरू हुई। 'सलाम बांबे' से पहले मीरा ने चार गैरकथा फिल्में बनाई थीं जिनमें से 'इंडिया कैबरे' (1985) 57 मिनट की एक महत्त्वपूर्ण फिल्म है, हालाँकि दूरदर्शन इसे दिखाने का साहस अभी नहीं जुटा पाया है। सुना है कि भूतपूर्व महानिदेशक भास्कर घोष ने इस फिल्म की तारीफ भी की थी।

आधुनिक पोशाक में हार्वर्ड प्रशिक्षित मीरा को आप मुंबई में सड़क पर काम

करने वाले बच्चों के बीच देखेंगे, तो उन दो दुनियाओं में कोई रिश्ता आसानी से नहीं बन पाएगा। पर मीरा का कहना है, ''एक व्यक्ति की पोशाक का कोई महत्त्व नहीं है, काम का महत्त्व होता है।''

इसमें कोई शक नहीं कि 'सलाम बांबे' मुंबई के अनाथ और अभागे बच्चों की मार्मिक कहानी जिस तरह से कहती है उसकी अपील 'सार्विक' है। लेकिन जैसा कि मीरा नायर ने दिल्ली महोत्सव में बताया कि फिल्म बनाने के दौरान हमारा नारा यह था 'जो डरा वो मरा'। दरअसल ये बच्चे जैसा जीवन जीते हैं उसमें डरने का मतलब खत्म हो जाना है।

'बूट पालिश' और 'सलाम बांबे' में तीस साल का फासला है। मीरा नायर की निगाह ज्यादा तीखी है और भावुकता की चपेट में भी थोड़ा कम आने वाली है। मीरा की दिलचस्पी वेश्याओं, कैबरे नर्तकियों, सड़कछाप अनाथ बच्चों में है। उनका कहना है, ''समाज के हाशिए पर रहने वाले लोग मुझे ज्यादा आकर्षित करते हैं।''

'सलाम बांबे' के केंद्र में 10 साल का एक लड़का कृष्ण है जो मुंबई में अपना नाम खो चुका है, अब वह सिर्फ 'चायपाव' रह गया है। मुंबई की भीड़, वेश्यालयों की घुटन, कब्रिस्तानों के चिलमचियों के बीच चायपाव स्थितियों से डर नहीं रहा है बल्कि लड़ रहा है। डेढ़ घंटे से थोड़ी ही लंबी इस फिल्म में कई पात्र हैं। वेश्या रेखा है जिसकी आठ साल की बच्ची है। चिलम (रघुवीर यादव) नाम का युवक है जो नशीली दवाओं के धंधे का शिकार हो गया है। बाबा (नाना पाटेकर) है जो 'रेड लाइट एरिया' का बॉस है। वेश्यालय में एक नेपाली लड़की 'सोलह साल' लाई जाती है। चायपाव को इस लड़की से प्रेम है। वह उसे बचाना चाहता है और अपने घर वापस जाना चाहता है।

मीरा नायर ने रंगमंच के लोगों की मदद से मुंबई की सड़कों के बच्चों को प्रशिक्षित किया। उन्हें यह नहीं बताया कि तुम्हें फिल्म में काम करना है। तब तो सब गड़बड़ हो जाता। उन्हें यही बताया गया कि एक नाटक के लिए काम करना है। शफीक सैयद को चायपाव के रूप में लोग भूलेंगे नहीं।

शफीक के संदर्भ में याद किया जा रहा है कि कभी सत्यजित राय की क्लासिक फिल्म 'पथेर पाँचाली' ने दर्शकों के मन पर ऐसी ही छाप छोड़ी थी। और आज, उस फिल्म का प्यारा बच्चा अपू यानी सुबीर बैनर्जी एक फैक्ट्री मजदूर के रूप में अनाम जिंदगी जी रहा है। लेकिन चार्ली चैप्लिन की फिल्म 'द किड' का जैकी कूगान बाद में स्टार भी हो गया था! शफीक भले स्टार हो या न हो, लेकिन इस फिल्म के हर फ्रेम में वह अच्छी तरह से मौजूद है।

'सलाम बांबे' की सफलता इस अर्थ में भी है कि इसे देखने के बाद जब कोई दस साल का बच्चा आपके सामने चायपाव लेकर दौड़ता-हाँफता नजर आएगा,

तो आप उसकी उपेक्षा नहीं कर पाएँगे। उसका भी एक जीवन है—आप सोचेंगे। और आखिर इस जीवन को बदला क्यों नहीं जा सकता है?

मीरा नायर की टीम ने सड़क के बच्चों के लिए बहुत कुछ किया है। उनके भविष्य को बेहतर बनाने की कोशिश भी की है। लेकिन मीरा ने बताया, "हम ऐसा प्रभाव बिल्कुल नहीं पैदा करना चाहते थे कि बाद में हम उन बच्चों के माँ-बाप बन जाएँगे। यह साफ कर दिया गया था कि मैं उनकी माँ हमेशा के लिए नहीं बन सकती हूँ।"

मीरा नायर में कोई बात तो है ही कि वह रेखा और चायपाव सरीखे पात्र पर्दे पर ला सकीं। एक कैबरे नर्तकी या चिल्लर (चेंज) समझा जाने वाला एक बच्चा—पर्दे पर ये लोग अविस्मरणीय हो गए हैं।

1989

हिंदी की अपने ढंग की पहली फिल्म

"मैंने अपने गली-मोहल्ले को जी-जान से प्यार किया है—उसके एक-एक व्यक्ति को, एक-एक घर को, उसकी सारी मानवीय जटिलताओं को, उसके अपने अनोखेपन को...कौन नहीं था वहाँ? रईस थे, पंडे थे, बाबू लोग थे, कांग्रेसी थे, क्रांतिकारी थे, खुफिया पुलिसवाले थे, मास्टर-मुदर्रिस थे, बच्चे थे, कम्युनिस्ट थे, कुबड़ी गुलकी थी, घेघा बुआ थी, मुन्ना बाबू थे, भिखा था, सत्ती थी, हकीम जी थे, अम्मा थी, मैं था...मगर ये सब बाहरी संज्ञाएँ थीं। जरा-सा खरोंचकर देखिए, वही मोहल्ले की मिट्टी थी, आज भी है...इसके अलावा कुछ हो नहीं सकती...मैं अब इलाहाबाद का नहीं हूँ पर अपने गली-मोहल्ले का अब भी हूँ—अपने अंतर के अंतरतम तक में... ।" (भारती, संगम से सागर, पृ. 144)

'सूरज का सातवाँ घोड़ा' के लेखक धर्मवीर भारती का यह उद्धरण श्याम बेनेगल की इसी कृति पर आधारित और इसी नाम की नई फिल्म को देखते हुए याद आता है। फिल्म की शुरुआत मशहूर चित्रकार और गुजराती कवि गुलाम मोहम्मद शेख के चित्रों की प्रदर्शनी से होती है। सत्तर के दशक में ये चित्र 'प्लेस फॉर प्यूपल' प्रदर्शनी में चर्चा का विषय रहे थे। गुलाम शेख ने वडोदरा शहर की गलियों, मोहल्लों, मकानों, लोगों आदि को एक काव्यात्मक दृष्टि के साथ पेंट किया था। धर्मवीर भारती के अंतर के अंतरतम में इलाहाबाद का जो मोहल्ला, गली और लोग हैं लगभग वही गुलाम शेख के वडोदरा में हैं।

बजट की सीमाओं के कारण भी श्याम बेनेगल इलाहाबाद नहीं जा सके। मुंबई में उन्होंने एक सेट बनवाकर 'सूरत का सातवाँ घोड़ा' की अनोखी कहानियों, पात्रों, माहौल को जीवंत बना दिया है। पीयूष शाह के कल्पनाशील कैमरे ने भी माहौल को 'जरा-सा खरोंच कर' देखने की सुविधा प्रदान कर दी।

हिंदी में फिल्में तो बहुत अच्छी बनी हैं लेकिन हिंदी की वास्तविक दुनिया, भाषा, मिजाज, माहौल अक्सर इन फिल्मों में एक सिरे से गायब रहा है। स्वयं श्याम बेनेगल ने दर्जनों फिल्में हिंदी में बनाई हैं। लेकिन पहली बार उन्होंने हिंदी की एक साहित्यिक कृति को आश्चर्यजनक प्रामाणिकता के साथ पर्दे पर उतारा

है। प्रकाश झा की 'दामुल' में बिहार का एक दूसरी तरह का परिवेश सामने आया था।

इलाहाबाद साहित्यकारों द्वारा तो खूब प्रामाणिक ढंग से चित्रित हुआ है लेकिन हिंदी सिनेमा में पहली बार हिंदी प्रदेश के एक निम्न मध्यवर्गीय यथार्थ को इतनी कलात्मकता के साथ फिल्माया गया है। 'भूमिका', 'त्रिकाल' और 'मंडी' के बाद बेनेगल की यह सबसे महत्त्वपूर्ण फिल्म है। बल्कि विषय के विस्तार, गहराई और परिवेश को देखते हुए केवल 'भूमिका' ही 'सूरज का सातवाँ घोड़ा' का मुकाबला कर सकती है।

बेनेगल ने मानवीय जटिलताओं और परिवेश के 'अनोखेपन' को बहुत खूबसूरती से फिल्माया है। परिवेश पचास के दशक का है। हिंदी की दुनिया में प्रेम के नाम पर जब बहसें होती थीं, तो 'देवदास' वगैरह की खिल्ली उड़ाई जाती थी। बौद्धिक वर्ग देवदास का भले ही उपहास उड़ा रहा था लेकिन इस वर्ग को जिस दुनिया से जूझना पड़ता था या जिन लड़कियों से प्रेम करना पड़ता था वे बड़े चाव से देवदास पढ़ रही थीं। बेनेगल के अनुसार 'सूरज का सातवाँ घोड़ा' के साहित्यिक मित्र आपसी बहसों में देवदास के पात्रों की खिल्ली उड़ाने के बावजूद धीरे-धीरे स्वयं उन्हीं पात्रों के समान नजर आने लगते हैं।

उपन्यास के केंद्र में माणिक मुल्ला (रजित कपूर) है जो अपने दोस्तों को कहानियाँ सुनाता है। कहानियों के बाकायदा शीर्षक हैं हालाँकि कभी-कभी माणिक को शीर्षक देने की मजबूरी से स्वाभाविक खीझ भी होने लगती है। ये कहानियाँ तीन-चार परिवारों के युवक-युवतियों पर अनोखे ढंग से फोकस करती हैं। कुछ बुजुर्ग पात्र भी महत्त्वपूर्ण हैं—महेसर दलाल और चमन ठाकुर सरीखे पात्र। लेकिन मुख्य रूप से फिल्म के केंद्र में माणिक मुल्ला, तन्ना, जमुना, लिली, सत्ती वगैरह हैं। ताँगे वाले की भी महत्त्वपूर्ण भूमिका है। जैसा कि मित्रमडंली की बहस में यह मुद्दा उठता भी है कि एक कहानी की बड़ी सरल व्याख्या हो सकती है कि ताँगे वाला कामगार वर्ग का प्रतिनिधि है जो मध्यवर्गीय कुंठाओं, उलझनों और सामंती व्यवस्था के बीच पिस रही जमुना को मुक्त कराता है।

दरअसल श्याम बेनेगल की फिल्म में सच्चाई, कल्पना, स्वैर कल्पना को लगभग गाब्रिएल गार्सिया मार्केस की शैली के जादुई यथार्थ के माध्यम से उभारा गया है। निश्चय ही इस फिल्म की पटकथा और फिल्मांकन में मार्केस का एक अच्छे अर्थ में इस्तेमाल हुआ है।

फिल्म में महिला पात्र—जमुना, लिली और सत्ती मजबूत हैं। वे अपने को एक पिछड़े परिवेश से मुक्त करने की ताकत भी रखती हैं। लेकिन पुरुष पात्र ऊँची-ऊँची बातों, इरादों और सपनों के बावजूद ऐन मौके पर इन स्त्रियों के साथ चाहे-अनचाहे छल करते दिखाई देते हैं।

फिल्म में खासतौर पर जमुना और सत्ती की छवि बहुत अलग किस्म की है। सत्ती की भूमिका सुपरिचित अभिनेत्री नीना गुप्ता ने निभाई है। लेकिन जमुना के रूप में राजेश्वरी सचदेव इतनी अधिक सहज और प्रामाणिक है कि लगता ही नहीं कि हम किसी नायिका को पर्दे पर देख रहे हैं।

सत्ती हाथ में छुरी लिए घूमती है लेकिन छुरी महेसर (अमरीश पुरी) के बलात्कारी इरादों से उसे बचा नहीं पाएगी। एक रात वह माणिक मुल्ला के पास आएगी और वह चुपचाप उसे रसोई में बैठाकर महेसर और चमन ठाकुर के हवाले कर देगा। एक मार्मिक प्रसंग में माणिक अपनी अधकचरी आधुनिकता के भार से दबी कविता, सत्ती और चमन ठाकुर (एक पुराना फौजी जो अब मोहल्ले के एक कोने में साबुन बनाने का धंधा चलाता है) को सुनाता है। 'यह भला कोई कविता है' के भाव से सत्ती एक 'नास्टेल्जिया' पैदा करने वाला गीत गाती है।

दरअसल इसी एक गीत को फिल्म में होना चाहिए था क्योंकि वनराज भाटिया का पार्श्व संगीत अपने ढंग का एक मूड बनाए रखता है। फिल्म में एक गाना और है जो अनावश्यक हैं। जब वह पर्दे पर आता है तब तक फिल्म एक ऐसा तर्क स्थापित कर चुकी होती है जिसमें गाने की कोई गुंजाइश नहीं है। 'भूमिका' और 'मंडी' में गाने सहज थे और कथानक का लगभग अनिवार्य हिस्सा थे।

लेकिन जमुना की छवि सत्ती की तरह भले ही एक साथ रहस्यमय और यथार्थपरक न हो पर हिंदी सिनेमा की वह एक ऐसी स्त्री है जो ठीक आपके मोहल्ले में बगल के किसी मकान में बाल सुखाती, किताब लिए घूमती, अपने प्रेम को लेकर आर्थिक तंगियों से जूझते माता-पिता से लड़ती, चिल्लाती और रात के अँधेरे में अपने पड़ोसी को पुए खिलाती नजर आ जाएगी।

श्याम बेनेगल ने जमुना के बड़ी उम्र के जमींदार पति से विवाह, एक बहुत बड़े घर में उसके जाकर रहने, अकेलेपन, संतान के लिए तरह-तरह के कठिन उपाय करने और अंत में ताँगे वाले के साथ एक जटिल संबंध बनाने के सभी प्रसंग बहुत अच्छी तरह से फिल्माए हैं। जमुना के कई रूप इस छोटी-सी फिल्म में उभरते हैं। चुस्त पटकथा और फिल्मांकन की कल्पनाशील शैली से यह संभव हुआ है।

जाहिर है कि छोटी-छोटी बारीकियों का पूरा ध्यान रखने से बहुत-सी चीजें संभव हुई हैं। बच्चा खिलाते हुए बूढ़े जमींदार का आरामकुर्सी पर अचानक मर जाना, शीशे के सामने देर तक अधेड़ रसिक महेसर का खिजाब लगाकर सत्ती से मिलने के लिए तैयार होना आदि अनेक ऐसे मार्मिक प्रसंग हैं।

अंतिम और महत्त्वपूर्ण प्रसंग में एक फंतासी की तरह नुक्कड़ पर चाय पीती मित्रमंडली के सामने सत्ती (जो मर चुकी है) का आकर खड़े हो जाना, पीछे एक बच्चे और अपंग फौजी का होना, अँधेरे में तीनों का जाना और पीछे-पीछे जैसे किसी

जादुई ताकत से माणिक का कहीं खो जाना—दर्शक के सामने एक अनोखा माहौल बनाने में पीयूष शाह के कैमरे की यहाँ बड़ी केंद्रीय भूमिका है। फिल्म का अंत वहीं होता है—उसी कला दीर्घा में, जहाँ मित्रमंडली का जैसे अकेला लेखक 'सरवाइवर' (रघुवीर यादव) गुलाम शेख की पेंटिंग (एक अद्‌भुत 'नास्टेल्जिया' पैदा करने वाली पेंटिंग 'प्रतीक्षा और घुमक्कड़ी के बारे में' इसी शृंखला में है) के गली, मोहल्ले और लोगों में अपनी दुनिया पहचान रहा है। कला दीर्घा की शांति से दूर किशोरावस्था के गली-मोहल्ले के अनोखे शोर और स्वाद को पहचानता हुआ एक लेखक खड़ा है।

'सूरज का सातवाँ घोड़ा' के प्रकाशन के समय कहा गया था—"एक कहानी में अनेक कहानियाँ नहीं, अनेक कहानियों में एक कहानी है।" श्याम बेनेगल ने इस केंद्रीय तकनीक को पर्दे पर सुंदर ढंग से रूपांतरित किया है।

एक 'फ्रेम' से प्रसंग विशेष शुरू होता है। मिसाल के लिए जमुना छत पर जाती है—पड़ोसी शर्मीले लड़के तन्ना से मिलती है। या मोहल्ले की दुकान पर महेसर और सत्ती के बीच तेज-तर्रार बातें होती हैं। दूसरी किसी कहानी में इसी प्रसंग को हम एक दूसरे कोण से देखते हैं। उस प्रसंग को हम पर्दे पर पहले देख चुके हैं। लेकिन दुबारा देखने पर उसी प्रसंग की शुरुआत किसी और कोण से होती है। जाहिर है कि संवाद वही हैं लेकिन घूमता हुआ कैमरा दृश्य को कुछ इस तरह से पूरा करता है कि कहानी को एक नया कोण मिल जाता है।

1993

विधेयन : मानव संबंधों का आइसबर्ग

अडूर गोपालकृष्णन जब पुणे फिल्म संस्थान में थे, तो अंतिम वर्षों में वह इतालवी फिल्मकार अंतोनिओनी से काफी प्रभावित हुए थे। अंतोनिओनी की ही तरह अडूर (केरल के एक गाँव का नाम) अपनी फिल्में बनाने में बहुत समय लेते रहे हैं। संख्या की दृष्टि से दो दशकों में सिर्फ सात कथाफिल्में बनाना निर्देशक के धैर्य का भी एक परिचय है। जाहिर है कि अडूर जैसी फिल्में बनाते हैं उनके लिए आर्थिक स्रोत जुटाना भी आसान काम नहीं है। लेकिन अडूर हमेशा यह कहते रहे हैं कि मैं दर्शक की समझ पर शक नहीं करता। उनकी फिल्मों का एक सीमित पर प्रतिबद्ध दर्शक वर्ग है।

अडूर गोपालकृष्णन ने पहली कथाफिल्म 'स्वयंवरम्' 1972 में बनाई थी। दूसरी कथाफिल्म 'कोडियट्टम' बनाने में उन्हें पाँच साल लग गए। बीच में वह गैर-कथाफिल्में बनाते रहे। 1982 में 'एलिपत्तायम' (द रैट ट्रैप) ने अडूर को अंतर्राष्ट्रीय चर्चा दिलाई। तब से लगभग तीन साल में एक कथाफिल्म के औसत से अडूर फिल्में बना रहे हैं। लेकिन उनकी हर नई फिल्म भारतीय सिनेमा की दुनिया में एक बड़ी घटना की तरह सामने आती है। 1990 में चर्चित फिल्म 'मतिलुकल' (द वाल्स) की सफलता के बाद अब अडूर की नई फिल्म 'विधेयन' इस बात को एक बार फिर से रेखांकित करती है कि सत्यजित राय के बाद भारतीय सिनेमा में सबसे महत्त्वपूर्ण फिल्मकार अडूर ही हैं।

अडूर की फिल्में अंत में बहुत जटिल फिल्में ही कही जाएँगी। लेकिन उन्होंने अपनी फिल्मों का ढाँचा हमेशा कुछ इस तरह का बनाया है कि थोड़ा-सा जागरूक दर्शक भी उनकी फिल्म देखते हुए व्यर्थ का अलगाव नहीं महसूस करता। भले ही कई स्तरों पर चलने वाले फिल्म के कथानक से उसका संबंध बहुत गहरा न बन पाए पर फिल्म उसके लिए बोझिल बौद्धिक व्यायाम नहीं बन जाती।

इसीलिए अडूर की फिल्मों का दर्शक वर्ग हमेशा बढ़ा है। जाहिर है कि यह बढ़ोतरी गुणात्मक नहीं है। लेकिन उनकी फिल्मों के दर्शक बराबर धीमे-धीमे बढ़े हैं। सबसे पहले वह केरल में अपने दर्शकों तक पहुँचते हैं और फिर भारत के

दूसरे हिस्सों तक पहुँचने की कोशिश करते हैं। इस बीच अडूर की फिल्मों का एक अंतर्राष्ट्रीय बाजार भी बना है।

अंतोनिओनी और अडूर में एक और समानता है। ये दोनों फिल्मकार अपने पात्रों के मानसिक लैंडस्केप को भी अच्छी तरह से जाँचते हैं। लगभग एक मनोविश्लेषक की तरह अडूर अपने केंद्रीय पात्रों की भीतरी मनोवैज्ञानिक गुत्थियों को जाँचते हैं। इसीलिए 'विधेयन' का नायक एक क्रूर, परपीड़क और 'फासिस्ट' पात्र होते हुए भी अपनी जटिलता को खोता नहीं है।

निर्देशक ने इस क्रूर जमींदार के साथ कोई अतिरिक्त सहानुभूति नहीं दिखाई है। फिल्म के अंत में शासक के अत्याचारों से शासित की मुक्ति ही दिखाई गई है। लेकिन अपनी पत्नी सरोजा (तन्वी आजमी) की हत्या के बाद यह जमींदार (मामुटी) लगभग लेडी मैक्बैथ सरीखी गहरी अपराध-भावना का शिकार हो जाता है।

जमींदार अपनी पत्नी की हत्या तो खुद ही करना चाहता है (क्योंकि उसकी क्रूरताओं में वह उसका साथ नहीं देती और बराबर टोकाटाकी करती रहती है) लेकिन वह यह भी चाहता है कि सरोजा को अंतिम क्षणों तक पता न चले कि हत्यारा खुद उसका पति है।

एक बार यह जमींदार अपने सेवक तोम्मी (गोप कुमार) को अपनी हत्यारी योजना में शामिल होने के लिए मजबूर कर देता है। जमींदार बाहर बैठा अपनी बंदूक साफ कर रहा होगा। तोम्मी मालकिन को बुलाएगा। जमींदार कुछ इस तरह से गोली चलाएगा कि वह एक दुर्घटना नजर आए। लेकिन जब सचमुच गोली चलती है, तो घायल निरीह तोम्मी हो जाता है।

कई दिनों बाद घबराया हुआ जमींदार आकर अपने सेवक को बताता है कि उसने सरोजा की हत्या कर दी है। लेकिन इस हत्या को आत्महत्या का रूप देने के लिए उसे तोम्मी की मदद चाहिए। जमींदार का कहना है कि हत्या के समय मैंने नकाब में अपना चेहरा छिपा रखा था। पर अब उसे यह शक हो रहा है कि अंतिम समय में उसकी पत्नी ने उसके हाथ पहचान लिए थे। वह तोम्मी को कहता है कि तुम मेरे हाथ छूकर देखो। क्या स्पर्श मात्र से तुम पहचान सकते हो कि ये मेरे हाथ हैं।

सरोजा के खूँखार भाई जमींदार का घर जला देते हैं। वह बदहवास जंगलों में भागने के लिए मजबूर है। तोम्मी को वह अपने साथ ले लेता है। एक जबरदस्त अपराध-भावना इस क्रूर 'शासक' को अंतिम दिनों में बुरी तरह सता रही है। उसके भीतर से एक मनुष्य पैदा होने की असफल कोशिश कर रहा है। वह पहली बार अपने नौकर को उसके नाम से पुकारता है। अपने को बचाने का साहस भी उसमें नहीं रह गया है। उसके हत्यारे उसे घेर लेते हैं। मृत्यु से पहले अपनी बंदूक और

हाथ उठाकर वह आत्मसमर्पण कर देता है।

अंतिम दृश्य में तोम्मी भाग रहा है। अपनी पत्नी ओमना से मिलने के लिए वह भाग रहा है। अपने क्रूर मालिक के मरने का भी उसे अफसोस हुआ था लेकिन अब अचानक उससे मुक्ति का अपूर्व आनंद भी उसे जैसे पता चल गया है।

अडूर ने पॉल जकारिया की कहानी को अपने ढंग से फिल्माया है। पर्दे पर फिल्म की कहानी का 'एक्शन' बहुत कम नजर आएगा। अडूर अपनी फिल्मों में एक माहौल बनाते हैं। प्रकृति उनके सिनेमा में एक गहरी उपस्थिति है और अपने मुख्य चरित्रों के भीतर तक जाने में उनका विश्वास है। वह जानते हैं कि मनुष्य का मन एक आइसबर्ग (हिमशैल) की तरह है। वह ऊपर जितना दीखता है उससे ज्यादा नीचे है। नीचे का बड़ा हिस्सा बस दिखाई नहीं दे रहा है।

फिल्म की कहानी साठ के दशक की है। जमींदार भास्कर पटेलार सरीखे क्रूर शासक शायद आज भी मौजूद हैं। लेकिन निर्देशक ने 'शासक' और 'शासित' के अत्यंत जटिल संबंधों को पर्दे पर उतारा है।

श्याम बेनेगल की फिल्म 'अंकुर' से यह एक भिन्न दुनिया है। पहले ही दृश्य में शासक अपने इस सेवक को बुरी तरह से अपमानित करता है। लात और घूँसे चलाकर उस पर थूकता है। बाद में उसकी जवान पत्नी को अपनी लगभग रखैल बना लेता है। लेकिन इन दोनों व्यक्तियों का रिश्ता इससे अधिक जटिल है।

तोम्मी एक गरीब ईसाई है। अधेड़ उम्र में वह शादी करता है। उसकी पत्नी ओमना उससे उम्र में काफी छोटी है। अपने इस बेमेल विवाह की मजबूरी भी उसके सामने स्पष्ट है।

निर्देशक ने मुख्य रूप से शासक और शासित के संबंधों को अपनी पटकथा में जगह दी है। लेकिन फिल्म की दोनों स्त्रियाँ—सरोजा और ओमना छोटे-छोटे प्रसंगों में भी अपनी दुनिया को अच्छी तरह से बताती हैं। ये स्त्रियाँ भी एक ढंग से शासित हैं। घर में तोम्मी एक दूसरी तरह का शासक है।

एक क्रूर जमींदार और निरीह डरपोक नौकर की इस कहानी में चीजों को काला-सफेद नहीं पोत दिया गया है। फिल्म में क्रूरता का ग्राफिक चित्रण नहीं है, मानवीयता का मर्मस्पर्शी चित्रण है। निर्देशक ने 'सेंस ऑफ ह्यूमर' को भी नहीं खोया है।

फिल्म के एक दिलचस्प प्रसंग में सनकी जमींदार रात को अचानक मंदिर के तालाब की मछलियों को 'डायनामाइट स्टिक' से मारने की योजना बनाता है। ठंड में रात को वह तोम्मी को जगाता है। तोम्मी भयभीत है। किसी तरह से डरते-डरते वह मालिक की योजना में साथ देता है। लेकिन एक भी पटाखा चल नहीं पाता! पूरे प्रसंग में अनोखा परिहासभाव है।

निर्देशक ने क्रूरता और किसी क्रूर योजना की असफलता से उत्पन्न हास्य की स्थिति, दोनों ही से एक विचित्र प्रकार की दूरी का संबंध बना रखा है। लेकिन इस प्रक्रिया में एक संपूर्ण सामाजिक स्थिति और मानव संबंधों की अनगिनत तहें पर्दे पर आती हैं। मलयाली सुपरस्टार मामुटी ने 'मतिलुकल' के कैदी लेखक की स्मरणीय भूमिका के बाद एक बार फिर अडूर की फिल्म में श्रेष्ठ अभिनय किया है।

1993

सिनेमा का पहला नागरिक चार्ली

(एक)

16 अप्रैल, 1889 को लंदन में जन्मे और हॉलीवुड जाकर प्रसिद्ध हुए चार्ली चैप्लिन की 'आवारा' छवि ने 1914 में जन्म लिया था। इस तरह से यह वर्ष एक ओर चैप्लिन का जन्मशती वर्ष है, तो दूसरी ओर सिनेमा की दुनिया में एक अद्‌भुत आवारा ने 75 साल भी इसी वर्ष पूरे किए हैं। कीस्टोन कंपनी की प्रारंभिक फिल्मों ने एक इतिहास बनाया। हजार फुट से कुछ कम या ज्यादा लंबाई की इन फिल्मों ने एक नया रास्ता खोजा। लेकिन चैप्लिन ने अपनी रचनात्मक ऊँचाइयों को 1916-17 की फिल्मों में पाया था। सिनेमा के इतिहास में इन्हें 'म्यूचुअल कंपनी' की फिल्मों के नाम से जाना जाता है। दो हजार फुट से कुछ कम या ज्यादा लंबाई (करीब आधे घंटे) की इन बारह फिल्मों में हमें चैप्लिन की बुनियादी प्रतिभा, दर्शन, सिनेमाई पकड़ और एक अनोखी अपील का परिचय मिल जाता है। म्यूचुअल फिल्मों तक पहुँचते-पहुँचते चैप्लिन ने असाधारण लोकप्रियता हासिल कर ली थी और वे एक बहुत अमीर कलाकार हो गए थे। लेकिन अमीरों के प्रति चैप्लिन का तीखा नजरिया कभी नष्ट नहीं हो पाया।

15 मई, 1916 को म्यूचुअल फिल्मों का सिलसिला 'द फ्लोरवाकर' फिल्म से शुरू हुआ और इस कड़ी की आखिरी फिल्म 'द एडवेंचरर' 22 अक्तूबर, 1917 को रिलीज हुई। इन सत्रह महीनों में चैप्लिन ने जमकर काम किया। खुद अपनी आत्मकथा में चैप्लिन ने लिखा है कि म्यूचुअल अनुबंध का पूरा करना मेरे लिए बहुत संतोषजनक बात थी। दो-दो रील की इन दर्जन भर फिल्मों में चैप्लिन ने द किड (1920), द गोल्ड रश (1925), सिटी लाइट्स (1931), माडर्न टाइम्स (1936), द ग्रेड डिक्टेटर (1940) सरीखी बाद की महान फिल्मों की झलक दे दी थी।

1916 में बड़े दिन के मौके पर न्यू जर्सी (अमेरिका) की जेल में एक प्रयोग किया गया। 1200 कैदियों को चैप्लिन की एक फिल्म दिखाई गई। इन कैदियों में जो नए थे वे चैप्लिन की शानदार और हँसा-हँसा कर लोटपोट कर देने वाली

मुद्राओं से परिचित थे। पर कई पुराने कैदी चैप्लिन को पहली बार पर्दे पर देख रहे थे। ज्यादातर कैदियों के लिए चैप्लिन का आवारा रूप एक बिल्कुल नया अनुभव था। और उस दिन क्या अनुभव रहा होगा उन कैदियों का! जेल की दीवारों में रहते-रहते ऐसी अद्‌भुत प्रसन्नता कैदियों के जीवन में कहाँ रह गई थी। सख्त जिंदगी से सख्त हो चुके चेहरे खूब हँसे, खूब मुस्कराए।

यह वह जमाना था जब चैप्लिन की फिल्मों की वजह से सिनेमाघरों की सीटों के पेंच ढीले हो गए थे। लोग उन पर बैठे हँसते-हँसते लगभग पागल हो जाते थे।

चैप्लिन एक कैदी को खुश कर सकते थे, तो एक बुद्धिजीवी भी उनकी फिल्म देखकर प्रसन्न और संतुष्ट महसूस करता था। हमें यह नहीं भूलना चाहिए कि चैप्लिन ने जब ये फिल्में बनाईं तो सिनेमा विधा को एक कला नहीं माना जाता था। उसे एक घटिया किस्म का मनोरंजन ही समझा जाता था। अमेरिका में डी. डब्ल्यू. ग्रिफिथ और सोवियत संघ में आइजेंस्टाइन की फिल्में जब सामने आईं, तो चैप्लिन की फिल्मों के साथ मिलकर इन फिल्मों ने सिनेमा माध्यम को एक गंभीरता और कलात्मकता दी। चैप्लिन कोई बड़े सिद्धांतकार नहीं थे। लेकिन वे अपनी फिल्मों के एक-एक शॉट को गंभीरता से लेते थे। अपने समय की सच्चाई से वे खूब परिचित थे। म्यूचुअल अनुबंध तक पहुँचते-पहुँचते उन्हें यह अहसास हो गया था कि ये फिल्में सिर्फ हल्का-फुल्का मनोरंजन नहीं करती हैं।

'द एडवेंचरर' में चैप्लिन ने जेल से भागे हुए कैदी की भूमिका निभाई है। जेल की पुलिस उनके पीछे है। समुद्र तट पर यह कैदी बदहवास अपनी जान बचाता भाग रहा है। कैदियों की धारीदार पोशाक उसे एक बिल्ली सरीखा रूप दे देती है।

अचानक यह कैदी सुबह उठता है, तो खुद को एक शानदार पलँग पर पाता है। उसने एक स्लीपिंग सूट पहन रखा है। आँख खुलने के बाद कैदी को सबसे पहले अपने स्लीपिंग सूट की धारियाँ नजर आती हैं। वह घबड़ा जाता है कि मैं फिर जेल में आ गया हूँ। इस छोटे से प्रसंग में एक हल्के से संकेत से चैप्लिन ने एक बड़ी सच्चाई को भी बता दिया है। इसी में चैप्लिन की कला की महानता है।

इसी फिल्म का एक और प्रसंग है। बाल्कनी में चैप्लिन लड़की के साथ बैठा आइसक्रीम खा रहा है। ठीक नीचे मेज पर एक हट्टी-कट्टी अमीर महिला बैठी है। आइसक्रीम खाते-खाते चैप्लिन उसका कुछ हिस्सा गिरा देता है जो नीचे अमीर औरत की गर्दन पर जाकर गिरता है। औरत चीखती हुई लगभग नाचना शुरू कर देती है। एक ही प्रसंग में दो व्यक्ति दो तरह की दिक्कतों का शिकार होते हैं और दर्शकों में दो तरह की हँसी पैदा होती है।

चैप्लिन इस तरह के हास्य-प्रसंगों को बहुत ध्यान से और एक सोच के

तहत अपनी फिल्मों में रखते थे। मिसाल के लिए इसी प्रसंग की बहुत लंबी व्याख्या चैप्लिन ने खुद की थी जो उन दिनों 'अमेरिकन मैगजीन' में छपी थी।

चैप्लिन के अनुसार इस तरह के 'सिनेमाई ट्रिक' देखने में बहुत सरल नजर आते हैं। पर इनमें मानव स्वभाव के कुछ महत्त्वपूर्ण पहलू शामिल हैं। एक तो यही बात कि औसत आदमी जब धन और शान-शौकत को मुश्किल में फँसा देखता है, तो उसे खूब मजा आता है। दूसरे, प्रेक्षक स्टेज या पर्दे के अनुभव की खुद में एक अनुभूति भी महसूस करना चाहता है।

चैप्लिन का कहना था कि सिनेमाघर में यह बात बहुत आसानी से समझी जा सकती है कि लोग जब अमीरों को बदहवास स्थितियों में देखते हैं तो उन्हें खूब मजा आता है। कारण बहुत स्पष्ट है। दुनिया के नब्बे प्रतिशत लोग गरीब हैं और कहीं-न-कहीं भीतर वे दस प्रतिशत समुदाय के धन के खिलाफ अपना गुस्सा दिखाना चाहते हैं। अगर यही आइसक्रीम एक धोबन की गर्दन पर गिरती तो लोग हँसने की बजाय उसके प्रति सहानुभूति महसूस करते। धोबन के पास खोने के लिए प्रतिष्ठा ही नहीं है। लेकिन जब ठंडी-ठंडी आइसक्रीम धनी महिला की गर्दन पर गिरती है, तो दर्शक लोटपोट हो जाता है—यह सोचकर कि यह बड़ा ठीक हुआ।

लेकिन दूसरे स्तर पर वह धनी औरत भी ठंडी आइसक्रीम से कँपकँपी महसूस करती है और यह कँपकँपी दर्शक आसानी से महसूस कर सकता है। दर्शक एक ठंडी आइसक्रीम की गुदगुदी को तुरंत पहचान सकते हैं। इसी तर्क से फिल्मों के कॉमेडी प्रसंगों में केक-पेस्ट्री युद्ध का इस्तेमाल किया जाता है। दर्शक उस संवेग को तुरंत महसूस कर सकते हैं।

'द एडवेंचरर' के दो हिस्से हैं। पहले हिस्से में समुद्र के किनारे बालू में से जेल से भागा हुआ कैदी बाहर निकलता है। उसे सामने बंदूक लिए सिपाही नजर आता है। किसी तरह से वह जान बचाता भाग रहा है। हर बार किसी-न-किसी तरह से वह सिपाहियों को धता बताने में सफल हो जाता है। समुद्र में कूदकर वह गायब हो जाता है। एक छोटा जहाज दीखता है। नायिका की माँ पानी में गिर गई है। वह मदद के लिए पुकार रही है। लेकिन नायिका का मोटा-तगड़ा साथी कुछ कर नहीं पा रहा है। नायिका खुद ही समुद्र में कूद पड़ती है। इसी बीच कैदी वहाँ पहुँच जाता है। मोटा-तगड़ा आदमी भी पानी में गिर चुका है। कैदी पहले नायिका को बचाता है फिर उसकी माँ की तरफ ध्यान देता है। लेकिन मोटा आदमी उसे समुद्र में धकेल देता है।

नायिका ड्राइवर की मदद से कैदी को बाहर निकालती है और फिर कैदी की आँखें एक शानदार पलँग पर स्लीपिंग सूट में खुलती हैं। तुरंत वह शानदार कपड़ों के बल पर एक शानदार दावत का नायक बन जाता है। अब पुलिस की

जगह पर वह मोटा-तगड़ा आदमी उसके पीछे पड़ जाता है। यानी किसी-न-किसी शक्तिशाली व्यक्ति को उस निरीह प्राणी के पीछे पड़ना ही है। दोनों की नोकझोंक शुरू होती है। जहाँ मौका मिलता है वहाँ वे एक-दूसरे पर वार कर देते हैं। इस बीच अखबारों में जेल से भागे हुए कैदी की बड़ी-बड़ी तस्वीरें छप जाती हैं। मोटा आदमी कैदी को पहचान जाता है। लेकिन कैदी का दिमाग तेज है। वह चुपचाप अखबार की तस्वीर पर अपनी कलाकारी दिखाकर कैदी को वैसी ही दाढ़ी दे देता है जैसी उस मोटे आदमी की है। अंत में पुलिस उस जगह पहुँचती है। कैदी किसी तरह से वहाँ से भी भाग निकलता है। उसका पीछा होगा ही। यह तो उसकी नियति है।

'द पॉनशॉप' भी इसी दौर की एक अद्‌भुत फिल्म है। सामान गिरवी रखने की दुकान पर चैप्लिन एक आवारा नौकर है। अपने एक सहयोगी से वह बराबर उलझता, लड़ता, पिटता, उसे मारता रहता है। आवारा सफाई करता है, तो धूल उसके साथी की आँखों में जाती है। उसका झाड़ू गलती से चलते हुए पंखे में फँस जाता है, तो कमरे में तिनकों की आँधी-सी चल पड़ती है। दोनों तरह-तरह से और मजेदार ढंग से लड़ते-झगड़ते रहते हैं। अंत में एक चोर भी उस दुकान में घुस जाता है। आवारा उस चोर को पकड़वाने में मदद करके मालिक को खुश कर देता है।

इस फिल्म का एक अविस्मरणीय प्रसंग है। एक दुखी ग्राहक दुकान में आता है। उसके पास एक अलार्म घड़ी है। हमारा यह आवारा नायक एक डॉक्टर बन जाता है। घड़ी की जाँच वह एक डॉक्टर की तरह शुरू करता है। घड़ी की जबरदस्त जाँच होती है। कभी वह दाँतों का डॉक्टर नजर आता है, तो कभी किसी पुर्जे को ऐसे देखता है जैसे एक जौहरी किसी हीरे को परख रहा है। जाहिर है कि घड़ी का एक-एक हिस्सा अलग होकर रहेगा। और दुखी ग्राहक का दुख बढ़ेगा ही। लेकिन मार-पीट के दिलचस्प प्रसंगों में चैप्लिन ने घड़ी की जाँच का एक अलग तरह का प्रसंग रचकर अपनी कल्पनाशक्ति और कौशल का अच्छा परिचय दिया है।

'वन ए एम' (रात के एक बजे) भी इसी दौर की एक क्लासिक फिल्म है। इसका नायक आवारा नहीं है—एक अमीर आदमी है। वह नशे में धुत आधी रात को अपने घर वापस आता है। लगभग पूरी फिल्म में एक ही सेट है। और एक अकेला पियक्कड़ अपने शानदार पलँग पर एक शानदार नींद की तलाश कर रहा है। नायक पार्टी की पोशाक में है। सिल्क की हैट पहन रखी है। जेब में चमचमाती घड़ी है। पियक्कड़, घर की चाभी तो खैर क्या खोज पाएगा। वह खिड़की से प्रवेश करता है। इस प्रवेश की भगदड़ में उसे चाभी मिल जाती है, वह वापस बाहर आता है। और एक शानदार आदमी की तरह घर में घुसता है। बाकायदा दरवाजा खोल

के। और अब उसके असली 'एडवेंचर' शुरू होते हैं। घर खूब सजा और भरा हुआ है। पियक्कड़ चीजों से टकराता-उलझता किसी तरह अपने पलँग तक पहुँचता है। अब उसका सामना अपने पलँग से होता है। कभी वह पलँग के नीचे दबता है, तो कभी पलँग पर लेटने की हास्यास्पद कोशिश करता है। पूरी फिल्म में एक अकेले आदमी के सुख-दुख हैं। अद्भुत शैली में।

इन फिल्मों के लिए चैप्लिन को एक बहुत बड़ा अनुबंध मिला था। उस जमाने में 6 लाख 70 हजार डॉलर का। उन दिनों की याद करते हुए चैप्लिन ने आत्मकथा में लिखा है कि मैं सिर्फ 27 साल का था। चिंताएँ नहीं रह गई थीं। पर यह जरूरी था कि शूटिंग रुके नहीं। हर वक्त सोचना जरूरी था। "मैं करोड़पति हो जाऊँगा—यह सोच भी पागलपन ही लगता था। हर हफ्ते दस हजार डॉलर मिलते थे, जो अब हजारों डॉलरों के ढेर में बदल गए थे। एक साहब ने कहा कि पैसा तभी अच्छा है जब आप उसे भूल जाइए। पर मैं कहता हूँ कि पैसा याद रखने वाली चीज भी है!"

एक अमीर आदमी को आसानी से नींद नहीं आती। पर चैप्लिन को एक कलाकार होने के कारण भी नींद नहीं आ रही थी। रात को पलँग पर डिक्टाफोन रखना पड़ता था। पता नहीं कौन-सा विचार पड़े-पड़े कब दिमाग में आ जाए। फौरन उसे दर्ज कर देना जरूरी है। यह ठीक ही कहा गया है कि चार्ली का दिमाग दरअसल एक 'अटारी' की तरह था जिसमें चीजें भरी रहती थीं। न जाने किस चीज का कब इस्तेमाल करना पड़े।

चैप्लिन आधुनिक जीवन के तमाम उपकरणों का एक खास तरह से इस्तेमाल करने की कला में माहिर थे। म्यूचुअल अनुबंध की पहली ही फिल्म 'द फ्लोरवाकर' में उन्होंने डिपार्टमेंटल स्टोर की बिजली की सीढ़ियों का दिलचस्प इस्तेमाल किया था। उसे देखकर बहुतों को दुख हुआ कि हम इसे इस तरह से क्यों न देख पाए।

म्यूचुअल अनुबंध की एक और दिलचस्प फिल्म 'द क्योर' (स्वास्थ्य लाभ) में 'हेल्थ रिजॉर्ट' के चक्करदार शीशे के दरवाजे का काफी मजेदार इस्तेमाल है। पियक्कड़ चार्ली को शराब से भी ऐसा चक्कर कभी नहीं आया था। चार्ली के सामान में एक भारी बक्सा है जो दरअसल एक अलमारी है। उसमें शराब की बोतलें सजी पड़ी हैं। इस सामान के साथ चार्ली स्वास्थ्य लाभ के लिए पहुँचते हैं उस 'हेल्थ रिजॉर्ट' में। अलमारी खाली करने की हड़बड़ी में बोतलें तालाब में फेंक दी जाती हैं और सभी रोगी नशे की तरंग में एक-दूसरे से टकराते घूम रहे हैं।

इस फिल्म में एक भीमकाय मालिश करने वाला मौजूद है। निरीह चार्ली उसे देख रहा है कि कैसे वह 'गला घोंट डंडा मार' स्वास्थ्य लाभ शैली में एक कमजोर रोगी पर पिल पड़ा है। भीमकाय व्यक्ति रोगी के शरीर पर पहलवान की तरह हमले कर रहा है। चार्ली डरा हुआ बैठा यह सब देख रहा है। अचानक वह

उठता है और रैफरी की तरह मालिश करने वाले का हाथ विजय-शैली में ऊपर उठा देता है। लेकिन वह भीमकाय आदमी अब निरीह चार्ली के पीछे पड़ जाता है और कमजोर और शक्तिशाली की भागदौड़ शुरू होती है।

चैप्लिन की चाल अद्‌भुत थी। अपनी पोशाक, हाव-भाव के अलावा वे अपनी चाल का बड़ा सुंदर इस्तेमाल करते थे। इन सब चीजों के अलावा उनके पास आधुनिक समझ और सामाजिक-राजनीतिक स्थिति के बारे में एक तीखा नजरिया था।

चार्ली ने सिनेमा देखने को एक 'आदरणीय' और अच्छा दर्जा ही नहीं दिलवाया बल्कि उन्होंने उन लोगों को भी सिनेमाघरों में पहुँचाया जो इस 'नई कला' से दूर रहना चाहते थे। चार्ली को सिनेमा के आदिपुरुष (आदम) के रूप में ठीक ही याद किया जाता है।

(दो)

चार्ली चैप्लिन की आत्मकथा 1964 में छपी थी। उस वक्त वह 75 वर्ष के थे। पाँच सौ से भी अधिक पृष्ठों की इस किताब में चैप्लिन ने मुख्यतः स्मृति के सहारे अपने लंबे और सक्रिय जीवन का पुनःसृजन किया था। अब यह सिद्ध हो चुका है कि आत्मकथा लिखते समय चैप्लिन ने दस्तावेजों और अन्य लिखित-प्रकाशित सामग्री का बहुत कम इस्तेमाल किया था। इस पुस्तक को पढ़कर लोग चकित रह गए थे कि आखिर एक बूढ़ा आदमी इतना कुछ याद कैसे रख सकता है? चैप्लिन की स्मृति विलक्षण थी—अद्‌भुत और अद्वितीय।

जहाँ तक बुढ़ापे का सवाल है चैप्लिन ने उसे भी अपनी शर्तों पर स्वीकार किया। सुप्रसिद्ध अमेरिकी नाटककार यूजीन ओनील की बेटी ऊना चैप्लिन की चौथी पत्नी थीं। उन्होंने उससे 1942 में विवाह किया। वह चैप्लिन के दस बच्चों में से आठ बच्चों की माँ थीं। चार्ली 73 वर्ष की उम्र में अपने दसवें बच्चे के पिता बने थे। यह बात 1962 की है। आत्मकथा भी उन्हीं दिनों छपी।

चैप्लिन के सिनेमा की सार्विकता और उसका कालातीत स्वरूप उन्हें हमेशा प्रासंगिक बनाए रखता है। चैप्लिन विश्व के अकेले फिल्मकार हैं जिनकी फिल्में पाँच साल की उम्र से शुरू होकर बुढ़ापे तक की उम्र में देखी जा सकती हैं। सभी से चैप्लिन का संवाद है।

दिलचस्प बात यह है कि चैप्लिन स्वयं अपने जीवन को बहुत दिलचस्प नहीं समझते थे। अपने काम में भी उन्हें कोई खास ग्लैमर नहीं नजर आता था। उन्होंने किसी को एक बार कहा कि उनके काम की जिंदगी में एक बैंक क्लर्क की जिंदगी से अधिक उत्तेजना नहीं थी! वह अपनी फिल्मों पर बहुत कम बातचीत करते थे।

बाद के वर्षों में उन्होंने बाहर के लोगों को फिल्मों के सेट पर आने की अनुमति

देना भी बहुत कम कर दिया। ''अगर लोग जान जाएँगे कि ये फिल्में कैसे बनीं, तो सारा-का-सारा जादू गायब हो जाएगा।''

चैप्लिन की महानता के बारे में राजनेता, विचारक, इतिहासकार, लेखक सभी बोल चुके हैं, लिख चुके हैं। फ्रांसीसी फिल्मकार रेने क्लेर के अनुसार चैप्लिन ने सभी फिल्मकारों को प्रभावित किया–''कॉमेडी और मनोभावों के उस अद्वितीय मेल के प्रति मैं बहुत संवेदनशील था।''

इतालवी फिल्मकार फेलीनी के शब्दों में–चैप्लिन ने हम सबको जन्म दिया है। चैप्लिन के व्यक्तित्व के दो पहलू थे–एक फक्कड़-आवारा और दूसरा एक अकेले अरिस्टोक्रेट, पादरी, पैगंबर और कवि का...।

सुप्रसिद्ध रूसी फिल्मकार आइजेंस्टाइन ने 'चार्ली द किड' नाम के अपने बहुचर्चित लेख में चैप्लिन, उनकी आँखों, उनकी महानता और उनके अप्रतिम रूप के रहस्य के बारे में बहुत सही टिप्पणी की है कि ''वह बहुत भयावह, बहुत दयनीय, अत्यधिक त्रासद चीज को भी एक हँसते हुए बच्चे की आँखों से देखते हैं।''

तीस के दशक में जब चैप्लिन अत्यधिक लोकप्रिय हो गए, तो उनके आलोचकों को महसूस हुआ कि यह 'मसखरा बुद्धू' कुछ ज्यादा ही महत्वाकांक्षी हो गया है। वह अपने को एक दार्शनिक और राजनेता की तरह पेश कर रहा है।

खुद चैप्लिन अपनी लोकप्रियता को दूसरी तरह से देखते थे। उनकी मार्मिक टिप्पणी थी–''हे भगवान्, लोग इतना अभागा जीवन जी रहे हैं कि कोई उन्हें हँसा देता है, तो वे उसके सामने घुटने टेक देते हैं। उसका ओवरकोट ऐसे छूते हैं जैसे वह कोई मसीहा है। मुझे ईश्वर मानने वाली भीड़ जब मुझे घेर लेती है, तो मुझे यह कितना ही अच्छा लगे पर मैं बीमार महसूस करने लग पड़ता हूँ।''

1989

रोबेरतो रोसेलीनी : अपनी समझ और परेशानियाँ

दे सीका, पासोलीनी, विस्कोंती और अब रोसेलीनी। पिछले कुछ वर्षों में ही इतालवी फिल्मी दुनिया को एक के बाद दूसरे धक्के सहने पड़े हैं। रोबेरतो रोसेलीनी अभी कुछ ही सप्ताह पहले कान फिल्म महोत्सव की जूरी के अध्यक्ष थे और यह महत्त्वपूर्ण है कि उन्होंने अपने सहयोगियों के साथ सर्वश्रेष्ठ पुरस्कार के लिए जिस फिल्म को चुना वह आदमी के संघर्ष का बखान करने वाली एक 'सीधी सादी' वृत्तचित्रनुमा फिल्म थी।

'सीधी सादी' विशेषण रोसेलीनी के संदर्भ में बहुत महत्त्वपूर्ण है चूँकि दूसरे विश्वयुद्ध के समाप्त होने के बाद रोसेलीनी ने ऐसी फिल्में बनाईं जो फिल्म कैमरे को सड़क पर असली जिंदगी के बीच ले आईं : सीधे सादे ढंग से जिंदगी के बारे में बताने के लिए कि वह कैसी है और उसे कैसे बदला जा सकता है। लेकिन ज़िंदगी को कैसे बदला जा सकता है, जाहिर है रोसेलीनी ने इसके बारे में कुछ साफ-साफ अपने दर्शकों को नहीं दिखा दिया। पर उन्होंने जो कुछ देखा और खोजा और जिसे अपने कैमरे पर उतारा वह युद्ध से तबाह हो गई दुनिया में भी जीवन मूल्यों की खोज के लिए एक जिम्मेदार प्रयत्न था।

1954 में फ्रांसीसी फिल्मकार फ्रांसुआ त्रुफो जब अभी सिर्फ फिल्म आलोचक थे, तो रोसेलीनी ने एक भेंटवार्ता में उन्हें बताया था कि "मैं भरसक ईमानदारी से आज की जिंदगी की अपनी समझ को बताना चाहता रहा हूँ। मेरी आलोचना इसलिए भी हुई है कि मैं किसी हल को नहीं सामने रखता हूँ—लेकिन अगर किसी हल को सामने रखना मेरे लिए संभव होता, तो मैं फिल्म नहीं बनाता, कोई और काम करता...।"

"चीजें जब वहाँ मौजूद हैं, तो उनमें फेर-बदल करने की क्या जरूरत है?" रोसेलीनी के इस कथन ने दुनिया भर के फिल्मकारों को प्रभावित किया बल्कि पीटर वुलेन जैसे फिल्म के आधुनिक अध्येता तो यह मानते हैं कि प्रसिद्ध फ्रांसीसी फिल्म आलोचक आंद्रे बाजें से प्रभावित सभी फिल्म समीक्षकों के अध्ययन में फिल्म के इतिहास की जब चर्चा आती है, तो रोसेलीनी का उसमें केंद्रीय स्थान है। आंद्रे

बाजें के अनुसार रोसेलीनी के यहाँ आध्यात्मिकता 'विस्मयकारी सुस्पष्टता' के साथ अभिव्यक्ति पाती है। इस तरह से बाहरी चीजों की गैर जरूरी पहचान को बिल्कुल अलग करके उनके भीतर तक जाना संभव होता है।

दूसरे विश्वयुद्ध के बाद रोसेलीनी ने जो फिल्में बनाईं उनमें खास बातें थीं। पटकथा पहले से तैयार नहीं की जाती थी, अभिनेता-अभिनेत्रियाँ सभी आमतौर पर नए चेहरे होते थे, जिंदगी को सीधे ढंग से लगभग वृत्तचित्र शैली में उतारा जाता था, कैमरा कभी-कभी तो सड़क के बीचोंबीच रख दिया जाता था और जब भीड़ इकट्ठी हो जाती थी, तो उन्हीं में से कुछ चेहरों को फिल्म की पृष्ठभूमि का एक हिस्सा बना लिया जाता था। इन सब बातों ने रोसेलीनी के बारे में एक लंबे समय तक कई तरह के मिथक बनाए रखे। खुद रोसेलीनी ने यह स्वीकार किया था कि मेरे बारे में पटकथा का बिल्कुल भी इस्तेमाल न करने वाली बात काफी हद तक एक मिथक ही है। अपनी फिल्मों की निरंतरता मेरे दिमाग में रहती है, इसके अलावा मेरे पास ढेर सारे नोट्स भी रहते हैं।

''फिर भी मैं पटकथा की जरूरत को समझ नहीं पाता जब तक निर्माता को ही उसकी जरूरत न हो। पटकथा के बाईं तरफ के विवरणों (तकनीकी संकेतों) को तो मैं बिल्कुल बेकार मानता हूँ...दाईं तरफ का यानी जहाँ तक संवादों का प्रश्न है उन्हें मैं फिल्म बनाने के शुरू में लिखता हूँ पर अपने अभिनेताओं को उन्हें मैं फिल्मांकन से थोड़ा ही पहले देता हूँ ताकि रिहर्सल के लिए ज्यादा समय न मिले।''

रोसेलीनी की काम करने की शैली का असर, जाहिर है बाद में अनेक फिल्मकारों पर पड़ा। इस संदर्भ में गोदार का नाम यहाँ आसानी से लिया जा सकता है जिनकी फिल्मों में पटकथा का लगभग इस्तेमाल ही नहीं किया गया है। लेकिन गोदार ने 'पटकथा के पाखंड' (ये शब्द रोसेलीनी के ही हैं) से ही सिर्फ मुक्त नहीं होना चाहा, उन्होंने फिल्म को बहुत अधिक मुश्किल बना दिया ताकि वह आधुनिक कलाकर्मी के संपूर्ण मानसिक तनाव को सक्षम अभिव्यक्ति दे सके। गोदार अगर सफल नहीं हो पाए, तो उसका शायद एक बड़ा कारण फिल्म माध्यम के विकास की अपनी शर्तें हैं।

लेकिन रोसेलीनी और नवयथार्थवादी शैली ने फिल्म कला को उन सभी निर्माण की कठिन शर्तों से जरूर मुक्त किया। यह बात आज सभी जानते हैं कि इन फिल्मों का तत्कालीन इतालवी समाज पर व्यापक असर पड़ा। 'पायसा', 'खुला शहर' (रोसेलीनी की बहुचर्चित फिल्में जो उन्होंने द्वितीय विश्वयुद्ध की समाप्ति के फौरन बाद बनाई थीं) से लेकर दे सीका की 'साइकिल चोर' जैसी फिल्मों ने फिल्मी भाषा को एक अद्भुत आत्मीयता तथा प्रामाणिकता दी। इसीलिए 'साइकिल चोर' को देखते हुए आज भी हम उस भीड़ भरे चौराहे पर जैसे सशरीर पहुँच जाते हैं जहाँ

उसका नायक अंतोनीओ अपने बच्चे ब्रूनो के साथ चोरी हो गई साइकिल की तलाश में भटक रहा है। सचमुच की बारिश में भीग रहा है।

ऐसा नहीं है कि ये फिल्में सुंदर नहीं थीं और ऐसा भी नहीं कि ये फिल्मकार निराशावादी दृष्टिकोण में डूबे हुए थे। रोसेलीनी के पास दोनों ही बातों के जवाब थे—"एक सुंदर महान फिल्म बनाना आसान नहीं है" तथा "बुराई को बताना और उसे दिखाने का मतलब निराशावादी होना नहीं है।" दरअसल बुराई और तबाही में भी सुंदरता है, अगर कलाकार की बुनियादी दृष्टि में सुंदरता और समग्रता हो। रोसेलीनी सुंदर महान फिल्म नहीं बनाना चाहते थे और न ही सुंदर फिल्म और न ही महान फिल्म। वह फिल्म के माध्यम से मौजूदा चीजों के पास पहुँचना चाहते थे।

भारत में रोसेलीनी की फिल्में देखने को नहीं मिलती हैं। वह भारत पर एक वृत्तचित्र बना चुके हैं पर इंग्रिड बर्गमैन जैसी अभिनेत्री पत्नी को छोड़कर जब उन्होंने सोनाली दासगुप्त से संबंध बना लिए थे, तो उनके लिए जैसे भारत में जगह नहीं रह गई थी। उनका यह संबंध काफी बदनाम हुआ था चूँकि सोनाली एक भारतीय वृत्तचित्र निर्देशक की पत्नी थीं। बहरहाल यह कोई अनोखी बात नहीं है कि रोसेलीनी सरीखे फिल्मकारों की फिल्मों को यहाँ देखने का मौका न मिले।

रोसेलीनी को लोकप्रियता हालाँकि अपनी शुरू की मुख्यतः युद्ध की पृष्ठभूमि पर बनाई फिल्मों से मिली थी पर उन्होंने बाद में कई तरह की फिल्में बनाईं। उनका कहना था कि आखिर मैं कब तक तबाही की फिल्में बनाता रहूँगा। पर लोग और आलोचक चाहते थे कि रोसेलीनी अपने आपको खराब ढंग से दोहराएँ। रोसेलीनी के पास लेकिन अपनी समझ और अपनी परेशानियाँ थीं।

1977

दे सीका की अद्वितीय दृष्टि

महान इतालवी फिल्मकार स्व. वित्तोरियो दे सीका की फिल्म 'बाइसिकल थीव्ज' (1948) उनकी सबसे प्रसिद्ध फिल्म है। इस फिल्म को जब अंतर्राष्ट्रीय स्तर पर रिलीज किया गया, तो दुनिया-भर के फिल्म प्रेमी स्तब्ध रह गए। एक नई तरह के सिनेमा ने जन्म लिया था।

प्रसिद्ध ब्रितानी फिल्म पत्रिका 'साइट एंड साउंड', 1952 से हर दस साल में दुनिया-भर के समीक्षकों के सहयोग से सिनेमा के इतिहास की दस सर्वश्रेष्ठ फिल्में चुनती है। 1952 की दस सर्वश्रेष्ठ फिल्मों की सूची में 'बाइसिकल थीव्ज' सबसे ऊपर थी। यानी रिलीज होने के तीन साल बाद ही 'बाइसिकल थीव्ज' को कालजयी कृतियों में अद्वितीय मान लिया गया था। बाद के वर्षों में समीक्षकों ने इस फिल्म की प्रतिष्ठा कम की। ऑर्सन वैल्स की 'सिटिजन केन' बरसों से अपनी प्रतिष्ठा को बनाए हुए है लेकिन 'बाइसिकल थीव्ज' की प्रतिष्ठा निर्माण के तुरंत बाद के वर्षों में कहीं अधिक थी।

एक निर्देशक के रूप में अपने लंबे सक्रिय फिल्म जीवन में दे सीका की अनगिनत उपलब्धियाँ हैं। 24वें अंतर्राष्ट्रीय फिल्म समारोह की भी एक बड़ी उपलब्धि दे सीका की 15 चुनी हुई फिल्मों को एक साथ देखने का दुर्लभ अवसर है। श्याम बेनेगल ने ठीक ही कहा है कि इस समारोह के कार्यक्रमों में सबसे महत्त्वपूर्ण कार्यक्रम दे सीका की सभी महत्त्वपूर्ण फिल्मों और स्वीडिश अभिनेत्री इंग्रिड बर्गमैन की प्रारंभिक फिल्मों का पुनरावलोकन है।

1952 के पहले अंतर्राष्ट्रीय फिल्म समारोह ने भारतीय फिल्मकारों को अपने-अपने ढंग से प्रभावित और प्रेरित किया। सत्यजित राय, विमल राय, राज कपूर आदि पर दे सीका की फिल्मों का महत्त्वपूर्ण असर पड़ा।

एक साधारण मजदूर की साइकिल पर ताला नहीं लगा था। वह चोरी हो गई। वह मजदूर अपने बेटे के साथ साइकिल की जबर्दस्त और मार्मिक तलाश शुरू करता है। कभी वे भाग्य बताने वाले के चक्कर में फँस जाते हैं, कभी यूनियन की 'मीटिंग' में तो कभी वेश्यालय पहुँच जाते हैं। मजबूर होकर पिता साइकिल

चोरी की खुद एक कोशिश करता है। पकड़े जाने पर बेटे के सामने उसे नजरें झुकानी पड़ती हैं।

'उंबेरतो डी' के उस बूढ़े को याद कीजिए जो सड़क पर भीख माँगने के लिए मजबूर हो जाता है। जब उसे अपना एक परिचित नजर आता है तो तुरंत वह अपने हाथ उल्टे करके कुछ ऐसा अभिनय करता है जैसे वह आसमान की तरफ देखकर बारिश की बूँदों को पहचानने की कोशिश कर रहा हो।

दे सीका–लोकेशन शूटिंग, बिल्कुल अज्ञात चेहरों को कैमरे के सामने लाने, कम बजट, सामाजिक विसंगतियों के चित्रण के कारण पहचाने गए। दे सीका ने दरअसल चार्ली चैप्लिन की फिल्म कला से बहुत कुछ सीखा। इसी काल की उनकी फिल्में इतालवी यथार्थ का मार्मिक चित्रण होते हुए भी अपनी विशेष सार्विक अपील रखती हैं।

दे सीका और लेखक चेसारे जावातीनी ने 1942 से एक साथ फिल्मों पर काम शुरू किया था। इस जोड़ी ने मिलकर इतालवी नवयथार्थवाद को एक नई दिशा दी। साधारण जीवन के असाधारण रूप पर्दे पर आए। निर्देशक और लेखक के काम में यह संतुलन सिनेमा के इतिहास की एक बड़ी घटना है। भारत में पचास के दशक में अपने स्तर पर राज कपूर ने भी ख्वाजा अहमद अब्बास के साथ इसी तरह की जोड़ी बनाई थी।

1946 में दे सीका ने 'शूशिया' (शूशाइन) बनाई थी। राज कपूर की 'बूट पालिश' इसी फिल्म का भारतीय संस्करण थी। दे सीका की ही तरह राज कपूर भी चैप्लिन से प्रभावित थे।

दे सीका-जावातीनी के आने से पहले सिनेमा एक सपनों की दुनिया में जैसे बंद हो गया था। मेलोड्रामा और पलायनवाद सिनेमा की एक बड़ी पहचान थे। दे सीका-जावातीनी की जोड़ी ने इस अर्थ को बदल दिया।

खुद एक मँजा हुआ अभिनेता होने के कारण दे सीका ने अभिनय पक्ष पर भी खूब ध्यान दिया। मार्चेल्लो मास्त्रोयान्नी और सोफिया लॉरिन जैसे नामों को दे सीका की फिल्मों में उभरने का मौका मिला। दे सीका की फिल्म 'टू वीमेन' में अभिनय के लिए सोफिया लॉरिन को ऑस्कर पुरस्कार भी मिला था। साठ के दशक में दे सीका ने अंतर्राष्ट्रीय बाजार के लिए अनेक फिल्में बनाईं।

दे सीका की इन फिल्मों में यथार्थ की ऐसी तस्वीर थी जो युद्धोत्तर यूरोप की बेरोजगारी, गरीबी, भुखमरी आदि को मार्मिक ढंग से पर्दे का हिस्सा बना देती थी। ये चीजें यूरोप में भले ही कम हो गई हों पर विकासशील देशों में आज भी अधिक संख्या में जनता को इन्हीं समस्याओं से जूझना पड़ रहा है। इसलिए आज भी भारत में दे सीका की फिल्में समकालीन और प्रासंगिक नजर आती हैं।

दे सीका का जन्म रोम के पास सोरा नाम की जगह पर 7 जुलाई, 1902

को हुआ था। निर्देशक के रूप में वे 1940 में सक्रिय हुए। उससे पहले एक अभिनेता के रूप में वे प्रसिद्ध हो चुके थे। बाद में अपनी गंभीर फिल्मों को आर्थिक मदद देने के लिए भी उन्होंने अभिनय किया। निर्देशक के रूप में दे सीका ने अपनी अंतिम फिल्म 'द जर्नी' (पिरांदेल्लो के उपन्यास पर आधारित) बनाई। यह फिल्म 1974 में बनी थी। 13 नवंबर, 1974 को पेरिस में दे सीका का निधन हो गया।

1993

फेलीनी का आश्चर्यलोक

"मैं इस बीमार दुनिया के मुँह में थर्मामीटर रखना चाहता था... ।" इतालवी फिल्मकार फेदेरीको फेलीनी (1920-93) का यह उद्धरण सुपरिचित है। 1959 में बनाई अपनी कालजयी फिल्म 'ला दोल्चे वीता' (मधुर जीवन) के बारे में फेलीनी ने यह टिप्पणी की थी।

जाहिर है कि थर्मामीटर ने यही बताया कि बुखार बहुत तेज है। फेलीनी कोई डॉक्टर नहीं थे। एक मनोचिकित्सक की भूमिका निभाने का वह भ्रम जरूर पैदा कर देते थे क्योंकि मनुष्य के भीतर के अँधेरे को खोजना उन्हें पसंद था। फेलीनी डॉक्टर नहीं थे पर वह अच्छी तरह से पहचान रहे थे कि द्वितीय विश्वयुद्ध के बाद उपभोक्ता संस्कृति के भयंकर आक्रमण का सामना कर रही पश्चिमी दुनिया तेज बुखार में बड़बड़ा रही है।

'ला दोल्चे वीता' में हॉलीवुड की एक प्रसिद्ध अभिनेत्री सिल्विया (अनीता एकबर्ग) रोम आती है। पत्रकार नायक मार्चेल्लो (मार्चेल्लो मास्त्रोयान्नी) और तमाम छायाकार इस 'सेक्स रानी' के पीछे बदहवास भाग रहे हैं। सिल्विया वेटिकन सिटी में संत पीटर के गिरजाघर के गुंबद तक की सीढ़ियाँ चढ़ रही है। उसने पादरियों सरीखी पोशाक पहन रखी है।

देर रात को रोम की सूनी सड़कों में मार्चेल्लो इस हॉलीवुड की तितली का पीछा कर रहा है—उसे हल्की-सी उम्मीद है प्रेम की। लेकिन फेलीनी ने एक छोटे-से प्रसंग से 'सेक्स रानी' की इस छवि को एक अलग आयाम दे दिया है।

सिल्विया को एक बिल्ली मिल जाती है। वह मचल कर मार्चेल्लो से कहती है कि तुम कहीं से दूध लेकर आओ, मुझे इसे दूध पिलाना है, फौरन अभी जाओ। बेचारा पत्रकार भटक रहा है रोम की सूनी सड़कों पर रात में बिल्ली के दूध के लिए।

लेकिन फेलीनी क्या कहना चाहते हैं? यही कि इस स्त्री का शरीर भले ही एक 'सेक्स रानी' का है—आकर्षक और भव्य है। लेकिन इसके भीतर अभी भी एक छोटी बच्ची छिपी है।

फेलीनी अपनी जिंदगी और अपने सिनेमा में स्त्रियों से लगभग आतंकित रहे—एक अच्छे अर्थों में। शायद ही दुनिया के किसी अन्य बड़े फिल्मकार की दुनिया में इतनी स्त्रियाँ थीं। उनकी मोहिनी छवि फेलीनी को जादुई नजर आती थी। पर स्त्रियों से एक समग्र संवाद उनकी फिल्मों में देखा जा सकता है।

'ला दोल्चे वीता' के अंतिम प्रसंग में समुद्र तट पर मछुआरों को अपने जाल में एक भयंकर मछली मिलती है। पत्रकार नायक समुद्र तट पर भटक रहा है। दूर एक किशोरी लड़की पाओला खड़ी है। यह लड़की किसी पुराने गिरजाघर के फरिश्ते की याद दिलाती है। दर्शक फिल्म के एक अन्य प्रसंग में इस किशोरी से परिचित हो चुके हैं। यह लड़की कुछ कह रही है पर समुद्र तट की लहरों के शोर में पत्रकार नायक कुछ सुन नहीं पा रहा है।

'ला स्त्रादा' (1954), 'ला दोल्चे वीता' (1959), 'साढ़े आठ' (1962) और 'अमारकोर्द' (1974) ये चार फिल्में फेलीनी की सबसे महत्त्वपूर्ण फिल्में हैं। यह संयोग नहीं है कि ये चारों फिल्में आत्मकथाप्रधान हैं। 'अमारकोर्द' में फेलीनी ने बीस और तीस के दशक के अपने बचपन को याद किया है। फासिस्ट शक्तियाँ इतालवी जीवन में सक्रिय थीं। फिल्म का प्यारा केंद्रीय बच्चा तीता इस दुनिया को अपने ही ढंग से याद कर रहा है। यह बच्चा स्त्रियों के संसार से सबसे अधिक सम्मोहित है।

फेलीनी ने अपने फिल्म जीवन की शुरुआत इतालवी नवयथार्थवादी सिनेमा से की थी। रोसेलीनी की चालीस के दशक की प्रसिद्ध फिल्मों—'ओपन सिटी' और 'पायसा' के वह सहयोगी लेखक थे। 'ला स्त्रादा' (सड़क) में फेलीनी के नवयथार्थवाद से रिश्ते की हल्की-सी झलक है लेकिन इसी फिल्म से फेलीनी ने एक अपना ही 'वाद' शुरू किया। कुछ लोग फेलीनी को भ्रमवश अतियथार्थवादी (सररियलिस्ट) कहने लगे, लेकिन फेलीनी का 'स्वचालित' फिल्म कर्म फ्रांस के इस प्रसिद्ध साहित्यिक-सांस्कृतिक आंदोलन से भिन्न था।

यह सही है कि फेलीनी ने फंतासी, स्वप्न जगत, मनुष्य के भीतरी लैंडस्केप आदि पर जोर दिया। पर उनकी फिल्मकला का अपना ही एक वाद है। बौनों, जोकरों, वेश्याओं, बच्चों, सेक्स रानियों, बुद्धिजीवियों, भ्रष्ट तंत्र में 'मधुर जीवन' की तलाश कर रहे धनी नागरिकों की दुनिया को फेलीनी ने सिनेमा की एक अद्भुत भाषा में अविस्मरणीय रूप दे दिया।

फ्रांसीसी नई धारा के फिल्मकारों की तरह फेलीनी अति बौद्धिक फिल्में नहीं बनाते थे। एक अनोखा परिहासभाव उनकी फिल्मों को एक दूसरा ही रूप दे देता है। फेलीनी की फिल्मों में बौद्धिकता, काव्यात्मकता और फंतासी—तीनों चीजें हैं। 'साढ़े आठ' में पहली बार किसी फिल्मकार ने एक फिल्म निर्देशक की रचनात्मक पीड़ा को इतना सार्थक सिनेमाई रूप प्रदान किया।

अत्यंत निजी जीवन को एक सार्विक रूप दे देना फेलीनी की फिल्मकला की बड़ी शक्ति थी। फ्रांसीसी फिल्मकारों की तरह 'इन जोक्स' (फिल्म में ऐसे प्रसंग और संवाद डाल देना जो फिल्म निर्माण से जुड़े व्यक्तियों के निजी जीवन पर कोई टिप्पणी कर रहे हों) में फेलीनी की दिलचस्पी नहीं थी। सिनेमा में उनकी आत्मकथा के जो पन्ने फड़फड़ाते हैं वे एक निजी दृष्टि को एक अत्यंत कुशल शिल्प में सामने लाते हैं।

फेलीनी के शिल्प के बारे में अक्सर यह कहा जाता रहा है कि वह शूटिंग स्क्रिप्ट पर बहुत अधिक आश्रित नहीं रहते थे। फिल्म के मूल कथानक का ढाँचा बना लेने के बाद वह उपयुक्त पात्रों की तलाश करते थे। एक-एक पात्र के लिए वह अनेक चेहरों को दिमाग में रखते थे। फिर जब शूटिंग शुरू करते थे, तो पात्र विशेष के चेहरे के लैंडस्केप, पटकथा, माहौल आदि के समग्र रूप को ध्यान में रखते थे। फिल्म निर्माण से पहले इसीलिए फेलीनी की टिप्पणियाँ फिल्म के अंतिम रूप तक पहुँचते-पहुँचते लगभग व्यर्थ हो जाती थीं।

फेलीनी के अनुसार, मैं विचारों और परिवर्तन के प्रति बराबर एक खुलेपन को महत्त्व देता हूँ। फिल्म के इर्द-गिर्द जो स्थिति जन्म लेती है उससे उसका रूप निर्धारित होता है। फेलीनी का कहना था कि मान लीजिए मैंने शूटिंग से तीन महीने पहले दस पृष्ठ लंबे संवाद बड़ी मेहनत से लिखे। तब न मुझे अभिनेताओं के बारे में पता था और न मनोवैज्ञानिक माहौल के बारे में। यदि सेट पर पहुँचकर मुझे महसूस हो कि एक तकिए का रंग या दीवार की परछाईं इन दस पृष्ठों के संवाद का काम कर सकती है, तो जाहिर है कि सब-कुछ बदल जाएगा।

सबसे केंद्रीय बात यह थी कि फेलीनी फिल्म के 'मानव लैंडस्केप' को बहुत महत्त्वपूर्ण मानते थे। लोग, उनके सर, उनके चेहरे, उनके लिए एक महत्त्वपूर्ण तैयारी की तरह थे। झूठे आदर्शवाद, नैतिक रुकावटों, शैक्षणिक बाधाओं से मुनष्य का भीतरी और बाहरी दोनों ही स्थानों का लैंडस्केप दमन का शिकार हो जाता है। भीतर के इस अँधेरे से लड़ने के लिए बाहरी रूप का चुनाव सावधानी की स्वाभाविक माँग करता है।

इस भिन्न दर्शन के कारण भी फेलीनी की पटकथा को एक किनारे रखकर काम करने की शैली फ्रांसीसी फिल्मकार गोदार से काफी अलग थी। उनके लिए मानव लैंडस्केप—उसकी स्मृतियाँ, स्वप्नों, फंतासी और भीतर लड़ रहे राक्षसों का खास महत्त्व था। इस मानव लैंडस्केप को वह अंत तक एक अद्‌भुत आश्चर्य के साथ देखते रहे।

पिछले साल लॉस एंजेलिस में ऑस्कर पुरस्कारों की चमक और ग्लैमर के बीच सिनेमा की दुनिया की यह गरिमा भी सम्मानित हुई थी। फेलीनी को संपूर्ण जीवन की उपलब्धि के लिए विशेष ऑस्कर दिया गया था।

लगता है हॉलीवुड इधर लगभग हर साल फिल्म की दुनिया की भूल सुधार में लगा हुआ है। फेलीनी से पहले स्व. सत्यजित राय को 'लाइफटाइम एचीवमेंट' पुरस्कार दिया गया था। एक जमाने में राय या फेलीनी सरीखे फिल्मकारों को हॉलीवुड मान्यता देने के लिए भी तैयार नहीं था। फिल्म निर्देशकों पर फोकस करने वाली अनेक अमेरिकी पुस्तकों में इन निर्देशकों के नाम भी नहीं मिलते हैं।

फेलीनी, इतालवी सिनेमा ही नहीं बल्कि विश्व सिनेमा में अपनी एक स्वतंत्र पहचान रखते हैं। पचास के दशक के मध्य में इटली, फ्रांस, स्वीडन, जापान, भारत सरीखे देशों में सिने कला को लेकर लगभग एक क्रांति-सी हुई थी। उन दिनों कहने को तो सिनेमा विधा की आयु 60 साल की हो चुकी थी लेकिन इस विधा को साहित्य, संगीत, चित्रकला, रंगमंच सरीखा सम्मानित दर्जा नहीं मिल पाया था। फिल्मों को मात्र मनोरंजन का हल्का-फुल्का माध्यम ही माना जाता था हालाँकि ग्रिफिथ, चैप्लिन, रोसेलीनी, रेनुआ, फोर्ड, ऑर्सन वैल्स जैसे फिल्मकार सिने कला को एक गंभीर माध्यम के रूप में स्थापित कर चुके थे।

लेकिन साठ की उम्र के बाद सिनेमा माध्यम में दुनिया-भर में अनेक ऐसे फिल्मकार उभरे जिन्होंने एक अच्छी फिल्म को एक अच्छी किताब का दर्जा दिलाया। कुरोसावा, बर्गमैन, फेलीनी, गोदार, सत्यजित राय, तारकोवस्की का नाम इन्हीं फिल्मकारों की पहली प्रतिष्ठित सूची में रखा जा सकता है।

अब तो खैर सिनेमा विधा अपने सौ वर्ष पूरे करने जा रही है। आज कालजयी फिल्मों के महत्त्व को अच्छी तरह समझा जाता है। हॉलीवुड ने भी अंततः कुरोसावा, राय या फेलीनी के महत्त्व को स्वीकार करना शुरू कर दिया है। यह एक शुभ लक्षण है।

फेलीनी ने पत्रकार के रूप में शुरुआत की, फिर इटली के नव-यथार्थवादी फिल्मकारों के साथ उन्होंने पटकथा-लेखन में मदद का काम किया। लेकिन नवयथार्थवाद से फेलीनी का कोई गहरा संबंध नहीं था।

फेलीनी की दुनिया ही दूसरी थी। उसमें फैंटेसी महत्त्वपूर्ण थी। यथार्थ था जरूर लेकिन उसकी एक अत्यंत निजी उपस्थिति थी। बल्कि फेलीनी ने 1962 में 'साढ़े आठ' (जो 'ऐट ऐंड ए हाफ' नाम से दुनिया-भर में मशहूर है) सरीखे विचित्र नाम से एक अत्यंत निजी फिल्म बनाई थी। एक फिल्मकार के अपने सपने, संघर्ष, दुःस्वप्न, सरोकार आदि इस फिल्म में रेखांकित हुए हैं।

लेकिन यह विचित्र नाम क्यों? दरअसल 1950 में 'वैराइटी राइट्स' से निर्देशक के रूप में अपने फिल्म जीवन की शुरुआत करने वाले फेलीनी ने तब तक साढ़े सात फिल्में बनाई थीं। दूसरे फिल्मकारों के साथ मिलकर फिल्में बनाने के कारण वह साढ़े सात की संख्या पर पहुँच गए थे। 'साढ़े आठ' फिल्म आत्मकथात्मक है लेकिन इसमें यथार्थ, अयथार्थ और कल्पनाशक्ति का सुंदर मेल है।

आत्मकथा ने फेलीनी को बराबर आकर्षित किया। सत्तर के दशक में फेलीनी ने 'अमारकोर्द' (हिंदी में इसका नाम होना चाहिए—'मुझे याद आ रहा है') सरीखी अद्‌भुत फिल्म बनाई थी जिसमें उन्होंने अपने बचपन को बड़े दिलचस्प ढंग से याद किया था। तीता नाम के बच्चे की दुनिया को आसानी से भुलाया नहीं जा सकता।

फेलीनी सर्कस, सेक्स आदि को एक केंद्रीय रूपक के रूप में सिनेमा में प्रस्तुत करते रहे हैं। उनका कहना है कि सर्कस में 'स्पेक्टेकल', जोखिम और यथार्थ का मिश्रण है। अजीबोगरीब किस्म के लोगों में फेलीनी की गहरी दिलचस्पी रही है। सड़क पर चलते हुए भी फेलीनी को उन्हीं लोगों ने आकर्षित किया जो शारीरिक या मानसिक रूप से अजीबोगरीब माने जाते हैं।

सेक्स को भी फेलीनी जीवन की एक बड़ी सच्चाई के रूप में रखते हैं। सेक्स और स्त्रियों का ऐसा इस्तेमाल कोई और फिल्मकार नहीं कर पाया। लेकिन स्वाधीन नारी का सशक्त चित्रण भी फेलीनी ने ही 'ल स्त्रादा' (1954) फिल्म में किया था।

'बोकेचियो 70' फिल्म की जिस एक कहानी को फेलीनी ने निर्देशित किया था उसमें डॉ. अंतोनिओ नाम का एक व्यक्ति केंद्र में है जो सार्वजनिक स्थलों पर स्त्रियों के भड़कीले पोस्टरों के खिलाफ है। लेकिन सबसे अधिक आतंकित भी वही है इन स्त्रियों से। एक दिन एक आकर्षक और उत्तेजक स्त्री (अनिता एकबर्ग) पोस्टर से उतरकर सचमुच सामने आकर खड़ी हो जाती है, इस व्यक्ति के असली रूप को सामने लाने के लिए।

'अमारकोर्द' के उस पात्र को भला कौन भूल सकता है जो अधेड़ और अविवाहित 'अंकल' है। एक दिन यह अंकल एक पेड़ पर चढ़ जाते हैं और जोर-जोर से चिल्लाते हैं—"मुझे औरत चाहिए, मुझे औरत चाहिए।"

अगर बर्गमैन का सिनेमा बौद्धिक और तारकोवस्की का सिनेमा दार्शनिक और काव्यात्मक है, तो फेलीनी का सिनेमा फैंटेसी प्रधान है। फेलीनी ने एक बार कहा था—'यथार्थवाद एक खराब शब्द है। एक अर्थ में तो सभी चीजें यथार्थवादी हैं। मैं काल्पनिक और यथार्थ में कोई वास्तविक भेद नहीं देखता। मुझे आश्चर्यलोक आकर्षित करता है और मैं भला क्यों इस अद्‌भुत आश्चर्य के सामने बौद्धिकता का एक नकली पर्दा टाँग लूँ!'

1993

फिल्मों में कुरोसावा के पचास साल

"मैं हिंसक ढंग से काम करने वाला फिल्मकार हूँ—पूरी तरह से अपने को इस काम में लगा देता हूँ। मुझे तेज गर्मी, खूब ज्यादा ठंड, मूसलाधार बरसात और खूब तेजी से गिर रही बर्फ पसंद है। मेरी ज्यादातर फिल्मों में ये चीजें हैं। मुझे हर चीज में 'अति' पसंद है क्योंकि मैं उसी को सबसे अधिक जीवंत मानता हूँ।" महान जापानी फिल्मकार अकीरा कुरोसावा (जन्म 1910) की अपने बारे में यह टिप्पणी महत्त्वपूर्ण है। सत्यजित राय ने अपने एक लेख में भी इस उद्धरण का हवाला दिया है।

कुरोसावा ने अपनी पहली फिल्म 1943 में बनाई थी। इस तरह से वह पचास साल से फिल्में बना रहे हैं। और कुरोसावा का जैसा मिजाज है उसे देखते हुए इतने लंबे समय तक फिल्में बनाना आसान काम नहीं है।

कुरोसावा को अंतर्राष्ट्रीय ख्याति 1950 की फिल्म 'राशोमोन' से मिली थी। इस फिल्म की शुरुआत में तेज बारिश का अविस्मरणीय इस्तेमाल है।

आज इस फिल्म को कालजयी कृति माना जाता है। सिनेमा का इतिहास इस फिल्म के बिना अधूरा नजर आता है। लेकिन शुरू में निर्माताओं को इस फिल्म की सफलता के बारे में गहरा संदेह था। वे तो इस फिल्म को एक मुश्किल—न समझ में आने वाली—फिल्म मान रहे थे।

बरसों बाद टेलीविजन पर कुरोसावा ने 'राशोमोन' का निर्माण करने वाली कंपनी के अध्यक्ष को बोलते हुए सुना, तो हैरान रह गए। यह फिल्म पहली बार टेलीविजन पर दिखाई जा रही थी।

जिस व्यक्ति ने फिल्म की शुरुआत के समय से इस 'प्रोजेक्ट' को खूब गालियाँ दी थीं और पूरी फिल्म देखकर कहा था कि "यह समझ में ही नहीं आती है" वही अब बड़े गर्व से कह रहा था कि इसकी सफलता का पूरा श्रेय मुझी को मिलना चाहिए।

कुरोसावा ने अपनी आत्मकथा में लिखा है कि अध्यक्ष शान से बता रहा था कि कैसे सिनेमा के इतिहास में पहली बार कैमरा सूर्य का सीधे सामना करता

है। ''अपनी बातचीत में एक बार भी इस आदमी ने न मेरा नाम लिया और न उस कैमरामैन मियागावा काज़ुओ का, जिसकी यह उपलब्धि थी।''

दरअसल कुरोसावा को अपने मिजाज के अनुसार फिल्में बनाने के लिए लगातार संघर्ष करना पड़ा। अंतर्राष्ट्रीय ख्याति के बावजूद जापानी फिल्म उद्योग की स्टूडियो व्यवस्था के लिए वह अनुकूल फिल्मकार नहीं रहे हैं। वह अपनी फिल्मों का बजट नहीं नियंत्रित कर पाते थे। समय पर शूटिंग नहीं हो पाती थी। शूटिंग का समय बराबर खिंचता चला जाता था।

1970 में कुरोसावा ने जब अपनी पहली रंगीन फिल्म बनाई (दोदेसकादेन), तो उन्हें अपनी प्रोडक्शन कंपनी खुद बनानी पड़ी। वैसे भी जापान की गरीब और गंदी बस्ती पर रंगीन फिल्म बनाने का विचार जापानी स्टूडियो व्यवस्था को अनुकूल नहीं नजर आता। यह फिल्म भले ही 'राशोमोन' सरीखी ख्याति न पा सकी हो लेकिन कुरोसावा की फिल्म कला का इसमें अत्यंत संवेदनशील चित्रण है।

कुरोसावा को अंतर्राष्ट्रीय चर्चा अपनी 'सामुराई' फिल्मों के कारण मिली है। खुद कुरोसावा एक सामुराई परिवार से हैं। यह महान फिल्मकार जब पैदा हुआ, तो न तो लंबे चौड़े जापानी रह गए थे और न ही शानदार घोड़े बचे थे। लेकिन फिल्मों में सामुराई 'एक्शन' को कुरोसावा ने अविस्मरणीय बना दिया है। तोशीरो मिफूने सरीखा अभिनेता ही इस सामुराई छवि के साथ न्याय कर सकता था।

अभिनेता सौमित्र चटर्जी के बिना सत्यजित राय की फिल्मों की कल्पना की जा सकती है? बर्गमैन की फिल्मों में मैक्सवॉन सिडो लंबे समय तक छाए रहे। तोशीरो मिफूने भी दो दशकों तक कुरोसावा की फिल्मों में छाए रहे।

अभिनेताओं का चुनाव करते समय कुरोसावा गलती नहीं करते थे। अज्ञात या अन्य परिचित अभिनेताओं का अद्भुत इस्तेमाल 'दोदेसकादेन' (दरअसल यह कार चलाने की आवाज का अनुकरण है) में हुआ है।

नर्गिस ने एक बार संसद में सवाल उठाया था कि सत्यजित राय अपनी फिल्मों में गरीबी दिखाकर भारत की विदेशों में छवि बिगाड़ रहे हैं। कुरोसावा की फिल्म के बारे में इस तरह की दृष्टि क्या कहेगी?

आज जापान की अंतर्राष्ट्रीय छवि तो एक बहुत अमीर देश की है। कल्पना भी नहीं की जा सकती कि वहाँ गरीबी होगी। लेकिन 140 मिनट लंबी फिल्म में अमीर जापान की सिर्फ एक छवि है। चमकती कारों के बीच में एक छोटा-सा प्यारा गरीब बच्चा सड़क पर बिखरे कागज समेट रहा है। फिर वह रेस्तराओं के रसोईघरों में जाकर कुछ बचा खुचा खाना अपने और पिता के लिए एकत्रित करता है। बस, इतनी ही छवि है अमीर दुनिया की। कोई जबरदस्त 'एक्शन' नहीं है।

एक्शन के नाम पर सिर्फ मानसिक दृष्टि से अविकसित बच्चे द्वारा बार-बार कार चलाने की गंभीर नकल करना है। बस्ती में छोटे-छोटे बच्चे इस लड़के को

'ट्राम सनकी' मानते हैं क्योंकि उसके घर की दीवारों पर ट्राम ही ट्राम बनी पड़ी हैं। फिल्म के एक छोटे और अत्यंत मार्मिक दृश्य में शरारती बच्चे घर की दीवार पर 'ट्राम सनकी' बालक के बारे में लिख गए हैं। इस लड़के की माँ इस लिखे हुए को धीरे-धीरे पोंछ रही है।

इस लड़के की कार चलाने की नकल संपूर्ण और मार्मिक है। फिल्म में इस लड़के की कहानी नहीं है। बस्ती के दर्जनों घरों की मार्मिक कहानियों की सिर्फ झलक दी गई है। बीच-बीच में यह लड़का 'दोदेसकादेन–दोदेसकादेन' कहता हुआ अपनी काल्पनिक कार चलाता रहता है। फिल्म के एक सुंदर दृश्य में हल्की बारिश में बाकायदा एक छतरी लिए यह लड़का अपनी कार चला रहा है।

नई दिल्ली के इंडिया इंटरनेशनल सेंटर में कुरोसावा फिल्म महोत्सव के दौरान जब यह फिल्म दिखाई गई, तो दो दर्शक आपस में हैरान होकर बातचीत कर रहे थे–अरे, यह तो हिंदुस्तानी फिल्म लगती है। एक बूढ़ा संभ्रांत जोड़ा यह कहकर उठ गया कि बड़ी विषादपूर्ण फिल्म है।

फिल्मकार गरीबी, विषाद, दुख आदि दिखाकर रस नहीं ले रहा है। वह तो जीवन-रस पहचान रहा है। बस्ती के लोग सपने देखते हैं और संघर्ष भी करते हैं। विषम परिस्थितियों में भी उनकी मानवीयता बची हुई है।

फिल्म में अनेक ऐसे पात्र हैं जो मनुष्य होने की गरिमा को गहरे स्तर पर परिभाषित करते हैं। तंत्रिका रोग का शिकार एक आदमी है जो लँगड़ाकर चलता है। रह-रहकर उसका चेहरा एक विचित्र तरीके से फैलता, सिकुड़ता और आवाज करता है। उसकी बीवी बड़ी सख्त है। एक बार कुछ मेहमान उसके घर में आते हैं जिनमें से एक उसकी बीवी के आक्रामक रुख की कड़ी निंदा करता है। वह कहता है कि तुम इतने भले आदमी हो, कैसे तुम इस लड़ाकू बीवी को सहते हो?

पहले तो वह आदमी बात टालने की कोशिश करता है लेकिन जब मेहमान बोलता ही चला जाता है, तो वह गुस्से में बड़बड़ाता हुआ उससे मारपीट शुरू कर देता है। लेकिन यह बड़ी मानवीय किस्म की मारपीट है। अंत में मेहमान यह सुनकर अपनी राय बदल देता है कि इस लड़ाकू बीवी ने कभी बड़ी गरीबी के दिनों में अपने इस अपंग पति का साथ दिया था। थोड़ी देर बाद सब मिलकर आनंद से 'साके' (शराब) पी रहे हैं।

इस फिल्म में ऐसे अनेक प्रसंग और पात्र हैं। दो शराबी मित्र हैं जो रात को नशे में एक-दूसरे के घर में सहज रूप से पहुँच जाते हैं। एक ऐसा 'समझदार' बूढ़ा है जो चोर को बक्सा उठाते देखकर कहता है कि इसमें पैसे नहीं हैं। पैसे दूसरी जगह पर रखे हैं। अगली बार खिड़की से नहीं दरवाजे से आना।

एक के बाद एक बच्चे पैदा करने वाली औरत है जिसका पति बालों के लिए ब्रश बनाता है। उसकी बीवी मनचली किस्म की है। बस्ती में उसके कई

प्रेमी हैं। फिल्म में एक मार्मिक दृश्य में सारे बच्चे अपने पिता के पास बैठे हैं। बड़ा बच्चा सुबक रहा है। वह पिता से पूछता है कि क्या यह सही है कि तुम हमारे पिता नहीं हो? बाहर सब लोग यही कहते हैं।

एक शराबी-कबाबी पात्र है जो अपनी बेटी बराबर लड़की से यौन संबंध स्थापित कर लेता है। यह लड़की बीमार-सी हो गई है। जिसने उसे गोद ले रखा है वही धीरे-धीरे उसे खत्म कर रहा है।

एक टूटी हुई मोटर में रहने वाले बाप-बेटे के संबंध फिल्म के केंद्र में हैं। पिता दिवास्वप्नों की दुनिया में रहता है। बाप-बेटे में बराबर एक आलीशान मकान की शानदार बारीकियों के बारे में चर्चा चलती रहती है। रेस्तराओं की जूठन लाने वाला बच्चा अंत में जहरीले भोजन का शिकार हो जाता है।

इस बस्ती में एक ऐसा अधेड़ भी है जिसका त्रासद अतीत है। उसकी दृष्टि में ही जैसे मृत्यु ने घर बना लिया है। उसे देखना भी आसान नहीं है। एक आँच-सी आती है उसकी आँखों से।

कुरोसावा साधारण जीवन के संघर्ष, आनंद, मर्म आदि को गहरे स्तर पर पहचानने वाले फिल्मकार हैं। 'द हिडेन फोर्टरेस' (1958) में एक किशोर उम्र की राजकुमारी युद्ध के बाद अपने एक बहादुर सेनापति के साथ भागती-छिपती हालत में साधारण जीवन को जब नजदीक से देखती है, तो उसे महसूस होता है कि वह उसके जीवन के सबसे अच्छे क्षण हैं।

एक 'अग्नि महोत्सव' में हजारों लोग लकड़ियाँ एकत्रित करके एक जगह पर लाते हैं। रात-भर नाचते-गाते हैं। राजकुमारी भी नाचती है। एक साधारण लड़की के रूप में नाचते-गाते हुए उसे जीवन का सही रस समझ में आता है।

1993

बुनुएल : एक फिल्मकार की स्मृतियाँ और सपने

आँकड़ों और सतही अखबारों से विश्वविख्यात स्पानी फिल्मकार स्व. लुइस बुनुएल को सख्त नफरत थी। विज्ञान, आतंकवाद और मीडिया को मानवता का सबसे बड़ा दुश्मन मानने वाले बुनुएल की बहुचर्चित आत्मकथा 'मेरी अंतिम आह' (माई लास्टर साइ) एक लंबे समय तक मनोवैज्ञानिकों और मनोविश्लेषकों के लिए भयंकर सरदर्द बनी रहेगी। बुनुएल की अनेक फिल्में मनोविश्लेषण की बहसों के केंद्र में रही हैं। पर उनकी आत्मकथा का विश्लेषण किसी बड़े-से-बड़े मनोविश्लेषक के वश की बात नहीं है।

बुनुएल का कहना है कि मनोविश्लेषक की सब कुछ समझ लेने की कोशिश सचमुच दहला देने वाली बात है। मनोचिकित्सा, उच्चवर्ग की सुविधा के अलावा कुछ नहीं है। बुनुएल ने शब्दों के चतुर इंद्रजाल पर जबरदस्त टिप्पणी की है। इस 'सांस्कृतिक उपनिवेशवाद' का भारत सरीखे देशों में विशेष महत्त्व है। एक पार्टी में एक महिला ने बुनुएल को बताया कि वह 'द सेमिओलाजी ऑफ द क्लासिक इमेज' विषय की अध्यापिका है। इस पर बुनुएल की टिप्पणी है कि मेरा बस चलता तो उसे जीवित न रहने देता। जाहिर है कि वह यह टिप्पणी अकादमिक दुनिया के ढोंग पर कर रहे थे।

आँकड़ों से बुनुएल को नफरत है पर पुस्तक के अंत में विज्ञान को दुनिया का सबसे बड़ा दुश्मन सिद्ध करने के लिए वह आँकड़ों का ही सहारा लेने के लिए मजबूर हैं। एक अनुमान के अनुसार दुनिया में सात लाख उच्च शिक्षा प्राप्त व खूब प्रशिक्षित वैज्ञानिक हैं जिनमें से पाँच लाख बीस हजार दुनिया को खत्म करने वाले कामों में लगे हुए हैं—केवल एक लाख अस्सी हजार वैज्ञानिक मानवता को जीवित रखने के काम में लगे हैं।

बुनुएल जब तथाकथित 'स्वतंत्र प्रेस' पर हमला करते हैं, तो उनकी बात के कई संदर्भ हैं। पीत पत्रकारिता की जबरदस्त ताकत को ध्यान में रखकर ही वह अपनी बातें करते हैं। लेकिन अखबारों के बारे में अंत में उनकी मार्मिक व काव्यात्मक टिप्पणी है कि अखबारों को भयावह मानने के बावजूद मेरी इच्छा है

कि हर दस साल बाद मैं कब्र से उठकर कुछ अखबार खरीद सकूँ और दुनिया की दुर्घटनाओं के बारे में पढ़कर चुपचाप वापस कब्र में जाकर सो जाऊँ।

बुनुएल का अतियथार्थवाद से घनिष्ठ संबंध था। 1928 और 1930 में उन्होंने जो प्रारंभिक फिल्में बनाई थीं वे फिल्म विधा में क्लासिक का दर्जा पा चुकी हैं। इन फिल्मों में सुप्रसिद्ध अतियथार्थवादी चित्रकार डाली का भी सहयोग था। चार्ली चैप्लिन की बेटी गेराल्डिन का कहना है कि उसके पिता बचपन में बुनुएल की फिल्मों की चर्चा से उसे डराया करते थे।

अतियथार्थवाद और डाली के बारे में बुनुएल ने कई महत्त्वपूर्ण बातें कही हैं। अतियथार्थवाद को वह एक क्रांतिकारी, काव्यात्मक और नैतिक आंदोलन के रूप में देखते हैं। यह आंदोलन अपने ब्यौरों में तो सफल था पर मूलभूत रूप में असफल था। सांस्कृतिक व कलात्मक सफलताओं के बावजूद अतियथार्थवाद अपने लक्ष्य यानी दुनिया और जिंदगी को बदलने में असफल रहा। शब्द और कर्म के जटिल संबंध उस आंदोलन में देखे जा सकते हैं। अतियथार्थवादियों के कम्युनिस्ट पार्टी से भी संबंध थे। एक बार इस आंदोलन के सबसे चर्चित नाम आंद्रे ब्रेतों को इटली में कोयला खान मजदूरों पर एक विस्तृत रिपोर्ट तैयार करने के लिए कहा गया, तो वह इस काम से कन्नी काटते रहे। स्वयं बुनुएल पार्टी से प्रभावित थे (एक लंबे समय तक वह कम्युनिस्ट और नास्तिक के रूप में पहचाने जाते रहे) पर उनकी टिप्पणी गौर करने लायक है—लंबी बैठकें मुझे पसंद नहीं हैं इसलिए पार्टी का सदस्य कभी नहीं बना। एक जमाने में अमेरिका में नास्तिक होना कम्युनिस्ट होने से भी ज्यादा खतरनाक था। 1955 से 1975 तक बुनुएल अमेरिकी ब्लैकलिस्ट में रहे और उनके साथ एक गैंगस्टर सरीखा व्यवहार किया जाता रहा।

पार्टी और विज्ञान से बुनुएल के भय के कई कारण थे। अवचेतन मानसिकता, स्वप्न, व्यक्ति का समृद्ध भीतरी संसार, संयोग, हास्य, परिहासभाव और विरोधाभास में उनकी गहरी रुचि थी। ''अगर कोई मुझसे कहे तुम्हारी जिंदगी के सिर्फ 20 साल बाकी हैं—बोलो, कैसे बिताओगे इन वर्षों को? मेरा जवाब होगा कि मुझे दो घंटे रोजाना का काम दो और बाकी बाईस घंटे सपनों के लिए रहने दो। बस, वे सपने मुझे याद रहने चाहिए।''

कल्पना और अयथार्थ की 'अंडरग्राउंड' दुनिया में बुनुएल का विश्वास था। (''इनके बिना जिंदगी की कल्पना असंभव है।'') पर उनकी सच्ची दिलचस्पी आम और अभागे माने जाने वाले लोगों में थी। बच्चों और बौनों से उन्हें बहुत प्यार था। 'नाजारिन' फिल्म के बौने को भला कौन भूल सकता है।

बुनुएल के पास डाली और लोर्का के बहुत दिलचस्प संस्मरण हैं। लोर्का की महानतम रचना वह स्वयं लोर्का को ही मानते हैं। उनका कहना है कि डाली के इस कथन में नीचता है कि लोर्का को समलैंगिकता के कारण मरना पड़ा। ''वह

मारा गया क्योंकि वह एक कवि था। युद्ध के दिनों का प्रसिद्ध नारा था—बुद्धिजीवियों को खत्म कर दो।''

डाली की प्रारंभिक जिंदगी की अद्‌भुत रचनात्मकता को स्वीकार करते हुए बुनुएल का कहना है कि गाला (फ्रांसीसी कवि पाल एलुआर की भूतपूर्व पत्नी) ने डाली को पैसे का पुजारी बना दिया। एक बार बुनुएल ने किसी इंटरव्यू में कहा कि तमाम मतभेदों के बावजूद मैं मरने से पहले डाली के साथ शैंपेन का गिलास पीना चाहूँगा। इस पर डाली ने अपनी दिलचस्प प्रतिक्रिया दी—''मैं भी यही चाहूँगा पर अब मैंने पीना छोड़ दिया है!''

मृत्यु और पीड़ा से बहुत डरने वाले डाली को बुढ़ापे में एक दुर्घटना में आग से झुलसना पड़ गया। पिछले दिनों स्पेन के एक डिजाइनर मुझे मिले (वह डाली को जानते हैं), तो मैंने उन्हें बुनुएल की आत्मकथा के कुछ प्रसंग बताए। उनसे पता चला कि अंतिम वर्षों में मरने से पहले गाला ने डाली को बहुत परेशान किया था।

युवावस्था में डाली ने एक प्रदर्शनी में अपनी माँ के चित्र पर लिख दिया कि मैं अपनी माँ की तस्वीर पर थूकता हूँ। डाली का यह अतियथार्थवादी उत्साह जरा महँगा साबित हुआ। बुनुएल ने एक दिन देखा कि डाली के पिता अपनी प्रतिभाशाली संतान को धक्के मारकर घर से निकाल रहे हैं।

बुनुएल के सपनों और स्मृतियों के संसार में बहुत-सी दिलचस्प चीजें हैं। लातीनी अमेरिकी स्वभाव पर उनके मजेदार संस्मरण हैं। (बुनुएल मेक्सिको में काफी रहे हैं) सेक्स, सिग्रेट, शराब से शुरू होकर लातीनी अमेरिका में लोगों के अचानक गायब हो जाने पर बुनुएल की अनोखी टिप्पणियाँ हैं। अपनी पसंद-नापसंद को उन्होंने बिना किसी लाग-लपेट के बताया है। पिकासो की बहुचर्चित कलाकृति 'गेर्निका' को वह एक खराब पेंटिंग मानते हैं। लेखक की महानता का सीधा संबंध वह उसके देश की ताकत से मानते हैं। और प्रसिद्ध आर्जेंतीनी लेखक बोरखेस के बारे में उनकी टिप्पणी है कि जरूरी नहीं है कि अच्छे लेखक को आप पसंद भी करें। बोरखेस हमेशा नोबेल पुरस्कार की चर्चा करते रहते हैं जबकि सार्त्र को यह पुरस्कार मिला और उन्होंने उसे अस्वीकार कर दिया।

बुनुएल एक लंबे समय तक अपने वामपंथी विचारों की वजह से भी उपेक्षित रहे। दूसरी बात यह थी कि वह किसी एक देश की शान बनकर भी फिल्में नहीं बना पाए। स्पेन, मेक्सिको, फ्रांस, इटली वगैरह कई देशों के सहयोग से उन्होंने अपनी फिल्में बनाईं। वह फ्रांको के जबरदस्त विरोधी थे पर स्पानी अधिकारियों को लगभग चकमा देकर उन्होंने 'विरिदियाना' सरीखी क्रांतिकारी फिल्म कैसे बना ली यह जानना आसान नहीं है।

1932 से 1947 तक बुनुएल को लगभग चुप रहने के लिए मजबूर होना

पड़ा फिर भी उन्होंने 1947 के बाद सिनेमा की दुनिया को एक से एक 'मास्टरपीस' फिल्में दीं।

कहा जाता है कि 1926 में बुनुएल ने जब अपना फिल्म जीवन शुरू किया, तो उन्हें बहुचर्चित फ्रांसीसी फिल्मकार एबे गांस (जिनके फासीवादी रुझान थे) के साथ काम करने का ऑफर मिला था पर बुनुएल इसके लिए तैयार नहीं हुए। इन सब रुझानों की कीमत बुनुएल को बराबर चुकानी पड़ी।

बुनुएल अपने अतियथार्थवादी दौर को बहुत बुनियादी मानते थे। उनका कहना था कि अतियथार्थवाद ने मुझे सिखाया कि जिंदगी का एक नैतिक अर्थ है जिसकी आदमी उपेक्षा नहीं कर सकता। "अतियथार्थवाद से मैंने पहली बार जाना कि आदमी स्वतंत्र नहीं है। मैं समझता था कि मनुष्य की स्वतंत्रता असीमित है पर अतियथार्थवाद में मैंने एक नया अनुशासन पाया। यह मेरी जिंदगी का एक बड़ा सबक था—एक महान काव्यात्मक कदम।"

'नाजारिन' का केंद्रीय पात्र एक पादरी है पर बुनुएल का सोच ही कुछ इस तरह था कि वह एक पादरी या एक नाई में कोई खास फर्क नहीं देखते थे। यह पादरी अपने विचारों से चिपका हुआ है और ये विचार समाज को स्वीकार नहीं हैं। वह वेश्याओं और चोरों के बीच भटक रहा है। जिंदगी को जानने और जाँचने में बुनुएल का गहरा विश्वास था। वह मानते थे कि कैमरे की अद्‌भुत आँख होती है। जब यह आँख सचमुच देखने लगती है, तो सारी दुनिया आग की लपटों में नजर आने लगती है।

बुनुएल की दुनिया पादरियों, वेश्याओं, भिखारियों, चोरों, डकैतों को एक दूसरी आँख से देखने की दुनिया है। इस दुनिया से लौटने के बाद चीजें आपको दूसरी ही तरह से दिखाई देंगी।

1987

तारकोवस्की : 'सफलता' के विरुद्ध

"अपनी जिंदगी में एक व्यक्ति बराबर यह जानता है कि अभी या कभी उसे मरना ही है पर वह यह नहीं जानता कि उसे कब मरना है। और अपने जीने को आसान करने के लिए वह इस मरने के क्षण को भविष्य के किसी अनिश्चित स्थल पर ढकेल देता है। लेकिन मैं अब इस क्षण को जानता हूँ और कोई भी चीज मेरे जीने को आसान नहीं कर सकती है। यह बहुत पीड़ाजनक है लेकिन सबसे मुश्किल काम लारिस्सा को कुछ बताना है—मैं उसे यह सब कैसे बताऊँगा? मैं कैसे खुद अपने ही हाथों से यह भयावह आघात उस तक पहुँचाऊँगा?"

15 दिसंबर, 1985 को महान रूसी फिल्मकार आंद्रेइ तारकोवस्की ने अपनी डायरी में यह संक्षिप्त टिप्पणी लिखी। उन दिनों अस्पताल में उनके फेफड़ों की जाँच चल रही थी। एक साल बाद 29 दिसंबर, 1986 को पेरिस के एक कैंसर क्लीनिक में तारकोवस्की की मृत्यु हो गई। उस समय वे सिर्फ 54 साल के थे। पच्चीस साल के सक्रिय फिल्म जीवन में उन्होंने कुल सात फिल्में बनाईं। उनकी पहली फिल्म 'इवान का बचपन' (1962) को वेनिस के प्रतिष्ठित फिल्म महोत्सव का सर्वोच्च पुरस्कार मिला था। लेकिन तारकोवस्की की फिल्में रूसी व्यवस्था को कभी 'अपनी' नहीं लगीं।

अब तारकोवस्की की 1970 से 1986 तक की डायरी पढ़कर महसूस होता है कि इस शताब्दी की इतनी बड़ी प्रतिभा को किस तरह के भयावह मानसिक दबावों में काम करना पड़ा। छोटी-छोटी सुविधाओं के लिए उसे किस तरह की मानसिक पीड़ा से गुजरना पड़ा। ऐसा नहीं कि दुनिया को तारकोवस्की की जीनियस का पता नहीं था और रूसियों के लिए वे अपरिचित थे। पर सरकारी सिनेमा के पिट्ठुओं ने तारकोवस्की को हर तरह की मुश्किलों में रखा। और यह डायरी इन सब चीजों को लगभग ग्राफिक बारीकियों में दर्ज करती चली जाती है। यह डायरी एक महान कलाकार के मन में झाँकने का दुर्लभ अवसर भी देती है। सिने प्रेमियों के लिए यह एक अनिवार्य पुस्तक है।

अंग्रेजी में 'टाइम विदिन टाइम' नाम से तारकोवस्की की डायरी का प्रकाशन पहली बार भारत में ही हुआ है। मूल पुस्तक जर्मनी में 1989 में छपी थी। 1991 में सीगल (कोलकाता) ने किटी इंटर-ब्लेयर के इस महत्त्वपूर्ण अनुवाद को छापा है। निश्चय ही यह एक अंतर्राष्ट्रीय स्तर का प्रकाशन है। किटी इंटर-ब्लेयर ने ही तारकोवस्की की चर्चित कृति 'स्कल्पटिंग इन टाइम' का भी अंग्रेजी अनुवाद किया था। 'आधी रूसी और आधी स्कॉट' किटी इंटर-ब्लेयर कैंब्रिज विश्वविद्यालय में रूसी पढ़ाती हैं।

'स्कल्पटिंग इन टाइम' आधुनिक सिनेमा की एक क्लासिक किताब है। दरअसल 'टाइम विदिन टाइम' को उसकी एक पूरक पुस्तक के रूप में भी देखा जा सकता है। इसमें तारकोवस्की की जिंदगी के आखिरी सोलह सालों के संघर्ष, सपनों और सोच को बहुत मार्मिक ढंग से दर्ज किया गया है। यहाँ 'सपनों' का अर्थ बाकायदा सपनों से है। तारकोवस्की के सपने भी इस डायरी में एक फिल्म की तरह दर्ज हैं। (तारकोवस्की की फिल्मों में सपनों का बहुत सुंदर बल्कि अद्‌भुत इस्तेमाल हुआ है।)

''लेकिन अब मुझमें किसी भी चीज के लिए कोई ताकत नहीं बची है—यही समस्या है।'' 15 दिसंबर, 1986 को पेरिस में लिखी गई तारकोवस्की की डायरी की यह अंतिम पंक्ति है। दो हफ्तों के बाद तारकोवस्की का निधन हो गया। लेकिन जब तारकोवस्की के भीतर ताकत थी, तो अक्सर उन्हें उस ताकत को बहुत साधारण और गैर-जरूरी समस्याओं के सामने तोड़ना पड़ा। यह अलग बात है कि उनकी सात फिल्में भी बहुत भारी पड़ती हैं।

डायरी के अंत में तारकोवस्की का 1966 का एक इंटरव्यू, 'सोलेरिस' और 'मिरर' इन दो फिल्मों पर उनके विचार, दोस्तोएवस्की के उपन्यास 'द इडियट' पर प्रस्तावित फिल्म पर विचार और 'हैमलेट' पर टिप्पणी भी शामिल है। इंटरव्यू में एक जगह पर तारकोवस्की ने विश्व सिनेमा के 'ग्रेट मास्टर्स' की भी बात की है। दोवेझेंको, बुनुएल, बर्गमैन, अंतोनिओनी, ड्रेयर आदि को तारकोवस्की ने इस सूची में रखा है।

तारकोवस्की को इस बात का तीखा एहसास था कि अगर आप सच्चाई के पक्षधर हैं, तो आपको सच्चाई को सामने लाना होगा। अगर आप ऐसा करते हैं, तो उससे सब आपसे खुश नहीं रहेंगे। और यह सच क्या है? अपने आप में वह कुछ नहीं है। वह तो कहीं 'पद्धति' में छिपा हुआ है। वह एक रास्ता है।

एक जगह पर तारकोवस्की की टिप्पणी है कि सिनेमा, साहित्य और रंगमंच में आमतौर पर ऐसे ही कथानक क्यों लोकप्रिय हैं जिनमें लोग विजेता होते हैं? असफलता की कहानियाँ क्यों नहीं कला के लिए एक नया रास्ता खोजती हैं?

गौर करने की बात यह है कि तारकोवस्की फिल्म को मनोरंजन का माध्यम मानने के लिए तैयार नहीं थे।

"मैं जी कहाँ रहा हूँ? मैं तो सिर्फ इंतजार कर रहा हूँ...इंतजार...ईश्वर! मेरी मदद करो!" (19 अगस्त, 1981) अक्सर तारकोवस्की को छोटी-छोटी चीजों का इंतजार करना पड़ा। मृत्यु से कुछ ही दिन पहले तारकोवस्की ने एक संक्षिप्त टिप्पणी जापानी मदद पर की थी कि वे (जापानी) समझ नहीं पाते कि इतना प्रसिद्ध फिल्मकार आखिर इतना गरीब कैसे हो सकता है?

तारकोवस्की को ऊँचे-ऊँचे आदर्शों से चिढ़ थी जो कला को तथाकथित 'रास्ता' दिखाते हैं। वे आदर्श कला के कार्य और अर्थ को झूठा बनाते हैं। लेकिन तारकोवस्की का रचनात्मक संघर्ष एक ऐसे दौर में था जब इस झूठ को प्रतिष्ठा दिलाई जाती थी।

तारकोवस्की की डायरी में सिर्फ दुख, डर, निराशा, पराजय और निजी स्वप्न ही नहीं हैं। और भी बहुत-सी चीजें हैं। कोई उद्धरण, कोई विचार, कोई बात, कोई विवरण अचानक पाठक के मन में एक रोशनी पैदा कर देता है।

डायरी का पहला वाक्य ही दोस्तोएवस्की से शुरू होता है (1970)। 14 सितंबर, 1971 के दिन तारकोवस्की ने दोस्तोएवस्की के निजी जीवन के विवरण बहुत संक्षेप में दर्ज किए हैं। "दोस्तोएवस्की दो मोमबत्तियों की रोशनी में पढ़ते थे। उन्हें लैंप की रोशनी पसंद नहीं थी। काम करते हुए वे तंबाकू बहुत पीते थे और कभी-कभी उन्हें कड़क चाय की जरूरत महसूस होती थी।...उनका प्रिय रंग था—समुद्र की लहरें। वे अक्सर अपनी नायिकाओं को इसी रंग की पोशाकें पहनाते हैं।"

4 अप्रैल, 1932 को जन्मे तारकोवस्की की माँ मारिया इवानोव्ना एक अभिनेत्री थीं और पिता आर्सेनी तारकोवस्की एक अच्छे कवि और अनुवादक। तारकोवस्की की माँ ने अपने बेटे की फिल्म में काम किया और पिता की कविताओं का भी तारकोवस्की ने फिल्मों में बड़ा संवेदनशील इस्तेमाल किया है।

तारकोवस्की ने पहली पाँच फिल्में सोवियत संघ में बनाईं (इवान का बचपन, आंद्रेइ रूबल्योव, सोलेरिस, मिरर और स्टॉकर) और अंतिम दो फिल्में (नॉस्टेल्जिया और सैक्रीफाइस) उन्होंने क्रमशः इटली और स्वीडन में बनाईं। वैसे तो तारकोवस्की की सभी फिल्में सिनेमाई कला का अद्वितीय रूप कहीं जा सकती हैं पर 'मिरर' और 'स्टॉकर' में उनकी कला सर्वोच्च शिखर पर है। 'सैक्रीफाइस' के दौरान तारकोवस्की को अपनी मृत्यु के क्षण का अनुमान हो गया था। यह फिल्म जैसे कैमरे से लिखी गई अंतिम डायरी है।

21 अप्रैल, 1982 को रोम (इटली) में तारकोवस्की ने सेंट पीटर स्क्वायर की एक 'लीजेंड' का जिक्र किया है। इस स्क्वायर पर कहीं एक अदृश्य द्वार है

जिससे एक व्यक्ति इस दुनिया से गायब हो सकता है (कई लोग हो चुके हैं)। यह जरूर है कि इस द्वार को खोजना बहुत मुश्किल काम है। उसमें जाने के लिए या तो आपको सीधे सामने खड़ा होना पड़ेगा या फिर उससे जुड़े किसी खास स्थान पर आपको रहना होगा।

तारकोवस्की को शायद यह दरवाजा मिल गया था।

1991

मिस लिलियन का मतलब है सिनेमा

यह सोचकर हैरानी होती है कि लिलियन गिश अभी पिछले रविवार तक हमारे बीच में थीं। फिल्म विधा इन दिनों अपनी जन्मशताब्दी मनाने की तैयारियों में व्यस्त है। लिलियन की सही-सही उम्र हालाँकि किसी को नहीं मालूम पर उनके निधन के बाद उनके मैनेजर की टिप्पणी सही है कि वह स्वयं सिनेमा थीं। फिल्म विधा ने 1893 में जन्म लिया और ओहियो के दस्तावेजों से पता चलता है कि लिलियन का जन्म 14 अक्तूबर, 1893 को हुआ था।

1987 में लिलियन ने कहा था कि मैं 88 साल की हूँ। अक्सर प्रामाणिक पुस्तकों में लिलियन का जन्म 14 अक्तूबर 1896 लिखा जाता है—एक प्रश्नचिह्न के साथ। लेकिन इससे क्या फर्क पड़ता है कि लिलियन ने सिनेमा के साथ जन्म लिया या नहीं। पर उनका जीवन विश्व सिनेमा के इतिहास का एक अद्भुत दस्तावेज है। अस्सी की उम्र के बाद भी विश्व सिनेमा की इस पहली वास्तविक अभिनेत्री ने कैमरे के सामने अभिनय का साहस किया—बड़े और छोटे पर्दे दोनों के लिए।

डी. डब्ल्यू, ग्रिफिथ को सिनेमा के विश्व का पहला निर्देशक माना जाता है और लिलियन को पहली अभिनेत्री। लिलियन, ग्रिफिथ को 'मिस्टर ग्रिफिथ' कहती थीं और ग्रिफिथ लिलियन को 'मिस लिलियन'। लिलियन ने कभी शादी नहीं की। कहा जाता है कि रोमांस के लिए बड़ी नीली आँखों वाली दुबली-पतली अभिनेत्री के पास समय ही नहीं था। लेकिन यह भी एक सच्चाई है कि ग्रिफिथ और लिलियन में जबरदस्त निकटता थी। ग्रिफिथ ने एक बार लिलियन के सामने विवाह का प्रस्ताव भी रखा था।

ग्रिफिथ और लिलियन की पहली मुलाकात अनोखी और ऐतिहासिक है। 1912 की गर्मियों की एक सुबह लिलियन अपने छोटी बहन डोरोथी के साथ मैनहैटेन के एक स्टूडियो में ग्रिफिथ से मिलीं। अचानक नाटकीय ढंग से ग्रिफिथ ने दोनों बहनों (जो बहुत छोटी उम्र से ही रंगमंच में सक्रिय हो गई थीं) को चुनौती दी कि तुम दोनों में फिल्म में काम करने की प्रतिभा है या नहीं। लिलियन के बालों में नीली 'बो' लगा दी गई और डोरोथी के लाल। दोनों से कहा गया कि कल्पना

करो कि तुम एक ऐसे अकेले घर में फँसी पड़ी हो जहाँ चोर घुस आए हैं और तुम दोनों बुरी तरह से डरी हुई हो।

ग्रिफिथ ने अचानक कल्पना को असलियत में बदल दिया। जेब से सचमुच की पिस्तौल निकालकर 'धाँय धाँय' गोलियाँ चलाना शुरू कर दीं (जाहिर है निशाना छत की ओर था–लड़कियों की ओर नहीं)। लेकिन उस समय लिलियन को यही लगा कि यह निर्देशक सचमुच कहीं पागल तो नहीं हो गया है। दोनों बहनें बदहवास इधर-उधर दौड़ रही थीं।

अब ग्रिफिथ प्रसन्न थे। दोनों बहनों ने राहत की साँस ली। बाद में इसी प्रसंग को 'एन अनसीन एनेमी' फिल्म में रखा गया। 'द बर्थ ऑफ नेशन' (1915) और 'इनटॉलरेंस' (1916) ग्रिफिथ की दो महान फिल्में हैं जिनमें लिलियन गिश की अविस्मरणीय भूमिकाएँ हैं। लिलियन की बाकायदा पढ़ाई नहीं हो पाई थी। खुद उन्होंने पढ़ाई की। ग्रिफिथ ने शुरू में यह सलाह दी कि एक अभिनेता के लिए सिर्फ लोगों के अंग संचालन, गति आदि को समझना और देखना काफी नहीं है। चिड़ियों और छोटे-छोटे जानवरों का भी इतना ही बारीक अध्ययन जरूरी है। बहुत जल्दी ही लिलियन ग्रिफिथ के सिनेमा की मात्र नायिका नहीं रह गईं। वह लगभग सह-निर्देशक के रूप में भी काम करती थीं। पर्दे की निष्कपट और मधुर छवि कैमरे के पीछे एक जागरूक रचनात्मक उपस्थिति थी। हॉलीवुड के कुछ विशेषज्ञ यह भी मानते रहे हैं कि तीस के दशक की चर्चित ग्लैमर कन्याओं की संपूर्ण सेक्स अपील का मुकाबला करने के लिए लिलियन की उँगलियों का क्लोजअप ही काफी था।

महान फ्रांसीसी फिल्मकार जाँ रेनुआ की यह टिप्पणी गौर करने लायक है "मैंने अत्यंत दिलचस्पी के साथ ग्रिफिथ की फिल्मों को देखा। चमत्कारों का भी चमत्कार तो क्लोजअप में छिपा था। लिलियन गिश के कुछ क्लोजअप मेरे मस्तिष्क से कभी हटाए नहीं जा सकते।"

एक अन्य चर्चित फ्रांसीसी फिल्मकार फ्रांसुआ त्रुफो ने 1973 में अपनी फिल्म 'डे फॉर नाइट' को गिश बहनों को समर्पित करते हुए लिखा–"अमेरिकी सिनेमा की वे पहली वास्तविक अभिनेत्रियाँ थीं।" दरअसल फिल्मकारों की अनेक पीढ़ियाँ लिलियन की छवि से प्रभावित होती रहीं। रॉबर्ट एल्टमैन ने 1978 में अपनी फिल्म 'ए वैडिंग' में लिलियन को फिल्मों की सौवीं भूमिका एक 'ट्रिब्यूट' के रूप में दी थी।

लिलियन रंगमंच से सिनेमा में आईं। सिनेमा में वे स्टार बन गईं। विडंबना यह थी कि बाद में ग्रिफिथ के लिए भी यह 'स्टार' महँगी साबित हो गई क्योंकि हॉलीवुड में वितरण व्यवस्था और बजट के अपने तर्क हैं। सिनेमा ने जब बोलना शुरू किया, तो लिलियन धीरे-धीरे रंगमंच की ओर चली गईं। लेकिन सिनेमा से

उन्होंने अपना संबंध तोड़ा नहीं। बल्कि टेलीविजन में भी लिलियन को अपने लिए एक जगह नजर आई। तीनों माध्यमों में उनकी आवाजाही बनी रही।

अपने समय में चैप्लिन और ग्रेटा गार्बो के मुकाबले में एक जादुई छवि बनाने वाली लिलियन अमेरिकी सिनेमा ही नहीं बल्कि विश्व सिनेमा का एक नाम बन गईं। लिलियन को जानने वाले और पर्दे पर उन्हें देखने वाले विश्व के असंख्य दर्शक इस अभिनेत्री की सुंदरता, मुस्कान के साथ उभरने वाली शुभचिंता, बड़ी नीली आँखों और स्वर्णिम केशों की चमक से बराबर चमत्कृत रहे।

लिलियन के साथ प्रारंभिक दिनों में काम करने वाली एक सहेली के अनुसार लिलियन फिल्म विधा को 'ऊर्जा' के रूप में देखती थीं—ऐसी ऊर्जा जिसकी तुलना परमाणु शक्ति या अरब देशों के तेल के कुओं से की जा सकती है। लिलियन का मानना था कि छापेखाने के बाद सबसे प्रभावशाली आविष्कार फिल्म विधा है। लेकिन मनोरंजन के नाम पर युवा दर्शकों को अब कचरा दिया जा रहा है। फिल्म की ताकत का सही इस्तेमाल नहीं हो पा रहा है।

1992

ग्रेटा गार्बो : आध्यात्मिक ग्लैमर की रोशनी और अँधेरा

ग्रेटा गार्बो के चेहरे पर एक अनोखी चमक थी, एक डर, एक अकेलापन, एक जादू और आशंका का भी एक अद्वितीय आलोक। सिनेमा के इतिहास में शायद किसी अभिनेत्री को इस तरह याद नहीं किया जाएगा। गार्बो का चेहरा ही जैसे एक संपूर्ण शरीर था। इस चेहरे की न जाने कितनी व्याख्याएँ की जा चुकी हैं। समीक्षक कैनेथ टाइनन का यह वाक्य अमर हो चुका है कि जिस चीज को आप शराब पीकर दूसरी औरतों में देखते हैं वह आप गार्बो में होशोहवास में देख सकते हैं। फ्रांसीसी संरचनावादी विचारक रोलाँ बार्थ ने गार्बो के चेहरे पर अपनी अद्‌भुत टिप्पणी में कहा है, "गार्बो का चेहरा एक विचार था, उस चेहरे की जगह सिनेमा के उन क्षणों में है जब मनुष्य का चेहरा दर्शक को गहरे आनंद की अनुभूति देता था। सेक्स की दृष्टि से यह चेहरा लगभग अपरिभाषित था। गार्बो का चेहरा देखने वाले के मन में एक प्लेटोनिक (निष्काम या आध्यात्मिक) विचार पैदा करता था।"

धूमिल की एक कविता पंक्ति है : "एक चेहरा जो पूरे आदमी का है किंतु वह मेरा नहीं मेरी कमी का है।" जाहिर है कि हॉलीवुड के शक्तिशाली प्रचारतंत्र ने ग्रेटा गार्बो की अकेली, रहस्यमयी, जादुई छवि को बनाया और भुनाया। फिल्मों ने जब बोलना शुरू किया, तो जबरदस्त प्रचार हुआ कि अरे, गार्बो का चेहरा बोलता भी है! यह चेहरा जब बोलने लगा (हालाँकि बोलने के लिए उसे संवादों की कभी जरूरत नहीं थी), तो एक बार फिर से यह बात खास तरह से प्रचारित हुई कि गार्बो हँसती भी है! लेकिन ये सब प्रचार तंत्र के 'समझ में आने वाले' लटके थे चूँकि गार्बो की उपस्थिति संवाद बोलने या हँसने से परे थी। यह चेहरा एक अत्यंत संवेदनशील स्त्री का है जिसके सामने जोर से बोलना भी लगभग एक अपराध था।

गार्बो की रहस्यमयी छवि बनाने में निर्देशक क्लेरेंस ब्राउन और कैमरा निर्देशक विलियम डैनियल्स का बहुत बड़ा हाथ था। 1926 में ब्राउन के निर्देशन में मेट्रो गोल्डविन म।यर (एम.जी.एम.) के लिए बनाई गई ऐतिहासिक महत्त्व की फिल्म 'फ्लैश एंड द डेविल' में गार्बो के चेहरे का जादू पहली बार सिनेमा के पर्दे पर पकड़ा गया। अभिनेता जॉन गिलबर्ट के साथ गार्बो के प्रेम प्रसंगों को एक बिल्कुल

नए ढंग से इस फिल्म में प्रस्तुत किया गया था। जाहिर है कि विलियम डैनियल्स की सॉफ्ट फोकस फोटोग्राफी ने भी गार्बो के चेहरे के आध्यात्मिक सौंदर्य की व्याख्या के लिए भूमिका बनाई।

निर्देशक-अभिनेत्री के संबंधों पर ब्राउन की टिप्पणी महत्त्वपूर्ण है : "गार्बो के साथ काम करने का मेरा एक खास तरीका था, जिससे उसे दिक्कत नहीं होती थी...मूक सिनेमा के उस दौर में निर्देशक कैमरे के पीछे से लगभग चीखते थे। मैंने कभी भी गार्बो को किसी दूसरे के सामने निर्देश नहीं दिया। मैं उसके सामने निर्देशक के रूप में बहुत चुपचाप रहता था। सिर्फ उसके सामने फुसफुसाया करता था। सेट पर किसी को भी पता नहीं चलता था कि मैंने गार्बो से क्या कहा, और यह बात गार्बो को भी पसंद थी।"

एक भिन्न संदर्भ में अभिनेत्रियों के बारे में बात करते हुए 'माया दर्पण' और 'तरंग' के निर्देशक कुमार शहानी ने इस लेखक से कहा था, "स्मिता पाटील के सामने मुझे निर्देशन की खास जरूरत नहीं महसूस होती है। हम आँखों-ही-आँखों में एक संवाद की स्थिति बनाए रखते हैं"।

कुमार शहानी की यह टिप्पणी महत्त्वपूर्ण है। स्मिता पाटील के चेहरे पर भी एक अनोखा डर और आशंका थी। एक ऐसा व्यक्तित्व जिसके सामने जोर से बोला जाए, तो शायद खराब असर पड़ सकता है। इसी बुनियादी आशंका की वजह से शायद स्मिता, शबाना आजमी के मुकाबले में एक बड़ी अभिनेत्री साबित हुईं। एक ऐसा व्यक्तित्व जिसकी कोमलता, अति संवेदनशीलता और आशंका से आलोकित चेहरे का निर्देशक पूरा सम्मान करे।

ग्रेटा गार्बो का चेहरा निर्देशक को इसी स्थिति में पहुँचा देता था। यह भी महत्त्वपूर्ण है कि गार्बो का कोई एक चेहरा नहीं था। कैमराकार डैनियल्स का कहना था कि मारेलन डीटरिश की तरह गार्बो का कोई एक चेहरा नहीं था। कई तरह की रोशनियों में इस चेहरे को सामने लाने की जरूरत महसूस होती थी।

गार्बो ने मूक फिल्मों से अपने रहस्य और जादू को बनाया। लेकिन फिल्मों ने जब बोलना शुरू किया, तो भी गार्बो का रहस्य कम नहीं हुआ। एम.जी.एम. के आकाओं के मन में डर था कि कहीं यह चेहरा बोलने पर अपना जादू खो न बैठे। लेकिन गार्बो ने आवाज के आ जाने पर भी संवादों से अपनी उपस्थिति बनाने की कोशिश नहीं की। स्वीडन में जन्मी इस अभिनेत्री की अंग्रेजी हमेशा टूटी-फूटी रही। पर भाषा गार्बो के लिए समस्या नहीं थी। 1941 में 'टू फेसेड वूमन' के बाद गार्बो ने संन्यास ले लिया। वे अपने अकेलेपन के अँधेरे संसार में चली गईं। 26 फिल्में काफी थीं—एक पूरी शताब्दी में 'लेजेंड' बने रहने के लिए।

शायद गार्बो का निर्णय सही था। 36 साल की उम्र में यह चेहरा अपना पुराना जादू खोने लगा था। गार्बो का निधन 15 अप्रैल, 1990 को एक बहुत अमीर

और अकेली महिला के रूप में हुआ। लेकिन करीब पचास सालों के इस अकेलेपन के पीछे एक औरत के कई चेहरे थे, जो देखने वाले के भीतर की कमी को भी जैसे बताते थे।

फ्रांसीसी निर्देशक फ्रांसुआ त्रुफो ने नारी के सौंदर्य पर कहीं टिप्पणी की थी कि स्त्रियाँ दो तरह की होती हैं। एक, जिन्हें छूने की इच्छा होती है। दूसरे, जिन्हें सिर्फ देखने की।

गार्बो के चेहरे को सिर्फ देखा जा सकता था। उसे छूने की इच्छा उसके जादू को कम कर सकती थी। एक भ्रम की स्थिति में रहना ही शायद बेहतर था।

ग्रेटा गार्बो के बारे में यह एक सुपरिचित तथ्य है कि सिनेमा के पर्दे पर वे क्लोजअप या लाँग शॉट में ही अपनी उपस्थिति को बता पाती थीं। मिड शॉट उनके व्यक्तित्व के अनुकूल नहीं था। बल्कि गार्बो के चेहरे का इतना आतंक था कि पूरा शरीर पर्दे पर पाकर भी चेहरा ही दर्शक पर हावी रहता था।

क्लेरेंस ब्राउन की यह टिप्पणी भी गौर करने लायक है—"गार्बो की आँखों के भीतर कुछ ऐसा था कि क्लोजअप में ही उसे पाया जा सकता था। आप विचार को देख सकते थे। अगर उसे एक व्यक्ति को ईर्ष्या और दूसरे को प्रेम से देखने की जरूरत महसूस होती थी, तो उसे अपनी अभिव्यक्ति बदलनी नहीं पड़ती थी। जब वह देखती थी, तो आप उसकी आँखों में ये भाव देख सकते थे।"

स्टॉकहोम (स्वीडन) में 1905 में जन्मी गार्बो का पूरा नाम था—ग्रेटा लोविसा गुस्ताफसन। एक मजदूर की बेटी ग्रेटा के बचपन की स्मृतियाँ सुखद नहीं थीं। गार्बो ने कभी विवाह नहीं किया। "मैं अकेलापन चाहती हूँ।" गार्बो ने 'ग्रैंड होटल' फिल्म में यह संवाद बोला था। 1941 के बाद पचास सालों तक गार्बो ने अकेला जीवन ही जिया। बड़े-बड़े नामी निर्देशकों ने गार्बो को पर्दे पर लाने की कोशिशें कीं पर उन्हें सफलता नहीं मिली।

आज भी गार्बो की पुरानी फिल्में जब दिखाई जाती हैं, तो दर्शक उनमें खूब दिलचस्पी लेते हैं। 1962 में गार्बो की फिल्में जब टी.वी. पर दिखाई गईं, तो सिनेमाघरों में दर्शक की उपस्थिति 75 प्रतिशत कम हो गई थी।

एम. जी. एम. के पटकथा लेखकों ने गार्बो के 'आध्यात्मिक ग्लैमर' के अनुकूल फिल्में लिखीं। उस दौर के बारे में कहा जाता है कि सेक्स प्रसंग आँखों की मदद से फिल्माए जाते थे।

लेकिन गार्बो ने अपनी अद्‌भुत आँखों से सेक्स प्रसंगों को नहीं फिल्माया। वे पर्दे की एक ऐसी देवी बनी रहीं, जिसे छूने की कोशिश करेंगे, तो वह गायब हो जाएगी। उसके सामने ऊँचा बोलेंगे, तो वह सहम जाएगी।

1990

आड्रे हेपबर्न : एक सुंदर और समझदार स्त्री की छवि

पिछले साल बीमारी से अंतिम लड़ाई लड़ रहे सत्यजित राय को जब विशेष ऑस्कर पुरस्कार मिला था, तो कोलकाता में फिल्माए गए संक्षिप्त पुरस्कार समारोह की फिल्म दिखाए जाने से पहले 'साइटेशन' (वाचन पत्र) को पढ़ने का काम सुप्रसिद्ध अभिनेत्री आड्रे हेपबर्न को दिया गया था। पिछले दिनों आड्रे हेपबर्न को इस साल का विशेष ऑस्कर देने की भी घोषणा हुई थी। 29 मार्च को यह सम्मान 'फेयर लेडी' हेपबर्न को दिया जाता। लेकिन कैंसर का शिकार होकर हेपबर्न का स्विट्ज़रलैंड में 20 मार्च को निधन हो गया।

पचास और साठ के दशक में आड्रे हेपबर्न ने हॉलीवुड की अनेक चर्चित फिल्मों में काम किया। 1953 में हॉलीवुड की अपनी पहली ही फिल्म 'रोमन हॉलीडे' में एक अनाम देश की राजकुमारी का सुंदर अभिनय करने के लिए हेपबर्न को ऑस्कर पुरस्कार मिल गया था। यह राजकुमारी परी जैसी है—निष्कपट और सुंदर। रोजमर्रा की जिंदगी और उनके सुखों से वह परिचित नहीं है। रोम के आकर्षक वातावरण में एक पत्रकार (ग्रेगरी पैक) के साथ उसे साधारण जीवन जीने का मौका मिलता है। इस फिल्म ने हेपबर्न को 'अभिनेत्री' और 'स्टार' दोनों एक साथ बना दिया।

दुबली-पतली, लंबी टाँगों, लगभग सपाट सीने और मृगी सरीखी आँखों वाली आड्रे हेपबर्न 'वेट अंटिल डार्क' (1969) तक एक चर्चित अभिनेत्री के रूप में काम करती रहीं। सत्तर के दशक में उन्होंने कुछ फिल्मों में काम जरूर किया लेकिन 'वेट अंटिल डार्क' की अंधी महिला की स्मरणीय भूमिका दरअसल अभिनेत्री के रूप में उनके जीवन की अंतिम उल्लेखनीय भूमिका थी। पिछले कई सालों से आड्रे हेपबर्न 'ग्लैमर' की दुनिया से दूर रह कर यूनीसेफ के राजदूत के रूप में अफ्रीका आदि में एक दूसरी 'परी' का काम कर रही थीं। पर्दे की परी अब वास्तविक जीवन में भी एक परी थी।

यह भी गौर करने की बात है कि पचास के दशक में हॉलीवुड की अभिनेत्रियों की छवि ऐंद्रिक, सेक्सी, मोहक और ग्लैमरपूर्ण स्त्री की थी। सोफिया लॉरेन, एलिजाबेथ

टेलर, मर्लिन मनरो, जीना लोलोब्रिगिडा सरीखी उस दौर की चर्चित अभिनेत्रियों की तुलना में आड्रे हेपबर्न एक अलग तरह की 'निष्कपट परी' नजर आती हैं। यह भी दिलचस्प है कि उन दिनों आड्रे को हॉलीवुड के अनेक बूढ़े हो चुके अभिनेताओं के साथ अपनी अधिकांश स्मरणीय भूमिकाएँ निभानी पड़ीं। वे अभिनेता बूढ़े जरूर थे पर महान थे। हंफ्री बोगार्ट, हेनरी फौंडा, गैरी कूपर, कैरी ग्रांट, रैक्स हैरिसन, फ्रेड एस्टेयर आदि अधेड़ अभिनेताओं के साथ आड्रे को पर्दे पर आने का मौका मिला।

उम्र के फर्क की चुनौती को इस अभिनेत्री ने खूबी के साथ स्वीकार किया। रोमन हॉलीडे, सब्रीना, वार ऐंड पीस, फनी फेस, लव इन द आफ्टरनून, द नन्स स्टोरी, ब्रेकफास्ट एट टिफानीज, माइ फेयर लेडी, वेट अंटिल डार्क, रॉबिन एंड मारियन (नौ साल के संन्यास के बाद 1978 में हेपबर्न की पर्दे पर वापसी) आदि उनकी उल्लेखनीय फिल्में हैं। अपने समय में अनेक चर्चित फिल्मकारों के साथ आड्रे ने काम किया। एक समीक्षक ने आड्रे को 'अवर फेयर लेडी' का नाम सही ही दे दिया था।

आड्रे हेपबर्न के पास न गार्बो का रहस्यमय व्यक्तित्व था, न मर्लिन मनरो की सेक्सी छवि और न ही इंग्रिड बर्गमैन की असाधारण सुंदरता थी। फिर भी एक आकर्षण था आड्रे की पर्दे की छवि का।

'फनी फेस' (1956) में आड्रे हेपबर्न ने फ्रैड एस्टेयर (जो बूढ़े होने के बावजूद नाचने के लिए जब कदम उठाते थे, तो पुराना जादू लगभग एक चमत्कार की तरह वापस आ जाता था) के साथ काम किया है। फ्रैड एक फैशन पत्रिका 'थिंक पिंक' का फोटोग्राफर है। वह एक नए और 'फनी' चेहरे की तलाश कर रहा है। एक किताबों की दुकान में काम करने वाली लड़की (आड्रे) उसे आकर्षित करती है।

यह लड़की बुद्धिजीवी किस्म की है। उसकी फैशन में नहीं बल्कि दर्शन में दिलचस्पी है। लेकिन पेरिस जाने का मौका वह खोना नहीं चाहती। वहाँ उसे अपने एक प्रिय दार्शनिक से मिलना है। (उन दिनों अस्तित्ववादी दर्शन फैशन में था।) इस संगीत और नृत्य प्रधान फिल्म में बौद्धिक नकलीपन का मजाक उड़ाया गया, तो अमेरिकी उपभोक्तावाद को भी नहीं छोड़ा गया। रोम की सड़कों पर साधारण जीवन की मस्ती लेती राजकुमारी जितनी सहज थी उतनी ही सहज पेरिस के फैशन की दुनिया में घूमती पर बौद्धिक दुनिया के प्रति आकर्षित नायिका भी थी।

'माइ फेयर लेडी' (1964) अपने समय की सबसे महँगी फिल्मों में से थी। यह फिल्म बर्नार्ड शॉ के 'पिग्मेलियन' नाटक पर आधारित थी। मजेदार बात यह थी कि फिल्म बनने से पहले लोकप्रिय हो चुके 'स्टेज वर्जन' में रैक्स हैरिसन के साथ जूली एंड्रयूज की जोड़ी काफी लोकप्रिय हुई थी। लेकिन निर्माताओं ने फिल्म

रूप में आड्रे हेपबर्न को लिया और सफल भी हुए। 'द साउंड ऑफ म्यूजिक' (1965) में बाद में जूली एंड्रयूज ने भी पर्दे पर असाधारण सफलता प्राप्त की थी।

जूली एक दूसरी तरह की परी थी जो बच्चों की फंतासी का अधिक आसानी से हिस्सा बन सकी। आड्रे हेपबर्न का यही रूप वयस्कों की फंतासी का भी एक हिस्सा बन जाता था। उनके अभिनय में विस्तार और विविधता अधिक थी।

आड्रे हेपबर्न का जन्म 4 मई, 1929 को बेल्जियम में हुआ था। ब्रितानी-आइरिश मूल के बैंकर पिता और एक सामंती पृष्ठभूमि की डच महिला की संतान आड्रे ने बचपन में काफी मुश्किल दुनिया देखी। नात्सियों के अत्याचारों, उनकी क्रूरता को निकट से महसूस किया। परिवार के अनेक निकट सदस्य नात्सी अत्याचारों का शिकार हुए। ब्रिटेन में रंगमंच और फिल्म से जुड़ने के बाद आड्रे ब्रॉडवे (अमेरिका) के मंच पर पहुँचीं और फिर वहाँ से हॉलीवुड पहुँचकर अपनी पहली ही फिल्म से एक चर्चित अभिनेत्री बन गईं।

और इस दुबली-पतली अभिनेत्री ने लंबे समय तक हॉलीवुड के 'ग्लैमर' लोक में अपनी जगह बनाए रखी। सुंदर, समझदार और निष्कपट स्त्री की एक अद्‌भुत छवि दुनिया भर के दर्शकों का दिल जीतती रही।

1993

एक निराला नसीर

"अगर मैं 'पार' फिल्म में दो सौ सूअरों के पीछे भाग रहा होता हूँ, तो मेरी प्रशंसा होती है। लेकिन अगर मैं 'तहलका' में एक भूमिका में औरत बन जाता हूँ, तो मेरी निंदा होती है।"

नसीरुद्दीन शाह की यह ताजा टिप्पणी दिलचस्प है। दरअसल यह एक गैरजरूरी टिप्पणी है जो इस महान अभिनेता की त्रासदी को भी बताती है। नसीर, ओम पुरी, स्मिता पाटील, शबाना आजमी आदि सत्तर कसे दशक में पर्दे के ग्लैमर को तोड़ते हुए एक नए आश्वासन, समझ और प्रतिभा के साथ हिंदी सिनेमा में आए थे। एक उम्मीद जगी थी कि मुंबइया सिनेमा से अलग हिंदी सिनेमा एक पहचान बनाएगा। उस नए सिनेमा की असमय मृत्यु के कारणों की खोज एक स्वतंत्र लेख का विषय है। लेकिन इस सिनेमा ने अभिनय की दुनिया में क्रांतिकारी परिवर्तन किया। नसीर, ओम, स्मिता, शबाना भी 'स्टार' थे पर वे मुंबइया सिनेमा के 'स्टार' नहीं थे–हिंदी के नए सिनेमा के 'स्टार' थे।

अब चूँकि हिंदी के नए सिनेमा की स्थिति बदल गई है। मसाला सिनेमा अपने को मुख्य धारा का सिनेमा कहकर प्रसन्न है। स्मिता पाटील का निधन हो गया (हालाँकि दुर्भाग्यवश उनकी प्रतिभा भी अपने अंतिम दिनों में मुंबइया सिनेमा की सेवा में लग गई थी), शबाना ने मुंबइया सिनेमा में कुछ समय का सफल 'अवतार' लेकर राजनीति में ज्यादा दिलचस्पी लेना शुरू कर दी, ओम पुरी अपने ढंग से खास तरह की भूमिकाओं में आते रहे और नसीर 'त्रिदेव' की सफलता के बाद मुंबइया सिनेमा में भी एक 'स्टार' के रूप में पहचाने जाने लगे।

शुरू-शुरू में नसीर जब तथाकथित लोकप्रिय सिनेमा से जुड़ रहे थे, तो उन्होंने कलाफिल्मों से हल्का-सा मोहभंग दिखाया था। दिल्ली में मर्चेंट-आइवरी की प्रोडक्शन कंपनी की फिल्म 'द पर्फेक्ट मर्डर' के रिलीज होने के समय नसीर ने कहा था कि हिंदी का कला-सिनेमा दर्शकों से बहुत दूर है। मलयालम में ऐसी स्थिति नहीं है। 'द पर्फेक्ट मर्डर' में नसीर इंस्पेक्टर घोटे बने थे। लेकिन बेवजह ही उन्होंने इस फिल्म के बाद से अपनी पुरानी भूमिकाओं और फिल्मों का 'पर्फेक्ट मर्डर' शुरू कर दिया।

'त्रिदेव' में 'ओय ओय' गाने की असाधारण सफलता ने नसीर की इस चिढ़ को और भी बढ़ा दिया। नतीजा यह हुआ कि नसीर को 'तहलका' की साधारण बल्कि चालू भूमिका की रक्षा करने के लिए 'पार' (निर्देशक : गौतम घोष) की अविस्मरणीय और असाधारण भूमिका की भी इस त्रासद ढंग से हत्या करनी पड़ रही है।

सिनेमा में अभिनय की दुनिया में इसको लेकर कहीं भी चिंता नहीं की गई—दुनिया के किसी कोने में भी नहीं—कि एक अच्छा अभिनेता पाँच अच्छी फिल्मों में काम करने के बाद पच्चीस चालू फिल्मों में भी काम करता है। यह चिंता एक निर्देशक को लेकर अवश्य की जाती है। मिसाल के लिए महेश भट्ट अगर 'अर्थ', 'सारांश' आदि अपेक्षाकृत स्तरीय फिल्मों के बाद 'सड़क' सरीखी फिल्में बनाने लगते हैं, तो इसके लिए महेश भट्ट की आलोचना स्वाभाविक है। महेश भट्ट तो खैर अब मौलिकता में भी विश्वास नहीं रखते—चोरी को वे फख्र की बात मानते हैं। वह कहते हैं कि मैं बुद्धिजीवियों के लिए फिल्में नहीं बनाता हूँ—आम आदमी के लिए फिल्में बनाता हूँ।

फिल्म निर्देशक का माध्यम है। एक निर्देशक आसानी से एक साथ चालू और गंभीर नहीं हो सकता है। लेकिन एक अच्छे अभिनेता को अनेक बार चालू और गंभीर भूमिकाएँ एक साथ निभानी पड़ती हैं। कई बार तो अच्छी और गंभीर भूमिकाओं को सहारा देने के लिए भी उसे फार्मूला फिल्में स्वीकार करनी पड़ती हैं।

फ्रांस में बलमाँदो और देपादर्यू दो ऐसे नामी अभिनेता हैं जो फार्मूला फिल्मों में भी आते हैं और अच्छी फिल्मों में उन्होंने सशक्त भूमिकाएँ भी बराबर निभाई हैं। हॉलीवुड में डस्टिन हॉफमैन (वह तो पर्दे पर महिला भी बने हैं), जैक निकोलसन, रॉबर्ट डी नीरो आदि सभी प्रतिभाशाली अभिनेता लोकप्रिय किस्म की भूमिकाओं के बावजूद अच्छी और गंभीर भूमिकाओं को अवसर मिलते ही उचित महत्त्व देते हैं।

'पार' की भूमिका के लिए नसीर को वेनिस सरीखे प्रतिष्ठित अंतर्राष्ट्रीय महोत्सव में सर्वश्रेष्ठ अभिनेता का पुरस्कार मिला था। इसलिए इस भूमिका की ताकत को सूअरों के झुंड के पीछे दौड़ने में तब्दील कर देना एक दुखद वक्तव्य है। इससे किसे इनकार है कि आम मसाला फिल्मों में भी नसीर चाहे जोकर बनें या खलनायक—वे उन भूमिकाओं को भी एक नया अर्थ और कहीं-कहीं नई गरिमा प्रदान कर देते हैं। निश्चय ही वे एक बड़े अभिनेता हैं। दिक्कत तब आती है जब नसीर इन भूमिकाओं को बेवजह 'डिफेंड' करते हैं। इस प्रक्रिया में वह दर्शकों के प्रति अपनी जिम्मेदारी भूल जाते हैं।

बरसों पहले ओम पुरी से इस लेखक की एक लंबी बातचीत हुई थी। ओम

पुरी ने बताया कि एक दिन स्टेशन पर उन्हें एक कंघी बेचने वाला मिल गया। उसने ओम पुरी को बहुत स्नेह और सद्भाव से 'आम आदमी' की इतनी सशक्त भूमिकाओं को निभाने के लिए एक कंघी भेंट में दी। ओम पुरी इस जिम्मेदारी को महसूस कर रहे थे कि इस साधारण-सी भेंट की रक्षा एक बड़ी बात है। वह साधारण-सी कंघी किसी भी ऊँचे पुरस्कार से बड़ी थी।

दर्शक दरअसल नसीर से भी यही उम्मीद करते रहे हैं। ओम पुरी को विविध भूमिकाएँ आसानी से नहीं मिल सकती हैं और न ही वह उन सब में स्वयं को सहज महसूस कर सकते हैं। नसीर के साथ ऐसी कोई दिक्कत नहीं है। उनका चेहरा भी ग्लैमर से दूर है। पर उसकी 'रेंज' बहुत ज्यादा है। रुक-रुककर संवाद बोलने की अपनी खास शैली में नसीर एक आम आदमी से शुरू होकर किसी भी वर्ग के सहज और आत्मीय प्रतिनिधि हो सकते हैं। 'मंथन', 'निशांत', 'पार', 'मिर्च मसाला', 'स्पर्श', 'आक्रोश', 'अल्बर्ट पिंटो को गुस्सा क्यों आता है', 'भूमिका' आदि से लेकर 'इजाजत', 'लिबास','जुनून', 'हीरो हीरालाल' से होती हुई नसीर की अभिनय यात्रा 'त्रिदेव', 'विश्वात्मा' और 'तहलका' की ओर जाती है।

इसमें कोई शक नहीं कि नसीर की प्रतिभा के संपूर्ण इस्तेमाल के लिए हमारे पास न अच्छे निर्देशक हैं और न अच्छी फिल्में। नसीर न सिर्फ विविध भूमिकाओं को सफलतापूर्वक निभाते हैं वह किसी फिल्म में (जहाँ फोकस किसी और अभिनेता पर हो) साधारण या छोटी भूमिका में भी अपनी असाधारण और बड़ी जगह बना लेते हैं।

मिसाल के लिए गोविंद निहालानी की 'अर्धसत्य' के केंद्र में ओम पुरी हैं और श्याम बेनेगल की 'भूमिका' के केंद्र में स्मिता पाटील हैं। लेकिन इन दोनों फिल्मों में नसीर अपनी संक्षिप्त भूमिका में भी प्रभावशाली हैं।

'भूमिका' में नसीर ने एक फिल्म निर्देशक सुनील वर्मा की भूमिका निभाई है। यह निर्देशक बौद्धिक लफ्फाजी को 'कैश' करने की कला में माहिर है। एक प्रसंग में नायिका उषा और सुनील आत्महत्या की 'ऊँची' किस्म की योजना बनाते हैं। पहले प्रेम करेंगे, फिर उस दुनिया से शानदार विदाई लेंगे। इस नाटक से कुछ होता नहीं है। लेकिन नसीर ने बौद्धिक ऐय्याशी को बहुत छोटे-से रोल में ही प्रामाणिक और प्रभावशाली बना दिया है।

'अर्धसत्य' में ओम पुरी पुलिस इंस्पेक्टर अनंत वेलणकर बनते हैं। पूरी फिल्म इस इंस्पेक्टर के मानसिक अंतर्द्वंद्व की कथा कहती है। नसीर ने इंस्पेक्टर लोबो की एक बहुत छोटी-सी भूमिका निभाई है। हिंसक दुनिया से हिंसक लड़ाई लड़ रहे वेलणकर के लिए यह बरखास्त इंस्पेक्टर लोबो एक परेशानी है, एक ऐसा सच है जिसके अस्तित्व को वह स्वीकार नहीं करना चाहता है।

केतन मेहता की फिल्म 'मिर्च मसाला' में नसीर ने तानाशाह सूबेदार की

भूमिका निभाई है। बड़ी-बड़ी मूँछों वाला यह सूबेदार सारे गाँव के लिए एक जबर्दस्त आतंक है। वह तानाशाह भी है और एक जोकर भी। ग्रामोफोन पर रेकार्ड सुनने का भी उसे शौक है। और यह सूबेदार सोनबाई पर लट्टू हो जाता है। नसीर ने सूबेदार को एक स्मरणीय चरित्र बना दिया है। यह एक निषेधी भूमिका है। लेकिन एक प्रतिभाशाली अभिनेता खलनायक को भी एक गहराई दे सकता है (जाहिर है कि निर्देशक भी अच्छा होना चाहिए)।

एक जोकरनुमा तानाशाह, एक छद्म बौद्धिक फैशनेबुल फिल्म निर्देशक, बिहार का एक गरीब हरिजन मजदूर नौरंगिया—नसीर किसी भी रोल को एक आश्चर्यजनक प्रामाणिकता दे देते हैं। 'पार' का नौरंगिया अपनी गर्भवती पत्नी रमा (शबाना आजमी) के साथ कोलकाता आने के लिए मजबूर हो जाता है। काम की तलाश में नौरंगिया को अनोखा काम मिलता है। सूअरों के झुंड को नदी पार कराने का काम। नाव वाले इन जानवरों को लादने के लिए तैयार नहीं हैं। पानी में से ही इन जानवरों को उस पार खदेड़ते हुए ले जाना है। एक मुश्किल, चुनौतियों से भरी यात्रा है। लेकिन नसीर ने नौरंगिया को भारतीय सिनेमा का एक अविस्मरणीय पात्र बना दिया है। वह शोषित है पर उसमें ताकत है। नसीर ने नौरंगिया की भूमिका के लिए 12 किलो वजन कम किया था। वेनिस में निर्देशक गौतम घोष से लोगों ने पूछा कि क्या नसीर और शबाना सचमुच किसान हैं! एक अभिनेता की यह एक बड़ी सफलता है।

'मंथन' का भोला, 'पार' का नौरंगिया, 'मिर्च मसाला' का सूबेदार, 'अर्धसत्य' का इंस्पेक्टर, 'त्रिकाल' का रुइज परेरा, 'मंडी' का टुंगरुस, 'जुनून' का सरफराज, 'अल्बर्ट पिंटो को गुस्सा क्यों आता है' का पिंटो, 'लिबास' का रंगकर्मी सुधीर...एक लंबी सूची है नसीर की स्मरणीय भूमिकाओं की। एक अच्छे निर्देशक, पटकथा के बिना एक अच्छा अभिनेता क्या कर सकता है? जाहिर है कि वह कभी-कभी इन सीमाओं को तोड़ भी सकता है। उसकी प्रतिभा किसी-न-किसी रास्ते बाहर आ ही जाएगी।

तिरछी टोपी ने नसीर को आम जनता के बीच लोकप्रिय जरूर बनाया है। लेकिन सिनेमा के इतिहास में किसी भोले, नौरंगिया या टुंगरुस को ही याद किया जाएगा।

1992

एक 'आगंतुक' का चले जाना

यह अपने आपमें विवादास्पद बात है कि बंगाल में रेनेसां (पुनर्जागरण) रहा या नहीं लेकिन यह तो कहा ही जा सकता है कि बंगाल ने अनेक 'रेनेसां व्यक्तित्व' प्रदान किए। रवींद्रनाथ ठाकुर, सत्यजित राय से शुरू होकर उत्पल दत्त में 'रेनेसां व्यक्तित्व' के लक्षण अपने श्रेष्ठतम रूप में पहचाने जा सकते हैं। यह व्यक्तित्व किसी एक क्षेत्र में काम नहीं करता—एक साथ अनेक माध्यमों, विधाओं, विद्याओं में उसकी मजबूत पकड़ होती है।

यूरोप में 14वीं-16वीं शताब्दी के समय को रेनेसां के नाम से जाना जाता है—खासतौर पर इटली में इस काल में रेनेसां की पहचान बनी। इसी काल में कला, साहित्य और समझ के क्षेत्र में एक अद्‌भुत वापसी हुई। लियोनार्दो द विंची सरीखे नाम सही अर्थों में 'रेनेसां व्यक्तित्व' हैं।

कवि नागार्जुन ने एक बार कवि त्रिलोचन के बारे में एक गोष्ठी में बोलते हुए उन्हें 'महाभारतकालीन व्यक्तित्व' कहा था। कुछ इसी तरह से रवींद्रनाथ या सत्यजित राय को 'रेनेसां व्यक्तित्व' कहा जा सकता है। उत्पल दत्त के निधन के बाद हिरण्मय कार्लेकर ने अपनी श्रद्धांजलि में सही ही लिखा है कि भले ही उत्पल दत्त को रेनेसां की संपूर्ण धारणा से ही चिढ़ रही हो पर वे रेनेसां पुरुष थे।

जाहिर है कि रवींद्रनाथ या सत्यजित राय संपूर्ण रेनेसां पुरुष के रूप में देखे जा सकते हैं। पर उत्पल दत्त ने अपने ढंग से और अपनी खास तरह की प्रखर मार्क्सवादी दृष्टि से रंगमंच, लेखन, पत्रकारिता, फिल्म आदि विधाओं को समृद्ध किया।

यह कहना भी गलत नहीं है कि उत्पल दत्त बंगाल के पुनर्जागरण के अंतिम पुरुष थे। इतनी विधाओं और विद्याओं में इस तरह की हिस्सेदारी अब एक दुर्लभ चीज हो चुकी है।

उत्पल दत्त छोटी उम्र में ही चले गए। 64 साल की उम्र इस तरह के संस्कृति पुरुष के लिए बहुत कम है। रवींद्रनाथ या राय के मुकाबले में उन्हें कम उम्र मिली। लेकिन पिछले चार दशकों से उत्पल दत्त बंगला रंगमंच, फिल्म, वामपंथी विचारधारा

और हिंदी सिनेमा से सक्रिय ढंग से जुड़े थे। इन चार दशकों में उत्पल दत्त की एक अत्यंत महत्त्वपूर्ण उपस्थिति थी।

1969 में मृणाल सेन की हिंदी फिल्म 'भुवन शोम' ने उत्पल दत्त को मुंबइया सिनेमा की दुनिया में पहुँचाया। आज यह फिल्म कालजयी फिल्म मानी जाती है। कुछ लोग इस फिल्म को पहली 'कला फिल्म' के रूप में भी देखते हैं हालाँकि इस तरह के वर्गीकरण अधूरे और भ्रामक भी साबित हुए हैं। भुवन शोम की केंद्रीय भूमिका में उत्पल दत्त ने मुंबइया फिल्म निर्माताओं का ध्यान भी इस बहुमुखी प्रतिभा रखने वाले अभिनेता की ओर आकर्षित किया।

उत्पल दत्त एक पढ़े-लिखे अभिनेता थे। मुंबइया सिनेमा में बलराज साहनी से लेकर आई. एस. जौहर तक पढ़े-लिखे अभिनेताओं की एक दूसरी परंपरा मौजूद रही है। खासतौर से बलराज साहनी एक सयाने अभिनेता के रूप में पर्दे की छवि को मजबूत बनाते रहे।

'भुवन शोम' की नायिका सुहासिनी मुले बाद में अभिनेत्री के रूप में नहीं जानी गईं। अनेक महत्त्वपूर्ण गैरकथा फिल्मों की निर्देशक के रूप में उनकी पहचान बनी। लेकिन 'भुवन शोम' की नायिका गौरी के रूप में सुहासिनी ने अपने समय में एक मीठी छाप छोड़ी थी। राज कपूर जैसे निर्देशक भी उन दिनों सुहासिनी को अपनी 'हिना' के रूप में देखने लगे थे!

सुहासिनी ने उत्पल दत्त को श्रद्धांजलि देते हुए एक मार्मिक संस्मरण में कहा है कि 'भुवन शोम' की शूटिंग के दौरान मैं एक ऐसी युवती थी जो आगाथा क्रिस्टी, अर्ल स्टैनले गार्डनर और पीटर शेन के कूड़ा उपन्यासों को पढ़ती थी। लेकिन उत्पल दा के संपर्क में आने के बाद मैं ऑस्कर वाइल्ड सरीखे महान लेखकों की दुनिया से परिचित हो सकी।

उत्पल दत्त प्रारंभ में अंग्रेजी की दुनिया से जुड़े थे। वह कोलकाता के अंग्रेजीदां स्कूलों में पढ़े और बढ़े। अंग्रेजी के प्राध्यापक भी रहे। जेफ्री कैंडल की प्रसिद्ध नाट्य संस्था 'शेक्सपियरियन इंटरनेशनल थिएटर' से वह जुड़े थे। उत्पल दत्त जैफ्री कैंडल को निःसंकोच अपना गुरु मानते थे।

बरसों बाद शेक्सपियर के जन्म-स्थान स्ट्रेटफोर्ड-ऑन-एवन में जब इस महान नाटककार के जन्म के चार सौ साल एक समारोह में धूमधाम से मनाए गए, तो भारत से उत्पल दत्त अकेले आमंत्रित यक्ति थे। उत्पल दत्त ने शेक्सपियर के नाटकों का बंगला अनुवाद भी किया था।

धीरे-धीरे उत्पल दत्त ने अंग्रेजी की दुनिया छोड़ दी। बंगला रंगमंच,' सिनेमा आदि से उत्पल दत्त ने एक गहरा रिश्ता बनाया। अपनी भाषा और जमीन से जुड़कर वह गौरवान्वित महसूस करने लगे।

बंगाल से बाहर उत्पल दत्त एक कुशल अभिनेता के रूप में जाने जाते हैं।

'भुवन शोम', 'गोलमाल', 'अमानुष' आदि ने उन्हें हिंदी सिनेमा का एक चहेता अभिनेता बना दिया था। यह अभिनेता कॉमेडी में आसानी से खप जाता था और बड़ी आसानी से खलनायक भी बन जाता था। उत्पल दत्त की आँखों में एक अनोखी चमक थी। पुतलियाँ खास तरह से ऊपर-नीचे करके वह सब तरह की भूमिकाओं में खप जाते थे। उन दिनों मुख्य धारा के मुंबइया सिनेमा में भी उत्पल दत्त के लिए महत्त्वपूर्ण भूमिकाएँ थीं। बाद में हिंदी फिल्मों में जब दिमागरहित हिंसा और बेतुकी व कुरुचिपूर्ण कॉमेडी छा गई, तो जाहिर है कि उत्पल दत्त 'बाहरी व्यक्ति' हो गए।

मुंबइया सिनेमा में वह बाहरी आदमी ही थे पर इस बाहरी आदमी की एक आत्मीय उपस्थिति थी। बंगला सिनेमा में अपने अंतिम वर्षों में उत्पल दत्त ने दो स्मरणीय भूमिकाएँ निभाईं। सत्यजित राय की अंतिम फिल्म 'आगंतुक' और गौतम घोष की फिल्म 'पद्मा नदीर माझी' में उत्पल दत्त की अद्भुत भूमिकाएँ हैं।

जिन्होंने मधु बोस की बंगला फिल्म 'माइकल मधुसूदन' देखी है उनकी राय में 19वीं शताब्दी के कवि माइकल मधुसूदन दत्त की केंद्रीय भूमिका में उत्पल दत्त बेजोड़ थे। इस प्रारंभिक भूमिका से शुरू होकर 'पद्मा नदीर माझी' के रहस्यमय हुसैन मियाँ की अंतिम भूमिका (यह फिल्म 'आगंतुक' के बाद रिलीज हुई थी) में उत्पल दत्त ने अपनी प्रतिभा का अच्छा परिचय दिया।

माणिक वंद्योपाध्याय की कालजयी कृति 'पद्मा नदीर माझी' में हुसेन मियाँ एक ऐसा चरित्र है जो दूर कहीं एक द्वीप में अपना एक आदर्श राज्य स्थापित करना चाहता है। इस राज्य में न मंदिर होगा न मस्जिद। गरीब मछुआरों को यह व्यक्ति आकर्षित भी करता है और थोड़ा भयभीत भी।

'आगंतुक' का केंद्रीय पात्र एक मानवशास्त्री है जो लंबे समय बाद भारत वापस आता है। समय और सभ्यता के प्रश्नों से जूझने के बाद एक मध्यवर्गीय परिवार में एक मेहमान बनकर वह समाज के खोखलेपन को उजागर करता है। फिल्म के अंत में कुछ आदिवासियों के बीच में यह व्यक्ति लगभग संतुष्ट बैठा नृत्य देख रहा है।

उत्पल दत्त के जीवन का केंद्रीय रूप रंगमंच का ही है। जात्रा, नुक्कड़ नाटक, राजनीतिक नाटक, शेक्सपियर का रंगमंच—उत्पल दत्त के अनगिनत रूप हैं। 'अंगार', 'कल्लोल' और 'टीनेर तलवार' सरीखे बहुचर्चित नाटक, लिटिल थिएटर ग्रुप की जीवंत दुनिया, 'भुवन शोम', 'आगंतुक' आदि फिल्मों की भूमिकाएँ—इन सबसे बनते हैं उत्पल दत्त।

इस 'आगंतुक' का इस तरह से अचानक चले जाना भला किसे नहीं भावुक कर देगा।

1993

हिंदी फिल्म समीक्षा : दशा और दिशा

एक बड़े फिल्म निर्माता ने पत्रकारों को अपनी नई फिल्म की शूटिंग के सिलसिले में एक पर्यटक नगर में बुलाया। जाहिर है कि पत्रकारों को पाँच सितारा होटल में ठहराया गया। उनकी अच्छी खातिरदारी हुई। शूटिंग के दौरान इस फिल्म निर्माता ने एक दिलचस्प टिप्पणी की—"आप लोगों ने हमेशा मेरा साथ दिया है। उम्मीद है भविष्य में भी आप इस संबंध को बनाए रखेंगे। मैं यह सब जो कर रहा हूँ वह पब्लिसिटी के लिए ही कर रहा हूँ। इसीलिए आप सबका इतना ध्यान रखता हूँ। आखिर आप लोग मेरे दामाद थोड़े ही हैं।"

शायद कुछ साल पहले का फिल्म निर्माता इसी बात को अपने मन में रखता—इस तरह इसे कहता नहीं। लेकिन आज फिल्म निर्माता, वितरक, निर्देशक, अभिनेता सभी फिल्म पत्रकारों को बिकाऊ चीज के रूप में देखते हैं। वे उन्हें अपना पी. आर. ओ. मानते हैं और दुर्भाग्यवश पत्रकारों की बिरादरी भी आसानी से 'सेवा' के लिए हाजिर है।

दरअसल पिछले एक-डेढ़ दशक में फिल्म और टेलीविजन के क्षेत्र में ऐसे दर्जनों पत्रकार आ गए हैं जिन्हें माध्यम की कोई जानकारी नहीं है। न कोई उनका अध्ययन है और न तैयारी है। संपादक, फीचर संपादक और फिल्म संपादक भी इस स्थिति के लिए कम दोषी नहीं हैं। वे इन विधाओं के लेखकों से कोई इंटरव्यू नहीं लेते, उनकी पृष्ठभूमि, समझ, फिल्म या टेलीविजन के इतिहास की जानकारी को कोई महत्त्व नहीं देते। नतीजा यह हुआ है कि बाकायदा पी. आर. ओ. भी अब अपनी फीचर एजेंसी खोलकर या छोटी-मोटी पत्रिका निकालकर अपने को पत्रकार कहने लगे हैं। उन्हें लगता है कि ये सब पत्रकार हैं, तो हम क्यों नहीं पत्रकार हो सकते! कई पी. आर. ओ. तो छपे हुए फोटो आदि का पारिश्रमिक भी वसूल करने लगे हैं!

स्पष्ट है कि यह तस्वीर 'मसाला फिल्म तंत्र' की है। इस तंत्र में जमकर पैसा लगाया जाता है और प्रचार के लिए तमाम तरह के प्रलोभन दिए जाते हैं। लेकिन फिल्म एकमात्र ऐसी विधा है जिसमें गंभीर और चालू दोनों प्रकार की कृतियों

पर एक ही व्यक्ति को लिखना पड़ता है। और लिखना भी चाहिए। मिसाल के लिए साहित्य समीक्षा पर यह बात लागू नहीं होती। जो समीक्षक निर्मल वर्मा के उपन्यास की समीक्षा करता है उससे कोई यह उम्मीद नहीं करता कि वह गुलशन नंदा के उपन्यास की भी समीक्षा करेगा जबकि एक ही फिल्म समीक्षक श्याम बेनेगल की 'सूरज का सातवाँ घोड़ा' पर लिखता है और 'बेताज बादशाह' या 'जख्मी औरत' पर भी उसी को लिखना होता है।

एक फिल्म पत्रकार या फिल्म समीक्षक आसानी से भेद नहीं स्थापित कर सकता। फिल्म एक अत्यंत शक्तिशाली और महँगी विधा है। उसका असर तुरंत पड़ता है और यह असर भयावह भी हो सकता है। इसलिए एक अच्छे समीक्षक से यह उम्मीद की जाती है कि वह सभी तरह की फिल्मों पर लिखे। यह अलग बात है कि 'शोले' या 'जय संतोषी माँ' का विश्लेषण उसी भाषा-शैली या प्रतिमानों पर आधारित नहीं होगा जो 'सूरज का सातवाँ घोड़ा' सरीखी किसी फिल्म के लिए जरूरी है।

चर्चित पुलिस अफसर किरण बेदी ने हाल में विदेशी पत्रकारों से बातचीत में बताया कि उच्च न्यायालय में एक वकील ने यह तर्क दिया कि अपराधी ने क्योंकि फिल्मी हिंसा से प्रभावित होकर अपने अपराध किए हैं इसलिए उसे प्राण दंड न दिया जाए।

यह दलील गौर करने लायक है। फिल्म विधा की इस भयावह ताकत की गिरफ्त में आज सारा समाज है। ऐसी फिल्मों पर लिखने वालों को गंभीर समझ, समाजशास्त्र, इतिहास, मनोविज्ञान आदि की गहरी जानकारी रखने वाला व्यक्ति होना चाहिए। सिर्फ फिल्म इतिहास या फिल्म की तकनीकी जानकारी काफी नहीं है इस विधा पर असरदार और जिम्मेदार लेखन के लिए।

दुर्भाग्यवश ऐसा हो नहीं पा रहा है। गंभीर और बुद्धिजीवी संपादक, संपादकीय पृष्ठ पर विश्वनाथ प्रताप सिंह की राजनीति पर लिखने के लिए प्रख्यात पत्रकारों को आमंत्रित करते हैं पर फिल्म लेखन को वह किसी के भी लायक समझने की भूल करते हैं। दरअसल फिल्म इतनी लोकप्रिय विधा है कि हर आदमी की फिल्म के बारे में कोई-न-कोई राय होती है। होनी भी चाहिए। एक पान वाला, रिक्शा वाला, अध्यापक, टाइपिस्ट, चपरासी सभी किसी लोकप्रिय फिल्म के बारे में कोई-न-कोई राय रख सकते हैं। पर वे फिल्म कालम लिखने के तो अधिकारी नहीं हो जाते।

हिंदी में गंभीर या सार्थक सिनेमा लगभग मर चुका है। इसके अनेक कारण हैं। साल में मुश्किल से एक-दो ऐसी फिल्में बन पाती हैं जिन पर एक गंभीर समीक्षक लिख सके। इसलिए फिल्म लेखक अगर केवल अच्छी फिल्म पर लिखना चाहता है, तो उसकी कलम साल में एकाध बार चलेगी। नतीजा यह हो रहा है

कि फिल्म पत्रकारिता में अराजकता, भ्रष्टाचार, उदासीनता बढ़ती चली जा रही है।

अच्छी फिल्में लोग आसानी से भले न देख पाएँ पर उनके बारे में लिखा जाना जरूरी है। 'दिनमान' साप्ताहिक में इन पंक्तियों का लेखक जब गोदार, त्रुफो, तारकोवस्की की फ़िल्मों के बारे में लिखता था, तो कुछ 'नासमझ' या 'भोले' पाठक कहते थे कि इन फिल्मों को कोई देख तो पाता नहीं है। दरअसल एक अच्छी किताब को भले आप पढ़ न पाएँ पर उसकी समीक्षा भी पर्याप्त जानकारियाँ दे सकती है।

एक अच्छे फिल्म समीक्षक से आज यह उम्मीद की जाती है कि वह लोकप्रिय फिल्मों पर एक अलग नजरिए से लिखे और फिल्म इतिहास की अच्छी फिल्मों पर भी लिखे ताकि एक जिम्मेवार किस्म का वातावरण बने।

1994

मनोरंजन-व्यापार-कला और सेंसर

एक कलाकार, एक साहित्यकार या रंगकर्मी सरकारी संस्थाओं पर अपने रचना कर्म को सबसे कम आश्रित पाता है। लेकिन यह बात फिल्म विधा के बारे में नहीं कही जा सकती है। यह एक महँगी विधा है, बाजार और बॉक्स ऑफिस के दबाव इस विधा पर निर्णायक असर डालते हैं।

सौ साल पहले फिल्म विधा ने जब जन्म लिया, तो कुछ समय में ही यह एक विस्फोटक विधा साबित हुई। इसकी उपस्थिति जादुई भी थी। शुरू से ही इस विधा पर व्यावसायिक दबाव थे। इस दबाव के कारण भी फिल्म विधा में हिंसा और सेक्स के चित्रण का जबरदस्त आकर्षण रहा है। इसके अलावा फिल्म विधा दूसरी सभी रचनात्मक अभिव्यक्तियों से लाभ उठाती थी—साहित्य, रंगमंच, संगीत, चित्रकला, स्थापत्य आदि।

फिल्म विधा की ताकत भी अनोखी थी। आसानी से असंख्य लोगों तक पहुँचा जा सकता था—भाषा और संस्कृति की दीवारों को लाँघकर अँधेरे में बैठे दर्शकों को उनके 'कमजोर क्षणों' में दबोचा जा सकता था। नतीजा यह हुआ कि पूँजीवादी देशों ने मनोरंजन और व्यापार के अद्भुत रिश्ते को इस विधा में देखा और समाजवादी देशों ने इस विधा में प्रचार की अनोखी क्षमता देखी।

दुनिया-भर में फिल्म विधा मनोरंजन, व्यापार और कला के तनाव भरे रिश्ते को लगभग एक शताब्दी से झेलती चली आ रही है। यह रिश्ता बड़ा जटिल है। फिल्मकार कैमरे का कलम की तरह इस्तेमाल करने की कोशिश कर सकता है—ऐसी अनेक सफल कोशिशें फिल्म के इतिहास में हमें मिलती हैं—लेकिन एक फिल्मकार यह कभी नहीं कह सकता कि बॉक्स ऑफिस से मेरा कोई संबंध नहीं है। जो ऐसा कहते हैं वे या तो पाखंडी हैं या इस विधा के धर्म और मर्म को समझ नहीं पाए हैं।

कलाओं के इतिहास में ऐसी मिसालें हमें मिलती हैं जब चित्रकारों ने स्टूडियो में अपनी पेंटिंग बनाईं और नष्ट कीं (फ्रांसिस बेकन का बहुत-सा शुरू का काम उन्हीं के द्वारा नष्ट कर दिया गया), साहित्यकारों ने अपने लिखे हुए को नष्ट करने

की कोशिश की (काफ्का की मिसाल याद करें) पर क्या एक फिल्म निर्माता या निर्देशक अपनी रचना को अंतिम रूप देने के बाद यह निर्णय आसानी से ले सकता है? अधूरी फिल्मों की कहानियाँ तो मौजूद हैं पर पूरी फिल्म को बंद डिब्बों में रखना इस फिल्म विधा के मूल स्वभाव से अन्यायपूर्ण रिश्ता बनाना है।

इन सब बातों को ध्यान में रखें, तो फिल्म विधा के विकास में सरकारी संस्थाओं की भूमिका अत्यंत महत्त्वपूर्ण और निर्णायक है। सेक्स और हिंसा के ग्राफिक चित्रण की संभावना ने शुरू से ही इस विधा को सेंसर की कैंची का जबरदस्त और एक हद तक जरूरी शिकार बनाया।

सभी तरह की सरकारों को फिल्म को सेंसर करने की जरूरत महसूस हुई। समय-समय पर कई तरह की लड़ाइयाँ लड़ी गईं। आज तो खैर दुनिया भर में फिल्म के पर्दे पर लगभग अकल्पनीय चीजें दिखाई जा चुकी हैं।

एक समय डी. एच. लॉरेंस और जेम्स ज्वॉयस के उपन्यासों को अश्लील मानने वाला पश्चिमी और गैरपश्चिमी समाज क्या कभी कल्पना कर सकता था कि जर्मन उपन्यासकार गुँटर ग्रास के उपन्यास 'द टिन ड्रम' पर बनी इसी नाम की फिल्म (निर्देशक : शलौंडॉर्फ) में इतना अधिक ग्राफिक सेक्स दिखाकर भी कला माध्यम की शर्तों को सुरक्षित रखा जा सकता है।

सत्तर के दशक के अंत में जापानी फिल्मकार ओशिमा की फिल्म 'द एंपायर ऑफ सेंसेस' में फिल्मकार ने जो स्वतंत्रता हासिल की है उसकी कल्पना साठ के दशक में भी नहीं की जा सकती थी। हिंसा और सेक्स के चित्रण की समस्त स्वतंत्रता को हासिल करने के बाद अचानक 1980 में रोमन पोलांस्की ने तीन घंटे की फिल्म 'टेस' (थामस हार्डी के इसी नाम के उपन्यास पर आधारित) में सेक्स और हिंसा के ग्राफिक चित्रण को बिल्कुल गायब कर दिया।

पोलैंड में इसी दौर में आंद्रे वायदा सरीखे निर्देशकों ने दूसरी तरह की स्वतंत्रता हासिल की—राजनीतिक स्वतंत्रता। 'द मैन ऑफ आइरन' सरीखी फिल्मों ने एक 'बोल्ड' नजरिया अपनाते हुए अतीत और वर्तमान की लगभग शव परीक्षा कर डाली। शुरू में इस फिल्म को सेंसर ने रोकने की भी कोशिश की लेकिन तब यह तथ्य भी समाजवादी देशों में खुलकर सामने आ गया था कि प्रतिबंध लगाने से इस फिल्म की ज्यादा चर्चा होगी। चुपचाप इस फिल्म को कान महोत्सव में 'सम्मान' पाने के लिए भेज दिया गया।

प्रसिद्ध क्यूबाई फिल्मकार तोमास आलिया ने 1980 में बेंगलूर फिल्मोत्सव में बातचीत के दौरान यह बात मुझसे कही थी कि "मेरी नजर में समाजवाद का सबसे अच्छा प्रचार अच्छी फिल्में बनाने में है। आप अच्छी फिल्म की शर्तों पर फिल्म बनाइए। भूल जाइए कि आपको समाजवाद का प्रचार करना है। अच्छी फिल्म

बताएगी कि समाजवाद एक अच्छी चीज है।"

कहने का आशय यह है कि दुनिया-भर में फिल्म के संदर्भ में शायद सबसे प्रमुख सरकारी संस्थान—सेंसर ने अपनी दृष्टि में लगभग क्रांतिकारी परिवर्तन किए। लेकिन भारतीय सिनेमा के इतिहास में सेंसर की कैंची एक अनोखे पसोपेश का शिकार रही है।

दरअसल साठ और सत्तर के दशक में पश्चिम में सेंसर ने स्वतंत्रता को उसकी अंतिम परिणति तक पहुँचा दिया। भारत सरीखे देशों में सेंसर एक खास तरह की समस्या का शिकार हो गया। केंद्रीय प्रश्न यह है कि हिंसा और सेक्स के चित्रण के प्रति कितना कड़ा रुख रखा जाए?

उन दिनों एक व्यावसायिक मुंबइया फिल्म में नायिका को अपनी सहेली के साथ लगभग समलैंगिक रिश्तों में तो आसानी से चित्रित किया जा सकता था लेकिन चुंबन के समय दो फूलों का मिलन दिखाया जा रहा था।

सत्तर के दशक में सेंसर की सारी ताकत सेक्स के चित्रण पर रोक लगाने में लग गई लेकिन 'जंजीर' के बाद हिंसा का एक नया व्याकरण मुंबइया फिल्मों में क्रूर से क्रूरतम होता चला गया। 1973 में राज कपूर की 'बॉबी' और प्रकाश मेहरा की 'जंजीर' (जिससे अमिताभ बच्चन की एंग्री यंग मैन छवि बननी शुरू हुई) ये दो सफल फिल्में एक साथ रिलीज हुईं। 'बॉबी' एक किशोर युगल की प्रेम कहानी थी और 'जंजीर' एक पुलिस अफसर के आक्रोश की कहानी थी।

बीस साल बाद सेक्स के चित्रण में हमारा सिनेमा 'मेरा नाम जोकर' या 'बॉबी' के प्रेम प्रसंगों के चित्रण से आगे नहीं पहुँच पाया है लेकिन 'जंजीर' के बाद हमारे सिनेमा में पुलिस, कानून, मंत्रियों, व्यवस्था की ऐसी धज्जियाँ उड़ाई गई हैं कि ऐसी 'अश्लीलता' आपको कहीं नहीं मिलेगी। आज एक फिल्म '15 अगस्त' के नाम से पास कर दी जाती है जिसमें हिंसा और बलात्कार का अत्यंत क्रूर और 'क्रूड' चित्रण है।

दरअसल अभी भी जीवन इतना भ्रष्ट और नष्ट नहीं हुआ है। लेकिन इन फिल्मों में बराबर दावा किया जाता है कि हम यथार्थ का अनुकरण कर रहे हैं। फिल्म कला में कोई जिम्मेदारी या नैतिकता की बात नहीं रह गई है। बलात्कार के विरुद्ध कोई लंबा भाषण देने से पहले दर्शक को लंबा और रसीला बलात्कार का दृश्य दिखाया जाता है। आजादी का हश्र बताने के लिए '15 अगस्त' फिल्म में हिंसा और बलात्कार का अत्यधिक क्रूर दृश्य दिखाया गया है।

यह भी गौर करने की बात है कि सेक्स को पर्दे पर दिखाने के बाद उसका जादू कम हो जाता है। लेकिन हिंसा का ग्राफिक चित्रण अफीम की भूमिका निभाता है। लोग उसे बार-बार देखते हैं। इसीलिए फिल्मों में सेक्स को हिंसा के साथ

दिखाया जाता है। एक हत्यारे ने अपनी आत्मस्वीकृति में बताया कि उसने 'एंटर द ड्रैगन' फिल्म बीस से अधिक बार देखी।

इस पृष्ठभूमि में पिछले बीस सालों में सरकारी संस्थाओं में सबसे संदिग्ध भूमिका सेंसर की ही सामने आई है। वीडियो और सेटेलाइट आक्रमण ने उसकी समस्या को बढ़ाया है। उत्तर भारत में साठ और सत्तर के दशक में फिल्म सोसायटी की सदस्यता पाना मुश्किल काम था। इसलिए नहीं कि केरल और बंगाल की तरह उत्तर भारत में गंभीर सिनेमा के प्रेमी अधिक थे बल्कि इसलिए कि हमारा कुंठित दमित मध्यवर्ग इस सदस्यता के माध्यम से 'अनसेंसर्ड' फिल्मों को आसानी से देख सकता था!

इस लेखक ने सत्तर के दशक में फिल्म सोसायटी की स्क्रीनिंग में ऐसे कई दर्शकों को हाल में देखा है जो फिल्म में ऊँघते रहते थे लेकिन किसी 'सीन' (यानी सेक्स दृश्य) के आते ही आश्चर्यजनक ढंग से चौकन्ने हो जाते थे। सौभाग्यवश वीडियो लहर ने ऐसे दर्शकों को अब घर बैठे 'ब्ल्यू' फिल्में देखने की भी सुविधा दे दी है। फिर भी बड़े पर्दे का आकर्षण और आनंद कुछ और ही है।

हमारे यहाँ सेंसर की कुछ दिक्कतें भी रही हैं। एक गंभीर और जिम्मेदार फिल्मकार जब अपनी फिल्म में हिंसा और सेक्स का चित्रण करता है, तो सेंसर उसे पास कर देता है। ठीक है। लेकिन सेंसर की इस उदारता का लाभ एक कुरुचिपूर्ण दृष्टि वाला फिल्मकार भी उठाता है। वह कहता है—मैं यह सब क्यों नहीं दिखा सकता!

1973 में स्टेनले क्युबरिक ने 'ए क्लॉकवर्क ऑरेंज' में हिंसा और सेक्स के चित्रण में जो स्वतंत्रता हासिल की थी उसी को एक साधारण या मसाला फिल्मकार को देने के दूसरे नतीजे हैं। इसके अलावा आज भी ब्रिटेन में मनोवैज्ञानिक, समाजशास्त्री, विचारक, फिल्मकर्मी यह नहीं तय कर पाए हैं कि क्युबरिक की फिल्म के किशोर नायक अलेक्स की हिंसा का ब्रितानी युवकों ने अनुकरण किया या उसे देखकर उनके भीतर की हिंसा कम हुई।

हमारे यहाँ सेंसर की एक समस्या का अंदाज एक दिलचस्प उदाहरण से लगाया जा सकता है। विशेषज्ञों की राय के आधार पर नियम बनाया गया कि जो फिल्में प्रतिष्ठित फिल्म महोत्सवों में दिखाई जा चुकी हैं या जिनके बारे में अंतर्राष्ट्रीय महत्त्व की फिल्म पत्रिकाओं में अच्छी समीक्षाएँ छपी हैं उन्हें न केवल प्रदर्शन की सुविधा दिलाई जाए बल्कि सेंसर भी इन फिल्मों के प्रति अपेक्षाकृत उदार रुख अपनाए।

उद्देश्य अच्छा था। लेकिन नतीजा? भारतीय वितरकों ने हर अंतर्राष्ट्रीय महोत्सव में जाकर ऐसी फिल्में चुन लीं जो कलात्मक तो साबित हो सकें पर उनमें नग्नता,

सेक्स आदि खूब हो। यहाँ एक उदाहरण काफी है। यूनानी निर्देशक एंजेलोपोलोस की फिल्म 'द बी कीपर' एक गंभीर और 'ग्रिम' फिल्म है। इस फिल्म की केंद्रीय चिंताएँ और समस्याएँ अस्तित्ववादी किस्म की हैं। लेकिन फिल्म की नायिका लंबे समय तक पर्दे पर नग्नावस्था में दिखाई देती है। वितरकों ने इस फिल्म का आयात किया और पाया कि यह फिल्म काफी धीमी है। मनमाने ढंग से फिल्म छोटी कर दी गई।

एक अच्छी फिल्म इस तरह से एक खराब ढंग से वितरित हुई। उसके आयात का संपूर्ण उद्देश्य ही नष्ट हो गया। एक गंभीर फिल्म प्रेमी के लिए सिनेमाघर में बैठकर इस फिल्म को देखना मुश्किल हो गया।

ऐसी स्थिति में क्या नीति अपनाई जाए? पश्चिम में जिन देशों में तथाकथित 'सेक्स फिल्मों' को आराम से सिनेमाघरों में बैठकर देखा जा सकता है वहाँ इन फिल्मों के दर्शक बहुत कम होते हैं—बूढ़े, अकेले, रोगी-अर्धरोगी, विदेशी मजदूर किस्म के दर्शक कभी-कभार इन फिल्मों में चले आते हैं। नतीजा यह होता है कि अच्छी फिल्मों में अगर जरूरत के मुताबिक सेक्स का चित्रण है, तो उन्हें देखने के लिए 'गलत दर्शकों' की भीड़ सिनेमाघरों में नहीं नजर आती है।

आखिर खजुराहो और कोणार्क की मिथुन मूर्तियों की तमाम बारीकियों ने इस देश की नैतिकता को नष्ट-भ्रष्ट करने में कोई भूमिका नहीं निभाई है। जाहिर है सिनेमा अधिक शक्तिशाली और दूर-दूर तक पहुँचने वाला माध्यम है। लेकिन सेंसर यदि सेक्स के चित्रण को खुली छूट दे दे और हिंसा पर कड़ी निगाह रखे, तो इससे देश में सिनेमा देखने और बनाने की संस्कृति बेहतर होगी : खराब नहीं।

एक बार मुंबई के अंतर्राष्ट्रीय फिल्म महोत्सव में निर्माता-निर्देशक विजय आनंद ने एक बातचीत में ठीक ही सवाल उठाया था कि जब महोत्सव के दौरान दो सप्ताह सेंसर मुक्त फिल्में दिखाने में समाज के नैतिक ढाँचे में कोई भूकंप नहीं आ जाता, तो साल भर इसी स्थिति को बनाए रखने से कोई बड़ा फर्क नहीं आएगा।

अक्सर भारतीय समाज की सेक्स दृश्यों के प्रति सहनशीलता पर शक किया जाता है। पर एक बार सेंसर सेक्स चित्रण को खुली छूट दे देगा, तो दर्शकों का एक बड़ा वर्ग इन दृश्यों के प्रति उदासीनता विकसित कर लेगा। पर्दे पर प्रेम-प्रसंग का खुला चित्रण उतना खतरनाक नहीं है जितना क्लोजअप में खलनायक द्वारा चाकू निकालकर गर्भवती औरत के पेट में उसे भौंकते हुए दिखाया जाना। ('आज का अर्जुन' फिल्म का यह एक प्रसंग है)।

जाहिर है कि फिल्मों के आयात की समस्या भी सेंसर की इसी नीति से जुड़ी है। इस नीति में बदलाव से 'द बी कीपर' सरीखी किसी गंभीर फिल्म को

'हॉट फिल्म' कहकर विज्ञापित करने की हास्यास्पद मजबूरी नहीं रह जाएगी और न ही अंतर्राष्ट्रीय फिल्म महोत्सव 'हॉट फिल्मों' का आकर्षण केंद्र बनेंगे।

पिछले दो वर्षों में हिंदी फिल्मों की दुनिया में कई महत्त्वपूर्ण और निर्णायक परिवर्तन देखने को मिले हैं। 1993 की शुरुआत में मुंबई के सांप्रदायिक दंगों, बम विस्फोटों के बाद संजय दत्त सरीखे लोकप्रिय अभिनेता की गिरफ्तारी और उनकी 'खलनायक' छवि ने मुंबई फिल्मों को एक भूलभुलैया में फँसा दिया है। उधर केबल टी.वी. के प्रचार-प्रसार ने मध्यवर्गीय दर्शकों को तथाकथित पारिवारिक या हल्के-फुल्के रोमांटिक सिनेमा से दूर कर दिया है। यह दर्शक वर्ग—खासतौर पर महिलाएँ सिनेमाघरों से दूर रहने लगी हैं। नतीजा यह हुआ है कि फिल्में और भी हिंसक और फूहड़ हो गई हैं।

हिंदी फिल्मों की दुनिया में इस बीच नायक या तो सीधे-सीधे खलनायक है या फिर वह कोई मनोरोगी है। एक ओर संजय दत्त की 'खलनायक' छवि है (जिसकी तार्किक परिणति 'आतिश' सरीखी अत्यधिक हिंसक फिल्म है) और दूसरी ओर शाहरुख खान के तथाकथित 'नेगेटिव' (निषेधी) पर बॉक्स ऑफिस पर सफल रोल हैं (बाजीगर, डर, अंजाम आदि)। क्रूर हिंसा से राहत पाने के नाम पर आज के अत्यंत सफल फिल्मकार डेविड धवन के फूहड़ फार्मूले हैं। उनकी फिल्में बॉक्स ऑफिस पर काफी सफल हुई हैं। 'आँखें', 'राजा बाबू' सरीखी फिल्मों की सफलता ने फूहड़ मनोरंजन के नए द्वार खोल दिए हैं। इस फार्मूले में 'सड़कछाप' दर्शकों के पहले से भी भ्रष्ट हो चुके रुचि संस्कारों को और भी भ्रष्ट किया जाता है। हिंदी फिल्मों का इतिहास अचानक आज पचास के दशक के 'स्वर्ण युग' के मुकाबले में एक 'गटर युग' में पहुँच चुका है।

दोषी कौन है? सेंसर? फिल्म निर्माता? दर्शक? शायद सभी दोषी हैं। लेकिन दर्शकों का दोष सबसे कम है। भारत सरीखे देश में फिल्म एक अफीम, एक औषध की तरह रही है—खासतौर पर गरीब और आधुनिक सुविधाओं से वंचित दर्शक वर्ग में।

आज मध्यवर्गीय दर्शक हिंसक और फूहड़ फिल्मों के माध्यम से अपना मनोरंजन नहीं चाहता है। उसके पास अनेक साधन हैं। इसलिए मुंबइया फिल्मकार की 'टार्गेट' सुख-सुविधाओं से वंचित वर्ग है। सेंसर की उदासीनता और न्यस्त स्वार्थों से उसकी दुरभिसंधि (आखिर इस दौर में सेंसर के अध्यक्ष शक्ति सामंत रहे हैं जो फिल्मी दुनिया के अपने प्रतिनिधि हैं) ने फिल्मों की और भी दुर्दशा कर दी है।

दरअसल मुंबइया फिल्मकार और फिल्म निर्माता अपनी जमीन पर नहीं खड़े रहना चाहते हैं। आखिर दक्षिण के मणिरत्नम् अगर 'रोजा' जैसी साफ-सुथरी व्यावसायिक फिल्म बना सकते हैं और यह फिल्म हिंदी में 'डब' होने के बाद

संपूर्ण भारत में 'हिट' हो सकती है, तो इसका अर्थ क्या है? सच तो यह है कि क्रूर हिंसा और फूहड़ सेक्स को पर्दे पर दिखाने के लिए कल्पनाशक्ति और तकनीकी दक्षता की कोई खास जरूरत नहीं है।

वर्ष 1995 भारत के लिए ही नहीं दुनिया-भर के लिए विशेष महत्त्व रखता है। यह सिनेमा की शताब्दी का वर्ष है। पश्चिम के अनेक प्रतिष्ठित फिल्मकार अब यह कहने लगे हैं कि फिल्म विधा का ही अंत हो गया है लेकिन सच तो यह है कि फिल्म का आकर्षण कम नहीं हुआ है। गैर-पश्चिमी देशों में यह विधा और भी अधिक मुश्किल मोड़ पर खड़ी है। हिंदी फिल्मों की क्रूर हिंसा, पुलिस की भयावह छवि, नेगेटिव भूमिकाओं की भरमार, द्विअर्थी संवादों और गानों की बाढ़, फूहड़ सेक्स, कानून और राजनीति का विकृत चित्रण—हम किस दुनिया में जा रहे हैं?

1994

हिंदी की 'टॉप टेन' फिल्में

बीसवीं शताब्दी अपने अंतिम वर्षों में है। पश्चिम में 'शताब्दी पुरुष' खोजे जा रहे हैं, हर क्षेत्र में दस सर्वश्रेष्ठ नामों या कामों की सूचियाँ बन रही हैं। 'टॉप टेन' का अपना एक अलग ही जादू होता है हालाँकि जरूरी नहीं है कि इस तरह के चयन प्रामाणिक या विवादों से परे हों।

हाल में हॉलीवुड ने बीसवीं शताब्दी की टॉप टेन फिल्मों की एक सूची रिलीज की है। जाहिर है कि इस सूची पर जब काम चल रहा होगा, तो 'टाइटेनिक' ने जन्म नहीं लिया था। दो साल बाद किसी इस तरह की सूची में 'टाइटेनिक' भी शामिल की जा सकती है। बहरहाल हॉलीवुड की सूची का क्रम इस प्रकार है: सिटिजन केन (1941), कैसाब्लांका (1942), द गॉडफादर (1972), गॉन विद द विंड (1939), लॉरेंस ऑफ अरेबिया (1962), द विजार्ड ऑफ ओज (1939), द ग्रेजुएट (1967), ऑन द वाटरफ्रंट (1954), शिंडलर्स लिस्ट (1993), सिंगिंग इन द रेन (1952)।

जाहिर है कि इस सूची को अंतिम रूप देते हुए न तो लोकप्रियता को एकमात्र निकष बनाया गया है और न ही कलात्मक श्रेष्ठता को। पर इन सभी फिल्मों ने अमेरिकी सिनेमा के इतिहास में निर्णायक दस्तकें दी हैं। ऑर्सन वैल्स की फिल्म 'सिटिजन केन' के बारे में यह एक दिलचस्प तथ्य है कि लगभग सभी तरह की सूचियों में यह फिल्म नंबर वन मानी जाती है। ब्रिटेन की फिल्म पत्रिका 'साइट ऐंड साउंड' हर दस साल बाद दुनिया भर के फिल्म समीक्षकों की राय के आधार पर एक सूची रिलीज करती है। उस प्रतिष्ठित सूची में 'सिटिजन केन' लगभग हर बार टॉप पोजीशन पर रहती है। यह फिल्म जब बनी थी, तो वैल्स सिर्फ 25 साल के थे। रेडियो और थियेटर में वह काफी नाम कमा चुके थे। 'सिटिजन केन' में वह नायक भी थे, सहयोगी पटकथा लेखक भी और निर्देशक तो वह थे ही।

'सिटिजन केन' की शुरुआत एक बहुचर्चित और सफल व्यक्ति के निधन से होती है। मरते समय इस व्यक्ति के मुख से एक शब्द निकलता है—'रोजबड'। बहुत खोज होती है इस शब्द के अर्थ और संदर्भ की। पर कुछ पता नहीं चलता

है। फिल्म के अंत में इस व्यक्ति के विशाल घर की फालतू चीजों को कूड़ा मान कर जलाया जा रहा है। उन्हीं में एक छोटा-सा लकड़ी का खिलौना भी हम जलता हुआ देखते हैं। किसी का ध्यान इस छोटी-सी चीज की तरफ नहीं जाता। पर इसी खिलौने पर लिखा हुआ है 'रोजबड'। एक बहुत बड़े और सफल आदमी के जीवन के अंत में बचपन का एक खिलौना कहीं अटका रह जाता है।

जब इन सूचियों का जमाना है, तो क्यों न हम हिंदी सिनेमा के 'टॉप टेन' की बात करें। इस तरह की सूची बनाना आसान नहीं है। हिंदी सिनेमा के इतिहास, प्रमुख प्रवृत्तियों, सिनेमाई प्रभाव, बॉक्स ऑफिस आदि का अध्ययन करके हमने दस सर्वश्रेष्ठ फिल्मों की एक सूची बनाई है। इस सूची में एक ऐतिहासिक क्रम में दस फिल्मों को चुना गया है। रिलीज होने के वर्ष को ध्यान में रख कर क्रम तैयार किया गया है। श्रेष्ठता को इस क्रम का आधार नहीं बनाया है जैसा कि हॉलीवुड की ऊपर बनाई गई सूची में है। लोकप्रियता एक महत्त्वपूर्ण आधार जरूर है पर अपने समय के ट्रेंड को निर्धारित करने वाली फिल्मों को प्रमुखता दी गई है। कलात्मक श्रेष्ठता या तथाकथित कला फिल्म वाले आधार को भी इस सूची में कोई खास महत्त्व नहीं दिया गया है। फिल्म समीक्षक के नजरिए की हैसियत से यह सूची नहीं बनाई गई है। फिल्म इतिहासकार के नजरिए को अधिक महत्त्व दिया गया है। इसलिए गंभीर फिल्म प्रेमी कुछ फिल्मों के यहाँ नाम न देखकर हैरान न हों। वैसे 'पुनश्च' में हमने उन फिल्मों के भी नाम गिना दिए हैं ताकि सनद रहे।

इस तरह की सूची के संदर्भ में एक महत्त्वपूर्ण सवाल उठता है कि आखिर इस 'टॉप टेन' में भी कोई एक फिल्म 'सिटिजन केन' की तरह सर्वश्रेष्ठ होनी चाहिए। श्याम बेनेगल ने कहीं कहा था कि 'मदर इंडिया' सभी हिंदी फिल्मों की 'मदर' है। इस सूची में हम भी 'मदर इंडिया' को नंबर वन मान सकते हैं।

फिल्म निर्माण और रिलीज होने के क्रम से यह सूची इस प्रकार है—

(1) **किस्मत (1943)**—बांबे टाकीज की इस फिल्म के निर्देशक ज्ञान मुखर्जी थे। अशोक कुमार और मुमताज शांति की प्रमुख भूमिकाएँ थीं। कोलकाता में यह फिल्म तीन साल तक एक ही सिनेमा घर में चलती रही थी। शहरी अपराध की दुनिया फिल्म के केंद्र में थी। 'लॉस्ट ऐंड फाउंड' कथानक हिंदी सिनेमा की किस्मत को बनाने वाला फार्मूला है। 'किस्मत' की कहानी में भी यही फार्मूला था। यह एक संगीत प्रधान अपराध फिल्म थी जो अपने समय की हॉलीवुड की फिल्मों से प्रभावित थी।

(2) **आवारा (1951)**—अभिनेता निर्देशक राज कपूर की यह सबसे लोकप्रिय फिल्म है। नर्गिस उनकी हीरोइन थीं। यह फिल्म भारत में ही नहीं सोवियत संघ, अफ्रीका और अरब देशों में भी खूब लोकप्रिय हुई थी। शंकर जयकिशन का संगीत हिट था और फिल्म के एक गाने के 'स्वप्न प्रसंग' ने बड़ी चर्चा पाई थी। फिल्म

का खलनायक जग्गा (के.एन. सिंह) इस सिद्धांत को गलत साबित करने की कोशिश करता है कि चोर का बेटा हमेशा 'चोर ही हो'। जज का बेटा नायक राजू एक अपराधी बना दिया जाता है।

(3) **अलबेला** (1951)—मास्टर भगवान (जो अब मुंबई में गुमनामी और अभाव के अँधेरे में जी रहे हैं) इस फिल्म के निर्देशक-नायक थे। चुलबुली और शोख गीता बाली उनकी नायिका थी। सी. रामचंद्र का शानदार संगीत इस मस्ती भरी अलबेली फिल्म के केंद्र में था। एक साधारण क्लर्क सिंगिंग स्टार बनने का सपना देखता है। फिल्म गीत-नृत्य-संगीत के कारण हिट थी। 'शोला जो भड़के' गाने ने बहुतों को भड़काया पर मास्टर भगवान को रोजी-रोटी के लिए बुढ़ापे में भी ट्रैजिक ठुमके लगाने पड़े।

(4) **देवदास** (1955)—विमल राय के निर्देशन में बनी 'देवदास' दिलीप कुमार के अभिनय के लिए भी याद की जाती है। सुचित्रा सेन, वैजयंतीमाला और मोतीलाल की भी फिल्म में महत्त्वपूर्ण भूमिकाएँ थीं। पी.सी. बरुआ की ऐतिहासिक फिल्म 'देवदास' 1935 में बनी थी—बंगला और हिंदी में। विमल राय तब उसके कैमरामैन थे। के. एल. सहगल हिंदी रूप के देवदास थे और बरुआ बंगला फिल्म के। शरत के प्रसिद्ध उपन्यास के 1955 के फिल्म रूप के संवाद राजेंद्र सिंह बेदी ने लिखे थे।

(5) **मदर इंडिया** (1957)—फिल्म के निर्देशक महबूब 1940 में 'औरत' बना चुके थे। लेकिन 1957 में इसी फिल्म का बड़ा और रंगीन रूप हर दृष्टि से सफल साबित हुआ। नर्गिस ने भारतीय माँ की बहुचर्चित भूमिका निभाई थी। राज कुमार फिल्म में नर्गिस के पति बने थे और राजेंद्र कुमार और सुनील दत्त (बाद में वास्तविक जीवन में पति) ने बेटों की भूमिकाएँ निभाई थी। कन्हैयालाल ने क्रूर जमींदार सुखीलाला की एक अन्य अविस्मरणीय भूमिका निभाई थीं। नौशाद का संगीत था। ग्रामीण पृष्ठभूमि में एक माँ अपने विद्रोही बेटे को खुद अपने हाथों से मारने के लिए मजबूर हो जाती है।

(6) **प्यासा** (1957)—गुरुदत्त इसके निर्देशक और नायक थे। वहीदा रहमान, माला सिन्हा, जॉनी वाकर, रहमान की प्रमुख भूमिकाएँ थीं। संगीत सचिनदेव बर्मन का था। फिल्म के केंद्र में एक प्रतिभाशाली पर असफल कवि की त्रासदी है जो मरा हुआ समझा जाने के बाद खूब बिकने लगता है। जीवित कवि दर-दर भटक रहा है पर उसके मृत रूप की पूजा हो रही है। एक वेश्या (वहीदा) ही इस कवि के संसार और संघर्ष को समझ पा रही है।

(7) **मुगल-ए-आज़म** (1960)—के. आसिफ की इस ऐतिहासिक फिल्म को बनने में नौ साल का समय लगा था। पृथ्वीराज कपूर अकबर बने थे और दिलीप कुमार ने शहजादे सलीम की भूमिका निभाई थी। अनारकली मधुबाला बनी थी। संगीत नौशाद का था। फिल्म अपनी डायलॉगबाजी और दिलीप कुमार मधुबाला

के आर्कषक रोमांस के कारण भी चर्चित रही।

(8) गाइड (1965)–आर.के. नारायण के चर्चित अंग्रेजी उपन्यास पर आधारित 'गाइड' के निर्देशक विजय आनंद थे। देवानंद, वहीदा रहमान और किशोर साहू की प्रमुख भूमिकाएँ थीं। संगीत सचिनदेव बर्मन का था। बाद में इस फिल्म का छोटा और बदला हुआ रूप अंग्रेजी में भी रिलीज हुआ था। देवानंद ने एक टूरिस्ट गाइड राजू की भूमिका निभाई है जो बाद में गलतफहमी का शिकार हो कर एक पहुँचा हुआ स्वामी मान लिया जाता है। राजू मजबूर है इस छवि के अनुकूल व्यवहार के लिए। वहीदा रहमान एक नर्तकी बनी है जो अपने बूढ़े पुरातत्वविद् पति (किशोर साहू) की तानाशाह दुनिया को छोड़ देती है। राजू उसकी मदद करता है पर बाद में उसके जाली हस्ताक्षर करने के जुर्म में वह जेल पहुँच जाता है। जेल से बाहर आकर राजू स्वामी का 'आदरणीय' रूप पा लेता है। मूल लेखक को भले ही इस फिल्म ने संतुष्ट नहीं किया पर हिंदी सिनेमा की दुनिया में यह एक मील का पत्थर थी।

(9) शोले (1975)–रमेश सिप्पी के निर्देशन में बनी 'शोले' वैस्टर्न फिल्मों की भाषा और व्याकरण को भारतीय रूप देने में सफल हुई। धर्मेंद्र, अमिताभ बच्चन, संजीव कुमार, हेमा मालिनी, जया भादुड़ी आदि इस मल्टीस्टार फिल्म के प्रमुख पात्र थे पर अमजद खान ने गब्बर सिंह की भूमिका को अत्यधिक लोकप्रिय बना दिया। गब्बर सिंह के संवाद आम जनता में बहुत हिट थे। फिल्म का संगीत राहुलदेव बर्मन का था।

(10) हम आपके हैं कौन (1994)–मशहूर सुपरस्टार आधुनिक चित्रकार मक़बूल फ़िदा हुसेन इस फिल्म में माधुरी दीक्षित की लोकप्रिय छवि पर फिदा हो गए। इस फिल्म के भाग्यशाली युवा निर्देशक सूरज बड़जात्या 1989 में अपने निर्देशन में बनी पहली फिल्म 'मैंने प्यार किया' से बहुत सफल साबित हुए थे। दोनों फिल्मों में राम-लक्ष्मण का लोकप्रिय संगीत था और दोनों के नायक सलमान खान थे। पर 'मैंने प्यार किया' में हीरोइन भाग्यश्री छा गई और 'हम आपके हैं कौन' में माधुरी दीक्षित सबको भा गई। फिल्म रिलीज हुई, तो लोगों को यह बड़े पर्दे का चित्रहार लगी। पर महिला दर्शकों के लिए खासतौर पर इस फिल्म की 'रिपीट वैल्यू' थी। बड़जात्या परिवार हमेशा मध्यवर्गीय पारिवारिक मूल्यों को भुनाने की कला में माहिर रहा है।

पुनश्च–अगर फिल्म समीक्षक के नजारिए से कोई सूची बनाई जाए, तो नीचा नगर (चेतन आनंद), जागते रहो (शंभू मित्र), कागज के फूल (गुरुदत्त), भुवन शोम (मृणाल सेन), भूमिका और सूरज का सातवाँ घोड़ा (श्याम बेनेगल), दुविधा (मणि कौल), तरंग (कुमार शहानी), तीसरी कसम (बासु भट्टाचार्य) और गर्म हवा (एम. एस. सथ्यु) जैसी फिल्में 'टॉप टेन' कही जा सकती हैं।

1999

विदेशों में भारतीय फिल्मों की बढ़ती लोकप्रियता

पिछले कुछ सालों में विदेशों में भारतीय फिल्मों को काफी लोकप्रियता मिली है। महत्त्वपूर्ण बात यह है कि तथाकथित मुख्य धारा के सिनेमा को भी सराहा गया है। फिल्मों को ही नहीं भारतीय सितारों को भी आश्चर्यजनक सफलता हासिल हुई है। बी.बी.सी. ने इंटरनेट पर फिल्मप्रेमियों की जब राय ली, तो अमिताभ बच्चन को इस शताब्दी का सबसे लोकप्रिय नायक माना गया। मार्लेन ब्रैंडो, लॉरेंस ऑलिवियर, एलेक गिनेस, पीटर ओटूल या हंफ्री बोगार्ट जैसे नायकों के मुकाबले में अमिताभ बच्चन को यह सम्मान चौंकाने वाला है। इसका एक कारण यह भी है कि बी.बी.सी. की ऑन लाइन सर्विस का इस्तेमाल एशियाई बड़ी संख्या में कर रहे हैं। भारतीय और अनिवासी भारतीय दोनों तरह के दर्शक आज अंतर्राष्ट्रीय स्तर पर एक बड़ी ताकत बन गए हैं। बल्कि अनिवासी भारतीय दर्शकों के बाजार ने पिछले कुछ सालों में लोकप्रिय हिंदी फिल्मों का व्याकरण ही बदल दिया है। बी.बी.सी. द्वारा संचालित जनमत संग्रह में गोविंदा को भी दसवें नंबर की जगह मिली है। जापान में अचानक पिछले कुछ सालों में लोकप्रिय भारतीय सिनेमा को अभूतपूर्व चर्चा मिली है। रजनीकांत को आज जापान में काफी बड़े स्तर पर 'प्रमोट' किया जा रहा है। जापानी फिल्मप्रेमियों के वह नए हीरो हैं।

गंभीर और कलात्मक महत्त्व के भारतीय सिनेमा को कई दशकों पहले ही अंतर्राष्ट्रीय पहचान मिल गई थी। मराठी फिल्म 'संत तुकाराम' 1936 में बनी थी। वी. दामले और एस. फत्तेलाल के निर्देशन में बनी इस फिल्म ने महाराष्ट्र में लोकप्रियता के नए रिकॉर्ड बनाए थे पर इसे यूरोप में भी चर्चा मिली थी। 1946 में चेतन आनंद की 'नीचा नगर' को भी विदेशी फिल्मोत्सवों में पहचाना गया था। पचास के दशक में राज कपूर और महबूब जैसे निर्देशकों ने भारतीय फिल्मप्रेमियों के अलावा अंतर्राष्ट्रीय स्तर पर भी अपनी पहचान बनाई। 'आवारा' के बाद राज कपूर तत्कालीन सोवियत संघ में एक बहुत लोकप्रिय सितारे बन गए थे। उन दिनों राज कपूर अपनी फिल्मों में ख़्वाजा अहमद अब्बास जैसे वामपंथी लेखकों की भी मदद ले रहे थे। इसलिए समाजवादी देशों में 'आवारा', 'श्री 420' जैसी फिल्मों

को सत्ता ने भी सहारा दिया। राज कपूर के बाद भी सोवियत संघ में भारतीय फिल्में और सितारे लोकप्रिय रहे। राजनीतिक कारणों से हॉलीवुड को वहाँ जगह नहीं मिलती थी इसलिए बॉलीवुड ने इस कमी का लंबे समय तक पूरा फायदा उठाया। राज कपूर, अमिताभ बच्चन, मिठुन चक्रवर्ती, अक्षय कुमार आदि नायक अपने-अपने दौर में सोवियत फिल्मप्रेमियों में अत्यधिक लोकप्रिय रहे हैं। सोवियत संघ के टूटने के बाद हॉलीवुड ने अपनी जगह वहाँ मजबूत कर ली है। हॉलीवुड का तंत्र बहुत विशाल और शक्तिशाली है। फ्रांस जैसे स्वाभिमानी देश में भी हॉलीवुड ने स्थानीय सिनेमा को पीछे कर दिया है, तो रूस में जड़ें जमाना तो उनके लिए और भी आसान काम है।

पचास के दशक में पश्चिम बंगाल में सत्यजित राय, मृणाल सेन, ऋत्विक घटक की त्रयी ने भारतीय सिनेमा को सबसे अधिक अंतर्राष्ट्रीय प्रतिष्ठा दिलाई। 'पथेर पाँचाली' फ्रांस के विश्वप्रसिद्ध कान महोत्सव में पुरस्कृत हुई और उसके बाद वेनिस, कान, बर्लिन, मास्को, कार्लोवी वारी के चर्चित फिल्मोत्सवों में भारतीय फिल्मों को एक के बाद एक कई पुरस्कार मिले। उल्लेखनीय है कि महबूब की 'मदर इंडिया' को अपने समय में सर्वश्रेष्ठ विदेशी फिल्म का ऑस्कर पुरस्कार मिलते-मिलते रह गया था। 'मदर इंडिया' इस वर्ग के पुरस्कार के लिए चुनी गई अंतिम पाँच फिल्मों में शामिल थी। सिर्फ एक वोट से वह ऑस्कर से वंचित रह गई थी।

बंगाल के बाद सत्तर के दशक में दक्षिण खासतौर से केरल के फिल्मकारों ने विदेशों में महत्त्वपूर्ण सफलताएँ हासिल की थीं। अडूर गोपालकृष्णन, अरविंदन जैसे फिल्मकारों ने फिल्म महोत्सवों के दर्शकों को काफी प्रभावित किया। जहाँ तक कला सिनेमा का सवाल है उस क्षेत्र में तो भारत को विदेशों में बहुत पहले ही चर्चा मिल गई थी। लेकिन आज महत्त्वपूर्ण बात यह है कि लोकप्रिय भारतीय सिनेमा की ओर गंभीर विदेशी फिल्म समीक्षकों का भी ध्यान जा रहा है। गुरुदत्त, महबूब की फिल्में इस दृष्टि से विशेष पहचान बना सकी हैं। हाल में प्रसिद्ध ब्रितानी फिल्म समीक्षक डैरेक मैल्कम ने 'गार्डियन' अखबार में शताब्दी की 100 फिल्मों पर धारावाहिक लेखन प्रारंभ किया, तो उन्होंने ऑसर्न वैल्स की 'सिटिजन केन', फेलीनी की 'ल दोल्चे वीता', बुनुएल की 'विरदियाना' या सत्यजित राय की 'जलसाघर' को इस प्रतिष्ठित सूची में शामिल किया, तो किसी फिल्म प्रेमी को आश्चर्य नहीं हुआ। लेकिन इस सूची में कमाल अमरोही की 'पाकीजा' के बारे में पढ़कर लोकप्रिय भारतीय फिल्मों के प्रबल समर्थक भी चकित रह गए हैं। डैरेक मैल्कम 'पाकीजा' को सिनेमा के इतिहास में एक अद्वितीय संगीत प्रधान 'मेलोड्रामा' मानते हैं। उनका कहना है कि भले ही इसके 'प्लॉट' में कोई खास नई बात नहीं है पर उसकी रंगीन फोटोग्राफी और कथा का रोमांटिक मिजाज दर्शक पर गहरा प्रभाव छोड़ता है।

आज अगर विदेशों में सिनेमा के गंभीर अध्येता मदर इंडिया, प्यासा, मुगले आजम या पाकीजा को महत्त्वपूर्ण मान रहे हैं, तो इसके पीछे कई कारण हैं। भारतीय लोकप्रिय फिल्मों का मेलोड्रामा हो या नाच-गानों का भव्य और कल्पनाशील फिल्मांकन हो—इन क्षेत्रों में भारतीय सिनेमा को विशेष दक्षता मिली हुई है। बल्कि फिल्मी गीतों के फिल्मांकन के क्षेत्र में विश्व सिनेमा में भारतीय फिल्मों का एक अद्वितीय स्थान माना जाता है। एक संपूर्ण फिल्म शास्त्र लिखा जा एकता है इन गीतों के आधार पर।

आज कनाडा या जापान में जब कोई फिल्मोत्सव होता है, तो मणिरत्नम् जैसे फिल्मकारों को काफी सम्मान के साथ देखा जाता है। एक जमाना था जब लोकप्रिय निर्देशकों को उपेक्षा का शिकार होना पड़ता था। आज स्थिति बदल गई है। मणिरत्नम् की 'दिल से' भारतीय बॉक्स ऑफिस पर निराशाजनक साबित हुई पर विदेशी बाजार में वह हिट फिल्म थी। सुभाष घई, आदित्य चोपड़ा, करण जौहर, यश चोपड़ा आदि सभी सफल मुंबइया फिल्मकार आज अनिवासी भारतीय फिल्म बाजार को केंद्रीय महत्त्व देते हैं। 'परदेस', 'ताल', 'दिलवाले दुल्हनिया ले जाएँगे', 'दिल तो पागल है', 'कुछ कुछ होता है' और 'हम दिल दे चुके सनम' इन सभी सफल फिल्मों में अनिवासी भारतीय केंद्रीय भूमिकाओं में हैं। एक ओर भारतीय परिवेश और संस्कृति की बेहतर और 'डिजाइनर' किस्म की छवि है—दूसरी ओर ब्रिटेन, अमेरिका, कनाडा में रह रहे भारतीय मूल के युवकों द्वारा अपनी जड़ों को पहचानने की कोशिश है। आज दिमागरहित हिंसा का कथानक लगभग गायब हो गया है। रोमांस, नाच-गाने, सांस्कृतिक जड़ों की खोज पर अधिक जोर है। कोई आश्चर्य नहीं कि ऐसी फिल्में विदेशों में खूब लोकप्रिय हो रही हैं।

डेरेक मैल्कम जैसे सम्मानित फिल्म समीक्षक को 'पाकीजा' अगर कालजयी फिल्म लग रही है या जापानी दर्शकों को रजनीकांत 'अपना नायक' नजर आ रहा है, तो इस रुझान का दिलचस्प विश्लेषण किया जा सकता है। एक जापानी युवती का कहना है कि रजनीकांत न तो लंबा है, न हैंडसम है और न वह हॉलीवुड शैली का सुपरहीरो है। वह आम जापानियों की तरह है। तमिल सिनेमा की 'फैंटेसी' की दुनिया आज जापानियों को हॉलीवुड से अलग और नई तरह का मनोरंजन लग रही है। इन सभी देशों के पास संभवतः भारतीय सिनेमा के प्रति आकर्षित होने के अपने-अपने आधार और तर्क हैं। मुख्य बात यही है कि भारतीय सिनेमा को नए दर्शक, नई जगहें और नई संस्कृतियाँ अभूतपूर्व प्रेम और आग्रह से अपना रही हैं। इक्कीसवीं शताब्दी में प्रवेश के लिए यह शुभ लक्षण है।

2002

कॉमेडियन नंबर वन की खोज में कुछ सवाल

1975 में वरिष्ठ फिल्मकार ऋषिकेश मुखर्जी की फिल्म आई थी–'चुपके चुपके'। यह कॉमेडी प्रधान पारिवारिक थी। इस फिल्म के एक दिलचस्प कॉमेडी सीन में अमिताभ बच्चन और धर्मेंद्र एक-दूसरे का मुकाबला करते हैं। यह मुकाबला 'बॉडी लैंग्वेज' (शारीरिक मुद्राओं की भाषा) का है। दोनों सफल अभिनेताओं ने खूब मजेदार ढंग से एक दूसरे की प्रतिभा को उभरने का मौका दिया है। इन दिनों ऐसी फिल्में नहीं बनती हैं। 'चुपके चुपके' जैसी फिल्मों को देखने के लिए दर्शक को अपना दिमाग घर रख कर नहीं आना पड़ता था। आज शायद ठीक ही कहा जाता है कि डेविड धवन जैसे हिट फिल्मकारों की फिल्मों का मजा लेना हो तो दिमाग घर रख कर सिनेमाघर में आइए।

डेविड धवन की फिल्म 'बड़े मिया छोटे मियाँ' के दिल्ली में कैसेट (टिप्स) रिलीज फंक्शन में अमिताभ बच्चन और गोविंदा की जब पत्रकारों से बातचीत हुई, तो ये दोनों अभिनेता प्रश्नों के उत्तर देते हुए पर्याप्त परिहासभाव का परिचय दे रहे थे। 'बड़े मियाँ' अमिताभ बच्चन ने जब कहा, "आप अपना दिमाग घर रख कर फिल्म देखने जाइएगा", तो गोविंदा ने चतुराई से यह बात जोड़ दी–"असल में बड़े भैया की बात का मतलब यह है कि हमने दिमाग लगाकर फिल्म बनाई है। अब आप दिल लगाकर फिल्म देखिए।"

सच तो यही है कि आज दो तरह की हिट फिल्में बन रही हैं—एक में दिमागरहित हिंसा है और दूसरी में दिमागरहित मजा है। दिमागरहित हिंसा की फिल्मों के इस जबरदस्त दौर ने पर्दे पर खून खूब बहाया है। लेकिन दिमागरहित मजे वाली फिल्में ज्यादा नहीं बन पाती हैं। डेविड धवन लगभग आज भी इस किले को सँभाले हुए हैं। वे कभी 'यू.पी. वाला ठुमका' लगाते हैं, तो कभी लखनवी अंदाज में 'पहले आप पहले आप' वाली शैली में बड़े मियाँ छोटे मियाँ को भिड़ा देते हैं।

यह गौर करने की बात है कि डेविड धवन ने धीरे-धीरे अपनी दिमागरहित मनोरंजन की शैली में फूहड़ता और द्विअर्थी हास्य का मोह छोड़ दिया है। 'अंदाज' में जब उन्होंने अनिल कपूर और जूही चावला की जोड़ी पर इस फूहड़ फार्मूले को

अपनाने की लगभग हास्यास्पद कोशिश की, तो मुँह के बल गिरे। आखिर जूही चावला जैसी घरेलू छवि पर जीने वाली अभिनेत्री को चालू बनाने की कोशिश का बॉक्स ऑफिस पर यही हश्र होना था।

'हीरो नंबर वन' में डेविड धवन ने गोविंदा की कॉमेडी करने की प्रतिभा का खुल कर इस्तेमाल किया और फूहड़ता का प्रतिशत बहुत कम कर दिया, तो यह फिल्म लोकप्रिय साबित हुई।

कोई भी वास्तव में बड़ा अभिनेता हर तरह के रोल करने की क्षमता रखता है—अन्यथा वह बड़ा कैसे होगा। अनेक प्रतिभाशाली अभिनेताओं को भी इसीलिए बड़ा नहीं कहा जा सकता। दिलीप कुमार या अमिताभ बच्चन अपनी अनेक फिल्मों में कॉमेडियन बन जाने की भी अद्‌भुत क्षमता दिखा चुके हैं। ये अभिनेता किसी भावनात्मक दृश्य को अपनी अभिनय प्रतिभा के बल पर अगर दिल को छूने वाला बना देते थे, तो किसी कॉमेडी सीन को भी एक अलग ही अंदाज दे देते थे। गोविंदा आज कॉमेडियन नंबर वन हैं। अमिताभ बच्चन जैसा अभिनेता टिप्स के समारोह में खुले आम कह रहा है कि मैं गोविंदा के फुर्तीलेपन का मुकाबला नहीं कर सकता, मैं उसकी तरह नाच नहीं सकता, मैं उसकी स्पीड का मुकाबला नहीं कर सकता।

अपने खास इलाहाबादी अंदाज में अमिताभ बच्चन ने निर्माता से कहा, "उन्हें बुलाइए भाई। हम इतने लोगों का अकेले कैसे मुकाबला करेंगे?"

गोविंदा का कहना है कि मैंने दिलीप कुमार और अमिताभ बच्चन से एक्टिंग के गुर सीखे हैं। इसमें कोई आश्चर्य की बात नहीं है। लेकिन गोविंदा कहते हैं कि मैंने धर्मेंद्र की नकल इसलिए करने की कोशिश नहीं करी कि वह बहुत हैंडसम कलाकार हैं। गोविंदा की इस टिप्पणी में चतुराई और व्यंग्य स्पष्ट है। पर वह चाहें, तो आज भी 'चुपके चुपके' में धर्मेंद्र से भी एक्टिंग और कॉमेडी के दो-चार 'लैसन' सीख सकते हैं।

जहाँ तक गोविंदा की कॉमेडियन वाली प्रतिभा, उनके फुर्तीलेपन, स्पीड और डांस स्टाइल का सवाल है निश्चय ही आज उसका मुकाबला नहीं किया जा सकता है। पर गोविंदा किसी रोमांटिक रोल या भाव प्रधान दृश्य में अमिताभ या दिलीप कुमार की छाया को भी नहीं छू सकते हैं। अपनी संवाद अदायगी की लाजवाब कबिलियत के बल पर दिलीप कुमार या अमिताभ इस तरह के सीन अविस्मरणीय बना देते थे।

दिलीप कुमार के दौर में भारत भूषण से लेकर राजेंद्र कुमार तक अनेक जुबली स्टार सामने आए, पर जब किसी महत्त्वपूर्ण सीन में इन्हें अपना मुँह देर तक खोलना पड़ता था (यानी कुछ अच्छे संवाद बोलने पड़ते थे), तो एक्टिंग की सारी पोल खुल जाती थी। 'बैजू बावरा' में भारत भूषण एक सीन में साँप के काटने का शिकार हो गई मीना कुमारी को गोद में लिटाए दुखी स्वर से एक संवाद बोलते हैं कि

यह सो रही है। अगर इसी संवाद को दिलीप कुमार अपनी प्रसिद्ध शैली में बोलते तो सीन का असर कई गुना बढ़ जाता।

अमिताभ बच्चन की 'एंग्री यंग मैन' छवि को अगर पर्दे पर बहुत अधिक रक्तरंजित न किया गया होता तो वह शायद कई अच्छे रोल कर पाते। 1977 में 'अमर अकबर एंथनी' में अमिताभ कॉमेडी के किले को भी अच्छी तरह से सँभाले रखते हैं। अपनी खास मुंबइया भाषा में या शीशे के सामने शराब के नशे में वह अपनी क्षमता का परिचय देते हैं।

शायद आज का दर्शक यह चाहेगा ही नहीं कि अमिताभ हास्यास्पद या निरीह ढंग से गोविंदा की स्पीड या फुर्तीलेपन का मुकाबला करें। एक प्रसिद्ध आधुनिक अंग्रेजी कवि की एक पंक्ति में कहा गया है कि 'बूढ़ा गिद्ध क्यों पंख फैलाए?' दरअसल अमिताभ को अपनी उम्र की स्पीड, ग्रेस और कॉमेडी की जरूरत है। सींग कटा कर बछड़ों में शामिल होने वाले एक्टर हास्यास्पद साबित हुए हैं। फिल्म इतिहास हमें यही बताता है।

1998

‘जुबली कुमार’ का भी एक दौर था

साठ के दशक में ‘जुबली कुमार’ नाम से मशहूर अभिनेता राजेंद्र कुमार का पिछले दिनों निधन हमें हिंदी सिनेमा के एक ऐसे दौर की याद दिलाता है जब सामाजिक-पारिवारिक फिल्मों का तथाकथित ‘चेन्नई फार्मूला’ मुंबइया फार्मूले के लिए एक चुनौती बन गया था। इस दौर में मुस्लिम सामाजिक फिल्मों का भी एक खास तरह का अतीतमोह मुंबइया फिल्मों में एक सशक्त बॉक्स ऑफिस फार्मूले के रूप में सामने आया था और इसी दौर में हिंदी फिल्में असली अर्थों में रंगीन हुई थीं। ‘संगम’ जैसी फिल्में प्रेम त्रिकोण की कहानी को यूरोप के रसीले लैंडस्केप में ले गई थीं और ‘जंगली’ जैसी फिल्मों ने कश्मीर की सुंदरता के नए रसीले रास्ते खोल दिए थे। फिल्म का कोई भी इतिहासकार या अध्येता राजेंद्र कुमार का नाम हिंदी सिनेमा के महानायकों में नहीं रखेगा। पर वह एक नायक थे। और अपने जमाने की अनेक सफल फिल्मों के त्रिकोण का वह या तो एक महत्त्वपूर्ण हिस्सा थे या फिर फार्मूला जुबली फिल्मों के एक फिट नायक थे। राजेंद्र कुमार के बाद जितेंद्र एक ऐसे नायक थे जो सीमित प्रतिभा के बावजूद अभिनय की लंबी पारी खेल सके। और आज हम सलमान खान को भी इसी तरह के एक नायक के रूप में देख सकते हैं। आमिर खान या शाहरुख की तुलना में सलमान में सीमित प्रतिभा है। लेकिन पिछले दस वर्षों की अनेक सफल फिल्मों में अभिनेत्रियों के सामने बौने लगने के बावजूद वह उन फिल्मों के नायक रहे हैं जो बॉक्स ऑफिस का चमत्कार साबित हुई हैं। ‘मैंने प्यार किया’ में भाग्यश्री, ‘हम आपके हैं कौन’ में माधुरी दीक्षित और अब हाल में रिलीज हुई फिल्म ‘हम दिल दे चुके हैं सनम’ में सलमान खान ऐश्वर्य राय के सामने कई बार असहाय नजर आते हैं पर इन फिल्मों के नायक तो वही हैं। राजेंद्र कुमार को भी ‘किस्मत का धनी’ अभिनेता कहा जाता था—एक ऐसा नायक जो मीना कुमारी, वैजयंती माला, साधना, आशा पारेख, वहीदा रहमान आदि के साथ हमेशा कामचलाऊ साबित हुआ। 1948 में ‘मेला’ में एक साधारण एक्स्ट्रा के रूप में पर्दे के सामने आने वाला राजेंद्र कुमार तुली 1955 से 65 तक के समय की फिल्मों का अत्यधिक सफल नायक बन सकता है इसकी कल्पना कम-से-कम शुरू में नहीं की जा सकती थी। वचन, मदर इंडिया,

गूँज उठी शहनाई, दिल एक मंदिर, मेरे महबूब, संगम, आरजू, ससुराल जैसी फिल्मों ने राजेंद्र कुमार को इस दौर का सबसे 'लकी' सितारा बना दिया। 1959 के बाद छह-सात सालों तक राजेंद्र कुमार को जैसे एक 'जादुई हाथ' मिल गया था जिसे छूते ही निर्माता निश्चिंत हो सकते थे। यह सभी जानते हैं कि राजेंद्र कुमार दिलीप कुमार की नकल करने वाले अभिनेता थे। लेकिन एक ऐसा समय भी था जब 'मूल' दिलीप कुमार से अधिक माँग, राजेंद्र कुमार की थी। राज कपूर की पहली रंगीन फिल्म 'संगम' में शुरू में गोपाल की भूमिका दिलीप कुमार को ऑफर की गई थी।

1949 में महबूब ने 'अंदाज' फिल्म में प्रेम त्रिकोण के फार्मूले को एक बिल्कुल नया अंदाज दिया था। इस फिल्म में दिलीप कुमार नर्गिस और राज कपूर एक साथ थे। 'संगम' में नए और रंगीन जमाने का प्रेम त्रिकोण था। जाहिर है कि गोपाल की भूमिका को पर्दे पर अगर दिलीप कुमार प्रस्तुत करते तो उसमें अधिक ताकत और गहराई होती। पर निर्देशक और सह नायक के रूप में राज कपूर ने राजेंद्र कुमार की प्रतिभा को उभरने का पूरा मौका दिया। और शायद राजेंद्र कुमार ने भी पूरी मेहनत से अपनी भूमिका के साथ भरसक न्याय करने की कोशिश की। 'संगम' 1964 में रिलीज हुई थी। यह बहुत लंबी फिल्म थी। दो इंटरवल थे। एक सीधा-सादा प्रेम त्रिकोण था इस फिल्म में। 'आवारा' से 'जिस देश में गंगा बहती है' तक राज कपूर एक खास तरह के समाजवादी संदेश को भी फिल्म के मुख्य कथानक का एक अनिवार्य हिस्सा बना देते थे। 'संगम' में उन्होंने यह मोह त्याग दिया। दो गहरे दोस्तों के बीच एक लड़की राधा (वैजयंती माला) है। गरीब दोस्त सुंदर (राज कपूर) राधा के प्रति अपने आकर्षण को प्रदर्शित करता है। गोपाल (राजेंद्र कुमार) अपेक्षाकृत अंतर्मुखी है। राधा गोपाल से ही प्यार करती है। सुंदर सफल होने के लिए एयरफोर्स में भर्ती हो जाता है। एक हादसे में उसे मरा हुआ समझ कर गोपाल और राधा को परिस्थितियाँ बहुत निकट ले आती हैं। सुंदर सही सलामत लौट आता है। गोपाल अपने प्यार की कुर्बानी दे देता है। शादी के बाद गोपाल का राधा के नाम प्रेम पत्र पाकर सुंदर अपने सबसे अच्छे दोस्त के प्रति गलतफहमी का शिकार हो जाता है। गोपाल अंत में राधा की सच्चाई और अपनी दोस्ती की गहराई साबित करने के लिए आत्महत्या कर लेता है। कहानी की इस संक्षिप्त रूपरेखा से ही स्पष्ट है कि कहानीकार ने गोपाल की भूमिका को अधिक महत्त्वपूर्ण बना दिया है। वैसे तो राज कपूर ने 'संगम' के अधिकांश गानों में अपनी सुपरिचित निर्देशन शैली का परिचय दिया है। 'बोल राधा बोल' या 'बुड्ढा मिल गया' जैसे फिल्म के हिट गानों में राधा और सुंदर ही मौजूद हैं। पर राजेंद्र कुमार और वैजयंती माला पर फिल्माए गए गाने 'ये मेरा प्रेमपत्र पढ़कर कि तुम नाराज न होना कि तुम मेरी जिंदगी हो कि तुम मेरी बंदगी हो' में मोहम्मद रफी की आवाज का ही नहीं राधू कर्माकर के शानदार कैमरे का भी ग्यारह मिनट तक प्रभावशाली इस्तेमाल

किया गया है। प्रकृति और प्रेम सब जादुई ढंग से घुलमिल गए हैं।

राजेंद्र कुमार स्वयं अपनी सबसे सफल फिल्म 'मेरे महबूब' (1963) को मानते थे। एच.एस. रवैल की इस फिल्म में बीसवीं शताब्दी के प्रारंभिक वर्षों के लखनऊ का 'नास्टेल्जिया' (अतीतमोह) पैदा किया गया था। राजेंद्र कुमार ने नायक अनवर की भूमिका निभाई थी। नायिका साधना फिल्म में हुस्ना बनी थीं। फिल्म में अशोक कुमार, निम्मी, प्राण, जॉनी वाकर आदि की भूमिकाओं के अलावा नौशाद का संगीत भी था। पारिवारिक तंत्र की जटिलताएँ, वर्गभेद वगैरह अनवर और हुस्ना के प्रेम के बीच बाधा हैं। राजेंद्र कुमार को यह फिल्म शायद इसलिए भी प्रिय रही हो कि इसमें वह अकेले नायक थे। अक्सर उनकी चर्चित फिल्मों में दूसरे नायक अधिक प्रतिभाशाली या तेवर दिखाने वाले होते थे। चेन्नई के श्रीधर की 'दिल-एक मंदिर' में राजेंद्र कुमार डॉक्टर बने हैं जो कैंसर से पीड़ित जिस व्यक्ति (राज कुमार) का इलाज कर रहा है वह उसकी पूर्व प्रेमिका (मीना कुमारी) का पति है। राजेंद्र कुमार को पर्दे पर कभी राज कपूर से जूझना पड़ता था, तो कभी राज कुमार या सुनील दत्त से और कभी अपनी अधिक प्रतिभाशाली नायिकाओं से। पर दूसरों की प्रतिभा के सामने राजेंद्र कुमार अपने सीमित अभिनय का चिराग किसी तरह से जलाए रखते थे। यह उनकी खासियत भी थी। मदर इंडिया, घर संसार, चिराग कहाँ रोशनी कहाँ, धूल का फूल, गूँज उठी शहनाई, कानून, आस का पंछी, ससुराल, दिल एक मंदिर, हमराही, मेरे महबूब, आई मिलन की वेला, संगम, आरजू, सूरज, मेरा नाम जोकर आदि राजेंद्र कुमार की महत्त्वपूर्ण फिल्में हैं। बाद के वर्षों में गाँव हमारा शहर तुम्हारा, गोरा और काला, गँवार जैसी अनेक फिल्मों ने 'जुबली कुमार' के जादुई हाथ का रहस्य लगभग गायब कर दिया। राजेश खन्ना और अमिताभ बच्चन का सुपरस्टार दौर आ गया।

विभाजन की पीड़ा और अभाव के जीवन को शुरू के दिनों में निकट से जानने वाले राजेंद्र कुमार ने अपनी सफलता के वर्षों की कमाई का इस्तेमाल सफल व्यापार बुद्धि के साथ किया। भारतभूषण जैसे अपने जमाने के सफल अभिनेताओं की तरह उन्हें अपने शेष वर्ष गरीबी से जूझते हुए नहीं बिताने पड़े। अपने बेटे कुमार गौरव को एक्टर तो वह नहीं बना सके पर एक व्यवस्थित आर्थिक आधार उसे जरूर दे दिया। अपने काँपते हुए ओठों और ताकत का लगभग अनियंत्रित प्रदर्शन करती बाँहों से राजेंद्र कुमार अपनी अभिनय क्षमता की पहचान कराने की कोशिश करते थे। फिल्म के जानकार इस छवि में पिलपिलापन और दिलीप कुमार की परछाईं ही देखते हैं। लेकिन साधारण फिल्मप्रेमी जनता एक जमाने में राजेंद्र कुमार की भी दीवानी थी। आज अधेड़ हो चुकी पीढ़ी के वह प्रिय नायक थे।

2002

विज्ञान और यंत्रविधि के दर्पण में भारतीय सिनेमा

सिनेमा एक अनोखी कला विधा है। साहित्य, रंगमंच, संगीत, चित्रकला, स्थापत्य आदि लगभग सभी कला माध्यमों से उसका गहरा संबंध है। पर यह विधा विज्ञान और यंत्रविधि (टैक्नोलॉजी) पर सबसे अधिक निर्भर है। विज्ञान ने ही सिनेमा को जन्म दिया था। 'मूविंग पिक्चर' का जादुई अनुभव जब उन्नीसवीं शताब्दी के अंतिम दशक में जन्म ले रहा था, तो इस खोज को एक वैज्ञानिक पद्धति के रूप में ही जाना जाता था। पहले वास्तविक फिल्म अनुभव के जन्मदाता फ्रांसीसी फिल्मकार लुइ लूमिएर का कहना था कि 'मेरे काम की दिशा वैज्ञानिक शोध की ओर है। जिसे फिल्म प्रोडक्शन कहा जाता है उसमें मेरी दिलचस्पी नहीं रही है।'

बुनियादी रूप से यह सही है कि विज्ञान ने सिनेमा को जन्म दिया और यंत्रविधि के नए आविष्कारों ने उसे समय-समय पर नई ताकत और संभावनाएँ प्रदान कीं। जब-जब सिनेमा की लोकप्रियता को कोई बड़ा खतरा महसूस हुआ तब-तब यंत्रविधि ने नए रास्ते खोजे। द्वितीय विश्व युद्ध के बाद पचास के दशक में जब टेलीविजन के प्रसार के कारण सिनेमा के दर्शक कम होने लगे, तो हॉलीवुड ने तकनीकी चमत्कारों का सही-गलत सब तरह का सहारा लिया। अस्सी के दशक में वीडियो और सेटेलाइट यंत्रविधि ने सिनेमा को एक बार फिर चुनौती दी। नतीजा यह हुआ कि डिजिटल यंत्रविधि ने पर्दे के जादू को ऐसा बना दिया कि सिनेमाघर में बैठकर ही उसका आनंद लिया जा सकता था। पिछले तीन दशकों में 'स्पेशल इफेक्ट्स' की तकनीक फिल्म मनोरंजन पर हावी हो गई है। हॉलीवुड ने इस तकनीक को असाधारण विस्तार प्रदान किए हैं। जॉर्ज लूकस, स्टीवन स्पीलबर्ग, जेम्स कैमेरन जैसे फिल्मकारों ने 'स्पेशल इफेक्ट्स' का अभूतपूर्व इस्तेमाल करते हुए साइंस फिक्शन और एक्शन फिल्मों को रिकॉर्ड तोड़ बॉक्स ऑफिस सफलता दिलाई है।

हॉलीवुड के अत्यंत व्यवस्थित और हर दृष्टि से शक्तिशाली फिल्म मनोरंजन उद्योग ने दुनिया भर के सिनेमा को प्रभावित और नियंत्रित किया है। फ्रांस जैसे सिनेमा सजग और स्वाभिमानी देश में भी हॉलीवुड की फिल्में ही विजेता साबित हुई हैं। स्पीलबर्ग ने 1993 में जब अपनी सुपरहिट फिल्म 'जुरासिक पार्क' बनाई,

तो इस फिल्म को विज्ञान और यंत्रविधि की विजय के रूप में प्रस्तुत किया गया था। मात्सुशिता वर्कशॉप में अद्वितीय और सचमुच का होने का भ्रम पैदा करने वाले डायनोसॉर बनाए गए। यह फिल्म दुनिया के हर शहर में लोकप्रिय हुई। दिलचस्प बात यह है कि स्पीलबर्ग बीस सालों तक हॉलीवुड की सबसे लोकप्रिय फिल्में बनाते रहे। लेकिन एक फिल्म निर्देशक के रूप में उन्हें अपने देश में भी मान्यता यहूदियों पर नात्सियों द्वारा किए गए अत्याचारों को मार्मिक ढंग से प्रस्तुत करने वाली फिल्म 'शिंडलर्स लिस्ट' से ही मिली। यह फिल्म 'जुरासिक पार्क' के तुरत बाद रिलीज हुई थी। लेकिन दुनिया भर के फिल्मप्रेमियों में स्पीलबर्ग को जॉज, क्लोज एनकाउंटर्स ऑफ द थर्ड काइंड, ई.टी., जुरासिक पार्क जैसी फिल्मों के लिए ही जाना जाएगा। ये सभी फिल्में स्पेशल इफेक्ट्स, कंप्यूटर ग्राफिक्स, साउंड सिस्टम के नए आविष्कारों पर आश्रित थीं।

भारतीय फिल्म उद्योग वैसे तो हॉलीवुड की फिल्मों के हमले का मुकाबला अच्छी तरह से करता रहा है। मुंबई, चेन्नई, कोलकाता, हैदराबाद, तिरुवनंतपुरम् आदि फिल्म केंद्रों के अपने-अपने हॉलीवुड रहे हैं। एक साल में इस देश में 800 से भी अधिक फिल्में बनती और चलती रही हैं। 'जुरासिक पार्क' को जब भारतीय भाषाओं में 'डब' किया गया, तो शुरू में भारतीय फिल्म उद्योग को खतरा महसूस हुआ कि अब हमारा क्या होगा। लेकिन जुरासिक पार्क या एनाकोंदा (जिसमें एक विकराल सर्प की उछलकूद है) जैसी फिल्मों की लोकप्रियता ने भारतीय फिल्म उद्योग के गणित पर कोई खास असर नहीं डाला। हमारे फिल्मकार हॉलीवुड से प्रेरणा बराबर लेते हैं पर भारतीय दर्शकों के एक बड़े वर्ग के लिए सिनेमा एक शक्तिशाली और काफी हद तक अफीम जैसा मनोरंजन है। तकनीकी चतुराई और कुशलता हमारे यहाँ अपेक्षाकृत सजग-समझदार दर्शक वर्ग को ही प्रभावित करती है। मुंबइया फिल्म उद्योग खराब और औसत तकनीक के बावजूद बॉक्स ऑफिस पर सफल रहा है। पिछले डेढ़-दो दशकों में दक्षिण भारतीय सिनेमा—खासतौर पर तमिल सिनेमा ने विज्ञान और यंत्रविधि का अधिक लाभ उठाया है। स्पेशल इफेक्ट्स की दुनिया चेन्नई के फिल्मकारों को अधिक आकर्षित करती रही है। मुंबई के फिल्म उद्योग को तो कामचलाऊ विज्ञान और यंत्रविधि चाहिए। कैमरे, साउंड आदि क्षेत्रों के विकास को तो वहाँ आसानी से अपना लिया गया है पर स्पेशल इफेक्ट्स की चुनौतियाँ या तकनीकी बारीकियाँ यश चोपड़ा, सुभाष घई या सूरज बड़जात्या को कोई विशेष प्रभावित नहीं कर पाई हैं। कैमरे की दुनिया में भी मुंबइया फिल्मकार दक्षिण की प्रतिभाओं पर आश्रित रहे हैं। संतोष सिवन जैसे कल्पनाशील कैमरामैन या अत्याधुनिक तकनीक का खुल कर इस्तेमाल करने वाले संगीतकार ए.आर. रहमान आज मुंबइया फिल्म उद्योग की भी जरूरतों को पूरा कर रहे हैं। फोर ट्रैक से शुरू होकर डिजिटल साउंड का सहारा उत्तर-दक्षिण सभी जगहों की फिल्मों ने लिया है।

भारतीय सिनेमा पर विज्ञान व यंत्रविधि के अध्ययन को संपूर्णता में समझने के लिए यह जरूरी है कि हॉलीवुड में इस क्षेत्र में हुए काम की संक्षिप्त चर्चा की जाए। 1932 में अमेरिका में आर्थिक मंदी के दौर में 'किंगकांग' की सफलता को एक मील का पत्थर माना जा सकता है। एक राक्षसनुमा गोरिल्ला बंदर ऊँची और आधुनिक इमारतों वाले शहर को रौंदना शुरू कर देता है। एक सुंदरी को अपनी बाँहों में लेकर किंगकांग पूरे शहर को हिला देता है। फिल्म का क्लाइमेक्स एंपायर स्टेट बिल्डिंग के ऊपर फिल्माया गया जहाँ अमेरिकी फौज इस 'राक्षस' को मशीनगनों से भूनने के लिए तैयार खड़ी है। इस फिल्म का 'राक्षस' सिनेमाई भ्रम की तकनीक के सहारे खड़ा किया गया था। फिल्म के निर्देशक थे मरियन सी.कूपर और अर्न्स्ट वी. शोएडसैक। पर फिल्म की सफलता का श्रेय विलिस एच. ओब्रायन के स्पेशल इफेक्ट्स को जाता है। पर्दे पर जो प्राणी दानव दीखता है वह वास्तव में 18 इंच का मॉडेल था। इस तरह के छह मॉडेलों का इस्तेमाल किया गया था। इन मॉडेलों का धातु का ढाँचा था, स्पोंज-रबर की मांसपेशियाँ थीं और ऊ र खरगोश की खाल का इस्तेमाल किया गया था। क्लोज-अप दृश्यों के लिए भीतर से तीन आदमियों के सहारे चलने वाली एक विशाल 'बस्ट' का सहारा लिया गया था। कहा जा सकता है कि 'किंगकांग' में फिल्म फंतासी का श्रेष्ठतम रूप इस्तेमाल किया गया था। ट्रिक फोटोग्राफी का जम कर इस्तेमाल हुआ था। 1976 में 'किंगकांग' की पर्दे पर दुबारा वापसी हुई थी। हॉलीवुड ने नई तकनीकी प्रगति का पुराने हिट फार्मूले पर इस्तेमाल करना चाहा। द्वितीय विश्वयुद्ध के बाद दानवप्रधान फिल्मों में जापान की गॉडजिल्ला फिल्मों का बोलबाला हो गया था। 'किंगकांग' के नए अवतार को यह कहकर प्रचारित किया गया कि आधुनिक यंत्रविधि के चमत्कार के रूप में 40 फुट के रोबोट का इस्तेमाल किया गया है। लेकिन कुछ शॉट्स को छोड़कर एक आदमी गोरिल्ला सूट में अभिनय करता रहा। मेकअप मैन रिक बेकर को अपनी कुशलता का प्रदर्शन करना पड़ा। नया किंगकांग वर्ल्ड ट्रेड सेंटर पर अपना तांडव प्रदर्शित करता है। लेकिन चार दशकों के बाद फिल्मप्रेमियों को विज्ञान कथा की फैंटेसी या सुपरएक्शन फिल्में अधिक प्रभावित कर रही थीं। 'किंगकांग' को पुरानी सफलता नहीं मिल पाई।

1950 के दशक के प्रारंभिक वर्षों में हॉलीवुड में तकनीकी कलाबाजियों व चमत्कारों का काफी इस्तेमाल किया गया था। टेलीविजन का प्रभाव बढ़ता ही जा रहा था इसलिए दर्शकों को यह बताना जरूरी था कि सिनेमा का पर्दा बड़ा और श्रेष्ठ है। नतीजा यह हुआ कि वाइड स्क्रीन और टैक्निकल गिमिक्स का लगभग एक आंदोलन सा पैदा हो गया। 1952 और 53 में सिनेरामा, थ्री-डी, सिनेमास्कोप, विस्टाविजन, पैनाविजन, टॉड-एओ जैसे आविष्कारों ने दर्शकों को लुभाने की कोशिशें कीं। व्यावसायिक स्तर पर सिनेरामा का इस्तेमाल सबसे पहले हुआ हालाँकि उसका

आविष्कार 1935 में ही हो गया था। दर्शकों को इस तकनीक से यह महसूस होता था कि वे 'एक्शन' के बीच में बैठे हैं। सिनेरामा में थ्री-इमेज प्रोजेक्टर, घुमावदार पर्दे और स्टीरियोफोनिक साउंड का चतुर इस्तेमाल किया गया था।

'थ्री-डी' के चमत्कार ने भी उन्हीं दिनों जन्म लिया। 'हाउस आफ वैक्स' जैसी थ्री-डी फिल्में दर्शकों में लोकप्रिय भी हुई थीं। इन फिल्मों को देखने के लिए विशेष चश्मे पहनने पड़ते थे। बाद में यह महसूस किया गया कि इस तरह के चश्मे दर्शक को परेशान ही नहीं करते हैं बल्कि उसे 'मूर्ख छवि' भी प्रदान करते हैं। 1953 में लगभग 6-7 थ्री-डी फिल्में बनीं। बाद में निर्माताओं तथा दर्शकों दोनों का उत्साह ठंडा पड़ गया।

पचास के दशक में वाइड स्क्रीन की तकनीक ने सबसे अधिक लोकप्रियता हासिल की। इस तकनीक के कई व्यावसायिक नाम थे—सिनेमास्कोप, सुपरस्कोप, पैनाविजन। इस तकनीक में थ्री-डी जैसा चतुर इंद्रजाल नहीं था बल्कि कम खर्च पर स्क्रीन को बढ़ाया जा सकता था। इससे फिल्म की कलात्मक संभावनाएँ भी बढ़ जाती थीं। एनामॉर्फिक लेंस पद्धति की सहायता से इस तकनीक ने जन्म लिया था। 1953 में 'द रोब' फिल्म में बाइबिल के कथानक की 'एपिक' गुणवत्ता बढ़े हुए पर्दे पर उभारने के लिए सिनेमास्कोप का सफल इस्तेमाल किया गया। उल्लेखनीय है कि गुरुदत्त ने 1959 में अपनी महत्त्वाकांक्षी फिल्म 'कागज के फूल' में भारत में पहली बार सिनेमास्कोप का इस्तेमाल किया था। व्यावसायिक स्तर पर यह फिल्म असफल रही पर कैमरामैन वी. के. मूर्ति ने स्पेस का अद्भुत और स्मरणीय इस्तेमाल किया था।

सिनेमाघर में बड़े पर्दे के अपने आकर्षण थे। टेलीविजन के छोटे पर्दे को पराजित करना भी एक लक्ष्य था। फिल्म के वास्तविक आकार को बढ़ाने की कोशिशें हुईं। 'अराउंड द वर्ल्ड इन 80 डेज' जैसी फिल्मों में 65 एम एम के आकार का इस्तेमाल एक बड़ा आकर्षण साबित हुआ। साठ के दशक के प्रारंभ में आते-आते 70 एम एम का आकार पर्याप्त लोकप्रियता प्राप्त कर चुका था। पर्दे पर कथानकों को भव्य रूप देने की संभावनाएँ बढ़ गईं। सिनेमाघरों को इन फिल्मों के प्रदर्शन के लिए नए प्रोजेक्शन सिस्टम लगाने पड़े। शुरू-शुरू में यह एक बाधा थी। हर नई और महँगी तकनीक के साथ शुरू-शुरू में ऐसा ही होता है।

ऐतिहासिक दृष्टि से देखें, तो पचास के दशक में फिल्म तकनीक की दिशा में तीन क्रांतिकारी परिवर्तन हुए। ये परिवर्तन थे—पर्दे का बड़ा आकार, फिल्मों का रंगीन होना और ध्वनि का नया सौंदर्य शास्त्रीय रूप। एक अध्ययन के अनुसार 1951 में हॉलीवुड में रंगीन फिल्मों का प्रतिशत 25 था लेकिन अगले तीन सालों में ही यह प्रतिशत लगभग 60 हो गया। जैसाकि हम इस लेख में आगे देखेंगे भारत में भी तकनीक की इन नई संभावनाओं की लोकप्रियता बढ़ी। पर उन दिनों

हमारे यहाँ नई तकनीक अपनाने में काफी समय लग जाता था। कुछ साहसी और प्रयोगधर्मी निर्माता निर्देशक नई तकनीक का इक्का-दुक्का इस्तेमाल करते रहे। पर हमारे यहाँ फिल्में साठ के दशक के मध्य में जा कर सच्चे अर्थों में रंगीन हुईं। 'जंगली', 'संगम' जैसी फिल्मों ने कश्मीर और स्विट्ज़रलैंड के लुभावने लैंडस्केप को रंगीन सिनेमा का मुख्य आकर्षण बना दिया। नब्बे के दशक में सिनेमा में जब डिजिटल तकनीक बड़ा आकर्षण बन गई, तो भारत में इसका अनुकरण बहुत तेजी से हुआ। पहले हम हॉलीवुड से दस साल पिछड़े होते थे। अब एक-दो साल में ही हम तकनीक का अनुकरण करने लग पड़े हैं।

हॉलीवुड हो या बॉलीवुड—सभी जगह पर महसूस किया गया कि मात्र तकनीक से हम दर्शकों को चमत्कृत नहीं कर सकते हैं। अच्छी कहानी, पटकथा, अभिनय, लोकेशन का चुनाव, संगीत भी चाहिए। धीरे-धीरे संगीत में तकनीकी विकास का अच्छा और कल्पनाशील इस्तेमाल होने लगा। भारतीय फिल्मों में संगीत और गानों की खास जगह थी। 'मैंने प्यार किया' (निर्देशक सूरज बड़जात्या) 1989 में जब रिलीज हुई थी, तो उसके संगीत की असाधारण लोकप्रियता में ध्वनि की नई तकनीक का भी हाथ था। शुरू में फोर ट्रैक लोकप्रिय हुआ, फिर डोलबी, फिरा डी.टी.एस.। सिनेमा के पर्दे की छवि निखरती चली गई और ध्वनि सुधरती चली गई। विश्व प्रसिद्ध फिल्मकार रोमन पोलांस्की ने 1980 में कहा था कि भविष्य के सिनेमाघरों में देखने-सुनने की श्रेष्ठता या भव्यता से ही नहीं काम चलेगा। वह दिन दूर नहीं जब आप सिनेमाघर में बैठकर पर्दे की चीजों को सूँघ भी सकेंगे। आज आधुनिक डिजिटल तकनीक ने एक ओर पर्दे पर विनाश लीला के चीत्कार को सचमुच का दहला देने वाला अनुभव बना दिया है, तो दूसरी ओर पर्दे पर एक काँच के गिलास की हल्की सी ध्वनि को भी दर्शक अच्छी तरह से सुन सकता है।

सत्तर के दशक से हम हॉलीवुड में साइंस फिक्शन फिल्मों, 'डिजास्टर' फिल्मों और 'हॉरर' फिल्मों का एक नया तकनीकी विकास देखते हैं। दुनिया के किसी भी देश के पास इन फिल्मों का मुकाबला करने की तकनीकी सुविधाएँ नहीं थीं। अग्निकांड, भूचाल, भूतलीलाएँ, दूसरे ग्रहों की कहानियाँ इन फिल्मों का कथानक थीं। स्पेशल इफेक्ट्स विभाग इन सभी शैलियों में सबसे अधिक सक्रिय था। द पोसेडन एडविंचर (1972), द टॉवरिंग इन्फर्नो (1975), द एग्जॉर्सिस्ट (1973), जॉज (1975), द ओमेन (1976) जैसी फिल्मों ने दुनिया भर के दर्शकों को दहला दिया। पानी के भीतर भयावह शार्क मछली का उत्पात हो, मनुष्य के शरीर में भूत का प्रवेश हो या किसी ऊँची इमारत में आग लग जाने की दुर्घटना हो—विज्ञान और तकनीक का इन फिल्मों में महत्त्व बढ़ गया।

दरअसल सब से अधिक निर्णायक फिल्म शैली थी—विज्ञान कथा। जाहिर है कि इस शैली में विज्ञान और तकनीक केंद्र में थी। 1968 में स्टेनले क्युबरिक

के निर्देशन में बनी कालजयी फिल्म '2001 : ए स्पेस ऑडिसी' इस क्षेत्र में एक मील का पत्थर है। अर्थर सी. क्लार्क की विज्ञान कथा के सहारे क्युबरिक ने 'स्पेस' और भविष्य की अद्‌भुत सिनेमाई यात्रा को पर्दे पर उतारा। तकनीक और कल्पनाशक्ति के सम्मिश्रण की दृष्टि से यह फिल्म बेमिसाल है। इस फिल्म की शूटिंग हॉलीवुड में नहीं बल्कि इंग्लैंड में हुई थी। निर्देशक ने साउंडट्रैक पर पश्चिमी शास्त्रीय संगीत की अद्‌भुत धुनों (ब्ल्यू डैन्यूब, दस स्पोक जराथुस्त्र आदि) का इस्तेमाल किया और कहानी को एक स्मरणीय 'जंप कट' की मदद से प्राचीन संसार से एक भविष्य के स्पेसक्राफ्ट में पहुँचा दिया। इस संसार में बोलने वाला कंप्यूटर था और लगभग 'स्पेस' में तैरने वाले पात्र थे। इस अकेली फिल्म ने हॉलीवुड की सैकड़ों विज्ञान कथा फिल्मों के लिए रास्ता बनाया। स्पीलबर्ग की 'क्लोज एन्काउंटर्स ऑफ द थर्ड काइंड', 'ईटी' जैसी फिल्में '2001 : ए स्पेस ऑडिसी' के बिना संभव नहीं थीं।

दरअसल जॉर्ज लूकस या स्पीलबर्ग के पास क्युबरिक जैसा 'विजन' नहीं था पर उनके पास आर्थिक और तकनीकी सुविधाएँ बहुत थीं। 1977 में जॉर्ज लूकस की 'स्टार वार' ने वैज्ञानिक और तकनीकी मनोरंजन का एक नया शास्त्र बनाया। इस फिल्म में बहुत दूर की, बहुत पुरानी 'गैलेक्सी' की कल्पना की गई। 33 साल के फिल्मकार जॉर्ज लूकस की 'स्टार वार' की योजना को युनिवर्सल और युनाइटेड आर्टिस्ट्स जैसे बड़े स्टूडियो ने अस्वीकार कर दिया। अंत में ट्वेंटिएथ सेंचुरी फॉक्स ने इस योजना को स्वीकार कर लिया। लूकस ने अपेक्षाकृत कम बजट में काम किया पर फिल्म के निर्माण पर उनका पूरा नियंत्रण था। फिल्म का आधा बजट सेट्स और स्पेशल इफेक्ट्स पर खर्च किया गया। बाद में 'द एंपायर स्ट्राइक्स बैक' (1980) जैसी फिल्मों ने सफलता का एक सिलसिला सा बना दिया। 'स्टार वार' की तकनीकी सफलता को इंग्लैंड में ही निखरने का मौका मिला था। पर बॉक्स ऑफिस पर उसकी अद्वितीय सफलता ने लूकस को स्पेशल इफेक्ट्स की अपनी कार्यशाला (इंडस्ट्रियल लाइट ऐंड मैजिक कंपनी) बनाने का मौका दिया। इस कंपनी ने सिनेमा के पर्दे पर विज्ञान और तकनीक की अत्याधुनिक सुविधाओं का रास्ता बना दिया। सिनेमा का जादू इस तरह से पर्दे पर पहले कभी नहीं आया था।

लोकप्रिय कथनाकों की जब तलाश शुरू हुई, तो कॉमिक्स की बारी आई। सुपरमैन, बैटमैन सभी को नई तकनीक से और भी भव्य और विलक्षण बनाया जा सकता था। 1978 में 'सुपरमैन' में स्पेशल इफेक्ट्स का इस्तेमाल करते हुए यह नारा दिया गया कि 'आपको विश्वास हो जाएगा कि आदमी सचमुच उड़ सकता है।' 1989 में 'बैटमैन' शृंखला की शुरुआत हुई। नई तकनीक ने इन कॉमिक्स बुक नायकों को नया सिनेमाई अवतार दे दिया।

विज्ञान कथा और 'थ्रिलर' शैली के चतुर मिश्रण को 1984 में 'द टरमिनेटर' फिल्म में देखा गया। जेम्स कैमेरन के निर्देशन में टरमिनेटर शृंखला में स्पेशल

इफेक्ट्स का विशेष जादू पर्दे पर सामने आया। 'टरमिनेटर-2 : जजमेंट डे' (1991) में तकनीकी चमत्कार पर्दे पर अभूतपूर्व ढंग से प्रस्तुत हुए। इन फिल्मों के एक्शन हीरो ऑस्ट्रियाई मूल के अभिनेता आनर्न्ड श्वार्त्सनेगर थे। लेकिन 'टरमिनेटर-2' में असली एक्शन हीरो की तलाश स्पेशल इफेक्ट्स में की जा सकती थी। तरल धातु के अद्भुत रूपांतरण इस फिल्म में देखे गए। 'कंप्यूटर जनरेटेड इमेजरी' अब अपने संपूर्ण निखार पर थी।

1932 में 'किंगकांग' से शुरू हो कर 1993 में 'जुरासिक पार्क' तक के 60 वर्ष सिनेमाई तकनीकी विकास की दिलचस्प कहानी हमें बताते हैं। 60 साल पहले 'ट्रिक फोटोग्राफी' का सहारा लेना पड़ता था। 1993 में कंप्यूटर ग्राफिक्स का युग आ गया। पर्दे का एक्शन और स्पेशल इफेक्ट्स अपने सर्वोत्तम मनोरंजक और चकित कर देने वाले रूप में पर्दे पर आ गए। सिनेमाघरों में प्रोजेक्शन और साउंड सिस्टम डिजिटल ढंग से तराशा जा चुका था। अब किसी भी तरह के महामानव, दानव, राक्षस, प्राचीन प्राणी, भविष्य के प्राणी, दूसरे दूर के ग्रहों के रहस्यमय प्राणी, किसी भी तरह की विनाशलीला की सिनेमाई कल्पना संभव थी। हॉलीवुड ने इस क्षेत्र में लगभग अपना कब्जा कर लिया था। दुनिया भर के फिल्म उद्योग इस 'मनोरंजन की महाशक्ति' के सामने घुटने टेकने के लिए मजबूर थे। पर जैसा कि हम देखेंगे भारतीय फिल्म उद्योग के अपने मसाले और फार्मूले रहे हैं। हॉलीवुड से प्रेरणा बराबर ली गई पर मुंबई और चेन्नई के पास मनोरंजन की अपकी शक्ति और असंख्य दर्शकों की अंधभक्ति थी।

दादा साहब फालके ने 1913 में पहली भारतीय मूक फिल्म 'राजा हरिश्चंद्र' बनाई थी। 1911 में ईस्टर के दिन उन्होंने 'लाइफ ऑफ क्राइस्ट' देखी, तो उन्हें महसूस हुआ कि हम ऐसी फिल्में क्यों नहीं बना सकते? "पर्दे पर ईसा मसीह को देखते समय मैं ईसा मसीह के स्थान पर भगवान श्रीकृष्ण, भगवान श्री रामचंद्र और उनकी नगरी गोकुल तथा अयोध्या की कल्पना कर रहा था।" दरअसल पौराणिक फिल्मों को बनाने का एक अर्थ यह भी है कि निर्देशक को फिल्म तकनीक की अच्छी समझ होनी चाहिए। फालके बहुमुखी प्रतिभा के धनी थे। उनकी गहरी दिलचस्पी ट्रिक फोटोग्राफी में भी थी। उन्होंने बाकायदा जादूगरी (मैजिक) भी सीखी थी। 1917 में उन्होंने अपनी पहली सफल फिल्म 'लंका दहन' में तकनीक पर असाधारण अधिकार दिखाया था। 1919 में 'कालिया मर्दन' जैसी फिल्मों से उन्होंने यह साबित कर दिया कि पौराणिक कथानकों को अच्छी तरह से फिल्माने के लिए कला और तकनीक दोनों ही दृष्टियों से फिल्मकार को सजग होना चाहिए। 1928 में सिनेमेटोग्राफ इन्क्वायरी कमेटी के सामने एक बयान में फालके ने महत्त्वपूर्ण बात कही थी कि "भारत में लगभग सभी फिल्में तकनीक और कलात्मक कौशल में बहुत कमजोर हैं।...खासकर फोटोग्राफी एकदम बेकार है।"

भारतीय फिल्म उद्योग के प्रारंभिक वर्षों में फिल्मकारों को तकनीकी श्रेष्ठता हासिल करने के लिए कड़ा संघर्ष करना पड़ा था। बाबूराव पेंटर का नाम भी ऐसे गिनेचुने लोगों में लिया जा सकता है जिन्होंने कला निर्देशन और शूटिंग तकनीक की गुणवत्ता के लिए महत्त्वपूर्ण काम किया। फिल्म पर धूसर रंग की सही शेड पाने के लिए उन्होंने लाल और पीली 'बैक्ड्रॉप' का इस्तेमाल किया, 'फेड' और खास तरह के फिल्टरों का इस्तेमाल किया। दामले ने बाबूराव पेंटर के सहायक के रूप में ही काम शुरू किया था। विष्णु गोविंद दामले और सैयद फतेहलाल की जोड़ी ने मराठी सिनेमा में एक नया अध्याय शुरू किया। 'संत तुकाराम' (1936) और 'संत ज्ञानेश्वर' (1940) उनकी दो ऐसी फिल्में हैं जो कालजयी हैं और अपने समय से बहुत आगे हैं। 'संत ज्ञानेश्वर' को न्यूयॉर्क के कार्नेगी हाल में दिखाया गया था। हॉलीवुड के फ्रैंक कैप्रा जैसे प्रसिद्ध फिल्मकार ने इस फिल्म की तकनीकी श्रेष्ठता की प्रशंसा की थी। दादा साहब फालके ने जब 'कमजोर तकनीक' और 'बेकार फोटोग्राफी' की बात की थी, तो हमारा फिल्म उद्योग वास्तव में आदिम किस्म के औजारों के साथ काम कर रहा था। बाद में धीरे-धीरे कुछ फिल्मकारों की निजी कोशिशों से फिल्म निर्माण के तकनीकी पक्ष को महत्त्व मिलने लगा।

भारतीय फिल्मों में पौराणिक कथानकों और 'अरेबियन नाइट्स' से प्रभावित कथाफिल्मों का बोलबाला था। इन फिल्मों में चमत्कारों और फंतासी का केंद्रीय स्थान था। इंद्रसभा (1932), हातिमताई (1933), हातिमताई की बेटी (1940), अरेबियन नाइट्स (1946), पाताल भैरवी (1951), नागिन (1954) जैसी फिल्मों में फंतासी का चित्रण फिल्मकर्मियों से उच्च तकनीकी ज्ञान की उम्मीद करता था। भले ही इन फिल्मों ने हमेशा अपने लक्ष्य में उल्लेखनीय सफलता नहीं हासिल की पर इनके ऐतिहासिक योगदान की उपेक्षा नहीं की जा सकती। एन.टी. रामराव 'पाताल भैरवी' में गरीब माली के बेटे बने थे। यह फिल्म तेलुगू, तमिल और हिंदी में रिलीज हुई थी। जादू टोने की इन फिल्मों में ट्रिक फोटोग्राफी और तकनीकी श्रेष्ठता की खास जरूरत होती थी।

फिल्मकार महेश भट्ट के पिता नानाभाई एन. भट्ट फंतासी फिल्मों के कुशल जानकार थे। उन्होंने पौराणिक फिल्में भी बनाईं और 'अरेबियन नाइट्स' से प्रभावित फंतासी फिल्में भी। बगदाद, बगदाद की रातें, अरेबियन नाइट्स जैसी उनकी फिल्में तकनीकी दक्षता का अपने ढंग का विनम्र प्रमाण हैं। 'सिंदबाद द सेलर' (1952) में उन्होंने दो अदृश्य व्यक्तियों के बीच तलवारबाजी का प्रसिद्ध स्पेशल इफेक्ट्स प्रसंग फिल्माया था।

सिनेमा तकनीक के विकास का यह अर्थ नहीं है कि केवल पौराणिक या फंतासी फिल्मों में ही इस प्रकार की कल्पना और दक्षता चाहिए। महबूब, राज कपूर, गुरुदत्त, विमल राय जैसा कोई भी फिल्मकार केवल कलात्मक श्रेष्ठता से ही संतुष्ट

नहीं हो सकता था। इन्हें तकनीकी श्रेष्ठता की भी जरूरत रहती थी। पर फिल्म बनाने की कुछ शैलियाँ और कथाएँ ऐसी हैं जो स्पेशल इफेक्ट्स के बड़े बजट की माँग करती हैं। आखिर 'स्टार वार्स' जैसी फिल्मों में 50 प्रतिशत बजट अगर सेटों और स्पेशल इफेक्ट्स पर खर्च हुआ, तो इसके परिणाम भी शानदार और ऐतिहासिक थे। दुर्भाग्यवश भारतीय फिल्म उद्योग में स्टार सिस्टम का अधिक दबदबा रहा है। तकनीकी श्रेष्ठता दिखाने के लिए बेहतर बजट की गुंजाइश बहुत कम रहती है।

हॉलीवुड में जो भी तकनीकी प्रयोग हुए उनकी नकल कभी न कभी हमारे यहाँ जरूर हुई। मिसाल के लिए थ्री-डी फिल्में बनाने की कोशिशें भी हमारे यहाँ हुईं। लेकिन नब्बे के दशक में ही इस दिशा में हम उल्लेखनीय सफलताओं को देखते हैं। हॉलीवुड की फिल्म 'फॉरेस्ट गंप' (1994) में अगर नायक टॉम हैंक्स कंप्यूटर इमेजरी की मदद से राष्ट्रपति जॉन एफ. कैनेडी से हाथ मिलाने का चमत्कार पैदा कर सकता है, तो तमिल फिल्म 'इंडियन' में कमल हासन भी सुभाषचंद्र बोस से इतिहास में जाकर मिल आता है। स्पेशल इफेक्ट्स के शक्तिशाली जादूगर आज मधुबाला के साथ आमिर खान के प्रेम प्रसंग को भी फिल्माने की कल्पना कर सकते हैं।

धीरे-धीरे हमारे देश में भी स्पेशल इफेक्ट्स के जादूगरों को अलग से पहचाना जाने लगा है। अपूर्व सागोतरागल, अंजली, कादलन, रंगीला, जैंटलमैन जैसी फिल्मों में वैंकी संबामूर्ती के स्पेशल इफेक्ट्स को अनेक फिल्मप्रेमियों द्वारा सराहा गया है। वैंकी वैसे तो चेन्नई कला महाविद्यालय की उपज हैं। 14-15 सालों से वह एनीमेशन, ऑप्टिकल और कंप्यूटर ग्राफिक्स के क्षेत्र में काम कर रहे हैं।

शंकर के निर्देशन में बनी 'इंडियन' में कमल हासन ने बूढ़े बाप और उसके जवान बेटे की दो भूमिकाएँ पर्याप्त कुशलता से निभाई थीं। बूढ़े स्वतंत्रता सेनानी के मेकअप पर भी काफी खर्च किया गया था। एक जमाने में इस तरह के खर्च निर्माता-निर्देशक को बोझ की तरह लगते थे। पर अब इन खर्चों का व्यावसायिक महत्त्व समझा जाने लगा है।

शंकर के निर्देशन में बनी तमिल फिल्म 'कादलन' (1995) में स्पेशल इफेक्ट्स में वैंकी के साथ सी. मुरुगेश का भी सहयोग था। मुरुगेश 600 से भी अधिक दक्षिण भारतीय फिल्मों में काम कर चुके हैं। 'कादलन' के केंद्र में प्रभु देवा की माइकल जैक्सन छवि थी। उनके द्वारा प्रस्तुत नाच-गानों को कंप्यूटर ग्राफिक्स के द्वारा दिलचस्प और अलग बनाना जरूरी था। शंकर लगभग अपनी हर फिल्म में इस तरह का चमत्कार आवश्यक समझते हैं। उनकी बाद की तमिल फिल्म 'जींस' (1998) के एक गाने में भी स्पेशल इफेक्ट्स को हावी होने दिया गया है। कभी-कभी इस तरह के चमत्कार चौंकाने वाले और बचकाने भी लगते हैं। फिल्म की समग्रता

में उनका कोई विशेष महत्त्व भी नहीं होता है। पर अधिसंख्य दर्शक इन विशेष प्रभावों को एक विशेष मनोरंजन के रूप में ही देखते हैं। हाल में मुंबइया फिल्म 'हैलो ब्रदर' में भी स्पेशल इफेक्ट्स का बचकाना इस्तेमाल हुआ है।

शंकर जैसे फिल्मकारों ने स्पेशल इफेक्ट्स का इस्तेमाल नवीनता और मनोरंजन को ध्यान में रखकर ही किया है। लेकिन मणिरत्नम् जैसे कुछ अधिक कुशल फिल्मकार कलात्मक श्रेष्ठता को हासिल करने के लिए भी इस तरह के प्रयोग करते रहे हैं। तमिल फिल्म 'तिरुड़ा तिरुड़ा' (1993) में उन्होंने सेतू के स्पेशल इफेक्ट्स का इसी तरह का अच्छा इस्तेमाल किया है। सेतू की इस फिल्म में पेशेवर पकड़ है।

यह गौर करने की बात है कि राष्ट्रीय फिल्म पुरस्कारों की सूची में स्पेशल इफेक्ट्स के क्षेत्र में तमिल फिल्मों का ही बोलबाला है। 1992 का पुरस्कार शशिलाल नायर को 'अंगार' के लिए जरूर मिला था—एक अपवाद के रूप में। 'अंगार' में उन्होंने 'मिनियेचर वर्क' में उल्लेखनीय सफलता हासिल की थी। वर्तमान स्थितियों को देखकर ऐसा लगता है कि भविष्य में इस क्षेत्र में कल्पनाशीलता, दक्षता और प्रतियोगिता बढ़ेगी।

भारतीय फिल्म उद्योग विज्ञान कथाफिल्म के क्षेत्र में उदासीन रहा है। शेखर कपूर (जिन्होंने 'मिस्टर इंडिया' में एक अदृश्य व्यक्ति के कमाल दिखाने की कोशिश की थी), केतन मेहता जैसे कुछ फिल्मकार इस तरह की फिल्में बनाने की सोचते रहे हैं लेकिन वास्तव में इस दिशा में उजाड़ ही नजर आता है। यहाँ इस दिलचस्प और महत्त्वपूर्ण तथ्य का उल्लेख भी आवश्यक है कि महान भारतीय फिल्मकार सत्यजित राय एक समय में एक विज्ञान कथाफिल्म की योजना बना रहे थे। साठ के दशक के अंत में सत्यजित राय ने 'द एलियन' नाम से एक विज्ञान कथाफिल्म की योजना बनाई थी। मूल रूप से वह बच्चों की कहानी थी जिसमें एक भूगोल के अध्यापक के 'एडवेंचर' फिल्माए जाने थे। यह अध्यापक विषाद की मानसिकता में है। अचानक पृथ्वी पर एक स्पेसशिप आ जाता है। इस स्पेसशिप में जो दूसरे ग्रह का प्राणी है उसके पास एक ऐसा शीशा है जिसमें अनोखे चमत्कार देखे जा सकते हैं।

1967 के प्रारंभ में एक युवा अंतर्राष्ट्रीय निर्माता ने राय के इस प्रोजेक्ट में दिलचस्पी दिखाई। राय जानते थे कि इस प्रोजेक्ट को ऊँची तकनीक और बड़ा बजट चाहिए। उनकी पटकथा ने हॉलीवुड के चक्कर लगाए। राय ने 1967 में दूसरे ग्रह के प्राणी के जो दो रेखांकन बनाए थे उन्हें देख कर लगता है कि 'द एलियन' को अगर अंतर्राष्ट्रीय धन मिल जाता, तो सत्यजित राय 'ई.टी.' से बहुत पहले ही एक श्रेष्ठ विज्ञान कथाफिल्म बना चुके होते। लेकिन इतिहास के पन्नों में अब इस प्रोजेक्ट के रेखांकन और रूपरेखा ही मौजूद है—फिल्म नहीं।

हमारे यहाँ दो बड़े कारणों से निर्माता-निर्देशक विज्ञान कथाफिल्म के किसी

प्रोजेक्ट से दूर रहना चाहते हैं। एक तो हॉलीवुड की तुलना में इस क्षेत्र में वे अपने को बौना महसूस करते हैं। डबिंग की विकसित तकनीक ने और भी दिक्कतें पैदा कर दी हैं। दूसरी बात यह है कि ऐसी फिल्मों को बहुत बड़ा बजट चाहिए। और बॉक्स ऑफिस इस क्षेत्र में बहुत अच्छी तस्वीर हमारे सामने नहीं लाता। दरअसल भारत में विनाशलीला प्रधान या विज्ञान कथाफिल्मों के लिए अनुकूल वातावरण नहीं दिख रहा। पर आज भी धार्मिक और पौराणिक फिल्मों को कोई साहसी व कल्पनाशील फिल्मकार बड़े पर्दे पर नई डिजिटल तकनीक से फिल्मा सकता है। यह महत्त्वपूर्ण तथ्य है कि 1975 में 'शोले' ही नहीं 'जय संतोषी माँ' भी हिट हुई थी। पर बाद में रंगीन टेलीविजन के जबरदस्त आकर्षण की मदद से निर्माताओं ने रामायण और महाभारत की लोकप्रियता को बड़े स्तर पर भुना लिया। लेकिन आज की नई तकनीकी सुविधाएँ इन कथानकों को एक नया 'एपिक' विस्तार दे सकती हैं। जापान में कुछ साल पहले 'रामायण' पर एक अच्छी एनीमेशन फिल्म बनी थी। हॉलीवुड ने नई तकनीकी सुविधाओं से लैस होकर एनीमेशन फिल्मों को भी नया ग्लैमर प्रदान किया है। इन फिल्मों के पात्रों को बड़े-बड़े फिल्मी सितारे अपनी आवाजें देते हैं।

आज 1999 में सिनेमा की शताब्दी के अंतिम चरण में विज्ञान और यंत्रविधि की अत्याधुनिक सुविधाएँ एक आश्चर्यलोक की तरह हैं। 'स्टार वार्स' के नए डिजिटल रूप में प्रस्तुत करने के बाद जॉर्ज लूकस 2002 में एक बहुत महँगा 'डिजिटल आर्ट्स सेंटर' बनाने की योजना को अंतिम रूप दे चुके हैं। सैन फ्रांसिस्को की 23 एकड़ जमीन में इंडस्ट्रियल लाइट ऐंड मैजिक सहित अनेक संस्थान एक जगह पर काम करेंगे। आज 'द मैट्रिक्स' जैसी नई विज्ञान कथाफिल्में स्पेशल इफेक्ट्स के संसार को एक नया अर्थ दे रही हैं। इस फिल्म में एक नई तकनीक 'बुलेट टाइम फोटोग्राफी' की मदद से एक्शन को सामान्य 'स्लो मोशन' से भी धीमा कर दिया गया है। कुंग फू एक्शन मुद्राओं को इस तकनीक से आश्चर्यजनक सिनेमाई विस्तार मिल गया है। बाईसवीं शताब्दी के नगर को कला निर्देशन और स्पेशल इफेक्ट्स के मेल से अद्‌भुत रूप दे दिया गया है। भविष्य की इस फंतासी में कंप्यूटर पूरी तरह से लोगों को नियंत्रित कर रहे हैं।

दादा साहब फालके ने 60 साल पहले जो कहा था वह आज भी प्रासंगिक है। 'हम आपके हैं कौन' जैसी सफल फिल्म के कैमरामैन राजन किनागी का कहना है कि भारत में विज्ञापन फिल्म उद्योग को कहीं अधिक नई और महँगी यंत्रविधि उपलब्ध है। राजन 'हम आपके हैं कौन' के लिए नए 'हाक लैंस' चाहते थे पर उन्हें 18 साल पुराने 'कोवा लैंस' से काम चलाना पड़ा। मणि रत्नम् या विधु विनोद चोपड़ा जैसे नाम तो इन नई सुविधाओं के प्रति सजग हैं। पर आमतौर पर बड़े फिल्म निर्माता इस बारे में कोई खास परवाह नहीं करते। आज 'हाई स्पीड स्टॉक'

और 'फास्टर लैंसों' ने बहुत कम प्रकाश में भी शूटिंग की सुविधाएँ उपलब्ध करा दी हैं। पर इन सबकी चिंता करता है कौन?

डिजिटल वर्सटाइल डिस्क, डॉल्बी डिजिटल सराउंड ई एक्स, डिजिटल थियेटर सिस्टम्स आदि के नए युग में पर्दे पर चाक्षुष अनुभव और ध्वनि को एक अद्वितीय पहचान मिल चुकी है। विज्ञान और यंत्रविधि के प्रति भारतीय फिल्म उद्योग और अधिक देर तक उदासीन क्या रह पाएगा।?

1999

दो 'सर्वश्रेष्ठ' फिल्में

गिरीश कासरवल्ली कन्नड़ के महत्त्वपूर्ण फिल्मकारों में से हैं। 45वें राष्ट्रीय फिल्म पुरस्कारों की ज्यूरी ने उनकी नई फिल्म 'ताई साहेब' को पिछले वर्ष की सर्वश्रेष्ठ फिल्म घोषित किया है। यह गौर करने की बात है कि गिरीश कासरवल्ली की तीन फिल्मों को वर्ष की सर्वश्रेष्ठ फिल्म के रूप में स्वर्ण कमल मिला है। राष्ट्रीय फिल्म पुरस्कारों के इतिहास में बहुत कम फिल्मकार गिरीश कासरवल्ली की तरह भाग्यशाली साबित हुए हैं। मिसाल के लिए, श्याम बेनेगल लंबे समय से चर्चित निर्देशक हैं, पर उनकी किसी भी फिल्म को वर्ष की सर्वश्रेष्ठ फिल्म का प्रतिष्ठित स्वर्ण कमल नहीं मिल पाया है। गिरीश कासरवल्ली को 1977 की फिल्म 'घटश्राद्ध' और 1986 की फिल्म 'तबर्नाकथे' के लिए भी यह पुरस्कार मिला था। सत्यजित राय को यह पुरस्कार छह बार मिल चुका है (पथेर पाँचाली 1955, अपूर संसार 1959, चारुलता 1964, गोपी गायने बाघा बायने 1968, सीमाबद्ध 1971, आगंतुक 1991)। मृणाल सेन को यह पुरस्कार चार बार मिला है (भुवन शोम 1969, कोरस 1974, मृगया 1976, अकालेर संधाने 1980) और बुद्धदेव दासगुप्त को तीन बार (बाघ बहादुर 1989, चराचर 1993, लाल दोरजा 1996)। दरअसल बंगला फिल्में इस पुरस्कार को नियमित रूप से लगभग एक आदत की तरह पाती रही हैं। तपन सिन्हा, विप्लव राय चौधरी, गौतम घोष, उत्पलेंदु चक्रवर्ती, ऋतुपर्ण घोष आदि फिल्मकार भी सर्वश्रेष्ठ फिल्म का सम्मान पा चुके हैं।

दक्षिण के सिनेमा ने देर से दस्तक दी थी। पर, 1970 में टी. पट्टाभिराम रेड्डी की कन्नड़ फिल्म 'संस्कार' के बाद से दक्षिण का सिनेमा केंद्र में आया। अडूर गोपालकृष्णन की 'स्वयंवरम्' (1972) और 'कथापुरुषन' (1995) को यह सम्मान मिला। यह अलग बात है कि अडूर की कई महत्त्वपूर्ण फिल्में (खास तौर पर 'एलीपत्तायम्') राष्ट्रीय ज्यूरी की उपेक्षा का शिकार हुई हैं और स्वर्गीय जी. अरविंदन जैसे दिग्गज मलयालम फिल्मकार की एक ही फिल्म 'चिदंबरम्' को यह पुरस्कार मिला था। स्पष्ट है कि सर्वश्रेष्ठ फिल्म का चुनाव विवादों से परे नहीं रहा। पर, इस सूची के सहारे फिल्मकला के विकास और उनकी दुनिया को ज़रूर समझा जा सकता है।

इस टिप्पणी में हम 1997 की सर्वश्रेष्ठ कथाफिल्म 'ताई साहेब'; और सर्वश्रेष्ठ गैर-कथाफिल्म 'जोतनेर जोमी' (जतन की जमीन) (बंगला, निर्देशक : राजा मित्र) की चर्चा करेंगे। वैसे यह दिलचस्प है कि 'जोतनेर जोमी' दरअसल 50 मिनट की कथाफिल्म ही है। पर अपनी लंबाई और विषय के कारण उसे गैर-कथाफिल्म के खंड में रखा गया है। राजा मित्र ने फिल्म प्रभाग के लिए भूमिहीन किसान की व्यथा और सच्चाई को डॉक्यूमेंटरी शैली में न बनाकर लघु कथाफिल्म के ढाँचे में बनाया है। पर यह एक मार्मिक फिल्म है—जतन नाम के एक भूमिहीन किसान के सपनों के बारे में। यह एक डॉक्यूमेंटरी भी है और एक फीचर फिल्म भी।

'ताई साहेब' को सर्वश्रेष्ठ फिल्म के अलावा दो और पुरस्कार मिले हैं—रमेश देसाई को सर्वश्रेष्ठ कला निर्देशन का और वैशाली कासरवल्ली को सर्वश्रेष्ठ वेशभूषा का। यह एक 'पीरियड' फिल्म है, जिसमें आजादी से ठीक पहले के माहौल से कहानी की शुरुआत होती है। फिर धीरे-धीरे आजादी के बाद के विभिन्न कालखंडों की पृष्ठभूमि में फिल्म आगे बढ़ती है।

फिल्म के प्रारंभिक प्रसंगों में फिल्म की नायिका 'ताई साहेब' राजा रवि वर्मा की किसी पेंटिंग का मॉडेल नजर आती है। अच्छे जेवरों और साड़ी में सजी-धजी संभ्रांत महिला। एक संपन्न जमींदार की पत्नी है ताई साहेब। उसके पति एक स्वतंत्रता सेनानी हैं जो जेल आते-जाते रहते हैं। ताई साहेब कभी जेल नहीं गईं। पर जमींदार की बड़ी और भव्य हवेली एक बहुत बड़ी जेल है। इस जेल से एक औरत बाहर की दुनिया न देखने के लिए अभिशप्त है। सब कुछ है उसके पास। पर कुछ भी नहीं है। निर्देशक ने फिल्म में स्त्रियों की दुनिया की सच्चाई को बहुत धीमी गति से—बिना 'लाउड' हुए—आगे बढ़ाया है। ताई साहेब को धीरे-धीरे अपनी और समय दोनों की कड़वी सच्चाई का एहसास होता है। पर वह आसानी से नारी की स्वाधीनता की लड़ाई में कूद नहीं सकती है। चीजें धीरे-धीरे ही बदल सकती हैं। फिल्म में ताई साहेब का रूपांतरण होता है। पर, बहुत धीरे-धीरे। इस रूपांतरण में कोई क्रांतिकारी जोश नहीं है। उसके पति को बल्कि एक क्रांतिकारी और सक्रिय राजनीतिक कहा जा सकता है।

निर्देशक में एक अच्छी बात यह है कि न तो फिल्म में ताई साहेब को 'हीरोइन' बना दिया गया है और न ही जमींदार को 'खलनायक' की तरह चित्रित कर दिया गया है। ऐसे सरलीकरण फिल्म के मर्म को नष्ट कर देते। जमींदार का चरित्र पृष्ठभूमि में ही रहता है। उस पर सीधे-सीधे फोकस कभी नहीं किया जाता है। शुरू में जमींदार एक तरह का खलनायक ही नजर आता है। आजादी की लड़ाई के सिलसिले में वह जेल में बंद है। पैरोल पर वह वापस आता है, तो सिर्फ इसलिए कि उसकी रखैल माँ बनी है। वह सीधा रखैल के घर चला जाता है। सजी-सँवरी ताई साहेब इंतजार करती रह जाती है। पति जब सुबह 'अपने

घर' आता है, तो वह हड़बड़ी में है। आखिर इतनी बड़ी राजनीतिक लड़ाई चल रही है। बेचारी सजी-धजी बीवी क्या जाने इतने बड़े उद्देश्य के बारे में। लेकिन पति की घनघोर उपेक्षा के बावजूद ताई साहेब मालिश करने की पेशकश करती है। थके हुए पति को राहत मिलेगी और एक रिश्ता बन सकेगा पति के साथ।

लेकिन फिल्म जब आगे बढ़ती है तो जमींदार का चरित्र पृष्ठभूमि में रहते हुए भी अपने ढंग से अपनी लड़ाई को परिभाषित करता नजर आता है। देश आजाद हो जाता है। पर जमींदार को फिर भी जेल जाना पड़ता है। इस बार महाराजा उसे जेल में ठूँस देता है और जेल में उसकी खूब पिटाई होती है। अंग्रेजों की जेल में वह 'वन पीस' लौट आता था। इस बार वह अपंग होकर लौटता है। ताई साहेब के घर कोई संतान नहीं है। एक दत्तक पुत्र को प्यार-दुलार से वह पालती-पोसती है। यह बेटा जब बड़ा हो जाता है तो वह अपने पिता की रखैल की बेटी से प्यार करने लगता है। एक तरह से वह लड़की उसकी बहन है। ताई साहेब के दत्तक पुत्र की अपनी ट्रैजेडी है। वह एक धनी परिवार की 'जेल' के कायदे-कानून का शिकार होकर पियक्कड़ बन जाता है। 'पिता' से उसको कोई सहानुभूति नहीं है। लेकिन विडंबना यह है कि जमींदार अब नए दौर में कम्युनिस्ट साबित कर दिए जाते हैं। उनकी हत्या के बाद खबर फैला दी जाती है कि वह फिर जेल चले गए हैं।

ताई साहेब इस पुरुषप्रधान समाज से आसानी से लड़ नहीं सकती। पर वह अपने को बदलती है। वह अपने पति की रखैल की स्थिति को भी समझने की कोशिश करती है। वह अपने पति की पहली पत्नी की तरह मंदिर में जाकर जीवन से भागना नहीं चाहती। फिल्म के कुछ प्रसंगों में पहली पत्नी की दुनिया को भी दिखाया गया है। वह एक जेल से भागकर दूसरी जेल में आ गई है। पर उसी में वह अपनी मुक्ति देख रही है। ताई साहेब इस 'ट्रैप' में भी नहीं आना चाहती। वह अपने दत्तक पुत्र को जीवन से सार्थक ढंग से जोड़ने की कोशिशें शुरू कर देती है।

गिरीश कासरवल्ली एक समर्थ फिल्मकार हैं, हालाँकि वह अडूर गोपालकृष्णन की तरह अपने माध्यम पर संपूर्ण और सबल पकड़ नहीं रख पाते। पर एक स्त्री की अपने ढंग की लड़ाई को वह एक स्मरणीय सिनेमाई अनुभव जरूर बना देते हैं।

राजा मित्र ने 'जोतनेर जोमी' में एक भूमिहीन किसान जतन की दुनिया को मार्मिक ढंग से पर्दे पर उतारा है। जतन एक पैसे वाले मालिक के यहाँ छोटी-मोटी मजदूरी करता है। उसका मालिक उसे बताता है कि तुम भूमिहीन हो। सरकार तुम्हें भूमि दे रही है। तुम कोशिश क्यों नहीं करते। जतन को एक सपना दिखने लगता है। उसकी अपनी जमीन होगी। वह खेती करेगा। उसकी पत्नी उसके साथ काम करेगी।

जाहिर है कि मालिक के इरादे नेक नहीं हैं। वह जतन को चावल के बोरे वगैरह उधार देकर बँधुआ मजदूर बना रहा है। वह चाहता है कि जतन को उसकी जमीन मिले, जिसे आराम से वह हड़प सके। पर जतन ने तो सपने देखना शुरू कर दिए हैं। वह भूमि पाने के लिए दफ्तरों, अफसरों और राजनीतिक कार्यकर्त्ताओं के यहाँ चक्कर लगाने लगता है। उसका मालिक उसे बराबर प्रेरित भी कर रहा है।

अंत में जतन को कागज पर एक जमीन का टुकड़ा दिखा दिया जाता है जो उसका अपना होगा। भूमि बाँटने वाले दफ्तर का बाबू जतन और उसकी पत्नी के साथ एक लंबी यात्रा के बाद ऐसी जमीन के टुकड़े तक पहुँचता है जो नदी के किनारे है और यह नदी उस जमीन को खा जाने के लिए तैयार उफन रही है।

निर्देशक ने इस अभाव, शोषण और निराशा की सरल-सी दिखने वाली कथा को स्मरणीय सिनेमाई अनुभव बना दिया है। एक पूरा भारतीय जीवन, उसकी त्रासदी, उसकी व्यथा फिल्म में दिखने लगती है। अक्सर नीले चटखरंग की कमीज में जतन अपनी निरीह काया को छिपाता हुआ चालाक और धूर्त लोगों की दुनिया में भटकता रहता है।

एक ओर खाए-अघाए लोगों की दुनिया है। दूसरी ओर जतन का निरीह संसार है। भूमि बाँटने वाले बाबू से जतन की मुलाकातों के प्रसंग बड़े मार्मिक ढंग से भारतीय जीवन की सच्चाई को सामने लाते हैं। काम जल्दी कराने की उम्मीद से जतन दो सिगरेटें बाबू की मेज पर रख देता है। जब अंत में बाबू के साथ जतन और उसकी पत्नी अपनी भूमि देखने के लिए निकलते हैं तो शिखर धूप के समय एक रास्ते की दुकान पर बाबू बैठा मिठाई खा रहा है। वह बेंच पर बैठा है। सामने जमीन पर पति-पत्नी बैठे बड़े ध्यान से बाबू के डकार लेने का जैसे इंतजार कर रहे हैं। एक दिखावटी संकोच में बाबू कहता है कि लंबा रास्ता है। तुम लोग भी कुछ खा लो। जतन कहता है कि नहीं, हम लोग सुबह ही चावल खाकर निकले थे।

निर्देशक ने अधिकांश छोटे-छोटे प्रसंगों में खास तरह के 'डिटेल्स' का सहारा लेते हुए अपनी बात कही है। जतन तमाम 'भाग्यविधाता' लोगों के बीच भटक रहा है। उनमें से कोई तालाब किनारे बैठा एक बड़ी मछली को काँटे पर फँसा पाकर प्रसन्न है तो कोई अपनी मोटर साइकिल चमका और दिखा रहा है। एक दिन जतन देखता है कि साहब मैदान में अपने चमचों को मोटर साइकिल की पॉवर का परिचय दे रहे हैं। किसी दूसरे दिन वह उनके पास आता है तो साहब हाथ-पैर तुड़वा कर कुर्सी पर पसरे नजर आते हैं। कागज पर साहब के हस्ताक्षर चाहिए। पर हस्ताक्षर करने वाले हाथ पर प्लास्टर चढ़ा है। एक प्रसंग में बाबू जतन

से कहता है कि मैं अगर चाहूँ तो इस हस्ताक्षर की वैधता पर प्रश्नचिह्न लगा सकता हूँ। यह लैफ्टहैंड से किए गए हस्ताक्षर हैं।

निर्देशन की खूबी यही है कि विभिन्न प्रसंगों में केवल संकेतों में बातें कही गई हैं। पर सारे संकेत अपनी समग्रता में भारतीय निर्धन व्यक्ति के निर्जन संसार को गहरी दृष्टि और संवेदना के साथ उभारते हैं। आपको लगता है कि डॉक्यूमेंटरी देख रहे हैं—कथाफिल्म नहीं। कहानी है। पर, बड़ी सच्ची है।

1998

प्रेम अब भी एक संभावना है!

एक सुपरस्टार के रूप में फिल्म निर्देशक की भूमिका फिल्म अध्ययनों में लंबे समय से चर्चा और विश्लेषण का विषय रही है। एक अभिनेता जब सुपरस्टार बन जाता है, तो वह कमजोर निर्देशक की सीमाओं से भी परे चले जाने की क्षमता रखता है। मिसाल के लिए अमिताभ बच्चन अपनी छवि और अभिनय प्रतिभा के बल पर के. सी. बोकाड़िया जैसे साधारण निर्देशक के साथ भी एक हद तक अपना अस्तित्व बनाए रख सकते हैं। लेकिन एक सुपरस्टार निर्देशक नई-पुरानी प्रतिभाओं, सितारों आदि का जब तक बहुत अच्छा और समग्र इस्तेमाल नहीं करता तब तक उसका पद सुरक्षित नहीं रहता।

पिछले पंद्रह सालों में तमिल फिल्मकार मणिरत्नम् (जन्म : 1956) अपनी फिल्मों की असाधारण विविधता और कल्पनाशील सिनेमाई भाषा के बल पर एक सुपरस्टार साबित हो चुके हैं। दिलचस्प बात यह है कि उन्होंने अपने कैरियर की शुरुआत में कन्नड़ और मलयालम में फिल्में बनाईं। लेकिन 1986 में 'मौन रागम्' और 1987 में 'नायकन' के बाद से मणिरत्नम् तमिल सिनेमा के सबसे महत्त्वपूर्ण फिल्मकार हो गए हैं। उनके फिल्म निर्देशक की खासियत यह है कि वह एम टी वी शैली का समकालीन भारतीय परिवेश में बड़ा कुशल रूपांतरण कर लेते हैं। हॉलीवुड की सिनेमाई भाषा का भी उन्होंने कुशल अध्ययन किया है (जिसका परिणाम 'नायकन' है) पर एम टी वी या वी चैनल पर पॉप, रॉक और एसिड संगीत के जो वीडियो हमें देखने को मिलते हैं उनकी तेजतर्रार और क्षण-क्षण में बदलती सिनेमाई भाषा का गहरा अध्ययन करके मणिरत्नम् सरीखे निर्देशक भारतीय सिनेमा के परिदृश्य में सामने आए हैं।

मणिरत्नम् की फिल्मों में संगीत, गानों का फिल्मांकन और कैमरे के 'जैजी' किस्म के कोण केंद्रीय होते हैं। ए.आर. रहमान जैसे संगीतकार और संतोष सिवन जैसे कैमरा निर्देशक इसीलिए मणिरत्नम् के मिजाज के अनुकूल हैं। एम टी वी की मुख्यतः पश्चिमी शैली का अनुकरण करते हुए मणिरत्नम् ने तमिल परिवेश को भी बड़ी सहजता से इस विदेशी दुनिया का हिस्सा बना दिया है। 'अंजलि'

में जब सड़क छाप बच्चे 'ब्रेक डांस' करते दिखते हैं, तो वे आज की भारतीय दुनिया का सहज हिस्सा नजर आते हैं।

यह गौर करने की बात है कि मणिरत्नम् अपनी फिल्मों में बच्चों और बूढ़ों को बहुत महत्त्व देते हैं। उनसे पहले शायद ही किसी मुख्यतः कमर्शियल निर्देशक ने बच्चों और बूढ़ों को भी आधुनिक नाच गाने का इतना इतना सहज हिस्सा बनाया होगा। खासतौर पर वृद्ध पात्र हमारी फिल्मों में रोने धोने, डायलागबाजी या असहाय रूप के प्रदर्शन के लिए ही होते हैं। पर मणिरत्नम् ने 'रोजा' में बड़ी खूबी से काम-शृंगार के गीत में युवाओं के बीच बूढ़ों को भी जगह दे दी थी। बाद में मुंबइया फिल्मकार इस शैली की खराब नकल करते रहे हैं। पर मणिरत्नम् जैसी आत्मीयता का उनके यहाँ अभाव है।

मणिरत्नम् की नई और पहली हिंदी फिल्म 'दिल से' को ही हम लें। सुदूर उत्तर पूर्व का एक गाँव हो या दिल्ली के एक आधुनिक घर का वातावरण हो—बूढ़ी स्त्रियों का 'चार्म' मणिरत्नम् दिखाना कहीं नहीं भूलते। नायक शाहरुख खान के घर में दादी (जोहरा सहगल) की उपस्थिति में इस 'चार्म' को हम देखते हैं। इस तरह की बूढ़ी औरतें जीवंत हैं। अपनी उम्र के सामने वे पराजित और पस्त नहीं हैं। वे 'सींग कटा कर बछड़े बन जाने' की कोई हास्यास्पद कोशिश भी नहीं करती दिखाई देती हैं। इसी तरह से 'दिल से' में मनीषा कोइराला और शाहरुख खान की प्रेम फंतासी के बीच में अचानक आपको स्कूली ड्रेस में दौड़ते-हँसते बच्चे भी मिल जाएँगे। भावनात्मक रूप से अत्यंत कठोर हो चुकी आतंकवादी नायिका भी जब एक प्रसंग में अपने मन की बात नायक को बताती है, तो वह एक नहीं बल्कि आठ बच्चे पैदा करने की बात करती है। जाहिर है कि परिवार नियोजन वालों को इससे चिंतित होने की जरूरत नहीं है। यह केवल एक फंतासी है। घनघोर निराशावादी माहौल में भी एक आशावादी कल्पना है। अपने घर-समाज पर हो रहे अत्याचारों की आग में झुलसकर नायिका मेघना (मनीषा कोइराला) किसी भी तरह की कोमल भावनाओं को महसूस करने की क्षमता खो चुकी है। वह प्रेम की कोमलता और पैशन को समझ ही नहीं पा रही है। फिर भी उसकी बंद दुनिया में कुछ रोशनदान खुले हुए हैं।

क्रूर राजनीतिक परिस्थितियों में रिश्तों की नाजुक पहचान मणिरत्नम् ने 'रोजा' से शुरू की थी। 'बांबे' इस कड़ी की दूसरी फिल्म थी और अब 'दिल से' तीसरी है। तीनों फिल्में एक तरह की शक्तिशाली 'त्रयी' (ट्राइलॉजी) बनाती हैं। 'रोजा' और 'दिल से' में आतंकवादी मानसिकता को समझने की कोशिश है। 'बांबे' में सांप्रदायिक उन्माद में कोमल संबंधों की एक कठिन पहचान का लक्ष्य है।

जाहिर है कि आज अगर कोई संवेदनशील फिल्मकार इस रक्तरंजित और जलते हुए कैनवास पर काम करना चाहता है, तो उसके लिए 'साइड' लेना एक

मुश्किल काम है। इस दृष्टि से यह एक कठिन काल है। मणिरत्नम् दोनों दुनियाओं को अपने-अपने ढंग से समझने की कोशिश करते हैं। आतंकवाद के विरुद्ध वह एक सशक्त आवाज उठाने के साथ-साथ उन स्थितियों की ओर ठीक-ठीक इशारा भी कर देते हैं जो अगर बहुत जल्दी बदली नहीं गईं तो वे और भी अधिक आतंकवादी पैदा करेंगी।

इस दृष्टि से 'दिल से' के अंत पर अलग हटकर विचार करने की जरूरत है। क्लाइमेक्स में नायिका मेघना एक 'मानव बम' का रूप धारण कर चुकी है। वह जिसे गले लगाएगी वह उसे खत्म करने के साथ-साथ खुद भी खत्म हो जाएगा। वह नायक के 'पागल प्रेम' को अपनाने के काबिल नहीं रह गई है। उसका लक्ष्य ज्यादा बड़ा है। वह गणतंत्र दिवस की भव्य परेड में राष्ट्रपति को गले लगाकर खत्म हो जाना चाहती है। लेकिन बुरी तरह से घायल नायक मेघना को रोकना चाहता है। वह उसे गले से लगाकर बताना चाहता है कि प्रेम अब भी एक संभावना है। पर मेघना उससे दूर जा रही है। नायक के प्रेम को स्वीकार कर लेने का अर्थ है अपने आतंकवादी लक्ष्य में असफलता और साथ ही साथ अपने प्रेमी की अपनी ही बाँहों में हत्या। नायक के सामने स्थिति अधिक स्पष्ट है। वह मेघना को गले लगा लेगा, तो मर कर भी वह दो चीजों को पा लेगा । एक ओर वह आतंकवादी मानसिकता को बदलने में कामयाब हो जाएगा और दूसरी ओर वह प्रेम की संभावना को मृत्यु की बाँहों में भी एक असंभव जन्म दे देगा।

'दिल से' की मेघना भावनाओं की कैद से बचने की हर संभव कोशिश कर रही है। पर अंत में वह प्रेम के पक्ष में ही फैसला करती है। वह किसी बड़े राजनेता को उड़ाने के अपने बड़े और खूँखार इरादे को त्याग कर नायक के सीने से लग जाती है। कुछ लोग इसे भगोड़ेपन और 'डबल स्युसाइड' के रूप में देख सकते हैं। पर निर्देशक कहना चाहता है कि जिस शरीर में कोमल भावनाएँ बिल्कुल सूख चुकी हैं उसे भी बदला जा सकता है। नायिका के अंत में ही उसका आरंभ है। नायक के आरंभ में ही उसका अंत है।

1998

नर्क के दरवाजों का स्वर्ग

कंप्यूटर के सामने बारह-तेरह साल का एक अकेला बच्चा घर में बैठा हुआ है। माता-पिता किसी पार्टी में गए हुए हैं। सेल फोन पर मम्मी का फोन आता है। सनी तुम बोर तो नहीं हो रहे हो? डोंट वरी, मैं तुम्हारे लिए बर्गर और पिज्जा पैक करा के ला रही हूँ।

जाहिर है कि यह बच्चा बोर नहीं हो रहा है। उसके कंप्यूटर में चार शक्तिशाली स्पीकर लगे हुए हैं। वह कंप्यूटर पर अकेला एक जबरदस्त वार गेम खेल रहा है। स्पीकरों पर जोर-जोर से बमवर्षा, गोलीबारी वगैरह की भयावह आवाजें आ रही हैं। कहने को यह एक मनोरंजक खेल है। पर भीषण युद्ध का 'वास्तविक अनुभव' हो रहा है। बच्चे की उँगलियाँ एक भयावह उन्माद और तेजी में कंप्यूटर के की बोर्ड पर चल रही हैं। उसे लग रहा है कि वह सचमुच एक युद्ध में हिस्सा ले रहा है। वह अपने लगभग भयावह किस्म के उन्माद में वौल्यूम और तेज कर देता है।

यह तो सिर्फ एक वार गेम है। पर ताजा जानकारियों के अनुसार बाजार में बाकायदा हत्या करने के गेम भी खतरनाक ढंग से उपलब्ध हो रहे हैं। और 'वर्चुअल रिएल्टी' की दुनिया दिन प्रतिदिन क्रूर से क्रूर हिंसा के तथाकथित 'फनी गेम' बच्चों तक पहुँचा रही है। शुरू में ये खेल 'फनी' लगते हैं पर बाद में ये अपना वास्तविक और खतरनाक रूप दिखाते हैं। बच्चा एक किशोर में बदलता है। और कुछ किशोरों के लिए ये फनी गेम दिमागरहित हिंसा के दरवाजे खोल देते हैं।

'वर्चुअल रिएल्टी' की दुनिया अमीर देशों के बच्चों को आसानी से उपलब्ध है। भारत जैसे देशों के आलीशान घरों में भी यह दुनिया प्रवेश कर चुकी है। लेकिन साधारण टेलीविजन या सिनेमाघर में हिंसा का एक भयावह सिलसिला पिछले तीन दशकों से चल रहा है। हाल में एक लोकप्रिय अखबार की पत्रिका में यह जानकारी दी गई थी कि छोटे पर्दे पर 'प्राइम टाइम' अब 'क्राइम टाइम' हो चुका है। मसाला मुंबइया सिनेमा की हिंसा का मुकाबला करने वाले अपराध सीरियल बड़ी संख्या में बन रहे हैं।

टेलीविजन ने हम सबको अपना कैदी बना लिया है। चर्चित निर्देशक पीटर वायर की नई फिल्म 'द ट्रूमैन शो' का नायक जिम कैरी एक ऐसे टीवी शो का स्टार है जिसके जन्म लेते ही छिपे हुए कैमरे अपना 'लाइव शो' शुरू कर देते हैं। उसके पीछे पाँच हजार छिपे कैमरे सक्रिय हैं। ट्रूमैन की जिंदगी में सभी लोग—माता पिता, दोस्त, प्रेमिका, पत्नी आदि एक तरह के एक्टर बन गए हैं। ट्रूमैन की निजी जिंदगी का एक-एक पल 24 घंटे के इस लाइव प्रसारण में देखा जा सकता है।

टेलीविजन को 'प्लग इन ड्रग' (स्विच दबाओ और नशीली दवा खाओ) कहा जाता रहा है। निर्देशक पीटर वायर का कहना है कि हम सभी लोग बुरी तरह से 'प्लग इन' हो चुके हैं। हम सबने गल्फवार को ऐसे देखा जैसे वह कोई टेलीविजन शो चल रहा हो।

छोटे और बड़े पर्दे की हिंसा ने मिलकर बच्चों और किशोरों की मानसिकता को बुरी तरह से तहस नहस कर दिया है। बड़े पर्दे की हिंसा तो अब डिजिटल धुन में तराशी जा रही है। और कंप्यूटर की हिंसा 'वर्चुअल रिएल्टी' की असाधारण ताकत से लैस है।

मुंबइया फिल्मों के लिए कभी-कभार गाने लिखने वाले एक शायर का कहना है कि आज शरत के देवदास के हाथ में एक पिस्तौल है और पारो के हाथ में एक छुरा है इसलिए कहानी और गाने भयभीत हो कर भाग खड़े हुए हैं। यही मसाला फिल्में हमारे यहाँ टेलीविजन का पेट भरती हैं। और सीरियल भी धीरे-धीरे एक समानांतर मुंबइया मसाला मनोरंजन तंत्र पैदा करना चाह रहे हैं। बल्कि यह काम शुरू हो चुका है।

फिल्मों में 'कॉपीकैट' हिंसा (जिसे देखने वाले दर्शक उसकी नकल करने की कोशिश करें) की समस्या पर लंबे समय से शोधकार्य चल रहे हैं। 1971 में ब्रिटेन में प्रसिद्ध फिल्मकार स्टेनले क्युबरिक की फिल्म 'ए क्लॉकवर्क ऑरेंज' की बहुत चर्चा हुई थी। इस फिल्म के रिलीज होने के बाद ब्रिटेन में कई ऐसी खबरें सामने आईं जिनमें फिल्म के दृश्यों से प्रेरित और प्रभावित क्रूर हिंसा की नकल की गई थी। विवादों के बीच क्युबरिक को अपनी फिल्म सार्वजनिक प्रदर्शन से हटानी पड़ी थी। कुछ निर्देशकों का तर्क है कि एक परी कथा को सुनने के बाद भी एक किशोर हाथ में छुरा उठा कर हिंसक व्यवहार का प्रदर्शन कर सकता है। तर्क तो यह सही है। पर फिल्म से सीधे-सीधे प्रेरित व्यवहार का लंबा और जटिल इतिहास है।

सितारों को अपना आदर्श मानना और उनके खास तरह के व्यवहार की रोजमर्रा के जीवन में नकल एक आम बात है। पचास के दशक में एक युवक देवानंद की स्टाइल में अगर अपनी कमीज के कॉलर ऊपर कर लेता था या खलनायक प्राण की तरह सिग्रेट पीने की कोशिश करता था, तो आमतौर पर इन चीजों का

असर समाज में भयावह परिणामों की ओर हमें नहीं ले जाता था। पर बाद के दशकों में दुनिया भर में लोकप्रिय दर्शक कॉपीकैट क्राइम और कॉपीकैट हिंसा का शिकार होने लगे। जाहिर है कि ऐसी घटनाएँ संख्या में ज्यादा नहीं होती थीं पर पर्दे के चित्रण के भयावह रूप को देखते हुए ये घटनाएँ खतरे की बड़ी घंटी बन जाती हैं। किसी फिल्म में जुआघर से करोड़ों की डकैती को दर्शकों ने देखा, तो युवकों की एक टोली ने वैसी ही एक योजना बना ली। मान लीजिए फिल्म में निर्देशक ने डकैती को 'ग्लोरीफाई' नहीं भी किया है पर देखने वाले की कच्ची मानसिकता अक्सर अपराध के अंतिम दुष्परिणामों की उपेक्षा करती नजर आती है।

एक लोकप्रिय फ्रांसीसी फिल्म 'द बिग ग्रैब' (1963) में चार्ल्स नाम का एक अनुभवी अपराधी पाँच साल जेल की सजा काट कर बाहर आता है। उसकी पत्नी चाहती है कि चार्ल्स अपराधी अतीत को भुलाकर नया साधारण (पर सुखी जीवन) शुरू करे। लेकिन बूढ़ा गिद्ध अभी भी पंख फैलाना चाहता है। वह कान शहर के प्रसिद्ध पाम बीच कसीनों में डकैती की एक बड़ी मास्टर प्लान बनाता है। नक्शे वगैरह तैयार हैं। चार्ल्स अपनी इस महत्त्वाकांक्षी योजना के लिए एक बेकार नौजवान फ्रांसिस और उसके जीजा को साथ ले लेता है। पूरी फिल्म डकैती की कार्यवाही को संपूर्ण बारीकियों के साथ दिखाती है। फिल्म में फ्रांसिस का जीजा एक प्रसंग में खीझ कर चार्ल्स से कहता है कि 'इजी मनी' (कम मेहनत या आसानी से हासिल किया गया पैसा) उसके जीवन को नष्ट करेगी। जो एय्याशी उसके जीवन में आएगी वह वास्तव में व्यर्थ है। इसी तरह से फिल्म का बहुचर्चित क्लाइमेक्स डकैती की सारी सफलता को सचमुच स्विमिंग पूल के पानी में डुबो देता है। चार्ल्स और फ्रांसिस कामयाब हो चुके हैं। स्विमिंग पूल के एक कोने में डकैती का माल थैलों में भर कर फ्रांसिस बैठा है। दूसरे कोने में चार्ल्स बैठा अखबार पढ़ रहा है। दोनों चुप इसलिए हैं कि पुलिस और होटल के कर्मचारी फ्रांसिस के पास खड़े डकैती में इस्तेमाल किए गए थैलों के आकार प्रकार के बारे में खोज कर रहे हैं। थैलों को छिपाने के लिए फ्रांसिस मजबूर है। वह उन्हें स्विमिंग पूल में डुबो देता है। पानी के भीतर जाकर थैले खुल जाते हैं और सारे नोट ऊपर पानी में आकर तैरने लगते हैं।

कहने का आशय यह है कि निर्देशक ने डकैती की व्यर्थता और अपराध से कमाए गए धन की नैतिकता और उपयोगिता दोनों पर गहरे सवाल उठाए हैं। पर देखने वाले डकैती की ग्राफिक योजना और एक्शन से अधिक प्रभावित हो सकते हैं। खासतौर पर जब चार्ल्स की भूमिका दिग्गज अभिनेता जां गाबीं और फ्रांसिस की भूमिका चाकलेटी होते हुए भी टफ हीरो एलें देलों निभा रहे हों।

'द बिग ग्रैब' से भी अधिक आँख खोलने वाली फिल्म 'ए क्लॉकवर्क ऑरेंज' है। शायद ही सिनेमा के इतिहास में किसी फिल्म में हिंसा के प्रश्न पर इतनी

गंभीर और विचलित कर देने वाली बहस की गई हो। एंथनी बर्गेस के इसी नाम के प्रसिद्ध लघु उपन्यास को लेखक ने अपने जीवन की एक सच्ची घटना के आधार पर 1962 में लिखा था। डॉक्टरों ने बर्गेस को ब्रेन ट्यूमर का शिकार घोषित कर दिया था। लेखक ने अपने जीवन का कम समय देखकर पैसा कमाने के लिए उपन्यास लिखा। यह अलग बात है कि वह लगभग एक चमत्कार की तरह बच गए। इस उपन्यास के बारे में समालोचकों की यह राय है कि अगर लेखक ने एक खास तरह की सड़क छाप बोलचाल की नई प्रयोगधर्मी भाषा न विकसित की होती, तो इसे शहरी हिंसा का एक 'पल्प फिक्शन' या चालू लेखन ही माना जाता।

स्टेनले क्युबरिक ने 1971 में इस उपन्यास पर जब फिल्म बनाई, तो यह उपन्यास और भी अधिक चर्चा के केंद्र में आ गया। कारण यह भी था कि पश्चिम में उन दिनों सिनेमा को सेंसरशिप से मुक्त होने का एक असाधारण मौका मिल गया था। साठ के दशक के अंत में अनेक फिल्मों को हिंसा और सेक्स के नियंत्रण में खुली छूट मिल गई थी। फिल्मकारों का तर्क यह था कि सेंसर जिन फिल्मों को रोकता है वे 'अंडरग्राउंड होकर अधिक खतरनाक हो जाती हैं। इसके अलावा रचनात्मक स्वतंत्रता के नाम पर फिल्मकार पर्दे पर लगभग सब कुछ दिखाने के लिए तैयार हो गए थे।

'ए क्लॉकवर्क ऑरेंज' की दुनिया भविष्य की दुनिया है। किशोर अपराधियों का एक गिरोह शहर में निर्द्वंद्व होकर हत्या, बलात्कार, मारपीट वगैरह कर रहा है। फिल्म का नायक अलेक्स इस गिरोह का एक प्रमुख सदस्य है। यह गिरोह एक प्रसिद्ध लेखक को बुरी तरह पीटता है और उसकी बीवी के साथ बलात्कार करता है। लेखक की बीवी की नृशंस हत्या भी कर दी जाती है। बाद में एक गैंगवार में अलेक्स को उसके दोस्त धोखा दे देते हैं। वह पिटकर बेहोश पड़ा है। पुलिस उसे जेल में ठूँस देती है। अब इस खतरनाक युवा अपराधी पर मनोवैज्ञानिक और समाज सुधारक अपने प्रयोग शुरू करते हैं। अलेक्स डॉक्टरों द्वारा प्रस्तावित 'अरुचि चिकित्सा प्रणाली' के लिए इसलिए तैयार हो जाता है कि उससे जेल में उसकी सजा कम हो जाएगी। अलेक्स के मन में हिंसा के प्रति जबरदस्त अरुचि और घृणा पैदा की जाती है। फिल्म के एक प्रसिद्ध सीन में एक मशीन से अलेक्स की आँखें जोड़ दी जाती हैं। उसे हिंसा के अनगिनत भयावह दृश्य लगातार दिखाए जाते हैं। वह चाहे भी तो अपनी आँखें बंद नहीं कर सकता है। मशीन ने उसकी पलकों को पकड़ रखा है। इस अरुचि चिकित्सा के बाद अलेक्स एक निरीह और डरपोक किस्म का प्राणी बन जाता है।

अलेक्स जेल से बाहर आता है, तो उसके जीवन में नई तरह की मुश्किलें शुरू होती हैं। उसके गिरोह के गुंडे अब अधिक ताकतवर हो गए हैं यानी अब

वे पुलिस में भर्ती हो चुके हैं। जिस लेखक की पत्नी से बलात्कार किया गया था वह एक विक्षिप्त हो चुका है। वह बदला लेना चाहता है। अलेक्स की हिंसा का शिकार दूसरे लोग भी आक्रामक हैं।

निर्देशक ने इस भविष्य की दुनिया की फिल्म को अद्‌भुत सिनेमाई चमत्कारों के साथ फिल्माया है। स्लो मोशन, फास्ट मोशन, फिश आइलैंस आदि का इस फिल्म में कल्पनाशील इस्तेमाल किया गया है। एथनी बर्गेस का अलेक्स एक अलग तरह का एंटी हीरो है। वह हिंसा से प्यार करता है और उसे महान संगीतकार बीटोफेन की सबसे महान नवीं सिंफनी बहुत पंसद है। वह एक साधारण और खूँखार गुंडा है पर दूसरी ओर उसे मानवता और भाईचारे का असाधारण चित्रण करने वाली नवीं सिंफनी अच्छी लगती है। लेखक इस सवाल को केंद्र में रखना चाहता है कि अलेक्स का असली रूप और अरुचि चिकित्सा के बाद हुआ निरीह रूप इन दोनों में से कौन-सा सही है?

इस फिल्म को लेकर समीक्षक बहुत विभाजित हो गए थे। ऐसी फिल्में बननी चाहिए या नहीं? ब्रिटेन में अगर कुछ गुंडे लड़के अलेक्स के गैंग की शैली में अपराध करते पकड़े गए, तो इसके क्या अर्थ हैं? वे लड़के फिल्म की बौद्धिक और नैतिक बहस पर ध्यान न देकर अपराध के 'फन गेम' से प्रभावित और प्रेरित थे। 'ए क्लॉकवर्क ऑरेंज' 1971 में बनी थी। पर आज 1998 में भी 'फनी गेम्स' जैसी फिल्में हमें यह बताती हैं कि फिल्मों के इस हिंसक पक्ष को लेकर बहस आज भी जारी है।

हॉलीवुड की फिल्मों के इतिहास में हिंसा का एक ग्लोरीफाई करने वाला रूप हावी रहा है। तीस के दशक में बोलती फिल्मों के आ जाने के बाद हिंसक शहरी अपराधी लगातार एक ऐसी फैंटेसी और ग्लैमर का हिस्सा बन गया जो दर्शकों का बहुत चहेता था। ये अपराधी अश्लील अमीरी की अय्याशी भरी जिंदगी जीते थे, शानदार कारों में नजर आते थे और खूबसूरत लड़कियाँ इन पर मरती थीं।

यह गौर करने की बात है कि मुंबइया सिनेमा उन दिनों भी हॉलीवुड की अपने ढंग की नकल करता था और आज भी कर रहा है। मिसाल के लिए अपने समय की सुपरहिट मुंबइया फिल्म 'किस्मत' (1943) में नायक अशोक कुमार की छवि इसी हॉलीवुड के शहरी अपराधी से प्रभावित थी। यह दिलचस्प है कि 'फिल्म इंडिया' पत्रिका ने फरवरी 1943 में इस फिल्म की आलोचना करते हुए लिखा था कि फिल्म जॉन क्रॉमवैल की 'एल्जियर्स' (1938) की नकल है और इसमें अपराध को ग्लोरीफाई किया गया है। यह भी कहा गया था कि युवा पीढ़ी पर यह फिल्म अपना खराब असर डालेगी।

'किस्मत' कोलकाता के एक ही सिनेमाघर में लगातार तीन साल तक चली थी। रमेश सिप्पी की 1975 की सुपरहिट फिल्म 'शोले' की मिसाल लें, तो उसमें

भी हमें वैस्टर्न फिल्मों की शैली नजर आती है। हॉलीवुड की दूसरी अपराध फिल्मों से भी 'शोले' में काफी सीन लिए गए हैं।

हॉलीवुड में शहरी अपराध कथानक प्रधान फिल्मों से शुरू होकर हॉरर फिल्मों, वैस्टर्न फिल्मों और कुंग फू एक्शन फिल्मों तक की यात्रा सिनेमा के लगातार हिंसक होते चले जाने की 'व्यथा कथा' है। वैस्टर्न फिल्मों–खासतौर पर इतालवी वैस्टर्न फिल्मों ने पुरुष प्रधान फिल्मों की नींव रखी। अक्सर इन फिल्मों की दुनिया में औरतें या तो एक सिरे से गायब होती थीं या फिर उनके साथ केवल दुर्व्यवहार दिखाया जाता था।

इस ट्रैंड का एक खास तरह का असर 'जंजीर' (1973) के बाद से हम अमिताभ बच्चन की फिल्मों में देख सकते हैं। धीरे-धीरे इन हिंसक एक्शन फिल्मों में नायिकाओं के रोल सजावटी और साधारण होते चले गए। नायिकाएँ जयप्रदा सरीखी थीं। बल्कि स्मिता पाटील जैसी प्रतिभाशाली अभिनेत्री को भी जब अमिताभ के साथ लाया गया तो वह निरीह नजर आने लगी।

लेकिन अस्सी के दशक से मुंबइया सिनेमा में हिंसा के दिमागरहित और क्रूर रूप का असाधारण सिलसिला शुरू हुआ है। हॉलीवुड हो या हांगकांग वहाँ भी हिंसा के ये क्रूर रूप धड़ल्ले से चित्रित हुए हैं। 'जंजीर' आज हमें 'अंधा कानून' या 'आज का एम.एल.ए.' या 'आज का अर्जुन' जैसी फिल्मों की तुलना में शाकाहारी किस्म की फिल्म नजर आती है। अमिताभ तो रिटायर हो गए (1997 में वापस आए) पर क्रूर फिल्मी हिंसा एक पर्मानेंट चीज हो गई।

टेलीविजन के छोटे पर्दे ने फिल्म के बड़े पर्दे से बराबर प्रेरणा, मदद और ताकत ली है। दूरदर्शन की शुरुआत में रविवार शाम की फिल्म दर्शकों को एक अलग तरह का रोमांचक अनुभव लगती थी। ऐसे दृश्य आसानी से देखे जा सकते थे कि रविवार शाम को गलियाँ और सड़कें सूनी हैं। बहुत से लोग (जो उस समय टेलीविजन एफोर्ड नहीं कर सकते थे) बाहर खिड़की के पास खड़े होकर फोकट में फीचर फिल्म देखने का सुख प्राप्त करते थे।

आज झुग्गी झोंपड़ी वाला भी टेलीविजन रखता है। मनोरंजन का यह चैनल सबसे ताकतवर चैनल है। पढ़ा-लिखा वर्ग इसे ईडियट बॉक्स कह कर बंद करता रहे पर अधिसंख्य जनता सूचना और मनोरंजन के लिए इसी माध्यम पर आश्रित है। एक समय यह सवाल उठता था कि क्या छोटे पर्दे पर सत्तर के दशक के बाद की फिल्में आसानी से दिखाई जा सकेंगी? लेकिन आज हम देखते हैं कि दूरदर्शन पर भी हिंसक सिनेमा को प्राइम टाइम पर दिखाया जा रहा है। वीडियो चैनल पर तो आसानी से किसी भी नई हिंसक फिल्म (प्रिंट भले ही घटिया हो) को देखा जा सकता है। शेष चैनल हिंसक फिल्मों को तो दिखा ही रहे हैं–अब वे अपराध प्रधान जासूसी सीरियलों पर ज्यादा मेहरबान हैं। कहा जा रहा है कि

टीनेजर्स और 25-40 साल के दर्शक सोप ऑपेरा की धीमी गति से अधिक प्रभावित नहीं हो पाते हैं। तेज गति से चलने वाले जासूसी सीरियल उन्हें अधिक बाँधते हैं।

मुंबइया मसाला सिनेमा की ही तरह टेलीविजन पर आने वाले सीरियलों के धंधे में भी भेड़चाल देखी जाती है। डिटेक्टिव और क्राइम सीरियल की हवा चली है, तो इस क्षेत्र में अच्छे-बुरे सभी कार्यक्रमों की भरमार हो गई है। 'मोहनदास बी.ए.एल. एल. बी.', 'इंडियाज मोस्ट वांटेड', 'सेटरडे सस्पैंस', 'सी.आई.डी', 'भंवर', 'यह है राज', 'पैंथर' आदि कार्यक्रम इन दिनों विभिन्न चैनलों का प्रमुख आकर्षण बन गए हैं।

इन सीरियल निर्माताओं के दावे कम दिलचस्प नहीं हैं। 'इंडियाज मोस्ट वांटेड' में एक सच्ची अपराधकथा लेकर उसके कब, क्यों और कहाँ पर बहस होती है। इस सीरियल के बारे में कहा यह जा रहा है कि इसका उद्देश्य न तो मनोरंजन करना है और न लोगों को दहलाना है। उद्देश्य है अपराधियों और उनके अपराध के बारे में जानकारी देना। कहा जा रहा है कि अनेक पत्रकार इस कार्यक्रम से जुड़े हुए हैं और यह कार्यक्रम वास्तविक अपराध की गुत्थियों को भी सुलझा सकता है।

दरअसल ऊपर ट्रूमैन के पीछे लगे हजारों कैमरों की जिस फैंटेसी का हमने जिक्र किया है उसी का एक लघु रूप 'इंडियाज मोस्ट वांटेड' के दावे में भी देखा जा सकता है। टेलीविजन कैमरा संपूर्ण जीवन को एक लाइव शो में बदल देना चाहता है।

जाहिर है कि टेलीविजन पर अच्छी चीजें भी उपलब्ध हैं। लेकिन 'डिस्कवरी चैनल' के सुंदर सूचना प्रधान कार्यक्रमों की तुलना में जासूसी सीरियल या मसाला हिंसक फिल्में ज्यादा बड़ा आकर्षण हैं। टेलीविजन की संपूर्ण खुराक पर पला-बढ़ा किशोर एक भिन्न और कभी-कभी भयावह मानसिकता रखता है। पिछले नई दिल्ली अंतर्राष्ट्रीय फिल्मोत्सव की एक फ्रांसीसी फिल्म का नायक एक बूढ़ा प्रोफेशनल किलर था जो बड़ी बारीकी से 'सुपारी' लेकर हत्याएँ करता था। इस बूढ़े को अचानक महसूस होता है कि मुझे अपने धंधे की 'कला' किसी नौजवान को सिखानी चाहिए। एक नौजवान को वह शिष्य बनाने की असफल कोशिश करता है। पर एक टीनेजर बड़ी आसानी से इस बूढ़े हत्यारे का 'योग्य शिष्य' बन जाता है। लेकिन इस बूढ़े को बहुत जल्दी ही यह भयावह एहसास होता है कि यह बच्चा तो हत्या के धंधे को एक संपूर्ण खिलवाड़ की तरह देख रहा है। फिल्म में इस बच्चे को कई बार टेलीविजन के सामने बैठे दिखाया जाता है। और निर्देशक ने टेलीविजन चैनलों पर उपलब्ध हिंसक कार्यक्रमों के जो हिस्से दिखाए हैं वे और भी भयावह हैं। टूटे हुए परिवारों के अकेले बच्चे इन कार्यक्रमों की खुराक पर पले-बढ़े हैं और वे हत्या को एक खिलवाड़ ही मानते हैं।

ताजा जानकारियों के अनुसार कंप्यूटर के त्रिआयामी खेलों ने छोटे पर्दे की

दुनिया और भी भयावह कर दी है। टाइम्स ऑफ इंडिया की एक रिपोर्ट के अनुसार हमारे देश में अभी सिर्फ बीस लाख कंप्यूटर हैं जिनमें से दो लाख अभी घरों में पहुँचे हैं। करीब डेढ़ लाख घरों में बच्चे कंप्यूटर गेम्स का 'आनंद' उठा रहे हैं। उस रिपोर्ट की प्रारंभिक दो-चार पंक्तियाँ ही काफी हैं स्थिति के दहला देने वाले रूप को बताने के लिए—"रोजाना रात आठ बजे दस साल का विजय राव एक युवती की हत्या करता है। फिर वह उसका दिमाग निकालता है और उसका सूप बनाकर पीता है।"

अभी तक इस तरह के राक्षसों के बारे में पढ़ा जाता था या उन्हें देखा जाता था। पर नए हिंसक कंप्यूटर गेम बच्चे को ही राक्षस में बदल देने का भ्रमसंसार बना देते हैं।

एल्डुअस हक्सले ने कई साल पहले एक ड्रग के बारे में पुस्तक लिखी थी—'प्रत्यक्षीकरण के द्वार : स्वर्ग या नर्क?' आज सिनेमा, टेलीविजन, कंप्यूटर तीनों की ही यही स्थिति है। देखने-समझने के दरवाजे खुलते हैं इन ताकतवर माध्यमों से। लेकिन आप स्वर्ग में भी पहुँच सकते हैं और नर्क में भी। दुर्भाग्यवश परमाणु शक्ति को आतिशबाजी समझने वाले देशों के बच्चे नर्क के दरवाजों को ही स्वर्ग समझने लगे हैं।

1999

क्यों खतरनाक है हिंसा की मनोरंजक शैली

पश्चिम में ऑस्ट्रियाई फिल्मकार माइकल हानेके की नई फिल्म 'फनी गेम्स' की बहुत चर्चा है। इस फिल्म में दो किशोर एक मध्यवर्गीय सुरक्षित किस्म के परिवार को अचानक दहशत की स्थिति में डाल देते हैं। निर्देशक का कहना है कि फिल्म में मैंने भ्रामक किस्म की मध्यवर्गीय (बूर्जुआ) सुरक्षा की भावना की कड़ी आलोचना की है। इन दो किशोर अपराधियों के हिंसक व्यवहार का यह परिवार इसलिए भी नहीं सामना कर पाता है कि पैसे के बल पर इस परिवार ने अपने को बुरी तरह से बंद कर लिया है। वे लोग भाग नहीं पाते हैं और किशोर अपराधी बिना किसी तर्क के परिवार के सदस्यों को उत्पीड़ित करते रहते हैं।

निर्देशक हानेके मानसिक रूप से अशांत किशोरों को आधार बनाकर तीन फिल्में बना चुके हैं। उनका कहना है कि 'फनी गेम्स' देखने के बाद सात देशों के अखबारों ने अपने यहाँ की सात ऐसी ही घटनाओं का जिक्र किया है। आमतौर पर यह माना जाता रहा है कि नशीली दवाओं का शिकार या सुविधारहित वातावरण में पल रहे किशोर इस तरह के अपराध करते हैं। पर अध्ययनों से पता चला है कि ये किशोर अपराधी अच्छे परिवारों के थे और वे सिर्फ यह देखना चाहते थे कि ऐसा कैसे होगा। ऊपर से देखने पर अजनबी परिवारों के साथ इस तरह की दिमागरहित हिंसा का कोई अर्थ समझ में नहीं आता है। अपराध का कोई वास्तविक कारण या 'प्रेरणा' होनी चाहिए। पर ऐसा है नहीं। क्यों?

हानेके ने इस दिमागरहित या अकारण हिंसा की मानसिकता को समझने की कोशिश की है। 'साइट ऐंड सांउड' नाम की चर्चित ब्रितानी फिल्म पत्रिका के एक नए अंक में अपने इंटरव्यू में उन्होंने कहा है कि 'सौभाग्यवश' हमें हिंसा का कोई सीधा अनुभव बिल्कुल नहीं होता है। एक बच्चा रोजाना शाम को **टेलीविजन** के सीरियल में देखता है कि बीस आदमी मारे गए। सब कुछ बहुत मनोरंजक ढंग से दिखाया जाता है। देखने वाले बच्चे या किशोर का अपने रोजमर्रा के जीवन में हिंसा का कोई वास्तविक अनुभव तो होता नहीं है। इसलिए सीरियल और फिल्में हिंसा की एक स्थायी उपस्थिति बना देती हैं। एक न्यूज फुटेज दिमाग में यथार्थ

का जो स्तर बनाता है ठीक वही स्तर कोकाकोला का एक विज्ञापन् भी बना रहा होता है। यह खतरनाक स्थिति है। हर चीज में से यथार्थ को जैसे चूस लिया जाता है। तब हिंसा एक आसान चीज नजर आने लगती है। ऐसा लगता है कि इस व्यवहार के कोई खास परिणाम नहीं निकलेंगे। हिंसक होने की दिशा में रुकावटें कम होने लगती हैं।

हानेके ने स्कूली खेल के मैदानों की हिंसा का हवाला दिया है। बीस साल पहले कोई छात्र किसी दूसरे छात्र को मुँह पर कभी नहीं मारता था। अब रिसर्च यह बताती है कि कोई बच्चा जमीन पर गिरता है तो फौरन उसे 'किक' मारी जाती है। छोटे या बड़े पर्दे पर बराबर हिंसक दृश्यों को देखने के कारण ऐसी मानसिकता बन गयी है।

हानेके के अनुसार एक चालू फिल्म में हिंसा का लाभ भी उठाया जा सकता है और एक अपेक्षाकृत गंभीर फिल्म में हिंसा की गहरी जाँच पड़ताल भी हो सकती है। अधिकांश हॉलीवुड की फिल्मों में हिंसा 'कंज्यूमेबल' (उपभज्य) है। उसमें से भय, पीड़ा, व्यथा आदि गायब होती है। इसलिए दर्शक का शोषण भी आसानी से होता रहता है।

1999

पर्दे पर अंडरग्राउंड यथार्थ : झूठा सच या सच्चा झूठ?

चर्चित फिल्मकार रामगोपाल वर्मा ने अपनी नई विवादास्पद फिल्म 'सत्या' के अंत में एक लंबे हस्ताक्षर सहित वक्तव्य में कुछ सवाल उठाए हैं। उनका कहना है कि अगर मेरी इस फिल्म को देखकर एक भी दर्शक हथियार उठाने के खिलाफ हो जाता है, तो मैं अपनी इस फिल्म को सार्थक मानूँगा।

इस फिल्म के नायक 'सत्या' (तेलुगू अभिनेता चक्रवर्ती) के बारे में रामगोपाल वर्मा का कहना है कि मैं सत्या को लेकर भी रोता हूँ और उन लोगों के लिए भी रोता हूँ जो उसके द्वारा मार दिए गए।

स्पष्ट है कि इस वक्तव्य के माध्यम से रामगोपाल वर्मा ने मुंबइया अंडरग्राउंड दुनिया की संतुलित और सुधारवादी तस्वीर पेश करने का एक दावा भी किया है। शायद कहीं न कहीं उनके मन में एक गहरा अपराध बोध भी है कि कहीं मैं 'सत्या' के माध्यम से हिंसा का उत्सव तो नहीं मना रहा—उसे मैं ग्लोरीफाई तो नहीं कर रहा?

मणिरत्नम्, प्रियदर्शन या रामगोपाल वर्मा जैसे आज के महत्त्वपूर्ण फिल्मकार व्यावसायिक सिनेमा के संपूर्ण ढाँचे में काम करते हुए भी उसमें कुछ अलग तरह का काम कर रहे हैं। तीनों ने ही अपनी अनेक चर्चित फिल्मों (मणिरत्नम् की नायकन और बांबे, प्रियदर्शन की विरासत और कभी न कभी, रामगोपाल वर्मा की सत्या और शिवा) में एक्शन सिनेमा और हिंसा के व्याकरण का पूरा इस्तेमाल करते हुए भी उस दुनिया के कुछ झूठे सच और सच्चे झूठ पर्दे पर उभारने की कोशिशें की हैं। 'नायकन' हॉलीवुड की सत्तर के दशक के प्रारंभ में बनी फिल्म 'गॉडफादर' से प्रेरित थी। फ्रांसिस फोर्ड कपोला ने 'गॉडफादर' में अपराधी दुनिया की अत्यंत बीभत्स और क्रूर तस्वीर के साथ उनके पारिवारिक जीवन की मानवीय गर्माहट का भी प्रभावशाली चित्रण किया था। उसकी शुरुआत में ही एक पारिवारिक विवाह समारोह की दावत का लंबा चित्रण था। 'नायकन' में मणिरत्नम् ने अपने ढंग से कमल हासन की अद्‌भुत अभिनय प्रतिभा के माध्यम से एक ऐसे चरित्र का निर्माण किया था जिसकी हिंसा को संपूर्ण सामाजिक ढाँचे में ही देखा समझा जा सकता है।

'सत्या' का नायक सत्या भी कई दृश्यों में कमल हासन की याद दिलाता है। वह मुंबई की भीड़ में जब स्टेशन पर अकेले उतरता है, तो वह अपना शहर, अपना अतीत पीछे छोड़ आया है। फिल्म में निर्देशक ने उसके अतीत के फ्लैशबैक दिखाने की कोई कोशिश नहीं की है। वह हैदराबाद से आया हुआ एक बेकार नौजवान है। और वह कहीं से भी आ सकता था। एक प्रसंग में अपने माता-पिता का जिक्र आने के बाद वह सिर्फ यही कहता है कि वे मर गए होंगे।

यानी 'सत्या' का कोई सत्य दर्शक नहीं जान पाते। वैस्टर्न फिल्मों के अकेले नायकों की तरह वह अक्सर खामोश रहता है। पर अचानक जब वह कुछ करता है, लड़ता है या हिंसक हो जाता है तो वह कुछ क्षणों के लिए महानायक बन जाता है। पर वह अमिताभ बच्चन नहीं है। जेल में एक दूसरे अपराधी के साथ जब उसकी मारपीट होती है, तो सत्या को यही आरोप सुनना पड़ता है कि तुम क्या अपने को अमिताभ बच्चन समझते हो!

लेकिन रामगोपाल वर्मा के सत्या की खासियत यही है कि वह थोड़ी देर के लिए महानायक का रोल करता है और फिर चुपचाप अपने साधारण शरीर में वापस आ जाता है। वह एक आम आदमी हो जाता है जो अपनी साधारण घरेलू प्रेमिका (उर्मिला मातोंडकर) के साथ जिंदगी के छोटे-छोटे सुखों की तलाश कर रहा है।

रामगोपाल वर्मा ने 'रंगीला' और 'दौड़' में उर्मिला मातोंडकर को कम-से-कम कपड़े पहनने दिए थे। इन फिल्मों में उर्मिला ऐंद्रिकता का एक अवतार है। पर लगता है रामगोपाल 'सत्या' से यह सिद्ध करना चाहते हैं कि उर्मिला में एक घरेलू औरत की भी प्रामाणिक छवि है। एक हद तक निर्देशक अपने उद्देश्य में सफल भी हुआ है।

इसमें कोई शक नहीं कि मुंबइया अंडरग्राउंड की इतनी ताकतवर, गहरी और बेचैन कर देने वाली तस्वीर पर्दे पर पहले कभी नहीं देखी गई थी। एक ओर पुलिस का 'अर्धसत्य' है। और दूसरी ओर अपराधी तंत्र का 'पूर्णसत्य' है। कभी-कभी तो 'सत्या' के गैंगस्टर, सईद मिर्जा के टेलीविजन सीरियल 'नुक्कड़' की प्रारंभिक कड़ियों के मानवीय गर्माहट में रचे-बसे पात्र नजर आने लगते हैं। वे हत्या या खूनखराबे में कोई संकोच नहीं करते पर जीवन के छोटे-छोटे सुखों को पाने की कोशिश में उनके भीतर की हिंसा के धब्बे जैसे धुलने लग पड़ते हैं। लेकिन फ़ैज़ अहमद फ़ैज़ की तरह फिर यह पूछने का मन करता है कि खून के धब्बे धुलेंगे कितनी बरसातों के बाद?

'सत्या' में लगभग सभी लोग एक-दूसरे को खत्म करने की साजिश में लगे हुए हैं। धीरे-धीरे सब एक-दूसरे को खत्म कर देते हैं। सिर्फ अकेली और भयभीत नायिका (जो पवित्रता और निष्कपटता की भी प्रतीक है) उर्मिला मातोंडकर बची

रह जाती है। पर क्या अब उसमें किसी 'सत्या' से साक्षात्कार की हिम्मत बची रह गई है?

इस तरह की फिल्मों के साथ हमेशा एक दिक्कत यह बनी रहती है कि हिंसा के विरुद्ध पर्दे का एक सबसे शक्तिशाली वक्तव्य भी कहीं अंत में रक्तरंजित तस्वीर को अनजाने में ग्लोरीफाई तो नहीं कर रहा है? अंधे कानूनों और आज के गुंडाराज का चित्रण करने वाली फिल्मों की तुलना में 'सत्या' की हिंसा डिस्टर्ब ज्यादा करती है और मनोरंजन बहुत कम करती है। लेकिन कभी-कभी यह कम नजर आने वाला मनोरंजन भी अपने अच्छे उद्देश्य के ही खिलाफ हो जाता है। 'सत्या' को मनोज वाजपेयी की भूमिका के कारण भी हमेशा याद किया जाएगा। फिल्म के असली नायक वही हैं।

1998

गुलजार के कई रूप

गुलजार के कई रूप हैं। कवि, कहानीकार, फिल्म निर्देशक, पटकथा लेखक, संवाद लेखक, फिल्म गीतकार, चित्रकार आदि। विमल राय के निर्देशन और सचिनदेव बर्मन के संगीत में 'बंदिनी' की कल्याणी (नूतन) का गाया गाना 'मोरा गोरा अंग लईले/मोहे श्याम रंग दई दे' से अपनी शुरुआत करने वाले गुलजार आज के जमाने में रिटायर या 'आउटसाइडर' नहीं हो गए हैं। मणिरत्नम् के निर्देशन और ए. आर. रहमान के संगीत में भी वह 'दिल से' अपनी बातें कह रहे हैं। विमल राय-सचिन दा के 'कांबीनेशन' से मणिरत्नम्-रहमान के 'कांबीनेशन' की यह लंबी यात्रा है। गुलजार ने अपने को अपनी ही शर्तों पर बदला है। 'माचिस' के बाद एक निर्देशक के रूप में भी उनमें एक नया आत्मविश्वास आ गया है। वह इन दिनों 'टाइम' वालों के लिए 'हुतूतू' (मराठी में कबड्डी खेलने की अभिव्यक्ति) बना रहे हैं। और 'दिल से' की तेज बीट्स पर अपनी कोमल संवेदना को परख रहे हैं। कई रूपों में काम करने का गुलजार को एक फायदा भी है। कुछ साल पहले उनके लिए जब फिल्मी दुनिया में अपनी शर्तों पर काम करना मुश्किल हो गया, तो गुलजार ने अपने लेखक-कवि रूप पर ज्यादा ध्यान देना शुरू कर दिया। रूपा ऐंड कंपनी के राजन मेहरा के साथ मिलकर 'पुखराज' (कविता संग्रह) के प्रकाशन और प्रमोशन पर ज्यादा ध्यान दिया। इसके हिंदी और अंग्रेजी दोनों ही संस्करण खूब बिके हैं। इन दिनों गुलजार अपने नए संकलन 'रतजगे' (जिसमें 1990 के बाद की कविताएँ हैं) की पांडुलिपि को अंतिम रूप दे रहे हैं। गुलजार इस संकलन का नाम 'निबोलियाँ' रखना चाह रहे थे पर शायद नीम के 'फल' की कड़वाहट लोग आसानी से न महसूस कर पाते। रतजगा ज्यादा रोमांस भी पैदा करता है।

पिछले दिनों दिल्ली के साउथ एक्सटेंशन में एक नई किताबों की दुकान 'बुक मार्क' में गुलजार कविता पाठ के लिए आए थे। खूब भीड़ थी। आमतौर पर कवियों को इतने ग्लैमरस श्रोता नहीं नसीब होते हैं। पर गुलजार की अपनी 'लैजेंड' है। सफेद कुर्ते-पायजामे, चश्मे, एक-दो दिन पुरानी दाढ़ी, चमकदार पंजाबी जूतियों में गुलजार एक 'रोमांटिक शायर' का अलग ही 'ब्रांड' नजर आते हैं। यह 'ब्रांड' बरसों पहले

मीना कुमारी जैसी अभिनेत्रियों से भी जुड़ा हुआ था। ख्वाजा अहमद अब्बास (जिनकी कहानी पर गुलजार ने 'अचानक' बनाई थी जिसमें कोई गाना नहीं था) ने कभी बहुत प्यार से लिखा था—"उसके स्वभाव से, उसकी कोमल भाषा से, उसके रोमानी अंदाज से हर हीरोइन उसकी प्रशंसिका हो जाती है। मीना कुमारी, राखी (जिससे उसने शादी भी कर ली), हेमा मालिनी, रेखा...जिसको एक दफा देखा, वही उसकी प्रशंसिका बन गई। कम कीमत पर उसके साथ काम करने को तैयार हो गई। ऐसा सिर्फ हीरोइनों के साथ नहीं है। हीरो भी गुलजार के 'फैन' हो जाते हैं।"

गुलजार एक सिख परिवार में पैदा हुए पर मुंबई में उन्होंने अपने 'शायर' के अंदाज में बंगला संस्कृति को भी रचा-बसा लिया। असली नाम था संपूरन सिंह। घर में प्यार से 'पुन्नी' भी कहा जाता था। 18 अगस्त 1936 को दीना (अब पाकिस्तान में) में जन्म हुआ। बचपन दिल्ली में बीता। 'ज्वाइंट फैमिली' थी। पाँच भाई, तीन बहनें, पिता की तीन शादियाँ (गुलजार को अपनी माँ का चेहरा भी याद नहीं है—पैदाइश के साथ ही गुजर गई **थीं**—यह बात उनके कवि-हृदय को सताती भी रहती है)...गुलजार का कहना है, "कहीं अगर बहुत सुखी बचपन होता, तो शायद बड़ा ही निकम्मा आदमी होता।"

एक ओर माँ के चेहरे की तलाश की तकलीफ थी और दूसरी ओर विभाजन के समय के दंगों की रक्तरंजित स्मृतियाँ थीं। कटी लाशें सड़कों पर पड़ी देखीं। एक पुराने इंटरव्यू में गुलजार ने कहा भी है कि "दिल में एक दहशत बैठ गई। इसलिए लड़ाई झगड़े से किसी हद तक बुजदिल भी हूँ, बहुत घबड़ाता हूँ, खून नहीं देख पाता। बरसों उसके बाद ख्वाब देखता रहा हूँ, उन दंगों के।"

माँ के चेहरे की कोई पहचान न होने की तकलीफ ने गुलजार को अपनी 'आइडेंटिटी' का भ्रम बनाने की भी शायद सुविधा दे दी। इस्मत चुग़ताई ने एक जगह पर लिखा है कि "किसी ने इत्तिला दी थी कि गुलजार असल में सिख है, दाढ़ी मुड़वा दी है। किसी ने कहा—नहीं जी। दरअसल मुसलमान हैं। ऐसा गोलमाल नाम रख लिया है कि पकड़ में न आएँ। गुलजार सिंह भी हो सकते हैं, गुलजारी लाल भी और गुलजार अहमद भी..."

कृश्नचंदर और बेदी की जबान में लिखने-बोलने वाला लेखक मुंबई में चुपचाप रवींद्रनाथ ठाकुर, जीवनानंद दास और सुभाष मुखर्जी की बंगला में भी रच-बस गया। विमल राय पहले 'फिल्म गुरु' थे ही। ऋषिकेश मुखर्जी से लेकर राखी तक—बंगाल इस शायर को बराबर रिझाता रहा।

गुलजार जब अपनी कविताएँ पढ़ते हैं, तो फिल्मों को जैसे भूल जाना चाहते हैं। कोई श्रोता किसी गाने की फरमाइश भी करता है, तो विनम्रता से मना कर देते हैं। आखिर एक गाने की रचना में औरों का हाथ भी प्रमुख होता है। निर्देशक, संगीतकार...सिचुएशन...

कविता पाठ के अगले दिन गुलजार से खुलकर बातचीत हुई। अब वह तैयार थे साहित्य के अलावा दूसरे प्रश्नों से भी जूझने के लिए। 'हुतूतू' की शूटिंग के आखिरी हिस्से रह गए हैं। इस फिल्म में राजनीति भी है, ह्यूमर परिहास भी। कार्टूनिस्ट आर. के. लक्ष्मण की दुनिया की तरह तीखी राजनीतिक सच्चाइयों पर भी परिहासभाव से टिप्पणियाँ करना चाहते हैं।

गुलजार इस बात को लेकर सजग हैं कि आज राजनीतिक विषयों पर अपेक्षाकृत अधिक स्वतंत्रता से फिल्में बनाने का जोखिम उठाया जा सकता है। "वैसे तो मेरी पहली ही फिल्म 'मेरे अपने' राजनीतिक फिल्म थी। स्वतंत्रता से पहले के भारत की स्थितियों से उसका संबंध था। पर तब बंदिशें वाकई ज्यादा थीं। गला साफ कर के खुल के बात करना मुश्किल था। 'मौसम' में सेंसर ने 'मिनिस्टर' शब्द ही डब करा दिया था। कहा गया कि यह लफ्ज आप कह ही नहीं सकते। 'आँधी' में गाँधी टोपी का रेफरेंस संभव नहीं था। रमेश शर्मा की 'न्यूदेहली टाइम्स' तक आते-आते खुली अभिव्यक्ति संभव होने लगी। 'माचिस' के वक्त में तो निर्माता आर. वी. पंडित भी हिम्मत वाले थे। उनके मन में डर नहीं थे। खुद निर्माता मैं कभी रहा नहीं। 'माचिस' बनाते समय वक्त भी था, माहौल भी था। बंगाल में नक्सलवाद को लेकर कई फिल्में बनी थीं। हिंदी फिल्मों में हमारा गला बंद था। घुटन सी होती थी। गोविंद निहालानी वगैरह की फिल्मों को देखकर हिम्मत आई। (थोड़ा हँसकर) आखिर मैं कुछ शर्मीला हूँ और कुछ डरपोक भी।"

'माचिस' को गुलजार एक शुद्ध राजनीतिक फिल्म के रूप में नहीं देखना चाहते। "जहन में बात यह भी थी कि जो लोग उस माहौल से गुजरे थे वे जरूर अपनी प्रतिक्रिया दें। कहीं न कहीं उनकी बात कर सकूँ। उन्हें छू सकूँ।"

'हुतूतू' का माहौल महाराष्ट्र का है। गुलजार वहाँ पर 40 साल से भी अधिक समय बिता चुके हैं। वहाँ के उठने-बैठने, रहनसहन के ढंग से वाकिफ हैं। नाना पाटेकर ने इस फिल्म में एक 'स्ट्रीट परफोर्मर' की भूमिका निभाई है जिसके चरित्र में कुछ-कुछ सफदर हाशमी को भी देखा जा सकता है। 'भुवन शोम' की किशोर नायिका सुहासिनी मुले आज एक डाक्यूमेंटरी फिल्म निर्देशक के रूप में ज्यादा पहचानी जाती हैं। राज कपूर जब शुरू में 'हिना' के लिए अभिनेत्री की तलाश कर रहे थे, तो उन्होंने सुहासिनी का भी नाम सोचा था। गुलजार ने 'हुतूतू' में सुहासिनी से एक ऐसी स्कूल टीचर की भूमिका कराई है जो ताकत के तंत्र में उलझकर मंत्री बन जाती है। "सुहासिनी का मैच्योर करेक्टर है। और मुझे ऐसी अभिनेत्री की तलाश थी जो नौ गज की महाराष्ट्रियन साड़ी भी सहजता से पहन सके। नाना पाटेकर तो खैर बहुत लगन से काम करने वाले अभिनेता हैं। उनसे मुझे बहुत मदद मिली है। सुनील शेट्टी एक लिटिल सरप्राइज की तरह हैं। जहाँ तक तब्बू का सवाल है वह 'माचिस' के दौरान ही एक समझदार और गंभीर अभिनेत्री

के रूप में उभर चुकी थीं।''

गुलजार के अनुसार वह गानों को फिल्म से अलग कर के नहीं देख सकते। अगर कोई गाना हल्का फुल्का भी है, तो उसमें एस्थेटिक सेंस का इस्तेमाल किया जा सकता है। उस दृष्टि से शैलेंद्र में एक महान गुण था। 'मेरा जूता है जापानी' में भी वह एस्थेटिक्स को अपने हाथ से नहीं जाने देते।

'दिल से' में मणिरत्नम् और रहमान के साथ काम कर के गुलजार को मजा आया। ये लोग अपनी विजन और विजुअल्स को गीतकार के सामने पूरी तरह से रख देते हैं। गीतकार का काम उसकी पुनर्रचना (रीफॉर्म) करना होता है। गुलजार हँसकर टिप्पणी जोड़ देते हैं, ''मैं रिफॉर्म नहीं रीफॉर्म कह रहा हूँ। रहमान में कमाल की खूबी है। मैंने सलिल चौधरी, वसंत देसाई, मदनमोहन, पंचम जैसे लोगों के साथ काम किया है। रहमान की फॉर्म बहुत ही शुद्ध और वैयक्तिक है। वह हमेशा नई साउंड्स ढूँढ़ते हैं। उनका ऑर्केस्ट्रा अरेंज किया हुआ नहीं लगता। 'दिल से' के संगीत में सूफी स्टाइल का रंग भी है। मणिरत्नम् ने मुझसे कहा कि यह अच्छा है कि मैं हिंदी नहीं जानता। इसलिए गानों में दखलंदाजी नहीं कर पा रहा हूँ।''

1999

सच्चाई के दो स्तर

पिछले 25 वर्षों से श्याम बेनेगल अपने ढंग का सार्थक सिनेमा लगातार बना रहे हैं। 'अंकुर' से 'समर' तक की उनकी लंबी यात्रा का कई दृष्टियों से विश्लेषण किया जा सकता है। वह हिंदी सिनेमा के लगभग अकेले फिल्मकार हैं जो समस्या प्रधान सपाट दिखने वाले कथानकों को भी दिलचस्प ढंग से पर्दे पर प्रस्तुत करते हैं। उद्देश्यपूर्ण और प्रचारात्मक सिनेमा को अर्थपूर्ण बनाना हमेशा एक चुनौती होती है। लेकिन श्याम बेनेगल प्रचार और कला में भी एक सार्थक संबंध स्थापित कर लेते हैं। एक ओर उनकी 'अंकुर', 'भूमिका', 'मंडी' और 'सूरज का सातवाँ घोड़ा' जैसी कालजयी फिल्में हैं जो निर्देशक के निजी नजरिए को एक अधिक बड़ा कैनवास दे पाई हैं। इन फिल्मों में कोई उद्देश्य या प्रचार को सामने नहीं रखा गया है। जाहिर है कि फिल्मकार को रचनात्मक स्वतंत्रता भी अधिक मिली है। दूसरी ओर बेनेगल ने 'मंथन' या 'समर' जैसी फिल्में बनाई हैं जो समकालीन भारतीय समाज की किसी बड़ी समस्या पर दर्शकों का ध्यान आकर्षित कराना चाहती हैं। इस तरह की फिल्मों की अपनी समस्याएँ हैं। पर अपने आप में यह एक अच्छे विश्लेषण का विषय है कि कैसे श्याम बेनेगल मुख्यतः प्रचार प्रधान कथानक को एक गहरा मानवीय स्पर्श भी दे देते हैं। इस दृष्टि से उनकी नई फिल्म 'समर' का अध्ययन हमें कई नतीजों तक पहुँचा सकता है।

बेनेगल की फिल्मों में अक्सर अभिनेताओं की एक पूरी टीम मौजूद रहती है। दस-बारह अच्छे अभिनेताओं की मदद से वह अपनी फिल्में बनाते हैं। दो घंटे की फिल्म में भी वह कई प्रतिभाशाली अभिनेताओं को छोटे-छोटे प्रसंगों में उभरने का मौका देते हैं। 'त्रिकाल' में तो अभिनेताओं का पूरा जमघट है। पर भीड़ में भी कुछ अभिनेता सीन चुरा लेते हैं। इसके पीछे निर्देशन की एक स्पष्ट शैली काम करती दिखाई देती है। 'समर' में भी अभिनेताओं का जमघट है और कहानी के दो स्तर एक साथ चलते हैं। यह फिल्म राष्ट्रीय फिल्म विकास निगम द्वारा कल्याण मंत्रालय के लिए बनाई गई है। कहानी के केंद्र में 1991 की एक सच्ची घटना है। सात साल बाद मुंबई की एक फिल्म टीम इस घटना पर आधारित एक फीचर फिल्म बना रही है।

1991 में बुंदेलखंड (मध्यप्रदेश) के एक गाँव में एक ठाकुर सरपंच ने हरिजनों के इलाके में एक हैंडपंप लगाए जाने का बीभत्स विरोध किया था। कुंठित हो कर इस सरपंच ने हरिजनों के रोजगार के सारे रास्ते बंद कर देने चाहे थे। उन्हें खेतों में काम नहीं करने दिया गया। निजी रोजगार के रास्ते भी रोक दिए गए। एक हरिजन जब अपनी पत्नी के स्वास्थ्य लाभ के बाद मंदिर में जाकर पताका चढ़ाने की कोशिश करता है, तो उसे न सिर्फ सबके सामने पीटा जाता है बल्कि सरपंच हरिजन के सर पर पेशाब करके उसे अपमानित भी करता है।

अब दलित वर्ग के सामने इस अपमान का विरोध करने के अलावा कोई रास्ता नहीं रह जाता है। थानेदार मदद नहीं कर रहा और कलेक्टर ऑफिस भी कोई ध्यान नहीं दे रहा है। अंत में कमिश्नर के घर के सामने रास्ता रोको अभियान के बाद सरपंच को सजा मिल पाती है।

1998 में एक फिल्म निर्देशक (रजित कपूर) के नेतृत्व में फिल्मकर्मियों की एक टीम इस सच्ची घटना से प्रेरित एक फिल्म बना रही है। मुंबई से यह टीम गाँव में आती है और फिल्म के वास्तविक पात्रों का अध्ययन करके एक कथाफिल्म की शूटिंग शुरू करती है। जाहिर है कि फिल्म के वास्तविक पात्र भी अभिनेता हैं। मिसाल के लिए निर्देशक हरिजन पात्र नत्थू (रघुवीर यादव) की मदद ले रहा है। फिल्म में बताया गया है कि यह असली नत्थू है जिस पर सरपंच ने अत्याचार किए थे। फिल्मी नत्थू की भूमिका किशोर (किशोर कदम) नाम का एक उभरता हुआ अभिनेता कर रहा है जो स्वयं दलित वर्ग का है।

इस तरह से 'समर' में दो कहानियाँ साथ-साथ चलती हैं। असली नत्थू शूटिंग के समय बराबर मौजूद है। उसे बार-बार यह लगता है कि फिल्म वाले मेरी सच्ची कहानी के साथ न्याय नहीं कर पा रहे हैं। सच्चाई तो और भी तीखी थी। निर्देशक शूटिंग के समय प्रामाणिकता बनाए रखने के लिए नत्थू की मदद लेने के लिए मजबूर है। पर उसे नत्थू के उत्साह को बार-बार रोकना भी पड़ता है।

धीरे-धीरे फिल्म के शूटिंग दल की अपनी समस्याएँ शुरू हो जाती हैं। पढ़े-लिखे वर्ग में भी वही मानसिकता काम कर रही है जो गाँव के अनपढ़ वर्ग को जाति युद्ध के लिए प्रेरित करती है। अभिनेता किशोर को शूटिंग के दौरान महसूस होने लगता है कि मुझे दलित समझकर मेरे साथी अभिनेता मुझे अपमानित करना चाहते हैं। मुझे यह हीरो की भूमिका सिर्फ इसलिए मिली है कि मैं दलित वर्ग से आया हूँ। जब फिल्म में 'पनिशमेंट सीन' की शूटिंग का समय आता है, तो किशोर कहता है कि मैं ठाकुर बने अभिनेता से सर पर पेशाब कराने का सीन नहीं करूँगा। यह अभिनेता सिर्फ सीन नहीं करना चाहता। वह मेरा सचमुच अपमान करना चाहता है।

निर्देशक अपने लेखक को आदेश देता है कि तुम मनुस्मृति 'कंसल्ट' करके 'पनिशमेंट' का कोई दूसरा तरीका सोचो। उधर ठाकुर का रोल कर रहे अभिनेता

को उसके साथी बताते हैं कि किशोर की जिद के कारण तुम्हारे हाथ से शानदार अभिनय का एक मौका निकला जा रहा है। यह 'पनिशमेंट सीन' तो दरअसल 'बैंडिट क्वीन' के 'पनिशमेंट सीन' से भी अधिक जोरदार है।

'समर' में श्याम बेनेगल ने कहानी के दोनों स्तरों का चित्रण करते समय परिहासभाव को भी पटकथा का हिस्सा बनाए रखा है। जब किशोर 'पनिशमेंट सीन' करने से इनकार कर देता है, तो वास्तविक नत्थू जिद करने लगता है कि मुझसे यह सीन करा लो। फिल्म के एक अन्य प्रसंग में 'समर' की अभिनेत्री उमा (राजेश्वरी सचदेव) से गाँव की फिल्म प्रेमी ठकुराइन यह सवाल करती है कि क्या सचमुच माधुरी दीक्षित के पीछे एक बुड्ढा पड़ा हुआ है। उमा को उसे समझाना पड़ता है कि नहीं, वह एक बड़े चित्रकार हैं और माधुरी उनकी प्रेरणा है।

'समर' के एक प्रसंग में एक मराठी कविता के हिंदी अनुवाद का भी मार्मिक इस्तेमाल किया गया है। राजेश्वरी सचदेव, सीमा विश्वास, किशोर कदम, रघुवीर यादव, रवि झंकाल, रजित कपूर, दिव्या दत्त, सदाशिव अम्रापुरकर अनेक सुपरिचित नाम इस फिल्म में हैं। पटकथा और संवाद लेखक अशोक मिश्र हैं। संगीत वनराज भाटिया का है। बुंदेलखंडी लोक संगीत का फिल्म में कल्पनाशील इस्तेमाल किया गया है।

फिल्म का एक स्पष्ट उद्देश्य है—हरिजनों को उनके अधिकारों के बारे में बताना और अन्य दर्शकों को सच्चाई के कई स्तरों से परिचित कराना। विश्व सिनेमा में अनेक फिल्मकारों ने सच्चाई के कई स्तरों को सामने लाने के लिए 'फिल्म विदिन फिल्म टेकनीक' का इस्तेमाल किया है। 'समर' में बेनेगल ने भी इसी तकनीक का सहारा लिया है।

1998

असमय रिटायर क्यों हो एक अच्छी अभिनेत्री?

पिछले दिनों एक समाचार-पत्र के लेख का शीर्षक था कि 'अब अजय देवगन का घर सँभालेगी काजोल।' इस तरह के सोच के बारे में पढ़कर आश्चर्य और दुख दोनों ही होता है। गनीमत यह है कि कुछ ही दिनों बाद यह पढ़ने को मिला कि शादी के बाद काजोल फिल्मों से संन्यास नहीं ले रही है। एक अभिनेत्री अगर अपनी सफलता के शिखर पर हो, तो अचानक घर बसाने के चक्कर में वह अपने ग्लैमरस और शानदार कैरियर को अलविदा कर दे, तो कम-से-कम आज के जमाने में यह पिछड़ा हुआ सोच लगता है। कोई साधारण अभिनेत्री अपने घिसटते या धूमिल होते कैरियर में शादी कर के फिल्मों से संन्यास का फैसला करे, तो शायद हमें आश्चर्य न हो। पर एक अच्छी अभिनेत्री को ऐसे फैसले नहीं करने चाहिए। यह कला और कैरियर दोनों के साथ अन्याय है। अजय देवगन के मुकाबले में काजोल में अभिनय प्रतिभा भी ज्यादा है। यह सही है कि अजय देवगन के अभिनय में इधर परिपक्वता देखने को मिली है (हालाँकि महेश भट्ट की 'जख़्म' के लिए उन्हें सर्वश्रेष्ठ अभिनय का स्क्रीन पुरस्कार चौंकाने वाला है) पर काजोल उन अभिनेत्रियों में से है जो एक गंभीर और एक ग्लैमरस भूमिका दोनों को समान अधिकार और आश्चर्यजनक विविधता से निभा सकती है। पिछले दिनों एक फिल्म पत्रिका ने अपनी आवरण कथा में काजोल को 'मोस्ट अनलाइकली सुपरस्टार' जैसा कुछ कहा था। इसका कारण यह है कि हम आमतौर पर हेमा मालिनी, रेखा, श्रीदेवी, माधुरी दीक्षित या मनीषा कोइराला जैसी अभिनेत्रियों को ही सुपरस्टार के सिंहासन पर देखना चाहते हैं। काजोल का व्यक्तित्व पर्याप्त विवादास्पद है। वह स्वयं कहती हैं कि मैं अपने से मिलने वाले नब्बे प्रतिशत लोगों से नफरत करती हूँ (शायद उनका आशय था कि मैं उन्हें पसंद नहीं करती हूँ)। शोभा डे ने अपनी आत्मकथा में काजोल के बारे में नेगेटिव टिप्पणी की है।

खैर। काजोल के बहाने मुंबइया फिल्म अभिनेत्रियों के विवाह और अभिनय के क्षेत्र से उनकी विदाई के इतिहास में जाएँ, तो हम कई दिलचस्प नतीजों तक पहुँच सकते हैं। आमतौर पर बॉलीवुड में यह माना जाने लगा है कि विवाह के

बाद एक सफल अभिनेत्री का कैरियर खत्म हो जाता है। वह दर्शकों के दिल की रानी नहीं बनी रह पाती है। इसके विपरीत एक अभिनेता आसानी से विवाह के बाद प्रौढ़ उम्र में भी हीरो बनने के सपने देखता है। दरअसल यह एक मिथक है कि एक अभिनेत्री विवाह के बाद दर्शकों की चहेती नहीं बनी रहती। यह सही है कि बॉक्स ऑफिस पर उसकी माँग थोड़ा कम हो सकती है या उसमें कुछ बाधाएँ आ सकती हैं। मिसाल के लिए एक अभिनेता को पिता बनने के बाद अपनी शूटिंग के कार्यक्रम में कोई खास फेरबदल नहीं करनी पड़ती है जबकि एक अभिनेत्री को माँ बनने के लिए अपने कैरियर से एक या दो साल की छुट्टी चाहिए। पर इस तरह की प्लानिंग असंभव नहीं है। प्रतिभाशाली अभिनेत्रियाँ अपने अभिनेय के कैरियर को विवाह और संतान आदि से समायोजित कर सकती है।

काजोल की नानी और अपने समय की चर्चित अभिनेत्री शोभना समर्थ ने अपने अभिनय जीवन की शुरुआत में ही नूतन को जन्म देने और उसकी प्रारंभिक देखभाल के लिए दो वर्ष का संन्यास लिया था। संन्यास लेने से पहले शोभना समर्थ लोकप्रिय थीं पर दो साल बाद की वापसी में भी वह सफल रहीं। 'कोकिला' फिल्म में वह सफल साबित हुईं। लेकिन आज शायद श्रीदेवी इस तरह के संन्यास के बाद स्वयं को इतना आश्वस्त न महसूस करें। माधुरी दीक्षित इसी सुपरस्टार के सिंहासन के चक्कर में 'विवाह सुख' से वंचित हैं। आज वह नंबर वन नहीं हैं पर विवाह को वो बराबर टाल रही हैं।

तीस और चालीस के दशक में अधिकांश बड़ी अभिनेत्रियाँ फिल्मों में आने से पहले ही विवाहित थीं। देविका रानी, दुर्गा खोटे, निरूपा राय आदि अभिनेत्रियों के जीवनवृत्त से हमें यही पता चलता है। दुर्गा खोटे फिल्मों में लंबे समय तक हीरोइन रहीं पर उन्होंने उम्र के बढ़ने के साथ-साथ अपनी भूमिकाओं में भी आवश्यक फेरबदल किए। इसीलिए वह पर्दे पर प्रेमिका के रूप में सहज थीं, तो दादी के रूप में भी वह सहज और आकर्षक रहीं। दुर्गा खोटे के जमाने में अच्छे और पढ़े-लिखे घरों की लड़कियाँ फिल्म उद्योग से दूर रहती थीं। दुर्गा खोटे ग्रेजुएट थीं और सुखद गृहस्थी बसाने और दो बेटों की माँ बनने के बाद उनका मन कुछ नया और अलग करने का हुआ। दस वर्षों तक वह रोमांटिक नायिका बनने के बाद भी चरित्र भूमिकाओं में अपने को अच्छी तरह से ढालने के काम में सफल हुईं। शुरू में दुर्गा खोटे के प्रशंसकों ने उनके इस निर्णय का विरोध भी किया। लेकिन एक समझदार स्त्री होने के कारण दुर्गा खोटे दूर की सोच रही थीं। वह पर्दे पर निरीह दिखने के बाद रिटायर नहीं होना चाहती थीं। इसलिए उन्होंने चरित्र भूमिकाओं के लिए खूब मेहनत की। और बरसों तक वह पर्दे पर सक्रिय रहीं।

निरूपा राय को शुरू में फिल्म के पर्दे पर रोमांस गाना वगैरह अटपटा लगता था। वह अपने पति के साथ एक इंटरव्यू में ऐसे ही चली गई थीं। पति को हीरो

बनने के लायक नहीं समझा गया पर पत्नी को हीरोइन का रोल मिल गया। निरूपा राय ने भी हीरोइन से माँ बनने की मुश्किल यात्रा की चुनौती को अच्छी तरह से स्वीकार किया था। 1955 में 'मुनीम जी' में देवानंद की माँ बनने के बाद वह छह सालों तक पर्दे पर माँ की भूमिकाओं से दूर रहीं। पर बाद में लंबे समय तक वह पर्दे की सबसे आकर्षक माता की छवि को प्रबलित करती रहीं। बरसों बाद राखी ने भी इसी तरह से अपने फिल्म कैरियर की रक्षा की थी। जिन नायकों के साथ वह हीरोइन के रूप में आ चुकी थीं उनकी माँ बनने की चुनौती को भी राखी ने स्वीकार किया। गुलजार से अलग होने के बाद अगर वह धैर्यपूर्वक अपनी भूमिकाएँ न चुनतीं, तो 'परोमा' जैसी सशक्त भूमिका उनके हाथ में न आती।

इस दृष्टि से जया बच्चन का फिल्म कैरियर भी एक अध्ययन का विषय है। जया भादुड़ी के रूप में उनकी एक स्वतंत्र पहचान थी। बारह-तेरह साल की उम्र में सत्यजित राय की 'महानगर' से अपना अभिनय कैरियर शुरू करने वाली जया ने 'गुड्डी', 'जंजीर', 'मिली' जैसी फिल्मों में पर्याप्त नाम कमाया। जया का कहना है कि मैं ज्यादा महत्त्वाकांक्षी नहीं थी। अमिताभ बच्चन ने शादी के बाद फिल्म छोड़ने की कोई शर्त नहीं रखी थी, लेकिन हाँ, काम के बाद घर लौटकर वह मेरा साथ चाहता था, जो स्वाभाविक है। जया फिल्म इंडस्ट्री से कुछ ऊब भी गई थीं, लेकिन एक लंबे 'गैप' के बाद जया ने गोविंद निहालानी की 'हजार चौरासी की माँ' में बहुत अच्छी भूमिका निभाई।

डिंपल कपाड़िया ने कैरियर की प्रारंभिक असाधारण सफलता के बाद राजेश खन्ना से विवाह करके सबको चौंका दिया था। पर बाद में दो बच्चियों की माँ बनने के बाद वह पर्दे पर वापस आईं और कई अच्छे रोल किए। शायद हर अच्छी अभिनेत्री को सदा सुपरस्टार बने रहने की होड़ छोड़कर अभिनय की दूसरी ऊँचाइयों को भी पाना होता है। भविष्य इसी तरह के सोच का है।

1999

दक्षिण के सार्थक सिनेमा के 'संस्कार'

पचास और साठ के दशक में भारत में जब सार्थक सिनेमा की बात होती थी, तो फिल्मप्रेमियों को मुख्य रूप से पश्चिम बंगाल की ओर देखना पड़ता था। कोलकाता में फिल्म सोसायटी आंदोलन की जड़ें गहरी थीं। सत्यजित राय, मृणाल सेन, ऋत्विक घटक जैसे महान निर्देशकों ने सिनेमा विधा का सुंदर और स्वतंत्र इस्तेमाल किया था। भारतीय (यानी लगभग बंगला) सिनेमा को वास्तविक अंतर्राष्ट्रीय प्रतिष्ठा मिली। बाद में गौतम घोष, बुद्धदेव दासगुप्त जैसे फिल्मकारों ने इस परंपरा को अच्छी तरह से आगे बढ़ाया। बंगाल के बाद सार्थक सिनेमा की इस स्वस्थ धारा को समृद्ध करने में दक्षिण की बारी आई। खासतौर से केरल और कर्नाटक में 1965 के बाद सिनेमा की दुनिया में एक नई लहर देखी गई। कन्नड़ सिनेमा में शुरू में साहित्य और रंगमंच से जुड़ी प्रतिभाओं का योगदान अधिक प्रबल था। मलयालम में पुणे फिल्म संस्थान से प्रशिक्षित या फिल्म सोसायटी आंदोलन के संपर्क से उभरे फिल्मकारों ने तथाकथित नई लहर को जन्म दिया। कोई आश्चर्य नहीं कि पश्चिम बंगाल के बाद केरल सार्थक भारतीय सिनेमा का दूसरा बड़ा केंद्र बन गया। 1965 में रामू करियात की तकषी शिवशंकर पिल्लै के मछुआरों के जीवन पर लिखे गए उपन्यास पर आधारित मलयालम फिल्म 'चेम्मीन' ने एक नया रास्ता बनाया। कन्नड़ सिनेमा में 'संस्कार' (1970) से यह शुरुआत हुई। इन दोनों ही भाषाओं में साहित्यकार, रंगकर्मी बहुत सजग और सक्रिय थे। हिंदी में साहित्यकार सिनेमा से लगभग कटे रहे हैं लेकिन मलयालम और कन्नड़ में सार्थक सिनेमा को शुरू में साहित्यकारों-रंगकर्मियों ने ही एक गरिमा प्रदान की। 'चेम्मीन' और 'संस्कार' ये दोनों ही फिल्में अपनी भाषा के चर्चित उपन्यासों पर आधारित थीं। इन फिल्मों की सफलता ने मलयालम सिनेमा में अडूर गोपालकृष्णन, अरविंदन, जॉन अब्राहम, शाजी एन. करुण, टी.वी. चंद्रन और कन्नड़ में गिरीश कार्नाड, ब.व. कारंत, गिरीश कासरवल्ली जैसे महत्त्वपूर्ण नामों को उभरने का मौका दिया।

दक्षिण में सिनेमा का वास्तविक केंद्र चेन्नई है। वहाँ पर फिल्म निर्माण की लंबी परंपरा है। दरअसल तमिलनाडु में सिनेमा के सितारे, सामान्य जन में देवताओं

की तरह प्रतिष्ठित रहे हैं। एक दहला देने वाले सर्वेक्षण के अनुसार तमिलनाडु में फिल्म रिलीज होने वाले दिन से ठीक पहले खून बेच कर पैसा जुटाने वालों की संख्या बढ़ जाती थी। इस 'फिल्म प्रेम' ने वहाँ लगभग उन्माद का रूप ले रखा है। एम.जी. रामचंद्रन एक बार जब गंभीर रूप से बीमार पड़े थे, तो उन्हें स्वस्थ करने के इरादे से 22 लोगों ने आत्महत्या कर ली थी। तमिलनाडु की तरह की ही इस 'फिल्म सनक' को आंध्रप्रदेश में भी देखा जा सकता है। एन.टी. रामराव राजनीतिक शक्ति बनने से पहले ही आम जनता में इतना अधिक लोकप्रिय बल्कि 'पूजनीय' थे कि उनका एक बाकायदा मंदिर बन गया था। इस मंदिर में गर्भगृह था, एन.टी.आर. की मूर्ति थी और धूप-चंदन से इस आधुनिक देवता की पूजा हुआ करती थी।

संपूर्ण दक्षिण में दरअसल लोकप्रिय सिनेमा का दर्जा अद्वितीय है। चेन्नई और हैदराबाद में गंभीर या सार्थक सिनेमा को पनपने के अवसर कम मिले हैं। लेकिन केरल और कर्नाटक में भी लोकप्रिय सिनेमा की आम जीवन में विशेष प्रतिष्ठा रही है। केरल में थोड़ी स्थिति भिन्न इस अर्थ में है कि मोहनलाल या मामूटी जैसे सुपरस्टार सार्थक सिनेमा में भी चुनौतीपूर्ण भूमिकाओं के लिए समय निकालते रहे हैं। मिसाल के लिए अडूर गोपालकृष्णन की फिल्मों में मामूटी की अनेक सशक्त भूमिकाएँ हैं। अरविंदन की अंतिम फिल्म 'वास्तुहारा' में मोहनलाल नायक थे।

तमिल में गंभीर सिनेमा को पनपने का मौका नहीं मिला पर वहाँ 'बीच का सिनेमा' अपनी एक सशक्त पहचान बनाता रहा है। के. बालाचंदर, भारती राजा, जे. महेंद्रन, बालू महेंद्र, मणिरत्नम् जैसे फिल्मकार इसी वर्ग के हैं। मणिरत्नम् तो खैर 'नायकन', 'अंजलि', 'रोजा', 'बांबे' जैसी फिल्मों के बाद दक्षिण में एक 'कल्ट' (पंथ) फिल्मकार माने जाने लगे हैं। यह भी उल्लेखनीय है कि मुंबइया फिल्म उद्योग की तुलना में चेन्नई और हैदराबाद में तथाकथित 'मुख्य धारा' फिल्म निर्माण की संपूर्ण प्रकिया अधिक कल्पनाशील, पेशेवर और तकनीकी रूप से दक्ष है। इसीलिए इन दिनों लोकप्रिय तमिल फिल्मों में भी अनेक बड़ी प्रतिभाएँ खोजी जा सकती हैं। कमल हासन जैसे बड़े अभिनेता 'बीच के सिनेमा' को ग्लैमर और गरिमा दोनों ही दे रहे हैं। मणिरत्नम्, रामगोपाल वर्मा, शंकर जैसे फिल्मकार या इलयराजा और ए.के. रहमान जैसे संगीतकार दक्षिण के लोकप्रिय सिनेमा में ही जन्म लेकर प्रतिष्ठित हुए हैं।

आंध्रप्रदेश में सार्थक सिनेमा को सबसे कम सहारा मिला है। लेकिन यह दिलचस्प और गौर करने की बात है कि सत्तर के दशक में तेलुगू में 'बाहर' के तीन बड़े फिल्मकारों ने चर्चित और गैर-व्यावसायिक फिल्में बनाईं। मृणाल सेन की 'ओका ओरी कथा' (1977) प्रेमचंद की बहुचर्चित कहानी 'कफ़न' पर आधारित थी। श्याम बेनेगल (हालाँकि वह हैदराबाद के भी हैं) ने 1977 में ही 'अनुग्रहम'

बनाई और गौतम घोष की 'माँ भूमि' (1979) को तो अच्छी-खासी सफलता भी मिली थी। इन फिल्मों ने आंध्रप्रदेश के सिनेमा के यथार्थ को थोड़ा बदला। बी. नरसिंह राव जैसे निर्देशकों ने 'दासी' जैसी चर्चित फिल्में बनाईं। इस फिल्म में बीस के दशक का वातावरण था। एक जमींदार घराने में दहेज के साथ सामान की तरह मिलने वाली एक दासी की व्यथा कथा को अपेक्षाकृत यथार्थवादी और समृद्ध सिनेमाई भाषा में प्रस्तुत किया गया था। तेलुगू में संगीतम श्रीनिवास राव, के. विश्वनाथ जैसे कुछ फिल्मकार स्वस्थ लोकप्रिय सिनेमा के विश्व में उल्लेखनीय काम करते रहे हैं।

लेकिन हमें दक्षिण में अगर सार्थक सिनेमा की खोज करनी है, तो केरल और कर्नाटक में ही इस सिनेमा की धारा प्रबल दिखती है। पिछले तीन दशकों में इन प्रदेशों के सिनेमा में एक नया सामाजिक और राजनीतिक यथार्थ देखने को मिला है। एक निजी यथार्थ की खोज भी हमें यहाँ के फिल्मकारों में मिलती है। सत्यजित राय के निधन के बाद अडूर गोपालकृष्णन संभवतः अकेले ऐसे भारतीय फिल्मकार हैं जो अंतर्राष्ट्रीय स्तर के कहे जा सकते हैं। बुद्धदेव दासगुप्त, श्याम बेनेगल, गौतम घोष में कम प्रतिभा नहीं है। उन्हें भी अंतर्राष्ट्रीय स्तर का कहा जा सकता है। पर अडूर 'फिल्मकारों के फिल्मकार' भी हैं। वह धड़ाधड़ फिल्में नहीं बनाते हैं। चार-पाँच साल में पूरा समय दे कर एक फिल्म पूरी करते हैं। पर उनकी हर नई फिल्म एक 'घटना' साबित होती है। अरविंदन का 1991 में असमय निधन न हो गया होता, तो उनकी गिनती भी आज अडूर के साथ ही होती।

अडूर गोपालकृष्णन एक कथकली से जुड़े परिवार में जन्मे थे, रंगमंच से उनका गहरा लगाव था पर राष्ट्रीय नाट्य विद्यालय के बजाय वह पुणे के फिल्म संस्थान पहुँच गए। 1965 में पुणे से ग्रेजुएशन के बाद अडूर ने केरल वापस आ कर चित्रलेखा फिल्म सोसायटी बनाई। उनकी पहली फिल्म 'स्वयंवरम्' 1972 में बनी थी। 'कोडियट्टम' (1977), 'एलीपत्तायम' (1981), 'मुखामुखम' (1984), 'अनंतरम' (1987), 'मतिलुकल' (1989), 'विधेयन' (1993), 'कथापुरुषम्' (1995) जैसी फिल्मों की सूची अपने आप में अडूर की अद्भुत प्रतिभा का प्रमाण है। 'एलीपत्तायम' (अंग्रेजी में 'रैट ट्रैप' नाम से मशहूर) भारतीय सिनेमा में एक 'मास्टरपीस' कही जा सकती है। 'एलीपत्ताय' के केंद्र में उन्नी नाम का एक पुरुष है जो अपनी पतनशील, सुस्त और परजीवी जीवन शैली के अँधेरे कोने में चूहे की तरह बंद है। उसकी तीन बहनें हैं। बड़ी शादीशुदा है और अलग रहती है। दूसरी बहन घर में नौकरानी की तरह रह रही है। तीसरी और सबसे छोटी बहन व्यावहारिक और 'पॉजिटिव' है। फिल्म में अडूर ने अपने वास्तविक घर की स्मृतियों को ही इस फिल्म का हिस्सा बना दिया था। इस फिल्म में घर भी एक-एक फ्रेम में बोलता है।

जी. अरविंदन एक स्वप्रशिक्षित फिल्मकार थे। किसी फिल्म संस्थान में वह नहीं पढ़े थे। वह चित्रकार, कार्टूनिस्ट, संगीतकार भी थे। रंगमंच से भी वह जुड़े थे। 1974 में उन्होंने अपनी पहली फिल्म 'उत्तरायणम्' बनाई। 1977 में 'कंचन सीता' और 1978 में 'तंपू' (द सर्कस टेंट) से एक फिल्मकार के रूप में उनकी पहचान बनी। 1985 में 'चिंदबरम' से फिल्मकार के रूप में अरविंदन को वही दर्जा मिला जो अडूर को 'एलीपत्तायम' से मिला था। 'चिदंबरम' का नायक एक फॉरेस्ट सुपरवाइजर है। एक फॉरेस्ट गार्ड की आकर्षक युवा पत्नी (स्मिता पाटील) से नायक संबंध बना लेता है। पति को जब अपनी पत्नी के इस संबंध के बारे में पता चलता है, तो ईर्ष्या और गुस्से की आग में वह पत्नी की हत्या करने के बाद आत्महत्या कर लेता है। फिल्म का शेष भाग नायक की अपराध भावना के अँधेरे के बारे में है। यथार्थ और भ्रम के बीच वह भटक रहा है। अरविंदन की सिनेमाई भाषा में एक अद्‌भुत काव्यात्मकता है।

मलयालम की एक अन्य कालजयी फिल्म 'पीरवी' (1988) के निर्देशक शाजी करुण पहले अरविंदन के कैमरामैन भी थे। 'पीरवी' की मुख्य कथा आपत्काल के दिनों के एक कुख्यात 'राजन हत्याकांड केस' के इर्दगिर्द रहती है। एक बूढ़ा पिता अपने बेटे को खोज रहा है। उसे जब अपने बेटे की गिरफ्तारी के बारे में पता चलता है, तो वह शहर जा कर जगह-जगह भटकता है। अरविंदन की ही तरह शाजी भी अकेलेपन, विषाद व पीड़ा के संसार के अनोखे सिनेमाई चितेरे हैं। अपने 'गुरु' की ही तरह वह भी बहुत कम फिल्में बनाते हैं।

कन्नड़ में इस शैली और 'स्टेटस' के फिल्मकार गिरीश कासरवल्ली ही कहे जा सकते हैं। तेलुगू कवि पट्टभी रामरेड्डी के निर्देशन में बनी 'संस्कार' यू. आर. अनंतमूर्ति के उपन्यास पर आधारित थी। गिरीश कार्नाड इस फिल्म के पटकथा लेखक और नायक दोनों थे। 'संस्कार' ने दक्षिण भारतीय सिनेमा को नए संस्कार दिए। एक गहरी साहित्यिक संवेदना और सामाजिक यथार्थ ने कन्नड़ सिनेमा में अपनी जगह पा ली। गिरीश कार्नाड एक नाटक लेखक के रूप में पर्याप्त चर्चा पा चुके थे। 'तुगलक' और 'हयवदन' उनके चर्चित नाटक थे। प्रसिद्ध रंगकर्मी ब.व. कारंत के साथ कार्नाड ने 'वंशवृक्ष' फिल्म बनाई। बाद में उन्होंने 1973 में 'काडू' का स्वतंत्र निर्देशन किया। कारंत ने 1975 में 'चोमना दुड़ी' से निर्देशक के रूप में स्वतंत्र प्रतिष्ठा प्राप्त की। इस फिल्म के केंद्र में हरिजन परिवार था। कार्नाड और कारंत के प्रयत्नों ने कन्नड़ सिनेमा को एक नए यथार्थ में जाने का दुर्लभ अवसर दिया। लेकिन पुणे फिल्म संस्थान से प्रशिक्षित गिरीश कासरवल्ली 1977 में 'घटश्राद्ध' की असाधारण सफलता के बाद लगातार उल्लेखनीय फिल्में बना रहे हैं। 'घटश्राद्ध' के लेखक भी अनंतमूर्ति ही थे। इस फिल्म में एक युवा विधवा के संसार को एक बच्चे की संवेदनशील आँखों से देखा गया है। बाद में

प्रेमा कारंत की फिल्म 'फणियम्मा' में भी एक विधवा की व्यथा कथा मार्मिक सिनेमाई भाषा के माध्यम से सामने आई थी। गिरीश कासरवल्ली की नई फिल्म 'ताई साहेब' में एक 'मजबूत' औरत की कहानी है जो बंद दुनिया में रोशनी के रास्ते खोज रही है।

जाहिर है कि इस संक्षिप्त सर्वेक्षण की अपनी सीमाएँ हैं। दरअसल 1965 के बाद से दक्षिण भारतीय सिनेमा का इतिहास इतना समृद्ध है कि एक पुस्तक ही इस विषय के साथ न्याय कर सकती है। मुख्य बात यही है कि मलयालम और कन्नड़ में साहित्यिक संवेदना ने सार्थक सिनेमा की नींव रखी। रंगमंच और संगीत-नृत्य की दुनिया ने इस संवेदना को एक गहराई दी। और अंत में कुछ फिल्मकारों ने सिनेमा की अपनी भाषा, उसके अपने यथार्थ को खोजा। तकषी, बशीर, एम.टी. वासुदेवन नायर, अनंतमूर्ति, गिरीश कार्नाड, कारंत, लंकेश आदि अनगिनत लेखकों-रंगकर्मियों के योगदान ने दक्षिण के नए सिनेमा को रास्ता दिखाया था। और अडूर, अरविंदन, जॉन अब्राहम, शाजी, गिरीश कासरवल्ली जैसे नामों ने इस रास्ते को बनाया-बढ़ाया। इन भाषाओं में भी आज अच्छी फिल्मों का निर्माण आसान काम नहीं है। पर फिर भी कुछ अच्छी फिल्में बन रही हैं यह क्या कम संतोष की बात है। 'संस्कार' ने दक्षिण भारत के सार्थक सिनेमा को जो संस्कार दिए थे वे आज भी नित नई पहचान बना रहे हैं।

2002

डिजाइनर रोमांस के इस दौर में

पिछले दिनों दो ऐसी फिल्में बॉक्स ऑफिस पर नहीं सफल हो पाईं जो साफ-सुथरी थीं और जो पारिवारिक मूल्यों और परंपरा की पक्षधर थीं। प्रियदर्शन की 'डोली सजा के रखना' और वरिष्ठ फिल्मकार ऋषिकेश मुखर्जी (जन्म : 1922) की 'झूठ बोले कौआ काटे' इन दोनों फिल्मों से बेहतर सिनेमा के दर्शक काफी उम्मीदें कर रहे थे। ऐसे दर्शक मन ही मन यह चाह रहे थे कि ये फिल्में चल जाएँ—खासतौर से 'झूठ बोले कौआ काटे' के बारे में तो यही कहा जा सकता है। संगीत टापर्स की लिस्ट में इन दोनों फिल्में के गाने 'कुछ कुछ होता है' और 'सोल्जर' के गानों का मुकाबला कर रहे हैं। ए. के. रहमान ने 'डोली सजा के रखना' में अच्छा संगीत दिया है। इस फिल्म का गाना 'यह खोया खोया रहता है' अच्छा भी है और लोकप्रिय भी। 'झूठ बोले कौआ काटे' का टाइटल गीत श्यामक दावर ने गाया है जो आज के युवा वर्ग में अपने नृत्य संयोजन (दिल तो पागल है) और गायन दोनों ही के कारण चर्चित हैं। लेकिन ऋषिकेश मुखर्जी की नई फिल्म में श्यामक दावर 'आउटसाइडर' और काफी हद तक असंगत नजर आते हैं।

ऋषिकेश मुखर्जी से फिल्म प्रेमियों को अधिक आशाएँ थीं। इस बात के पीछे कई कारण हैं। वह कम बजट में बड़े सितारों को सँभालने वाले फिल्मकार माने जाते हैं। 1957 में निर्देशक के रूप में अपनी पहली फिल्म 'मुसाफिर' में दिलीप कुमार और 1959 में 'अनाड़ी' में उन्होंने राज कपूर को लिया था। बाद में उन्होंने धर्मेंद्र, राजेश खन्ना और अमिताभ बच्चन जैसे बड़े सितारों को लेकर अनगिनत अच्छी फिल्में बनाईं। ये फिल्में लोकप्रिय भी हुईं और उनमें स्वस्थ और उद्देश्यपूर्ण मनोरंजन भी था। मुखर्जी क्योंकि एक कुशल फिल्म संपादक भी हैं इसलिए वह सीमित बजट की समस्या को योजनाबद्ध शूटिंग से भी काफी हद तक सुलझा लेते हैं। उल्लेखनीय है कि आज के सुपरहिट फिल्मकार डेविड धवन भी निर्देशन से पहले एक कुशल संपादक के रूप में काम करते थे। उनका कहना है कि मैं फिल्म निर्माताओं को इसलिए भी 'सूट' करता हूँ कि एडिटिंग के व्याकरण को अच्छी तरह से जानने के कारण मैं शूटिंग को व्यवस्थित कर लेता हूँ। ऋषिकेश

मुखर्जी इस गुर के पुराने जानकार हैं। 'झूठ बोले कौआ काटे' में भी वह लागत को कम करने में कामयाब रहे हैं। इसलिए उनकी फिल्म 'फ्लॉप' होने के बाद भी वितरकों को सदमा नहीं पहुँचाएगी।

गुलजार भी ऋषिकेश मुखर्जी की ही परंपरा के फिल्मकार हैं। शुरू में उन्होंने ऋषिकेश मुखर्जी के साथ काम भी किया है। इस परंपरा के फिल्मकार बड़े सितारों को आकर्षित कर लेते हैं जिससे उनकी फिल्म बिक जाती है। पचास के दशक में मुंबई के फिल्म संसार में एक छोटा-सा बंगाल सक्रिय था। विमल राय, ऋत्विक घटक, सलिल चौधरी, ऋषिकेश मुखर्जी आदि ने मिलकर लोकप्रिय मनोरंजन की एक दूसरी और अपेक्षाकृत स्वस्थ परंपरा शुरू की थी। ऋत्विक घटक अपने आप में बहुत बड़े फिल्मकार थे। लेकिन एक जमाने में उन्होंने 'मधुमती' या 'मुसाफिर' जैसी फिल्मों में अपनी लेखनी का इस्तेमाल किया था। बाद में गुलजार भी इस 'लघु बंगाल' में शामिल हो गए। पैदाइश से वह सिख थे और उर्दू से जुड़े थे पर उनकी संवेदना का मुख्य आधार बंगाल की संस्कृति थी।

ऋषिकेश मुखर्जी पचास के दशक की शुरुआत में विमल राय के असिस्टेंट थे। कोलकाता विश्वविद्यालय से विज्ञान की पढ़ाई के बाद वह न्यू थियेटर्स से जुड़ गए—शुरू में लैब असिस्टेंट के रूप में और बाद में फिल्म संपादक के रूप में। फिल्म संपादक के रूप में उनके बारे में कहा जाता है कि दो असंगत या परस्पर विरोधी शॉट्स के बीच में क्लोजअप को डालने का व्याकरण उन्होंने ही विकसित किया। हिंदी फिल्मों में यह व्याकरण केंद्रीय महत्त्व का साबित हुआ।

पचास के दशक में मुंबइया फिल्म संसार में बंगला संवेदना का अर्थ यह भी था कि फिल्म का साहित्य, संगीत, रंगमंच आदि विधाओं से एक गहरा सरोकार बना रहेगा। एक तरफ भावुकता और मेलोड्रामा का महत्त्व था और दूसरी तरफ फिल्मों में सामाजिक सच्चाई का एक अच्छा साक्षात्कार भी देखा जा सकता था। ऋषिकेश मुखर्जी ने 'मुसाफिर' से ही मुंबइया फिल्म संसार में एक ऐसा घर तलाश लिया था जो आदर्शवादिता, भावुकता, हास-परिहास और सामाजिक यथार्थ का मिलाजुला अड्डा हो। 'आनंद' (1970) में इस भावुकता और मेलोड्रामा का ऋषिकेश मुखर्जी पूरी तरह इस्तेमाल कर पाए थे। कभी राज कपूर 'बाबू मोशाय' का प्यारा संबोधन ऋषिकेश मुखर्जी के लिए इस्तेमाल करते थे। लेकिन 'आनंद' में राजेश खन्ना का 'बाबू मोशाय' संबोधन आज भी सिनेप्रेमियों को भावुक कर देता है। 'सत्यकाम' (1969) में एक तीखी सामाजिक सच्चाई के मुकाबले में मन को छूने वाली आदर्शवादिता थी।

बाद में जब अति भावुकता, मेलोड्रामा, आदर्शवादिता और सामाजिक सच्चाई को मुंबइया सिनेमा में बेचना मुश्किल हो गया, तो ऋषिकेश मुखर्जी ने मध्यवर्गीय हल्केफुल्के हास-परिहास के फार्मूले का सफल इस्तेमाल किया। 'चुपके-चुपके', 'गोलमाल', 'नरम गरम' ऐसी ही फिल्में थीं। 'झूठ बोले कौआ काटे' में एक लंबे

गैप के बाद ऋषिकेश मुखर्जी ने इसी हास-परिहास की पारिवारिक शैली का इस्तेमाल किया है। लेकिन 'कुछ कुछ होता है' या 'दिल तो पागल है' जैसी फिल्मों ने युवा वर्ग में इन दिनों जिस 'डिजाइनर रोमांस' का आकर्षण पैदा कर दिया है उसके मुकाबले में 'झूठ बोले' के पात्र और प्रसंग अनाकर्षक और पोंगापंथी नजर आते हैं।

कई भेंटवार्ताओं में ऋषिकेश मुखर्जी ने यह कहा है कि वह नाच गानों में बैकग्राउंड की पी.टी. को महत्त्व नहीं देना चाहते। "मेरी फिल्मों में जूनियर कलाकार नहीं हैं और न ही बैकग्राउंड डांसर हैं जो पी.टी. का अभ्यास करते हुए दिखाई दें। ये चीजें व।स्ताविक जीवन में नहीं घटती हैं इसलिए उन्हें पर्दे पर क्यों दिखाया जाए?" दरअसल इसी तरह के सोच के कारण आज ऋषिकेश मुखर्जी पुराने पड़ गए हैं। उन्हीं के तर्क से कहा जा सकता है कि वास्तविक जीवन में कोई भारतीय पुरुष अधिक देर तक अंग्रेज महिला का रोल नहीं कर सकता है। (जैसा अनिल कपूर ने 'झूठ बोले' में किया), तो भी उसे क्यों दिखाया गया?

सच तो यह है कि ऋषिकेश मुखर्जी के जमाने में डांस डायरेक्टर का कोई खास रोल नहीं था। आज नृत्य निर्देशक बहुत महत्त्वपूर्ण हो गया है। जिसे मुखर्जी पी.टी. का अभ्यास कहते हैं वह अवास्तविक भले हो पर उससे सिनेमा को एक नई भव्यता, कल्पनाशीलता और दक्षता मिली है। 'दिल तो पागल है' या 'दिल से' में गानों के फिल्मांकन में बैकग्राउंड पर खूब ध्यान दिया गया है। प्रियदर्शन जैसे फिल्मकार 'डोली सजा के रखना' के गानों में नृत्य निर्देशन और वेशभूषा के कारण भी ए. के. रहमान की धुनों को इतना आकर्षक और कलात्मक बना सके हैं। फिल्म की एक अपनी वास्तविकता होती है और अगर वह अवास्तविक लगने के बावजूद कलात्मक और सुरुचि संपन्न लगे, तो हर्ज क्या है? युवा वर्ग जानता है कि 'कुछ कुछ होता है' जैसे कॉलेज दरअसल सपनों और फिल्मों में ही होते हैं। पर वे इस माहौल का मजा लेते हैं।

सेंसर बोर्ड के प्रमुख के रूप में एक बार ऋषिकेश मुखर्जी ने महत्त्वपूर्ण बात कही थी कि पर्दे पर सेक्स का चित्रण हिंसा की तरह अधिक नुकसानदायक नहीं है क्योंकि हिंसा अनुकरण के लिए प्रेरित करती है। "मुझे लगता है कि चुंबन आदि को छूट दे देनी चाहिए। लेकिन हिंसा और परपीड़न पर पूरी रोक लगनी चाहिए।" आज भी ऋषिकेश मुखर्जी के इस तर्क में दम है। अगर हमारी फिल्मों में 'फाइट मास्टर' महत्त्वपूर्ण हो रहा है (जो एक जमाने में हो गया था), तो यह चिंता की बात है। लेकिन डांस डायरेक्टर या कोरियोग्राफर के महत्त्वपूर्ण होने से फिल्मों को कलात्मक निखार ही मिलता है। 'झूठ बोले कौआ काटे' का निर्देशक अपने तमाम नेक इरादों के बावजूद इसी तरह के सोच के कारण आज के समय से पिछड़ गया है।

1998

रंगमंच और सिनेमा का एक नया सौंदर्यशास्त्र

स्पेन के महान कवि और नाटककार फेदेरीको गार्सिया लोर्का की वर्ष 1998 में दुनिया भर में जन्म शताब्दी मनाई गई। लोर्का स्पेन के गृहयुद्ध की क्रूर हिंसा का शिकार हुए थे। वह सिर्फ 38 साल की उम्र तक जी पाए थे। उनके आखिरी नाटक 'द हाउस ऑफ बेर्नार्दा अल्बा' (1936) को रंगमंच की दुनिया में एक कालजयी कृति माना जाता है। इस नाटक के केंद्र में एक बड़ा हवेलीनुमा मकान है। एक तानाशाह किस्म की औरत अपनी बेटियों पर शासन चला रही है। इस नाटक में नारी कुंठा का अभूतपूर्व चित्रण है। संवादों की काव्यात्मकता ही नहीं बल्कि उनकी एक खास तरह की हिंसा भी पाठक या दर्शक को आकर्षित करती है।

इस नाटक पर बनी मार्सेल कामू की एक फिल्म देखते हुए सुखद आश्चर्य हुआ कि कैसे सिनेमा माध्यम में एक नाटक की अपनी भाषा को पूरी तरह से बचाए रखते हुए फिल्म भाषा की अपनी विशेषताओं की भी रक्षा की जा सकती है। फिल्म में कैमरा बाहर की सड़क पर मुश्किल से एकाध बार गया। लेकिन एक बंद दुनिया में कैमरा बड़ी खूबसूरती से स्त्रियों के चेहरों के लैंडस्केप उभार रहा था। मूल संवादों की आत्मा ही सुरक्षित नहीं थी बल्कि उनकी भाषा की भी उपेक्षा नहीं की गई थी। हम एक फिल्म देख रहे थे और साथ ही एक महान नाटक भी देख रहे थे।

फिल्म विधा अब अपने जन्म की दूसरी शताब्दी में प्रवेश पा चुकी है। लेकिन बीसवीं शताब्दी की इस लगभग 'जादुई विधा' को शुरू से ही दूसरी कलाओं और साहित्य आदि से अपने संबंधों की जटिल समस्या से जूझना पड़ा है। आसान शब्दों में यह कहा जा सकता है कि फिल्म विधा में अपने से पहले की सभी कलाओं का सम्मिश्रण है। रंगमंच, उपन्यास, कहानी, फोटोग्राफी, नृत्य, स्थापत्य, संगीत, मूर्तिशिल्प, चित्रकला (और जैसा कि एक लेखक का कहना है 'यहाँ तक कि कॉमिक्स भी') आदि सभी कलाओं से फिल्म ने सीखा है और इन कलाओं की तकनीक और औजारों का जमकर इस्तेमाल किया है। फिल्म विधा के जन्म लेते ही प्रारंभिक फिल्मकारों ने नाटकों और उपन्यासों पर एक-एक रील की फिल्में बना दी थीं।

शेक्सपियर की कृति 'हैमलेट' फिल्मकारों को शुरू से ही प्रेरित करती रही है। बल्कि लॉरेंस ऑलिवियर की फिल्म 'हैमलेट' (1948) को अक्सर फिल्म सिद्धांतकार एक उदाहरण के रूप में गिनाते हैं कि कैसे नाटक और फिल्म की विशेषताओं को एक-दूसरे के अगलबगल रखा जा सकता है। यह तो सभी जानते हैं कि सर लॉरेंस ऑलिवियर स्टेज के महान अभिनेताओं में गिने जाते हैं। 1930 के बाद से वह फिल्मों से भी बराबर जुड़े रहे। 'हैमलेट' में वह सिर्फ अभिनेता ही नहीं थे बल्कि इस फिल्म के वह निर्माता और निर्देशक भी थे। ऑलिवियर ने शेक्सपियर के मूल संवादों के सौंदर्य को भी पर्दे पर बचाए-बनाए रखा और साथ ही चाक्षुष (विजुअल) भाषा और सिनेमाई औजारों का भी अच्छा इस्तेमाल किया। एक प्रसिद्ध फिल्म सिद्धांतकार साइगफ्राइड क्राकाउर के अनुसार ऑलिवियर संवादों पर भी जोर देते हैं ताकि उनमें छिपी कविता दर्शक तक पहुँच सके। और साथ ही वह संवादों के साथ अर्थपूर्ण शॉट भी जोड़ देते हैं जिससे फिल्म पर संवादों का बोझ न बन जाए। हैमलेट के बहुचर्चित और महान एकालाप के दौरान भाषा और विचार की बुनावट को सुरक्षित रखते हुए कैमरा हैमलेट के शरीर को भी खास तरह से पर्दे पर प्रस्तुत करता रहता है। दर्शक की सामर्थ्य की सीमाओं का निर्देशक अभिनेता ने पूरा ध्यान रखा है। यह बहुत जरूरी था कि 'फोटोग्राफिक इमेज' और भाषा की 'इमेज' (बिंब) को एक-दूसरे से निष्प्रभावित कर दिया जाए।

लॉरेंस ऑलिवियर चूँकि रंगमंच के एक श्रेष्ठ अभिनेता थे इसलिए वह इस समस्या को लेकर सजग थे कि मेरी फिल्म कहीं कैमरे में कैद किया गया थियेटर (फोटोग्राफ्ड थियेटर) न बन जाए।

फिल्में जब 'मूक' दौर से बोलने वाले दौर में आईं, तो इस बात को लेकर काफी गहरी चिंता प्रकट की गई थी कि कहीं रंगमंच के सशक्त संवाद फिल्म विधा के सिनेमाई रूपों को समाप्त न कर दें। सवाक् फिल्मों के आने के बाद महान रूसी फिल्मकार और सिद्धांतकार आइजेंस्टाइन तक ने इस बात पर बहुत चिंता दिखाई थी कि अब फिल्म विधा में 'अत्यंत सांस्कृतिक नाटकों' का दबदबा बन जाएगा। फिल्म के एक्शन को आगे बढ़ाने में संवाद कहीं प्रमुख साधन न बन जाएँ इस बात ने कुछ फिल्मकर्मियों को दुखी भी कर दिया था। जैसाकि कहा भी गया है कि सवाक् फिल्मों के प्रारंभिक दौर में फिल्में 'स्पीच मैड' (बोलने का उन्माद) हो गई थीं और अतिउत्साह में यह भी कहा जाने लगा था कि सवाक् फिल्म बनाने के लिए जरूरी है कि एक नाटक को फोटोग्राफ कर दिया जाए।

यह सही है कि फिल्म विधा और अन्य पुरानी और अपेक्षाकृत समृद्ध कलाओं के संबंधों को लेकर कई तरह के विवाद रहे हैं। मिसाल के लिए अनेक फिल्मकार मानते रहे हैं कि एक अच्छे उपन्यास पर अच्छी फिल्म बनाना बहुत मुश्किल काम है। लेकिन अनेक महान फिल्में उतनी ही महान साहित्यिक कृतियों पर आधारित

हैं। गुंटर ग्रास के बहुचर्चित जर्मन उपन्यास 'टिन ड्रम' पर श्लौंडोर्फ ने इसी नाम से 1979 में एक बहुत अच्छी फिल्म बनाई थी। स्वयं गुंटर ग्रास ने फिल्म की पटकथा में सहयोग दिया था। फिल्म के विचित्र और बौने नायक ऑस्कर को पर्दे पर प्रस्तुत करने के लिए चरित्र में आवश्यक परिवर्तन भी किए गए थे। श्लौंडोर्फ ने प्रूस्त से प्रेरित होकर 'स्वान्स वेज' नाम से भी एक फिल्म बनाई थी।

50-60 के दशक में फ्रांस के बहुचर्चित नई धारा फिल्म आंदोलन के दौरान कुछ फिल्मकारों ने कहा था कि एक खराब उपन्यास पर अच्छी फिल्म बनाना आसान काम है। किसी महान साहित्यिक कृति के साथ छेड़खानी करने की बजाय औसत या 'कूड़ा' समझी जाने वाली कृति के साथ छेड़खानी अधिक संभावनापूर्ण है। लेकिन फिल्म का इतिहास हमें कुछ दूसरी ही बातें बताता है। सत्यजित राय ने अनेक फिल्मों में प्रसिद्ध साहित्यिक कृतियों को ही अपनी पटकथा का आधार बनाया है। मूल कृति में उन्होंने आवश्यक फेरबदल जरूर किए।

यह भी ध्यान देने की बात है कि अपने अंतिम वर्षों में सत्यजित राय अपनी बीमारी की वजह से फिल्म शूटिंग के दौरान अधिक भागदौड़ नहीं कर पा रहे थे। इसलिए उन्होंने 'गणशत्रु' (इब्सन के नाटक से प्रेरित) जैसी फिल्में बनाईं जो अपेक्षाकृत संवाद केंद्रित थीं और जिनमें बाहरी शूटिंग से बचा जा सकता था। पर इस चुनाव के पीछे राय की मजबूरी भी थी।

महान जापानी फिल्मकार कुरोसावा ने अपनी आत्मकथा 'समथिंग लाइक एन आटोबायोग्राफी' में यह बात बहुत दिलचस्प ढंग से समझाई है कि कैसे फिल्म विधा में सारी कलाएँ समाहित हैं और कैसे इस आवाजाही के बावजूद फिल्म एक अद्वितीय विधा है। सिनेमा क्या है इस सवाल के जवाब में कुरोसावा का कहना है कि यह बताना आसान नहीं है। बरसों पहले जापानी उपन्यासकार शिगा नाओया ने अपने पोते के लिखे एक 'निबंध' के बारे में कहा था कि यह उनके समय की एक अद्वितीय गद्य रचना है। 'मेरा कुत्ता' नाम के इस 'निबंध' को नाओया ने एक साहित्यिक पत्रिका में छपवाया था। इस 'निबंध' में कहा गया था कि मेरा कुत्ता एक भालू की तरह है। वह एक बिज्जू से भी मिलता-जुलता है। वह एक लोमड़ी से भी मिलता-जुलता है। इस 'निबंध' में बच्चा अपने कुत्ते की तुलना लगभग संपूर्ण पशु जगत् से करने के बाद अंत में कहता है, "चूँकि वह कुत्ता है इसलिए वह सबसे ज्यादा कुत्ते से ही मिलता-जुलता है।"

कुरोसावा ने जब इस 'निबंध' को पढ़ा, तो उन्हें बहुत हँसी आई। लेकिन उनका कहना है इसमें एक गंभीर बात छिपी हुई है। सिनेमा विधा अनेक कला विधाओं से मिलती-जुलती है। अगर उसमें साहित्यिक गुण हैं, तो उसमें नाटक के भी गुण हैं। उसमें दार्शनिकता भी है, चित्रकला और मूर्तिशिल्प के भी गुण हैं और उसमें संगीत के तत्त्व भी हैं। पर सिनेमा, अंत में, सिनेमा ही है।

नाटक और सिनेमा के संबंधों की बात करते हुए कुरोसावा की इस परिभाषा को ध्यान में रखना जरूरी है। उल्लेखनीय है कि 'थ्रोन ऑफ ब्लड' फिल्म में कुरोसावा ने शेक्सपियर के 'मैकबेथ' की सबसे मौलिक और चर्चित सिनेमाई व्याख्या भी की है।

हंगारी लेखक बेला बालाज का कहना था कि बच्चे एक डिजाइंन की बारीकियों (डिटेल्स) में जाते हैं लेकिन बड़े अक्सर एक बड़े डिजाइन में बारीकियों की उपेक्षा करते हैं। बच्चों को इस दुनिया को 'क्लोजअप' में देखने की आदत होती है इसलिए वह सिनेमा का अधिक आनंद उठाते हैं। बच्चे रंगमंच की 'लांग शॉट' दुनिया का उतना अधिक आनंद नहीं उठा पाते।

शायद इसी तर्क से यह भी समझा जा सकता है कि बच्चे टेलीविजन से अधिक क्यों चिपके रहते हैं। वहाँ भी 'क्लोजअप' की दुनिया अधिक काम करती है।

सस्पैंस फिल्मों के सम्राट हिचकॉक की राय और भी दिलचस्प है। उनका कहना है कि फिल्मों की तुलना में रंगमंच की 'अंतर्विषयक सामग्री' कम होती है। एक अच्छी फिल्म में चार नाटकों के बराबर सामग्री चाहिए।

भारतीय संदर्भ में मराठी रंगमंच और सिनेमा के संबंधों पर हमें गौर करने की जरूरत है। इधर पिछले दिनों वहाँ अमोल पालेकर, अरुण खोपकर आदि ने अपनी मराठी फिल्मों में रंगमंच की स्वस्थ और समृद्ध परंपरा का सजग इस्तेमाल करके उन दर्शकों को अपनी ओर खींचा है जो दादा कोंडके शैली के फूहड़ मनोरंजन की ओर जा रहे थे या जा चुके थे। हाल में सौमित्र रानाडे ने मकरंद साठे के नाटक को सिनेमा रूप देने के बाद एक इंटरव्यू में कहा है—सिनेमा अक्सर पेंटिंग और संगीत से चीजें लेता है, तो फिर रंगमंच से चीजें लेने में क्या हर्ज है? स्पेस और सीन के शुद्ध सिनेमाई इस्तेमाल के साथ नाटक के कुछ तत्त्वों का भी बढ़िया इस्तेमाल हो सकता है। जाहिर है कि एक नए सौंदर्यशास्त्र की रचना की जा सकती है।

2002

एक अभिनेत्री के 25 साल

पिछले दिनों निर्देशक श्याम बेनेगल की कथाफिल्मों के 25 सालों की काफी चर्चा रही। लेकिन अभिनेत्री शबाना आजमी के 25 सालों की चर्चा और विश्लेषण भी आवश्यक है। 1972 में पुणे फिल्म संस्थान से अध्ययन समाप्त करने के बाद शायर कैफी आजमी और इप्टा से जुड़ी अभिनेत्री शौकत की बेटी शबाना ने अपना फिल्म कैरियर ख्वाजा अहमद अब्बास की फिल्म 'फासला' से शुरू किया था पर यह फिल्म श्याम बेनेगल की पहली कथा फिल्म 'अंकुर' (1974) के बाद ही रिलीज हो पाई थी। 'अंकुर' से शुरू होकर विनय शुक्ला की फिल्म 'गॉड मदर' (1998) तक की यात्रा एक ऐसी अद्‌भुत अभिनेत्री की यात्रा है जिसने हिंदी सिनेमा ही नहीं संपूर्ण भारतीय सिनेमा में अभिनेत्री के स्टेटस को गरिमा दी। इस गरिमा में ग्लैमर भी था पर शबाना ने ग्लैमर की गुड़िया बनना कभी स्वीकार नहीं किया। एक दौर में उन्होंने मुंबइया मसाला सिनेमा के तथाकथित 'स्टुपिड रोल' भी स्वीकार किए पर उन्होंने उन दिनों भी सार्थक फिल्मों को पूरा समय और सहयोग दिया। नसीरुद्दीन शाह की तरह शबाना ने मसाला सिनेमा के जाल में फँस कर हिंदी के अच्छे सिनेमा की अनावश्यक आलोचना कभी नहीं की।

मुंबई में किसी अभिनेत्री के लिए 25 सालों तक केंद्रीय भूमिकाओं में बने रहना मुश्किल काम होता है। शबाना के कैरियर की तुलना किसी राखी या रेखा से नहीं की जा सकती है। दीपा मेहता की 'फायर' 1996 में बनी थी पर वह भारत में रिलीज हाल में हुई है। 'लैस्बियन' (समलिंगी) बनने के लिए मजबूर हो गई एक स्त्री की व्यथाकथा को शबाना ने अद्वितीय परिपक्वता के साथ पर्दे पर उतारा है। भारतीय दर्शक वर्ग के लिए यह फिल्म 'शॉकिंग' साबित हो रही है—खासतौर से अपने को 'मर्द' मानने वाले दर्शकों के लिए। लेकिन कब तक सच्चाई को लिहाफ में छिपाया जा सकता है। इस्मत चुगताई की बहुचर्चित कहानी 'लिहाफ' से प्रेरणा पाकर दीपा मेहता ने भारतीय मध्यवर्ग के 'महासुखी परिवार' की त्रासद सच्चाइयों की ओर संकेत किए हैं। 'फायर' में नायिका राधा (शबाना आजमी) के दमित संसार के दरवाजों को नीता (अंग्रेजी संस्करण में नाम था—सीता)

धीरे-धीरे खोलती है—एक खिलंदड़ेपन के साथ। फिल्म के एक महत्त्वपूर्ण प्रसंग में राधा का पति (कुलभूषण खरबंदा) अपने सुखी संयुक्त परिवार के साथ छुट्टी के दिन दोपहर में एक बाग में पिकनिक मना रहा है। शरारती नीता (नंदिता दास) सबके सामने राधा के पैर दबाने की पेशकश करती है। परिवार के मुखिया के चेहरे पर एक संतुष्टि भाव है कि कितना सुखी है मेरा परिवार। दर्शक (जिसे सच्चाई पता है) इस पैर दबाने के प्रस्ताव पर सिर्फ हँस ही सकता है।

चित्रकार जतिन दास की बेटी नंदिता दास की तुलना बहुत से लोग स्मिता पाटील से भी करते हैं। इस तुलना के पीछे कोई ठोस आधार नहीं है। पर एक जमाने में शबाना आजमी और स्मिता पाटील में एक तरह की होड़ थी। जब दोनों अभिनेत्रियाँ आमने-सामने होती थीं, तो इस होड़ के दिलचस्प नतीजे निकलते थे। कभी स्मिता 'वन अप' हो जाती थी, तो कभी शबाना। 'फायर' की नंदिता दास में स्मिता की छाया देखकर शायद शबाना के भीतर पुरानी प्रतिस्पर्धा अवचेतन स्तर पर जाग गई हो और उन्हें बेहतर अभिनय की चुनौती महसूस हुई हो।

प्रकाश झा की फिल्म 'मृत्युदंड' और 'फायर' दोनों में शबाना की भूमिकाओं में समानता भी है। 'मृत्युदंड' में शबाना का पति (मोहन आगाशे) संन्यासी हो गया है। वह पाखंडी किस्म का संन्यासी है जो अपनी नपुंसकता छिपाने के लिए घर छोड़ देता है। जब ओम पुरी आकर इस संन्यासी की नपुंसकता की पोल खोल देता है, तो वह अपने खूँखार रूप को सामने लाता है। शबाना ने इस भूमिका को भी खूब अच्छी तरह से निभाया है। संन्यासी का पाखंड जब खंड-खंड हो जाता है और वह अपनी पत्नी की ओर आक्रामक मुद्रा में बढ़ता है, तो शबाना अपनी जलती हुई नजरों से जैसे भस्म कर देती है।

'फायर' में कुलभूषण खरबंदा के माध्यम से उपेक्षित पत्नी के साथ सत्य की खोज के नाम पर दूसरी तरह का दुर्व्यवहार दिखाया गया है। ऊपर से देखने में 'फायर' का संन्यासी पति आक्रामक नहीं है। वह निरीह और आध्यात्मिक किस्म का नजर आता है। वह जिस संन्यासी (रामगोपाल बजाज) का शिष्य है वह भी बहुत निरीह दिखता है पर वक्त आने पर 'फायर' के कुलभूषण खरबंदा और 'मृत्युदंड' के मोहन आगाशे में कोई फर्क नहीं रह जाता। पर दोनों भूमिकाओं में वास्तविक तपस्या पत्नियों को करनी पड़ रही है। दोनों पति पाखंडी हैं। इसीलिए जब उनकी पत्नियाँ सच्चाई की आँच से स्थितियों का सामना करती हैं, तो वे अपने पाखंड को इस आँच में पिघलता हुआ पाते हैं।

मुंबइया सिनेमा की नायिकाओं का फिल्म जीवन दस-बारह सालों में समाप्त हो जाता है और वे अक्सर शादी करा के फिल्मों से संन्यास ले लेती हैं। शबाना ने अपनी शादी से पहले ही कह दिया था कि वह फिल्म उद्योग के ही किसी व्यक्ति से शादी करेगी पर यह व्यक्ति हीरो नहीं होगा। और न ही वह शादी के बाद अपने

अभिनय का कैरियर छोड़ेगी। जावेद अख्तर से विवाह के बाद शबाना को अपना कैरियर छोड़ना नहीं पड़ा। जब अर्थपूर्ण भूमिकाओं का अकाल पड़ने लगा, तो उन्होंने सामाजिक-राजनीतिक प्रतिबद्धता दिखाना शुरू कर दी। पर आज भी उन्हें अपने लंबे कैरियर में कुछ अच्छी भूमिकाएँ मिल रही हैं यह एक महत्त्वपूर्ण बात है। अंकुर, निशांत, जुनून, मंडी (श्याम बेनेगल), शतरंज के खिलाड़ी (सत्यजित राय), खँडहर, एक दिन अचानक (मृणाल सेन), अलबर्ट पिंटो को गुस्सा क्यों आता है (सईद मिर्जा), पार (गौतम घोष), सती (अपर्णा सेन), अर्थ (महेश भट्ट), फायर (दीपा मेहता), मृत्युदंड (प्रकाश झा) आदि फिल्में शबाना के कैरियर की रजत जयंती का सार्थक प्रमाण हैं। मैडम सूजात्स्का, इमाकुलेट कंस्पेशन, सिटी ऑफ जॉय आदि अंतर्राष्ट्रीय फिल्में भी शबाना के कैरियर का गौरवशाली रूप हैं।

पुणे फिल्म संस्थान के छात्र अंतर्राष्ट्रीय सिनेमा से अच्छा परिचय पा लेते हैं। एक बार शबाना ने कहा था—मैं गोदार (फ्रांस के अत्यंत प्रयोगधर्मी फिल्मकार) को कभी समझ नहीं पाई। बस, मुझे बर्गमैन, बर्गमैन और बर्गमैन पसंद हैं। स्वीडन के महान फिल्मकार इंगमार बर्गमैन ने अपनी अनेक फिल्मों में स्त्रियों को बहुत शक्तिशाली भूमिकाएँ दी हैं। शबाना के अनुसार "बर्गमैन की दुनिया में जब मैं जाती हूँ तो मुझे अपने भीतर के उस संसार को देखने छूने का मौका मिलता है जिसे डर के मारे मैं कभी छू नहीं पाती थी। हालाँकि मुझे पता होता था कि यह दुनिया मेरे भीतर कहीं है। बर्गमैन अपने अभिनेताओं को इस 'यातना' से गुजरने देते हैं और खुद भी इसी यातना से गुजरते हैं।"

दरअसल शबाना उन अभिनेत्रियों में से हैं जो अच्छे निर्देशकों को स्त्रियों की चुनौतीपूर्ण भूमिकाओं को रचने के लिए मजबूर करती हैं। रचने की 'यातना' दोनों ओर होती है और इस टकराहट से 'बड़ा सिनेमा' जन्म लेता है।

1998

महेश भट्ट के अर्थ का सारांश

महेश भट्ट ने 25 सालों तक फिल्मों का निर्देशन करने के बाद अपनी नई फिल्म 'जख़्म' को निर्देशक के रूप में अपनी अंतिम फिल्म घोषित कर दिया है। उनका कहना है कि एक निर्देशक के रूप में उन्होंने अपने सारे काम पूरे कर दिए हैं। 'यह है मुंबई मेरी जान' और 'कारतूस' को भी वह पूरा कर चुके हैं। लेकिन 'जख़्म' को वह अपना 'स्वॉन सांग' (अंतिम कृति या विदा गीत) कह रहे हैं क्योंकि इस फिल्म में उनकी आत्मकथा के भी कुछ हिस्से हैं। उल्लेखनीय है कि 1982 में 'अर्थ' से महेश भट्ट को निर्देशक के रूप में वास्तविक पहचान मिली थी और इस फिल्म में भी केंद्रीय कथानक आत्मकथा प्रधान था। अपने निजी जीवन, पत्नी से संबंधों और अभिनेत्री परवीन बाबी से अपने रिश्तों को उन्होंने 'अर्थ' की कहानी का आधार बनाया था।

महेश भट्ट अपने जमाने के मशहूर 'बी ग्रेड' फिल्मकार नानाभाई भट्ट के बेटे हैं। अपनी कट्टरपंथी माँ के विरोध के कारण नानाभाई भट्ट, महेश भट्ट की शिया मुसलमान माँ शीरीन मोहम्मद अली से विवाह नहीं कर पाए थे। शीरीन का निधन इसी साल 1998 में हुआ है। निधन के समय उनके सर के नीचे कुरान की प्रति और सीने पर सलीब था। और पास में नानाभाई भट्ट बैठे श्लोक पढ़ रहे थे।

'जख़्म' में शीरीन से प्रेरित भूमिका निर्देशक की बेटी पूजा भट्ट ने निभाई है। फिल्म में मेलोड्रामा और फिल्मी मसाले की कमी नहीं है। लेकिन नायक के बचपन (कुनाल केमू ने संवेदनशील भूमिका निभाई है) के प्रसंग पर्याप्त संवेदनशीलता से फिल्माए गए हैं। फिल्म में मुंबई के 92-93 के कुख्यात दंगों की पृष्ठभूमि में धार्मिक उन्माद की भयावह और काफी हद तक प्रामाणिक तस्वीर के बावजूद अजय देवगन, सोनाली बेंद्रे और आशुतोष राणा की टीम जख्मों की गहराई तक नहीं जा सकी है। फिल्म में कर्फ्यू का माहौल है लेकिन क्लाइमेक्स के कई दृश्य अस्वाभाविक और अटपटे लगते हैं। पर फ्लैशबैक में एक हिंदू फिल्मकार प्रेमी से मुसलमान औरत की विवाह न कर पाने की त्रासदी और अवैध संतान (कुनाल केमू) की माता-पिता को मिलाने की मार्मिक कोशिशें 'जख़्म' को औसत फिल्मों से बेहतर बना देती

हैं। सेंसर दरअसल इस फिल्म से बेकार ही डरा हुआ है। ऐसे कथानक एक हद तक धार्मिक उन्माद की आग में जल रहे समाज को थोड़ी-सी समझ और सहनशक्ति तो दे ही सकते हैं।

नानाभाई भट्ट हंटरवाली नाडिया की स्टंट फिल्मों से शुरू होकर अरेबियन नाइट्स और पौराणिक कथानकों वाली फिल्मों के लिए जाने जाते थे। 'सिंदबाद द सेलर' (1952) में दो अदृश्य तलवारबाजों की भिड़ंत के स्पेशल इफेक्ट्स वाले सीन को फिल्म के इतिहास में आज भी याद किया जाता है। महेश भट्ट (जन्म 1949) अपने पिता की फिल्म 'जीवन रेखा' (1974) की पटकथा भी लिख चुके हैं। दिलचस्प बात यह है कि निर्देशक के रूप में उनकी पहली फिल्म 'मंजिलें और भी हैं' (1973) भी सेंसर की कैंची से उलझी रही थी। सेंसर 14 महीनों तक इस फिल्म पर प्रतिबंध लगाए बैठा रहा था क्योंकि उसकी नजरों में इसमें विवाह की पवित्र संस्था का मजाक उड़ाया गया था।

महेश भट्ट की शुरू की फिल्मों (विश्वासघात, नया दौर, लहू के दो रंग, अभिमन्यु) को लोग भूल गए हैं। पर 1982 में 'अर्थ' और 1984 में 'सारांश' से महेश भट्ट को 'बीच के सिनेमा' के एक प्रमुख फिल्मकार के रूप में प्रतिष्ठा मिल गई। इन फिल्मों में शबाना आजमी, स्मिता पाटील (अर्थ) और अनुपम खेर (सारांश) आदि की शक्तिशाली भूमिकाएँ थीं। धीरे-धीरे महेश भट्ट को एक ऐसा निर्देशक भी माना जाने लगा जो अभिनेता-अभिनेत्रियों को एक नया आत्मविश्वास और प्रतिभा की पहचान करा सकता है। 'नाम' में संजय दत्त और 'जन्म' में कुमार गौरव को निर्देशक महेश भट्ट की प्रतिभा का कुछ लाभ तो निश्चय ही मिला।

धीरे-धीरे महेश भट्ट कमर्शियल सिनेमा की दुनिया में एक बेहतर फिल्मकार के रूप में प्रतिष्ठित हो गए। 'आशिकी (1990), 'दिल है कि मानता नहीं' (1991) और 'हम हैं राही प्यार के' (1993) जैसी फिल्मों से वह एक ऐसे फिल्मकार बन गए जो कला फिल्मों या मसाला फिल्म दोनों ही चिप्पियों से अलग नाम था। लेकिन बाद में महेश भट्ट अपनी इस पहचान को केवल 'सर' (1993) सरीखी कुछ ही फिल्मों में सुरक्षित रख पाए। वह एक साथ कई फिल्मों का निर्देशन करने लगे। फिल्म उद्योग में उन्हें ऐसे निर्देशक के रूप में 'ख्याति' मिल गई जो टेलीफोन पर भी निर्देशन कर सकता है। एक अच्छा निर्देशक (भले ही वह कमर्शियल फिल्मकार क्यों न हो) एक फिल्म के साथ तभी न्याय कर सकता है जब वह उसकी पटकथा, शूटिंग और एडिटिंग आदि पर पूरा वक्त दे सके। इसीलिए नाराज, नाजायज, आवारगी, कब्जा, जुर्म, डुप्लीकेट, चाहत, जुनून, दस्तक, अंगारे जैसी फिल्में कहीं की न रहीं—न बॉक्स ऑफिस की न अच्छी फिल्मों के दर्शकों की। फिल्म निर्देशन को फैक्ट्री की तरह न चला कर पूरी गंभीरता और पूरा समय देकर हाथ में लेना चाहिए। शायद महेश भट्ट की कोई आंतरिक मजबूरी हो। इस तरह से देखें, तो उन्होंने निर्देशक

के रूप में संन्यास लेकर दर्शकों के अलावा अपना भी भला किया है।

आमिर खान और महेश भट्ट के पिछले दिनों हुए विवाद से इस बात की पुष्टि ही होती है कि निर्देशन को पूरी गंभीरता से न ले पाने के कारण महेश भट्ट को व्यावहारिक दिक्कतें होने लगी थीं। यह सही है कि मुंबइया फिल्म उद्योग में अक्सर सितारे धड़ाधड़ फिल्में साइन करते रहते हैं। सेट पर आकर वह अपने सीन को हड़बड़ी में पढ़ते हैं। लेकिन एक निर्देशक भी यही करने लगे, तो उसे इस 'मुश्किल काम' से विदा ही ले लेनी चाहिए।

पहले महेश भट्ट ने आमिर खान पर सार्वजनिक आरोप लगाया कि वह ईश्वर की कुर्सी पर बैठ जाना चाहते हैं और वह एक लगभग पागल आदमी की तरह अपने काम से चिपक जाते हैं। आमिर खान का कहना है कि 'गुलाम' में महेश भट्ट सेट पर बैठकर उपन्यास पढ़ते थे और अपने असिस्टेंट को काम करने के लिए कहते थे। आमिर को कहना पड़ा कि आप मुझे ही फिल्म से हटा दीजिए। स्थिति की गंभीरता देखकर महेश भट्ट ने विक्रम भट्ट को निर्देशक की कुर्सी पर बैठने दिया। आमिर खान के अनुसार 'दिल है कि मानता नहीं' में महेश भट्ट लेखन और शूटिंग में तो सक्रिय रहे पर एडिटिंग में वह गायब थे। 'हम हैं राही प्यार के' में वह सिर्फ शूटिंग का काम कर रहे थे। लेखन और एडिटिंग दोनों में आमिर खान भी जुड़े हुए थे।

दुनिया का कोई भी निर्देशक एडिटिंग या पोस्ट प्रोडक्शन के काम को हल्केपन से नहीं लेना चाहेगा। शायद महेश भट्ट को अपनी सीमा समझ में आने लगी हो। या शायद वह आत्मकथा प्रधान फिल्मों में ही अपना पूरा 'तन-मन-धन' लगा सकने का साहस जुटा पाते हों। वैसे महेश भट्ट का फिल्मों से यह सीमित संन्यास है। एक निर्माता लेखक के रूप में वह सक्रिय रहेंगे। फिलहाल उन्होंने सिर्फ निर्देशन के काम को अलविदा कहा है। और यह निर्णय सही है।

1998

एक नई प्रतिष्ठा मिली है कैमरामैन को

पिछले कुछ सालों में मुंबइया सिनेमा में कैमरामैन का महत्त्व बढ़ा है। निर्देशक, अभिनेता-अभिनेत्री, संगीतकार, गीतकार आदि को शुरू से ही प्रचार मिलता रहा है। पर अब कैमरामैन, नृत्य निर्देशक और एक्शन निर्देशक का भी केंद्रीय महत्त्व हो गया है। खास तौर से कैमरामैन की भूमिका को लंबे समय बाद उसका समुचित सम्मान मिल पा रहा है। अनेक अच्छे कैमरामैन अब निर्देशन की दुनिया में भी पर्याप्त सफलता पा रहे हैं। दरअसल किसी भी अच्छी फिल्म में निर्देशक और कैमरामैन में तालमेल की बहुत जरूरत होती है। मिसाल के लिए स्वीडन के महान फिल्मकार बर्गमैन और उनके कैमरामैन स्वेन निकविस्ट की जोड़ी ने सिनेमाई भाषा को एक नई प्रतिष्ठा दिलाई थी। निकविस्ट ने बर्गमैन की फिल्मों के मनोवैज्ञानिक मूड को अच्छी तरह समझ कर लाइटिंग, कंपोजीशन, कैमरा मूवमेंट आदि को उस मूड के अनुकूल बनाया था। रूसी फिल्मकार तारकोवस्की (जिन्हें 'फिल्म निर्देशकों का निर्देशक' कहा जा सकता है) की अंतिम फिल्म 'द सैक्रीफाइस' के कैमरामैन भी निकविस्ट ही थे। निकविस्ट की कला का बड़ा रहस्य यही कि वह तकनीकी चमत्कारों को कम-से-कम महत्त्व देकर अभिव्यक्ति और मनोवैज्ञानिक मूड को केंद्रीय स्थान देते रहे हैं।

मुंबइया मसाला सिनेमा ने कैमरामैन को कितना महत्त्व देना शुरू कर दिया है इसकी अच्छी मिसाल हाल में नई दिल्ली में राजकुमार संतोषी की महँगी एक्शन फिल्म 'चाइनागेट' की प्रेस कान्फ्रेंस में मिली थी। महान जापानी फिल्मकार कुरोसावा की फिल्म 'सैवेन सामुराई' ने हॉलीवुड की कितनी ही एक्शन फिल्मों को प्रेरित और प्रभावित किया है। संतोषी की 'चाइनागेट' भी इसी परंपरा में है। इस तरह की भव्य एक्शन फिल्म में कैमरामैन की भूमिका भी महत्त्वपूर्ण हो जाती है। लेकिन संतोषी ने युवा कैमरामैन पीयूष शाह को चुना जो अभी तक श्याम बेनेगल (सूरज का सातवाँ घोड़ा) और मणि कौल (नजर, ईडियट, सिद्धेश्वरी) जैसे तथाकथित कला फिल्मकारों की चर्चित फिल्मों के कैमरामैन रहे हैं। राजकुमार संतोषी दिल्ली में अपनी फिल्म के सितारों (नसीरुद्दीन शाह, अमरीश पुरी, डैनी, टीनू आनंद वगैरह)

को ही नहीं लाए बल्कि पीयूष शाह को भी उन्होंने सितारों जैसा ही महत्त्व दिया। मुंबइया कमर्शियल फिल्मकारों के नजरिए में यह बड़ा और बुनियादी परिवर्तन है।

ऐसा नहीं है कि पहले कैमरामैन का महत्त्व निर्देशक पहचानते नहीं थे। लेकिन उनका 'मीडिया व्यक्तित्व' नहीं बन पाता था। आज वे भी 'लाइमलाइट' में रहते हैं। पचास के दशक में गुरुदत्त ने वी. के. मूर्ती की प्रतिभा का बहुत अच्छा इस्तेमाल किया था। 'प्यासा' की सफलता में वी. के. मूर्ती के कैमरे का कम रोल नहीं था।

हिंदी सिनेमा में कैमरामैन को वास्तविक महत्त्व नई धारा या समानांतर सिनेमा से जुड़े निर्देशकों ने दिया। मणि कौल, बासु चटर्जी और कुमार शहानी ने के. के. महाजन के कैमरे का काफी रचनात्मक इस्तेमाल किया। वीरेंद्र सैनी निर्देशक मणि कौल और सईद मिर्जा की अनेक चर्चित फिल्मों के कैमरामैन रहे हैं।

श्याम बेनेगल ने गोविंद निहालानी का शुरू में कैमरामैन के रूप में अच्छा इस्तेमाल किया था। 'भूमिका' में गोविंद निहालानी कैमरामैन थे। बाद में 'आक्रोश' से वह एक निर्देशक के रूप में प्रतिष्ठित हो गए।

सत्तर के दशक के बाद से दक्षिण भारतीय भाषाओं (खासतौर पर मलयालम) ने कैमरामैन को केंद्रीय महत्त्व देना शुरू किया। उससे पहले बंगाल में सत्यजित राय ने 'पथेर पाँचाली' और 'चारुलता' जैसी अपनी कालजयी फिल्मों में सुब्रत मित्र के कैमरे का स्मरणीय इस्तेमाल किया था। बरसों बाद रमेश शर्मा की विवादास्पद हिंदी फिल्म 'न्यूदेहली टाइम्स' (1985) में कैमरे का संवेदनशील काम बुजुर्ग सुब्रत मित्र ने ही सँभाला था। लेकिन दक्षिण में जी. अरविंदन ने शाजी एस. करुण और अडूर गोपालकृष्णन ने रवि वर्मा इन दो कल्पनाशील कैमरामैनों का लगातार और बहुत प्रभावशाली इस्तेमाल किया। बाद में शाजी एस. करुण 'पीरवी' से एक बड़े फिल्म निर्देशक के रूप में भी प्रतिष्ठित हो गए। पर उन्होंने निर्देशन कला की बारीकियों को अरविंदन की फिल्मों के मनोवैज्ञानिक मूड से कैमरे का सामंजस्य स्थापित करते हुए ही सीखा था। दक्षिण में आज वेणु, संतोष सिवन, पी.सी. श्रीराम, मधु अंबट जैसे नाम कैमरा निर्देशन में एक नई भाषा को जन्म दे चुके हैं। गोविंद निहालानी और शाजी की ही तरह ए. के. बीर और संतोष सिवन भी अब निर्देशक की कुर्सी सफलतापूर्वक सँभाल चुके हैं।

'रोजा' और 'दिल से' के कैमरामैन संतोष सिवन बाल फिल्म 'हलो' के निर्देशन के बाद अपनी नई फिल्म 'द टेररिस्ट' (तमिल) के निर्देशन के कारण भी चर्चित हैं। इस साल उन्हें एक साथ दो राष्ट्रीय पुरस्कार मिले। सर्वश्रेष्ठ तमिल फिल्म के निर्देशक का पुरस्कार उन्हें 'द टेररिस्ट' के लिए मिला और मणिरत्नम् की तमिल फिल्म 'इरुवर' के लिए उन्हें सर्वश्रेष्ठ कैमरामैन का भी पुरस्कार मिला।

दरअसल मणिरत्नम् और रामगोपाल वर्मा इन दो समकालीन फिल्मकारों ने

कैमरे के निर्देशन को काफी महत्त्व दिया है। मणिरत्नम् ने पी. सी. श्रीराम की 'सॉलिड' प्रतिभा का इस्तेमाल 'नायकन' जैसी फिल्मों में किया था। 'अंजलि' में उन्होंने मधु अंबट का इस्तेमाल किया और 'रोजा', 'इरुवर', 'दिल से' आदि में संतोष सिवन का इस्तेमाल किया। मणिरत्नम् की ही तरह रामगोपाल वर्मा ने भी कैमरे की भाषा को अपने निर्देशन के स्वभाव से हमेशा 'मैच' करने की कोशिश की है। 'सत्या' में उन्होंने बिल्कुल नए कैमरामैन मजहर कामरान का इस्तेमाल किया और अब अपनी नई फिल्म 'कौन' में भी मजहर को ही उन्होंने कैमरे का काम सौंपा है।

मजहर कामरान हिंदी फिल्मों में वी.के. मूर्ती और अशोक मेहता को विशेष महत्त्व देते हैं। अशोक मेहता उन कैमरा निर्देशकों में से हैं जो अपर्णा सेन की '36, चौरंगी लेन' या श्याम बेनेगल की 'त्रिकाल' में अगर सहज और कल्पनाशील हैं, तो वह सुभाष घई की कमर्शियल फिल्मों में भी उतना ही सहज हैं। पीयूष शाह, मजहर कामरान जैसे युवा और सजग कैमरामैन फिल्म कला और इस माध्यम की असाधारण लोकप्रियता दोनों ही चुनौतियों का सामना कर रहे हैं। हिंदी सिनेमा में अशोक मेहता जैसे कैमरा निर्देशकों ने ऐसा रास्ता दिखा दिया है। अब अनेक नए कैमरामैन इस बात पर विश्वास करने लगे हैं कि कैमरा तकनीक का इस्तेमाल खूब करो पर उसकी दासता न स्वीकारो। कल्पना और मूड का अधिक महत्त्व है। और क्यों न हो?

1998

बीसवीं शताब्दी की सबसे मोहक अभिनेत्री

हॉलीवुड के ग्लैमर विश्व में कोई अभिनेत्री अगर अपनी तथाकथित 'सेक्सी' छवि नहीं बना पाती है, तो उसे आमतौर पर असफल ही माना जाता है। 'सुंदर' और 'सेक्सी' होने में फर्क है लेकिन धीरे-धीरे मीडिया ने इस भेद को मिटा दिया है। हॉलीवुड में एक अभिनेत्री की 'सेक्स अपील' शुरू से ही केंद्रीय रही है। बॉलीवुड में लंबे समय तक 'सेक्स अपील' की चर्चा या तो दबे स्वर में होती थी या फिर इस तरह की अपील को हैलेन, बिंदु, सिल्क स्मिता या ममता कुलकर्णी सरीखी अभिनेत्रियों से जोड़ा जाता रहा है। पर अब बॉलीवुड में भी लगभग सभी श्रेष्ठ अभिनेत्रियाँ अपनी 'सेक्स अपील' को महत्त्वपूर्ण मानती हैं। यह माना जाता है कि एक सफल अभिनेत्री के लिए अभिनय क्षमता के अलावा सुंदरता और सेक्सी होना आवश्यक जरूरतें हैं। रेखा, श्रीदेवी, माधुरी दीक्षित के दौर ने नायिका की सेक्सी छवि को भी महत्त्वपूर्ण बना दिया। नतीजा यह हुआ कि हैलेन और सिल्क स्मिता जैसी भूमिकाएँ गैर प्रासंगिक हो गईं। 'बेटा' में माधुरी दीक्षित जिस बोल्डनेस के साथ 'धक-धक' गाने को गाती है वह दरअसल बॉलीवुड में एक नए दौर की शुरुआत थी।

पचास के दशक में भी अभिनेत्रियाँ दबे हुए ढंग से अपनी सेक्स अपील को पर्दे पर उभारती थीं। 'अलबेला' के गाने 'शोला जो भड़के' में गीता बाली ने इसी अपील को नए और आकर्षक आयाम दिए थे। राज कपूर ने अपनी फिल्मों में नर्गिस, वैजयंतीमाला, पद्मिनी, सिमी आदि अनेक अभिनेत्रियों की सेक्स अपील को कुशल निर्देशन और कल्पनाशक्ति से पर्दे पर उभारा था।

पिछले दिनों अमेरिकी पत्रिका 'प्लेब्वॉय' ने शताब्दी की सबसे 'सेक्सी' सौ अभिनेत्रियों की दिलचस्प सूची रिलीज की थी। इसमें निर्विवाद रूप से मर्लिन मनरो को बीसवीं शताब्दी की सबसे 'सेक्सी' अभिनेत्री माना गया था। उसके बाद जेयन मेंसफील्ड, रैक्वेल वैल्च, ब्रिजिते बार्दो और सिंडी क्राफोर्ड का नाम था। सोफिया लॉरेन, एलिजाबेथ टेलर, पामेला एंडरसन, बो डेरेक, जीन हार्लो के नाम प्रथम दस अभिनेत्रियों की सूची को पूरा करते हैं। मैडोना का नाम इस सूची में पैंतीसवें नंबर पर है।

मर्लिन मनरो की सेक्स अपील राजनेताओं, अभिनेताओं, बुद्धिजीवियों और एक आम आदमी सबको आश्चर्यजनक ढंग से आकर्षित करती थी। फ्रांस के सबसे प्रसिद्ध बुद्धिजीवी और लेखक जां पाल सार्त्र भी मर्लिन मनरो के प्रशंसक थे और अमेरिकी राष्ट्रपति कैनेडी भी। इंडोनेशिया के राष्ट्रपति सुकर्णो अमेरिका पहुँचे, तो वह एक भोज में खासतौर पर मर्लिन मनरो की उपस्थिति चाहते थे। रूसी राष्ट्रपति ख्रुश्चेव जब अपनी अमेरिका यात्रा के दौरान मनरो से मिले, तो बीसवीं शताब्दी की इस नंबर वन सेक्सी अभिनेत्री की टिप्पणी दिलचस्प थी। 'ख्रुश्चेव ने मुझे उस नजर से देखा जिस नजर से मर्द जवान औरत को देखते हैं।'

1 जून, 1926 को जन्मी मर्लिन मनरो का वास्तविक नाम था नॉर्मा जीन मॉर्टेंशन। 1962 में मनरो की 'आत्महत्या' ने सारे संसार को स्तब्ध कर दिया था। पचास के दशक में वह हॉलीवुड पर छाई रहीं। मनरो की माँ के परिवार में मानसिक असंतुलन और आत्महत्या का इतिहास मौजूद था। नॉर्मा जीन का जब जन्म हुआ, तो उसकी माँ अविवाहित थीं। नॉर्मा के वास्तविक पिता की पहचान कभी नहीं हो पाई। वह जब सोलह साल की थी तब विवाह के लाइसेंस के लिए एक फॉर्म भरते हुए उसे पता चला कि मैं एक अवैध संतान हूँ। नॉर्मा के जन्म प्रमाण पत्र में उसके पिता का नाम एडवर्ड मॉर्टेंशन लिखा हुआ था जो एक मोटर साइकिल दुर्घटना में मारा गया था। उस समय नॉर्मा की उम्र 3 साल थी। मानसिक रूप से अस्वस्थ माँ के कारण नॉर्मा को पाँच साल की उम्र से ही बड़ा कठिन और संघर्षपूर्ण जीवन बिताना पड़ा था। उपेक्षा, अपमान का उसे बुरी तरह शिकार होना पड़ा।

इसीलिए सिर्फ 16 साल की उम्र में अपने प्रेमरहित और उपेक्षित जीवन से बचने के लिए उसने 21 साल के एक लड़के से शादी कर ली। इस विवाह के प्रारंभ में ही उसका अंत था। दोनों के बीच में कोई संवाद नहीं था। 1944 में सेना के एक फोटोग्राफर ने नॉर्मा की विलक्षण सेक्स अपील को पहचान लिया। उसकी तस्वीरें बहुत लोकप्रिय साबित होने लगीं। दो सालों में ही एक मॉडेल के रूप में नॉर्मा बहुत मशहूर हो गई। हॉलीवुड के तंत्र ने इस मॉडेल की वास्तविक प्रतिभा पहचान कर उसे नया नाम दिया—मर्लिन मनरो। लेकिन फिल्मों में मनरो को आसानी से सफलता नहीं मिली थी। मजबूर होकर केवल पचास डॉलर के पारिश्रमिक पर मनरो ने एक कैलेंडर के लिए नग्न मॉडलिंग की। यह कैलेंडर अत्यधिक लोकप्रिय हुआ। कैलेंडर कंपनी ने साढ़े सात लाख डॉलर कमाए। दाम कैलेंडर कंपनी को मिले, नाम मर्लिन मनरो का हुआ।

1948 में जॉन फोर्ड की फिल्म 'द एस्फाल्ट जंगल' की छोटी पर आकर्षक भूमिका से मनरो की छवि एक अभिनेत्री के रूप में बनी। 1961 में मनरो की अंतिम फिल्म 'द मिसफिट्स' के निर्देशक भी जॉन फोर्ड ही थे। जनवरी, 1954 में मनरो ने 'बेसबाल हीरो' जो दीमाज्जियो से विवाह किया। 1956 में उसने प्रसिद्ध

नाटक लेखक और बुद्धिजीवी अर्थर मिलर से अपनी तीसरी शादी की। मिलर ने खासतौर से मनरो को ध्यान में रखकर 'द मिसफिट्स' फिल्म लिखी थी। इस फिल्म के नायक हॉलीवुड के सुपरस्टार क्लार्क गेबल थे। फिल्म के पूरा होते ही गेबल का निधन हो गया। शूटिंग के दौरान मनरो का स्वास्थ्य भी बहुत खराब था। निजी जीवन की निराशा और विषाद ने मनरो को उन दिनों बुरी तरह से घेर रखा था। नींद की गोलियाँ बहुत ज्यादा खा लेने के कारण मनरो एक बार सेट पर ही गिर पड़ी थी। उसे अस्पताल ले जाना पड़ा था। 'द मिसफिट्स' 1961 की जनवरी में रिलीज हुई पर उसके रिलीज होने से एक सप्ताह पहले मनरो ने अर्थर मिलर से तलाक ले लिया था। इस ग्लैमरस जीवन का अंत निकट ही था। 5 अगस्त, 1962 को वह अपने बिस्तर पर मृत पाई गई। कुछ लोग उसके निधन में षड्यंत्र या हत्या के सुराग भी खोजते रहे हैं। अब तक मनरो की न जाने कितनी जीवनियाँ लिखी जा चुकी हैं। अपने जीवन में भी वह चर्चित रही और बाद में भी उसकी रहस्यकथा लगातार लंबी ही होती चली गई है। उसकी छवि की एक अद्वितीय विशेषता यही है कि वह एक बौद्धिक को उतनी ही तीव्रता से आकर्षित करती है जितनी एक आम फिल्म प्रेमी को। उसकी छवि में सेक्स की देवी भी है और सुदंरता की भी। कोई आश्चर्य नहीं कि बीसवीं शताब्दी में यह छवि असाधारण और अद्वितीय है।

हॉलीवुड ने शुरू में मनरो को एक अभिनेत्री के रूप में मात्र 'सेक्स सिंबल' ही माना था। लेकिन यूरोप ने मनरो को एक अच्छी अभिनेत्री के रूप में पहले ही स्वीकार कर लिया था। जॉन फोर्ड ने अपनी आत्मकथा 'एन ओपन बुक' में लिखा है कि जां पॉल सार्त्र मनरो को एक बहुत अच्छी अभिनेत्री मानते थे। वह चाहते थे कि फोर्ड की फिल्म 'फ्रॉयड' में नायिका मनरो को ही बनाया जाए। फोर्ड के अनुसार पर्दे पर मनरो की बहुप्रचारित सेक्स अपील शक्तिशाली ढंग से उभरती थी। लेकिन उसमें सिर्फ यह अपील ही नहीं थी—और भी बहुत कुछ था।

1998

हिचकॉक : सस्पेंस की 'दूसरी दुनिया'

वर्ष 1999 विश्वप्रसिद्ध फिल्मकार अल्फ्रेड हिचकॉक (1899-1980) का जन्म शताब्दी वर्ष भी है। हिचकॉक ने अपना फिल्म कैरियर 1920 में मूक फिल्मों के दौर से शुरू किया था और वह लगभग आखिरी समय तक फिल्में बनाते रहे। फिल्म के सेट पर काम करते हुए अचानक वह इस दुनिया से विदा लेना चाहते थे। उन्होंने अपनी अंतिम और 53वीं फिल्म 'फैमिली प्लॉट' 1976 में पूरी की थी। इस फिल्म के प्रीमियर के बाद प्रेस कान्फ्रेंस में एक महिला ने हिचकॉक से सवाल किया कि आप अपनी कब्र के पत्थर पर क्या लिखवाना चाहेंगे? जवाब था, "शायद कुछ इस तरह की बात कि देखो, अगर तुम एक अच्छे बच्चे नहीं साबित हुए, तो तुम्हारी क्या हालत हो सकती है।"

ब्रिटेन में एक रोमन कैथोलिक परिवार में जन्मे हिचकॉक की इस मार्मिक टिप्पणी के पीछे बचपन का एक भय काम कर रहा था। हिचकॉक जब पाँच-छह साल के थे, तो उनके पिता ने एक नोट के साथ उन्हें पुलिस स्टेशन भिजवाया। पुलिस अफसर ने पर्ची को पढ़ने के बाद हिचकॉक को पाँच मिनट के लिए जेल में यह कहते हुए बंद कर दिया, "हम शरारती बच्चों के साथ यह बर्ताव करते हैं!" इस घटना ने हिचकॉक के मन में पुलिस का गहरा भय पैदा कर दिया। उनकी फिल्मों में भी गिरफ्तारी और जेल में बंद किए जाने की एक अजीब सी आशंका देखी जा सकती है। भय, चिंता और आशंका का यह अद्भुत फिल्मकार सस्पेंस फिल्मों की शैली का अकेला महान फिल्मकार है। बहुत कम ऐसे फिल्मकार हैं जो दुनिया भर में लोकप्रिय होने के बावजूद फिल्म बुद्धिजीवियों को भी आकर्षित करते हैं। पचास और साठ के दशक में फ्रांस की तथाकथित 'नई धारा' के बुद्धिजीवी फिल्मकार–फ्रांसुआ त्रुफो, शाबरोल, रोमेर आदि हिचकॉक को सिनेमाई भाषा और तकनीक का मास्टर फिल्मकार मानते थे। त्रुफो ने हिचकॉक से एक लंबी भेंटवार्ता को पुस्तकाकार रूप दिया। आधुनिक सिनेमा के साहित्य में यह पुस्तक 'मास्टरपीस' मानी जाती है। जॉन रसेल टेलर जैसे प्रसिद्ध अंग्रेजी समीक्षक ने बाद में 'हिच' नाम से एक जीवनी भी लिखी। लेकिन हिचकॉक की अद्भुत फिल्म मानसिकता

का परिचय पाने के लिए त्रुफो की पुस्तक 'हिचकॉक' एकमात्र प्रतिनिधि और कालजयी ग्रंथ है। लगभग 50 घंटे का यह इंटरव्यू (500 से भी ऊपर तैयार प्रश्न पहले ही भिजवा दिए गए थे) 1962 में लिया गया था। तब तक 'हिचकॉक' की फिल्म 'साइको' (1960) रिलीज हो चुकी थी। बाद के वर्षों में त्रुफो ने अपने इंटरव्यू के इस 'मैराथन' सिलसिले को आगे बढ़ाया। 1966 में इसका फ्रांसीसी संस्करण और 67 में अंग्रेजी संस्करण सामने आया। इस पुस्तक की भूमिका में त्रुफो ने हिचकॉक को एडगर एलेन पो, दोस्तोएवस्की और काफ्का जैसे महान लेखकों की तरह का 'आर्टिस्ट ऑफ एंग्जाइटी' (चिंता और आशंका का कलाकर्मी) बताया है। त्रुफो का तर्क था कि बर्गमैन जैसे फिल्मकारों के बाद जब सिनेमा को भी साहित्य जैसा दुर्लभ दर्जा मिल गया है, तो हिचकॉक के कलाकर्म को एक बड़ी और गंभीर पृष्ठभूमि में देखा जाना चाहिए।

फ्रांसुआ त्रुफो के अनुसार हिचकॉक की फिल्मों की बुनावट में तीन तत्त्व प्रमुख हैं–भय, सेक्स और मृत्यु। ये चीजें दिन के समय की नहीं हैं (जैसे बेरोजगारी, नस्लवाद या गरीबी वगैरह हैं)–ये दरअसल रात के समय की चिंताएँ हैं, एक तरह की 'मेटाफिजिकल' परेशानियाँ।

हिचकॉक की फिल्मों का विविध संसार है। वह अपनी अपराधकथाओं के लिए 'जासूसी' लेखकों का सहारा नहीं लेते थे। वह खुद एक लेखक की प्रतिभा भी रखते थे, उन्हें चित्रकला की भी थोड़ी बहुत समझ थी। पर अपने सिनेमा को उन्होंने शुद्ध चाक्षुष संदर्भ दिए। उनका कहना था कि सेजां जैसा महान चित्रकार जीवन भर कुछ 'स्टिल लाइफ' या जंगल के दृश्यों के सहारे अपनी कला की महान ऊँचाइयाँ प्राप्त कर सकता था। पर एक फिल्मकार चित्रकार की तरह अपने को लगातार दोहरा नहीं सकता है। इसलिए वह बराबर अपनी फिल्मों में नए सोच, सरोकार, चुनौतियाँ स्वीकार करते रहे। नटोरियस, रियर विंडो, नॉर्थ बाइ नॉर्थ वेस्ट, साइको, द बर्ड्स जैसी उनकी कालजयी फिल्में न जाने दुनिया भर की कितनी फिल्मों को विचार चुराने की प्रेरणा दे चुकी हैं। लातीनी अमेरिकी लेखक बोरखेस की ही तरह हिचकॉक भी शायद इस सिद्धांत में आस्था रखते थे कि मैं अपना अनुकरण करने वालों का अनुकरण कैसे करूँ?

हिचकॉक ने 1940 से हॉलीवुड के तंत्र में काम करते हुए भी कई तरह के जोखिम उठाए। 1944 में 'स्पेलबाउंड' फिल्म के एक स्वप्न दृश्य के लिए उन्होंने महान अतियथार्थवादी चित्रकार डाली की सेवाएँ हासिल कीं। डाली के चित्रों में तब तक स्वप्न दृश्य (पिघलती हुई घड़ियाँ आदि) एक असाधारण चित्रभाषा प्राप्त कर चुके थे। हिचकॉक डाली के स्वप्न संसार की चाक्षुष तीक्ष्णता और स्पष्टता का सिनेमाई इस्तेमाल करना चाहते थे। डाली उन दिनों अपनी अतियथार्थवादी कल्पनाशक्ति के लिए कुछ-कुछ 'कुख्यात' भी थे। उन्होंने हिचकॉक को सुझाव

दिया कि क्यों न एक मूर्ति को टूटते हुए दिखाया जाए जिसमें खूब सारी चींटियाँ निकलें और नायिका इंग्रिड बर्गमैन के शरीर पर चींटियाँ ही चींटियाँ नजर आएँ। हिचकॉक जानते थे कि एक चित्रकार के लिए इस अनोखी कल्पना को साकार करना आसान है पर फिल्मकार के लिए इस कल्पना से जूझना जरूरी नहीं है।

लेकिन हिचकॉक ने 'द बर्ड्स' जैसी अपनी अद्वितीय फिल्मों में अपनी विचित्र कल्पना को एक काव्यात्मक उड़ान देने के अलावा सिनेमाई तकनीक में भी साहसपूर्ण प्रयोग किए। इस फिल्म में चिड़ियाँ अचानक लोगों पर भयावह हमले करने लगती हैं। हिचकॉक ने फिल्म में चिड़ियों के आक्रमण का कारण स्पष्ट नहीं किया पर इस बात के प्रमाण मौजूद हैं जब चिड़ियों ने संभवतः 'रैबी' जैसे किसी भयावह रोग का शिकार होकर लोगों पर भयानक आक्रमण शुरू कर दिए थे। हिचकॉक चाहते थे कि सिर्फ साधारण और गैर खूँखार किस्म की चिड़ियों के हमले को दिखाया जाए। मिसाल के लिए किसी गिद्ध का हमला उन्हें आकर्षित नहीं कर पा रहा था।

फिल्म कला की दृष्टि से 'रियर विंडो' को हिचकॉक की सर्वश्रेष्ठ फिल्म माना जा सकता है। इसका नायक एक फोटोग्राफर है जो रेसिंग कार की एक दुर्घटना में अपनी एक टाँग गँवा चुका है। वह अपने कमरे की खिड़की से अपने आस-पास के फ्लैटों की जिंदगी में ताकझाँक करता रहता है। हिचकॉक का मानना था कि हम सबके भीतर कहीं न कहीं एक 'पीपिंग टॉम' (यानी दूसरों की निजी जिंदगी में चुपचाप झाँकने वाला व्यक्ति) बैठा है। ताकझाँक की यह आदत नायक को एक हत्यारे से जूझने की स्थिति में फँसा देती है। लगभग पूरी फिल्म नायक के नजरिए से ही देखी गई है। 'नार्थ बाइ नार्थ वेस्ट' को समस्त जेम्स बांड और बाद की एक्शन फिल्मों की जननी कहा जा सकता है। ठीक सर पर हेलीकॉप्टर की खूँखार उड़ान से बचने की कोशिश करता हुआ नायक हो या माउंट रशमोर की ऊँची पहाड़ियों में किसी तरह से लटके आदमी के हाथों को कुचलने की कोशिश करता हुआ खलनायक हो (इस प्रसंग की नकल असंख्य मुंबइया फिल्मों में भी हो चुकी है)—इन सब भय, आतंक और चिंता के क्षणों में हिचकॉक के पास अपनी एक अलग और मौलिक सिनेमाई दृष्टि थी।

पर्दे पर स्त्री की सेक्स अपील के चित्रण के बारे में भी हिचकॉक के बहुत अलग विचार थे जो सर्वमान्य नहीं हैं। हिचकॉक का कहना था कि पर्दे पर सेक्स को भी सस्पेंसप्रधान होना चाहिए। अगर स्त्री के चेहरे पर सेक्स को आसानी से पढ़ा जा सकता है, तो कोई सस्पेंस नहीं रह जाता है। मर्लिन मनरो या ब्रिजिते बार्दो जैसी अपनी सेक्स अपील के लिए प्रसिद्ध स्त्रियों के चेहरों पर जैसे सब जगह सेक्स लिखा हुआ होता था। ''सेक्स का विज्ञापन नहीं होना चाहिए।'' त्रुफो ने हिचकॉक की राय से असहमति जताई और कहा कि अधिकांश दर्शक ऐंद्रिकता का खुला रूप पसंद करते हैं।

हिचकॉक की एक अलग समझ थी और अलग फिल्म शास्त्र। किसी भी फिल्मकार की तुलना में शायद हिचकॉक की नकल सबसे ज्यादा हुई है। पर मूल फिल्मों का स्वाद, समझ और सौंदर्यशास्त्र बहुत अलग और अद्भुत है। हिचकॉक अपनी फिल्मों में अचानक किसी एक शॉट में क्षण भर के लिए नजर आते थे। सुभाष घई जैसे मुंबइया फिल्मकारों ने इस शैली की नकल की है। पर हिचकॉक की सस्पेंस फिल्मों के ढाँचे में इस तरह की उपस्थिति का एक अलग आनंद और अर्थ भी होता था।

1999

यह जीवन क्यों इतना सुंदर है!

आज के बहुचर्चित इतालवी कॉमेडियन और फिल्म निर्देशक रॉबेर्टो बेनीनी ऑस्कर पुरस्कार समारोह में असाधारण सफलता के बाद अचानक अंतर्राष्ट्रीय स्टार हो गए हैं। बेनीनी की फिल्म 'लाइफ इज ब्यूटीफुल' पिछले साल फ्रांस के विश्व प्रसिद्ध कान समारोह में ग्रैड ज्यूरी पुरस्कार पाने के बाद 1998 की सबसे चर्चित फिल्मों में शामिल हो गई थी। इटली में ऑस्कर सरीखे पुरस्कारों का नाम है—दोनातेल्लो पुरस्कार। इस फिल्म को लगभग सभी बड़े दोनातेल्लो पुरस्कार मिल गए थे। लेकिन ऑस्कर पुरस्कारों में सात नामांकनों ने दुनिया भर के फिल्म प्रेमियों को चकित कर दिया था। और जब इस फिल्म को सर्वश्रेष्ठ विदेशी फिल्म का ऑस्कर मिला, तो किसी को आश्चर्य नहीं हुआ। यह तो लगभग मान ही लिया गया था कि कोई दूसरी विदेशी फिल्म इसके सामने नहीं टिकेगी हालाँकि अंतिम पाँच फिल्मों में ईरान की खूबसूरत और मार्मिक फिल्म 'चिल्ड्रेन ऑफ हैवेन' भी थी। माजिद मजीदी के निर्देशन में बनी यह अत्यंत संवेदनशील फिल्म जनवरी 1998 में भारत के अंतर्राष्ट्रीय फिल्मोत्सव के प्रतियोगिता खंड में दिखाई जा चुकी है। एक भाई-बहन की दुनिया को बच्चों की अपनी आँखों से फिल्म में देखा गया है। अभावों के बीच दोनों बच्चे 'सरवाइवल' की अद्भुत तरकीबें खोजते हैं। 'लाइफ इज ब्यूटीफुल' में भी 'सरवाइवल' का सवाल है। लेकिन इसमें कैनवास ज्यादा बड़ा है। यूरोप में यातना शिविरों के बचे हुए लोग आज भी 'सरवाइवल' की अनोखी कहानियाँ सुनाते हैं। बेनीनी ने अपने पिता से इन कहानियों को सुना था। वह खुद द्वितीय विश्व युद्ध में एक जर्मन यातना शिविर की भयावह स्थितियों में अपने को किसी तरह से बचा पाए थे। यहाँ यह भी उल्लेखनीय है कि पिछले हैदराबाद फिल्मोत्सव में 'लाइफ इज ब्यूटीफुल' को समापन फिल्म के रूप में दिखाया गया था। वहाँ दर्शकों को यह फिल्म काफी पसंद आई थी।

विश्वसिनेमा का इतिहास हमें बताता है कि एक बहुत अच्छा कॉमेडियन अपनी फिल्मों का निर्देशन अगर खुद करे, तो बहुत अच्छे नतीजे निकलते हैं। बीस के दशक में हॉलीवुड में इस सदी के दो सबसे महान कॉमेडियन (चैप्लिन

और बस्टर कीटन) अपनी फिल्मों का निर्देशन स्वयं कर रहे थे। चैप्लिन के पास एक आवारा आदमी की अनोखी छवि थी पर बस्टर कीटन अपने चेहरे के हावभाव और एक कलाबाज (एक्रोबेट) वाली लचीली शारीरिक मुद्राओं के बल पर कॉमेडी विधा को एक अद्वितीय योगदान दे सके। बेनीनी में भी चेहरे के हावभाव को नियंत्रित करने की अद्भुत क्षमता है। और उनकी कलाबाजी तो ऑस्कर पुरस्कार समारोह में सबने देखी जब वह सर्वश्रेष्ठ विदेशी फिल्म के पुरस्कार की घोषणा के बाद उछल कर कुर्सियों पर चढ़ गए और लगभग एक मेढक की तरह उछलते हुए मंच पर पहुँचे। अपने ऑस्कर भाषण के समय वह बहुत भावुक हो गए थे। अपने छोटे से इतालवी गाँव में रह रहे माता-पिता को उन्होंने धन्यवाद दिया और साथ ही जर्मन यातना शिविरों के उन शहीदों को भी याद किया "जिन्होंने अपनी जानें दे दीं ताकि हम कह सकें कि जिंदगी बहुत खूबसूरत है।"

सर्वश्रेष्ठ संगीत के अलावा सर्वश्रेष्ठ अभिनेता का तीसरा पुरस्कार पाना बेनीनी के लिए और भी बड़ा चमत्कार था क्योंकि इस बार प्रतियोगिता हॉलीवुड के कुछ सुपरस्टारों से थी। पिछले पचास सालों में स्वयं को निर्देशित करने वाले अभिनेताओं में केवल लॉरेंस ऑलिवियर को 'हैलमेट' के लिए सर्वश्रेष्ठ अभिनेता का ऑस्कर मिला है। 1961 में मशहूर इतालवी फिल्मकार दे सीका की फिल्म 'टु वुमेन' में श्रेष्ठ अभिनय के लिए सोफिया लॉरेन को सर्वश्रेष्ठ अभिनेत्री का दुर्लभ ऑस्कर मिल चुका है। ऑस्कर का इतिहास हमें बताता है कि ये पुरस्कार अंग्रेजी भाषा में बनी फिल्मों को ही मिल पाते हैं। और यह शायद संयोग नहीं था कि बेनीनी को एक ऑस्कर इस बार स्वयं सोफिया लॉरेन ने दिया। सोफिया लॉरेन 65 वर्ष की हो चुकी हैं। पिछले दिनों वह अस्वस्थ भी थीं। 'टु वुमेन' में एक स्त्री की त्रासद कथा थी। 'लाइफ इज ब्यूटीफुल' में भी त्रासदी है। फर्क यह है कि त्रासद घटनाओं की भी हँसते-हँसाते हुए कहने की कोशिश की गई है।

यहाँ यह भी गौर करने की बात है कि मुंबइया सिनेमा के बहुमुखी प्रतिभा वाले सितारे किशोर कुमार निर्देशक के रूप में अत्यंत गंभीर फिल्में ('दूर गगन की छाँव में' जैसी) बनाना अधिक पसंद करते थे। पर कॉमेडियन के रूप में उनमें बहुत प्रतिभा थी। दरअसल एक हर बड़े कॉमेडियन को अपने चेहरे पर मुखौटा लगाकर हँसना पड़ता है। कई बार लोग उसे देख-देखकर खूब हँस रहे होते हैं पर भीतर से वह अभिनेता अभिनय के समय या स्वयं को पर्दे पर हँसते देखते हुए रो रहा होता है।

बेनीनी ने अपनी फिल्म 'लाइफ इज ब्यूटीफुल' का मूल विचार अपने पिता से लिया है। उनके पिता को द्वितीय विश्वयुद्ध की अग्निपरीक्षा से झुलसते हुए बाहर आने का मौका मिला था। युद्ध की समाप्ति के बाद वह अपने बच्चों को एक खास तरह से हँसाते थे ताकि उनके मन में डर कहीं जगह न बना ले। हाल

में बेनीनी ने एक इंटरव्यू में कहा है, ''मेरे पिता मुझे और मेरी बहनों को डर से बचाने के लिए हमेशा खुशी और जीवन के आनंद की कहानियाँ सुनाते थे। और यह बात बहुत-बहुत मार्मिक थी।''

'लाइफ इज ब्यूटीफुल' में यही केंद्रीय कथानक है। बेनीनी उसमें एक ऐसे पिता बने हैं जो अचानक अपने को अपनी पत्नी और बच्चे के साथ एक यातना शिविर के बंदी के रूप में देख कर जीवन से घबड़ा नहीं जाता है। शिविर के भयावह यथार्थ से बच्चे को बचाने के लिए वह तरह-तरह की हँसाने वाली कहानियाँ और घटनाएँ गढ़ता रहता है। फिल्म का नायक जुइदो एक उच्च वर्ग की सुंदरी डोरा के प्रेम से त्रस्त है। डोरा की मँगनी फासिस्ट पार्टी के एक ऊँचे अफसर से हो चुकी है। लेकिन हालात कुछ ऐसे हो जाते हैं कि डोरा और जुइदो का 'अंसभव विवाह' हो जाता है। और उनके घर में एक प्यारा बच्चा आ जाता है। लेकिन जुइदो एक यहूदी है। द्वितीय विश्व युद्ध शुरू हो जाता है। नात्सी सैनिक जुइदो और उसके बच्चे को गिरफ्तार कर के यातना शिविर में भेज देते हैं। डोरा हालाँकि यहूदी नहीं है पर वह स्वेच्छा से यातना शिविर में आ जाती है। अब जुइदो अपनी पत्नी और बच्चे को बचाने के लिए तरह-तरह की हरकतें करता है, खेल रचाता है। बेनीनी का कहना है कि यह एक कॉमेडियन द्वारा बनाई गई त्रासदी है। फिल्म में यातना शिविरों की हँसाने वाली स्थितियाँ कहीं-कहीं अजीब और कमजोर जरूर लगती हैं। पर फिल्म के पूर्वार्ध में बेनीनी अपनी अभिनय प्रतिभा का परिचय दे देते हैं। उसी को देखकर लगता है कि यह जीवन इतना सुंदर क्यों है।

1998

छोटी कथाफिल्मों की बड़ी दुनिया

फ्रांसीसी सांस्कृतिक केंद्र ने एक अलग तरह का फिल्मोत्सव आयोजित किया। इस लघु कथाफिल्म महोत्सव में अनेक चर्चित और पुरस्कृत लघु कथाफिल्में दिखाई गईं। दो निर्देशक ख़ास तौर से फ्रांस से भारत आए। इस फिल्मोत्सव के माध्यम से लघु कथाफिल्मों की अद्वितीय रचनात्मकता, जरूरत, महत्त्व आदि पर फोकस किया गया। फ्रांस एक फिल्म संस्कृतिसंपन्न देश है, हालाँकि वहाँ के फिल्मकार भी इधर कई दशकों से हॉलीवुड की फिल्मों के आतंक को झेल रहे हैं। स्थानीय सिनेमा को बढ़ावा देने वाली अनेक योजनाओं के बावजूद अमेरिकी सिनेमा ने 60 प्रतिशत फिल्म बाजार पर अपना कब्जा कर रखा है। कथाफिल्मों को भी वितरण व्यवस्था की अनेक बुनियादी समस्याओं से जूझना पड़ता है। लघु कथाफिल्मों की तो बात ही दूसरी है। फ्रांस में भी ये फिल्में आसानी से दर्शकों तक पहुँच नहीं पाती हैं। एक साल में वहाँ लगभग एक दर्जन फिल्मोत्सवों में लघुफिल्मों पर फोकस किया जाता है। इनमें से दो फिल्मोत्सवों (कान और एवोरियाज) में फुललैंथ कथाफिल्मों और लघुफिल्मों पर एक साथ फोकस किया जाता है। एक फिल्मोत्सव केवल डॉक्यूमेंटरी फिल्मों पर फोकस करता है और एक अन्य फिल्मोत्सव में केवल एनीमेशन फिल्मों पर फोकस किया जाता है। इस तरह से वहाँ के लघु फिल्मकारों को अपनी रचनात्मकता पर ध्यान केंद्रित करने के अनेक प्रमुख मंच मिल जाते हैं।

ताजा आँकड़ों के अनुसार फ्रांस में हर साल 130 के आसपास कथाफिल्में बन रही हैं। लघुफिल्मों की संख्या हर वर्ष लगभग 400 है। जाहिर है कि इनमें से बहुत-सी फिल्में विभिन्न फिल्म स्कूलों के माध्यम से सामने आती हैं। यहाँ हम जब लघुफिल्म की बात कर रहे हैं, तो यह जान लेना भी जरूरी है कि लघुफिल्म की परिभाषा क्या है! फ्रांस में 60 मिनट तक लंबी फिल्म को लघुफिल्म वर्ग में रखा जाता है। भारतीय अंतर्राष्ट्रीय फिल्मोत्सवों के इंडियन पेनोरमा खंड में 70 मिनट लंबी फिल्मों को गैर-कथाफिल्म माना जाता रहा है। पर जब हम फीचर और नॉन-फीचर का विभाजन कर देते हैं तो कुछ समस्याएँ खड़ी हो जाती हैं। गैर-कथाफिल्म खंड में भला लघु कथाफिल्में कैसे चुनी जाएँ। मणि कौल की 'माटी मानस' जैसी फिल्में

कथाफिल्म और गैर-कथाफिल्म वर्ग की परिभाषाओं में फिट नहीं हो पाती थीं। इसका एक बड़ा कारण यह है कि भारत में लघुफिल्म का आमतौर पर अर्थ है—डॉक्यूमेंटरी और एनीमेशन फिल्में। लघु कथाफिल्म का ढाँचा हमारे यहाँ विकसित नहीं हो पाया है। पुणे फिल्म संस्थान की डिप्लोमा फिल्मों में इस ढाँचे के विकास की थोड़ी बहुत संभावनाएँ रही हैं। एक जमाने में इन डिप्लोमा फिल्मों के फिल्मोत्सव आयोजित करने की सार्थक कोशिशें हुई थीं। 1973 में मुंबई में इस तरह के एक फिल्मोत्सव ने फिल्म प्रेमियों का ध्यान आकर्षित किया था। पर आमतौर पर इन डिप्लोमा फिल्मों पर बहुत कम फोकस हो पाता है। राजन खोसा सरीखे फिल्मकारों की डिप्लोमा फिल्में ही अंतर्राष्ट्रीय फिल्मोत्सवों में भी चर्चा का विषय बन सकी हैं। उनकी फिल्म 'बोधि वृक्ष' एक समय में काफी चर्चित हुई थी। फ्रांस सरीखे देशों में इस तरह की किसी चर्चित लघुफिल्म को बना लेने के बाद दूसरी फुल फीचर लैंथ फिल्मों को बनाने के अवसर जल्दी मिल जाते हैं। लेकिन राजन खोसा को अपनी फुललैंथ फीचर फिल्म के लिए लंबा इंतजार करना पड़ा।

जरूरी नहीं है कि शुरू में एक लघु कथाफिल्म बनाई जाए और बाद में इस विधा को त्याग दिया जाए। दरअसल इस विधा की अपनी रचनात्मक जरूरतें और शर्तें हैं। पर मुख्य समस्या वितरण की है। वितरण व्यवस्था की कमियों के कारण यह विधा फिल्मोत्सवों में ही अभिव्यक्ति का मंच हासिल कर पाती है। टेलीविजन एक हद तक इस वितरण व्यवस्था की कमी को पूरा कर सकता है। एक जमाने में फेलीनी, देसीका, विस्कोंती सरीखे महान फिल्मकार 'बोकेच्चियो 70' जैसी फिल्मों में तीन लघु कथाफिल्मों को एक साथ बना चुके थे। इस फिल्म को देखकर आसानी से अंदाज लगाया जा सकता है कि लघु कथाफिल्म की अपनी एक स्वतंत्र दुनिया है। इन तीन बड़े फिल्मकारों ने फैंटेसी, कॉमेडी के फॉर्म का सहारा लेते हुए तीन दिलचस्प कहानियों को पर्दे पर उतारा था। अनिता एकबर्ग, रोमी श्नाइडर और सोफिया लॉरेन जैसी बड़ी अभिनेत्रियों को इन कहानियों के केंद्र में रखा गया था। एक शहर का नैतिकतावादी मेयर एक पोस्टर से परेशान है। इस पोस्टर में अनिता एकबर्ग एक ग्लैमरस और सेक्सी मुद्रा में लेटी हुई है। शुद्धतावादी और दमित वासनाओं वाला मेयर चाहता है कि इस पोस्टर को उतार दिया जाए, पर पोस्टर वाली लड़की उसकी कल्पना और स्वप्न संसार में बुरी तरह से छा जाती है और एक रात एक दिलचस्प फैंटेसी में वह लड़की पोस्टर से उतरकर भीमकाय रूप में बौने मेयर को उठाकर अपने विशाल वक्षस्थल पर बैठा देती है। बेचारे मेयर की जब नींद खुलती है तो वह पोस्टर पर बदहवास हालत में अपने को टँगा हुआ पाता है।

एक घंटे या उससे कम समय के 'फॉर्मेट' में ही इस तरह की कथाएँ कही जा सकती हैं। फेलीनी ने जब एक फिल्म निर्देशक के रचनात्मक द्वंद्व को चित्रित

करने के लिए 'एट ऐंड ए हाफ' (साढ़े आठ) फिल्म बनाई थी तो इस फिल्म का टाइटिल सिर्फ दर्शकों को यह बताना चाहता था कि फेलीनी के निर्देशन में बनी फिल्मों की संख्या इतनी ही है। 'बोकेच्चियो 70' के खंड वाली फिल्म को फेलीनी ने संख्या में 'आधा' माना था। लेकिन 'आधी फिल्म' वह सिर्फ लैंथ के हिसाब से थी। उसमें एक पूरी फिल्म के गुण थे।

ऊपर हमने जिस फ्रांसीसी फिल्मोत्सव का जिक्र किया है, उसमें तीन-चार बहुत दिलचस्प फिल्में थीं, जो लघु कथाफिल्म फॉर्मेट की संभावनाओं और विशेषताओं पर खास फोकस करती हैं। अक्सर इस तरह की फिल्मों का अंत बहुत चुस्त और चुटीला होना चाहिए। मिसाल के लिए यवो मार्सियानो की फिल्म 'एमिली मुलर' की चर्चा की जा सकती है। लगभग इक्कीस मिनट की इस ब्लैक ऐंड व्हाइट फिल्म में एक निर्देशक एक युवा अभिनेत्री एमिली मुलर का स्क्रीन टेस्ट ले रहा है। अभिनेत्री कैमरे के सामने आती है। निर्देशक उससे कहता है कि तुम अपना पर्स उठा कर खोलो और बताओ कि उसमें क्या-क्या और कैसा सामान है। वह अभिनेत्री उठती है और पर्स खोलती है। निर्देशक पर्स के सामान के बारे में पूछता है और वह अभिनेत्री धीरे-धीरे बहुत दिलचस्प ढंग से पर्स की छोटी-छोटी चीजों की मार्मिक कथाएँ बताती है। अगर उसमें रखे किसी सहेली के पोस्टकार्ड की कोई मार्मिक कथा है, तो किसी दूसरी साधारण रसीद की भी कोई दिलचस्प कहानी हो सकती है। निर्देशक को तो स्क्रीन टेस्ट के लिए पर्याप्त समय की आवश्यकता है। पंद्रह मिनट का स्क्रीन टेस्ट जब समाप्त हो जाता है तो निर्देशक सिगरेट ब्रेक लेता है। उसका असिस्टेंट उससे पूछता है कि क्या अगली लड़की को बुलाया जाए। अचानक वहाँ स्टूडियो की एक सहयोगी आती है। निर्देशक उससे कहता है कि अरे, अरे, वह लड़की तो अपना पर्स यहीं छोड़ गई है। लेकिन उसकी सहयोगी हैरान होकर कहती है कि यह पर्स तो मेरा है। फिल्म के अंतिम दृश्य में हम निर्देशक को अपना सारा काम छोड़कर उस लड़की की खोज में बदहवास भागता हुआ देखते हैं। जो लड़की किसी अनजान पर्स को खोलकर इतनी दिलचस्प कहानियाँ और एक पूरी दुनिया रच सकती है तो निश्चय ही उसमें अद्भुत प्रतिभा है।

एक दूसरी फिल्म 'ओमनीबस' सिर्फ 10 मिनट की है। सैम कारमन्न के निर्देशन में बनी इस फिल्म को कान के प्रतिष्ठित महोत्सव में सर्वश्रेष्ठ लघु फिल्म का गोल्डन पाम अवार्ड (1992) भी मिल चुका है। फिल्म के नायक की मुख्य समस्या उसकी नौकरी है। उसे हर हालत में वक्त पर दफ्तर पहुँचना है। लेकिन गाड़ी पर चढ़ने के बाद उसे पता चलता है कि टाइमटेबिल बदल गया है। अब उसकी ट्रेन उस स्टेशन पर नहीं रुकेगी, जहाँ से उसका दफ्तर नजदीक है। नायक बदहवास है। कभी वह कंडक्टर को पटाने की कोशिश करता है तो कभी सहयात्रियों के सामने अपनी समस्या को रखता है। उसे हर हालत में अपने स्टेशन पर उतरना

है। अंत में किसी तरह से वह ट्रेन के ड्राइवर को राजी कर लेता है कि वह उसके स्टेशन पर गाड़ी क्षण भर के लिए धीमी कर देगा। अब चाहे तो अपनी रिस्क पर वह उतर सकता है। स्टेशन आता है। गाड़ी क्षण भर के लिए धीमी होती है। डरता-डरता हमारा नायक प्लेटफॉर्म पर कूदता है। गाड़ी के दूसरे पैसेंजर उसकी इस सफलता पर हर्षध्वनि करते हैं। लेकिन धीमे सरकती गाड़ी के आखिरी डिब्बे में अचानक एक उत्साही यात्री यह समझता है कि वह बेचारा पैसेंजर गाड़ी पकड़ने के लिए भाग रहा है। वह हिम्मत करके हमारे नायक को किसी तरह खींच कर डिब्बे में वापस चढ़ा लेता है। कहने की जरूरत नहीं कि यह मदद कितनी बड़ी मुसीबत है।

दरअसल एक लेखक कलम हाथ में लेकर जिस आसानी से लघु कथा के फॉर्म के साथ रचनात्मक खेल कर सकता है, उतनी आसानी से एक फिल्मकार लघु कथाफिल्म के साथ खेल नहीं कर सकता है। उसके हाथ में एक महँगी विधा है। लेकिन जैसा कि ऊपर के उदाहरण हमें बताते हैं कि इन लघु कथाफिल्मों की भी एक बहुत बड़ी और रचनात्मक दुनिया है। रिस्क लेकर ही सही, पर फिल्मकारों को इस दुनिया में जाना जरूर चाहिए।

1999

स्टेनले क्युबरिक : एक वास्तविक सुपरस्टार निर्देशक

पिछले दिनों सत्तर साल की उम्र में विश्व प्रसिद्ध फिल्मकार स्टेनले क्युबरिक का लंदन के निकट उनके निवास स्थान में निधन हो गया। लोलिटा, डॉ. स्ट्रेंजलव, 2001 : ए स्पेस ऑडिसी, ए क्लॉकवर्क ऑरेंज जैसी अपने समय की बहुचर्चित और विवादास्पद फिल्मों के निर्देशक अपने अंतिम दिनों में एक और विवादास्पद फिल्म 'आइज वाइड शट' बना रहे थे। नवंबर 1996 में इस फिल्म की घोषणा हुई थी। सौभाग्यवश क्युबरिक ने अपनी अंतिम फिल्म की शूटिंग को पूरा कर लिया था। अब संभवतः जुलाई में इसे रिलीज किया जाएगा। लेकिन '2001' जैसी बहुचर्चित और चाक्षुष दृष्टि से अद्वितीय फिल्म का यह निर्देशक वर्ष 2001 में स्वयं नहीं जा पाया। पर क्युबरिक की फिल्में अगली शताब्दी में भी कालजयी सिनेमा के रूप में याद की जाएँगी।

अमेरिका में 1928 में जन्मे क्युबरिक हॉलीवुड के तंत्र में अपने को अजनबी ही समझते थे। साठ के दशक के प्रारंभ में ही उन्होंने हॉलीवुड छोड़ दिया था। वह ब्रिटेन में बस गए। निर्देशक के रूप में क्युबरिक को ऑस्कर पुरस्कारों के नॉमीनेशन कई बार मिले। लेकिन स्टूडियो सिस्टम का जबरदस्त निषेध करने वाली क्युबरिक की प्रतिभा हॉलीवुड के व्यावसायिक तंत्र को अधिक रास नहीं आती थी। सिनेमा के इतिहास का यह विचित्र व्यंग्य और विरोधाभास है कि इतने प्रतिभाशाली निर्देशक को अपने जीवन में केवल एक ऑस्कर पुरस्कार मिल पाया और वह भी निर्देशन के लिए नहीं बल्कि '2001 : ए स्पेस ऑडिसी' फिल्म के 'स्पेशल विजुअल इफेक्ट्स' के लिए। तकनीक पर क्युबरिक का असाधारण अधिकार था। उन्होंने अपने डॉक्टर पिता का प्रोत्साहन पाकर बहुत छोटी उम्र में फोटोग्राफर के रूप में काम करना शुरू कर दिया था। प्रसिद्ध पत्रिका 'लुक' के वह स्टाफ फोटोग्राफर भी थे। बाद में एक फिल्म निर्देशक के रूप में क्युबरिक को जब जरूरत महसूस होती थी, तो हैंडहैल्ड कैमरे का खुद इस्तेमाल करने में झिझकते नहीं थे। फिल्म कला के सभी पक्षों पर वह पूरा नियंत्रण रखना चाहते थे। इसीलिए हॉलीवुड में उनकी प्रतिभा के समायोजन में दिक्कत होती थी। उन्होंने 'स्पार्टाकस' जैसी हॉलीवुड

शैली की चर्चित व्यावसायिक फिल्मों का निर्देशन भी अपने ढंग से किया। लेकिन क्युबरिक अपनी वास्तविक प्रतिभा उन्हीं फिल्मों में दिखा पाए जहाँ दूसरे लोगों (निर्माता, वितरक और स्टार) का नियंत्रण कम था, और निर्देशक को खुली छूट मिल जाती थी। कोई आश्चर्य नहीं कि क्युबरिक को एक 'सनकी' किस्म का 'जीनियस फिल्मकार' माना जाता था। पर हॉलीवुड के चर्चित स्टार भी क्युबरिक के साथ काम करना चाहते थे। 'स्पार्टाकस' में कर्क डगलस थे, 'डॉ. स्ट्रेंजलव' और 'लोलिटा' में पीटर सेलर्स थे, 'द शाइनिंग' में जैक निकोल्सन थे और उनकी आखिरी फिल्म 'आइज वाइड शट' में टॉम क्रुइजे और निकोल किडमैन सरीखे आज के चर्चित और ग्लैमरस सितारे थे। पर ये ग्लैमरस सितारे भी जानते हैं कि क्युबरिक जैसे निर्देशकों के साथ उन्हीं की शर्तों में काम करने में ही फायदा है। 'आइज वाइड शट' 1927 की एक पुस्तक से प्रेरित है जिसके केंद्र में स्वप्न, सेक्स और फैंटेसी की दुनिया है। स्पष्ट है कि अपनी दूसरी विवादास्पद फिल्मों की ही तरह अपनी अंतिम फिल्म में भी क्युबरिक विवाद का केंद्र बनेंगे। अनोखे विषय चुनने की कला में वह माहिर थे। 'लोलिटा' (1962) इसी नाम के नोवोकोव के अत्यंत विवादास्पद उपन्यास पर आधारित थी जिसमें एक अधेड़ व्यक्ति अपने आप को एक किशोरी के सामने असहाय और 'ट्रैजिक' स्थिति में पाता है। 'लोलिटा' क्युबरिक की महत्त्वपूर्ण फिल्म नहीं बन पाई हालाँकि इसमें जेम्स मैसन और पीटर सेलर्स जैसे अभिनेताओं की संवादों की अदायगी बहुत दिलचस्प थी।

दरअसल 1964 में 'डॉ. स्ट्रेंजलव' से क्युबरिक को ख्याति मिली। इस फिल्म का पूरा नाम बहुत लंबा था : 'डॉ. स्ट्रेंजलव और हाउ आइ लर्नड टू स्टॉप वरींग एंड लव द बांब'। आणविक हथियारों की होड़ को लेकर यह एक अद्भुत 'ब्लैक कॉमेडी' फिल्म थी। पीटर सेलर्स ने इस फिल्म में 'ट्रिपल रोल' किया था। आणविक हथियारों ने किस तरह से आधुनिक शक्ति तंत्र को पागलपन का शिकार बना दिया है इस पर फिल्म में तीखे कटाक्ष थे। फिल्म के एक संवाद पर गौर कीजिए : "जैंटलमैन, आप लोग यहाँ लड़ नहीं सकते हैं। यह वार रूम (युद्ध कक्ष) है!"

क्युबरिक ने 1968 में अपनी सबसे मशहूर फिल्म '2001 : ए स्पेस ऑडिसी' बनाई। विज्ञान कथा लेखक अर्थर क्लार्क ने इस फिल्म के तानेबाने की कल्पना की। आदिम मनुष्य से शुरू होकर भविष्य की दुनिया की यात्रा की गई। फिल्म का वह दृश्य अविस्मरणीय है जब एक भीमकाय वानर ऊपर आसमान की ओर एक हड्डी फेंकता है और वह हड्डी एक आधुनिक स्पेसक्राफ्ट में बदल जाती है। फिल्म में संगीत का भी बहुत अच्छा इस्तेमाल किया गया था। इस फिल्म में एक बाकायदा बोलने वाले कंप्यूटर का भी महत्त्वपूर्ण रोल था। युवा वर्ग में यह फिल्म बहुत लोकप्रिय हुई थी। संभवतः पहली बार भविष्य की यंत्रविधि पर पूरी तरह से आश्रित दुनिया का पर्दे पर इतना प्रामाणिक चित्रण हुआ था।

1971 में क्युबरिक की अगली फिल्म 'ए क्लॉकवर्क ऑरेंज' में भी भविष्य की दहशत पैदा करने वाली दुनिया का चित्रण था। एंथनी बर्गेस के इसी नाम के उपन्यास पर आधारित फिल्म ने अपने समय में काफी तहलका मचा दिया था। आज भी सिनेमा के पर्दे पर जब सेक्स और हिंसा के चित्रण की बात होती है, तो इस फिल्म का संदर्भ आवश्यक हो जाता है। इस फिल्म का नायक अलेक्स एक ऐसा किशोर है जो महान संगीतकार बीटोफेन की 'नवीं सिंफनी' का दीवाना है। वह एक खूँखार अपराधी भी है। एक ओर उसे महान संगीत प्रेरित करता है और दूसरी ओर वह दिमागरहित और क्रूर हिंसा और बलात्कार आदि को भी एक 'फन' (आनंद) की तरह देखता है। इस अपराधी को पकड़कर उसके सुधार की एक महत्त्वाकांक्षी योजना बनाई जाती है। उसे एक निहायत दब्बू और डरपोक आदमी बना दिया जाता है। हिंसा के नाम से ही उसे उल्टी आने लगती है। फिल्म का एक प्रसंग अविस्मरणीय है। एक मशीन की मदद से अलेक्स की आँखों को खोल दिया जाता है यानी वह चाहे भी तो अपनी आँखें बंद नहीं कर सकता है। अब उसे अत्यंत हिंसक फिल्मों के दृश्य दिखाए जाते हैं ताकि वह उन्हें देर तक देखता रहे और उसके मन में हिंसा के प्रति नफरत भर जाए। लेकिन क्युबरिक का नजरिया इस सुधार कार्यक्रम की सार्थकता पर भी प्रश्नचिह्न लगाता है। एक मनुष्य को क्या इतना अधिक नियंत्रित किया जाए? क्या उससे एक बेहतर समाज की रचना होगी? अपनी फिल्मों में इस महान निर्देशक ने बार-बार इस तरह के सवाल उठाए। जवाब तो हम सब हमेशा खोजते रहेंगे।

1999

बर्गमैन : विचारों का सिनेमा

हिंदी के विश्व में आज भी ऐसे साहित्यकारों की कमी नहीं है जो सिनेमा को एक गंभीर रचनात्मक विधा मानने को तैयार नहीं हैं। मनोरंजन के इस महँगे और निजी स्वतंत्र अभिव्यक्ति के लिए मुश्किल माध्यम की उम्र सौ साल से भी ज्यादा हो चुकी है। पर सिनेमा के जन्म के पचास साल बाद भी आमतौर पर यह माना जाता रहा था कि धर्म, दर्शन, नैतिकता, अस्तित्व और विचारों के गंभीर संसार से जूझने के लिए यह माध्यम कमजोर है। पचास के दशक में इटली में फेलीनी, अंतोनिओनी; फ्रांस में गोदार, आलें रेने, ब्रेसां; स्वीडन में इंगमार बर्गमैन; भारत में सत्यजित राय और जापान में कुरोसावा जैसे फिल्मकारों ने सिनेमा का अर्थ ही बदल दिया। साठ के दशक में इस सूची में एक और महान रूसी नाम जुड़ गया—आंद्रेइ तारकोवस्की का। इन सबने सिनेमा विधा को वही पैशन और परेशानी, काव्यात्मकता, प्रश्नाकुलता, दार्शनिक जिज्ञासाएँ, निजी अभिव्यक्ति दी जो आमतौर पर साहित्य, दर्शन, धर्म, चित्रकला, संगीत आदि क्षेत्रों की श्रेष्ठ अभिव्यक्ति का अनिवार्य हिस्सा मानी जाती थी। इस दृष्टि से 1918 में जन्मे स्वीडी फिल्मकार इंगमार बर्गमैन का नाम खासतौर से उल्लेखनीय है। बर्गमैन ने 1946 से 1982 के बीच में आश्चर्यजनक रचनात्मकता और स्वतंत्रता का प्रदर्शन करते हुए 40 से भी अधिक फिल्में बनाईं। 1957 में 'द सैवेंथ सील' और 'वाइल्ड स्ट्राबेरीज' इन दो फिल्मों के माध्यम से बर्गमैन ने सिनेमा विधा को एक बिल्कुल नई और अनोखी समझ दे दी। जीवन, धर्म, दर्शन, अस्तित्व के सवालों पर इन फिल्मों में एक गंभीर पुस्तक की तरह बातचीत हुई थी। लगभग, पिछले 17 सालों से बर्गमैन फिल्में नहीं बना रहे हैं। नब्बे के दशक में उन्होंने कुछ पटकथाएँ जरूर लिखी हैं। पर अपनी विस्फोटक रचनात्मकता के 36 सालों में उन्होंने एक साथ लगभग सवा सौ नाटकों और चालीस फिल्मों का निर्देशन किया। अपनी खास तरह की बौद्धिक सिनेमाई भाषा में उन्होंने नाटकों के कुछ गुण भी लिए पर उनका सिनेमा मुख्यतः विचारों का सिनेमा है जो आधुनिक मनुष्य के चेहरे और उसकी आत्मा के लैंडस्केप की अद्भुत ढंग से जाँच-पड़ताल करता है।

संगीत के एक महान 'कंडक्टर' सोल्ती ने लुडविग फॉन बीटोफेन की नौ सिंफनियों के बारे में एक बार महत्त्वपूर्ण बात कही थी कि हर 'कंडक्टर' को अपने जीवन में उन्हें तीन बार रिकॉर्ड कराना चाहिए–युवावस्था में, अधेड़ होने की दहलीज में और वृद्धावस्था में प्रवेश करने पर। दरअसल महान कला वही है जो जीवन के विभिन्न चरणों में एक नया अर्थ और गहराई दे दे। पिछले दिनों राजधानी में बर्गमैन की नौ प्रतिनिधि फिल्मों का एक महत्त्वपूर्ण महोत्सव हुआ, तो सभी शो खचाखच भरे थे। गौर करने की बात यह थी कि इन प्रदर्शनों में वे बुजुर्ग लेखक, चित्रकार, रंगकर्मी और फिल्मकर्मी भी थे जो अपनी जवानी में बर्गमैन की इन कालजयी फिल्मों को देख चुके हैं। पर दुबारा या तिबारा देखने पर उन्हें ये फिल्में देखने और सोचने का एक नया ढंग देती हैं। वर्ना युवा दर्शकों की उत्साही भीड़ का मुकाबला करते हुए वे लोग शो शुरू होने से आधा-आधा घंटे पहले आकर न बैठ जाते। जाहिर है कि युवा पीढ़ी के लिए बर्गमैन से साक्षात्कार एक दुर्लभ अवसर था। बर्गमैन की फिल्मों में कला, धर्म और स्त्रियों इन तीनों के जटिल संसार के बारे में कुछ ऐसे बुनियादी सवाल हैं जो आज भी प्रासंगिक हैं–वे सवाल दर्शकों में एक साथ पैशन और परेशानी पैदा करते हैं। बर्गमैन की पटकथाओं ने दूसरी भाषाओं के महत्त्वपूर्ण फिल्मकारों को भी अच्छे अर्थों में प्रेरित किया है। सत्यजित राय के अंतिम वर्षों की फिल्म 'शाखा प्रशाखा' में 'वाइल्ड स्ट्राबेरीज' की हल्की छायाएँ देखी जा सकती हैं। आज के चर्चित युवा बांग्ला फिल्मकार ऋतुपर्णो घोष अपनी पुरस्कृत फिल्म 'उनीशे एप्रिल' में बर्गमैन की 'आटम सोनाटा' को लगभग एक 'ट्रिब्यूट' देते हुए नजर आते हैं।

बर्गमैन को वास्तविक अंतर्राष्ट्रीय चर्चा 1955 की फिल्म 'स्माइल्स ऑफ ए समर नाइट' फिल्म से मिली थी। इस फिल्म का ढाँचा लगभग एक नाटक की तरह है। कॉमेडी फॉर्म का कल्पनाशील इस्तेमाल करते हुए निर्देशक ने कई तरह की स्त्रियों की दुनिया को उभारा है। पुरुषों के पाखंड को अद्भुत परिहासभाव का परिचय देते हुए सामने लाया गया है। मर्द की हेकड़ी मूर्खतापूर्ण ढंग से दिखाने वाला एक सैनिक अफसर फिल्म के शुरू में एक संवाद में कहता है कि मैं अपनी बीवी की बेवफाई सहन कर सकता हूँ लेकिन कोई मेरी रखैल को छुएगा तो मैं चीते की तरह हो जाऊँगा। फिल्म के अंत में जब इस अफसर को बीवी की बेवफाई की भनक मिलती है, तो उसका संवाद यह है कि कोई मेरी रखैल से छेड़छाड़ करे तो मैं सहन कर सकता हूँ पर कोई मेरी बीवी को छुएगा तो मैं चीता हो जाऊँगा। बर्गमैन अपनी फिल्मों में उच्चवर्ग की स्त्रियों की दुनिया की गहरी जाँच करते हुए साधारण औरतों की जिंदगी में भी मार्मिक ढंग से प्रवेश करना नहीं भूलते हैं। 'स्माइल्स ऑफ ए समर नाइट' में एक चुलबुली नौकरानी (बीवी एंडरसन) का दिलचस्प रोल है जो ग्रीष्म की रात के उस क्षण को पकड़ना चाहती है जब साधारण, वंचित और

अभागे लोग जीवन का एक अपना आनंद खोजने में सफल हो जाते हैं।

'वाइल्ड स्ट्राबेरीज' (संभवतः बर्गमैन की सबसे महत्त्वपूर्ण फिल्म) का 78 साल का चिकित्सक नायक बोर्ग अपने अतीत, स्वप्नों और दुःस्वप्नों से जूझ रहा है। उसकी महान सेवाओं के लिए समाज उसे सम्मानित कर रहा है। पर अपने ईमानदार और दहशत में डाल देने वाले आत्म साक्षात्कार के बाद बोर्ग को लगता है कि वह सचमुच में किसी सम्मान का हकदार नहीं है। वह एक स्वार्थी और अपने अहम् का बुरी तरह से शिकार व्यक्ति है। उसका काम रोगियों को भला चंगा करना है। पर अपने भीतर के बुनियादी रोगों को वह जीवन के अंतिम क्षणों में ही पहचान पाता है। इस पहचान का उसके लिए अब एक ही मूल्य है कि वह शांतिपूर्वक मर सकता है। इस फिल्म में एक निष्ठुर और कड़े यथार्थ का चित्रण है। लेकिन बर्गमैन ने फिल्म के प्रारंभिक और अंतिम प्रसंग में बूढ़ी नौकरानी की भूमिका की मदद से परिहासभाव को एक बड़ा मीठा रूप दे दिया है। विधुर और बूढ़े बोर्ग के निजी जीवन में इस नौकरानी की खास भूमिका है। फिल्म के अंतिम और मार्मिक प्रसंग में बोर्ग अपनी इस नौकरानी आग्दा से सुबह के दुर्व्यवहार के लिए माफी माँगता हे। आग्दा हैरानी से पूछती है कि प्रोफेसर, कहीं आप बीमार तो नहीं हैं? बोर्ग कहता है कि हम दोनों एक-दूसरे को दो पीढ़ियों से जानते हैं। क्या अब भी औपचारिकता को छोड़ा नहीं जा सकता है—इस बुढ़ापे में 'तुम' का संबोधन ज्यादा अच्छा रहेगा। बूढ़ा प्रोफेसर आखिरी दिनों में अपने को बदलने के लिए तैयार है। लेकिन उसकी नौकरानी इस अप्रत्याशित आत्मीयता के लिए तैयार नहीं है। वह अपने सुपरिचित अंदाज में 'गुडनाइट प्रोफेसर' कह कर चली जाती है। 'मैं दरवाजा थोड़ा खुला छोड़ रही हूँ ताकि कोई जरूरत हो, तो आप मुझे बुला सकें।'

बर्गमैन के पिता एक धर्मगुरु थे। बाद में वह स्वीडन के शाही परिवार के पुरोहित भी बन गए थे। बचपन के घरेलू माहौल में बर्गमैन को काफी घुटन और सख्ती का सामना करना पड़ा था। बर्गमैन की अनेक फिल्मों में पिता की 'तानाशाही' के कई बेचैन करने वाले रूप मौजूद हैं। 'थ्रू ए ग्लास डार्कली' (1961) में समुद्र किनारे के लगभग भयावह अकेलेपन में एक सफल लेखक डेविड अपने बच्चों के सामने बुरी तरह से असफल साबित हो रहा है। उसकी बेटी कारिन एक मानसिक अस्पताल की कैद से छूट कर आई है। कारिन का पति एक डॉक्टर है पर वह भी अपनी पत्नी को ठीक से समझ नहीं पा रहा है। कारिन का छोटा भाई मिनस 17 साल का है। वह भी अपने पिता की उपेक्षा से बेचैन है। एक दिन कारिन अपने पिता की डायरी का एक हिस्सा पढ़कर बेचैन हो जाती है। उसमें डेविड ने एक बिल्कुल 'ठंडे' ढंग से लिखा है कि मेरी बेटी असाध्य मानसिक रोग का शिकार है। मैं उसके व्यवहार का अध्ययन करके उसका कोई रचनात्मक इस्तेमाल कर सकता हूँ। बेटी के लिए यह एक भयानक सच्चाई है। कभी न ठीक हो पाने

की पहली सच्चाई भयानक है ही। पर दूसरी सच्चाई उससे भी भयानक है कि मेरा पिता मेरे जीवन का बस इस्तेमाल करना चाहता है। इस विषय को लेकर पिता-पुत्री के बीच में 'ट्रैजिक' किस्म की मुठभेड़ भी होती है। फिल्म के अंतिम प्रसंग में डेविड अपने लड़के मिनस से बहुत थोड़ी-सी बात करता है। लेकिन उस बच्चे में उस बातचीत के बाद एक ऐसी चमक और उत्साह नजर आता है जैसे उसने अभी-अभी ईश्वर से बातचीत की हो।

ईश्वर से बातचीत, मुठभेड़, प्रश्नाकुलता बर्गमैन की प्रारंभिक महत्त्वपूर्ण फिल्मों का केंद्रीय कथानक है। 'द सैवेंथ सील' का शूरवीर 'नाइट' दस साल के धर्मयुद्ध के बाद धर्म, नैतिकता और जीवन की व्यर्थता को तीव्रता से महसूस कर रहा है। मृत्यु उसका पीछा कर रही है। वह मृत्यु के साथ शतरंज खेलकर मृत्यु से बचने की नहीं बल्कि जीवन को समझने की कोशिश कर रहा है। धर्म का क्रूर और पाखंडी रूप उसके सामने है। एक साधारण कलाकार परिवार में ज्यों ही वह जीवन के श्रेष्ठ और मानवीय रूप की झलक देख लेता है, तो मौत की बाँहों में जाने से पहले वह बस इस 'एक परिवार' को बचा लेना चाहता है। वह शतरंज के खेल में मृत्यु को भी थोड़े समय के लिए उलझाने में सफल हो जाता है। ज्ञान और विचार के इस सिनेमा को बर्गमैन ने गुनार फिशर की अद्‌भुत सिनेमेटोग्राफी से 'द सैवेंथ सील' में अविस्मरणीय बना दिया है। बाद की फिल्मों में बर्गमैन ने स्वेन निकविस्ट के कैमरे का बहुत सुंदर इस्तेमाल किया है। बीवी एंडरसन, हैरियट एंडरसन, इंग्रिड तुहलिन, लिव उल्मान, इंग्रिड बर्गमैन जैसी असाधारण अभिनेत्रियों के क्लोजअप बर्गमैन की फिल्मों में आत्मा के अद्‌भुत लैंडस्केप में झाँकने का दुर्लभ सिनेमाई अवसर प्रदान करते हैं। गुनार ब्योर्नस्ट्रांड, मैक्स वॉन सिडो, एरलांड जोसेफसन जैसे अभिनेताओं के साथ मिलकर इन अभिनेत्रियों ने एक टीम सी बना दी थी। हॉलीवुड की सफल अभिनेत्री इंग्रिड बर्गमैन अपनी अंतिम फिल्म 'आटम सोनाटा' में इस टीम का हिस्सा बन पाई थी। अपने संगीत के कैरियर और उसकी सफलता में डूबी हुई माँ (इंग्रिड) अपनी बेटी (लिव उल्मान) से मिलने आती है। दोनों के बीच में एक जबरदस्त तनाव है। बर्गमैन ने शुरू में अपनी फिल्मों में प्रेम की खोज की, फिर ईश्वर की और फिर रिश्तों की। शुरू में पिता-पुत्र, पिता-पुत्रवधू, माँ-बेटी, पिता-पुत्री के संबंधों पर जोर रहा। फिर पति-पत्नी के जटिल संबंधों की एक टेलीविजन शृंखला (सींस फ्रॉम मैरिज) में जाँच शुरू हुई। कहा जाता है कि इस शृंखला के दिखाए जाने के दौरान स्वीडन और डेनमार्क में तलाक के आँकड़ों का ग्राफ बढ़ गया। कुछ लोग कह सकते हैं कि समाज में कलाकार की भूमिका संबंधों को तोड़ने की नहीं है। पर मृत हो चुके या घुटन से भरे संबंधों को घसीटते रहने का अर्थ और भी घातक हो सकता है।

1982 में अपनी अंतिम फिल्म 'फैनी ऐंड अलैक्जेंडर' में बर्गमैन ने अपनी

अर्ध-आत्मकथा को फिल्माते हुए अपनी संपूर्ण सिनेमा की समझ का जैसे निचोड़ दर्शकों के सामने रख दिया। शुरू की कालजयी फिल्मों की तुलना में बर्गमैन में निष्ठुरता और कड़वाहट की मात्रा कम हो गई थी।

लेकिन एक ईमानदार कलाकार के रूप में बर्गमैन की आत्मस्वीकृति गौर करने लायक है। एक सम्मान समारोह में उन्होंने कहा कि साहित्य, पेंटिंग, संगीत, फिल्म सभी विधाओं का आज महत्त्व कम हो गया है। भावनात्मक कारणों से धर्म और कलाओं को हम लोग बचाए हुए हैं—अतीत के प्रति अपनी रूढ़िबद्ध शिष्टता के प्रदर्शन के लिए बाहर से देखने पर हमें एक हरकत-सी, एक बुखार वाली बेचैनी दिखाई देती है। जैसे कोई साँप भीतर से मर चुका है और उसका जहर भी खत्म हो चुका है। पर उसकी त्वचा उसके जीवित होने का भ्रम पैदा करती है। चींटियों से भरी हुई यह सर्पत्वचा हिलडुल रही है।

शायद इस कटु आत्मस्वीकृति में 'बुद्धि का निराशावाद' है। लेकिन बर्गमैन की फिल्मों में 'संकल्प का आशावाद' रह-रहकर झाँकता रहता है। इसीलिए वे प्रासंगिक हैं। 'द सैवेंथ सील' में मृत्यु से शतरंज खेल रहा 'नाइट' जब कलाकार दंपति के साथ निष्कपट भाव से दूध और स्ट्राबेरी खाता है, तो उसे तमाम दुःस्वप्नों के बीच जीवन की मानवीयता, संबंधों की गर्माहट महसूस होती है। और उसे एहसास होता है कि एक दशक से मैं एक गलत धर्मयुद्ध में फँसा हुआ था। इस साधारण भोजन में एक दिव्य अनुभव छिपा हुआ है। मुझे हर कीमत पर इसी को बचाना है।

1999

कुरोसावा की फिल्मकला की रहस्यमय कुंजियाँ

महान जापानी फिल्मकार अकीरा कुरोसावा (1910-98) ने अपनी 30वीं और अंतिम फिल्म 'मादादायो' (नॉट यट) में बुजुर्ग प्रोफेसर उशिदा के माध्यम से एक ऐसे व्यक्ति को पर्दे पर प्रस्तुत किया है जो 'दूसरी दुनिया' में जाने के लिए तैयार नहीं है। वह प्रोफेसर अपने अध्यापन के काम को छोड़ देता है ताकि लिखने-पढ़ने को अधिक समय दे सके। द्वितीय विश्वयुद्ध के अंतिम वर्षों का वातावरण है। तोक्यो शहर जल रहा है। प्रोफेसर उशिदा अपनी पत्नी के साथ लगभग एक संन्यासी का जीवन जी रहा है। उसके छात्र मिलकर उसका घर बना देते हैं। हर साल ये छात्र मिलकर अपने प्रोफेसर का जन्मदिन मनाते हैं। धीरे-धीरे समय बीतता है। इन छात्रों के बच्चे भी इन दावतों में आना शुरू कर देते हैं। हर दावत में प्रोफेसर से सवाल किया जाता है कि क्या वह 'दूसरी दुनिया' में जाने (यानी मृत्यु) के लिए तैयार है? प्रोफेसर उशिदा का छोटा-सा जवाब छात्रों को हर बार सुनने को मिलता है—'अभी नहीं'।

यह फिल्म 1992 में बनी थी और 93 में रिलीज हुई थी। तब कुरोसावा ने फिल्म निर्देशन की दुनिया में पचास साल पूरे कर लिए थे। शायद 'मादादायो' से कुरोसावा जीवन के गहरे मानवीय मूल्यों में अपनी आस्था को और भी अधिक प्रबलित करना चाह रहे थे। सब कुछ जल चुका है। लेकिन जीवन को बचाने की अर्थपूर्ण कोशिशें जारी हैं। मनुष्य अपनी हार नहीं मान लेना चाहता। 'लिविंग' (1952) में कुरोसावा ने एक ऐसे अधेड़ अफसर की कहानी प्रस्तुत की थी जिसे कैंसर हो जाता है। उसे बता दिया जाता है कि तुम्हारे पास जीने के लिए सिर्फ छह महीने रह गए हैं। यह अधेड़ अचानक अपनी निराशा के अँधेरे से बाहर आने का फैसला करता है। वह अपनी व्यर्थ जिंदगी के अंतिम दिनों में कुछ सार्थक काम करना चाहता है। और एक सार्थक जीवन के संपर्क में आते ही इस व्यक्ति को इस बात का तीखा और त्रासद एहसास होता है कि पिछले 25 सालों से मैं जी कहाँ रहा था। मैं तो एक शव की तरह था। जीवन तो बस मैं अब जी रहा हूँ।

कुरोसावा की प्रतिष्ठा आमतौर पर 'पीरियड' (अतीतमुखी) फिल्मों के कारण है। पर 'मादादायो' या 'लिविंग' समकालीन फिल्में हैं। मनुष्य के भीतर की अच्छाई को ये फिल्में मार्मिक ढंग से प्रस्तुत करती हैं। कठिन से कठिन परिस्थितियों में भी ये जीवन के पक्ष में एक शक्तिशाली वक्तव्य हैं।

निजी जीवन में कुरोसावा ने एक बार आत्महत्या करने की भी कोशिश की थी। उनकी कद काठी लगभग एक 'सामुराई' (परंपरागत जापानी योद्धा) की तरह की थी। दरअसल वह सामुराई वंश के ही थे। उनका एक 'शाही' अंदाज था। उनका मिजाज मुश्किल माना जाता था। फिल्म निर्माण संबंधी उनकी 'माँगें' काफी सख्त किस्म की साबित होती थीं। तरह-तरह के किस्से (सच्चे-झूठे) कुरोसावा के नाम से जुड़े रहे हैं। लेकिन कुरोसावा ने अपनी निजी जटिल भावनात्मक कठिनाइयों से लड़ाई लड़ी, अपनी 'ड्रिंकिंग' की समस्या को सुलझाया, आत्महत्या (जापान में जिसकी एक दूसरी ही परंपरा रही है) के अँधेरे से मुक्ति पाई और 88 सालों का एक भरा-पूरा जीवन जिया। और इतनी अच्छी फिल्में बनाईं। कुरोसावा के शरीर में एक 'सामुराई' का रक्त था। एक सामुराई के सपने भी थे और सामुराई होने की नियति और दुःस्वप्न से भी उन्हें हमेशा जूझना पड़ा।

कुरोसावा शुरू में एक चित्रकार बनना चाह रहे थे। उनके एक बड़े भाई बड़े प्रतिभाशाली थे। मूक फिल्मों की कल्पनाशील कमेंट्री के लिए वह मशहूर थे। उन्होंने ही कुरोसावा को अनेक महान फिल्में देखने के लिए प्रेरित किया। पर इस भाई ने छोटी उम्र में ही अचानक आत्महत्या कर ली। कुरोसावा इस त्रासदी से अपने को कभी पूरी तरह मुक्त नहीं कर पाए। उन दिनों आर्थिक मंदी का दौर था। कुरोसावा के लिए चित्रकारी का जीवन मुश्किल हो गया था। एक रंग की ट्यूब खरीदने के पैसे जुटाना भी एक चुनौती बन जाती थी। घर की गरीबी को देखते हुए कुरोसावा ने एक फिल्म कंपनी के विज्ञापन को पढ़कर अपनी एप्लीकेशन भेज दी। विज्ञापन में एक निबंध की भी माँग की गई थी। इस निबंध का विषय था—जापानी फिल्मों की बुनियादी कमजोरियाँ गिना कर उन्हें दूर करने के रास्ते बताइए। कुरोसावा ने अपने निबंध में कुछ परिहासभाव से यह तर्क दिया कि अगर ये कमजोरियाँ 'बुनियादी' हैं, तो उन्हें कभी भी दूर नहीं किया जा सकता है। कुरोसावा को फिल्म निर्माण के क्षेत्र में नौकरी मिल गई। फिल्म कला को इस तरह से उसका शेक्सपियर मिल गया। हॉलीवुड के स्पीलबर्ग जैसे फिल्मकार ने कुरोसावा को शेक्सपियर का दर्जा दिया है।

अपनी आत्मकथा में कुरोसावा ने चित्रकला छोड़ने के फैसले के पीछे एक दिलचस्प रचनात्मक कारण भी बताया है। उनका कहना है कि जब मैं किताबों में वान गॉग या सेजां जैसे किसी बड़े चित्रकार की कलाकृतियाँ देखता था, तो बाहर की दुनिया मुझे उन चित्रों जैसी ही नजर आने लगती थी। वान गॉग की

एक पुस्तक देखी और पढ़ी और बाहर के घर, पेड़, सड़कें कुरोसावा को इन कलाकृतियों की तरह दिखने लगती थीं। कुरोसावा को रचनात्मक भय सा होने लगा कि मेरे पास एक चित्रकार की अपनी मौलिक प्रतिभा और दृष्टि नहीं है।

गौर करने की बात यह है कि बरसों बाद दुनिया के एक मास्टर फिल्मकार के रूप में प्रतिष्ठित होने के बावजूद कुरोसावा ने लिखा कि आज भी मेरे पास पूरी तरह से चीजों को व्यक्तिगत और विशिष्ट ढंग से देखने वाली दृष्टि का अभाव है।

क्या इस कथन के पीछे विनम्रता है? क्या यह एक आत्मस्वीकृति है? इस सवाल के जवाब को जानने के लिए हमें कुरोसावा की अपनी फिल्म की परिभाषा और सवाल पर ध्यान देना होगा।

अपनी आत्मकथा 'समथिंग लाइक एन आटोबायोग्राफी' (आत्मकथा जैसी कोई चीज) के परिशिष्ट में कुरोसावा ने 'सिनेमा क्या है' सवाल का बहुत दिलचस्प जवाब दिया है। शुरू में उन्होंने यह स्वीकार कर लिया है कि इस प्रश्न का उत्तर आसान नहीं है। लेकिन जापानी उपन्यासकार शिगा नायोआ ने एक बार अपने पोते के लिखे निबंध 'मेरा कुत्ता' को एक 'मास्टरपीस' बताया। इस निबंध में उस बच्चे ने लिखा था—मेरा कुत्ता एक भालू से मिलता-जुलता है, वह एक लोमड़ी से भी मिलता-जुलता है, वह एक बिज्जू से भी मिलता-जुलता है...आदि-आदि। कुत्ते की खासियतों का जिक्र करते हुए उसकी तुलना तरह-तरह के जानवरों से की गई थी। पर अंत में एक वाक्य था—'चूँकि वह एक कुत्ता है इसलिए वह सबसे ज्यादा एक कुत्ते से ही मिलता-जुलता है।'

यह पढ़कर कुरोसावा को बहुत हँसी आई। पर इस निबंध में उन्हें सिनेमा की एक गंभीर परिभाषा भी दिखाई दी। सिनेमा विधा कई अन्य विधाओं से मिलती-जुलती है। उसमें साहित्यिक गुण हैं, रंगमंच के भी गुण उसमें हैं, चित्रकला-मूर्तिकला, संगीत आदि विधाओं से भी सिनेमा को आसानी से जोड़ा जा सकता है। लेकिन अपने अंतिम विश्लेषण में सिनेमा दरअसल सिनेमा ही है।

शायद इसी दृष्टि के कारण कुरोसावा को चित्रकला की तरह सिनेमा में अपनी निजी, मौलिक और विशिष्ट दृष्टि की बहुत अधिक चिंता नहीं करनी पड़ी। वह उन सभी विधाओं से जुड़े हुए थे जो सिनेमा को जन्म देती हैं। वह चित्रकार थे ही। साहित्य का भी उन्होंने बहुत गहरा अध्ययन किया था। दोस्तोएवस्की उनके प्रिय लेखक थे। अनेक प्रसिद्ध विदेशी साहित्यिक कृतियों का उन्होंने जापानीकरण किया। पटकथा लेखन को वह बहुत महत्त्व देते थे। लंबे समय तक साहित्य का गहरा अध्ययन उनके बहुत काम आया।

सत्यजित राय और कुरोसावा दोनों ही 'रेनेसां कालीन व्यक्तित्व' हैं—अनेक विधाओं पर लगभग समान अधिकार रखने वाले कलाकार। दोनों को ही शुरू में अपने-अपने देशों से अधिक विदेशों में मान्यता मिली। दोनों ही इस समस्या का

सामना करने के लिए मजबूर थे कि हम अपनी जमीन और परंपरा से इतना जुड़कर भी 'पश्चिमी' माने जा रहे हैं। क्योंकि ये दोनों फिल्मकार पश्चिम को लेकर जागरूक थे। और उससे एक रचनात्मक संवाद बनाए रखने की क्षमता रखते थे।

हॉलीवुड ने कभी तथाकथित कला फिल्मकारों के महत्त्व को दिल से नहीं स्वीकार किया। लेकिन कुरोसावा और सत्यजित राय को हॉलीवुड के मनोरंजन उद्योग ने भी अभूतपूर्व सम्मान दिया। बल्कि कुरोसावा इस दृष्टि से अद्वितीय फिल्मकार हैं। कुरोसावा की 'राशोमोन' (1950), ' द सैवेन सामुराई' (1954), 'योजिंबो' (1961) आदि फिल्मों से प्रेरित होकर क्रमशः 'द आउटरेज', 'द मैग्नीफिसेंट सैवेन' और 'ए फिस्टफुल ऑफ डॉलर्स' जैसी बहुचर्चित फिल्में हॉलीवुड या इतालवी वैस्टर्न फिल्म उद्योग द्वारा बनाई जा चुकी हैं। पश्चिम आसानी से पूर्व को अपनी 'ट्रिब्यूट' नहीं देता है। कपोला, स्पीलबर्ग, जॉर्ज लूकस जैसे हॉलीवुड के फिल्मकार जब सुपरस्टार हो गए, तो उन्होंने कुरोसावा को 'कागेमुशा' (1980) बनाने के लिए निर्माण और वितरण की सुविधाएँ भी दिलाईं। 1973 में तत्कालीन सोवियत संघ ने कुरोसावा को अपनी शर्तों पर 'देरसू उजाला' जैसी महत्त्वपूर्ण फिल्म बनाने के लिए धन दिया था।

1950 में 'राशोमोन' बनी और वेनिस के प्रसिद्ध अंतर्राष्ट्रीय महोत्सव में उसे पुरस्कार और चर्चा मिली। पंद्रह सालों तक कुरोसावा जापान में अपनी शर्तों पर फिल्में बनाते रहे। लेकिन धीरे-धीरे उनकी मुश्किल फिल्मनिर्माण शैली ने जापानी स्टूडियो सिस्टम के सामने दुविधा की स्थिति बना दी। इसीलिए बाद में कुरोसावा को कुछ बाहरी स्रोतों की मदद से भी अपनी फिल्में बनानी पड़ीं।

जापान में अतीत को आधार बना कर फिल्में बनाने की अद्वितीय परंपरा रही है। लेकिन कुरोसावा जिन योद्धाओं को लेकर अपनी फिल्में बनाना चाहते थे उनके लिए कई व्यावहारिक दिक्कतें पैदा हो गई थीं। मिसाल के लिए जापान में शूटिंग के लिए घोड़े आसानी से नहीं मिलते थे। 'फार्मिंग' में घोड़ों का काम नहीं रह गया था। सिर्फ घुड़दौड़ में उनकी भूमिका रह गई थी। इसी तरह से कुरोसावा ने सत्यजित राय को एक बातचीत में बताया था कि जापान के पुरुष धीरे-धीरे पिछले 500-600 सालों में कदकाठी में छोटे होते चले गए हैं। सामुराई पोशाकों में फिट होने वाले एक्टर आसानी से नहीं मिलते हैं।

सुनने में ये कारण कुछ दिलचस्प और अजीब जरूर लगते हैं। पर फिल्म निर्माण की अपनी अलग ही शर्तें हैं। इस तरह की व्यावहारिक समस्याएँ कभी-कभी रचनात्मकता पर निर्णायक असर डालती हैं।

कुरोसावा जब अपनी सफलता के शिखर पर थे तो जापानी फिल्म तंत्र में उन्हें 'सम्राट' (एंपरर) कहा जाता था। एक बार वह स्टूडियो में अपनी फिल्म के 'रशेज' देख रहे थे, तो स्टूडियो गाइड ने कुछ महिला अतिथियों से आभूषण वगैरह उतारकर भीतर जाने के लिए कहा ताकि 'मास्टर' को आभूषणों की हल्की सी खनक भी कहीं 'डिस्टर्ब' न कर दे।

एक बार अपनी फिल्म शैली पर बात करते हुए कुरोसावा ने कहा था, "आप जानते हैं कि मैं कैसे काम करता हूँ? बोलना, बोलना, बोलना—बस, यही मैं करता हूँ। लेखकों को एक साथ बिठाइए और पटकथा पर बात कीजिए। अभिनेताओं को बिठाइए और एक्टिंग पर बात कीजिए। कैमरा टीम को बिठाइए और प्रोडक्शन की बात कीजिए। मैंने अपना सारा जीवन बोलते-बोलते बिताया है।"

जब कुरोसावा युवा थे और फिल्मों में नहीं आए थे, आर्थिक तंगी के कारण पेंट करने की सुविधाएँ जुटाना मुश्किल काम हो गया। जब वह दुनिया भर के साहित्य की पुस्तकें पढ़ते-पढ़ते जीवन बिताने लगे। रात को चादर में छिपकर किताबें पढ़ते थे। सड़क पर चलते-चलते किताबें पढ़ते थे।

कुरोसावा की महान फिल्मकला की कुछ-कुछ रहस्यमय कुंजियाँ इसी तरह की तमाम सच्चाइयों में छिपी पड़ी हैं। अब यह फिल्मकार स्वयं कभी नहीं बोलेगा। पर उसकी फिल्में हमेशा बोलती रहेंगी—कई तरह से और कई बार।

1998

नव यथार्थवादी सिनेमा का जन्मदाता : रोसेलीनी

भारत के 31वें अंतर्राष्ट्रीय फिल्म समारोह (नई दिल्ली) का एक बड़ा आकर्षण महान इतालवी फिल्मकार रोबेरतो रोसेलीनी (1906-77) की फिल्मों का पुनरावलोकन है। द्वितीय विश्व युद्ध के बाद इतालवी सिनेमा ने दुनिया को सबसे अधिक कल्पनाशील और महत्त्वपूर्ण फिल्मकार दिए हैं। दे सीका, विस्कोंती, फेलीनी, अंतोनिओनी, पासोलीनी, रोसेलीनी जैसे नामों के बिना आधुनिक सिनेमा की कोई सार्थक चर्चा संभव नहीं है। पिछले दो दशकों में विभिन्न फिल्म समारोहों में पासोलीनी के अलावा इन सभी फिल्मकारों के पुनरावलोकन आयोजित हो चुके हैं। रोसेलीनी का भारत से भी संबंध रहा है। 1958 में इतालवी टेलीविजन के लिए उन्होंने अपनी भारत यात्रा पर दस कड़ियों का एक विवादास्पद धारावाहिक बनाया था 'इंडिया' नाम से। उन्होंने एक फिल्म भी बनाई थी, जिसे इस समारोह में शामिल किया गया है।

रोसेलीनी एक वास्तुशिल्पी के पुत्र थे। बहुत छोटी उम्र में ही उनकी दिलचस्पी 'मैकेनिकल' चीजों में हो गई थी। किशोरावस्था में ही वे कई प्रकार के स्थानीय उपकरणों की सहायता से अपने ढंग के आविष्कार करने लगे थे। सिनेमा के जादू ने भी उन्हें कच्ची उम्र में ही आकर्षित कर दिया था। अपने पिता द्वारा डिजाइन किए गए सिनेमाघर में वह घंटों अँधेरे में बैठे फिल्मों के आश्चर्यलोक की सैर करते रहते थे। कैमरे, लैंस और लाइटिंग आदि में इस वैज्ञानिक किस्म की दिलचस्पी का नतीजा यह हुआ कि जब वे अपनी फिल्में बनाने लगे, तो तकनीकी दक्षता उनके लिए आसान थी।

रोसेलीनी का फिल्म जीवन 1934 में शुरू हो गया था। पहले उन्होंने डबिंग, साउंड इफेक्ट्स और संपादन के क्षेत्र में काम करना शुरू किया। रोसेलीनी ने अपनी पारिवारिक हवेली में ही एक कामचलाऊ स्टूडियो बना लिया था, जहाँ उन्होंने गैर पेशेवर ढंग से छोटी-छोटी फिल्में बनानी शुरू कर दीं। पर 1938 में उनकी इस तरह की एक फिल्म को इतालवी सेंसर की कड़ी निगाह का सामना करना पड़ा था। इटली में उन दिनों फासीवाद सत्ता में था। मुसोलीनी के प्रचार तंत्र को तकनीकी

दृष्टि से दक्ष और कल्पनाशील फिल्मकारों की जरूरत थी ताकि अच्छी प्रचार फिल्में बनाई जा सकें। रोसेलीनी को प्रारंभ में कुछ प्रचार फिल्मों में पटकथा लेखन और निर्देशन आदि का काम मिला।

इटली में फासीवाद का अंत हुआ। द्वितीय विश्व युद्ध के तुरंत बाद इटली में नव यथार्थवादी सिनेमा ने दुनियाभर को चकित कर देने वाली फिल्में बनाईं। रोसेलीनी इस ऐतिहासिक फिल्म आंदोलन के एक प्रमुख स्तंभ थे। दुनिया भर के बुद्धिजीवी और फिल्मप्रेमी इन फिल्मों के प्रति आकर्षित हुए। ओपन सिटी (रोसेलीनी) और साइकिल चोर (दे सीका) जैसी कालजयी नव यथार्थवादी फिल्मों ने पर्दे पर एक बड़ी मानवीय सच्चाई को मार्मिक अभिव्यक्ति प्रदान की। यूरोप युद्ध के बाद बुरी तरह से तहस-नहस हो गया था। सड़कों पर जो सच्चाई दिख रही थी, उसे सार्थक अभिव्यक्ति देने के लिए हॉलीवुड की मनोरंजन शैली फिल्मकारों की मदद नहीं कर सकती थी। नव यथार्थवादी फिल्मकारों ने लगभग डाक्यूमेंटरी की न्यूजरील शैली में काम करते हुए एक नए मनुष्य की आशाओं, इच्छाओं और संकल्पों को बहुत सच्ची और सार्थक किस्म की अभिव्यक्ति दी। 'ओपन सिटी' 1945 में बनी थी। एक तरह से इस फिल्म ने नव यथार्थवादी शैली की नींव डाली थी। फिल्म की पटकथा सच्ची घटनाओं पर आधारित थी। एक कम्युनिस्ट नेता और उसके साथियों पर फासीवादी सत्ता के जासूस किस तरह के अत्याचार करते हैं इसे 'ओपन सिटी' में एक अद्भुत ताजगी और प्रतिबद्ध दृष्टिकोण के साथ प्रस्तुत किया गया था। गैर पेशेवर अभिनेताओं की मदद ली गई थी। इनमें से कुछ नाम बाद में इतालवी सिनेमा के बड़े नाम हो गए। 1946 में रोसेलीनी ने 'पायसा' फिल्म बनाई। इन दोनों फिल्मों को कालजयी माना जाता है।

'जर्मनी ईयर जीरो' (1947) में बर्लिन के एक युवक पर नात्सी सत्ता के भ्रष्ट प्रभाव की जाँच की गई थी।

पचास के दशक के प्रारंभ में रोसेलीनी का निजी जीवन भी काफी सार्वजनिक होने लगा। हॉलीवुड की बहुचर्चित अभिनेत्री इंग्रिड बर्गमैन से उनके विवाह ने अंतर्राष्ट्रीय चर्चा पाई। एक ग्लैमरस और प्रतिभाशाली स्टार होने के बावजूद इंग्रिड बर्गमैन रोसेलीनी की फिल्मों से इतना प्रभावित हुई कि उसने एक पत्र लिख कर 'रचनात्मक अनुभव' के लिए रोसेलीनी की फिल्मों में काम करने की इच्छा प्रकट की। यह खबर लगभग एक स्कैंडल की तरह सामने आई। रोसेलीनी ने बर्गमैन के साथ विवाह किया, कुछ चर्चित फिल्में भी बनाईं। उनका विवाह 1950 में हुआ था। अब रोसेलीनी के फिल्म जीवन में 'बर्गमैन चरण' की फिल्में सामने आईं। इस चरण की फिल्मों को नव यथार्थवादी शैली जैसा सम्मान तो नहीं मिला पर 'स्ट्रेंजर्स' (अजनबी) फिल्म को समीक्षक अत्यंत महत्त्वपूर्ण मानते हैं।

स्कैंडल और रोसेलीनी का साथ केवल इंग्रिड बर्गमैन तक सीमित नहीं था।

1957 में रोसेलीनी जब भारत आए थे, तो पटकथा लेखन में सोनाली दासगुप्ता उनकी सहयोगी थीं। उस समय रोसेलीनी बर्गमैन का रोमांस अपनी अंतिम साँसें ले रहा था। इसलिए पश्चिमी मीडिया ने रोसेलीनी की भारत यात्रा और सोनाली से उनके रोमांस में जरूरत से ज्यादा ही दिलचस्पी दिखाई। रोसेलीनी ने बर्गमैन से तलाक लेकर सोनाली दासगुप्ता से विवाह कर लिया। इस विवाह का अंत भी तलाक में ही हुआ। इन स्कैंडलों ने रोसेलीनी के फिल्म जीवन पर खराब असर डाला। वे फिल्में तो बराबर बनाते रहे पर उनकी कलात्मक गुणवत्ता प्रारंभिक चर्चित फिल्मों जैसी नहीं थी।

रोसेलीनी की फिल्में और उनका दृष्टिकोण आज भी दुनिया भर के फिल्मकारों को प्रेरित कर सकता है। पश्चिमी यूरोप में भले ही शहरों का पुनर्निर्माण हो चुका है पर आज भी दुनिया में बमबारी से तबाह हो रहे शहरों की कमी नहीं है।

2000

खंडित तलवार और उड़ती हुई बर्फ

पिछले दिनों दिल्ली में 'सिनेमाया' पत्रिका द्वारा आयोजित एशियाई फिल्म महोत्सव 'सिनेफैन' में चीन और जापान की दो चर्चित फिल्मों का विश्लेषण युद्ध और हिंसा की समस्या को अनेक कोणों से जानने और जाँचने का अवसर देता है। चीन की फिल्म 'हीरो' (जिससे महोत्सव का उद्घाटन हुआ) हमें एक प्राचीन दुनिया में ले जाती है—ईसा पूर्व काल में। एक तानाशाह और महत्त्वाकांक्षी बादशाह को मारने के लिए चीन के सर्वश्रेष्ठ योद्धा योजनाएँ बना रहे हैं। इतालवी फिल्मकार बर्तोलुच्ची ने अगर 'द लास्ट एंपरर' बनाई थी, तो चीन के सबसे चर्चित फिल्मकार झाँग यिमोऊ ने एक तरह से 'द फर्स्ट एंपरर' बनाई है।

जापानी फिल्मकार ताकेशी कितानो की 1997 की फिल्म 'हाना-बी' (ड्रॉप डेड) को वेनिस के प्रतिष्ठित फिल्म महोत्सव का सर्वोच्च पुरस्कार मिल चुका है। पर इस फिल्म में समकालीन दुनिया की क्रूरता और हिंसा है। एक पुलिसकर्मी कैसे हिंसा की दुनिया से बुरी तरह जूझते हुए अपने भीतर के आदमी को हर क्षण मरता हुआ महसूस करता है। वह कर्ज के बोझ से दबा है, अपनी बच्ची की असमय मृत्यु के बाद उसकी पत्नी कैंसर से अपनी अंतिम लड़ाई में हार चुकी है। निशी नाम के इस रिटायर्ड पुलिसकर्मी के भीतर का मनुष्य तभी जागता है जब वह अपनी पत्नी को जीवन के आखिरी दिनों के कुछ छोटे-छोटे सुख महसूस कराने की मार्मिक कोशिशें करता है। पर गैंगस्टर दुनिया से रोज-रोज लड़ने के बाद निशी में धैर्य नहीं शेष रह गया है। एक प्रसंग में उसकी पत्नी मृत फूलों के एक गुच्छे को बार-बार पानी देने की कोशिश कर रही है। एक अनजान आदमी यह सब देख रहा है। वह बार-बार उसे कहता है कि अरे, तुम यह क्या कर रही हो। ये तो मृत फूल हैं। उन्हें पानी देने से भला क्या होगा! जाहिर है कि उसे पता नहीं है कि इस अभागी औरत का भीतरी संघर्ष क्या है। निशी कुछ देर तक इस हस्तक्षेप को सहन करता रहता है। फिर अचानक वह उस आदमी को बुरी तरह से मारना शुरू कर देता है। लोगों को बुरी तरह मारना, उनकी आँख फोड़ देना, गोलियाँ उनके सीने में पार करा देना उसकी एक साधारण-सी आदत है। वह मनुष्य केवल

अपनी कैंसर से मर रही पत्नी के साथ बिताए क्षणों में है।

'हीरो' मार्शल आर्ट की शैली को लगभग उसकी अंतिम ऊँचाई पर ले जाना चाहती है। बरसों से हांगकांग में मार्शल आर्ट की फिल्मों का एक बड़ा अंतर्राष्ट्रीय बाजार रहा है। लेकिन ऐंग ली की फिल्म 'क्राउचिंग टाइगर हिडेन ड्रैगन' ने इस शैली को एक अद्‌भुत काव्यात्मक और दार्शनिक विस्तार दे दिया था। पश्चिम में इस फिल्म की सफलता ने 'रेज द रेड लैंटर्न' (1991) सरीखी कालजयी फिल्म के निर्देशक झाँग यिमोऊ को बड़े बजट में काम करने का दुर्लभ अवसर दिया। 'हीरो' में दरअसल कई चर्चित और कालजयी फिल्मों से खुलकर संवाद किया गया है। आप उसे 'उधार' भी कह सकते हैं। पर वह एक रचनात्मक संवाद है। कुरोसावा की फिल्म 'राशोमोन' की याद दिलाने वाली शैली में एक ही कहानी को विभिन्न व्यक्तियों के माध्यम से देखने की कोशिश की गई है। पोलिश फिल्मकार कियेस्लोवस्की की त्रयी—'लाल', 'नीला' और 'सफेद' (फ्रांसीसी झंडे के रंग) की याद दिलाने वाली शैली में तीन कोणों से देखे गए यथार्थ को विभिन्न रंगों में प्रस्तुत किया गया है। इसके अलावा 'क्राउचिंग टाइगर हिडेन ड्रैगन' के उड़ते हुए योद्धा जैसे 'हीरो' में एक और भी ऊँची उड़ान पा लेते हैं। इन महान योद्धाओं के लिए अंत में हिंसा एक निरर्थक चीज में बदल जाती है। वह सुलेखन (कैलिग्राफी) और तलवारबाजी को एक ही तर्क से देखते हैं और लगभग देवताओं की तरह लड़ते हुए वे घास की पत्ती और तलवार दोनों की नोक में समानता महसूस करने लगते हैं।

निर्देशक का कहना है कि चाहे ब्रूस ली की फिल्म हो या जैकी चान की—इन सबमें योद्धा बदले की भावना से उद्वेलित हैं। पर 'हीरो' में वह हिंसा को 'डाउनप्ले' करना चाहते हैं। वास्तविक योद्धाओं के लिए तलवार से अधिक महत्त्वपूर्ण दिल है।

475-221 ई.पू. में चीन में सात बड़ी बादशाहतें सक्रिय थीं। सातों हिस्से हमेशा एक भयंकर लड़ाई में फँसे रहते थे। यह लड़ाई एक तरह से चीन का पहला बादशाह बनाने की लड़ाई भी थी। किन नाम की बादशाहत सबसे ताकतवर और महत्त्वाकांक्षी थी। चीनी इतिहास में इस तरह की अनेक कहानियाँ प्रचलित हैं कि कैसे बड़े-बड़े विशेषज्ञ और कुशल योद्धा किन के बादशाह की हत्या की योजनाएँ बनाते रहते थे। 'खंडित तलवार', 'उड़ती हुई बर्फ' और 'आसमान' नाम के तीन योद्धा सबसे अधिक समर्थ थे। किन के बादशाह ने घोषणा कर रखी थी कि जो भी इन योद्धाओं को पराजित करेगा वह खूब सुविधाओं, पैसे के अलावा बादशाह के बहुत नजदीक आने का दुर्लभ अवसर भी प्राप्त करेगा। एक नामहीन योद्धा तीनों 'लैजेंड' बन चुके योद्धाओं को पराजित करके बादशाह के पास पहुँचता है। वह एक कहानी सुनाता है कि कैसे मैंने इन योद्धाओं को पराजित किया। सब कुछ सुनने के बाद बादशाह अपनी कहानी बताता है कि तुम्हारी चाल मेरे नजदीक

आ कर मुझे मारने की है। नामहीन योद्धा फिर तीसरी कहानी सुनाता है कि कैसे और किस वजह से उसने यह सब किया। नामहीन योद्धा से पहले भी एक योद्धा (खंडित तलवार) बादशाह की हत्या का विचार ऐन मौके पर त्याग देता है। उसकी प्रेमिका 'उड़ती हुई बर्फ' (जो स्वयं एक अत्यंत कुशल योद्धा है) उससे नाराज हो जाती है। नामहीन योद्धा में वह बादशाह को मारने के सारे गुण देखती है। लेकिन बादशाह के बहुत नजदीक पहुँचकर यह नामहीन योद्धा भी अपना मन बदल लेता है। वह हत्या की कोशिश तो करता है। पर ऐन मौके पर वह पीछे हट जाता है। बादशाह के सारे सैनिक शोर मचाते हैं कि यह एक विश्वासघाती है। इसे छोड़ना ठीक नहीं है। उसे मौत की सजा मिलती है। और चीन के पहले बादशाह का जन्म होता है जो एक मजबूत चीन का बादशाह है–यह चीन कई टुकड़ों में बँटा हुआ नहीं है।

इस फिल्म के कई दिलचस्प राजनीतिक विश्लेषण भी हुए हैं। चीन में हांगकांग के शामिल हो जाने से लेकर राष्ट्रपति बुश की महत्त्वाकांक्षाओं के आईने में भी इस कहानी को देखा गया है। पर निर्देशक ने एक अद्भुत और अद्वितीय सिने भाषा में हिंसा की वास्तविक ताकत को रेखांकित करने की कोशिश की है। कविता, कला और दर्शन महत्त्वपूर्ण हो जाते हैं। ऐसे रंग और ऐसी लड़ाइयाँ सिनेमा में पहले नहीं देखी गई थीं। पर अपनी संपूर्ण समझ में फिल्म इसी निष्कर्ष पर पहुँचती है कि असली ताकत तलवार में नहीं–कैलिग्राफी के जादुई ब्रुश में है। यह फिल्म भारत में व्यावसायिक स्तर पर भी रिलीज हो रही है।

2003

कविता, कार्यहीनता और कल्पना

एक इंटरव्यू में सुपरिचित बंगला फिल्मकार, कवि और उपन्यासकार बुद्धदेव दासगुप्त ने कहा है कि कुछ न करने की स्थिति (या अवधि) का अपना विशेष महत्त्व है। उनका कहना है कि मैं सत्यजित राय को हमेशा कुछ न कुछ करते हुए देखता था। लेकिन स्वयं अपने संदर्भ में मैं रचनात्मकता के विकास के लिए इस 'कार्यहीनता' की स्थिति को महत्त्वपूर्ण मानता हूँ। वह अक्सर कोलकाता से बाहर अपने एक ऐसे घर में चले जाते हैं जहाँ अकेलेपन और 'कार्यहीनता' के मेल का रचनात्मक इस्तेमाल हो सके। इस घर में एक फोन है। जिसका नंबर सिर्फ उनकी पत्नी और बेटियों के पास होता है। "यह अकेलापन बहुत रचनात्मक अकेलापन है। 'कुछ न करना' उसका एक हिस्सा है।...मैं उस घर में जा कर 'महान' काम नहीं करता। अक्सर खाली बैठा रहता हूँ। घास पर बैठे हुए पेड़ों, साफ आसमान, चिड़ियों को देखता रहता हूँ।...माणिक दा (सत्यजित राय) को मैं कहा करता था कि यह 'कार्यहीनता' महत्त्वपूर्ण है। अक्सर हम लोग इस स्थिति को बनने नहीं देते। इस स्थिति से आपको जादुई क्षण मिल सकते हैं। अद्भुत आवाजें और दृश्य आपकी दुनिया में आ जाते हैं।" ('सिनेमाया' में अरुणा वासुदेव से बातचीत।)

बुद्धदेव दासगुप्त की सिनेमाई कला को अच्छी तरह से समझने के लिए 'निठल्लेपन' के इस विशिष्ट व्याकरण को समझना भी जरूरी है । अक्सर निठल्लापन एक निषेधी स्थिति के रूप में देखा जाता है। लेकिन अगर आप अपने बचपन के अद्भुत द्वार खोलना चाहते हैं, प्रकृति की खामोशी को सुनना चाहते हैं, समय के सवालों पर सोचना चाहते हैं, तो 'कार्यहीनता' की स्थिति एक आश्चर्यलोक में ले जा सकती है।

समकालीन भारतीय सिनेमा में केरल और बंगाल में ही सार्थक सिनेमा के लिए आज भी कुछ जगह है। मलयालम सिनेमा में अडूर गोपालकृष्णन और बंगला में बुद्धदेव दासगुप्त लंबे समय से सार्थक फिल्में बनाते चले आ रहे हैं। दोनों ही फिल्मकार अपनी फिल्मों पर बहुत धीरे-धीरे काम करते हैं। अडूर की काम करने की शैली अत्यधिक धीमी है। एक कथाफिल्म पर काम करने के लिए वह तीन

से पाँच साल का समय लगाते हैं। बुद्धदेव की पहली कथाफिल्म 'दूरत्व' 1978 में बनी थी। पिछले बाईस सालों में वह ग्यारह फिल्में बना चुके हैं। इन दोनों फिल्मकारों के बारे में एक खास बात यह भी है कि इन्हें अपने ढंग की और अपनी शर्तों पर फिल्में बनाने के लिए आर्थिक स्रोतों की अधिक शिकायतें नहीं करनी पड़ती हैं। न ही इन्हें अपने दर्शकों की बहुत तलाश करनी पड़ती है। इनके दर्शक विदेशों में भी हैं। पर पहले वे अपनी भाषा के दर्शकों तक पहुँचने की कोशिश करते हैं।

बुद्धदेव के पिता रेलवे में डॉक्टर थे। उनकी माँ पियानो बजाती थीं। बहुत छोटी उम्र में ही उन्होंने कविताएँ लिखना शुरू कर दी थीं। पहला कविता संग्रह 17-18 साल की उम्र में ही छप गया था। फिल्म निर्माण का उन्होंने बाक़ायदा प्रशिक्षण कभी नहीं प्राप्त किया। जब वह अभी छात्र ही थे, तो उन्हें फेडरेशन ऑफ फिल्म सोसायटीज द्वारा आयोजित एक प्रतियोगिता में फिल्म बनाने के लिए साढ़े तीन हजार रुपए मिले थे। पर उनके पिता अपने बेटे को फिल्म निर्माण के क्षेत्र में नहीं जाने देना चाहते थे। बुद्धदेव ने अपने कैरियर की शुरुआत अर्थशास्त्र के लेक्चरर के रूप में की। लेकिन पढ़ाने के काम से वह बहुत जल्दी ही ऊब गए। उन्होंने नौकरी छोड़ दी और 'दूरत्व' बनाई। इस फिल्म में एक भूतपूर्व क्रांतिकारी लेक्चरर बनने के बाद अपने भीतरी अंतर्विरोधों का सामना कर रहा है। बुद्धदेव जब छात्र थे, तो बंगाल में बड़े स्तर पर नक्सलवादी आंदोलन युवकों को आकर्षित कर रहा था। वामपंथी विचारधारा ने उन्हें भी आकर्षित किया, पर उनका मानना है कि 'विचारधारा' के बाघ पर सवारी खतरनाक है। सवार कभी बच नहीं पाता। अपनी हिंदी फिल्म 'अंधी गली' (1984) में बुद्धदेव ने नायक के वर्तमान पर नक्सलवादी अतीत की छाया के बेचैन करने वाले अनुभव को चित्रित किया है।

लेकिन एक फिल्मकार के रूप में बुद्धदेव की अपनी विशिष्ट पहचान 'फेरा' (1986) से बनना शुरू हुई। इस फिल्म का नायक शशांक एक 'अरिस्टोक्रैटिक' परिवार का है। उसके पास पूर्वजों का एक पुराना मकान है और साथ में अपनी कलात्मक अभिरुचि है। जात्रा (बंगाल की परंपरागत लोक नाट्य शैली) के लिए वह नाटक लिखता है। रंगमंच की दुनिया के अलावा शशांक को सब कुछ तुच्छ और अकृतज्ञ दिखाई देता है। उसकी पत्नी किसी और के साथ चली गई है। फिल्म में एक ओर कलाकर्मी का भीतरी रचनात्मक संघर्ष है। दूसरी ओर एक बच्चा शशांक की दुनिया के आश्चर्यलोक को देखता है। रंगमंच की पोशाकें, शशांक के आत्मालाप, उसे एक जादुई दुनिया की तरह नजर आते हैं। उल्लेखनीय है कि 'शीत ग्रीष्मेर स्मृति' (1982) में भी बुद्धदेव एक रंगकर्मी के भीतरी संकट का चित्रण कर चुके हैं।

पर 'फेरा' के बाद बाघ बहादुर (1989), तहादेर कथा (1992), चराचर (1993), लाल दारजा (लाल दरवाजा) (1996) आदि फिल्मों में बुद्धदेव की सिनेमाई भाषा

बराबर एक परिपक्वता की ओर बढ़ती दिखाई देती है। 'बाघ बहादुर' का नायक 'बाघ नृत्य' प्रस्तुत करने वाला कलाकार है। 'तहादेर कथा' में एक स्वाधीनता सेनानी का मोहभंग है। 'चराचर' में पक्षी पकड़ने वाले नायक के भीतर के कवि को पहचाना गया है। 'लाल दारजा' में एक अधेड़ उम्र का दंत चिकित्सक अपने बचपन के दरवाजों को खोलना शुरू करता है। अपने आदर्शवादी और रोमांटिक अतीत को वर्तमान की सच्चाई में वह जान और जाँच रहा है।

बुद्धदेव की नई फिल्म 'उत्तरा' (2000) में हमें फिल्मकार की सिनेमाई दृष्टि का समग्र और श्रेष्ठ रूप देखने को मिलता है। इस फिल्म को सर्वश्रेष्ठ निर्देशन का राष्ट्रीय पुरस्कार मिल चुका है। इसके अलावा वेनिस के प्रतिष्ठित अंतर्राष्ट्रीय फिल्म महोत्सव में बुद्धदेव को इसी फिल्म के लिए निर्देशन का विशेष पुरस्कार भी दिया गया है। गौर करने की बात यह है कि अंग्रेजी में फिल्मकार ने उत्तरा को 'द रेसलर्स' (पहलवान) नाम दिया है। 'उत्तरा' का कथानक उड़ीसा में पादरी ग्राहम स्टेंस और उनके दो बच्चों की भयावह हत्या से प्रेरित है। पर बुद्धदेव ने अपनी कवि दृष्टि से ही फिल्म को बनाया है।

2000

पत्तियाँ गिर रही हैं

बंगला फिल्मकार और कवि बुद्धदेव दासगुप्त के लिए राष्ट्रीय फिल्म पुरस्कार पाना लगभग एक आदत-सी बन गई है। उनकी तीन फिल्मों—बाघ बहादुर (1989), चराचर (1993) और लाल दारजा (1996) को वर्ष की सर्वश्रेष्ठ फिल्म के राष्ट्रीय पुरस्कार (स्वर्ण कमल) मिल चुके हैं। लेकिन बुद्धदेव की ग्यारहवीं कथाफिल्म 'उत्तरा' को सर्वश्रेष्ठ निर्देशन का राष्ट्रीय पुरस्कार मिलने का एक अलग और महत्त्वपूर्ण अर्थ है। फिल्म की पटकथा पिछले साल उड़ीसा में हुए ऑस्ट्रेलियाई मिशनरी (ईसाई धर्मप्रचारक) ग्राहम स्टेंस और उसके दो बच्चों के भयावह हत्याकांड से प्रेरित है। लेकिन बुद्धदेव दासगुप्त ने इस क्रूर यथार्थ का चित्रण बहुत संवेदनशील ढंग से किया है। फिल्म कई स्तरों पर चलती रहती है। जाहिर है कि एक मुख्य स्तर अल्पसंख्यकों पर होने वाले अत्याचार और वर्तमान सांप्रदायिक उन्माद का है। पर फिल्मकार एक 'दूसरी दुनिया' के सवाल भी उठाना चाहता है। समकालीन क्रूर यथार्थ को एक सच्चे कवि की आँख से देखा गया है। फिल्म, पेंटिंग और कविता बुद्धदेव के प्रिय सरोकार हैं। अक्सर उनकी फिल्में पेंटिंग के भी नजदीक चली जाती हैं। कोई आश्चर्य नहीं कि गणेश पाइन सरीखे महत्त्वपूर्ण चित्रकार ने बुद्धदेव की फिल्मों से प्रेरित होकर पेंटिंग भी बनाई है। काव्यात्मकता तो उनकी फिल्मों की प्रमुख पहचान है ही।

लेकिन प्रसिद्ध बंगला फिल्मकार गौतम घोष की अध्यक्षता में इस बार 47वें राष्ट्रीय पुरस्कारों की ज्यूरी ने 'उत्तरा' को स्वर्ण कमल देने में संकोच क्यों दिखाया यह भी एक जाँच पड़ताल का विषय है। 'उत्तरा' निश्चय ही अपने कथानक और सिनेमाई भाषा के अत्यंत संवेदनशील इस्तेमाल में 'बाघ बहादुर', 'चराचर' और 'लाल दारजा' से कहीं आगे है। 'फेरा' के बाद यह बुद्धदेव की दूसरी 'मास्टरपीस' फिल्म कही जा सकती है। 'फेरा' में समकालीन सस्ते मनोरंजन के सामने एक लोक कलाकार के पराजित होने की व्यथाकथा थी। उसे भी 'स्वर्ण कमल' नहीं मिल पाया था। लेकिन 'उत्तरा' को स्वर्ण कमल न दिए जाने के पीछे कुछ राजनीतिक कारण भी हो सकते हैं। मलयालम फिल्मकार शाजी एन. करुण की फिल्म 'वानप्रस्थम्' को सर्वश्रेष्ठ फिल्म घोषित किया गया है। यह भी एक अच्छी फिल्म है पर अपनी

समग्रता में 'उत्तरा' अधिक प्रभावशाली है।

'उत्तरा' समरेश बसु की कहानी से प्रेरित है। लेकिन बुद्धदेव दासगुप्त हर अच्छे फिल्मकार की तरह मूल कहानी को पटकथा में बदलते हुए काफी स्वतंत्रता ले लेते हैं। कमल कुमार मजूमदार की कहानियों को बुद्धदेव ने जब अपनी पटकथा में रूपांतरित किया, तो मूल लेखक की पत्नी को ये परिवर्तन पसंद नहीं आए थे। बुद्धदेव का तर्क है कि मैं प्रसिद्ध लेखकों की भी अल्पज्ञात रचनाओं से प्रेरणा लेकर अपनी फिल्में बनाता हूँ।

दरअसल साहित्य और सिनेमा का यह रिश्ता बड़ा जटिल है। सत्यजित राय ने भी अपनी पटकथाओं में श्रेष्ठ साहित्य का जमकर इस्तेमाल किया है और आवश्यक या कल्पनाशील परिवर्तन भी किए हैं। पर अक्सर लेखक अपनी रचनाओं को सिनेमा के पर्दे पर बदले हुए रूप में देखकर नाराज हो जाते हैं। अडूर गोपालकृष्णन ने पॉल जकरिया की कहानी पर 'विधेयन' बनाई थी और मूल लेखक ने कहानी के परिवर्तनों को लेकर काफी हल्ला मचाया था। जर्मन फिल्मकार फोल्कर श्लौंडॉर्फ ने गुंटर ग्रास के बहुचर्चित उपन्यास 'द टिन ड्रम' पर जब फिल्म बनाई, तो पटकथा में उन्होंने गुंटर ग्रास की भी सहायता ली थी। जाहिर है कि लेखक के असंतुष्ट होने की ज्यादा गुंजाइश नहीं थी। साहित्य और सिनेमा के रिश्ते पर गाब्रियल गार्सिया मारकुऐस की यह टिप्पणी दिलचस्प है कि मैंने कभी सिनेमा के पर्दे पर किसी अच्छे उपन्यास को बेहतर होते हुए नहीं देखा है पर खराब उपन्यासों पर बनी कई अच्छी फिल्में मैं गिना सकता हूँ।

बहरहाल बुद्धदेव दासगुप्त कवि हैं—कहानीकार नहीं। इसलिए वह दूसरे लेखकों की रचनाओं को अपने ढंग से देखने की कोशिश करते हैं। इन पटकथाओं को एक तरह से साहित्य का सिनेमाई अनुकरण भी कहा जा सकता है। अमेरिकी कवि रॉबर्ट लॉवेल ने विदेशी कवियों का अनुवाद करने के बाद उन्हें 'इमीटेशंस' (अनुकरण) ही कहा था।

'उत्तरा' में पुरुलिया के एक गाँव की पृष्ठभूमि है। नेमाई (तपस पॉल) और बलराम (शंकर चक्रवर्ती) दो दोस्त हैं। दोनों रेलवे कर्मचारी हैं। एक गेटमैन है और दूसरा सिग्नल मैन। उस गाँव के पास की पटरी पर कभी-कभार ही गाड़ियाँ आती हैं। दोनों दोस्त कुश्ती के अखाड़े पर अपना वक्त काटते हैं। बलराम कुश्ती का जबरदस्त रसिक है। नेमाई के रूप में उसे एक अच्छा पार्टनर मिल गया है। लेकिन जब अचानक नेमाई उत्तरा (असमिया अभिनेत्री जया सील) नाम की एक सुंदर कन्या को अपनी पत्नी बनाकर ले आता है, तो बलराम अपने मित्र के प्रति ईर्ष्या और तनाव महसूस करने लगता है।

अपने एक इंटरव्यू में बुद्धदेव ने इस बात से साफ इनकार किया है कि बलराम और नेमाई में समलिंगी संबंध हैं। उनका कहना है कि मैं इस बात पर

जोर देना चाहता हूँ कि पुरुष स्त्री को सिर्फ अपनी संपत्ति मानते हैं। स्त्री का कोई स्वतंत्र अस्तित्व नहीं है। बुद्धदेव की इस सफाई के बावजूद 'उत्तरा' के दोनों शौकीन पहलवानों के बीच में एक खास तरह का समलैंगिक आकर्षण झाँकता रहता है। एक उजाड़ और सुंदर जगह में कुश्ती जैसा खेल इस तरह के आकर्षण सहज रूप में पैदा कर सकता है।

'उत्तरा' का गाँव पिछड़े हुए आदिवासियों का है। वहाँ एक चर्च भी है और 'पादरी बाबा' एक अनाथ बच्चे मैथ्यू को सहारा दे रहे हैं। यह पादरी चर्च के कामों के अलावा कोढ़ियों की सेवा और आदिवासियों में जागरूकता फैलाने का काम भी करता है। शहर से कुछ गुंडे पादरी को जलाकर मार देने के 'आदेश' से गाँव आते हैं। गाँव की स्थिति का वे सर्वेक्षण कर चुके हैं और शहर से अंतिम आदेश की प्रतीक्षा कर रहे हैं।

पादरी को जब चर्च सहित जला दिया जाता है, तो उत्तरा इस जघन्य अपराध की एकमात्र गवाह है। वह पहले तो अखाड़े के पहलवानों के पास 'पादरी बाबा' को किसी तरह से बचाने के लिए जाती है। पर बलराम और नेमाई कुश्ती के जबरदस्त नशे में हैं। उन्हें उत्तरा की चीख पुकार सुनाई नहीं देती है। उत्तरा वापस चर्च की ओर जाती है। पर सब कुछ जल चुका है। बाद में गुंडे बलात्कार के बाद उत्तरा की हत्या कर देते हैं। अखाड़े में कुश्ती पहले की तरह चल रही है। फिल्म की शुरुआत गिरती हुई पत्तियों से होती है और अंतिम दृश्य भी यही है। अजय सिंह की एक पुरानी कविता की अंतिम पंक्तियाँ याद आ रही हैं—"रोओ मत। पत्तियाँ गिरने पर कोई नहीं रोता।"

अपनी बात को अधिक सशक्त ढंग से रेखांकित करने के लिए बुद्धदेव ने 'उत्तरा' के बीच-बीच में दो तरह के प्रसंगों का इस्तेमाल किया है। पास के किसी बौनों के गाँव के संकेत दिए गए हैं। एक बौने गार्ड को अक्सर हम दूसरे बौनों के साथ काम पर निकलता हुआ देखते हैं। पादरी समेत चर्च के जलने के बाद यह बौना गार्ड उत्तरा से एक ऐसी दुनिया में जाने की बात करता है जो बौनी होते हुए भी बड़े आदमियों की दुनिया से बेहतर है। वह उत्तरा का मूक प्रेमी भी है। उत्तरा को वह गुंडों से बचाना चाहता है पर वह मारा जाता है। फिल्म के कुछ प्रसंगों में चेहरे पर मुखौटे लगाए लोक संगीतकारों और नर्तकों के दल को भी नाचते-गाते-बजाते दिखाया गया है। फिल्म में वे कभी कुछ बोलते नहीं हैं, अपना चेहरा भी नहीं दिखाते। पर अनाथ बच्चे मैथ्यू को गुंडों से बचाने में वे सफल हो जाते हैं।

बुद्धदेव ने बच्चे को गुंडों से बचाकर एक उम्मीद जगाई है। यानी सब कुछ खत्म नहीं हो गया है। ताकतवर अपनी ताकत का कोई सही इस्तेमाल नहीं कर पा रहे हैं। पर बौनों से उम्मीद है, कलाकारों से कुछ आशा है। पत्तियाँ गिर रही हैं।

2000

एक मौलिक 'लवर ब्वॉय'

हिंदी फिल्मों में आजकल कई चाकलेटी हीरो 'लवर ब्वॉय' के लेबल से पहचाने जाते हैं लेकिन पहले और फिल्मों में सबसे लंबी पारी खेलने वाले 'लवर ब्वॉय' देव आनंद ही हैं। पचास के दशक में देव आनंद की यह छवि उभरी और युवा दर्शकों ने काफी लंबे समय तक इस खास रोमानी अंदाज को पसंद किया। अनेक पीढ़ियाँ देव आनंद की हेयर स्टाइल, संवाद अदायगी, मुस्कान, टोपी पहनने की अदा या कॉलर खड़े रखने की स्टाइल की नकल करती रहीं। इसमें कोई हैरानी की बात भी नहीं है। उस जमाने में पर्दे पर उभरे अभिनेता-अभिनेत्रियाँ हिंदी सिनेमा के स्वर्णयुग में उभरे थे। उन्हें अच्छे निर्देशकों, कहानीकारों, संगीतकारों, गीतकारों, कैमरा निर्देशकों का भी सक्रिय सहयोग मिला था। देव आनंद के साथ खास बात यही है कि वह 'स्वर्ण युग' में चमके, 'रजत युग' में भी छाए रहे और अब 'ताम्रयुग' में भी उन्होंने अपनी पारी समाप्त नहीं घोषित की है। इस 'लवर ब्वॉय' की अनेक चर्चित नायिकाएँ बूढ़ी या अधेड़ हो चुकी हैं—दुर्भाग्यवश कुछ हमारे बीच नहीं रहीं। लेकिन देव आनंद आज भी अपनी नई फिल्म 'रिटर्न ऑफ द ज्वेल थीफ' में आज की सेक्सी नायिका अनु अग्रवाल के साथ धड़ल्ले से रोमांटिक गाना गाते हुए नजर आते हैं। जाहिर है कि सभी तरह के दर्शक इस जोड़े के सामने सहज नहीं हो सकते हैं! लेकिन पचास के दशक की चर्चित फिल्म 'पेइंग गेस्ट' का मस्ती और रोमांस से भरा नायक जिस अदा से 'ओ निगाहें मस्ताना?' गा रहा था उसी अदा से वह सत्तर के दशक के प्रारंभ में भी फिल्म 'प्रेम पुजारी' में 'शोखियों में घोला जाए फूलों का शबाब, उसमें फिर मिलाई जाए थोड़ी सी शराब, होगा जो नशा तैयार वो प्यार है' गा रहा था। किसी भी 'लवर ब्वॉय' के लिए इतना लंबा 'स्पैन' भी बहुत बड़ा हो सकता है। लेकिन देव आनंद ने तो 'प्रेम पुजारी' के बाद भी पच्चीस साल का समय अद्भुत आत्मविश्वास के साथ गुजार दिया है।

कई साल पहले एक इंटरव्यू में देव आनंद ने कहा था कि कोई व्यक्ति मेरी पुरानी फिल्मों के गानों के फिल्मांकन और मेरी स्टाइल पर ही एक अच्छी खासी रिसर्च कर सकता है! शायद ही किसी को देव आनंद की इस टिप्पणी से कोई

एतराज हो। पचास और साठ के दशक में अनेक गानों के फिल्मांकन में ही खूब मेहनत की जाती थी। विमल राय, गुरुदत्त, महबूब या राज कपूर सरीखे निर्देशकों ने गानों के फिल्मांकन को आज के निर्देशकों की तरह किसी नृत्य निर्देशक के हाथ में ही नहीं छोड़ रखा था। वे फिल्म निर्माण के हर कदम पर खूब मेहनत करते थे। इसीलिए आज भी उन गानों को छोटे पर्दे पर देख कर एक कला अनुभव की पहचान होती है। देव आनंद की फिल्मों का मिजाज इन निर्देशकों से अलग था और अभिनेता के रूप में भी वह दिलीप, राज कपूर या गुरुदत्त से बहुत अलग थे। लेकिन रोमांटिक अंदाज को देव ने एक नई परिभाषा दी—युवा पीढ़ी को प्रेम करने की एक नई शैली दी।

आज ऋषि कपूर सरीखे अभिनेता भी 23 सालों से अपने 'बॉबी' वाले अंदाज को किसी तरह से चलाने की कोशिश कर रहे हैं। इसमें कोई शक नहीं कि 1973 में 'बॉबी' (क्योंकि 'मेरा नाम जोकर' में ऋषि कपूर की भूमिका एक किशोर की ही थी) से शुरू हुई इस 'लवर ब्वॉय' की 1996 की फिल्म 'प्रेम ग्रंथ' तक की लंबी यात्रा कम काबिले तारीफ नहीं है। लेकिन लगभग अभिनय और इस इमेज़ की रजत जयंती तक पहुँचते-पहुँचते ऋषि कपूर कुछ थक गए हैं—जरूरत से ज्यादा मैच्योर हो गए हैं। इसके विपरीत अगर देव आनंद के कैरियर के अनोखे ग्राफ को देखा जाए, तो निर्देशक के रूप में अपनी पहली फिल्म 'प्रेम पुजारी' में भी वह 'फ्रेश' और प्रेम रस में रचे बसे नजर आते हैं और बड़ी सहजता से फूलों के रंग से दिल की कलम से अपनी प्रेम पाती लिखते-पढ़ते नजर आते हैं।

देव आनंद को आज अनु अग्रवाल के साथ रोमांटिक अंदाज में नाचता देख कर भले ही हम स्तब्ध रह जाएँ—शायद कुछ दुखी भी हों लेकिन इस 'ओल्ड यंग मैन' कहे जाने वाले अभिनेता की लैजेंड अद्‌भुत है। 1946 में यह लैजेंड बनना शुरू हुई और सुरैया, मधुबाला, गीता बाली, मीना कुमारी, नूतन, वहीदा रहमान, जीनत अमान सरीखी बहुचर्चित अभिनेत्रियों की कई पीढ़ियों तक यह लैजेंड आश्वस्त करने वाले अंदाज में बनी रही। सुरैया को हिंदी सिनेमा की पहली ग्लैमर गर्ल कहा जाता है, तो देव आनंद पहले ग्लैमर ब्वॉय थे। एक खास तरह की शोखी का अंदाज सुरैया में था और देव आनंद भी पीछे नहीं थे। 1948 में 'जीत' फिल्म में जब देव को सुरैया के साथ हीरो का रोल मिला, तो शुरू में कुछ दिन तक यह अनुभवहीन नायक अपनी छोटी उम्र में ही चर्चित हो चुकी नायिका को बिना अपना परिचय दिए देखता रहा—देखता रहा। सुरैया ने अपने एक इंटरव्यू में देव आनंद के व्यक्तित्व की संक्षिप्त और सटीक व्याख्या की है—"मैंने महसूस किया कि यह आदमी पैदाइशी रोमांटिक है और सोने पर सुहागा यह कि बेहद शरीफ भी।" उन दिनों के नायकों की तुलना में देव आनंद अधिक पढ़े-लिखे भी थे (अंग्रेज़ी में बी.ए. ऑनर्स)—अधिक वैस्टर्नाइज्ड भी थे। सुरैया उन्हीं दिनों हॉलीवुड के चर्चित हीरो ग्रेगरी पैक से मिलकर

मुग्ध थी। उसने फौरन देव में ग्रेगरी पैक की छवि भी देख ली। नतीजा यह हुआ कि हिंदी फिल्मों में नायक की एक नई ग्लैमरस, बेफिक्री के अंदाज वाली छवि ने अपनी नींव रखी। बाद में गुरुदत्त जैसे मँझे हुए और कल्पनाशील निर्देशक ने 'बाजी' और 'सी.आई.डी.' सरीखी फिल्मों से देव आनंद की एक अलग तरह की इमेज स्थापित कर दी।

वह युग अभिनय की ट्रैजिक ऊँचाइयों वाला युग था। दिलीप कुमार इस दर्द और तड़प के महानायक थे। उधर राज कपूर ने चार्ली चैप्लिन की कॉमिक ट्रैजिडी का एक खास भारतीय रूप सफलतापूर्वक विकसित कर लिया था–ख्वाजा अहमद अब्बास की कलम का सहारा लेकर। लेकिन देव आनंद ने आजादी के बाद के नौजवानों को एक दूसरा अंदाज दिया–यह अंदाज था बेफ्रिकी, शोखी और मस्ती का। "मैं जिंदगी का साथ निभाता चला गया–हर फिक्र को धुएँ में उड़ाता चला गया" सरीखे गाने इस नए नौजवान के अंदाज को बहुत सही ढंग से परिभाषित करते हैं। इन्हीं सब चीजों ने देव आनंद को युवा पीढ़ी का चहेता नायक बना दिया। प्रारंभ में गुरुदत्त के निर्देशन, सुरैया, गीता बाली, और मधुबाला सरीखी अभिनेत्रियों की शोखी, सचिनदेव बर्मन के मस्ती भरे मीठे संगीत और किशोर कुमार की मस्ती भरी और बेफिक्र आवाज ने मिलकर इस नायक की छवि को प्रबलित किया। यह नायक ग्लैमर से घबड़ाता नहीं था। उसके जादू, अँधेरे और रोशनी का सामना करता था। यह नायक उस पीढ़ी का नायक था जिसकी दिक्कत अँधेरा नहीं बल्कि उजाला थी।

हिंदी सिनेमा के उस दौर में दिलीप कुमार और राज कपूर की फिल्मों की आँधी में अपनी एक तीसरी और उल्लेखनीय छवि बना लेना कोई कम बड़ी उपलब्धि नहीं है। 1953 से हम फिल्मफेयर पुरस्कार प्राप्त नायकों की सूची देखते हैं, तो दिलीप-राज कपूर (खासतौर पर दिलीप कुमार) की आँधी के सामने किसी को आसानी से टिकता हुआ नहीं पाते हैं। दाग, आजाद, देवदास, नया दौर, कोहिनूर, लीडर और राम और श्याम इन सात फिल्मों के लिए दिलीप कुमार को 1953-67 के दौर में पुरस्कार मिले। यानी लगभग पचास प्रतिशत हिस्सा दिलीप के खाते में जाता है। लेकिन देव आनंद ने इस आँधी में भी 1958 में 'कालापानी' और 1966 में 'गाइड' से सर्वश्रेष्ठ अभिनेता के इस प्रतिष्ठित पुरस्कार को जीतने में सफलता हासिल की। यह सही है कि पुरस्कार अपने आप में कोई अंतिम इंडेक्स नहीं होते। लेकिन इस ऐतिहासिक दौर की यह सच्चाई तो है ही कि दिलीप-राज कपूर-गुरुदत्त की छवि सिनेमाई भाषा के अधिक अनुकूल थी जबकि देव आनंद को अपनी इमेज की अपनी अलग ही शर्तों पर रक्षा करनी पड़ी।

लेकिन सदाबहार लवर ब्वॉय की इमेज अपने आप में एक ट्रैप भी है। विलियम बटलर येट्स की एक प्रसिद्ध कविता में कहा गया है कि मैं जीवन भर यही सोचता

रहा कि जवानी कायम रखने के लिए तरह-तरह के कसरती उपकरण काफी हैं—मुझे नहीं पता था कि 'मन भी वृद्ध हुआ करता है।' देव आनंद लगातार पिछले पच्चीस वर्षों से इस मन के वृद्ध न होने की एक अब असंभव लड़ाई लड़ रहे हैं। हमें यह स्वीकार करना चाहिए कि उन्होंने कई बार इस लड़ाई में एक मुश्किल जीत भी हासिल की है। लेकिन हजार साल तक जवान रहने वाला पौराणिक राजा ययाति भी सेंसुअस जीवन के सुखों से ऊब गया था, थक गया था। पर देव आनंद अभी यह स्वीकार करने को तैयार नहीं हैं कि वह थक गए हैं, ऊब गए हैं। इसीलिए ज्वेल थीफ फिर लौट रहा है—असंभव को संभव करने के संकल्प के साथ। लेकिन बाद के सभी लवर ब्वॉय शायद कभी भी देव आनंद सरीखी लंबी पारी न खेल पाएँ। एक नजर में उनका दिल बेचारा एल.बी. डब्ल्यू. बरसों पहले हुआ था। लेकिन आशिक अदांज की बल्लेबाजी वह करते रहे—करते ही रहे। इस अंदाज को हिंदी सिनेमा के इतिहास में भुलाया नहीं जा सकता।

1997

मीना कुमारी : कुछ छूट गया याद नहीं

मीना कुमारी के व्यक्तित्व, जीवन और अभिनय के जादू, ताकत, रहस्य, त्रासदी, पीड़ा आदि को 'साहब, बीवी और गुलाम' (1962) में छोटी बहू के पात्र में अच्छी तरह से देखा जा सकता है। गुरुदत्त की इस फिल्म में भले ही निर्देशक के रूप में संवाद लेखक अबरार अलवी का नाम गया हो लेकिन फिल्म के इतिहास से परिचित सभी यह जानते हैं कि इस फिल्म के एक-एक फ्रेम में गुरुदत्त की निर्देशन शैली हावी थी। 'साहब, बीवी और गुलाम' में अनेक अविस्मरणीय पात्र हैं। छोटे-छोटे पात्र भी याद रह जाते हैं। घड़ी बाबू सरीखे सनकी पात्र हैं जो सूनी हवेलियों में एक भयावह हँसी के साथ बदलते समय को दर्ज करना चाहते हैं। हवेली का एक साधारण नौकर भी अपनी छाप छोड़ता है। पर इन सबके केंद्र में मीना कुमारी यानी छोटी बहू है।

यह गौर करने की बात है कि 'साहब, बीवी और गुलाम' में जबा यानी वहीदा रहमान के पात्र को भी पर्याप्त महत्त्व दिया गया है। वहीदा दरअसल गुरुदत्त की दो चर्चित फिल्मों–'प्यासा' और 'कागज के फूल' में अपनी एक अलग छवि स्थापित कर चुकी थीं। 'साहब, बीवी और गुलाम' में भी जबा की एक महत्त्वपूर्ण उपस्थिति है। लेकिन पूरी फिल्म में जैसे छोटी बहू की दर्द भरी आवाज को दर्शक बराबर सुनता रहता है–तब भी जब पर्दे पर वह नहीं होती है।

बल्कि छोटी बहू को हम पर्दे पर बहुत बाद में देखते हैं। निर्देशक ने हवेली में उसकी जादुई और रहस्यमय उपस्थिति को स्थापित तो पहले ही कर दिया है। पर पर्दे पर मीना कुमारी का क्लोजअप बहुत बाद में आता है। आने से पहले भी निर्देशक मीना की अद्वितीय आवाज का पूरा फायदा उठाकर रहस्य के अँधेरे और आलोक दोनों का भरपूर सिनेमाई इस्तेमाल करता है।

भूतनाथ यानी गुरुदत्त को रात के अँधेरे में छोटी बहू बुलाती है। उसे पता है कि भूतनाथ मोहिनी सिंदूर बनाने वाली कंपनी में कर्मचारी है। कंपनी का दावा है कि यह सिंदूर वशीकरण में मदद करता है। आपका प्रेमी आपसे दूर है, तो वह नजदीक आ जाएगा। छोटी बहू का पति अपनी रातें कोठों पर बिताता है।

उसके लिए यही मर्दानगी है। रात भर पीता है, नाच गाने देखता है। दिन भर सोता है। विवाह उसने किया है। पर पत्नी से उसका किसी भी तरह का रिश्ता नहीं है। उसकी पत्नी ऊँचे घर की नहीं है। मध्यवर्गीय पूजा पाठ करने वाली सुंदर स्त्री है। पर वह हवेली की बंद दुनिया में घुट-घुटकर मरना नहीं चाहती। उसकी छोटी-सी इच्छा है पति को अपने वश में करने की। इसीलिए उसने भूतनाथ को रात के अँधेरे में अपने कक्ष में बुलाया है।

दर्शक पहले मीना कुमारी की आवाज को सुनता है। उसके मेहँदी रचे पैर दर्शक को दिखाई पड़ते हैं। भूतनाथ उसे अपना नाम बताता है। दर्शक को मीना कुमारी की आवाज सुनाई पड़ती है—एक ऐसी आवाज जिसमें मादकता भी है पीड़ा भी। छोटी बहू कहती है, 'बड़ा सुंदर नाम है।' भूतनाथ को आश्चर्य होता है। इस बात पर भी कि उसके अजीबोगरीब और हँसी पैदा करने वाले नाम को छोटी बहू ने सुंदर कहा। जबा ने जब उसका पहली बार नाम सुना था, तो वह खिलखिला कर हँस पड़ी थी।

लेकिन निर्देशक ने कल्पना शक्ति का बड़ा सुंदर इस्तेमाल इस प्रसंग में किया है। छोटी बहू जब नाम को सुंदर बताती है, तो कैमरा मीना कुमारी के सुंदर चेहरे को दिखाता है। दरअसल निर्देशक भूतनाथ नाम की सुंदरता पहचानने वाली स्त्री के सौंदर्य को एक झटके में दिखा देता है। भूतनाथ के चेहरे पर दो तरह के आश्चर्य हैं। एक अपने नाम को सुंदर सुनकर। दूसरा, छोटी बहू की जादुई सुंदरता को सामने देखकर।

फिल्मफेयर के सर्वश्रेष्ठ अभिनेत्री पुरस्कार के लिए मीना कुमारी की तीन फिल्में एक साथ चुनी गई थीं। 'साहब, बीवी और गुलाम', 'मैं चुप रहूँगी' और 'आरती'। अंत में पुरस्कार छोटी बहू को मिला था।

मीना कुमारी के व्यक्तित्व में आँखों, ओठों और आवाज का केंद्रीय स्थान था। इन तीनों ने मिलकर मीना कुमारी का एक अद्‌भुत सिनेमाई व्यक्तित्व बनाया। आँखों में सिर्फ सुंदरता नहीं थी—देखने से अभिनय की बारीकियों तक जाने की अद्वितीय क्षमता थी। ओठों ने चेहरे को ऐंद्रियता प्रदान की। आवाज और लहजे ने मीना कुमारी को मीना कुमारी बनाया।

मीना कुमारी ने वैसे तो बाद में रंगीन फिल्मों में भी काम किया। 'पाकीजा', 'चित्रलेखा', 'फूल और पत्थर' आदि मीना के रंगीन दौर की फिल्में हैं। लेकिन मीना कुमारी की उपस्थिति श्वेत-श्याम फिल्मों में ही सर्वश्रेष्ठ थी। मीना ही क्यों—मधुबाला, नर्गिस, गीता बाली, नूतन, वहीदा रहमान आदि सभी उस दौर की चर्चित अभिनेत्रियों की सिनेमाई छवि श्वेत-श्याम फिल्मों से अलग नहीं की जा सकती है।

हिंदी सिनेमा के इतिहास का यह सर्वश्रेष्ठ दौर था। निर्देशक, संगीतकार,

गीतकार, अभिनेता, लेखक सभी श्रेष्ठ थे। पचास का दशक हिंदी फिल्मों का 'स्वर्ण काल' है। अभिनय, निर्देशन, संगीत सभी दृष्टियों से।

इतिहास की यह भी एक कड़वी सच्चाई है कि इस दौर के अनेक प्रतिभाशाली नामों का अंत बहुत दुखद और त्रासद रहा। खासतौर पर अभिनेत्रियों के जीवन के साथ बीमारी, अकेलापन, मृत्यु आदि चीजें कुछ अजीब ढंग से जुड़ी हैं। जो नाम इस दौर के 'सरवाइवर' भी समझे गए उन्हें भी अंत में कैंसर सरीखी भयावह बीमारियों का सामना करना पड़ा।

छोटी बहू के कई अर्थ थे। एक अर्थ था मीना कुमारी। दूसरा था—गुरुदत्त। तीसरा था—गीता दत्त। इन सभी का अंत दर्द भरा था।

दिलीप कुमार को सिने इतिहासकारों ने 'ट्रैजेडी किंग' कहा है। हालाँकि दिलीप कुमार कॉमेडी में भी बड़े आश्वस्त नजर आते थे। उनके अभिनय में विस्तार खूब रहा है। मीना कुमारी को भी 'ट्रैजेडी क्वीन' यानी दर्द की देवी जैसे नाम दिए गए हैं। दुख जैसे मीना कुमारी की एक केंद्रीय पहचान है। मीना कुमारी का व्यक्तित्व देवी का बनाया जरूर गया लेकिन यह देवी दूसरी तरह की थी। मिसाल के लिए नूतन जैसी नहीं।

मीना कुमारी के व्यक्तित्व, आवाज और सुंदरता में ऐंद्रियता और मादकता का विशेष स्थान है। शायद उन्हें दर्द की देवी कहकर 'पैडेस्टल' पर बैठाना और उस रूप की पूजा करना भी उनके सिनेमाई व्यक्तित्व के साथ नाइंसाफी है। एक मीठा किस्म का दर्द मीना कुमारी की पहचान है। उन्हें अधिक चुनौतीपूर्ण भूमिकाएँ मिलनी चाहिए थीं। उस दौर के निर्देशकों ने मीना कुमारी की प्रतिभा का संपूर्ण इस्तेमाल नहीं किया।

मीना कुमारी का चालीस साल का जीवन अपने आप में एक बहुत अच्छी फिल्म की पटकथा है। मराठी अभिनेत्री हंसा वडकर के जीवन पर बेनेगल ने 'भूमिका' सरीखी अच्छी फिल्म बनाई। स्मिता पाटील ने हंसा को अपना चेहरा और अंदाज दे दिया। शायद मीना कुमारी को अपना चेहरा और अंदाज और आवाज देने वाली अभिनेत्रियाँ मौजूद नहीं हैं।

पर उनका जीवन एक बहुत अच्छी जीवनी और फिल्म की पटकथा का आधार बन सकता है। चार साल की उम्र में कैमरे के सामने आने वाली मीना कुमारी ने अपना सारा जीवन कैमरे की तेज रोशनियों के आगे बिता दिया। जब कैमरा नहीं होता था, तो एक ऐसे पुस्तकालय से यह अभिनेत्री घिरी रहती थी जहाँ रोशनी कम थी और अँधेरा कहीं ज्यादा। मीना कुमारी की भूमिकाएँ, उनका बचपन, गरीबी, सफलता, ग्लैमर, कमाल अमरोही से विवाह, पुरुष मित्र, मदिरा का व्यसन, बीमारी और अंत सभी कुछ एक 'भूमिका' जैसी फिल्म की जरूरत को बताता है।

मीना के अंतिम वर्ष के एक निर्देशक मित्र का कहना है कि मीना ने कभी

कहीं कहा था कि पुरुष मित्र मेरे लिए किताबों की तरह हैं। अच्छी किताबों की तरह उन्हें पढ़कर मैं अपने निजी पुस्तकालय में रख देती हूँ।

विश्लेषण करने वालों ने मीना कुमारी, महजबीं और मंजू इन तीन नामों की व्यथा कथा के कई रूप सामने रखे हैं। 1 अगस्त 1932 को हारमोनियम वादक मास्टर अलीबख्श और प्रभावती की संतान थी–महजबीं। निर्देशक विजय भट्ट ने बच्ची महजबीं को मीना कुमारी नाम दे दिया। पति कमाल अमरोही मीना को मंजू कहा करते थे।

मीना कुमारी ने 1953 में शादी की थी। कमाल अमरोही के साथ के शुरू के दो सालों को मीना स्वर्ग का समय बताती थीं और अंतिम दो वर्षों को नर्क का समय। शादी का समय 1964 तक रहा। बाद में मीना कुमारी का जीवन बराबर अपने निजी पुस्तकालय के अँधेरे और थोड़ी बहुत रोशनी में बीता। 21 मार्च, 1972 को मीना कुमारी का निधन हुआ।

'बैजू बावरा', 'परिणीता', 'एक ही रास्ता', 'शारदा', 'मिस मेरी', 'चार दिल चार राहें', 'दिल अपना और प्रीत परायी', 'आरती', 'भाभी की चूड़ियाँ', 'मैं चुप रहूँगी', 'साहब, बीवी और गुलाम', 'दिल एक मंदिर', 'चित्रलेखा', 'काजल', 'फूल और पत्थर', 'मँझली दीदी', 'मेरे अपने', 'पाकीजा' आदि मीना कुमारी की प्रमुख फिल्में हैं।

मीना कुमारी के व्यक्तित्व को रोमांटिक ढंग से देखा गया है। उनके जीवन को कभी 'लंबी दर्द भरी कविता' कहा गया है तो कभी दुखी और सतायी हुई स्त्री की छवि उनमें देखी गई है। लेकिन फर्क यह था कि यह दुखी स्त्री लड़ना भी जानती थी। पुरुषों के बारे में मीना कुमारी का दृष्टिकोण इसका एक प्रमाण है। छोटी बहू धार्मिक किस्म की मध्यवर्गीय स्त्री है पर अपने पति के पास आने के लिए वह मदिरा पान के लिए भी तैयार है। यही उसके लिए विद्रोह है।

मीना कुमारी में मासूमियत जरूर है–दर्द भी है पर जटिलता भी है जो उनके शरीरशास्त्र से शुरू होकर काव्यशास्त्र में खोजी जानी चाहिए।

मीना कुमारी की एक खास रोमानी अंदाज वाली कविता को यहाँ याद किया जा सकता है–

थका थका सा बदन
आह! रूह बोझल बोझल
कहाँ पे हाथ से
कुछ छूट गया याद नहीं
न जाने किसके चटखने की
ये आवाज आई
और अहसास दरारों में

कैसे जा पहुँचा
नगर वीरान
झरोखे खामोश
मुँडेरें चुप
खामोशी, उफ्फ!
कि खलाओं का दम भी घुटने लगा
अचानक आ गई हो मौत
वक्त को जैसे
हाय! रफ्तार की नब्जें रुको
दिल बैठ गया
कहाँ शुरू हुए
ये सिलसिले कहाँ टूटे
न इस सिरे का पता है
न उस सिरे का पता

1998

एक मीठी महानता का नाम है लता

शनिवार 28 सितंबर, 1929 को इंदौर (मध्य प्रदेश) में जन्मी लता मंगेशकर अपने एक महान जीवन के 75वें वर्ष में प्रवेश कर रही हैं। लता की छोटी बहन आशा भोंसले हाल ही में 70 साल की हुई हैं। बल्कि पिछले कुछ बरसों में रीमिक्स गानों के बोलबाले ने आशा को एक नया जीवन दिया है। अचानक वह फिर से जवान हो गई हैं। नौशाद सरीखे संगीतकारों ने अपने उत्साह में यहाँ तक कह दिया है कि आशा भोंसले की उपलब्धियों का कुल योग शायद लता मंगेशकर से अधिक ही साबित हो। दरअसल यह विवादास्पद टिप्पणी है। एक समय में लता को हिंदी फिल्म संगीत की आत्मा कहा जाता था और आशा भोंसले को उसकी देह। इन दिनों की नई संस्कृति में देह और ऐंद्रियता का बोलबाला है। इसलिए आशा भोंसले को एक नई प्रतिष्ठा मिल रही है। 'कंबख्त इश्क' (प्यार तूने क्या किया) और 'खल्लास' (कंपनी) सरीखे मादक और लोकप्रिय गाने 55 सालों से फिल्मी गाने गा रही 'आशा ताई' को सोलह साल की जादुई उम्र वापस दे रहे हैं। लता ने ऐसे गाने कम ही गाए हैं हालाँकि जब गाए हैं, तो खूब गाए हैं। लता और आशा की प्रतिद्वंद्विता शुरू से ही चर्चा का विषय रही है। इस विषय पर फिल्में तक बनाने की कोशिशें हुई हैं। जिस तरह से रूसी लेखन में आलोचक यह सवाल उठाते हैं कि तोलस्तोय महान हैं या दास्तोएवस्की—कुछ इसी तरह से यह सवाल भी उठाया जाता है कि लता या आशा? देह का एक समकालीन ग्लैमर और तिलिस्म है—आत्मा की एक शाश्वत जगह है। आशा भोंसले को एक जन्म ओ. पी. नैयर ने दिया था, दूसरा राहुल देव बर्मन ने और तीसरा बल्ली सागू की रीमिक्स कल्चर ने। लता ने एक ही जन्म पाया है। और वह अपनी शर्तों और अद्भुत रचनात्मकता के बल पर हिंदी फिल्म संगीत के भीष्म पितामह अनिल विश्वास से शुरू होकर अभिमन्यु (या अर्जुन) ए. आर. रहमान तक के लिए अविस्मरणीय गाने गा चुकी हैं। सचमुच यह पारी बहुत बड़ी है। लता क्रिकेट की शौकीन हैं और राजसिंह डूंगरपुर की अच्छी दोस्त भी। उनकी यह महान पारी ब्रेडमैन, गवासकर या तेंडुलकर की किसी महान पारी से कम नहीं है।

लता की प्रशंसा में बीसवीं शताब्दी के अनेक दिग्गजों ने दिल खोलकर लिखा या कहा है। कुमार गंधर्व, यहूदी मेनुहिन, अमीर खान, बड़े गुलाम अली खान, भीमसेन जोशी, पंडित जसराज, इलयराजा, रविशंकर सरीखे नाम जिसकी प्रशंसा में खुलकर बोल चुके हों उसे किसी प्रमाणपत्र या प्रशंसा की क्या जरूरत है?

स्व. कुमार गंधर्व ने अपने एक प्रसिद्ध लेख में लता को भारतीय गायिकाओं में बेजोड़ बताते हुए उसके स्वरों की निर्मलता, कोमलता और मुग्धता की चर्चा की थी। (नई दुनिया का फिल्म विशेषांक 'सरगम का सफर', जून 1989) लता के गानों के 'नादमय उच्चार' की चर्चा के साथ कुमार गंधर्व की इस टिप्पणी का विशेष महत्त्व है, 'सामान्य श्रोता को अगर आज लता की ध्वनिमुद्रिका और शास्त्रीय गायकी की ध्वनिमुद्रिका सुनाई जाए, तो वह लता की ध्वनिमुद्रिका ही पसंद करेगा।...उसे तो चाहिए वह मिठास, जो उसे मस्त कर दे, जिसका वह अनुभव कर सके। और यह स्वाभाविक ही है। क्योंकि जिस प्रकार मनुष्यता हो तो वह मनुष्य है, वैसे ही 'गानपन' हो तो वह संगीत है। और लता का कोई भी गाना लीजिए, तो उसमें शत-प्रतिशत यह 'गानपन' मौजूद मिलेगा।'

हार्पर कॉलिंस द्वारा प्रकाशित 'महाभारत' सीरियल के 'समय की आवाज' हरीश भिमानी की जीवनी 'इन सर्च ऑफ लता मंगेशकर' के अंत में लता के बारे में दिग्गजों की असंख्य टिप्पणियाँ उद्धृत हैं। कुछ टिप्पणियाँ दिलचस्प हैं और हमें बहुत कुछ बताती भी हैं। भीमसेन जोशी का कहना है कि हमें लता का धन्यवाद देना चाहिए जिनके कारण आम आदमी शास्त्रीय संगीत को पसंद करने लगा है। उस्ताद अमीर खान के अनुसार हम शास्त्रीय संगीतकार साढ़े तीन घंटे में जो हासिल कर पाते हैं उसे लता तीन मिनट में हासिल कर लेती हैं।

कुछ दूसरी लोकप्रिय हस्तियों की टिप्पणियाँ देखिए : 'पृथ्वी में एक सूर्य है, एक चंद्रमा और एक लता।' (जावेद अख्तर) 'अगर ताजमहल दुनिया का सातवाँ आश्चर्य है, तो लता आठवाँ।' (उस्ताद अमजद अली खान) 'बीसवीं शताब्दी में सिर्फ तीन चीजें याद की जाएँगी–लता मंगेशकर का जन्म, मनुष्य का चंद्रमा की धरती पर पैर रखना और बर्लिन की दीवार का टूटना।'

गौर करने की बात यह है कि लता के बारे में महान शास्त्रीय गायक, लोकप्रिय गजल और फिल्मी गायक और आम आदमी सभी एकमत दिखाई देते हैं। किसी को उनकी महानता के बारे में तनिक भी संदेह नहीं है। जाहिर है कि ऐसे व्यक्तित्व का 74 साल का भरापूरा जीवन तरह-तरह के विवादों को जन्म देगा ही। निर्मल स्वरों वाली लता के जीवन को भला निर्मल और स्वच्छ क्यों रहने दिया जाए। सफलता के दुश्मन भी कम नहीं होते हैं।

लता ने विवाह नहीं किया–इस बात को लेकर भी कई सिद्धांत और कहानियाँ हैं। लता पैसे और पारिश्रमिक को लेकर काफी सख्त हैं इसे उनकी निषेधी छवि

के रूप में ही प्रचारित किया गया। अपने पिता दीनानाथ मंगेशकर की मृत्यु के बाद कुछ ही दिनों में घर चलाने के लिए, फिल्मी दुनिया को अपनाने के लिए मजबूर बच्ची लता के जीवन संघर्ष को उसकी संपूर्णता में नहीं देखा जाता है। वह रॉयल्टी के सवाल पर बहुत जिद्दी थीं क्योंकि उन्होंने अपने जमाने में कई सफल नामों को बाद में गरीबी की जिंदगी में कराहते देखा था। स्वयं उनके पिता कभी बहुत सफल और अच्छे-खासे पैसे वाले थे। पर अपने अंतिम दिनों में वह आर्थिक दृष्टि से बहुत मुश्किल में थे।

24 अप्रैल, 1942 को बलवंत संगीत मंडली के सफल नाम 42 साल के दीनानाथ ने अंतिम क्षणों में अपने को अकेला और असहाय पाया था। गोवा के मंगेश गाँव में जन्मे दीनानाथ मराठी नाट्य संगीत की मशहूर हस्ती थे। मजबूर होकर उन्हें अपनी नाट्य कंपनी को फिल्म कंपनी बनाना पड़ा। 'कृष्णार्जुन युद्ध' फ्लॉप हुई। प्रतिभा के धनी मंगेशकर परिवार पर संकट आ गया। मास्टर दीनानाथ का पहला विवाह नर्मदा से हुआ था। नर्मदा की मृत्यु के बाद उन्होंने उसकी छोटी बहन शुद्धिमती (विवाद के बाद का नाम) से विवाह किया। उन्हीं की पाँच संतानें (लता, आशा, मीना, उषा, हृदयनाथ) आज गीत-संगीत की दुनिया में एक असाधारण परिवार के रूप में जानी जाती हैं।

पिता की असमय मृत्यु के समय लता सिर्फ तेरह साल की थीं। पाँच साल की उम्र में चेचक के रोग (जिसके दाग चेहरे पर हमेशा के लिए आ गए) से भयावह संघर्ष में किसी तरह से मौत की बाँहों से बाहर निकल पाईं। लता को कम उम्र में ही परिवार की जिम्मेवारी का कठोर अर्थ समझना पड़ा था। दीनानाथ के अंतिम संस्कार में 75 रुपए खर्च किए गए थे और घर में पैसा नहीं था। सिर्फ चार दिन का राशन रह गया था। लता को शुरू से ही गीत-संगीत पसंद था। पर उस उम्र में पार्श्व गायन की संभावनाएँ कम थीं। अभिनय से लता को चिढ़ थी। पर घर के छह प्राणियों का पेट भरने के लिए लता ने अपने फिल्म कॅरिअर की शुरुआत एक्टिंग से की। यह अलग बात है कि सिर्फ सात सालों में यानी 1949 में लता हिंदी फिल्म संगीत का एक बहुत बड़ा सितारा बन गईं। 1949 में अंदाज (नौशाद), बड़ी बहन (हुस्नलाल भगतराम), बरसात (शंकर जयकिशन), बाजार (श्याम सुंदर, हुस्नलाल भगतराम), दुलारी (नौशाद), महल (खेमचंद प्रकाश), लाहौर (श्याम सुंदर, विनोद) और एक थी लड़की (विनोद) सरीखी फिल्मों के गानों की असाधारण सफलता ने लता को मुंबइया फिल्मी दुनिया की महारानी बना दिया। और उस साल लता के गानों की रेंज देखिए—उठाए जा उनके सितम, चुप-चुप खड़े हो, हवा में उड़ता जाए, ऐ दिल तुझे कसम है, आएगा आने वाला, लारा लप्पा...

अठारह साल की उम्र में लता ने अपने जीवन की पहली हिलमैन कार खरीदी थी। बाद में इसी कार को मुकेश ने खरीद लिया था। लता के जीवन में पैसा,

यश, कारें, प्रतिद्वंद्विता, सांस्कृतिक तानाशाही सब कुछ एक साथ आए-गए। न जाने कितनी गायिकाओं को शिकायत रही है कि उनका काम रहस्यमय ढंग से गायब हो जाता था। 'तुम मुझे भूल भी जाओ' सरीखे अमर गाने गा चुकीं सुधा मल्होत्रा आज भी यह बात समझ नहीं पाती हैं कि नौशाद ने 'उड़न खटोला' में सभी गाने उनकी आवाज में रिकॉर्ड कराए थे। पर बाद में रहस्यमय कारणों से उनकी जगह लता ने ले ली।

दरअसल, इसमें कोई बड़ा रहस्य नहीं छिपा है। मुंबइया फिल्म उद्योग में सफलता से अधिक सफल कोई और चीज नहीं है। विभाजन के बाद पाकिस्तानी और पंजाबी संगीत की जड़ें कमजोर हो गईं। पार्श्व गायिकाओं में कई दशकों तक लता की सांस्कृतिक तानाशाही का कोई मुकाबला नहीं कर सकता। कहा जाता रहा कि लता ने वाणी जयराम को आगे नहीं बढ़ने दिया, रूना लैला को पैर नहीं जमाने दिए।

लता ने ओ.पी. नैयर सरीखे संगीतकार से शुरू ही में एक अनचाहा किस्म का झगड़ा कर लिया था। नैयर ने आशा को लता के मुकाबले में खड़ा किया—सीमित संदर्भों में ही सही। लता का एक बार एस. डी. बर्मन से भी विवाद हो गया था जो सौभाग्यवश लंबा नहीं खिंचा। बाद में लता ने बर्मन के संगीत में कई अविस्मरणीय गाने गाए।

लता ने अपने कॅरिअर में मादक, सेक्सी, कव्वाली, कैबरे, चालू संगीत से बचने की भरसक कोशिश की है। 'बुड्ढा मिल गया' (संगम), 'हाय हाय यह मजबूरी' (रोटी कपड़ा और मकान), 'मेरे हाथों में नौ-नौ चूड़ियाँ' (चाँदनी—इस गाने की इन पंक्तियों से लता झिझकती हैं—'मेरी दर्जी से आज मेरी जंग हो गई, कल चोली सिलाई आज तंग हो गई) और कैबरे गीत 'आ जाने जान' (इंतिकाम) सरीखे अपवाद हैं। 'मुगले आजम' की कव्वाली, 'तेरी महफिल में किस्मत आजमा के हम भी देखेंगे' को भी एक सुखद अपवाद के रूप में देखा जा सकता है। पर लता की केंद्रीय छवि इन गानों से नहीं बनती है। शंकर-जयकिशन की जोड़ी के शंकर ने कहीं कहा था—लता को जुकाम हो जाता है और पूरी इंडस्ट्री को छींकें आना शुरू हो जाती हैं। यह टिप्पणी अपने समय में लता की ताकत और तानाशाही को अच्छी तरह से बताती है। इसी ताकत के कारण लता आत्मा को छूने वाले गानों को अपनी मर्जी से चुन सकती थीं। उनके यहाँ मादकता में भी गहरी आध्यात्मिकता झाँकने लगती है।

फिल्म उद्योग में शुरू में लता के. एल. सहगल के गायन से बहुत प्रभावित थीं (उनसे वह कभी मिल न पाई थीं)। शास्त्रीय संगीत में वह बड़े गुलाम अली खान और अमीर खान से अत्यधिक प्रभावित-प्रेरित रही हैं। पर गौर करने की बात यह है कि शास्त्रीय संगीत के ये दोनों महान गायक स्वयं लता के प्रशंसक थे।

लता मंगेशकर के लिए इससे अधिक संतोष की बात क्या हो सकती है। फिल्मी दुनिया में छह दशकों की उनकी सक्रियता रचनात्मकता और कलात्मक निखार का एक अद्वितीय उदाहरण है।

लता के 25 श्रेष्ठ गाने

आएगा आने वाला (महल)
मुश्किल है बहुत मुश्किल (महल)
बिछुआ...(मधुमती)
ऐसी मैं तो प्रेम दीवानी (नव बहार)
जागो मोहन प्यारे (जागते रहो)
आ जा रे परदेसी (मधुमती)
यों हसरतों के दाग (अदालत)
रसिक बलमा (चोरी चोरी)
सत्यम् शिवम् सुंदरम् (सत्यम् शिवम् सुंदरम्)
बैरन नींद न आए मोहे (चाचा जिंदाबाद)
यह जिंदगी उसी की है (अनारकली)
कहीं दीप जले कहीं दिल (बीस साल बाद)
नैना बरसे (वो कौन थी)
तुम न जाने किस जहाँ (सजा)
उठाए जा उनके सितम (अंदाज)
रैना बीती जाए (अमर प्रेम)
रुलाके गया सपना मेरा (ज्वैल थीफ)
पिया बिना पिया बिना (अभिमान)
अल्लाह तेरो नाम ईश्वर...(हम दोनों)
मिला है किसी का झुमका (परख)
वो तो चले गए ऐ दिल (संगदिल)
मरना तेरी गली में (शबाब)
मोहे भूल गए साँवरिया (बैजू बावरा)
सो गए हैं (जुबैदा)
ऐ मेरे वतन के लोगो (गैर फिल्मी)

2003

दो आने की बारिश या लाखों का सावन

बारिश कवियों, चित्रकारों, संगीतकारों, गायकों सभी को प्रेरित करती है पर मुंबइया फिल्मकारों के लिए तो बारिश का मतलब एक पूरा सिनेमाई जादू है। रोमांस और नायिका की सेक्स अपील दिखाने के लिए बारिश से अधिक कोई आसान रास्ता नहीं है। बारिश में तन-मन भीग जाता है। राजा रवि वर्मा की अकादेमिक शैली से प्रभावित मशहूर चित्रकार हेमेन मजूमदार अपनी भीगी हुई नायिकाओं की 'इरॉटिक' तस्वीरें पेंट करने के लिए मशहूर थे। उनके बारे में एक मजाक प्रचलित था कि उनकी मॉडल्स को जरूर निमोनिया हो जाने का खतरा बना रहता होगा। पर मुंबइया फिल्मों की नायिकाओं को तो बारिश में बुरी तरह से भीगने के लिए हमेशा तैयार रहना पड़ता है। बारिश नहीं, तो झरना ही सही, झरना नहीं तो शॉवर ही सही! 'इक लड़की भीगीभागी सी-सोती रातों में जागी सी' जब पर्दे पर सामने आ जाती है, तो दर्शक रोमांस के रोमांच को तुरंत महसूस करने लगते हैं।

हिंदी फिल्मों में बारिश की भूमिका पर एक मोटा शोधग्रंथ तैयार किया जा सकता है। हरेक दर्शक की अपनी पसंद और अपनी यादें हैं। कोई आश्चर्य नहीं कि किसी पाठक को कोई एक गाना याद आए, तो किसी को कोई दूसरा। पर मुंबइया सिनेमा में बारिश, झरने, रोमांस और सेक्स अपील के असली बादशाह राज कपूर हैं। उनकी पहली सफल फिल्म का नाम ही 'बरसात' (1948) था। इस फिल्म की कहानी कश्मीर की थी पर शूटिंग महाबलेश्वर (महाराष्ट्र) में हुई थी क्योंकि नर्गिस की माँ जद्दनबाई अपनी बेटी को कश्मीर भेजने के लिए तैयार नहीं थी। 'बरसात' फिल्म में बारिश के कई मायने हैं। वह सचमुच की बरसात भी है और इच्छाओं की भी। राज कपूर के लिए पानी रोमांस का एक जबर्दस्त रूपक था। 'मुझे किसी से प्यार हो गया' झरने के नीचे ही गाया जा सकता था। 'बरसात में हमसे मिले तुम' गाना तो प्रसिद्ध है ही।

पर राज कपूर ने बारिश और रोमांस को लगभग अंतिम और अद्वितीय रूप 'श्री 420' (1955) के गाने 'प्यार हुआ इकरार हुआ' गाने में दे दिया है। इसे

मुंबइया फिल्म रोमांस की सबसे बड़ी उपलब्धि कहा जा सकता है। नर्गिस-राज कपूर की जोड़ी तो 'बरसात' में उस प्रणय मुद्रा से ही अमर हो गई थी जिसने आर. के. फिल्म के प्रतीकचिह्न को जन्म दिया था। किसी तूफानी रात में दुनिया भर को भूलकर प्रेम की मधुरता में पूरी तरह डूबा हुआ, वॉयलिन पर प्रेम के दर्दीले राग को छेड़ता हुआ नायक है और उसकी बाँह में बुरी तरह से झूलती हुई नायिका है। इस फिल्म से पहले राज कपूर 'आग' में लगभग सब कुछ जला चुके थे। 'बरसात' के बनने के दौरान कहा जा रहा था कि 'आग' में जो थोड़ा-बहुत जलने से बच गया है वह 'बरसात' में बह जाएगा। पर जो हुआ वह एक इतिहास है। पानी में बड़ी ताकत है।

'बरसात' में राज कपूर-नर्गिस की प्रणय मुद्रा ने जन्म लिया और 'श्री 420' में मुंबइया मानसून के जादू में 'प्यार हुआ इकरार हुआ' गाने के अद्भुत फिल्मांकन से उनके प्रेम की अभिव्यक्ति ने एक जादुई विस्तार ले लिया। और यह प्रेम आम जिंदगी की सारी गर्माहट लिए हुए है। तूफानी बारिश में मुंबई के फुटपाथ पर इस प्रेम ने जन्म लिया। नर्गिस प्याले में फुटपाथ के चायवाले की चाय का कप में स्वाद ले रही है और राज कपूर प्लेट में चाय की चुस्कियाँ ले रहे हैं। इससे क्या फर्क पड़ता है कि इस जोड़ी के पास चायवाले को देने के लिए दो आने भी नहीं हैं। छाते के नीचे दोनों 'प्यार हुआ' गाना गाते हुए एक दूसरी ही दुनिया में चले गए हैं। समकालीन कला की एक चर्चित चितेरी अर्पणा कौर ने इस दृश्य पर अपनी एक पेंटिंग ही बना दी है।

वह मुंबइया सिनेमा का स्वर्णकाल था। पचास के दशक में निर्देशक, लेखक, अभिनेता, संगीतकार, गीतकार सभी श्रेष्ठ और प्रतिभाशाली थे। वे एक टीम की तरह काम करते थे। राज कपूर-नर्गिस की रोमांटिक जोड़ी के पीछे ख्वाजा अहमद अब्बास, शंकर जयकिशन, शैलेंद्र, हसरत जयपुरी, कैमरामैन राधू कर्माकर आदि सभी का हाथ था।

1958 में बनी कॉमेडी फिल्म 'चलती का नाम गाड़ी' में मधुबाला की उस दिव्य छवि को कौन भूल सकता है जब किशोर कुमार 'इक लड़की भीगीभागी सी, सोती रातों में जागी सी, मिली एक अजनबी से, कोई आगे न पीछे, तुम ही कहो कोई बात है' जैसा रोमांटिक गाना गाते हैं। यह गाना और यह सिचुएशन भी टीम वर्क की ही पैदाइश है। किशोर कुमार की आवाज और अभिनय, मधुबाला की दिव्य सिनेमाई छवि, सत्येन बोस का निर्देशन, एस. डी. बर्मन का संगीत और मजरूह सुल्तानपुरी के बोल—कोई है आज ऐसा कांबीनेशन?

यह रेन डांस का जमाना है—क्लबों में नौदौलतियों की अश्लील भीड़ के बीच किसी नकली बौछार में खो जाने का जमाना है। अब तो फिल्म का एक गाना अकेले या जोड़ी में गाया ही बहुत कम जाता है। एक पूरी भीड़ साथ में होती

है और दर्जन भर देशी-विदेशी लोकेशंस में एक गाने को कई टुकड़ों में फिल्माया जाता है। ऋषिकेश मुखर्जी सरीखे बुजुर्ग फिल्मकार झल्लाकर कहते हैं अरे भई यह कोई गाना है या स्कूली बच्चे पी.टी. कर रहे हैं?

स्मिता पाटील ने जब एक श्रेष्ठ अभिनेत्री के रूप में अपनी जगह बना ली थी, तो उन्हें कुछ समय के लिए भव्य फिल्में और ग्लैमरस रोल भी मिलने लगे थे। प्रकाश मेहरा ने 'नमक हलाल' में बारिश में अमिताभ बच्चन और स्मिता पाटील को जब बुरी तरह से भिगो दिया तो स्मिता के प्रशंसक भड़क उठे थे। 'आज रपट जाएँ तो हमें न उठइयो' आज भी एक लोकप्रिय 'रेन सांग' है। बप्पी लाहिरी का संगीत, किशोर-आशा का दोगाना और अमिताभ-स्मिता के भीगे हुए झटके। स्मिता भले ही अपने ग्लैमरस और सेक्सी अवतार में सफल नहीं हो पाईं पर यह गाना तो आज भी याद किया जाता है।

हमने शुरू में ही कह दिया है कि हर पाठक अपनी पसंद के ढेरों भीगे हुए रोमांटिक गाने याद कर सकता है। कोई सूची न्याय नहीं कर पाएगी। पर फिर भी सुविधा के लिए एक सूची की जरूरत है—कुछ याद आने के लिए, कुछ रोमांटिक हो जाने के लिए और कुछ भीग जाने के लिए। 'हाय हाय यह मजबूरी, यह मौसम और यह दूरी, तेरी दो टकयाँ दी नौकरी, मेरा लाखों का सावन जाए' (रोटी कपड़ा और मकान, लता मंगेशकर, लक्ष्मीकांत प्यारेलाल), 'भीगी भीगी रातों में' (अजनबी, लता-किशोर, आर.डी. बर्मन), 'बादल यूँ गरजता है' (बेताब, लता-शब्बीर कुमार, आर.डी. बर्मन), 'कोई लड़की है' (दिल तो पागल है, लता-उदित नारायण, उत्तम सिंह), 'बादल पे चलके आ' (विजय, लता-सुरेश वाडकर, शिव हरि), 'पर्वत से काली घटा टकराए' (चाँदनी, आशा भोंसले-विनोद राठौड़, शिव हरि), 'हाय रे हाय' (हमजोली, लता-रफी, लक्ष्मीकांत प्यारेलाल), 'मौसम का जादू' (हम आपके हैं कौन, लता-एस.पी. बालासुब्रमण्यम, राम लक्ष्मण), 'मौसम मौसम लवली मौसम' (थोड़ी सी बेवफाई, अनवर-सुलक्षणा पंडित, खैयाम) आदि-आदि।

एक पूरी रेंज खोजी जा सकती है इन गानों में। सुंदर और काव्यात्मक पंक्तियों से शुरू होकर बिल्कुल चालू और फूहड़ पंक्तियाँ भी मिल जाएँगी। (मेरी छतरी के नीचे आ जा, क्यों भीगे कमला खड़ी-खड़ी)। लेकिन शंकर जयकिशन, एस.डी. बर्मन, आर.डी.बर्मन, खैयाम, शिवहरि सरीखे प्रतिभाशाली संगीतकार ही बेहतरीन रोमांटिक रेन सांग रच पाए हैं। 'मौसम मौसम लवली मौसम' पंक्तियाँ ऊपर से देखने में बड़ी साधारण नजर आएँगी लेकिन खैयाम ने समकालीन चालू अभिव्यक्ति को भी गहरी रोमांटिक चाशनी में डुबो दिया है। आज यह क्षमता सिर्फ ए.आर. रहमान के पास है जो टेलीफोन धुन में हँसने वाली को डिजिटल धुन में तराशने की ताकत रखते हैं।

लेकिन हम तो यही कहेंगे—ये सारे गाने एक तरफ और 'प्यार हुआ इकरार

हुआ' दूसरी तरफ। पलड़ा राज कपूर की बारिश का ही भारी साबित होगा। आप लाखों के सावन में कितना ही रपट जाइए पर दो आने की चाय और फुटपाथ पर साधारण छाते के नीचे ही रोमांस होता है। और दुख की बात यह है कि यह रोमांस इन दिनों बड़ी मुश्किल से पर्दे पर देखने को मिलता है।

2003

नारी मुक्ति कथा : उषा से जुबैदा तक

विश्व के सार्थक सिनेमा का इतिहास हमें बताता है कि चाहे नारी रहस्य कथा हो या मुक्ति कथा—अनेक पुरुष फिल्मकारों ने पर्दे पर आधुनिक स्त्री की महत्त्वपूर्ण छवि प्रस्तुत की है। स्वीडन के फिल्मकार इंगमार बर्गमैन हों या भारत के सत्यजित राय—इन फिल्मकारों ने अपनी नायिकाओं को कैमरे की एक अद्‌भुत रोशनी में देखा है। श्याम बेनेगल 27 सालों से फिल्में बना रहे हैं। विज्ञापन फिल्मों की दुनिया से उभरे इस फिल्मकार ने या तो नायिका प्रधान सशक्त फिल्में बनाई हैं या संदेश प्रधान सपाट फिल्मों की दुनिया को हरा-भरा करने की कोशिश की है।

कभी-कभी यह भी भ्रम होता है कि दो श्याम बेनेगल हैं। एक नारी रहस्य कथा का अद्वितीय जानकार है और दूसरा दलित समस्या (समर), परिवार नियोजन (हरी-भरी) या सहकारी आंदोलन (मंथन) सरीखे विषयों की 'डी.ए.वी.पी. छवि' से मुक्त कराने की कोशिश करने वाला फिल्मकार है। दूसरा काम मुश्किल है और प्रचार की भूलभुलैया में फँसा देने वाला है। वैसे तो इन फिल्मों में भी स्त्रियों की छवि कम शक्तिशाली नहीं है। 'मंथन' की स्मिता पाटील हो या 'हरी-भरी' की शबाना आजमी—इन प्रचार फिल्मों में भी स्त्रियाँ अपनी बात अलग से कहती हैं। पर 'अंकुर', 'भूमिका', 'मंडी', 'मम्मो', 'जुबैदा' सरीखी फिल्मों में श्याम बेनेगल की स्त्रियाँ कहीं अधिक ताकतवर और अर्थपूर्ण हैं। खासतौर पर 'भूमिका' और 'जुबैदा' का तुलनात्मक अध्ययन दिलचस्प साबित हो सकता है। इन दोनों फिल्मों में सतही समानताएँ भी हैं। दोनों 'पीरियड' फिल्में हैं। वे चालीस और पचास के दशक में हमें ले जाती हैं। दोनों की नायिकाएँ अपने परिवार, परिवेश, समाज से विद्रोह करती हैं। 'भूमिका' की उषा (स्मिता पाटील) महाराष्ट्र की संस्कृति में रची-बसी है। 'जुबैदा' की नायिका (करिश्मा कपूर—वैसे सही नाम है करिज्मा) मुस्लिम परिवेश की रूढ़ियों से विद्रोह करती है। कोई आश्चर्य की बात नहीं कि ये दोनों स्त्रियाँ सचमुच के पात्रों से प्रेरित हैं। वे कल्पित स्त्रियाँ नहीं हैं—हाड़-मांस की सोचने-समझने-लड़ने वाली स्त्रियाँ हैं। उषा ने हंसा वाडकर नाम की अभिनेत्री की आत्मकथा से जन्म लिया और 'जुबैदा' कहानीकार खालिद मोहम्मद की अपनी माँ की कहानी से प्रेरित

है। इससे कोई फर्क नहीं पड़ता कि फिल्मकार को शुरू में यह कहने की मजबूरी है कि इस फिल्म की कहानी का संबंध किसी सच्ची घटना से नहीं है। कोई समानता दिख जाती है, तो वह संयोग है।

'जुबैदा' में हालाँकि नायिका करिश्मा कपूर ने अपनी अभिनय प्रतिभा को साबित करने के लिए खूब मेहनत की है। आश्चर्य होता है कि यह अभिनेत्री डेविड धवन की फूहड़ फिल्मों में छप्पर फाड़ लकी स्टार गोविंदा के साथ उछलती-कूदती ही रही है। पर स्मिता पाटील की अभिनय क्षमता अनोखी थी। उषा के पात्र को स्मिता ने कई अर्थ दिए हैं। उषा के जीवन में हर तरह के पुरुष आते-जाते रहते हैं। जुबैदा के अनुभव संसार में इतनी विविधता नहीं है। एक साधारण मध्यवर्गीय विवाह, बच्चा और तलाक के बाद राजस्थान के एक महाराज की दूसरी पत्नी बनकर रखैल होने की चिप्पी से लड़ने की कोशिश है जुबैदा के पात्र में। उषा अधिक साहसी, जटिल और बहुस्तरीय जीवन के दबावों को झेलने वाली स्त्री है। पर उषा और जुबैदा का बुनियादी संघर्ष एक तरह का है।

'जुबैदा' तो इन दिनों सिनेमाघरों में देखी जा सकती है। पर उषा को आज याद करने की जरूरत है। 'भूमिका' के एक प्रारंभिक प्रसंग में पुरानी फिल्म की शूटिंग चल रही है। ओमपुरी एक राजकुमारी को बैताल का शौर्य दिखा रहा है। "तुम मेरे शौर्य को नहीं पहचानती—तुम मेरे क्रोध को नहीं जानती। मेरे इस अग्नि महल से आज तक कोई भी कुमारी जिंदा नहीं बच सकी। मैं तुम्हारे सौंदर्य को जलाकर राख कर दूँगा।...अब भी करोगी मेरी भावनाओं का तिरस्कार...मेरी कामनाओं का अपमान..."

राजकुमारी कहती है, "पूरी नारी जाति को अपमानित करने वाला अपमान की बात कर रहा है..."

उषा निष्कपट भाव से यह सब देख-सुन रही है। उसे भी अपने जीवन में कई भूमिकाएँ निभानी हैं। कई चुनौतियाँ हैं उसके सामने। पत्नी का बराबर शोषण करने वाला पति केशव (अमोल पालेकर) उषा के विद्रोह को समझने में असमर्थ है। उसकी सरल सी समझ है (एक दिन नाक रगड़ती वापस आ जाओगी) और सीने में शोषण की जबरदस्त वासना है। बौद्धिक लफ्फाजी में जीने वाला फिल्मकार सुनील (नसीरुद्दीन शाह) आत्महत्या की ऊँची-ऊँची बातें करता है। उषा उससे पूछती है, "अस्पताल में पड़े-पड़े आत्महत्या वही आजादी का एकमात्र रास्ता देखा। मैं मरना चाहती हूँ—मेरी मदद करोगे?" लेकिन सुनील एक कमजोर बुद्धिजीवी है। उसे बौद्धिक वियाग्रा चाहिए—एक साहसी स्त्री की व्यग्रता और जीवन जीने का ताप नहीं। सुनील उषा पर आरोप लगाता है कि जिंदगी की हकीकत को तुमने हमेशा रंगीन चश्मे से देखा है। खुद सुनील ने एक नकली अस्तित्ववादी चश्मा लगा रखा है। अंत में उषा काले साहब जमींदार (अमरीश पुरी) की बंद दुनिया

में जाती है। एक दरवाजा दूसरे बंद दरवाजे में खुलता रहता है। जमींदार उषा से कहता है मेरी दादी इस चारदीवारी से बाहर कभी नहीं गई—मेरी माँ नहीं गई, मेरी पत्नी ने भी कभी बाहर कदम नहीं रखा। तो फिर तुम भला बाहर जाने का कैसे साहस दिखा रही हो?

जुबैदा भी इन्हीं बंद दरवाजों की कैदी है। राजमाता (रेखा) ने यह कैद स्वीकार कर ली है—एक खास तरह की 'ग्रेस' दिखाते हुए। जुबैदा इस 'ग्रेस' को अर्थहीन मानती है। वह बंद दरवाजे तोड़ना चाहती है। आकाश में उड़ना चाहती है। भले ही उसकी नियति आसमान में एक दुर्घटना ही क्यों न हो। श्याम बेनेगल की विद्रोही स्त्रियों में भी एक भीतरी आलोक है। 'जुबैदा' दरअसल 'भूमिका' का एक नया संस्करण है। पर ये लड़ाइयाँ अतीत की नहीं हैं। वे समकालीन हैं। अतीतमोह इन पात्रों को और भी सुंदर और ताकतवर बनाता रहता है।

2001

राष्ट्रीय फिल्म पुरस्कारों का अवमूल्यन

भले ही राष्ट्रीय फिल्म पुरस्कारों का 'भगवाकरण' हाल ही में शुरू हुआ है पर उनका अवमूल्यन दस साल पहले शुरू हो गया था। 48वें राष्ट्रीय फिल्म पुरस्कारों की घोषणा के समय ज्यूरी के तीन सदस्यों ने नाटकीय ढंग से इन पुरस्कारों से अपने को अलग न किया होता, तो शायद मीडिया का ध्यान इस अवमूल्यन की ओर नहीं जाता। अगर इतिहास के पन्ने ढंग से पलटे जाएँ, तो हम आसानी से इस सच्चाई को जान सकते हैं कि पिछले एक दशक में ज्यूरी के सदस्यों का चयन फिल्म विधा के ज्ञान से लगातार दूर होता चला जा रहा है। एक जमाने में तथाकथित मुख्य धारा या व्यावसायिक सिनेमा के पक्षधर फिल्मफेयर पुरस्कारों के ग्लैमर से सुखी रहते थे। राष्ट्रीय फिल्म पुरस्कारों की चिप्पी कला फिल्मों के लिए सुरक्षित थी। बड़े और ग्लैमरस सितारे फिल्मफेयर पुरस्कार पाना चाहते थे—राष्ट्रीय पुरस्कारों में उनकी दिलचस्पी कम होती थी। केरल सरीखे सिनेमा संपन्न राज्यों में मोहनलाल और मामूटी सरीखे सुपरस्टार जनता में भी लोकप्रिय हैं और तथाकथित कलाफिल्मों में भी उनके लिए प्रभावशाली भूमिकाएँ लिखी जाती हैं। विश्वविख्यात मलयालम फिल्मकार अडूर गोपालकृष्णन ने मामूटी को नायक बनाकर अनेक अच्छी फिल्में बनाई हैं। मोहनलाल चालू फिल्मों में भी काम करते रहे हैं और अरविंदन या शाजी सरीखे गंभीर फिल्मकारों ने उन्हें अद्‌भुत व चुनौतीपूर्ण भूमिकाएँ भी दी हैं। हिंदी सिनेमा में हाल में स्थिति, थोड़ा बदली है। तब्बू, करिश्मा कपूर या रवीना टंडन को भी बेहतर भूमिकाएँ मिलने लगी हैं।

लेकिन राष्ट्रीय फिंल्म पुरस्कारों के अवमूल्यन की वास्तविक कहानी सूचना और प्रसारण मंत्रालय द्वारा ज्यूरी के चयन की प्रक्रिया से जुड़ी है। पहले ज्यूरी के सदस्यों के 'बायो डाटा' को गौर से देखा जाता था। दूसरी विधाओं (नृत्य, रंगमंच, साहित्य आदि) से एक-दो सदस्य बनाने की स्वस्थ परंपरा भी दूषित नहीं थी। उल्लेखनीय है कि ललित कला अकादेमी द्वारा दिए जाने वाले राष्ट्रीय पुरस्कारों का अवमूल्यन बहुत पहले ही हो गया था। 'फिक्सिंग' शब्द का जब लोग अर्थ भी नहीं पहचानते थे तब ललित कला अकादेमी का तंत्र खुले आम 'फिक्सिंग'

कर रहा था। फिल्म पुरस्कारों में यह 'फिक्सिंग' आमतौर पर चोरी-चोरी चुपके-चुपके थी। आज वह खुलेआम और जोर-शोर से हो रही है। फिल्म विधा का ग्लैमर भी ज्यादा है। इसलिए अखबारों ने वैजयंती माला की अध्यक्षता में ज्यूरी के कारनामों को सुर्खियों का विषय बनाया है।

ज्यूरी के चयन में राजनीतिक दबाव, हस्तक्षेप कोई नई बात नहीं है। जब राजनेता दिलचस्पी नहीं लेते हैं, तो मौका देखकर मंत्रालय का कोई न कोई ज्वाइंट सेक्रेटरी भी अपनी पसंद के नाम को राष्ट्रीय ज्यूरी में बैठा देता है। पहले एक-दो नाम ही इस सम्मानित सूची में घुस पाते थे। अब स्थिति उलट गई है। दो-चार सही नाम होते हैं और अधिकांश नाम सरकारी होते हैं। फिल्म महोत्सव निदेशालय लगभग असहाय होकर इन दबावों के अुनसार काम करता रहता है। किसी पत्रकार को भी अगर ज्यूरी का सदस्य बनाया जाता है, तो उसकी उपयोगिता और वफादारी ध्यान में रखी जाती है। केंद्रीय सूचना और प्रसारण मंत्री सुषमा स्वराज अब हास्यास्पद ढंग से 'पांचजन्य' के संपादक तरुण विजय के फिल्म ज्ञान को 'डिफेंड' कर रही हैं। पर क्या वह बताएँगी कि फिल्म पत्रकारिता से जुड़े इतने गंभीर नामों की लंबी सूची में उन्हें इसी नाम की सेवाओं की बार-बार जरूरत क्यों पड़ रही है। 1998 में हुए 45वें राष्ट्रीय फिल्म पुरस्कार समारोह में सर्वोत्तम सिनेमा लेखन मंडल की ज्यूरी में चिदानंद दासगुप्त की अध्यक्षता में वह चंदन मित्र (इस नाम पर भी गौर किया जाए) के साथ एक सदस्य थे। हर साल जिन फिल्म समीक्षकों को लेखन के लिए राष्ट्रीय पुरस्कार दिया जाता है उनमें से कितने नामों को ज्यूरी में चुना जाता है? वैसे तो सर्वश्रेष्ठ फिल्म लेखन की चयन प्रक्रिया ही दोषपूर्ण है। फिल्म एक महँगा माध्यम है इसलिए निर्माता पुरस्कारों के लिए 'अप्लाई' करता है। गंभीर फिल्मों को भी 'अप्लाई' करने में कोई झिझक नहीं होती है। राष्ट्रीय फिल्म पुरस्कारों के सहारे इन फिल्मों को नाम और दाम भी मिल जाता है। लेकिन देश के अधिकांश नामी फिल्म समीक्षक अपनी साल भर की कतरनें फिल्म महोत्सव निदेशालय के पास भेजने का कष्ट क्यों उठाएँ। छुटभैये सहर्ष इस काम को करते रहते हैं। कभी-कभी किसी और की कतरनें न होने पर इन्हें सर्वश्रेष्ठ फिल्म समीक्षक का राष्ट्रीय पुरस्कार भी मिल जाता है। इन पंक्तियों का लेखक एक साल इस पुरस्कार की ज्यूरी का एक सदस्य रह चुका है। हिंदी या अंग्रेजी के अलावा शेष भाषाओं के लेखन का मूल्यांकन ठीक से नहीं हो पाता है। अक्सर अंग्रेजीदां अध्यक्ष हिंदी लेखन को पढ़ने की भी कोशिश नहीं करते हैं पर पुरस्कार दिए जाते हैं। अगर अध्यक्ष का कोई 'फेवरेट' नहीं है या किसी अन्य सदस्य ने किसी लेखक विशेष की गुणवत्ता साबित करने के लिए परिश्रम न कियेा हो, तो आसानी से 'मिडियॉकर' लेखन भी राष्ट्रीय पुरस्कार की चिप्पी से धन्य हो जाता है।

पर असली मारामारी कथाफिल्मों की दुनिया में होती है। कथाफिल्मों की ज्यूरी

या तो उत्तर, पूर्व, दक्षिण, पश्चिम के संतुलन बनाने में लगी रहती है। मिसाल के लिए दक्षिण की लॉबी शक्तिशाली होती है (क्योंकि वहाँ सिनेमा विधा बहुत सक्रिय है) इसलिए शक्ति संतुलन में कुछ बड़े लाभ उठाकर यह लॉबी दूसरे समझौते चुपचाप कर लेती है। लेकिन पिछले कुछ सालों में व्यावसायिक सिनेमा की लॉबी राष्ट्रीय फिल्म पुरस्कारों पर कब्जा करने के सारे अच्छे-बुरे तरीके अपना रही है। इसीलिए ज्यूरी के लिए सौमित्र चटर्जी और अनिल कपूर में भेद करना मुश्किल हो गया है। फिल्म फेडरेशन ऑफ इंडिया का बस चले, तो वह एक-दो सालों में ही राष्ट्रीय फिल्म पुरस्कारों को फिल्मफेयर या स्क्रीन पुरस्कार बना दे। फेडरेशन के सदस्य हर साल ऑस्कर पुरस्कारों के लिए हिना, जींस और हे राम जैसी फिल्में भेज कर जग हँसाई करा ही रहे हैं। लोकप्रिय और स्वस्थ मनोरंजन प्रदान करने वाली सर्वोत्तम कथाफिल्म का पुरस्कार इसी तरह का है। एक बार अडूर गोपालकृष्णन की अध्यक्षता में ज्यूरी ने यह पुरस्कार देने से इनकार कर दिया था, तो सारा व्यावसायिक फिल्म तंत्र अडूर के पीछे हाथ धोकर पड़ गया था। अडूर ने अपने निर्णय के पीछे कुछ महत्त्वपूर्ण तर्क दिए थे। उन पर बहुत कम ध्यान दिया गया। और यह पुरस्कार अभी भी दिया जा रहा है।

हर साल फिल्म फेडरेशन द्वारा बॉक्स ऑफिस की 'संदिग्ध' लोकप्रियता पर आधारित दस फिल्मों की एक सूची राष्ट्रीय ज्यूरी के पास भेजी जाती है। ज्यूरी इनमें से एक फिल्म को सर्वोत्तम लोकप्रिय व स्वस्थ मनोरंजन प्रदान करने वाली फिल्म के रूप में पुरस्कृत करती है। वर्ष की सर्वोत्तम कथाफिल्म को स्वर्ण कमल और पचास हजार रुपए का नकद पुरस्कार दिया जाता है। लोकप्रिय और स्वस्थ मनोरंजन वर्ग की सर्वश्रेष्ठ फिल्म को स्वर्ण कमल और 40 हजार का नकद पुरस्कार दिया जाता है। यानी गिरीश कासरवल्ली की कन्नड़ फिल्म 'ताई साहेब' और यश चोपड़ा की 'दिल तो पागल है' के बीच सिर्फ दस हजार रुपए की मामूली दूरी थी। अडूर ने यह कहने का साहस दिखाया कि फिल्म फेडरेशन की सूची में से हम सर्वश्रेष्ठ का निर्णय क्यों करें। वे क्यों नहीं यह फैसला भी खुद कर लेते हैं? क्यों नहीं ज्यूरी उपलब्ध फिल्मों में से खुद स्वयं अपने तर्क और तरीके से इस वर्ग का पुरस्कार तय करे?

यह बात 39वें राष्ट्रीय फिल्म पुरस्कारों की है। अडूर ने सत्यजित राय की बंगला फिल्म 'आगंतुक' को सर्वश्रेष्ठ कथाफिल्म और निर्देशन का पुरस्कार दिया। स्वस्थ लोकप्रिय मनोरंजन वर्ग का पुरस्कार नहीं दिया गया। पर उनके साथ ज्यूरी के सिने साक्षर सदस्य थे। नव्येंदु चटर्जी, फिरोज रंगूनताला, आमिर रजा हुसेन, राजा मित्रा, विनोद नागपाल जैसे कई नाम ज्यूरी में थे।

लेकिन 38वें राष्ट्रीय फिल्म पुरस्कारों का इतिहास कम दिलचस्प नहीं है। अशोक कुमार कथाफिल्मों की ज्यूरी के अध्यक्ष थे। तेलुगू फिल्म उद्योग और कांग्रेसी

राजनीति के एक स्तंभ सुब्बारामी रेड्डी साधारण सदस्य थे। बाद में तो वह अध्यक्ष भी बनाए जाने लगे। रेखा सहाय को तत्कालीन सूचना मंत्री सुबोध सहाय के कारण ज्यूरी में बैठने का गौरव प्राप्त हुआ था। ज्यूरी की बैठकों के दौरान दोनों का विवाह भी हो गया। और सुब्बारामी रेड्डी अपने प्रभाव के बल पर नव वरवधू को आशीर्वाद देने के लिए कई सदस्यों को तिरुपति भी ले गए। उस साल उषा खन्ना, हनी ईरानी, श्रीप्रिया जैसे अपेक्षाकृत ग्लैमरस नाम ज्यूरी के सदस्य थे। अमिताभ बच्चन को उनकी रक्त से लथपथ फिल्म 'अग्निपथ' के लिए सर्वश्रेष्ठ अभिनेता का पुरस्कार दिया गया। अमिताभ को किसी और वर्ष किसी बेहतर फिल्म के लिए पुरस्कार दिया जा सकता था। लेकिन ज्यूरी में कमर्शियल लॉबी ताकतवर थी। प्रेस कान्फ्रेंस में हनी ईरानी वगैरह तो इस प्रश्न को लेकर आक्रामक हो गई थीं।

अक्सर फिल्म के बारे में यह कहा जाता है कि फिल्म अच्छी होती है या बुरी। कमर्शियल या कला फिल्म के भेद दोषपूर्ण हैं लेकिन राष्ट्रीय पुरस्कार और फिल्मफेयर पुरस्कार अगर एक ही तरह के हो जाएँगे, तो यह दुर्भाग्यपूर्ण होगा। सुषमा स्वराज अपने उत्साह में महिलाओं को आगे बढ़ाने का अच्छा काम कर रही हैं। पर हेमा मालिनी सरीखी ग्लैमर कन्या को राष्ट्रीय फिल्म विकास निगम का अध्यक्ष बनाना या बोल राधा बोल संगम होगा कि नहीं गर्ल को राष्ट्रीय पुरस्कारों का अध्यक्ष बनाने के पीछे गंभीर और प्रतिबद्ध सिनेमा का विकास अवरुद्ध करने की गहरी राजनीति है। सिनेमा की दुनिया में योग्य महिलाओं की लंबी सूची है। ड्रीम गर्ल और संगम गर्ल को ही क्यों चुना जा रहा है? निश्चय ही यह अवमूल्यन शर्मनाक है।

2001

हमारे शहर, उनके शहर

पिछले दिनों नई दिल्ली में आयोजित हुए यूरोपीय फिल्म महोत्सव का केंद्रीय कथानक था–शहर। चौदह यूरोपीय देशों की फिल्मों में कस्बों से शुरू होकर महानगरों के तथाकथित आधुनिक जीवन की जाँच-पड़ताल थी। यूरोपीय शहरों के स्वप्न, संघर्ष, दुःस्वप्न समकालीन भारतीय जीवन से बहुत दूर नहीं हैं। यह अलग बात है कि भारतीय शहरों में एक ही समय में आप आश्चर्यजनक ढंग से कई शताब्दियों बल्कि कई युगों में आवाजाही कर सकते हैं। यूरोप में भी कुछ ऐसे शहर हैं। खासतौर पर रोम में घूमते हुए आप अचानक रोमन सभ्यता के प्राचीन पत्थरों से टकरा सकते हैं, मध्ययुग में प्रवेश कर सकते हैं और किसी चमकते हुए शीशे की बहुमंजिला इमारत के सामने अपने को खड़ा पा सकते हैं।

फिल्मकार हों या साहित्यकार–शहरी सभ्यता के जंगल ने सबको आकर्षित भी किया है और आतंकित भी। एक जमाने में ख्वाजा अहमद अब्बास ने अपने सरलीकृत समाजवादी-यथार्थवादी सोच के ढाँचे में 'शहर और सपना' (1963) और 'मुंबई रात की बाँहों में' (1967) सरीखी फिल्में बनाई थीं। अब्बास के पास यथार्थ को समझने का एक रोमांटिक नजरिया था। 'शहर और सपना' के एक दृश्य में एक गाँव से काम की तलाश में आया नायक दिलीप राज एक आलीशान घर में पहुँचकर कल्पना करता है कि फुटपाथ पर सोने वाले कितने सारे लोग इस घर में आसानी से सो सकते हैं।

पचास और साठ के दशक के हम हिंदी साहित्य में भी गाँव और शहर के आकर्षण और आतंक का यही रोमांटिक रूप आसानी से खोज सकते हैं। 'बाँस का पुल' कविता संग्रह में शामिल सर्वेश्वर दयाल सक्सेना की एक प्रसिद्ध कविता में नीम की निबौलियाँ उछालती, आम के टिकोरे झोरती, मोटर और ट्रकों को अँगूठा दिखाती एक कच्ची सड़क को याद किया गया है 'जो मेरे गाँव को जाती थी।' सर्वेश्वर जी की एक अन्य कविता 'धंत-मंत' में थोड़ा बेहतर अभिव्यक्ति है : "धंत मंत दुइ कौड़ी पावा/कौड़ी लै के दिल्ली आवा,/दिल्ली हम का चाकर कीन्ह/दिल-दिमाग भूसा भर दीन्ह।" (एक सूनी नाव)

यह 'सोच' आज भी हमारे बीच में है—हमारे आसपास। शहर में आपकी नियति 'चाकर' हो जाने की है और आपके दिल-दिमाग में भूसा (अब तो भयावह प्रदूषण भी) भरेगा ही। कभी-कभी रोमांटिक होना कोई बुरी बात नहीं है। इससे जिंदगी के प्रति एक खास तरह की भावुकता, प्रेम और अतीतमोह पैदा होता है। लेकिन बुनियादी रूप से रोमांटिक होने में गड़बड़ी है।

यूरोपीय फिल्म महोत्सव में ऑस्ट्रिया की ढाई घंटे की लंबी और उबाऊ फिल्म 'द ड्रीम दैट रिमेंस' (सपना जो बचा हुआ है) में वीएना शहर से बाहर बसाए गए एक सीमेंट के जंगल की व्यथा कथा है। 2400 फ्लैटों में आठ हजार लोग रहते हैं। इनमें से बीस अलग-अलग उम्र के लोगों से लंबी बातचीत कर के आधुनिक जीवन की अमानवीयता, संवादहीनता और हिंसा पर फोकस किया गया है। दिल्ली में जनकपुरी या पटपड़गंज के इलाके में रहने वाले अनेक लोग इस फिल्म को देखकर चकित भी हो सकते हैं कि आखिर ये लोग क्यों इतने दुखी और अकेले हैं? हमने तो इतने फ्लैटों में कई गुना ज्यादा लोगों को ठुँसा रखा है। उन्हें कहीं ज्यादा दिक्कतों का सामना करना पड़ता है।

रूस में समाजवाद और गैर बराबरी के सपने ने इस तरह के कई सीमेंट के जंगल विकसित किए और कबूतरखानों की तरह कई बहुमंजिला इमारतें खड़ी हो गईं। एक बार एक मेरी रूसी मित्र अपने पिता के साथ भारत आईं। कुछ दिन वह मेरे घर रहीं। उसके बूढ़े पिता हिंदी-अंग्रेजी नहीं जानते थे। बस, वह चीजों को चुपचाप देखते रहते। उन्हें नए-नए घरों में जाने का बहुत शौक था। मेरी मित्र ने मुझे बताया कि उसके पिता को दिल्ली आकर यह भी सबसे ज्यादा अच्छा लग रहा है कि ज्यादातर लोग एक जैसे मकानों में नहीं रह रहे हैं।

पर यहाँ स्थिति का एक विचित्र विरोधाभास रोज-रोज मकान बदलने की पीड़ा, बढ़ते किरायों और नए अनुबंधों की भूलभुलैया में बुरी तरह फँसने के मुकाबले में सीमेंट के जंगल, कबूतरनुमा और एक जैसे फ्लैटों की लंबी कतारें कहीं ज्यादा आकर्षक लगती हैं। किशोरकुमार के एक पुराने गाने में बादलों की छाँव में एक छोटे से घर की कल्पना की गई पर महानगरों में सीमेंट के आसमान के नीचे भी छोटे से अपने घर ने काम करने की, अपने ढंग से सोचने की सुविधा दे दी है।

वी. एस. नॉयपाल सरीखे लेखक जब रेल के डब्बे में सफर करते हैं, तो वह यह बात नोट करते हैं कि लोग आरामतलब हैं और मेहनत से बचने वाली मानसिकता का शिकार हैं। वे हमेशा नीचे की बर्थ के लिए लड़ते हैं चूंकि ऊपर वाली बर्थ में उन्हें मेहनत करनी पड़ेगी। लेकिन समकालीन भारतीय जीवन में आम आदमी जितना सोच सकता है (उसके लिए वह मजबूर है) उसे देखते हुए यूरोपीय शहरों की जिंदगी स्वर्ग नजर आती है। यूरोपीय रेलवे में अगर आपको सीट या बर्थ न मिले, तो भी आप आराम से केबिन के बाहर सिग्रेट पीने के लिए बनाई

गई जगह पर बिना किसी परेशानी के अपना सफर पूरा कर सकते हैं।

हंगरी के एक मशहूर फिल्मकार इश्तवान गाल एक बार बेंगलूर की सड़कों पर पैदल घूम रहे थे। सिनेमाघरों के सामने लंबी-लंबी लाइनें देखकर वह खुश हो जाते थे। सबसे अधिक वह इस बात से प्रभावित थे कि भीड़ के ज्यादातर चेहरे हँस रहे हैं, मुस्करा रहे हैं, बतिया रहे हैं। यूरोप में ऐसे दृश्य नहीं दिखते। जाहिर है कि इसका संबंध वहाँ की जलवायु से भी है। लेकिन कम सुविधाओं, व्यर्थ के संघर्ष (मिसाल के लिए बिजली का बिल देने के लिए डेढ़ घंटे लाइन में खड़े रहना) और हँसने के बहुत कम कारणों के बावजूद लोग हँस रहे हैं, बतिया रहे हैं। वे एक बेहतर जिंदगी का सपना भी देख रहे हैं और उसके लिए लड़ भी रहे हैं।

2000

'अंकल ऑस्कर' का ग्लैमर और हमारी 'गरीबी'

सिनेमा के संदर्भ ग्रंथों में ऑस्कर पुरस्कार नाम की दिलचस्प कहानी पढ़ी जा सकती है। दरअसल 'ऑस्कर' नाम अचानक प्यार से रखा गया था। एकेडमी अवार्ड की प्रतिमा को देखकर एक सेक्रेटरी ने आश्चर्य से कहा, 'अरे, यह तो मुझे अपने अंकल ऑस्कर की याद दिला रही है!' 1927 से अमेरिकन एकेडमी ऑफ मोशन पिक्चर आर्ट्स ऐंड साइंसेज इन वार्षिक पुरस्कारों को दे रही है। बुनियादी रूप से ऑस्कर पुरस्कार हॉलीवुड के सिनेमा का उत्सव हैं पर अब दुनिया भर में इन पुरस्कारों का अद्वितीय ग्लैमर और धाक है। सर्वश्रेष्ठ विदेशी फिल्म का ऑस्कर पुरस्कार किसी छोटे से देश के सिनेमा की भी अंतर्राष्ट्रीय पहचान बना सकता है। इस वर्ग के अंतिम चक्र में आना भी किसी पुरस्कार से कम नहीं है। एक जमाने में भारत में हॉलीवुड की नई फिल्में आसानी से रिलीज नहीं होती थीं। ऑस्कर मिलने के दो-तीन साल बाद भारतीय सिनेमाघरों में कोई चर्चित व पुरस्कृत फिल्म पहुँच पाती थी। पर अब ग्लोबलाइजेशन के जमाने में ऑस्कर पुरस्कार समारोह से पहले ही अधिकांश चर्चित फिल्में भारतीय सिनेमाघरों में रिलीज हो जाती हैं। फिल्म के अधिक नामांकन होने पर उसे नए प्रचार और धूमधाम से रिलीज किया जाता है। 'ग्लेडियेटर' को इसीलिए दुबारा रिलीज किया गया है क्योंकि इस फिल्म को अनेक पुरस्कार मिल सकते हैं। चर्चित निर्देशक एंग ली की बहुचर्चित फिल्म 'क्राउचिंग टाइगर, हिडन ड्रैगन' को 10 ऑस्कर नॉमीनेशन मिले हैं। और पुरस्कार समारोह से पहले ही यह फिल्म भारत में एक सुखद आश्चर्य की तरह रिलीज हो गई है। अब भारतीय फिल्मप्रेमियों के लिए पुरस्कारों की घोषणा से पहले अपनी निजी राय देना संभव हो गया है।

ऑस्कर के इतिहास में किसी भी भारतीय फिल्म को सर्वश्रेष्ठ विदेशी फिल्म का पुरस्कार नहीं मिला है। 1957 में महबूब खान की फिल्म 'मदर इंडिया' इस वर्ग के अंतिम चक्र में पहुँची थी। 1988 में मीरा नायर की 'सलाम बांबे' को भी अंतिम चक्र में पहुँचने का मौका मिला था। शेखर कपूर की 'बैंडिट क्वीन' के बारे में कहा जाता रहा है कि इस फिल्म को आसानी से सर्वश्रेष्ठ विदेशी फिल्म

का पुरस्कार मिल सकता था। लेकिन यह फिल्म फिल्म फेडरेशन ऑफ इंडिया ने भेजी ही नहीं। पिछले कुछ वर्षों में भारत से 'नायकन', 'जींस', 'इंडियन', 'हिना' जैसी फिल्में भेजी जाती रही हैं जिन्हें अंतिम चक्र में आने का मौका ही नहीं मिला। इस साल के लिए कमल हासन की फिल्म 'हे राम' भेजी गई थी जो अंतिम चक्र में पहुँच नहीं पाई। फिल्म फेडरेशन के अधिकारी 'भोले' हैं। वे समझते हैं कि बॉलीवुड या चेन्नई की ये फिल्में हॉलीवुड का जवाब हैं। लेकिन हॉलीवुड का तंत्र विदेशी फिल्म खंड में अपने अच्छे-बुरे 'क्लोन' नहीं खोज रहा होता है। मणिरत्नम् की 'नायकन' तमिल सिनेमा के इतिहास में एक मील का पत्थर थी। पर हॉलीवुड उसे 'गॉडफादर' का भारतीय संस्करण ही मानेगा। 'जींस' जैसी फिल्म को भेजना फिल्म फेडरेशन के खोखले दिमाग का एक अच्छा प्रमाण है। इसे सबसे महँगी फिल्म के रूप में प्रचारित किया गया था। असल में यह फिल्म 'जितनी महँगी उतनी ही बेकार' थी। गौर करने की बात यह भी है कि जब फिल्म फेडरेशन अपना चुनाव बताती है, तो अखबारों में यह खबर ऐसे छपती है जैसे इस फिल्म विशेष को ऑस्कर के अंतिम चक्र में जगह मिल गई है।

पिछले पचास सालों में कान, वेनिस और बर्लिन के अंतर्राष्ट्रीय फिल्म महोत्सवों में अनेक भारतीय फिल्मों और फिल्मकारों को सर्वोच्च पुरस्कार मिल चुके हैं। सिनेमा की दुनिया में ये पुरस्कार ऑस्कर से अधिक महत्त्व रखते हैं। बुद्धदेव दासगुप्त की बहुचर्चित बंगला फिल्म 'उत्तरा' को वेनिस में पिछले साल सर्वश्रेष्ठ निर्देशन का विशेष पुरस्कार मिला था। फिल्म फेडरेशन के अधिकारियों के पास कोई समझ होती, तो वे 'हे राम' की जगह पर 'उत्तरा' को भेजते। इस फिल्म को अंतिम चक्र में सिर्फ जगह ही नहीं पुरस्कार भी मिल सकता था।

शेखर कपूर की 'बैंडिट क्वीन' ऑस्कर पुरस्कारों के लिए नहीं जा सकी पर 'एलिजाबेथ' के निर्देशक के रूप में वह पुरस्कार समारोह में प्रवेश जरूर पा सके थे। सत्यजित राय अकेले ऐसे भारतीय फिल्मकार हैं जिन्हें 'लाइफटाइम एचीवमेंट' का दुर्लभ ऑस्कर मिला था। राय से पहले यह पुरस्कार चैप्लिन, ग्रेटा गार्बो, कुरोसावा, सोफिया लॉरिन और कैरी ग्रांट को मिला था। चैप्लिन को अपने वामपंथी रुझानों के कारण हॉलीवुड ने हमेशा सजा दी थी। उन्हें बाद में लाइफटाइम एचीवमेंट देना भूल सुधार पुरस्कार था। पुरस्कार की घोषणा के समय सत्यजित राय काफी बीमार थे। उन्हें कोलकाता में ही यह सम्मान दिया गया था। ऑस्कर पाने के बाद एक इंटरव्यू में राय की टिप्पणी गौर करने लायक है, "ऑस्कर दरअसल सिनेमा का नोबेल पुरस्कार है। मुझे समझ में नहीं आता कि वे सिनेमा के लिए नोबेल पुरस्कार क्यों नहीं देते हैं। उन्हें इस बात पर विचार अवश्य करना चाहिए। शांति और अर्थशास्त्र की ही तरह सिनेमा का भी नोबेल पुरस्कार होना चाहिए।" राय कान, वेनिस और बर्लिन में ऑस्कर से भी बड़े पुरस्कार पा चुके थे। पर उनके मन में

कहीं न कहीं ऑस्कर पुरस्कार का मोह जरूर रहा होगा। इसीलिए उन्होंने लगभग मार्मिक शैली में ऑस्कर को सिनेमा का नोबेल पुरस्कार कह दिया था।

दिलचस्प बात यह है कि केवल फ्रांसीसी फिल्म संस्कृति ऑस्कर के ग्लैमर के सामने आसानी से घुटने नहीं टेकती रही है। फ्रांस की 31 फिल्मों को सर्वश्रेष्ठ विदेशी फिल्म वर्ग के नॉमीनेशन मिल चुके हैं और 9 को पुरस्कार भी मिले हैं। पर एक अच्छा फ्रांसीसी फिल्मकार ऑस्कर को सिनेमा का नोबेल पुरस्कार नहीं कहेगा। फ्रांस के विश्वप्रसिद्ध कान समारोह में हॉलीवुड का दबदबा बढ़ता जा रहा है। धीरे-धीरे फ्रांस भी हॉलीवुड की औपनिवेशिक संस्कृति के दबाव को महसूस कर रहा है। पर ऐतिहासिक दृष्टि से फ्रांसीसी सिनेमा और हॉलीवुड दोनों एक-दूसरे के लिए सर दर्द साबित हुए हैं। 'इंडिया टुडे' में एक भारतीय फिल्मकार ने काफी दर्द के साथ कहा है, "हम लोग उद्योग नहीं हैं हम तो बस एक हाथगाड़ी में चने, छोले बेच रहे हैं—इस उम्मीद से कि शायद कोई कुछ ले लेगा।" इस टिप्पणी में एक अनावश्यक आत्मदया का भाव है। हम फिल्म उद्योग तो नहीं बना पाए पर हमने पर्याप्त अच्छी फिल्में बनाई हैं। राय, ऋत्विक घटक, अडूर गोपालकृष्णन, बुद्धदेव दासगुप्त आदि की फिल्में हॉलीवुड से कहीं आगे सिनेमा माध्यम की अपनी भाषा को रेखांकित करती हैं।

2001

खामोश पानी और उसका शोर

कला की दुनिया में एशियाई परंपरा के महत्त्व को बीसवीं शताब्दी की शुरुआत में ही स्वीकार कर लिया गया था। बंगाल स्कूल जब अपनी प्रारंभिक पहचान बना रहा था, तो अवनींद्रनाथ ठाकुर और नंदलाल बोस सरीखे मास्टर कलाकार जापानी विद्वान ओकाकुरा के संपर्क में आकर चीन और जापान की समृद्ध संस्कृति से एक गहरा रचनात्मक संवाद करने लगे थे। पश्चिमी सभ्यता का आतंक कुछ कम हुआ। पर, सौ साल बाद भी समकालीन भारतीय कला पश्चिमी स्रोतों के दबदबे से पूरी तरह से मुक्त नहीं हो पाई है। इस दबदबे को 'चुनौती' देने के लिए ए. रामचंद्रन जैसे कलाकार आज भी पश्चिमी आधुनिक कला के व्याकरण को श्रेष्ठ या अनुकरण के योग्य मानने को तैयार नहीं हैं।

सिनेमा की दुनिया में एशियाई फिल्मकारों ने पश्चिम को बहुत पहले ही चौंकाना शुरू कर दिया था। महान एशियाई साहित्य को अनुवाद की बुनियादी समस्याओं के कारण पश्चिम में भला कैसे पहचाना जाता। कला के सामने अनुवाद की समस्या नहीं थी, पर पश्चिमी आधुनिक कला की दुनिया में उसके लिए जगह बनाना आसान काम नहीं था। सिनेमा सीधे और अधिक आसानी से पश्चिम तक पहुँच गया। वेनिस और कान के विश्व प्रसिद्ध फिल्मोत्सवों में एशियाई सिनेमा ने शुरू में ही अपनी पहचान बना ली थी। मराठी फिल्म *संत तुकाराम* अपने प्रदेश में सुपरहिट थी, पर द्वितीय विश्व युद्ध से पहले ही वह पश्चिमी सिने प्रेमियों को भी आकर्षित कर चुकी थी। द्वितीय विश्व युद्ध के बाद जापानी फिल्मकार कुरोसावा की 'राशोमोन' और सत्यजित राय की 'पथेर पाँचाली' ने विश्व सिनेमा को जानने-जाँचने के बिल्कुल नए दरवाजे खोल दिए।

लेकिन यह गौर करने की बात है कि एशियाई सिनेमा के कई महान फिल्मकार पश्चिम में पहचाने गए (कुरोसावा, ओजू, मिजोगुची, ओशिमा, राय, ऋत्विक घटक, मृणाल सेन, अडूर गोपालकृष्णन आदि) और ईरान सरीखे देशों ने सत्तर के दशक में सिनेमा को देखने-समझने का अर्थ ही बदल दिया था पर विश्व सिनेमा में एशियाई सिनेमा की एक समग्र और विश्वसनीय समझ पिछले एक दशक में ही बन पाई

है। पिछले कान फिल्मोत्सव (जो फ्रांस का ही नहीं दुनिया का सबसे प्रतिष्ठित अंतर्राष्ट्रीय फिल्मोत्सव है) में जब एशियाई फिल्मकर्मियों को एक साथ कई बड़े पुरस्कार मिले, तो पश्चिमी मीडिया ने इस बात का गंभीर विश्लेषण करना शुरू किया कि आख़िर वे क्या बातें हैं जो तुर्की, ईरान, जापान, चीन, कोरिया, भारत आदि के सिनेमा को एक विशिष्ट ऐतिहासिक पहचान देती हैं। अब कुछ नामों पर ही बात सीमित नहीं हो सकती थी। इन देशों में एक साथ कई प्रतिभाएँ सक्रिय थीं। आज हम एशियाई सिनेमा के विशिष्ट व्यक्तित्व की बात करते हैं—कुरोसावा या राय की ही नहीं।

इस पृष्ठभूमि में देखें, तो नई दिल्ली में पिछले छह सालों से फिल्म समीक्षक अरुणा वासुदेव के निर्देशन और लगभग निजी प्रयासों से हो रहे 'सिनेफैन' का महत्त्व बढ़ता ही जा रहा है। पंद्रह साल पहले अरुणा वासुदेव ने 'सिनेमाया' पत्रिका के माध्यम से एशियाई फिल्मकारों को खोजना शुरू किया था। यह पत्रिका आज भी निकल रही है और हर साल होने वाले 'सिनेफैन' ने एशियाई सिनेमा की कई प्रतिभाओं पर फोकस ही नहीं किया है बल्कि पश्चिम और पूर्व के संवाद और टकराहट पर भी जोर दिया है।

पिछले दिनों नई दिल्ली में छठे सिनेफैन फिल्मोत्सव से ओसियान का नाम भी जुड़ गया। ओसियान और उसके युवा व उत्साही (कभी-कभी अतिउत्साही) संस्थापक नेविल तुली को आमतौर पर भारतीय कला की नीलामियों और बॉलीवुड के पोस्टरों को एक नई गरिमा और महत्त्व प्रदान करने के लिए पहचाना जाता है। नेविल तुली का कहना है कि कला से जो हम पैसा कमा रहे हैं उसी को सिनेफैन में लगा रहे हैं। उनका कहना है कि इस बात को लेकर लोग चिंतित न हों कि ओसियान के आ जाने से सिनेफैन की गंभीर छवि सस्ती या लोकप्रिय होने की कोशिश करेगी। ''इसके लिए हमें 'सिनेमाया' खरीदने की जरूरत नहीं है। हम 'फिल्मफेयर' खरीद कर लोकप्रिय सिनेमा पर फोकस कर सकते थे।'' बहरहाल ओसियान के आ जाने से पहला परिवर्तन सिनेफैन के भव्य और कलात्मक डिजाइन वाले कैटलॉग (या फेस्टिवल बुक) में देखा गया है। यह कैटलॉग किसी भी अंतर्राष्ट्रीय फिल्मोत्सव के कैटलॉग का मुकाबला कर सकता है।

सिनेफैन के कई खंड हैं—एशियन फ्रेस्कोज, इंडिया बाजार, ट्रिब्यूट, फोकस, ईस्ट-वेस्ट एनकाउंटर आदि।

इस बार हॉलैंड के चर्चित और सराहे गए 'द ह्यूबर्ट बाल्स फंड' द्वारा बनाई गई फिल्में भी एक विशेष खंड में दिखाई गईं। भारतीय फिल्मों में कुमार शहानी की 'खयाल गाथा' (1989), राजन खोसा की 'स्वर मंडल' (1997) और अडूर गोपालकृष्णन की नई फिल्म 'शैडो किल' इस खंड का हिस्सा थीं। विनोदकुमार शुक्ल के चर्चित उपन्यास 'नौकर की कमीज' पर बनी मणि कौल की संभवतः

सबसे अच्छी फिल्म इसी नाम से ह्यूबर्ट बाल्स फंड के सहयोग से बनाई जा चुकी है। उल्लेखनीय है कि भारत में 'नौकर की कमीज' का प्रीमियर सिनेफैन में ही हुआ था।

ट्रिब्यूट खंड की वास्तविक उपलब्धि हांगकांग के बहुचर्चित फिल्मकार वांग कार-वाई की फिल्मों का पुनरावलोकन थी। इस फिल्मकार को अक्सर एमटीवी पीढ़ी का गोदार भी कहा जाता है। फ्रांसीसी नई धारा (नूवेल वाग) आंदोलन के सबसे प्रयोगधर्मी फिल्मकार जां लु गोदार का अति बौद्धिक, कल्पनाशील और 'जंपकट' शैली का सिनेमा आज भी दुनिया भर के सिने प्रेमियों को आकर्षित करता है। एमटीवी शैली के युग में (जब किसी इमेज को आप क्षण भर के लिए ही देख पाते हैं) वांग कार-वाई ने सिनेमा की एक अद्‌भुत शैली विकसित की है। लेकिन गौर करने की बात यह है कि इस पुनरावलोकन की सबसे प्रभावशाली फिल्म 'इन द मूड फॉर लव' (2000) में एमटीवी शैली से पहले की धीमी गति की, लिरिकल और नॉस्टेल्जिक दुनिया में फिल्मकार चला गया है—शायद अपने दर्शकों को यह बताने के लिए कि मैं एमटीवी शैली का बंदी नहीं हूँ। इस फिल्म में कविता है, अतीतमोह है, धैर्य है, सुंदरता है, साठ के दशक का हांगकांग है। उस दुनिया में लोगों के पास अपने अलग और शानदार घर नहीं हैं और उनके निजी जीवन में प्राइवेसी एक कठिन चुनौती है। एक अखबार का संपादक और एक शिपिंग एजेंसी की सेक्रेटरी के बीच में एक अजीब-सा रिश्ता बन जाता है। दोनों विवाहित हैं पर अकेले हैं। पटकथा में ऐसे भी स्पष्ट संकेत हैं कि दोनों के साथी दरअसल एक-दूसरे के गुप्त प्रेमी हैं। लेकिन इस जानकारी के बावजूद नायक-नायिका किसी बदले की भावना से कोई रिश्ता नहीं बना रहे हैं। बल्कि उनमें कोई रिश्ता बन भी नहीं पा रहा है। पर एक रिश्ते की लगभग 'गुप्त आवाजें' फिल्म के हर फ्रेम पर छाई रहती हैं। वांग कार-वाई की 'हैप्पी टुगेदर' के समलैंगिक कथानक और तेज संपादन शैली को याद करें, तो 'इन द मूड फॉर लव' का माहौल, तकनीक और पटकथा किसी प्राचीन युग की लगती है। अंत में नायक अपने गुप्त प्रेम को कंबोडिया जा कर अंगकोर वाट के मंदिरों की किसी गुप्त गुफा में हमेशा के लिए बंद कर देता है—कोई नहीं जान पाएगा इस प्रेम के बारे में पर दर्शक इस दौरान बहुत कुछ पहचान जाता है।

ईरान का मखमलबाफ परिवार विश्व सिनेमा का एक अनोखा परिवार है। सिनेफैन में ट्रिब्यूट खंड में इस परिवार पर फोकस किया गया। मोहसिन मखमलबाफ और उनकी बेटी समीरा आज अंतर्राष्ट्रीय सिनेमा के चर्चित नाम हैं। समीरा की 2000 में बनी फिल्म 'द ब्लैकबोर्ड' एक समकालीन कालजयी फिल्म मानी जाती है। 19 साल की उम्र में अपनी पहली फीचर फिल्म 'द एप्पल' बनाने वाली समीरा कई चर्चित फिल्में बना चुकी हैं। अब्बास कियारोस्तामी सरीखे निर्देशकों ने बरसों

पहले ईरानी सिनेमा के गहरे मानवतावाद पर फोकस किया था। उसके बाद से ईरानी सिनेमा के बच्चे, बूढ़े, स्त्रियाँ, उजाड़ और जर्जर लैंडस्केप विश्व सिनेमा की अद्भुत धरोहर बन गए हैं। किसी भी देश के सिनेमा ने शायद बच्चों की मदद से इतनी 'बड़ी' बातें नहीं कही हैं।

कोरिया का सिनेमा जापान, चीन और हांगकांग के अद्भुत सिनेमा की रोशनी में लगभग दबा-छिपा रहा है। लेकिन कोरिया के बहुचर्चित फिल्मकार किम की-हुक की दो फिल्मों (स्प्रिंग, समर, फाल, विंटर एंड स्प्रिंग और समारिटन गर्ल) ने साबित कर दिया कि यह फिल्मकार एक बड़ा कलाकार है। एक उजाड़ मंदिर में एक शरारती बौद्ध भिक्षु बच्चे से जवान हो जाता है। युवावस्था में स्त्री और सेक्स उसमें भूख पैदा करते हैं। वह कामवासना से अपराध, हिंसा, ईर्ष्या, हत्या की दुनिया में चला जाता है। उसकी शांत दुनिया में भयावह हलचल-सी मच जाती है। फिल्म में मौसम बदलते रहते हैं। लेकिन धीरे-धीरे पटकथा के कई अर्थ सामने आने लगते हैं।

पाकिस्तानी फिल्मकार सबीहा समर की फिल्म 'खामोश पानी' भी इस बार के फिल्मोत्सव की एक उपलब्धि थी। इसमें किरण खेर की संवेदनशील केंद्रीय भूमिका है और मदनगोपाल सिंह (जो एक फिल्म बुद्धिजीवी, लेखक, गायक और संगीतकार अनेक रूपों में जाने जाते हैं) का संगीत और छोटी-सी भूमिका भी है। भारत-पाकिस्तान के विभाजन की त्रासदी के कई सिनेमाई रूप सामने आ चुके हैं। पर 'गदर' सरीखी चालू फिल्म जब इस अति संवेदनशील कथानक को भ्रष्ट कर देती है, तो किसी 'खामोश पानी' की सख्त जरूरत महसूस होती है। आएशा (किरण खेर) अपने 18 साल के लड़के सलीम को धीरे-धीरे बड़ा होते देख रही है। पूरी जिंदगी उसने लड़ाई लड़ी है। शायद अब सुख देखने को मिले। वह किशोरियों को कुरान पढ़ाती है। पर, उसका बेटा कट्टरपंथियों के जुझारू सबक सीख रहा है और जब उसे पता चलता है कि मेरी माँ मुसलमान नहीं है—सिख परिवार की है, तो अचानक उसकी दुनिया बदल जाती है। लेकिन आएशा की दुनिया तो बहुत बुरी तरह से बदल गई। विभाजन के समय में वह लड़की अपने रिश्तेदारों के दबाव में भी कुएँ में कूदने के लिए तैयार नहीं हुई थी—उसने एक लंबी और कठिन लड़ाई का रास्ता चुना था। पर अधेड़ उम्र में एक अंधा कुआँ उसे फिर बुलाने लगता है। वह अपने गाँव वालों में परायी हो चुकी है। उसका बेटा उसके खिलाफ है। खामोश पानी की किस आवाज को वह सुने और समझे?

यह फिल्म वास्तविक घटनाओं और पात्रों की रिसर्च के बाद बनाई गई है।

2004

घोड़े बेचकर फिल्में बनाना

'गजगामिनी' का 'साधारण वर्तमान' देखकर मशहूर चित्रकार मक़बूल फ़िदा हुसेन ने यह कह दिया है कि इस फिल्म को भविष्य में ही ठीक से समझा जा सकेगा। हुसेन फिल्मों के पुराने शौकीन रहे हैं। लोकप्रिय सिनेमा से शुरू होकर गंभीर और कला सिनेमा के वह जबरदस्त प्रशंसक रहे हैं। लेकिन कथाफिल्म शायद उनके बस की बात नहीं थी। प्रश्न न तो अमूर्तन का है, न कहानी के नहीं होने का। सिनेमा के इतिहास में अनेक ऐसी अद्‌भुत फिल्में मौजूद हैं जो दुरूह, अमूर्त और कहानीरहित होते हुए भी दर्शक पर अपना प्रभाव छोड़ती हैं। जर्मन फिल्मकार हर्त्सोग ने अपनी फिल्म 'फाटा मोरगाना' (मृगतृष्णा) में डेढ़ घंटे तक कैमरे को मरुस्थल में रख कर एक अद्‌भुत अमूर्त और जटिल फिल्म बनाई थी। लेकिन हुसेन 1967 में 'थ्रू द आईज ऑफ ए पेंटर' में जो सफलता हासिल कर चुके थे उसे कथाफिल्म के ढाँचे में दोहराना मुश्किल था। 'थ्रू द आईज ऑफ ए पेंटर' गैरकथाफिल्म थी, एक चित्रकार की निगाह उसके हर फ्रेम पर हावी थी। बर्लिन के प्रतिष्ठित समारोह में उसे पुरस्कार भी मिला था। राजस्थान के छोटे से शहर बूंदी की गलियों और बावड़ियों का भी उसमें कल्पनाशील इस्तेमाल हुआ था। लेकिन 'गजगामिनी' में माधुरी दीक्षित की त्रिभंग मुद्रा पर उनका फिदा होना 'हम आपके हैं कौन' की प्रसिद्ध माधुरी मुद्रा के प्रति उनका लगभग मनोरोगी रुझान ही सिद्ध हुआ है। शायद हुसेन का नाम गिनेस बुक ऑफ वर्ल्ड रिकॉर्ड में आना चाहिए। आखिर 85 साल की उम्र में अपनी पहली कथाफिल्म बनाने का साहस (या दुस्साहस) किस फिल्मकार ने किया होगा। और अब वह अपनी दूसरी कथाफिल्म की पटकथा लिख रहे हैं। हुसेन साहब ने बरसों पहले एक इंटरव्यू में इस टिप्पणीकार से कहा—'मैं घोड़े बेचता हूँ और फिल्में बनाता हूँ'। 'गजगामिनी' बनाने के लिए पैसे की कमी न हो इसके लिए हुसेन फिल्म स्टूडियो में शूटिंग के दौरान भी कलाकृतियाँ बनाते रहते थे। जाहिर है कि कैनवास पर दौड़ने वाले उनके घोड़े बहुत कीमती हैं। ऐसे सफल और अमीर कलाकार की जिद कथाफिल्म बनाने की हो, तो आप क्या कर सकते हैं? माधुरी पर 'मैड' हुसेन 'हम आपके हैं कौन' को 55 बार देखने का दावा जोर-जोर

से करते हैं। वह अपने पागलपन को छिपाते नहीं हैं।

हुसेन का कथाफिल्म बनाने का सपना बहुत पुराना था। सत्तर के दशक में अरुण सचदेव की एक अधूरी फिल्म में वह स्मिता पाटील सरीखी नायिका के साथ अभिनय का जोखिम भी उठा चुके थे। 1977 के एक पत्र में हुसेन ने कबीर बेदी और परवीन बाबी के साथ एक मुलाकात का दिलचस्प विवरण दिया है, ''परवीन बाबी से पहली बार मिल रहा हूँ। दोनों (यानी कबीर बेदी और परवीन) के साथ रात एक बजे तक गपशप रही। फिल्मी दुनिया की असली कहानियाँ सुनीं। स्टारडस्ट के किस्से इतने चाशनी वाले नहीं होते। परवीन की बातों से तो वह काफी संजीदा बेगम मालूम होती हैं। और खाकसार से तो बड़ी इंप्रेस हो गईं। कहने लगीं कि नाच गाने मारपीट की फिल्मों ने पैसा जरूरत से ज्यादा दिया मगर कोई आर्टिस्टिक और नए तजुरबे वाली फिल्म में काम करने का मौका मिले तो क्या बात। फिर बड़ी तीखी नजर मुझ पर डालते हुए (कबीर की मौजूदगी में हाँ) कहा कि हुसेन साब जब भी आप कोई फिल्म प्लान करें और उसमें मुझ जैसी लड़की का कोई रोल हो तो मुझे उस रोल को अदा करने दें। मैं एक आर्टिस्ट टू आर्टिस्ट के तौर पर काम करूँगी। कोई प्रोफेशनल फीस वगैरह नहीं...मैं इस ऑफर को सुन के दिल के अंदर उछल पड़ा मगर बाहर चेहरे पर शांत वातावरण रखा...चलो, तो हो जाए एक फिल्म।''

हुसेन की प्रिय फिल्म अभिनेत्रियों की सूची लंबी है। शुरू में मीना कुमारी और नूतन पर वह फिदा थे, साठ के दशक में वह मुमताज पर मेहरबान हो गए। फिर स्मिता पाटील, श्रीदेवी, माधुरी दीक्षित...'गजगामिनी' उन्हें नब्बे के दशक में मिली। परवीन बाबी सरीखे आकर्षण बीच-बीच में नजर आते रहे हैं। लेकिन माधुरी पर उनका फिदा होना कला और सिनेमा दोनों के ही इतिहास की अनोखी घटना है। पिकासो न जाने कितनी स्त्रियों पर फिदा होकर उन्हें पेंट करते रहे। पर एक अभिनेत्री पर एक मशहूर पेंटर के फिदा होने की यह एक अजीब दास्तान है। 'गजगामिनी' बनाकर एक बड़े प्रतिभाशाली और बूढ़े चित्रकार ने अपनी इच्छाओं, स्वैरकल्पनाओं और वासनाओं की गठरी पूरी तरह से खोल दी है। 'दीदी तेरा देवर दीवाना' गाने के दौरान माधुरी ने गजगामिनी चाल की एक झलक हुसेन को दिखाई और वह पूरी तरह से बदहवास हो गए।

उल्लेखनीय है कि हुसेन विश्व सिनेमा के अच्छे जानकार हैं। वह जब अभिनेत्रियों की 'शारीरिक भाषा' की बात करते हैं, तो ग्रेटा गार्बो, इंग्रिड बर्गमैन से शुरू होकर मेरिल स्ट्रीप तक की बात भी करते हैं। पर माधुरी दीक्षित की 'गजगामिनी' शारीरिक मुद्रा की अत्यधिक प्रशंसा करते हुए हुसेन शालीनता की सीमाएँ भी भूल जाते हैं। अपनी सफाई में हुसेन यह भी कहते हैं कि 'बॉडी लैंग्वेज' का मतलब केवल ऐंद्रियता नहीं है। मैं अपने चित्रों में 20 सालों तक मदर टेरेसा की विशेष

शारीरिक भाषा पर काम कर चुका हूँ। मदर टेरेसा में माँ की शाश्वत छवि है। अपने चित्रों में मैंने कभी उनका चेहरा नहीं पेंट किया है। उनकी पीठ या साड़ी पर ही मैंने फोकस किया है।

मदर टेरेसा में हुसेन अपनी माँ की छवि खोजते रहे। हुसेन के पिता इंदौर की टैक्सटाइल मिल में टाइमकीपर थे और दादा सड़क किनारे बैठकर लैंप की मरम्मत का काम करते थे। अभी हुसेन दो साल के भी नहीं हुए थे कि उनकी माँ जेनब का निधन हो गया। हुसेन के पास अपनी माँ की कोई फोटो नहीं थी। दिमाग में बस एक धुँधली सी तस्वीर थी। इसीलिए मदर टेरेसा को अपनी कलाकृतियों में उन्होंने चेहरे के बिना बनाया।

एक ओर कलाकार के पास अपनी माँ का कोई चेहरा नहीं था। और दूसरी ओर कालिदास द्वारा किए गए गजगामिनी मुद्रा के ऐंद्रिय बखान ने हुसेन की कल्पनाशक्ति को उद्वेलित किया। दिलचस्प बात यह है कि मधुबाला के सिनेमाई सौंदर्य ने कभी हुसेन को आकर्षित नहीं किया जबकि माधुरी में बहुतों ने पुराने जमाने की मधुबाला खोजनी चाही थी। हुसेन 'साहब, बीवी और गुलाम' के गाने 'न जाओ सैयां' में मीना कुमारी की छवि को बार-बार सिनेमाघर में जाकर देखते थे। 'चाँदनी' में श्रीदेवी का तांडव उन्होंने 15 बार देखा था। 'दीदी तेरा देवर दीवाना' को 55 बार देखने की बात हम बता ही चुके हैं। पर 'गजगामिनी' की एक त्रासदी यह भी है कि उसे पढ़े-लिखे, फिल्मप्रेमी दर्शक भी दुबारा देखने की हिम्मत नहीं जुटा पाएँगे। हुसेन माधुरी दीक्षित की शारीरिक भाषा को कृत्रिम नहीं मानते हैं। लेकिन उनका माधुरी पर फिदा होना और 'गजगामिनी' सरीखी अत्यंत निजी सिनेमाई डायरी की रचना करना अंत में माधुरी की छवि को कृत्रिम रूप देना साबित हुआ है। माधुरी कृत्रिम नहीं थी। पर हुसेन ने उसकी शारीरिक भाषा को अपना रुग्ण सार्वजनिक प्रेम दिखाकर कृत्रिम बना दिया है। जाहिर है कि हुसेन की यह वास्तविक 'जमीन' नहीं है।

2001

हुसेन के तीन शहर और एक सपना

अप्रैल, 2004 की एक शाम। 88 साल के मक़बूल फ़िदा हुसेन ने अपने कुछ मित्रों, सहयोगियों, परिचितों को अपनी नई फिल्म 'मीनाक्षी : टेल ऑफ थ्री सिटीज' के विशेष शो में बुला रखा था। सात बजे का शो था—महादेव रोड स्थित फिल्म प्रभाग के ऑडीटोरियम में। गर्मियाँ शुरू हो गई थीं। महादेव रोड के अर्जुन के पेड़ों का हरा रंग एक खास तरह से चमकने लगा था। हुसेन को रात को फ्लाइट पकड़नी थी। एक दिन पहले 'मीनाक्षी' के भव्य प्रीमियर शो की पार्टी देर रात तक चली थी। साढ़े छह बजे महादेव रोड के अंत में एक कोने पर एक गाड़ी खड़ी थी। एयरकंडीशनर चल रहा था। हुसेन ड्राइवर के बगल वाली सीट पर मजे में सो रहे थे। पंद्रह मिनट बाद वह सक्रिय दिखाई दिए—हाथ मिलाते हुए, बतियाते हुए, मुस्कराते हुए। पेंटर और फिल्मकार बेटा ओवेस भी आ गया था। हुसेन ने कहा, "यह फिल्म तीस प्रतिशत मेरी है। सत्तर प्रतिशत ओवेस की है।"

क्या यह हुसेन की विनम्रता थी? या एक सच्चाई का सहज स्वीकार। 'मीनाक्षी' में 'विजन' हुसेन की अपनी है—तीन अद्‌भुत शहरों की निजी स्मृतियाँ हैं, प्रेम को समझने का अपना एक नजरिया है, एक स्त्री में कई स्त्रियों की सम्मोहक छवियाँ हैं। 2000 में 'गजगामिनी' हुसेन की पहली कथाफिल्म थी। उस फिल्म के निर्माण से पहले और निर्माण के दौरान हुसेन की मानसिकता बॉलीवुड की ग्लैमरस अभिनेत्री माधुरी दीक्षित से आंदोलित थी। 'गजगामिनी' में एक ओर हुसेन के माधुरी के प्रति 'आब्सेशन' को अभिव्यक्ति मिली है, तो दूसरी ओर उन्होंने फिल्म के सेटों की लगभग एक आधुनिक इंस्टालेशन आर्टिस्ट की तरह कल्पना की है। 2000 तक आते-आते हुसेन भारतीय चित्रकला के सुपरस्टार बन चुके थे। पश्चिम की आधुनिक कला में जो 'स्टेटस' पिकासो का था—वही 'स्टेटस' भारत में हुसेन का हो गया था। 'गजगामिनी' की शूटिंग के लिए जब पैसों की कमी होती थी, तो हुसेन कैनवास पर पेंटिंग बनाना शुरू कर देते थे। वह भारत के सबसे महँगे कलाकार ही नहीं थे—सबसे तेज गति से काम करने वाले चित्रकार भी थे। कहीं न कहीं हुसेन और सूजा दोनों के 'रोल मॉडेल' पिकासो थे जो किसी भी देश के आधुनिक

कलाकार की अद्भुत रचनात्मक ऊर्जा के सबसे बड़े प्रतीक थे।

हुसेन से जब उनकी इस अनोखी 'एनर्जी' का राज पूछा जाता है, तो वह एक बाल सुलभ ईमानदारी से कहते हैं, "मुझे नहीं पता। स्कूल के दिनों से ही मैं ऐसा था। मैं बहुत सक्रिय बच्चा था, दौड़ने-भागने वाला, हमेशा कुछ न कुछ करने वाला, कभी पोस्टर बना रहा होता था, कभी नाटक की तैयारियाँ कर रहा होता था। शायद अच्छे स्वास्थ्य का मैंने आनंद इसलिए उठाया है कि मैं बहुत कम खाता हूँ और हमेशा अपने दिमाग और अपने जिस्म को सक्रिय रखता हूँ।" (चंदन मित्र से भेंटवार्ता)।

स्वयं हुसेन अपनी सबसे अच्छी पेंटिंग—मदर टेरेसा की पेंटिंग मानते हैं। लेकिन जिन्होंने पचास के दशक की मास्टरपीस कलाकृतियाँ ('जमीन' जिसमें ग्यारह फ्रेम में भारतीय ग्रामीण जीवन की छवियाँ चित्रित की गई हैं या 'बिटविन द स्पाइडर ऐंड द लैंप') देखी हैं वे कलाकार हुसेन को दूसरी ही तरह से जानते और जाँचते हैं। चित्रकार के रूप में हुसेन निष्कपट रूप में उन दिनों ही महान थे जब हिंदी कवि मुक्तिबोध की शवयात्रा में वह नंगे पैरों शामिल हो गए थे (और फिर लगभग सारा जीवन नंगे पैर ही चलते रहे) या जब राममनोहर लोहिया ने कहा कि तुम बिड़ला और टाटा के ड्राइंगरूम की संवेदना से बाहर निकलो—रामायण आदि को पेंट करो। इस चुनौती को स्वीकार करते हुए हुसेन ने एक अनोखे आवेश में 'रामायण' से प्रेरित लगभग डेढ़ सौ चित्र बना दिए। 1989 में हुसेन की चित्र आत्मकथा भी एक बड़ी और महत्त्वपूर्ण सीरीज है।

अपने जीवन के इन 88 सालों में से शुरू के 44 सालों में ही हुसेन अपनी सारी महानता दिखा चुके थे। पर हुसेन एक अद्वितीय सक्रियता और एनर्जी का भी दूसरा नाम है। वह जानते थे कि लोग उनके अच्छे चित्रों की बात बहुत कम करते हैं "ये सारे मूर्ख सिर्फ इन घोड़ों के पीछे पागल हैं।" (मनमोहन सरल से एक भेंटवार्ता) सतही सफलता, नकली कला बाजार और फेशनेबुल महिलाओं की भीड़ के बीच में हुसेन के लिए दो कदम और चलना आसान नहीं था। पर वह जोखिम उठाकर चलते रहे। कोई आश्चर्य नहीं कि 'मीनाक्षी' में ए. आर. रहमान ने 'दो कदम और सही' की धुन बहुत प्यार से बनाई है।

भारत में जब इंस्टालेशन आर्ट अभी लोकप्रिय या फैशनेबुल नहीं हुई थी, तो मुंबई में 'श्वेतांबरी' प्रदर्शनी में हुसेन ने सैकड़ों मीटर कपड़े को पूरी गैलरी में अद्वितीय ढंग से टाँग दिया था। फर्श पर मुड़े-तुड़े अखबार बिखरे हुए थे। हुसेन ने निकट भविष्य के कला माध्यम को फैशन बनने से पहले ही अपना लिया था।

'गजगामिनी' से बरसों पहले हुसेन फिल्म प्रभाग के लिए एक अनोखी डाक्यूमेंट्री फिल्म 'थ्रू द आईज ऑफ ए पेंटर' बना चुके थे। सरकारी प्रोड्यूसर डाक्यूमेंट्री के उस अर्थ को जानते नहीं थे जो हुसेन के अपने दिमाग में था। 'एम. एफ. हुसेन

की कहानी अपनी जुबानी' (आत्मकथा) में हुसेन ने लिखा है कि मुझसे पूछा गया फिल्म किस बात पर होगी? ''राजस्थान के तीन शहरों में शूटिंग—बूंदी के तालाब में नहाती गोपियाँ, किला चित्तौड़ के बहादुर राजपूत और जैसलमेर की सुनहरी गलियाँ, रेतीले कारवाँ। राजस्थान होने के बावजूद फिल्म रंगीन नहीं होगी।'' कहानी क्या होगी? ''कोई कहानी किस्सा नहीं, न किसी जबान के लफ्ज, सिर्फ इमेजेज के साथ आवाज हो, सुर हो, लय हो, कुछ शक्लें, कुछ सूरतें बेमौका बेवजह नजर आएँगी। एक छतरी, एक लालटेन, साथ एक राजस्थानी जूता। पास में खड़ी गाय, जिसके बदन पर एक तरफ कृष्ण दूसरी तरफ गोपियाँ।''

फिल्म भाग के प्रोड्यूसर इस कलाकार के मसखरेपन और उसकी सनक को समझ नहीं पा रहे थे। बर्लिन के प्रतिष्ठित फिल्म महोत्सव में इस फिल्म को गोल्डन बियर मिल गया, तो वे चौंके। शायद खुश भी हुए। शायद कुछ समझे भी।

अगर हम गौर से देखें, तो 'मीनाक्षी' के बारे में किसी मुंबइया फिल्म निर्माता को भी हुसेन ठीक यही जवाब दे सकते थे। 'मीनाक्षी' में 'थ्रू द आईज ऑफ ए पेंटर' की 'विजन' को ही जैसे एक फीचर फिल्म के ढाँचे में, अधिक बड़े और महत्त्वाकांक्षी कैनवास पर रख दिया गया है। हैदराबाद, जैसलमेर और प्राग इन तीन शहरों में चित्रकार भटक रहा है—सौंदर्य, प्रेम और जीवन के बारे में जानने के लिए। नायिका तब्बू हैदराबाद में एक इत्र बेचने वाली रहस्यमय स्त्री है जो एक अधेड़ लेखक (रघुवीर यादव) के रचनात्मक गतिरोध को तोड़ना चाहती है, जैसलमेर में वह पानी बचाने के आंदोलन में शामिल स्त्री है और प्राग की 'गौथिक' इमारतों के बीच में मारिया के रूप में वह कभी वेटर है, कभी दुभाषिया, कभी रंगमंच की अभिनेत्री। कोई हैरानी की बात नहीं कि फिल्म का नायक हुसेन की युवा छवि है। वह स्वयं हुसेन नहीं है। पर उसके माध्यम से कलाकार के खुद के सपनों और सच्चाई को ही पर्दे पर उतारा गया है। तब्बू के माध्यम से यह चित्रकार अपने जीवन में आई अनेक स्त्रियों के रहस्य की झलक देखता रहता है। सिर्फ प्राग की मारिया वास्तविकता के सबसे अधिक निकट है। और जब प्राग की 'ननरी' में हुसेन तब्बू को मारिया बनाकर शूटिंग कर रहे थे, तो उन्होंने पचास के दशक की वास्तविक मारिया को ऑस्ट्रेलिया में फोन किया। 1954 में अपने 34 चित्रों की एक पूरी प्रदर्शनी 'नॉट फॉर सेल' की चिप्पी लगाकर हुसेन ने मारिया के नाम कर दी थी। मारिया ने मक़बूल से कहा था, ''मैक, यू आर ए क्लाउन।'' और 2002 में भी मैलबर्न, ऑस्ट्रेलिया से मारिया की आवाज आई, ''मैक, यू आर आलवेज ए क्लाउन।''

'गजगामिनी' के बाद हुसेन और फिल्म नहीं बनाना चाहते थे। पर चित्रकार मित्र तैयब मेहता (जो स्वयं सिनेमा की बहुत अच्छी समझ रखते हैं) ने कहा कि 'गजगामिनी' में तुम सिर्फ स्टूडियो में थे। अब अगली फिल्म में बाहर निकलो। शहरों के लैंडस्केप में जाओ। इस तरह से हुसेन को 'मीनाक्षी' बनाने की प्रेरणा मिली।

अब हुसेन अपने महँगे सपनों को भी आसानी से देख सकते थे। वह अपनी शर्तों पर करोड़ों की एक फीचर फिल्म बना सकते थे। और यह फिल्म सिर्फ फिल्म फेस्टिवल सर्किट के लिए नहीं थी, न ही डिब्बों में बंद होने के लिए। फिल्म का संगीत लोकप्रिय हो गया था। फिल्म को जब रिलीज किया गया, तो वह दिल्ली में एक साथ आधुनिक मल्टीप्लेक्स पी.वी.आर. के पर्दे पर और जामा मस्जिद और चाँदनी चौक के इलाके के नजदीक पुराने गोलचा सिनेमाघर में दिखाई गई।

'मीनाक्षी' को गौर से देखें, तो कई जगहों पर हुसेन ने मुंबइया की लोकप्रिय फिल्म संस्कृति की फूहड़ता को जैसे बड़ी सफाई से हटाकर एक सांस्कृतिक चेहरा दे दिया है। कोठे पर फिल्माया गया गाना इस बात की अच्छी मिसाल है। 'गजगामिनी' की एक समस्या यह भी थी कि फिल्मकार नायिका पर कुछ ज्यादा ही फिदा था। 'मीनाक्षी' में तब्बू के साथ यह समस्या नहीं है। हुसेन जगह-जगह पर उसे अपने जीवन की प्रिय स्त्रियों की छवि देना चाहते हैं (चाहे वह बालों को झटकने की छोटी सी स्टाइल क्यों न हो) पर एक कुशल अभिनेत्री की तरह तब्बू इस छवि की कैदी नहीं बन जाती है। वह भी अपनी भूमिका के प्रति सजग है। उसकी अपनी व्याख्याएँ हैं। 'मीनाक्षी' में 'सेंस ऑफ ह्यूमर' भी मौजूद है। फिल्म एक बौद्धिक या रोमांटिक बोझ नहीं बन गई है। जैसलमेर की एक दावत में ड्रिंक सर्व कर रहा वेटर चुपचाप एक गिलास खुद भी गटक जाता है या हैदराबाद का नवाब लेखक अपनी 'बेगम' विंटेज गाड़ी के बिगड़ने पर रचनात्मक कब्ज का और भी शिकार हो जाता है।

'मीनाक्षी' में हुसेन की कई चिंताएँ हैं। जैसलमेर में कलाकार को रंगों का एक उत्सव नजर आ जाता है। हैदराबाद की जैसे सारी संस्कृति को ही फिल्मकार कलाकार किसी भी तरह से बचाने की एक आखिरी कोशिश कर रहा है। प्राग की गॉथिक इमारतों का सौंदर्य क्या एक दिन धुल कर पेरिस सरीखा गुलाबी नहीं हो जाएगा—काफ्का सरीखी चिंता कलाकार को सता रही है। 'मीनाक्षी' में तीन शहर हैं और एक सपना (विजन)। तीन स्त्रियाँ हैं और एक सौंदर्य। हुसेन थके नहीं हैं। चार संग्रहालयों (फरीदाबाद में हुसेन की सराय, कोरामंगला, बंगलूर में हुसेन संकलन, अहमदाबाद में अमदाबादिनी गुफा और हैदराबाद में आर्ट और सिनेमा) ने उन्हें नहीं थकाया, तीन फिल्मों ने उन्हें नहीं थकाया (अब एक कॉमेडी फिल्म बनाना चाहते हैं), हजारों चित्रों ने उन्हें नहीं थकाया। दो कदम और चलने की छोटी-सी इच्छा कुछ बड़े सपने दिखाती रहती है। हुसेन को पहचानना आसान नहीं है। मारिया भी नहीं पहचान पाई। हुसेन 'क्लाउन' भी नहीं हैं। जिस तरह से 'मैडनेस' में एक 'मैथर्ड' की खोज की जाती है कुछ उसी तरह से इस मसखरेपन में भी एक 'मैथर्ड' है—एक तर्क और एक तरीका।

2004

समय, सामाजिक सरोकार और सिनेमा

सिनेमा एक अत्यंत शक्तिशाली विधा है इस बात को उसके जन्म के तुरंत बाद ही पहचान लिया गया था। जनसंख्या के एक बहुत बड़े वर्ग तक किसी संदेश को पहुँचाने के लिए कोई भी दूसरी विधा इतनी शक्तिशाली नहीं थी। बल्कि सिनेमा ने अपनी बनावट में रंगमंच, साहित्य, संगीत, चित्रकला, स्थापत्य आदि सभी रचनात्मक प्रयासों को बड़ी चतुराई और कुशलता से समेट लिया। पूँजीवादी देशों में एक ओर सिनेमा ने मनोरंजन की आड़ में प्रभावशाली सामाजिक संदेश दिए और दूसरी ओर समाजवादी देशों में प्रचार की हद तक पहुँचने का खतरा उठाते हुए सिनेमा की शक्ति को पहचाना गया।

सिनेमा अब सौ साल पुरानी एक अत्यंत लोकप्रिय और सशक्त विधा है। भले ही इन सौ सालों में इस विधा में अनेक परिवर्तन हुए हैं। मिसाल के लिए धीरे-धीरे सिनेमाघरों में जाने वाले दर्शकों की संख्या कम होती चली गई है! अनेक सिनेमाघर बंद हो गए हैं। एक जमाने में दुनिया भर में सिनेमा के अँधेरे में बैठा दर्शक पर्दे की जादुई दुनिया की इतनी मजबूत गिरफ्त में आ जाता था कि वह भूल जाता था इस बात को कि यह दुनिया नकली है। एक ही फिल्म को अनगिनत बार देखने वाले दर्शकों की संख्या बहुत थी। उन्हें संवाद रट जाते थे, सीन याद हो जाते थे पर फिर भी पर्दे का जादू बार-बार अपनी ओर आकर्षित करता था। किसी पात्र विशेष की भावनाओं और सोच से दर्शक का इतना गहरा संबंध हो जाता था कि वह अँधेरे में आँसू पोंछते हुए कभी-कभी अगले संवाद को पर्दे के पात्र से पहले ही बोलने लगता था।

टेलीविजन और सेटेलाइट क्रांति ने छोटे पर्दे के उजाले के सामने बैठे दर्शकों के रसास्वादन में बुनियादी फर्क पैदा कर दिया है। यह सही है कि आज भी भारत सरीखे देशों में सिनेमाघरों के अँधेरे में बैठे दर्शकों की संख्या कम नहीं हुई है और वे आज भी हँसते, रोते और आँसू पोंछते हैं। लेकिन टेलीविजन ने सिनेमा पर अत्यधिक आश्रित होने के बावजूद पर्दे और दर्शक के संबंधों को बदला है। इधर पिछले कुछ सालों में फिल्म निर्माताओं ने बड़े पर्दे को अधिक लुभावना बनाने की कोशिश

की है और 70 एम.एम. के पर्दे, डिजिटल साउंड, गानों के भव्य फिल्मांकन से दर्शकों को छोटे पर्दे के मनोरंजन से बाहर लाने की कोशिश की है।

यह एक सुपरिचित तथ्य है कि सिनेमा विधा कविता-कहानी लिखने की तरह का रचनात्मक कर्म नहीं है कि बिना किसी खास लागत के आप अपनी बात पाठकों तक पहुँचा सकते हैं। इसीलिए साहित्य को मनोरंजक होने की बहुत कम मजबूरी है। सिनेमा में मनोरंजन और ज्ञानवर्धन (या संदेश) का शुरू से ही मुश्किल मेल रहा है। हॉलीवुड के चार्ली चैप्लिन हों या बॉलीवुड के राज कपूर—सभी ने अपने-अपने ढंग से इस मुश्किल मेल की चुनौती को स्वीकार किया है।

लेकिन स्थिति में एक बड़ा और निर्णायक परिवर्तन आया है। उदाहरण के लिए महबूब खान ने चालीस के दशक की शुरुआत में 'रोटी' और 'औरत' जैसी शक्तिशाली सामाजिक फिल्में बनाई थीं। बाद में पचास के दशक में महबूब ने जब 1941 की फिल्म 'औरत' को 'मदर इंडिया' (1957) के रूप में बनाया, तो उनकी प्रस्तुति और कैनवास बदल गया। इसीलिए फिल्म समीक्षक और फिल्मकार दोनों ही असाधारण सर्वसम्मति से 'मदर इंडिया' को सभी भारतीय फिल्मों की 'माँ' मानते हैं लेकिन वे इस बात को भी रेखांकित करना नहीं भूलते हैं कि 'मदर इंडिया' महबूब की ही पुरानी फिल्मों की तरह सिर्फ सामाजिक फिल्म नहीं थी बल्कि एक रंगीन मसाला फिल्म थी जिसमें गीत-संगीत, नाच-गाने, मेलोड्रामा की भरमार थी।

महबूब ही क्यों वी. शांताराम, राज कपूर आदि फिल्मकारों ने भी अपनी सामाजिक प्रतिबद्धता के स्वरूप को बदला। विमल राय या गुरुदत्त सरीखे फिल्मकार भले ही इस मोह का शिकार नहीं हुए पर महबूब, शांताराम या राज कपूर ने रंगीन सिनेमा के महँगे शास्त्र के अनुरूप अपनी सामाजिक भूमिका को भी बदला। पर 1957 की 'मदर इंडिया' को हम जब 1996 की 'हिंदुस्तानी' (या 'इंडियन') की बगल में रखकर देखते हैं, तो हमें आसानी से पता चल जाता है कि रंगीन बड़े पर्दे के मसाला मनोरंजन, सामाजिक संदेश, नाच-गाने और मेलोड्रामा में कितना महत्त्वपूर्ण फर्क आ गया है। इन चालीस सालों में दुनिया भी बदल गई है और डिजिटल साउंड, सेलुलर फोन के संसार में मेलबोर्न मछली के मचलने का 'हिंदुस्तानी' ढंग बहुत अलग हो गया है। लेकिन 1996 के सुपर, महँगे और डिजिटल साउंड में तराशे हुए मनोरंजन को भी सामाजिक संदेश का सहारा लेना ही पड़ रहा है। 'हिंदुस्तानी' में भ्रष्टाचार की दुनिया के विरुद्ध एक रोमांटिक लड़ाई है जो एक आदमी के पागलपन के बल पर इस पूरी दुनिया को बदलने और डराने का एक असंभव पर दर्शकों को रिझाने वाला सपना दिखाती है। इसीलिए महबूब की 'रोटी' हो या 'मदर इंडिया', वी. शांताराम की 'दुनिया न माने' (1937) हो या 'दो आँखें बारह हाथ' (1937), राज कपूर की 'आवारा' (1951) हो या 'श्री 420' (1955), विमल राय की 'दो बीघा जमीन' (1953) हो या 'सुजाता' (1959), गुरुदत्त की

'प्यासा' (1957) हो या 'कागज के फूल' (1959) इन सभी फिल्मों में एक गहरी सामाजिक प्रतिबद्धता और सिनेमा के माध्यम से जीवन को बेहतर बनाने की एक कोशिश भी पहचानी जा सकती है। कहने की जरूरत नहीं कि इनमें से अधिकांश फिल्में दर्शकों द्वारा सराही भी गईं। एक-दो अपवाद छोड़ दिए जाएँ, तो हिंदी सिनेमा के तथाकथित स्वर्णयुग या पचास के दशक में सिनेमा के व्यापार, कला पक्ष और सामाजिक भूमिका तीनों में एक अद्वितीय संतुलन स्थापित हुआ। आज फिल्मों में सामाजिक भूमिका गायब तो नहीं हो गई है (आखिर आप एक पूरी फीचर फिल्म में गानों का पूरा चित्रहार और एक्शन की पूरी दुनिया भी भर दें तो भी लेखक-निर्देशक को झक मार के अपनी किसी सामाजिक भूमिका को परिभाषित करना ही पड़ेगा!) पर एक महँगे निर्माण तंत्र में उद्देश्यपूर्ण और सार्थक फिल्मों को बनाना एक मुश्किल और असंभव सा नजर आने वाला काम हो गया है। विडंबना यह है कि आज टेलीविजन तंत्र इस तरह की फिल्मों को आसानी से सहारा दे सकता है। टेलीविजन के पास गंभीर और फिल्म शिक्षित दर्शकों तक पहुँचने के बेहतर साधन मौजूद हैं। इसीलिए पश्चिम में अनेक टेलीविजन चैनल सामाजिक उद्देश्य या कला प्रधान फिल्मों का स्वयं निर्माण कर रहे हैं। भारत में भी राष्ट्रीय फिल्म विकास निगम और दूरदर्शन ने मिलकर कई अच्छी फिल्मों का निर्माण किया है। सईद मिर्जा की नई और 1996 के 43वें राष्ट्रीय फिल्म पुरस्कार समारोह में सर्वश्रेष्ठ फिल्म का पुरस्कार प्राप्त करने वाली फिल्म 'नसीम' राष्ट्रीय फिल्म विकास निगम और दूरदर्शन का 'को प्रोडक्शन' है। 'नसीम' में एक पंद्रह साल की लड़की की कहानी है जो मुंबई में पली-बढ़ी है। वह अपनी स्कूल की शरारतों, भाई-बहनों की लड़ाई, अपने सपनों और महत्त्वाकांक्षाओं और जीवन के सुंदर रहस्यों को अपने 70 साल के बूढ़े, बीमार, बिस्तर पर पड़े दादा (कैफी आजमी) के साथ शेयर करती है। फिल्म में एक ओर दादा की अपनी स्मृतियाँ हैं जिनमें विभाजन से पहले की दुनिया में हिंदू-मुस्लिम संबंधों की सहज मानवीय गर्माहट है और दूसरी ओर नसीम की डरी हुई दुनिया है जो अयोध्या कांड के दिनों के दंगों और तनाव के माहौल में सुबह की स्वस्थ हवा के झोंके को महसूस करने की एक असंभव सी कोशिश कर रही है।

जाहिर है कि 'नसीम' सरीखी फिल्में विवादास्पद राजनीतिक विषयों को भी एक संवेदनशील निगाह से देखने की कोशिश करती हैं। सईद मिर्जा ने न तो 'आर्ट फिल्मवाला' होने की कोशिश की है और न ही उन्होंने मसाला और कला का घालमेल करने की कोशिश की है। मणिरत्नम् की 'बांबे' में सांप्रदायिक दंगों की पृष्ठभूमि में प्रेमकथा को अक्सर मसाला फिल्मों के चालू मुहावरों में लपेट लिया गया है। 'बांबे' सरीखी फिल्मों को आसानी से एक बड़ा दर्शक वर्ग मिल जाता है जबकि 'नसीम' जैसी फिल्में एक सीमित और अपेक्षाकृत फिल्म शिक्षित दर्शक

वर्ग को ही संतुष्ट कर सकती हैं। इसीलिए इन फिल्मों के लिए टेलीविजन का संरक्षण जरूरी हो जाता है।

टेलीविजन के संरक्षण का यह अर्थ नहीं है कि आज सामाजिक सरोकार दिखाने वाली फिल्में सिनेमाघरों में बॉक्स ऑफिस की बिल्कुल चिंता ही न करें। आदर्श स्थिति तो यही है कि फिल्मकार अपनी इन फिल्मों में अत्यधिक बौद्धिक और कलात्मक होने का आग्रह (या दुराग्रह) न करें और सीमित कलाप्रेमी दर्शकों की एक संख्या को सिनेमाघरों में लौटने के लिए प्रेरित करें। अगर ऐसा नहीं होगा तो सार्थक सिनेमा का भविष्य बड़ा खतरनाक है। मलयालम में पिछले कुछ वर्षों से सार्थक सिनेमा की एक स्वस्थ परंपरा विकसित हुई थी। अरविंदन, अडूर गोपाल-कृष्णन जैसे कुछ फिल्मकारों ने अपेक्षाकृत कम बजट में ऐसी प्रभावशाली फिल्में बनाईं जो सिर्फ फेस्टिवल सर्किट तक ही सीमित न रहीं। फिल्म सोसायटी आंदोलन से प्रशिक्षित तथा अन्य प्रबुद्ध दर्शकों के एक महत्त्वपूर्ण वर्ग ने इस फिल्म आंदोलन को सहारा दिया था। दुर्भाग्यवश केरल में भी इस समय सार्थक सिनेमा के लिए स्थिति बहुत उत्साहजनक नहीं नजर आ रही है। फिल्म सोसायटी आंदोलन वहाँ भी लगातार सिकुड़ता चला गया है और फिल्म निर्माण के इस महँगे दौर में अच्छी फिल्मों को विदेशी स्रोतों का भी सहारा लेना पड़ रहा है। अडूर गोपालकृष्णन, मृणाल सेन, मणि कौल आदि अनेक फिल्मकारों ने इधर विदेशी स्रोतों की मदद से अपनी फिल्में बनाई हैं।

जहाँ तक ऐतिहासिक पृष्ठभूमि का प्रश्न है यहाँ सामाजिक सरोकार वाले सिनेमा पर फोकस करने के लिए हमें आजादी के पहले के परिदृश्य की संक्षिप्त चर्चा करनी होगी। इस दौर में वी. शांताराम, महबूब जैसे कुछ फिल्मकारों ने फिल्मकला को मात्र मनोरंजन से ऊपर उठाने की कोशिश की। शांताराम का फिल्म कैरियर काफी लंबा है। निर्देशक के रूप में वह 1927 में ही सक्रिय हो गए थे और सत्तर के दशक के अंत तक निर्माता-निर्देशक की भूमिका में हिंदी-मराठी सिनेमा को समृद्ध करते रहे। एक अभिनेता, निर्देशक और निर्माता इन तीनों रूपों में उन्होंने लंबी पारी खेली। लेकिन शांताराम को फिल्म के इतिहास में अपनी आजादी से पहले की फिल्मों के लिए ही अधिक याद किया जाएगा। वह उन चुने हुए प्रारंभिक फिल्मकारों में से थे जिन्होंने एक ओर सिनेमा के भव्य रूप को भी ध्यान में रखा और साथ ही अपनी विशेष कलात्मक प्रतिभा के सहारे सामाजिक दृष्टि से प्रासंगिक फिल्मों को बनाने का जोखिम उठाया। 'अमृत मंथन' (1934), 'अमर ज्योति (1936), 'दुनिया न माने' (1937), 'आदमी' (1939) और 'पड़ोसी' (1941) आदि उनकी फिल्में एक के बाद एक बनीं और इन फिल्मों ने फिल्म कला की सामाजिक प्रतिबद्धता को नए आयाम दिए। 'अमृत मंथन' से उन्होंने एक सामाजिक रूप से जागरूक फिल्मकार की छवि को मजबूत किया और फिर उनकी रचनात्मकता जैसे फूट सी

पड़ी। इस फिल्म की नायिका शांता आप्टे ने लाखों हिंदी-मराठी दर्शकों को रुलाया लेकिन शांताराम सिर्फ दर्शकों को रुलाने की कला ही नहीं जानते थे बल्कि वह उन्हें बुनियादी सामाजिक बुराइयों से भी परिचित कराना चाहते थे। शांताराम ने अपनी इन प्रारंभिक फिल्मों में शांता आप्टे और दुर्गा खोटे जैसी अभिनेत्रियों की मदद से एक ओर हिंदी-मराठी फिल्मों की नायिका को एक नई छवि दी और दूसरी ओर उन्होंने नए समाज में नई औरत की जगह के लिए भी अपनी आवाज सशक्त ढंग से उठाई।

'अमर ज्योति' की नायिका पुरुषों और स्त्रियों के लिए भिन्न नैतिक मानदंडों के विरुद्ध लड़ाई लड़ती है। वह अन्याय का शिकार औरतों की एक टोली को संगठित कर के कानून के दायरे से बाहर चली जाती है। 'दुनिया न माने' में अपने समय की एक ज्वलंत समस्या पर निर्देशक ने एक नई निगाह डाली थी। इस फिल्म में एक बड़ी उम्र का विधुर (जिसके बच्चे भी बड़े हैं) एक कम उम्र की औरत से शादी करता है। इस फिल्म की नायिका निर्मला इस सामाजिक अन्याय को चुपचाप स्वीकार नहीं कर लेती है बल्कि वह विद्रोह करती है। अंत में उसका बूढ़ा पति अपनी गलती महसूस करता है। लेकिन उन दिनों तलाक की कल्पना नहीं की जा सकती थी इसलिए वह अपनी पत्नी को मुक्त करने का एक अलग रास्ता चुनता है आत्महत्या का। उसके बूढ़े पति ने एक पत्र में यह सुझाव दिया कि वह दूसरी शादी कर ले।

शांताराम ने 'आदमी' में एक वेश्या के संघर्ष की मार्मिक कथा को चित्रित किया और 1941 में 'पड़ोसी' में दो पुराने दोस्तों (एक हिंदू और एक मुसलमान) की दंगों के बीच दोस्ती की अग्निपरीक्षा को चित्रित किया। उल्लेखनीय है कि शांताराम केवल ज्वलंत सामाजिक विषयों को ही अपनी फिल्मों का आधार नहीं बनाते थे। 'पड़ोसी' का डैम पर फिल्माया गया क्लाइमेक्स उस दौर में एक सिनेमाई उपलब्धि भी था। आजादी के बाद शांताराम ने 1957 में 'दो आँखें बारह हाथ' में एक आदर्शवादी जेलर की कहानी को एक नए ढंग से फिल्माया था। यह जेलर छह कैदियों को अच्छा नागरिक बनाने का एक प्रयोग करता है।

जहाँ तक महबूब खान का सवाल है उनके सिनेमा में समाजवादी विचारधारा के प्रति एक बुनियादी लगाव इसी बात से स्पष्ट है कि वह हँसिया-हथौड़ा को अपने बैनर के रूप में अपना चुके थे। उनकी सभी चर्चित फिल्मों में शोषक और शोषित के बीच होने वाले संघर्षों को प्रमुखता मिलती रही। 'रोटी' में एक ओर गरीबों को जम कर लूटने वाला चंद्रमोहन है और दूसरी ओर शोषित आदिवासी शेख मुख्तार है। 'आन' में दिलीप कुमार आम आदमी का प्रतीक है और प्रेमनाथ धनी वर्ग का। 'मदर इंडिया' में एक औरत (नर्गिस) जमींदार (कन्हैयालाल) से लड़ रही है। ग्रामीण जीवन की इस महागाथा में महबूब के सभी सिनेमाई और विचारधारा

से जुड़े सरोकार उभरकर आते हैं।

पर्ल बक के उपन्यास 'मदर' पर आधारित 'औरत' के सत्रह साल बाद महबूब ने 'मदर इंडिया' को बड़े कैनवास पर बनाया। 'औरत' में महबूब ने सरदार अख्तर (जो बाद में उनकी पत्नी हो गईं) को नायिका बनाया था। 'मदर इंडिया' में यह चुनौतीपूर्ण भूमिका बड़े कैनवास पर नर्गिस को दी गई। पिछले चार दशकों में 'मदर इंडिया' के अनेक प्रसंगों की छाप अनेक चर्चित-अचर्चित फिल्मों में देखी जा सकती है। 'मदर इंडिया' की राधा अपने बच्चों की माँ ही नहीं है बल्कि वह पूरे गाँव की माँ है। जब गाँव के नैतिक जीवन के लिए राधा को अपना बेटा ही खलनायक नजर आने लगता है तो वह उसे भी खत्म कर देने के लिए तैयार है (1996 में 'हिंदुस्तानी' में कभी क्रांतिकारी रह चुका और स्वतंत्रता सेनानी नायक अपने भ्रष्ट बेटे को खत्म कर देने से भी नहीं हिचकता है!)।

'मदर इंडिया' की राधा शादी के बाद जब अपने पति के गाँव आती है, तो उसे अपनी नियति की कोई खबर नहीं है। उसका पति एक मेहनती किसान है और राधा घर से लेकर खेतों में उसका साथ दे रही है। लेकिन सुखी लाला का क्रूर शोषण चक्र किसी ईमानदार और मेहनती किसान को आराम से कहाँ रहने दे सकता है। त्रासदियों का एक लंबा सिलसिला राधा का इंतजार कर रहा है। उसका पति अपंग हो जाता है और एक रात वह अपनी पत्नी के माथे का सिंदूर पोंछकर पत्नी-बच्चों को छोड़कर भाग जाता है। राधा जिंदगी की एक लंबी लड़ाई शुरू करती है। कभी-कभी वह अपने को कमजोर भी पाती है पर उसकी ताकत बहुत जल्दी ही उसकी कमजोरियों को खत्म कर देती है।

जीवन का महासंघर्ष राधा को बुढ़िया बना देता है। उसके दो बेटे रामू और बिरजू जवान हो चुके हैं। राधा इस बीच सारे गाँव की माँ बन चुकी है। भीषण बाढ़ में वह भागते ग्रामवासियों में एक नया जोश, एक नई ताकत जगाती है। राधा का बेटा बिरजू अन्याय के सामने खामोश नहीं रहना चाहता। वह अपनी माँ का अपमान बर्दाश्त नहीं कर पाता है। सुखीलाला से वह सख्त नफरत करता है। सुखी से एक हिंसक मुठभेड़ के बाद बिरजू गाँव से भागकर डाकू बनने के लिए मजबूर हो जाता है। और एक दिन जब बदले की आग में झुलस रहा बिरजू जमींदार की बेटी को अपमानित करना चाहता है, तो राधा चुपचाप यह बर्दाश्त नहीं कर पाती है। वह अपने ही बेटे को बंदूक का निशाना बना देती है।

यहाँ विमल राय की फिल्मों की संक्षिप्त चर्चा भी आवश्यक है। 1953 में 'दो बीघा जमीन' से उन्होंने इतालवी नव यथार्थवादी सिनेमा की ही तरह भारतीय सिनेमा को एक नया यथार्थ दिया जिसमें सिर्फ समाजवादी सपने ही नहीं थे बल्कि गहरी मानवीय संवेदनाएँ भी थीं। बाद में 'सुजाता' (1959) और 'बंदिनी' (1963) सरीखी फिल्मों से विमल राय ने इसी सोच और संवेदना को आगे बढ़ाया। कैमरामैन

रह चुके विमल राय अपनी फिल्मों में सामाजिक सरोकारों और सिनेमाई संवेदना और चमत्कारों का दुर्लभ मेल करने में सफल साबित हुए।

'दो बीघा जमीन' में एक गरीब किसान अपने बच्चे के साथ कोलकाता पहुँचता है। वह अपनी छोटी-सी जमीन के टुकड़े को बचाने के लिए बड़े शहर में कई बड़े सपने लेकर आया है। बलराज साहनी जैसे कुशल अभिनेता ने इस केंद्रीय भूमिका को निभाया था। 'सुजाता' में नूतन ने एक हरिजन लड़की की केंद्रीय भूमिका को स्मरणीय बना दिया है। अछूत समस्या भारतीय समाज को सदियों से जकड़े हुए है। सुजाता एक तथाकथित ऊँचे घर में पली-बढ़ी है। लेकिन उसकी 'जाति' उसे इस घर से अलग किए रहती है। और एक दिन इस अछूत कन्या का खून ही ऊँचे घराने के खून से मेल खा सकता है! वही इस ऊँची दुनिया को बचा सकती है।

तीस, चालीस और पचास के दशक की ये चुनी हुई फिल्में बताती हैं कि हमारे अनेक महत्त्वपूर्ण फिल्मकारों ने अपने समय के सभी गंभीर सामाजिक सरोकारों को अपनी फिल्मों में केंद्रीय स्थान दिया था। उल्लेखनीय है कि उन दिनों अनेक लेखक, फिल्मकार और शायर पुराने कम्युनिस्ट थे या समाजवादी विचारधारा से किसी न किसी स्तर पर जुड़े थे। महबूब, ख्वाजा अहमद अब्बास या साहिर लुधियानवी की फिल्म, पटकथा या शायरी में आम जिंदगी के सपने और संघर्ष नहीं होंगे, तो क्या होगा!

साठ के दशक के बाद मुख्य धारा के सिनेमा में धीरे-धीरे सामाजिक सरोकार कम होते चले गए या उनका सतही और पूरी तरह से फिल्मी रूप सामने आने लगा। फिल्में रंगीन हुईं, एक्शन प्रधान हुईं, हिंसक हुईं और मानवीय भावनाएँ उनमें से गायब होती चली गईं। एक अकेला नायक अपने रोमांटिक और क्रूर संघर्ष को रक्त से लथपथ अग्निपथ में बनाए रखे रहा पर जीवन की सच्चाइयाँ और गर्माहट फिल्मों में अब आसानी से नहीं दिखती हैं। बाद में इन चीजों को सत्यजित राय, ऋत्विक घटक, मृणाल सेन, अडूर गोपालकृष्णन, शाजी, गौतम घोष, श्याम बेनेगल, सईद मिर्जा आदि की फिल्मों में ही पहचाना जा सकता है। लेकिन तब तक कला और लोकप्रिय सिनेमा का फासला बहुत ज्यादा हो चुका था। कुछ चुने हुए फिल्मकार आज भी प्रतिबद्ध हैं और विपरीत परिस्थितियों में भी काम कर रहे हैं। पर वे मुख्य धारा के हिंसक मसाला सिनेमा से बहुत दूर हैं—बहुत-बहुत दूर।

1997

भावशून्य चेहरों की विदाई

इरफान कई सालों से मुंबई में रहकर फिल्म और टेलीविजन की दुनिया में अपनी एक जगह बनाने के लिए संघर्ष कर रहे थे। उनकी प्रतिभा को बहुत से लोग पहचानते थे। पर वारियर ने अचानक उन्हें एक अंतर्राष्ट्रीय छवि दे दी। और फिर हासिल, मकबूल, चरस सरीखी फिल्मों ने इरफान को एक अपने ढंग का स्टार बना दिया है। हॉलीवुड के रिडले स्कॉट (ब्लेड रनर) उन्हें एक अपनी फिल्म में मुसलमान आतंकवादी की भूमिका देना चाहते हैं। पूजा भट्ट की अगली दो फिल्मों में इरफान की केंद्रीय भूमिकाएँ हैं। और पूजा भट्ट ने इरफान को सोचने-समझने वाली स्त्रियों के लिए सेक्स अपील रखने वाली छवि भी घोषित कर दिया है। इरफान और सेक्स अपील? जी हाँ, मुंबइया सिनेमा के तंत्र में कुछ साल पहले तक इस तरह से नहीं सोचा और देखा जा सकता था। पर अब स्थितियाँ तेजी से बदल रही हैं। मनोज वाजपेयी, राजपाल यादव, इरफान, विजय राज, अजय रोहिल्ला, सीमा विश्वास सरीखे चेहरों को ध्यान में रखकर भूमिकाएँ लिखी जा रही हैं। ओम पुरी अब मुंबइया फिल्म उद्योग में अकेले नहीं रह गए हैं। उन जैसी अलग तरह की छवि रखने वाले कई नाम अब छोटे-मोटे स्टार बन गए हैं। राष्ट्रीय नाट्य विद्यालय से प्रशिक्षित अनेक नायक अब उम्मीद कर सकते हैं कि उन्हें सार्थक और केंद्रीय भूमिकाएँ मिलेंगी।

सत्तर के दशक में तथाकथित आर्ट सिनेमा में ओम पुरी, नसीरुद्दीन शाह, शबाना आजमी, स्मिता पाटील आदि को अच्छी भूमिकाएँ मिलती थीं। बाद में मुख्य धारा के सिनेमा ने भी समय-समय पर इन चेहरों को ग्लैमरस बनाने की कोशिशें कीं। नसीरुद्दीन को त्रिदेव और स्मिता पाटील को नमक हलाल में ऐसे ही कुछ चर्चित रोल मिले। बंगला फिल्मकार गौतम घोष की हिंदी फिल्म पार में वेनिस सरीखे प्रसिद्ध अंतर्राष्ट्रीय फिल्म महोत्सव में सर्वश्रेष्ठ अभिनेता का पुरस्कार पाने वाले नसीरुद्दीन शाह को धीरे-धीरे आर्ट सिनेमा के ही विरुद्ध हो जाना पड़ा। कारण यह था कि इन फिल्मों को रिलीज नहीं किया जा पाता था और फेस्टिवल सर्किट में चर्चा और सम्मान से ये सितारे संतुष्ट नहीं थे। धीरे-धीरे हिंदी का आर्ट सिनेमा

अपनी स्वाभाविक मृत्यु की ओर बढ़ने लगा। सरकारी संस्थानों ने ऐसी फिल्मों को ऋण देना या सपोर्ट करना बंद कर दिया।

पर इतिहास की ओर देखें, तो अकेले श्याम बेनेगल ने अंकुर से शुरू होकर अपनी कई फिल्मों में अच्छे अभिनेताओं को महत्त्वपूर्ण रोल दिए हैं। अमरीश पुरी बाद में मोगैंबों की छवि से मशहूर हो गए और खलनायक के रूप में उनकी माँग बढ़ गई पर श्याम बेनेगल ही उन्हें अर्थपूर्ण भूमिकाओं से पर्दे पर लाए थे। व्यावसायिक सिनेमा में अपनी माँग बढ़ने के बावजूद अमरीश पुरी ने श्याम बेनेगल की आर्ट फिल्म सूरज का सातवाँ घोड़ा में एक महत्त्वपूर्ण भूमिका निभाई और विदेशी महोत्सवों में पुरस्कार भी पाए। श्याम बेनेगल की कई फिल्मों में एक साथ कई महत्त्वपूर्ण रोल होते थे। निशांत, मंडी, भूमिका, त्रिकाल, कलियुग आदि अनेक फिल्में ऐसी हैं जिनमें राष्ट्रीय नाट्य विद्यालय से प्रशिक्षित या अन्य 'आउटसाइडर' प्रतिभाओं को उभरने का मौका मिला है। त्रिकाल में तो अभिनेताओं की एक पूरी टीम मौजूद है—पर्दे पर अपनी एक अलग छवि बनाने के लिए।

लेकिन श्याम बेनेगल के लिए भी धीरे-धीरे इस तरह के सिनेमा के सहारे काम करना मुश्किल हो गया। वह कुमार शहानी या मणि कौल की तरह मुश्किल फिल्म निर्देशक कभी नहीं थे। पर एनएफडीसी सरीखी संस्थाओं की मदद से तीस-पैंतीस लाख रुपए के बजट में फिल्म बनाने के दिन चले गए हैं। अब सुना है कि अपनी नई नीति के तहत एनएफडीसी दो करोड़ के बजट पर ऐसी फिल्में बनाने जा रही है जो आर्ट फिल्में ही न हों—दर्शकों तक वे पहुँच भी सकें।

ओम पुरी शायद पर्दे के पहले भारतीय अभिनेता हैं जो अपने चेहरे के दागों के बावजूद एक बड़े अंतर्राष्ट्रीय स्टार कहे जा सकते हैं। शुरू में ओम पुरी के लिए खास तरह की भूमिकाएँ सुरक्षित थीं। किसी हरिजन को पर्दे पर प्रस्तुत करना है, तो फौरन ओम पुरी की ओर ध्यान जाता था। आम आदमी के तो वह जबर्दस्त प्रतीक बन गए थे। एक इंटरव्यू में बरसों पहले ओम पुरी ने इन पंक्तियों के लेखक से कहा था कि स्टेशन पर मुझे एक कंघी बेचने वाला गरीब लड़का मिल गया। उसने मुझे प्यार से भेंट में एक कंघी दी और कहा कि आम आदमी की लाज रख लेना। ओम पुरी भी यही चाहते थे। पर मुंबइया सिनेमा में आम आदमी की जगह कम होती चली गई। ओम पुरी को भी कमर्शियल सिनेमा की दुनिया में कई फनी भूमिकाएँ स्वीकार करनी पड़ीं।

ओम पुरी शुरू में चिंतित थे कि विदेश में एलेक गिनेस सरीखे अलग तरह के चेहरे को भी कई अच्छी भूमिकाएँ मिलती रही हैं—अभिनय प्रतिभा के बल पर। क्या मुझे ऐसी भूमिकाएँ मिल पाएँगी? धीरे-धीरे ओम पुरी को कुछ विदेशी अंग्रेजी की फिल्मों में अच्छे रोल मिलने लगे। मिसाल के लिए ब्रिटेन में बनी चर्चित फिल्म ईस्ट इज ईस्ट में एक पाकिस्तानी की अत्यंत प्रभावशाली भूमिका में उन्हें चमकने

का मौका मिला। ओम पुरी मुंबई से अधिक ब्रिटेन में पहचाने जाने लगे।

इरफान को भी ब्रिटेन में बनी फिल्म वारियर में केंद्रीय भूमिका मिली। शेखर कपूर ने जब विदेशी स्रोतों की मदद से अपनी फिल्म बैंडिट क्वीन बनाई, तो सीमा विश्वास को नायिका की एक अच्छी भूमिका मिली। मुंबई में इस तरह की भूमिका मिलना मुश्किल काम था—लगभग एक असंभव सपना। सीमा विश्वास को अब साधारण भूमिकाओं से संतोष करना पड़ रहा है। लेकिन बदली हुई स्थिति में सीमा विश्वास को ध्यान में रखकर भी कुछ अच्छी भूमिकाएँ लिखी जा सकती हैं।

मीरा नायर की चर्चित और वेनिस फिल्म महोत्सव में पुरस्कृत फिल्म मानसून वैडिंग में अभिनेताओं-अभिनेत्रियों की एक पूरी बारात मौजूद थी। पर टेंट वाले की भूमिका में विजय राज सबसे अधिक प्रभावशाली साबित हुए। विजय राज का चेहरा खूबसूरत नहीं है पर वह अभिनय की कला जानते हैं। और मानसून वैडिंग के बाद उन्हें कमर्शियल सिनेमा में भी कुछ उल्लेखनीय रोल मिलने लगे हैं। हाल में रिलीज हुई फिल्म रन में विजय राज की अभिनय प्रतिभा को पूरा सम्मान दिया गया है। भारत बाला प्रोडक्शन की इंडो-फ्रेंच अंतर्राष्ट्रीय फिल्म हरि ओम में भी विजय राज की एक केंद्रीय भूमिका है। इस फिल्म में राजस्थान में एक रोमांटिक एडवेंचर को फिल्माया गया है। विजय राज ने एक ऑटो रिक्शा चालक की भूमिका निभाई है जो रिक्शा माफिया का शिकार बन जाता है। अचानक उसकी दुनिया में एक सुंदर फ्रांसीसी टूरिस्ट लड़की आ जाती है जो अपने मंगेतर को एक अलग तरह की रोड जर्नी का अनुभव कराना चाहती है। तीनों पात्र जैसे एक जादुई दुनिया में प्रवेश कर लेते हैं और शुरू होती है एक खोज—अपने आप को पहचानने की खोज।

मुंबइया इंडस्ट्री के जानकार सूत्रों का कहना है कि राष्ट्रीय नाट्य विद्यालय की प्रतिभाओं को अपनी पहचान बनाने के लिए संघर्ष तो करना पड़ता है पर अब उनके सामने बेहतर विकल्प मौजूद हैं। रामगोपाल वर्मा की फिल्म फैक्ट्री हो या मल्टीप्लेक्स सिनेमा संस्कृति को ध्यान में रखकर बनाई गई कम बजट की पर थोड़ी बहुत चलने वाली अनगिनत फिल्में—उन प्रतिभाओं के लिए भी रास्ते बन गए हैं जो परंपरागत अर्थ में खूबसूरत नहीं हैं, चाकलेटी और ग्लैमरस नहीं हैं।

मुंबइया सिनेमा में भाव शून्य चेहरे वाला जॉय मुखर्जी भी न जाने कितनी फिल्मों का नायक रहा। और औसत प्रतिभा वाले राजेंद्र कुमार जुबली स्टार बन गए। औसत प्रतिभा वाले विश्वजीत असंख्य रंगीन फिल्मों के हैंडसम नायक रहे। आमतौर पर हिंदी फिल्मों की केंद्रीय भूमिकाओं का फार्मूला बाहरी 'लुक्स' पर अधिक केंद्रित रहा है—अभिनय क्षमता दूसरे नंबर पर रही है। बाद में फिल्मी दुनिया के सफल नामों ने अपनी संतानों को जब जबर्दस्ती स्टार बनाना शुरू किया, तो बात कुछ बदल गई। हीरो वही जो चाकलेटी हो या जिम जाने वाला शर्ट फाड़ 'ही मैन'

हो। स्टार संतानों को भी इसी छवि का कैदी बनाने की कोशिश की गई। अजय देवगन जैसे कुछ अपवाद हैं जो एक्शन मास्टर पिता वीरू देवगन द्वारा जब शुरू में प्रस्तुत किए गए, तो लगा कि इस चेहरे को हीरो के रूप में कब तक स्वीकार किया जाएगा? पर दौर बदल रहा था। अजय देवगन ने अपनी प्रतिभा के बल पर बॉबी देओल सरीखे अपेक्षाकृत हैंडसम कहे जाने वाले नायकों को बहुत पीछे छोड़ दिया। आज सत्या, कंपनी, अब तक छप्पन सरीखी फिल्मों में अभिनेताओं के लिए जटिल रोल लिखे जाते हैं। अब तक छप्पन में नायक की भूमिका नाना पाटेकर सरीखा कोई अलग तरह का चेहरा ही निभा सकता था। नाना पाटेकर अपनी भूमिकाओं को लेकर बहुत चूजी हैं।

संक्षेप में कहा जाए—आपके पास सचमुच अभिनय प्रतिभा है, तो आपका चेहरा कैसा भी हो उसके लिए बड़े पर्दे पर भी बड़ी जगह है। सावधान! अब सोचने-समझने वाली स्त्रियों ने सेक्स अपील की परिभाषा बदल दी है।

2004

क्षेत्रीय सिनेमा या केंद्रीय सिनेमा?

भारतीय सिनेमा के इतिहास में भले ही मुंबइया सिनेमा का ग्लैमर और बोलबाला अधिक रहा है पर फिल्म को अभिव्यक्ति का अर्थपूर्ण और कलात्मक माध्यम बनाने में तथाकथित क्षेत्रीय सिनेमा का अधिक महत्त्वपूर्ण योगदान रहा है। पचास के दशक में मुंबइया सिनेमा के पास ग्लैमर और गरिमा दोनों थी। पर फार्मूलों, स्टार सिस्टम और अराजक व्यवस्था ने हिंदी सिनेमा की सशक्त पहचान को आघात पहुँचाया। 1955 में बंगाल में सत्यजित राय की पहली फिल्म 'पथेर पाँचाली' ने भारतीय सिनेमा का अर्थ और परिभाषा ही बदल दी। राय, ऋत्विक घटक और मृणाल सेन ने लगभग एक ही समय में अपनी पहचान बनाना शुरू की थी। घटक और मृणाल सेन इप्टा आंदोलन और वामपंथी विचारधारा की पैदाइश थे। सत्यजित राय का व्यक्तित्व असाधारण था। वह 'रेनेसां पुरुष' थे। आज इस शताब्दी के अंत में विश्व सिनेमा के दस दिग्गजों की अगर कोई सूची बनाने की कोशिश की जाए, तो राय का नाम उसमें आसानी से आ जाएगा। ग्रिफिथ, चैप्लिन, आइजेंसटाइन, ऑर्सन वैल्स, फेलीनी, बर्गमैन, कुरोसावा, सत्यजित राय, तारकोवस्की, गोदार ये दस नाम संपूर्ण बीसवीं शताब्दी के सिनेमा की एक विशिष्ट पहचान के रूप में आते हैं। सत्यजित राय लगभग चार दशकों तक सिनेमा के विश्व में सक्रिय रहे। उनका योगदान भारतीय सिनेमा की एक प्रबल पहचान है।

1936 में 'संत तुकाराम' ने मराठी सिनेमा की दुनिया में लगभग एक क्रांति सी पैदा कर दी थी। भक्तिकाल के संत कवि की इस अद्भुत कथा को दामले और फतेहलाल के कल्पनाशील निर्देशन ने स्मरणीय बना दिया था। प्रभात फिल्म स्टूडियो के अत्यंत सक्रिय और सार्थक वातावरण में 'संत तुकाराम' एक मील का पत्थर साबित हुई। आम जनता ने भी इस फिल्म को बहुत पसंद किया। विष्णुपंत पगनिस उस समय के एक स्टेज एक्टर थे। तुकाराम की भूमिका को उन्होंने मर्मस्पर्शी बना दिया। फिल्म में गौरी ने तुकाराम की पत्नी की भूमिका निभाई है। गौरी प्रभात स्टूडियो में झाड़ू लगाने का काम करती थी। उसे छोटे-मोटे रोल मिल जाते थे। लेकिन 'संत तुकाराम' की नायिका के रूप में गौरी ने फिल्म को अनोखी यथार्थवादी

छवि दी है। इस फिल्म में चमत्कार कथानक का केंद्र थे। पर निर्देशक द्वय ने यथार्थ, कल्पना और फंतासी का अद्वितीय सिनेमाई मेल किया है। 'संत तुकाराम' पहली भारतीय फिल्म है जो इस माध्यम का कलात्मक इस्तेमाल करने में सफल साबित हुई। लोकप्रियता और कलात्मकता का मेल बहुत मुश्किल है। इस फिल्म ने इस चुनौती को अच्छी तरह से स्वीकार किया। तमिल सिनेमा में जैमिनी स्टूडियो ने 1953 में 'अवव्यार' फिल्म के माध्यम से तमिलनाडु की एक संत कवयित्री की कहानी को लोकप्रिय सिनेमा के कपड़े पहनाए थे। एस.एस. वासन (एस. श्रीनिवासन का छोटा नाम) ने 1948 में तमिल और हिंदी में 'चंद्रलेखा' फिल्म बनाकर भव्य लोकप्रिय मनोरंजन की हॉलीवुड शैली का भारतीय संस्करण तैयार किया था। 'चंद्रलेखा' में भव्य सेटों, गानों और पोशाकों के माध्यम से शाही तंत्र में अच्छाई और बुराई का मुकाबला किया गया था। वासन की मान्यता थी कि द्वितीय विश्वयुद्ध के वातावरण ने दर्शकों को फीकी और प्रचार प्रधान युद्ध फिल्में देखते-देखते थका दिया है। उन्हें राहत के रूप में भव्य मनोरंजन चाहिए। 'चंद्रलेखा' इस दृष्टि से एक 'लैंडमार्क' साबित भी हुई। वासन ने लेखन और पत्रकारिता से अपने सफल कैरियर की शुरुआत की थी। 1941 में उन्होंने अग्निकांड में स्वाहा हो गए एक स्टूडियो को खरीद कर जैमिनी स्टूडियो की स्थापना की। इस तरह से एक व्यवस्थित, अपेक्षाकृत आधुनिक उपकरणों से लैस स्टूडियो की शुरुआत हुई। इस व्यवस्था की जड़ें दक्षिण में थीं पर उत्तर भारत के फिल्म बाजार को भी निशाना बनाया गया। मुंबई में महबूब खान स्वयं को हॉलीवुड की भव्य फिल्मों के मशहूर निर्देशक सीसिल डीमिले की परंपरा का निर्देशक मानते थे और चेन्नई (उन दिनों का मद्रास) में वासन स्वयं को 'भारतीय डीमिले' कहलवाकर गौरवान्वित महसूस करते थे।

पर शुरू में क्षेत्रीय भाषाओं के सिनेमा का नेतृत्व बंगाल ने ही किया। 'पथेर पाँचाली' जैसी कालजयी फिल्म के बनने से पहले ही बंगाल में सिनेमा की मुख्य धारा अधिक गंभीर और कलात्मक थी। 1902 में ही जे. एफ. मदान जैसे लोगों ने साहस और कल्पना का परिचय देते हुए तंबुओं में 'बायस्कोप' का जादू लोगों को दिखाना शुरू कर दिया था। 1921 में धीरेन गांगुली ने कोलकाता में 'इंग्लैंड रिटर्न्ड' जैसी फिल्मों से विलायती जीवन शैली की नकल करनेवाले भारतीयों का अच्छा और सफल मजाक उड़ाया था। गांगुली हैदराबाद के निजाम की शरण में चले गए। शांति निकेतन में कला की शिक्षा प्राप्त करने के बाद वह हैदराबाद में शुरू में कला के अध्यापक थे। मदान (जो भारतीय सिनेमाघरों को लगभग नियंत्रित कर रहे थे) ने गांगुली की अभिनय प्रतिभा पहचानकर 'इंग्लैंड रिटर्न्ड' को बनाने में मदद की थी।

तीस के दशक में स्टूडियो सिस्टम ने अपने पैर मजबूत किए। कोल्हापुर में प्रभात फिल्म कंपनी की शुरुआत हुई। कोलकाता में न्यू थियेटर्स ने जन्म लिया।

देवकी बोस और पी. सी. बरुआ जैसी प्रतिभाएँ न्यू थियेटर्स को एक बड़ी सिनेमाई ताकत बनाने में सफल हुईं। 1935 में न्यू थियेटर्स ने 'देवदास'; बंगला और हिंदी दोनों में बनाई। शरत्चंद्र का 1917 का बंगला उपन्यास 'देवदास' बंगाल में बहुत लोकप्रिय था। विवाह की तुलना में प्रेम की महिमा और त्रासदी का चित्रण करने वाला यह उपन्यास फिल्म विधा के लिए वरदान साबित हुआ। 1957 में विमल राय ने दिलीप कुमार को लेकर चर्चित हिंदी फिल्म 'देवदास' बनाई थी पर ऐतिहासिक दृष्टि से पी. सी. बरुआ ने पहले और कालजयी 'देवदास' का निर्देशन किया था।

'आलमआरा' से पहली बोलती भारतीय फिल्म का जन्म 1931 में हुआ था। इस फिल्म की भाषा 'हिंदुस्तानी' या हिंदी थी। क्षेत्रीय भाषाओं में पहली फिल्म बंगला में ही बनी थी–'जमाई शष्ठी' के नाम से। शुरू में अन्य क्षेत्रीय भाषाओं की तुलना में बंगाल में संख्या की दृष्टि से ही नहीं बल्कि गुणवत्ता की दृष्टि से भी सबसे अच्छी फिल्में बनीं। अच्छे कथानकों, सुरुचि संपन्न फिल्मांकन आदि पर इन फिल्मों में अधिक जोर दिया गया। उन्नीसवीं शताब्दी के बंगाल में साहित्य, कला, शिक्षा, विज्ञान, सामाजिक सुधारों आदि सभी क्षेत्रों में एक नई समझ–एक नई लहर पैदा हुई थी। नतीजा यह हुआ कि प्रमथेश बरुआ, नितिन बोस, बी. एन. सरकार जैसी पढ़ी-लिखी प्रतिभाओं को उभरने का मौका मिला। बंगाल का मध्यवर्ग शिक्षित और संपन्न था। उसने सुरुचि संपन्न सार्थक सिनेमा को सहारा दिया। अच्छे बंगला उपन्यासों और कहानियों पर फिल्में बनीं। कई अच्छे लेखक पटकथा और संवाद लेखन में सक्रिय हुए।

सत्यजित राय की पारिवारिक पृष्ठभूमि भी महत्त्वपूर्ण थी। उनके दादा उपेंद्रकिशोर राय और पिता सुकुमार राय बंगाल के पुनर्जागरण काल की उपज थे। साहित्य, विज्ञान, कला, छपाई, डिजाइनिंग में उनकी गहरी रुचि थी। इसीलिए सत्यजित राय फिल्म माध्यम के सभी हिस्सों के अच्छे जानकार थे। वह निर्देशक, लेखक, संगीतकार, ग्राफिक डिजाइनर, चित्रकार, सेट डिजाइनर सभी कुछ थे। शांति निकेतन में उन्होंने पढ़ाई भी की थी। भारतीय संगीत ही नहीं पश्चिमी शास्त्रीय संगीत के भी वह अच्छे जानकार थे। 1947 में भारत के स्वतंत्र होते ही कोलकाता में राय, चिदानंद दासगुप्त आदि ने मिल कर फिल्म सोसायटी की स्थापना की थी। स्वयं फिल्में बनाने से पहले राय ने विश्व के श्रेष्ठ सिनेमा से गहरा साक्षात्कार किया। पथेर पाँचाली (1955), जलसाघर (1958), चारुलता (1964), अरण्येर दिन रात्रि (1969) जैसी राय की फिल्में आज विश्व सिनेमा की धरोहर हैं। बंगाल का अद्भुत लैंडस्केप और गरीबी की जिंदगी की मार्मिक लड़ाई 'पथेर पाँचाली' को अविस्मरणीय फिल्म बना देती है। 'जलसाघर' में छवि विश्वास ने जमींदार की भूमिका को अविस्मरणीय बना दिया था। एक खँडहर होते जीवन की सुंदरता और उसके उजाड़ को पकड़ने की कोशिश की गई थी। 'चारुलता' को राय अपनी सबसे 'पर्फेक्ट'

फिल्म मानते थे। माधवी मुखर्जी इस फिल्म में अपनी केंद्रीय भूमिका को असाधारण ऊँचाइयों तक ले जाती है। एक 'त्रिपुर सुंदरी' पर्दे पर उभरती है जो विवाह के बंधनों से भी बाहर आने की हिम्मत जुटा सकती है। 1992 में अपने निधन तक राय सक्रिय रहे। उनकी फिल्मों की 'रेंज' अद्भुत थी। उन्होंने बच्चों और किशोरों के लिए भी फिल्में बनाईं।

ऋत्विक घटक में प्रतिभा कम नहीं थी। अजांत्रिक, मेघे ढका तारा, सुवर्ण रेखा जैसी उनकी फिल्में भारतीय सिनेमा की उपलब्धि कही जा सकती हैं। मृणाल सेन शुरू में अपनी फिल्मों में अधिक राजनीतिक और स्पष्टवादी थे। बाद में वह भुवन शोम (हिंदी), एक दिन प्रतिदिन, खारिज जैसी फिल्मों से मनुष्य के भीतरी मनोविज्ञान को भी मार्मिक ढंग से प्रस्तुत करने लगे। 'भुवन शोम' 1969 में हिंदी में बनी थी। इस फिल्म का लैंडस्केप गुजरात का था, कहानी बंगला थी और मिजाज गैर हिंदी भाषी था। बंगाल में राय-घटक-सेन की त्रिमूर्ति के बाद बुद्धदेव दासगुप्त, गौतम घोष, अपर्णा सेन, ऋतुपर्णो घोष जैसी प्रतिभाएँ आज भी अलग तरह का और सार्थक सिनेमा बना रही हैं। लेकिन सत्तर के दशक में मलयालम सिनेमा ने नेतृत्व सँभाल लिया। दो दशक पहले जो समृद्ध रचनात्मक वातावरण बंगला में था वह अब केरल में दिखने लगा। एम.टी. वासुदेवन नायर, अडूर गोपालकृष्णन, जी. अरविंदन, शाजी, जॉन अब्राहम जैसे फिल्मकर्मियों ने मलयालम सिनेमा की धारा ही बदल दी। कन्नड़ में भी गिरीश कार्नाड, ब.व. कारंत, गिरीश कासरवल्ली जैसे नामों ने दक्षिण भारतीय सिनेमा को एक नया व्यक्तित्व दिया। निर्माल्यम् (एम.टी. वासुदेवन नायर), काडू (गिरीश कार्नाड), चोमना दुड़ी (ब.व. कारंत), संस्कार (पट्टाभी रामा रेड्डी), घटश्राद्ध (गिरीश कासरवल्ली), चिदंबरम (अरविंदन), एलीपत्तायम (अडूर गोपालकृष्णन), पीरवी (शाजी) जैसी फिल्में दक्षिण भारतीय सिनेमा को भारत का सबसे महत्त्वपूर्ण फिल्म केंद्र बना देती हैं। तमिल में भी मणिरत्नम् जैसी फिल्म प्रतिभाओं ने आधुनिक और अधिक कल्पनाशील लोकप्रिय सिनेमा की नींव रखी। फिल्म निर्माण की तकनीक की दृष्टि से दक्षिण भारत सबसे आगे है।

गुजराती में केतन मेहता (भवनी भवाई), उड़िया में नीरद महापात्र (माया मिरिगा), असमिया में जानू बरुआ (फिरिंगोटी), मणिपुरी में अरिबाम श्याम शर्मा (इमागी निंगथेम) जैसी विभिन्न फिल्म प्रतिभाओं ने समय-समय पर महत्त्वपूर्ण फिल्में बनाई हैं। दरअसल अडूर गोपालकृष्णन, अरविंदन, जानू बरुआ, गिरीश कासरवल्ली, शाजी जैसे फिल्मकार अपनी लगभग सभी फिल्मों में कुछ न कुछ नया, सार्थक और महत्त्वपूर्ण जोड़ते रहे हैं। अरविंदन आज हमारे बीच नहीं हैं पर शेष चारों नाम सार्थक सिनेमा के समर्थ हस्ताक्षर हैं। विषम परिस्थितियों के बावजूद इनकी रचनात्मकता चुकी नहीं है।

अडूर गोपालकृष्णन अपनी हर नई फिल्म के निर्माण में खूब समय लेते हैं।

राय के बाद वह सबसे महत्त्वपूर्ण भारतीय फिल्मकार हैं। स्वयंवरम्, एलीपत्तायम, मुखामुखम, मतिलुकल, अनंतरम, विधेयन जैसी उनकी फिल्में केरल के जीवन की प्रामाणिक, मार्मिक, उत्तेजक और विचार प्रधान छवियाँ प्रस्तुत करती हैं। अडूर का कहना है कि हिंदी से अलग दूसरी भाषाओं के सिनेमा को 'क्षेत्रीय सिनेमा' कहना एक 'क्रूड' (अशिष्ट, अपरिष्कृत) अभिव्यक्ति है। इन तथाकथित क्षेत्रीय भाषाओं का लंबा इतिहास और समृद्ध साहित्यिक परंपरा है। इन भाषाओं में नई धारा के सिनेमा ने ग्लैमर से दूर रह कर अपनी साहित्यिक परंपरा का इस्तेमाल करते हुए अधिक प्रामाणिक और सच्ची फिल्में बनाई हैं। पर मुख्य धारा के सिनेमा की वितरण व्यवस्था इन फिल्मों को सामने नहीं आने देती है।

पश्चिम में टेलीविजन ने सार्थक सिनेमा को सहारा दिया है। कुछ साल पहले दूरदर्शन पर चर्चित और पुरस्कृत क्षेत्रीय भाषाओं की फिल्मों को दिखाने के लिए रविवार दोपहर को एक विशेष 'स्लॉट' बनाया गया था। अंग्रेजी सब टाइटल्स के साथ कुछ फिल्में दिखाई भी गईं। धीरे-धीरे इस 'स्लॉट' के मूल उद्देश्य को भुला दिया गया। आज युवा पीढ़ी का सजग दर्शक वर्ग इन कालजयी फिल्मों को देखना चाहता है। पर महानगरों में छोटे सिनेमाघर नहीं हैं। दिल्ली में सीरी किला सभागार का छोटा सिनेमाघर साल में अधिकांश समय बंद पड़ा रहता है। नतीजा यह होता है कि जनवरी में होने वाले अंतर्राष्ट्रीय फिल्म महोत्सव के भारतीय पेनोरमा खंड और राष्ट्रीय फिल्म पुरस्कार समारोह इन दो अवसरों पर ही क्षेत्रीय सिनेमा को दर्शकों के सामने आने का मौका मिलता है। विदेशी फिल्म महोत्सवों में ये फिल्में दिखाई जाती हैं। सामान्य भारतीय फिल्म प्रेमी इन फिल्मों के बारे में पढ़ता-सुनता रहता है।

उन्हें वह देख नहीं पाता। कभी बंगाल का मध्यवर्ग श्रेष्ठ फिल्मों का संरक्षक था। आज उसकी मानसिकता पर भी मसाला फिल्मों का भयावह दबाव है। क्षेत्रीय सिनेमा भारत का केंद्रीय सिनेमा होते हुए भी हाशिये का सिनेमा बनने के लिए अभिशप्त है।

1999

नई तरह की नायिका : कितनी नई

पिछले कुछ सालों में बदलते समय को ध्यान में रखकर छोटे-बड़े पर्दे पर नई तरह की नायिकाएँ उभरी हैं। खासतौर पर फिल्मों में कुछ अच्छी अभिनेत्रियों की प्रतिभा का समुचित इस्तेमाल हुआ है। सत्तर के दशक में हिंदी सिनेमा में दो तरह की धाराएँ सक्रिय थीं। 'जंजीर' (1973) के बाद अमिताभ बच्चन शैली के 'एक्शन' यानी 'मैचो' (मर्द की हेकड़ी) सिनेमा को बढ़ावा मिला और इन फिल्मों में नायिकाओं के 'रोल' गैर महत्त्वपूर्ण और सजावटी हो गए। लेकिन उन दिनों सार्थक सिनेमा की दुनिया में भी संभावनाएँ थीं और श्याम बेनेगल सरीखे फिल्मकारों ने स्मिता पाटील और शबाना आजमी की अद्भुत अभिनय प्रतिभा का लाभ उठाकर 'अंकुर', 'निशात', 'मंडी', 'भूमिका' जैसी कई महत्त्वपूर्ण फिल्में बनाईं। अमिताभ बच्चन में अभिनय प्रतिभा थी पर उनकी इस 'मैचो' छवि ने इस प्रतिभा का दुरुपयोग अधिक किया और मसाला सिनेमा में अंधा कानून हावी रहा। दिमागरहित और क्रूर हिंसा का दौर आज अगर समाप्त नहीं, तो अप्रासंगिक अवश्य हो गया है। सूरज बड़जात्या की 'मैंने प्यार किया' ने अस्सी के दशक के अंत में 'शूगर कोटेड फैमिली रोमांस' की एक नई फिल्म शैली को सफल बनाया जो 'हम आपके हैं कौन' में शिखर पर दिखाई दी। फोर ट्रैक संगीत ने नए रास्ते खोले और बाद में डिजिटल धुन में प्यार की मिठास को तराशा जाने लगा। 'मैचो' सिनेमा की दिमागरहित हिंसा के बाद डिजाइनर रोमांस का युग आया जो अभी समाप्त नहीं हुआ है। यश चोपड़ा जैसे बुजुर्ग फिल्मकार भी नए 'वक्त' में बदल गए हैं। आदित्य चोपड़ा और कर्ण जौहर अनिवासी भारतीय युवा वर्ग की जरूरतों को ध्यान में रखकर भव्य फिल्में बना रहे हैं। इस डिजाइनर रोमांस के सामने सूरज बड़जात्या की पारिवारिक और परंपरागत भारतीय छवि भी लड़खड़ा गई। सुना है कि सूरज अब अपनी अगली फिल्म में विदेशी लोकेशन पर जाने के लिए तैयार हो गए हैं। राजश्री वाले इस आकर्षण से बचने की कोशिश करते रहे हैं।

आज भी सिनेमा की ये दोनों धाराएँ देखी जा सकती हैं हालाँकि सार्थक सिनेमा को 'सर्वाइवल' के लिए कुछ नए समीकरण बनाने पड़ रहे हैं। श्याम बेनेगल

ने अपनी नई फिल्म 'जुबैदा' में 'भूमिका' की स्त्री केंद्रित कथा को एक नया जन्म दे दिया है। करिश्मा कपूर को 'जुबैदा' की नायिका बनाना एक चुनौती थी। करिश्मा की प्रतिभा स्मिता सरीखी नहीं है पर 'फिजा' और 'जुबैदा' ने यह साबित कर दिया है कि अच्छे निर्देशक बॉक्स ऑफिस की ग्लैमर कन्याओं को भी हाड़ मांस के अर्थपूर्ण चरित्र में बदल सकते हैं। करिश्मा सिर्फ 'बार्बी डॉल' नहीं है। पर 'जुबैदा' उसके कारण ही नहीं चल रही है। उसकी कहानी का ताना-बाना आज की स्त्री को सोचने के लिए नया सामान देता है और पुरुष दर्शक भी एक सार्थक आत्मनिरीक्षण के लिए मजबूर हो जाते हैं। 'जुबैदा' सिनेमाघरों में कुछ सप्ताह चली यह एक महत्त्वपूर्ण बात है। फिल्म महोत्सवों में ही ऐसी फिल्में दिखाई जाएँ यह कोई अच्छी बात नहीं है। सिनेमा साक्षर दर्शक वर्ग तक इन फिल्मों का सीमित हो जाना दुर्भाग्यपूर्ण 'ट्रेंड' है।

अच्छे फिल्मकारों को इस तरह की स्त्री केंद्रित फिल्में बनाने में काफी दिक्कतों का सामना करना पड़ता है। गोविंद निहालानी इन दिनों मंजुला पद्मनाभन के पुरस्कृत नाटक 'हार्वेस्ट' पर हिंदी अंग्रेजी में एक फिल्म 'दहम' बना रहे हैं। गोविंद का कहना है कि इस नाटक में क्योंकि सबसे मजबूत पात्र स्त्री का है इसलिए सिनेमा में इसे रूपांतरित करते समय किसी बड़े 'स्टार' को साइन करना लगभग असंभव काम है। अगर किसी फिल्म के दृश्यों में नायिका छाई रहती है, तो कोई बड़ा सितारा कम या कमजोर दिखने का जोखिम नहीं उठाना चाहता है। इसलिए आपको अच्छे अभिनेता की शरण में ही जाना पड़ता है—बॉक्स ऑफिस को रिझाने वाला 'स्टार' आपको नहीं मिलेगा। 'दहम' में किटी गिदवानी को नायिका बनाया गया है। 'जुबैदा' में भी करिश्मा कपूर के साथ बड़े सितारे आने को तैयार नहीं थे। मनोज वाजपेयी उसमें ठीक ही नजर आते हैं। पर आमतौर पर करिश्मा के नायक 'सितारे' ही होते हैं—मनोज जैसे अभिनेता नहीं।

इस दौर में अभिनेत्रियों की दुनिया और उनके सरोकारों में कुछ महत्त्वपूर्ण बदलाव रेखांकित किए जा सकते हैं। धीरे-धीरे 'फिफ्टी प्लस' या कुछ बड़ी उम्र की अभिनेत्रियों के लिए भी अच्छे रोल खोजे जा रहे हैं। शबाना आजमी, रेखा, राखी आदि कुछ अभिनेत्रियाँ इस वर्ग में रखी जा सकती हैं। खासतौर से शबाना पचास पार कर के भी सक्रिय और 'हरी-भरी' हैं। राखी को 'परोमा' में अपर्णा सेन ने चुनौतीपूर्ण भूमिका दी थी। हिंदी मसाला सिनेमा ने तो उन्हें 'डिजाइनर' माँ बनाकर ही अपना कर्तव्य पूरा कर लिया है। पर इस वर्ग में भी रीमा लागू सरीखी 'युवा माताएँ' अधिक असरदार साबित हुई हैं।

नायिकाओं में एक ओर नंदिता दास, तब्बू जैसे नाम हैं जिन्हें कभी-कभार ही सही अच्छी भूमिकाएँ मिल रही हैं। पर ऐश्वर्य राय, प्रीति जिंटा, करिश्मा कपूर, रानी मुखर्जी, काजोल ये सभी ऐसी अभिनेत्रियाँ हैं जो कमर्शियल हीरोइन होने की

चिप्पी के बावजूद अपनी भूमिकाओं को एक ताजगी दे पाई हैं। ऐश्वर्य राय का कहना है कि मैं 'नहीं, नहीं, बचाओ और चार गाने' शैली की अभिनेत्री नहीं हूँ। मैंने दो तरह की फिल्मों यानी कमर्शियल और आर्ट में एक अच्छा संतुलन बनाया है। ऐश्वर्य को एहसास है कि वह तब्बू बनने का जोखिम नहीं उठा सकती है। पर 'ताल' और 'हम दिल दे चुके सनम' के बाद ऐश्वर्य आश्वस्त होकर कह सकती हैं कि सुभाष घई या संजय लीला भंसाली जैसा संवेदनशील कमर्शियल फिल्मकार मेरे इस संतुलन का सार्थक सिनेमाई इस्तेमाल कर सकता है। तब्बू भी सिर्फ 'रुक-रुक गर्ल' के रूप में असमय अदृश्य हो जातीं अगर गुलजार, प्रियदर्शन जैसे बेहतर फिल्मकारों ने इस चेहरे की सामर्थ्य को न समझा होता।

लेखक अगर ढंग से रोल लिखें, तो भी कुछ अभिनेत्रियों को अच्छे अवसर मिल जाते हैं। 'दिल से' में प्रीति जिंटा की छोटी सी भूमिका है पर उसे एक समकालीन तेवर में लिखा गया है। फिल्म में प्रीति इस बात से दुखी नहीं है कि उसका होने वाला पति किसी और से प्यार करता है। फिल्म मनीषा कोइराला केंद्रित है पर अच्छे संवादों के बल पर प्रीति जिंटा ने अपनी छोटी-सी भूमिका को भी स्मरणीय बना दिया था। कुंदन शाह ने 'क्या कहना' में भी प्रीति का अच्छा इस्तेमाल कर लिया।

मनीषा कोइराला में संभावनाएँ थीं ('बांबे' में मणिरत्नम् ने उनकी छवि को नया सिनेमाई विस्तार दे दिया) पर इस संवेदनशील चेहरे को भी 'ग्रहण' लग गया। 'ग्रहण' फिल्म से मनीषा को उम्मीदें हो सकती थीं। बलात्कार का शिकार स्त्री की पीड़ा और संघर्ष कथा को अगर एक समग्र समझ और अच्छी पटकथा के साथ चित्रित किया जाता, तो इस फिल्म का बेहतर भविष्य होता। पर अब लगता है जीटी के दस करोड़ के 'गेम' की असफलता और विदेशी डिप्लोमेट से संभावित विवाह के बाद नब्बे के दशक की इस अच्छी अभिनेत्री के कैरियर को विदा मिल जाएगी। तब्बू को महेश मांजरेकर की 'अस्तित्व' में जैसा रोल मिला वैसा मनीषा को 'ग्रहण' में नहीं मिल पाया। तब्बू मेघना गुलजार की फिल्म 'फिलहाल' में भी एक और अच्छी भूमिका की संभावनाएँ पैदा कर चुकी हैं। 'अस्तित्व' में तब्बू परंपरागत ढाँचों को एक समग्र समझ के साथ तोड़ती है।

इधर 'फीमेल बांडिंग' के भी कुछ नए रूप फिल्मों में उभरे हैं हालाँकि इन्हें एक कमर्शियल ढंग से ही पर्दे पर उतारा गया है। 'चोरी चोरी चुपके-चुपके' में इसीलिए सलमान खान को रानी मुखर्जी और प्रीति जिंटा के साथ एक ही समय में हँसते-गाते दिखाया गया है। कोई अच्छा पटकथा लेखक इस 'ट्रेंड' का बेहतर इस्तेमाल कर सकता है। हमें यह नहीं भूलना चाहिए कि दीपा मेहता की विवादास्पद फिल्म 'फायर' का केंद्रीय कथानक समलैंगिकता ही नहीं बल्कि एक खास तरह की 'फीमेल बांडिंग' है।

विक्रम भट्ट की 'कसूर' में नायिका लिजा रे की अपेक्षाकृत स्वतंत्र और साहसी छवि भी एक महत्त्वपूर्ण 'ट्रेंड' है। अभिनेत्रियों को रहस्य-रोमांच की फिल्मों में भी अगर इस तरह के अर्थपूर्ण रोल मिलें, तो फिल्म और जीवन दोनों का सुधार होगा। एक रिपोर्ट के अनुसार महानगरों की पॉश कालोनियों में भी आज अगर एक अकेली स्त्री अपनी शर्तों पर रहना चाहती है तो पास पड़ोस में इसकी जबरदस्त जासूसी चलती रहती है। धड़ल्ले से उसके करेक्टर के सर्टिफिकेट बाहरी तथ्यों के आधार पर बाँटे जाते हैं। ऐसे माहौल में 'कसूर' की स्वतंत्र नायिका भले एक सपना और संघर्ष हो पर पर्दे पर ऐसे चरित्र देखकर स्त्रियों को जीवन एक संभावना नजर आता है। एक जमाने में जीनत अमान, श्रीदेवी या रेखा को अमिताभ बच्चन की तरह कुछ 'मर्द' शैली की हास्यास्पद भूमिकाओं में पर्दे पर उभारा गया था। इस तरह की भूमिकाएँ 'फैंटेसी' में अच्छी लग सकती हैं पर अस्तित्व क्या कहना, जुबैदा, मृत्युदंड, कसूर, फायर आदि फिल्मों में जो स्त्रियाँ उभर रही हैं उनमें एक गहराई है और सच्चाई भी।

2000

एडल्ट चैनल का तिलिस्म

'सिनेमाया' द्वारा आयोजित हो रहे श्रीलंकाई फिल्म महोत्सव में एक चर्चित फिल्म है 'भैंसा' (बफेलो)। यह फिल्म एक बहुत अलग और सयाने ढंग से दमित कामभावना, पोर्नोग्राफी (अश्लील साहित्य और फिल्म टी.वी. कार्यक्रम आदि), बलात्कार, फेमिनिज्म वगैरह के कुछ जरूरी सवालों को उठाती है। फिल्म के केंद्र में एक अपढ़ दही बेचने वाला ग्रामीण युवक है जो अपनी भैंसागाड़ी की मदद से इधर-उधर डोलता रहता है। वह कुछ शहरी बसवालों के संपर्क में आता है जो उसका माल मुफ्त हड़प करने के लिए उसे तरह-तरह की कामुक और उत्तेजक विदेशी तस्वीरें और साहित्य देते रहते हैं। इस युवक ने एक पेड़ पर अपनी दिलचस्प किस्म की झोंपड़ी बना रखी है जिसमें चारों तरफ पश्चिमी गोरी स्त्रियों की तमाम अश्लील और उत्तेजक मुद्राएँ टँगी हुई हैं। सेक्स को लेकर इस युवक में अनेक दमित भावनाएँ हैं जो पोर्नोग्राफी के इस अनियंत्रित आक्रमण के कारण और भी दमित, कुंठित और रोगी रूप धारण कर लेती हैं। यह युवक एक असंभव किस्म की फंतासी में जी रहा है। दिन-रात उसके सपनों में इन औरतों की मुद्राएँ हमला करती रहती हैं।

इस युवक के गाँव में एक अध्यापिका बच्चों को पढ़ाने के लिए आती है। युवक को उसके गाँव में आते अपनी ही गाड़ी में उसका सामान लादने का 'सौभाग्य' मिलता है। अध्यापिका स्वयं इस भैंसागाड़ी में बैठने से झिझकती है। वह कहती है—'मैं पैदल ही चलना चाहूँगी।' लेकिन धूप में चलते-चलते वह थक जाती है। और हमारा यह अति उत्साही नायक अचानक उसे दहशत में ला देने वाले ढंग से किसी 'सामान' की तरह हिंसक ढंग से उठाकर गाड़ी में लाद देता है और बड़ी तेजी से अपनी गाड़ी को दौड़ाने लगता है। युवक इस स्त्री स्पर्श और अपनी फंतासी की दुनिया से आंतकित है। पूरे रास्ते में उसकी बेचैनी को वह अध्यापिका ठीक से समझ नहीं पाती है।

धीरे-धीरे इस युवक की सेक्स संबंधी कुंठाएँ उसके जीवन पर पूरा कब्जा कर लेती हैं। वह उस अध्यापिका से डरता भी है पर मन ही मन उसको लेकर एक सेक्स फंतासी भी बुनता रहता है। अध्यापिका इस अपढ़ युवक के प्रति पर्याप्त

संवेदना दिखाती है। उसे पढ़ाने की कोशिश करती है ताकि हिसाब-किताब में चालाक शहरी लोग उसका शोषण न कर सकें। पर युवक एक साँड़ की तरह सपने देखता रहता है। एक-दो बार वह अध्यापिका से जबरदस्ती करने की भी कोशिश करता है लेकिन उसमें पर्याप्त साहस भी नहीं है। अध्यापिका उसे 'खतरनाक जानवर' के रूप में कम देखती है—एक 'बेचारे मर्द' के रूप में वह उसे ज्यादा देखती है। लेकिन यह युवक मौका पाकर एक बार उस अध्यापिका से बलात्कार करता है। अध्यापिका उसके हिंसक व्यवहार से हैरान, नाराज, दुखी सब कुछ है। बलात्कार के बाद यह युवक इस आक्रामकता के बेहूदेपन और निरर्थकता को अचानक भयभीत कर देने वाले ढंग से महसूस करता है। अध्यापिका के चेहरे पर दया, नफरत के भाव हैं। वह उसे सिर्फ इतना कहती है—आखिर हो तो तुम एक जंगली भैंसे ही।

यह युवक भयभीत होकर भागता है—कीचड़ में गिरकर वह एक भैंसे की ही तरह हो जाता है। भागकर वह अपनी झोंपड़ी में आता है और उन सभी उत्तेजक, तथाकथित 'एडल्ट' तस्वीरों को आग लगाकर स्वयं भी जल जाता है। फिल्म के अंत में हम एक दूसरे युवक को देखते हैं जिसे बस वाले शहरी सेक्सी और अश्लील तस्वीरें देते हैं और वह आश्चर्यचकित होकर खड़ा उन लुभावनी तस्वीरों को देख रहा है।

यह फिल्म सिनेमाई दृष्टि से तो साधारण है पर एक जटिल विषय की जाँच पड़ताल के नजरिए से यह हमें पोर्नोग्राफी, दमित सेक्स जीवन और स्त्री-पुरुष संबंधों को एक नई रोशनी में देखने के कई मौके देती है। और अब जब कि हमारे देश में तथाकथित एडल्ट चैनल (प्लस 21) को लेकर बहस चल रही है, तो यह फिल्म हमें सोचने का और भी सामान देती है। प्रिंट मीडिया में पोर्नोग्राफी का हमला उतना गंभीर नहीं होता जितना विजुअल मीडिया—खासतौर पर सिनेमा और टेलीविजन में। जाहिर है कि अभिभावक (खासतौर पर महिलाएँ) आश्वस्त नहीं हैं 'प्लस 21' के प्रबंधकों या प्रवक्ताओं के दावों से। 'एडल्ट' और 'पोर्नोग्राफी' का भेद करना अक्सर आसान भी नहीं होता। खासतौर पर इस देश में (जहाँ जनसंख्या, गैरबराबरी, पिछड़ेपन, अशिक्षा आदि की अपनी अनगिनत समस्याएँ हैं) अक्सर अभिव्यक्ति की स्वतंत्रता जब पर्दे पर आती है, तो उसका दुरुपयोग अधिक होता है—सदुपयोग बहुत कम।

जैसा कि 'भैंसा' फिल्म की चर्चा से स्पष्ट है पोर्नोग्राफी व्यक्ति को कभी बेहतर इंसान नहीं बनाती है—उसकी रचनात्मकता को वह नष्टभ्रष्ट ही करती है। लेकिन हर व्यक्ति के मन में कुछ गुप्त इच्छाएँ, निजी फंतासियाँ और सेक्स संबंधी चीजों के प्रति कम या ज्यादा आकर्षण जरूर होता है। फ्रायड के बाद अनेक आधुनिक विचारकों ने यह स्पष्ट किया है कि काम जीवन का दमन व्यक्ति में अनेक प्रकार की समस्याएँ पैदा कर सकता है। बीसवीं शताब्दी में इसीलिए एक ओर अगर मार्क्स

की चर्चा रही है, तो दूसरी ओर सिगमंड फ्रायड की भी कम चर्चा नहीं रही है। साहित्य, चित्रकला, मूर्तिशिल्प आदि के क्षेत्र में दुनिया भर की सभ्यताएँ सेक्स का चित्रण करती रही हैं। हमें इसके स्वस्थ और चित्त को प्रसन्न करने वाले उदाहरण भी मिलेंगे और पोर्नोग्राफी की हदों तक पहुँचने वाली विकृतियाँ भी हमें मिलेंगी। लेकिन बीसवीं शताब्दी में सिनेमा, टेलीविजन, सेटेलाइट सिस्टम, फोटोग्राफी, विज्ञापन आदि सभी अपेक्षाकृत आधुनिक क्षेत्रों में सेक्स का सीधा सामना किया गया है। धीरे-धीरे तथाकथित एडल्ट अभिव्यक्ति के अर्थ और संदर्भों में भी क्रांतिकारी बदलाव आया है। सत्तर के दशक में पश्चिम में इस क्षेत्र में अभिव्यक्ति की स्वतंत्रता को चरम पर पहुँचा दिया गया—दरअसल कुछ छिपाने को रह ही नहीं गया। काम जीवन का शायद ही कोई पक्ष होगा (फिर चाहे वह स्वस्थ हो या अस्वस्थ हो) जो छोटे या बड़े पर्दे पर दिखाया न गया हो। हालत यह हो गई थी कि 1979 में चर्चित पोलिश मूल के फिल्मकार रोमन पोलांस्की ने जब अपनी फिल्म 'टेस' बनाई तो वह अपनी या दूसरों की फिल्मों में सेक्स के चित्रण से इतना उकता गए थे कि 'टेस' में एक दृश्य भी सेक्स का नहीं था। पश्चिमी देशों में अभिव्यक्ति की यह स्वतंत्रता अपने चरम पर पहुँचकर थक गई, ऊब गई। ऐसा नहीं कि बाद में सेक्स का आकर्षण कम हो गया (क्योंकि जब तक जीवन रहेगा तब तक सेक्स का आकर्षण भी रहेगा) बल्कि स्वयं पोलांस्की बाद की कुछ फिल्मों में सेक्स के खुले चित्रण के कारण चर्चा में रहे हैं लेकिन धीरे-धीरे सेक्स के स्वस्थ उद्योग और अस्वस्थ उद्योग (यानी पोर्नोग्राफी) दोनों ने अपनी-अपनी जगह बना ली। यहाँ यह भी स्पष्ट कर देना जरूरी है कि एक सामान्य स्वस्थ व्यक्ति भी जीवन के एक दौर में पोर्नोग्राफी में दिलचस्पी लेता है लेकिन वह उस फंतासी में ही जीने नहीं लगता है। और अगर यह व्यक्ति जीवन के कई दौरों में इस 'रंग रस रुचि' को बनाए रखता है तो इसमें कोई बेसिक परेशानी या नुकसान भी नहीं है। पर इसी दुनिया की फंतासी में जीते रहने और स्वस्थ सेक्स संबंधों से पूरी तरह से कट जाने और हिंसक मूलप्रवृत्तियों के दबाव में आ जाने के जरूर कई नुकसान हैं।

भारत में पश्चिम की तुलना में सेक्स संबंधी अभिव्यक्ति के ये तमाम उपकरण हाल में ही तशरीफ लाए हैं। इनसे बचना बहुत मुश्किल है हालाँकि असंभव भी नहीं है। साठ के दशक में 'कोहरा' जैसी कुछ एडल्ट फिल्में रिलीज हुई थीं लेकिन उन्हें आज शायद सेंसर एडल्ट सर्टिफिकेट देने की भी न जरूरत समझे। उसमें एक दृश्य था—दो अलग-अलग पलँग हैं। उनकी चप्पलें इधर से उधर हट कर जब एक पलँग के नीचे नजर आने लगती हैं तो दर्शक को यह गुदगुदा देने वाली अनुभूति हो जाती है कि निर्देशक द्वारा सहवास की ओर इशारा किया गया है। लेकिन आज 'बैंडिट क्वीन' में नायिका बिना किसी परेशानी के सेक्स एक्ट को 'ऊपर से' नियंत्रित करती नजर आती है। 'कोहरा' से 'बैंडिट क्वीन' की यह यात्रा

अभी अपने चरम पर नहीं पहुँच पाई है। लेकिन निश्चिंत रहिए वह पहुँचेगी जरूर। उसी तरह से एडल्ट चैनल भी पहुँचेगा जैसे एडल्ट पत्रिकाएँ निकलती, छपती और बिकती हैं।

असली समस्या है 'लॉक बॉक्स' (चैनल पर ताले लगाने) की। पश्चिम में किसी चैनल विशेष को जैम करने और ताले लगाने की विकसित व्यवस्थाएँ उपलब्ध हैं। आखिर भारत में भी कोकशास्त्र से लेकर मिनियेचर पोर्नोग्राफी को एडल्ट लोग छिपाकर रखते ही हैं। यह अलग बात है कि जवान होते-होते किशोर इन तालों को तोड़ने में भी सफल हो जाते हैं! एक समय में गाँवों में नाना दादा के किसी छिपे खजाने में किस्सा तोता मैना (जी हाँ, उसे भी छिपाकर रखा जाता था) की प्रति हाथ में लग जाने पर ही किशोर पाठक में एक रोमांच और सिहरन पैदा हो जाती थी। बहुतों को आज ये किस्से साधारण लगेंगे। जैसा कि अभिनेत्री करिश्मा कपूर कह ही चुकी हैं कि एम. टी.वी. के भड़कीले गानों के वीडियो की तुलना में हमारे 'सेक्सी सेक्सी' गाने भजन नजर आते हैं।

तो असली समस्या है तालों की और दिमाग में लगे जालों की। ये ताले लगाए भी जाएँगे और तोड़े भी जाएँगे। लेकिन अगर ताले टूट जाते हैं तो इसका मतलब यह नहीं है कि वे बेकार हो गए हैं। उनकी जरूरत है क्योंकि बच्चों और किशोरों की संवेदनशील मानसिकता पर एडल्ट जीवन की तमाम विकृतियाँ अपना नेगेटिव असर डालती हैं। दुख की बात यह है कि पोर्नोग्राफी पर्दे पर अपने स्वस्थ रूप में बहुत कम दिखाई जाती है और उसका विकृत रूप ही अधिक चित्रित होता है। मिसाल के लिए सेक्स के साथ हिंसा की ओवरडोज अत्यंत खतरनाक है।

आधुनिक समाज में हमें सेक्स को न तो कार्पेट के नीचे छिपाना है और न ही उसका दमन करना है। हमें उसका सामना तो करना ही पड़ेगा। पाखंड या नैतिकता के दोहरे मानदंडों से यह मुकाबला नहीं किया जा सकता। स्वस्थ संबंधों की ओर जाना हमारा लक्ष्य है और समय-समय पर साहित्य, सिनेमा, रंगमंच, टेलीविजन सभी क्षेत्रों में ऐसे असंख्य उदाहरण सामने आए हैं जो सेक्स चित्रण को भी कला में बदल देते हैं या उसे कम-से-कम स्वस्थ और मानवीय रूप प्रदान करते हैं। दुर्भाग्यवश या सौभाग्यवश हम सब कुछ भूलकर या नष्ट कर के अब पीछे—बहुत पीछे जा नहीं सकते हैं। यंत्रविधि के फायदे भी हमें मिल रहे हैं, तो नुकसानों से हम कैसे बच जाएँगे।

1995

सत्यजित राय का नया रूप

सत्यजित राय की नई फिल्म 'शाखा प्रशाखा' को उनकी पिछली फिल्म 'गणशत्रु' से भी जोड़कर देखा जा सकता है। दोनों फिल्मों में तकनीक से शुरू होकर कथानक तक की अनेक समानताएँ हैं, पर 'शाखा प्रशाखा' में निर्देशक की पकड़ कहीं अधिक मजबूत है। 'शाखा प्रशाखा' एक बेहतर, प्रासंगिक और अधिक गहरे स्तर पर उद्वेलित करने वाली फिल्म है। इसकी बनावट भी आत्मकथात्मक है। लगता है सत्यजित राय अपनी बीमारी के बाद कैमरे का कलम की तरह इस्तेमाल करते हुए पर्दे पर अपनी आत्मकथा लिखने की कोशिश कर रहे हों। 'शाखा प्रशाखा' को देखते हुए राय की कुछ चर्चित फिल्मों के पात्रों, घटनाओं और प्रसंगों की भी एक अच्छे अर्थ में याद आती है।

'गणशत्रु' में एक काल्पनिक कस्बा था–चाँदीपुर। और अब 'शाखा प्रशाखा' में काल्पनिक कस्बे का नाम है आनंदपुर। चाँदीपुर में न्यस्त स्वार्थ, एक मंदिर में बाँटे जाने वाले चरणामृत से प्रदूषण को जुड़ता हुआ देखकर बदहवास हो जाते हैं। उस फिल्म में राय ने आज के समाज के भ्रष्टाचार, धर्मांधता और प्रदूषण आदि पर तीखी टिप्पणी की थी। लग रहा था कि एक फिल्मकार गुस्से में है।

यह गुस्सा 'शाखा प्रशाखा' में भी नजर आता है, पर राय ने अधिक विश्वास, आत्मीयता और कल्पनाशीलता से सत्तर साल के आनंदमोहन मजूमदार (यह भी संयोग है कि कुछ दृश्यों में आनंदमोहन के चेहरे पर राय की अपनी झलक भी नजर आती है) के मोहभंग और पीड़ा को फिल्माया है। पटकथा काफी चुस्त है और मजूमदार परिवार की चार पीढ़ियों की एक ही वक्त पर मौजूदगी ईमानदारी और गैर-ईमानदारी की जिंदगी के तनाव को एक अलग अर्थ दे देती है।

आनंदमोहन ने एक 'सफल' जिंदगी जी है। मेहनत और ईमानदारी के बल पर वह एक साधारण कर्मचारी से ओरिएंट माइका वर्क्स के महाप्रबंधक बने थे। उनकी जीवन कथा आनंदपुर में रहने वालों के लिए प्रेरणा और आदर्श का विषय है। सत्तर वर्ष के होने पर आनंदमोहन का एक विशेष समारोह में सम्मान किया जाता है। उन पर एक किताब लिखी जाती है जिसे इस समारोह में रिलीज किया जाएगा।

लेकिन आनंदमोहन को समारोह के दौरान दिल के दौरे का शिकार होना पड़ता है। कोलकाता में रह रहा आनंदमोहन का बेटा प्रवीर एक गिलास में व्हिस्की का पेग बना रहा है कि फोन की घंटी बजती है। प्रवीर की पहली प्रतिक्रिया यही है कि क्या पिताजी चल बसे?

आनंदमोहन के चार बेटे हैं। तीन (प्रबोध, प्रवीर और प्रताप) कोलकाता में सफल जिंदगी जी रहे हैं। दूसरा बेटा प्रशांत अत्यंत प्रतिभाशाली था। पिता ने पढ़ने के लिए उसे विलायत भेजा, पर एक मोटर-दुर्घटना के बाद वह विक्षिप्त हो गया। अब वह पिता के साथ ही रहता है। लेकिन आनंदमोहन अपने जीवन, उसकी उपलब्धियों और बेटों के सुखी जीवन से संतुष्ट हैं।

दिल के दौरे के बाद तीनों बेटे कोलकाता से आनंदपुर आते हैं। सबसे बड़े बेटे प्रबोध के साथ उसकी पत्नी उमा है। प्रवीर की पत्नी तृप्ति और पाँच साल का बेटा डिंगो है। प्रताप भाइयों के साथ ही है, पर वह अलग भी है। उसने अपनी अच्छी-खासी नौकरी से इस्तीफा इसलिए दे दिया है क्योंकि एक वरिष्ठ सहयोगी के भ्रष्ट जीवन ने उसे गहरा धक्का पहुँचाया।

घर में सब एकत्रित होते हैं। डॉक्टर व्यस्त बेटों को बताता है कि एक-दो हफ्ते तो रहना ही पड़ेगा। आनंदमोहन को ठीक होने में थोड़ा समय लगेगा। वैसे कोई मजबूरी नहीं है।

आनंदमोहन के पिता भी जीवित हैं। नब्बे की उम्र पार कर चुके हैं और एक नौकर उनकी करीब करीब बच्चे की तरह देखभाल करता है। इस अद्भुत 'बच्चे-बूढ़े' को देखकर 'पथेर पाँचाली' की अविस्मरणीय बुढ़िया पिशी की याद आना स्वाभाविक है। बल्कि सत्यजित राय ने लगता है जानबूझकर अपनी पिछली फिल्मों को एक तरह की 'ट्रिब्यूट' दी है। आनंदमोहन का परिवार जब पिकनिक मनाने जाता है, तो 'अरण्येर दिन रात्रि' के खेल की याद आती है।

धीरे-धीरे सफल बेटों की असफल जिंदगी सामने आने लगती है। वे अपने हिसाब से एक शानदार और ईमानदार जिंदगी जी रहे हैं। आनंदपुर में आकर शुरू में तो प्रबोध को कोई बड़ी समस्या नहीं नजर आती है। अगले दिन ही 'स्टेट्समैन' का प्रतिनिधि आकर सफल पिता की कहानी सुनकर रिपोर्ट लिखने के लिए विदा लेता है।

प्रबोध आश्वस्त है। प्रवीर उदासीन है और प्रताप एक गहरे सदमे के दौर से गुजर रहा है। तृप्ति उसकी समस्या को समझने की कोशिश करती है। लेकिन प्रवीर को उन दोनों के संबंधों को लेकर शुरू से ही संदेह रहा है। विक्षिप्त प्रशांत जैसे सब कुछ जानता-समझता है, पर वह अपनी बात नहीं कह सकता है। खाने की मेज पर काले धन को लेकर जब प्रवीर गुस्से और 'स्मार्टनेस' में प्रबोध की ईमानदारी के मुखौटे को सबके सामने तोड़ देता है, तो सबके सर शर्म से झुक

जाते हैं। लेकिन प्रशांत को गुस्से का जैसे दौरा पड़ जाता है। वह अपना हाथ बहुत जोर-जोर से मेज़ पर मारना शुरू कर देता है। प्रबोध को महसूस होता है कि इसे पागलखाने भेजने की जरूरत है। यह भी भला कोई जिंदगी है।

'पागल' प्रशांत दिल के दौरे के बाद पिता के सामने नहीं जा रहा है। अपने कमरे के एकांत में वह बाख (पश्चिमी शास्त्रीय संगीत उसे खूब पसंद है—सत्यजित राय को भी) वगैरह सुनता है। फिल्म के अंतिम प्रसंग में तीनों भाई वापस कोलकाता जा रहे हैं। पिता पहले से बेहतर हैं। लेकिन पाँच साल का बच्चा डिंगो अपने भोलेपन में बाबा को पिता और ताऊ वगैरह के काले धन की खबर दे देता है। वह गर्व से बता रहा है कि इस छोटी उम्र में मैं बहुत कुछ जान गया हूँ। मैं एक नंबर का पैसा जानता हूँ। मैं दो नंबर का पैसा भी जानता हूँ।

आनंदमोहन के लिए यह सदमा ज्यादा गहरा है। बेटों की विदाई के बाद वह लगभग कराह रहे हैं। विक्षिप्त प्रशांत पहली बार कमरे में आता है। आनंदमोहन को एक सहारा मिलता है कि मेरा एक बेटा कम-से-कम भ्रष्ट नहीं है। प्रशांत की भूमिका सौमित्र चटर्जी ने निभाई है। यह सौमित्र के अभिनय की अद्भुत ताकत ही है कि वे किसी भी बेटे की भूमिका को उतनी ही सहजता से निभा सकते थे। प्रशांत की उपस्थिति को उन्होंने एक जटिल अर्थ और संदर्भ दे दिया है।

जाहिर है कि फिल्म सिर्फ सवाल उठाती है। उसे निराशावादी भी नहीं कहा जा सकता। 'गणशत्रु' की ही तरह 'शाखा प्रशाखा' में भी सब कुछ खत्म नहीं हो गया है। प्रताप (रणजीत मलिक) नौकरी छोड़कर एक थियेटर से जुड़ गया है। लेकिन राय समकालीन जिंदगी के मूल्यों पर चोट तो करते ही हैं। फिल्म की पटकथा बहुत चुस्त है।

राय आज भी सार्थक और प्रासंगिक फिल्में बना रहे हैं। बल्कि उम्र ने उन्हें अधिक नाराज कलाकार बना दिया है।

1990

सत्यजित राय की आखिरी फिल्म

'आगंतुक' सत्यजित राय की आखिरी फिल्म है। अस्पताल में राय को मृत्यु से लंबा संघर्ष करना पड़ा हालाँकि यह चमत्कार ही है कि ऑस्कर समारोह से करीब दो हफ्ता पहले राय ऑस्कर की सुपरिचित ट्रॉफी हाथ में लेकर अपना वक्तव्य दे सके। राय यदि गंभीर रूप से बीमार न पड़े होते, तो वे राष्ट्रीय फिल्म विकास निगम के लिए 35 लाख के बजट वाली अपनी अगली फिल्म (द ब्रोकेन जर्नी) की शूटिंग पूरी कर चुके होते। इस फिल्म की पटकथा को राय अंतिम रूप दे चुके थे। फिल्म के केंद्र में डॉ. निहार सेनगुप्त नाम का एक अधेड़ डॉक्टर था जो अचानक जमशेदपुर पहुँचकर अपने को एक नए आदमी के रूप में देखने लग पड़ता है।

राय की यह यात्रा अधूरी ही रह गई। सिनेमा के इतिहास में 'आगंतुक' को राय की आखिरी फिल्म के रूप में जाना जाएगा। अडूर गोपालकृष्णन ने इस फिल्म के महत्त्व को पहचानकर इसे सर्वश्रेष्ठ फिल्म और सर्वश्रेष्ठ निर्देशन का पुरस्कार एक साथ दिया। बहुत से फिल्म समीक्षकों ने इसे 'सहानुभूति पुरस्कार' के रूप में देखा या राय से जुड़े सम्मानों की लहर का इसे एक हिस्सा बना दिया पर सच्चाई यह है कि अडूर ने 'आगंतुक' में एक महान फिल्मकार का गुस्सा, बड़बड़ाहट, बेचैनी और मानवता में उसकी अद्‌भुत श्रद्धा को देखा। सिनेमा की भाषा के बारे में अनेक रूढ़ियाँ हैं। लेकिन सिने भाषा के विशेषज्ञ (जिनमें अडूर गोपालकृष्णन निश्चय ही एक हैं) यह पहचान सके कि 'गणशत्रु', 'शाखा प्रशाखा' और 'आगंतुक' में नाटक सरीखा बंद जगहों का तनाव है—संवादों का 'बोझ' है पर फिल्मकार ने अपनी सीमा (बीमारी के कारण आउटडोर शूटिंग ज्यादा न कर पाने की मजबूरी) को एक विशेषता में बदल दिया। एक बंद कमरे में भी एक पूरी फिल्म को तथाकथित 'चाक्षुष भाषा' की सभी शर्तें पूरी करते हुए फिल्माया जा सकता है।

'आगंतुक' में चार-पाँच जगहों पर कैमरा बाहर की दुनिया में जाता है। अधिकांश 'एक्शन' सुधींद्र (दीपंकर डे) के कला संपन्न घर में ही रहता है। मनमोहन (उत्पल

दत्त) एक बार बाहर पार्क में 11 साल के सात्यकी और दोस्तों को दुनिया भर की कहानियाँ सुनाते हैं। एक बार सुधींद्र अपनी पत्नी अनिला (ममता शंकर) और सात्यकी के साथ नाराज होकर चुपचाप एक सुबह चले गए मनमोहन की खोज के लिए निकलता है। एक संथाल गाँव में मनमोहन मस्त बैठे हैं। उन्होंने एक नृत्य आयोजित करवाया है। नृत्य में उनकी भानजी अनिला भी अंत में झिझकते हुए शामिल हो जाती है। बाद में मनमोहन हँसते हुए यह टिप्पणी करते हैं कि अब साबित हुआ कि तुम मेरी भानजी हो। नहीं तो मैं तुम्हारे बारे में शक कर रहा था कि तुम मेरी असली भानजी हो या नहीं। दरअसल सुधींद्र को मनमोहन की प्रामाणिकता के बारे में संदेह था। क्या यह आगंतुक सचमुच अनिला का मामा है? पैंतीस साल पहले इस व्यक्ति ने घर छोड़ दिया था। अब यह अचानक क्यों लौट आया है? कहीं यह कोई धोखा तो नहीं देगा? घर में तमाम मूल्यवान दुर्लभ कलाकृतियाँ पड़ी हैं। कहीं यह मेहमान उन्हीं को न गायब कर दे। शुरू में पति के दबाव में आकर अनिला इनमें से अधिक कीमती कलाकृतियों को अलमारी में बंद कर देती है। जब उसे मामा की प्रामाणिकता नजर आने लगती है, तो वह अपने भोलेपन में उन्हें निकालकर वापस अपनी जगह पर रख देती है। चीजों को बहुत बारीक निगाह से देखने वाला मनमोहन फौरन कमरे में नई चीजों के आ जाने पर अपनी व्यंग्यात्मक टिप्पणी कर देता है।

सुधींद्र अपनी पत्नी को दफ्तर जाने से पहले सख्त हिदायत दे देता है कि आगंतुक का पासपोर्ट वगैरह अच्छी तरह से देख लेना। दफ्तर में भी वह बराबर बेचैन है इस 'परंपरागत भारतीय आतिथ्य' की दुहाई देने वाले बिन बुलाए मेहमान की असलियत को लेकर।

धीरे-धीरे सुधींद्र अपने को मनमोहन मामा की हाजिरजवाबी, योग्यता और क्षमता के सामने अयोग्य पाता है। फिर उसे लगता है कि यह कोई बहुत चतुर 'फ्रॉड' है।

सिर्फ घर के उस बच्चे के मन में कोई गहरी दुविधा नहीं है। सात्यकी का सामना ऐसे बड़े बूढ़ों से नहीं हुआ है जो दुनिया भर घूम चुके हों, जिनके पास अनगिनत किस्से हों और जिनके पास समय हो। इसलिए माँ के इस अनोखे मामा के आगमन से वह उत्साहित है।

लेकिन महानगरों के तथाकथित आधुनिक जीवन में परंपरागत आतिथ्य का अर्थ पचास-साठ रुपए रोजाना के अतिरिक्त खर्च में बदल गया है। ऊपर से निजी जीवन में व्यर्थ का हस्तक्षेप! और फिर यह मामा अगर सचमुच के मामा हैं भी, तो फक्कड़ और घुमक्कड़ लगभग आवारा मामा से क्या मिलने वाला है। आदिवासियों के बीच पड़ा रहने वाला यह व्यक्ति आधुनिक समाज के लिए एक भार है। शानदार रईस बूढ़ा रिश्तेदार होता, तो शायद आतिथ्य के लायक होता।

'आगंतुक' में सिनेमाई श्रेष्ठता उन दो प्रसंगों में है जो दरअसल ड्राइंगरूम की बातचीत हैं। परिवार का मित्र एक अभिनेता (रवि घोष) अपनी पत्नी के साथ इस आगंतुक को अजायबघर के प्राणी के रूप में देखने और जानने आता है। बाद में सुधींद्र का रोबदार बुद्धिजीवी मित्र सेनगुप्त (धृतभान चटर्जी) इस मानवशास्त्री अतिथि को 'जंगली' साबित करने के लिए अपनी सारी योग्यता और दमखम लगा देता है।

किसी भी बड़े कलाकर्मी के पास समस्याओं को सुलझाने के आसान नुस्खे नहीं होते। 'गणशत्रु' में चरणामृत के प्रदूषित होने की कड़वी सच्चाई है, 'शाखा प्रशाखा' में ईमानदारी और मेहनत के बल पर कुछ बने बूढ़े केंद्रीय पात्र का अपनी संतानों से मोहभंग है और 'आगंतुक' में सभ्यता के विकास को लेकर गहरी शंकालु दृष्टि है। शायद आज सभी आधुनिक घरों में एक मनमोहन दस्तक दे रहा है। उसका सामना करना एक बड़ी चुनौती है। उससे बचना आसान नहीं है।

1992

कैबरेघर में कैमरा

एक अनुभवी और मांसल कैबरे नर्तकी सीढ़ियों पर बैठी एक कहानी सुना रही है। यमराज के पास धरती से तीन स्त्रियाँ पहुँचीं। एक स्त्री ने कहा, मैंने सिर्फ अपने पति से प्रेम किया। यमराज ने अपने सहयोगी को आदेश दिया कि इस स्त्री को सोने से मढ़ा कमरा दिया जाए। अब दूसरी स्त्री की बारी आई। उसने कहा कि मैंने अपने पति और प्रेमी से प्रेम किया है। यमराज ने उसे चाँदी के कमरे में भिजवा दिया। कहने की जरूरत नहीं कि तीसरी स्त्री एक कैबरे नर्तकी थी और उसने न जाने कितने पुरुषों से प्रेम किया था। यमराज ने फौरन कहा, आप तो मेरे कमरे में ही रहिए।

इस किस्से के मनोविज्ञान को या इसके पीछे काम कर रही समझ को पहचानना मुश्किल नहीं है। मीरा नायर के एक घंटे के बहुचर्चित वृत्तचित्र इंडिया कैबरे में रेखा नाम की कैबरे नर्तकी इस किस्से को काफी चटखारे लेकर सुनाती है। और इसमें कोई शक नहीं कि अपनी बनावट में मूलतः सतही होते हुए भी इस वृत्तचित्र में रेखा का चरित्र अद्‌भुत है। शायद मीरा नायर रेखा को नायिका ही बना देना चाहती थी। नतीजा यह हुआ कि यह वृत्तचित्र कैबरे नर्तकियों के जीवन को ग्लैमराइज करता है और उनके जीवन के अँधेरे की उपेक्षा भी करने लग पड़ता है। पर दूसरे स्तर पर यह वृत्तचित्र एक नई तरह का और दिलचस्प प्रयास भी है। अमेरिका में रहने वाली मीरा नायर ने इस वृत्तचित्र को पश्चिमी दर्शकों को ध्यान में रखकर ही बनाया है। भारत में इस फिल्म का बाजार खोजा भी नहीं जा सकता है क्योंकि जाहिर है सेंसर इसे बुरी तरह से काट देगा। हैदराबाद में तीसरी दुनिया की स्त्री फिल्मकारों के कार्यक्रम में इंडिया कैबरे उद्‌घाटन फिल्म थी। पिछले दिनों नई दिल्ली में इसके कुछ विशेष शो हुए।

नई दिल्ली के मेक्स मुलर भवन में जब इंडिया कैबरे का विशेष शो हुआ, तो फिल्मप्रेमी कुछ इस तरह से लाइन लगाए खड़े थे जैसे वे किसी कैबरेघर में जा रहे हों। कोई आश्चर्य नहीं कि फिल्म खत्म होते ही 80 प्रतिशत दर्शक कुछ इस तरह की टिप्पणियाँ करते हुए भाग लिए—अब पूछने के लिए बचा ही क्या

है। जो वीर बहादुर बहस के लिए डटे रहे उन्हें कुछ फेमिनिस्ट लड़कियों ने बेरहमी से डाँट डपट कर चुप करा दिया। फिल्म में कुछ कैबरे नर्तकियाँ अपनी खास तरह की शैली में गाली गलौज भरी बातचीत करती हैं। एक पुरुष दर्शक इसे देखकर कुछ ज्यादा ही प्रभावित हो गए और उन्होंने फिल्म की सह निर्देशक पूर्णिमा राव से अपने वक्तव्य में गाली गलौज के इस्तेमाल की अनुमति माँगी।

पूर्णिमा राव का कहना था कि जो लोग कैबरे देखने जाते हैं, वे असामान्य या विकृत मानसिकता वाले लोग नहीं होते हैं। एक सामान्य मर्द ही कैबरे घरों में जाता है। सारे समाज में मर्द जिस तरह से हिंसक रूप में दिखाई देता है, उसी छवि का विस्तार कैबरेघर में भी दिखाई देता है।

इस फिल्म में पुरुष दर्शकों की असाधारण दिलचस्पी समझ में आने वाली है। फिल्म के तुरंत बाद उनमें अधिकांश का भाग जाना भी समझ में आता है। पर इसके लिए मीरा नायर भी दोषी हैं क्योंकि उन्होंने कैबरे नर्तकियों के करतब ज्यादा ही रस लेकर फ़िल्माए हैं। यदि वह इन प्रसंगों को थोड़ा संपादित कर देतीं और संकेत से ही अपनी बात कहतीं तो दर्शक के लिए मजे की गुंजाइश कम होती। सच्चाई तो यह है कि यदि इस फिल्म को सेंसर बिना किसी कट के पास कर दे तो महीनों इसके टिकट दर्शकों को नहीं मिलेंगे।

कैबरेघर की जिंदगी बहुत जटिल है, उसकी व्याख्या आसानी से नहीं की जा सकती। सिर्फ गरीबी या पूँजीवादी समाज ही कैबरेघरों को बढ़ावा नहीं देता। यह सही है कि ये दोनों चीजें कैबरे संस्कृति को अतिरिक्त रूप से मोहक जरूर बना देती हैं। कुछ साल पहले इन पंक्तियों का लेखक पोलैंड गया था। राजधानी वारसा में कोई नाइट लाइफ नहीं है, लेकिन क्राकोव शहर में पहुँचते ही गाइड महोदय बहुत बेचैन हो गए। उन्होंने कई बार बताया कि यहाँ की नाइट लाइफ बहुत आकर्षक है। वह इन पंक्तियों के लेखक को एक कैबरेघर ले गए, पर तब तक आधा शो खत्म हो चुका था। और गेट पर खड़ा आदमी हाफ रेट पर प्रवेश देने के लिए तैयार नहीं था। इस तरह से गाइड महोदय द्वारा 50 जलोटी (पोलिश मुद्रा) बचाने के चक्कर में यह लेखक एक दुर्लभ अनुभव से वंचित रह गया।

बहरहाल, मीरा नायर ने अपनी फिल्म में नॉस्टेल्जिया भी पैदा करने की कोशिश की है। फिल्म की शुरुआत साउंड ट्रैक पर सुहानी रात ढल चुकी गाने से होती है। फिल्म के अंत में भी यही गाना हम सुनते हैं और समुद्र के किनारे खुले आकाश में रेखा खड़ी है। उसने कैबरे घर की खास तरह की रोशनी और अँधेरे में कई साल बिता कर काफी पैसे जमा कर लिए थे। अब वह बाहर आ गई है।

इंडिया कैबरे सच्चे अर्थों में वृत्तचित्र नहीं है। यह वृत्तचित्रनुमा एक कथाफिल्म ज्यादा है। कैबरे नर्तकियाँ तो कैमरे के सामने अपनी जिंदगी के अंतरंग अनुभव भी सुना सकती हैं, लेकिन दर्शक क्यों कैमरे के सामने आना चाहेंगे। फिर भी

मीरा नायर ने कोशिश की है कि एक व्यापारी से बात की जाए और उसके घर तक पहुँचा जाए। यह व्यापारी अपनी शामें नियमित रूप से कैबरे में बिताता है, घर देर से पहुँचता है। उसकी पत्नी उर्मिला आकर्षक और घरेलू है और अपने पति का देर रात तक इंतजार करती है। उसे यह भी पता है कि मेरा पति व्यावसायिक मित्रों का मनोरंजन करने का बहाना बनाकर कैबरे देखने जाता है। पर उसने स्थिति को स्वीकार कर लिया है।

मीरा नायर के पास आनंद पटवर्धन सरीखे प्रतिबद्ध फिल्मकार की दृष्टि नहीं है। 'हमारा शहर' में आनंद पटवर्धन ने जिस ईमानदारी, प्रामाणिकता और गंभीरता से झुग्गियाँ गिराने की समस्या का विश्लेषण किया है, वह काम इंडिया कैबरे में नहीं हो सका है। यह फिल्म पुरुषों को थोड़ा नंगा जरूर करती है। पर कैबरे नर्तकियों को कपड़े पहनवाने की कोई सार्थक कोशिश भी नहीं की गई है। फिल्म का एक तर्क यह है कि समाज में यदि पुरुष हिंसक और क्रूर हैं, तो कुछ स्त्रियों को भी यह सब करने का अधिकार है।

1986

वापसी की बेचैनी

गोदार की फिल्में एक बहस की शक्ल में हमारे सामने आती हैं–एक अत्यधिक उत्तेजक बहस, जो हमें वैसा तो नहीं ही रहने देती जैसा हम फिल्म देखने से पहले थे। वे हमें उदास नहीं करतीं, वे हमें यह भी नहीं कहतीं कि तुम हमें स्वीकार करो, या फिर यह भी नहीं कि मजा लो और घर जाओ। वे शायद हमें कहती हैं कि फिल्म देखना छोड़ो। 'सैनिक' इसीलिए हमारी फिल्म देखने की आदत पर चोट करती है कि हम अँधेरे से बाहर निकलें और हम परेशान हैं कि हमारी मानसिकता में ही नहीं, हमारे अंदर सचमुच कोई रासायनिक परिवर्तन भी हो रहा है। ऊपर से देखने पर 'सैनिक' युद्ध की नृशंसता के बारे में है–ऐसा तो है ही–पर गोदार की यह फिल्म युद्ध को लेकर रोती कहीं नहीं। वह पहले युद्ध को एक वास्तविकता के रूप में स्वीकार करती है–वृत्तचित्र वाली वास्तविकता–फिर उसमें चार पात्रों और दो सैनिकों के परस्पर संबंध की वास्तविकता जो अधिक रहस्यमय है और भयावह भी, उसे हमारे तक लाती है। ये चार पात्र एक उजाड़ में रह रहे हैं (फिल्म शुरू होती है एक भागती कार से जो गुफाओं में से होती हुई एक उजाड़ तक हमें ले जाती है बल्कि हमें छोड़ जाती है)। वह कार हमें उस उजाड़ में छोड़ जाती है, यह गोदार का ही फिल्म दिमाग है (फिल्मी तो नहीं ही)। अब वहाँ एक जीप आएगी। कोई राजा है, कोई सैनिक है, कोई देश है और कोई लड़ाई है। लेकिन दर्शक को 'कोई' नहीं समझा गया है। उसे तो सोच समझकर वहाँ उस उजाड़ में लाया गया है। दर्शक उस कार की वापसी की प्रतीक्षा करेगा, जो उसे वहाँ छोड़ गई थी।

दर्शक (अब आप ध्यान दें कि 'हम' नहीं रहे) को युद्ध और हिंसा का कोई नंगा रूप तो नहीं ही देखना है, हॉलीवुड की फिल्म उसके दिमाग को इस तरह से भ्रष्ट कर ही चुकी है। पर गोदार की इस फिल्म में युद्ध-स्मृतियों में कहीं नहीं है, यह खास ध्यान देने की बात है। उन चार पात्रों की स्मृति में कोई युद्ध नहीं था। युद्ध को लेकर एक फिल्म आलें रेने ने भी बनाई थी, जहाँ युद्ध और स्मृति के पेचीदे संबंध की जाँच थी (हिरोशिमा मोनामूर), पर गोदार की यह फिल्म युद्ध

स्मृतियों से मुक्त है। इसमें जो स्मृतियाँ हैं वे फिल्म और साहित्य और समाज और संस्कृति के बारे में हैं।

खासतौर पर गोदार की फिल्म दुनिया में फिल्म की स्मृति तो बहुत ही महत्त्वपूर्ण है, तभी तो वह कह पाएगी कि फिल्म देखना छोड़ो।

फिल्म देखना छोड़ने का मतलब है कि युद्ध के बारे में फिल्म अगर सिर्फ युद्ध के बारे में है, तो वह हॉलीवुड की किसी युद्ध फिल्म से नहीं बच सकती। गोदार की इस फिल्म को ले कर बाद में चिंता यही रहती है कि इस उजाड़ से हम वापस कैसे जाएँगे। हॉलीवुड की फिल्में तो हमें वापस ले जाती हैं उस जगह पर जहाँ कोई जरनैल अपने तमगों से सजा हमें चिढ़ा रहा होता है कि युद्ध तो हमारे समय की वास्तविकता है।

ऊपर की बातों को साफ करने के लिए हम यह याद करें कि 'सैनिक' के दो केंद्रीय पात्र अपनी माँ और बहन को उजाड़ में छोड़कर राजा के सैनिकों द्वारा युद्ध के फायदे बताए जाने पर युद्ध में शामिल होते हैं। उन्हें अपने घर बहुत-सी चीजें लानी हैं, सारी दुनिया—पिरामिड, अंगकोर वाट के मंदिर, वाराणसी के घाट और तरह-तरह की लड़कियाँ। वे दोनों जब युद्ध से घर वापस आते हैं तो उन के पास तस्वीरों वाले ढेरों पोस्टकार्ड हैं। ये चीजें, इस तरह से उनके पास आती हैं—जगह का नाम और एक पोस्टकार्ड। प्रमथ्यु पर हमला करने वाली चीलों की तरह से सब थक जाते हैं। जगह के नाम लेने के साथ कोई जगह वहाँ नहीं आ पाती। युद्ध कराने वालों के पास यही जादुई शक्ति होती, तो फिर क्या बात थी।

1975

ला दोल्चे वीता

इटली के प्रसिद्ध फिल्मकार फेदेरीको फेलीनी की फिल्मों के बारे में दुनिया भर के समीक्षक पिछले 20 वर्षों में न जाने कितनी तरह से और कितनी बार लिख चुके हैं। फेलीनी की फिल्म कला, हर अच्छे फिल्मकार की तरह, दर्शक से एक दूसरी तरह की प्रतिक्रिया और धैर्य की माँग करती है। 'ला दोल्चे वीता' (आकर्षक जिंदगी) आज से 16-17 वर्ष पहले बनी थी और आज भी लगभग 3 घंटे लंबी यह फिल्म फेलीनी की महत्त्वपूर्ण फिल्मों में गिनी जाती है। इस फिल्म की दुनिया आधुनिक रोम है जहाँ की 'आकर्षक' जिंदगी फिल्म के अंत तक आते-आते हमें उस तरह से आकर्षक नहीं लगती। 'ला दोल्चे वीता' की सब से सीधी और सरल व्याख्या इस तरह से हो सकती है कि उसमें फेलीनी ने आधुनिक इटली के धनी और भ्रष्ट समाज के नवफाशी रूपों की जाँच की है। लेकिन यह भी सही है कि फेलीनी की कल्पनाशक्ति के काम करने का ढंग कुछ ऐसा है कि उसकी किसी सरल व्याख्या की मदद से हम बहुत दूर तक नहीं पहुँच पाते।

फिल्म की शुरुआत रोम के एक उजाड़ के ऊपर से गुजर रहे एक हेलीकॉप्टर से होती है जिसकी मदद से मसीह की एक मुलम्मेदार मूर्ति वेटीकान ले जाई जा रही है। इस हेलीकॉप्टर का पीछा एक दूसरा हेलीकॉप्टर कर रहा है जिसमें 'ला दोल्चे वीता' का नायक पत्रकार मारचेल्लो रूबीनी (मारचेल्लो मास्त्रोयानी) अपने अखबार के लिए ही काम करने वाले एक साथी फोटोकार पापाराज्जो के साथ बैठा है। ये हेलीकॉप्टर धीरे-धीरे आधुनिक रोम की इमारतों के ऊपर आ जाते हैं और एक इमारत की छत पर हम चार स्त्रियों को अपनी बिकनी पोशाक में धूपस्नान करते हुए देखते हैं। एक लड़की कहती है, देखो, वह हेलीकॉप्टर मसीह को लिए जा रहा है। पर वह जा कहाँ रहा है? देखो, देखो, वह नीचे आ रहा है। मारचेल्लो का हेलीकॉप्टर धूपस्नान का आनंद ले रही स्त्रियों के ऊपर मँडराता है और एक स्त्री मसीह की मूर्ति के बारे में काफी कोशिश कर के कुछ जानना चाहती है। मारचेल्लो इशारों से बताता है कि वह कुछ सुन नहीं पा रहा है।

फिल्म के अंतिम प्रसंग में समुद्र तट पर मारचेल्लो अपने सफेद सूट में खड़ा

हुआ है। थका हुआ और दुखी। समुद्र तट पर कुछ बच्चे खेल रहे हैं। थोड़ी दूर किनारे पर मारचेल्लो को पाओला नाम की लड़की नजर आती है। पाओला एक दुबली पतली निष्कपट किस्म की लड़की है जो मारचेल्लो को एक बार समुद्र तट के एक रेस्तराँ में मिली थी जहाँ वह काम करती है। पाओला मारचेल्लो को देखकर चिल्लाती है। सुनिए, जरा सुनिए। हवा की बहुत तेज आवाज़ मारचेल्लो को कुछ सुनने नहीं देती। वह सिर्फ पाओला को कुछ कहने की कोशिश करते हुए देख पाता है। मारचेल्लो पूछता है, तुम मुझसे कुछ कह रही हो। मुझे कुछ समझ में नहीं आ रहा है। मैं सुन नहीं पा रहा। मारचेल्लो पाओला के संदेश को अंत तक सुन नहीं पाता। फिल्म का अंतिम दृश्य पाओला का एक मुस्कुराता हुआ क्लोजअप है।

पहले और अंतिम प्रसंग की समानता स्पष्ट है। शुरू में 3-4 मोहिनी किस्म की स्त्रियाँ मारचेल्लो से कुछ पूछ रही हैं और मारचेल्लो कुछ सुन नहीं पा रहा। अंत में एक सुंदर और निष्कपट लड़की, जो फरिश्ते की तरह है, मारचेल्लो को बुला रही है और मारचेल्लो उसके संदेश को सुनने में असमर्थ है। शुरू में हेलीकॉप्टर की गड़गड़ाहट बाधक बनी हुई थी और अंत में समुद्र तट की हवा और लहरों का भयानक शोर उसे कुछ सुनने नहीं दे रहा। मारचेल्लो की मुश्किल शायद कुछ इस तरह की है कि उसे ऐसा तो बराबर महसूस होता है कि उसे कुछ ऐसा दिख रहा है जो उस तक कुछ पहुँचाना चाहता है, पर कुछ पहुँच नहीं पा रहा। शायद खुद मारचेल्लो में भी हिम्मत नहीं रह गई है। वह बहुत कोशिश भी नहीं करता कि मैं बात सुन लूँ। आधुनिक इमारत की छत पर जो स्त्रियाँ बैठी थीं, शायद मारचेल्लो को उनका संदेश 'पता' है। पर पाओला का संदेश उसे कहाँ पता है? फिल्म के मध्य में एक प्रसंग में मारचेल्लो समुद्र तट के उस खाली रेस्तराँ में आ कर अपना टाइपराइटर लिए हुए कुछ लिखने की कोशिश कर रहा है। उस खाली जगह पर आकर, जाहिर है, मारचेल्लो को कोई अखबारी रपट नहीं लिखनी। एक प्रसंग में, वह पहले बता चुका है कि इतालवी उपन्यास पर वह एक शोधकार्य करना चाहता है। रेस्तराँ में पाओला और एक छोटा-सा लड़का है। ज्यूकबॉक्स की एक धुन पर पाओला अपनी मस्ती में गुनगुना रही है और मारचेल्लो उससे झुँझलाकर कहता है कि क्या तुम अपनी भोली और सुंदर आवाज में कुछ शांत नहीं रह सकती हो। पाओला गुनगुनाना बंद कर देती है। यह छोटा-सा प्रसंग 'ला दोल्चे वीता', जो अनेक छोटे-बड़े प्रसंगों में बँटी हुई है, में एक विशेष महत्त्व रखता है। रेस्तराँ में मारचेल्लो अपनी प्रेमिका (जो उसकी पत्नी जैसी है पर पत्नी नहीं है, वह उसके साथ रह रही है) ऐमा को फोन करता है। हैलो? बिस्तर पर लेटी ऐमा के चेहरे पर चमक आ जाती है। वह पूछती है कि क्या बात है। यह प्रसंग यहीं अचानक कट जाता है। फेलीनी रोम के सजेधजे बाजार वीया वेनेतो में हमें ले जाते हैं। वीया वेनेतो में जितनी रात होती जाती है उतनी भीड़, चमक और कारें बढ़ती जाती

हैं। छोटे-छोटे नवफाशी-अखबारों के लिए काम करने वाले फोटोकार वीया वेनेतो में अपने कैमरे लिए हुए किसी ऐसी चीज की इंतजार में बैठे रहते हैं जो उन्हें कोई बहुत बड़ी खबर या चौंकाने वाली तस्वीर दे दे। इस बाजार में पहुँचकर मारचेल्लो को पता चलता है कि उसके पिता शहर में आए हुए हैं और उसकी खोज कर रहे हैं। मारचेल्लो, उसके पिता और फैनी नाम की एक रात्रि क्लब के कोरस में काम करने वाली लड़की के थोड़ी देर के साथ की मदद से फेलीनी ने फिल्म को अद्भुत विस्तार और बहुत अच्छा प्रसंग दे दिया है। मारचेल्लो के पिता अपने बेटे के साथ किटकैट नामक एक रात्रि क्लब में अपना समय बिताना चाहते हैं। उसी क्लब में मारचेल्लो और फोटोकार पापाराज्जो के साथ बैठे हुए पिता को सुंदर अर्द्धनग्न स्त्रियाँ और शराब एक चमकती दुनिया में ले जाती है। मारचेल्लो के पिता के आग्रह पर फैनी शैंपेन की बाल्टी लिए मेज की बातचीत में आकर शामिल हो जाती है। बेचारा पापाराज्जो बहुत कोशिश करता है कि शैंपेन की बोतल को वह खोल सके। पर बोतल से उसे कुश्ती लड़ता हुआ देखकर मारचेल्लो के पिता उसके हाथ से यह कहते हुए बोतल ले लेते हैं कि अपनी ताकत को कोकाकोला के लिए जमा रखो। शैंपेन खोलने का काम तुम्हारे बस का नहीं है। पापाराज्जो खिसिया कर बोतल दे देता है। स्वयं मारचेल्लो भी अपने पिता के अत्यधिक 'जवान' व्यवहार से कुछ घबराया और शरमाया हुआ है। फैनी (और हम यहाँ बता दें कि अपने चरित्र परदे पर लाने से पहले फेलीनी भयंकर मेहनत करते हैं और 'ला दाल्चे वीता' के बारे में मशहूर है कि फेलीनी ने अपने अभिनेता चुनने के लिए हजारों चेहरों को पहले जाँचा था) मेज पर बैठे मेहमानों (खासकर के मारचेल्लो के पिता को संबोधित हो कर) को मेज़ पर पड़े नैपकिन की मदद से एक कहानी सुनाती है। एक ऐसी स्त्री की कहानी जो अपने पति को तीन कमीजों, छह रूमालों और एक...फैनी बहुत शरारत के साथ पूछती है—स्त्रियों के लिए क्या कहा जाता है? थका हुआ पापाराज्जो कहता है—'अंगिया' और फैनी अपनी शरारत भरी शैली में बाजार गए उस आदमी की कहानी बताती रहती है जो एक शराबघर में घुसकर खरीदारी के बारे में सब कुछ भूल जाता है और खाली हाथ घर वापस लौट आता है। पत्नी उससे पूछती है कि तुम मेरा सामान नहीं लाए क्या? पति अपनी जेब से रूमाल निकालकर कमीजें, रूमाल और अंगिया वगैरह बनाने लगता है। किटकैट क्लब में ही फेलीनी एक बूढ़े विदूषक से भी हमें मिलाते हैं जो एक कारनेट की मदद से एक दुख भरा संगीत बजा रहा है। वह थोड़ी देर के लिए काँसे की बनी एक निरावरण स्त्री की मूर्ति के सामने खड़ा होकर अपना कारनेट बजाता है। धीरे-धीरे वह विदूषक क्लब के मुख्य हाल में अपने रास्ते के गुब्बारे हटाते हुए आगे बढ़ता है। संगीत का एक ऊँचा सुर एक गुब्बारे को फाड़ देता है। दरवाजे पर जाकर विदूषक गुब्बारों के ढेर को इशारा करके बुलाता है और गुब्बारे सचमुच उस विदूषक

के पीछे चल देते हैं। फेलीनी की फिल्म कला में विदूषक की भूमिका काफी महत्त्वपूर्ण रही है। विदूषक तो हमारे यहाँ राज कपूर की फिल्मों में भी एक अरसे से महत्त्वपूर्ण रहा है। लेकिन फेलीनी का विदूषक दर्शकों में शायद किसी सस्ते किस्म के दर्द को जगाने के लिए नहीं है। उसकी उपस्थिति 'ला दोल्चे वीता' को एक अद्‌भुत सौंदर्य दे देती है—एक खास गरिमा।

मारचेल्लो के पिता अपने उत्साह में फैनी के साथ उसके घर जा कर स्पैगेटी खाना चाहते हैं (और फैनी से प्यार करना चाहते हैं)। इस अद्‌भुत प्रसंग का अंत इस बात से होता है कि फैनी के घर पहुँचकर मारचेल्लो के पिता बीमार हो जाते हैं। उन्होंने बहुत ज्यादा शराब पी ली है। फेलीनी की ताजा फिल्म 'अमारकोर्द' (1974) में भी इस प्रसंग के मुकाबले का एक मौलिक प्रसंग है जब नायक तीता के एक बहुत ऊँचे कद के चाचा एक मानसिक अस्पताल से कुछ समय के लिए छुट्टी पाकर तीता के परिवार के साथ पिकनिक पर जाते हैं। फेलीनी की फिल्म में शायद कुछ भी हो सकता है। पर उसमें जो कुछ भी हो रहा होता है, जो पात्र भी हमारे सामने आ रहे होते हैं लगता है जैसे वे फिल्मकार की किसी जन्म और जीवन और मृत्यु की दार्शनिक बहस में हिस्सा लेने के लिए आ जा रहे हैं। वे पात्र फेलीनी की इस बहस के गवाह नजर आते हैं। और चूँकि फेलीनी की कल्पनाशक्ति में एक ट्रैजिक विस्तार है इसलिए उनकी फिल्मों में हम मारचेल्लो के बूढ़े पिता या तीता के चाचा जैसे बहुत कुछ बताने वाले पात्रों से मिल पाते हैं।

'ला दोल्चे वीता' में सनसनीखेज खबरों और तस्वीरों की खोज में लगे पत्रकारों और फोटोकारों के अनेक प्रसंग हैं। एक प्रसंग का संबंध हॉलीवुड की एक अभिनेत्री सिलविया (ऐनिता एकबर्ग) से है जो अपनी एक फिल्म की शूटिंग के सिलसिले में रोम पहुँचती है। हवाई अड्डे पर फेलीनी भागते हुए फोटोकारों के एक दृश्य को कुछ हमारे सामने इस तरह रखते हैं कि जैसे वेस्टर्न फिल्मों में घुड़सवार (काउब्वॉयज के दस्ते) अपने अभियान में निकल पड़ते हैं। एक दूसरे प्रसंग में भी फेलीनी फोटोकारों की इस तरह की 'बेचैनी' बहुत तीखे ढंग से टिप्पणी करते हुए हमारे सामने रखते हैं। मारचेल्लो का बुद्धिजीवी लेखक मित्र स्टाइनर अपने दो बच्चों की हत्या करने के बाद आत्महत्या कर लेता है। सभी पत्रकार उत्सुक हैं कि 'अंदरूनी कहानी' और विशेष चित्रों को सिर्फ वे ही प्राप्त कर सकें। स्टाइनर की पत्नी कहीं बाहर से लौटने वाली है और उसे इस भयानक दुर्घटना की कोई जानकारी नहीं है। मारचेल्लो एक पुलिस अफसर के साथ स्टाइनर की पत्नी को बस अड्डे लेने पहुँचता है। स्टाइनर की पत्नी बस से उतरती है और फोटोकार क्लिक क्लिक की ग्लैमरपूर्ण ध्वनियों के साथ उसे घेर लेते हैं। स्टाइनर की पत्नी को कुछ पता नहीं है। उसे इस तरह के 'स्वागत' की आदत भी नहीं है। शुरू में फेलीनी यह दिखा ही चुके थे कि

हॉलीवुड की अभिनेत्री सिलविया हवाई अड्डे पर जहाज से फोटोकारों के कैमरों की चमक का सामना करते हुए बड़ी अदा से निकलती है। बल्कि उपस्थित भीड़ की इच्छा को ध्यान में रख के वह दुबारा उतरती है। लेकिन स्टाइनर की विधवा पत्नी जिसे यह भी नहीं पता है कि वह विधवा हो गई है फोटोकारों के इस भयंकर आक्रमण का शिकार है कि वे उसके इस अनजान मूड को पकड़कर अपनी सनसनीखेज कहानी के साथ छाप सकें। उसके साथ इससे बड़ी हिंसा क्या हो सकती है।

मारचेल्लो और स्टाइनर को साथ-साथ हम पहले एक गिरजाघर में देखते हैं जहाँ ऑरगन पर स्टाइनर पहले एक जैज धुन बजाते हैं और फिर पादरी की उपस्थिति को ध्यान में रखते हुए बाख की एक संगीत रचना बजाने लग पड़ते हैं। प्रसंग प्रभावशाली है। स्टाइनर के घर बुद्धिजीवियों की एक बैठक में भी हम मारचेल्लो को देखते हैं। स्टाइनर की इस सुखी जिंदगी में उसकी आत्महत्या को हम यथार्थवादी ढंग से तो नहीं ही समझ सकते हैं। स्टाइनर की आत्महत्या का कारण 'ला दोल्चे वीता' में शायद बहुत प्रासंगिक भी नहीं है। यह सही है कि स्टाइनर की जिंदगी में आत्महत्या के कई संभावित कारण हो सकते हैं। पर 'ला दोल्चे वीता' में इस प्रसंग को पूरी फिल्म की बनावट के संदर्भ में अगर देखा जाए, तो महत्त्वपूर्ण बात यह रह जाती है कि हमारी दुनिया में चीजें बहुत आसान नहीं हैं।

'ला दोल्चे वीता' में चीजें या पात्र, कुछ भी आसान नहीं है। इस बात को कुछ समीक्षकों ने बहुत गौर से देखा है कि 'ला दोल्चे वीता' में अनेक पात्र धूप के चश्मे लगाए रहते हैं। उनकी आँखों में क्या हो रहा है, यह हम नहीं जान पाते। वैसे तो समीक्षकों ने फेलीनी की फिल्मों में हर चीज को इतिहास, मिथक-शास्त्र, साहित्य तथा दर्शन से जोड़कर देखा है। (यानी सिलविया माद्दादेना या पाओला ये नाम तक कुछ और भी बताते हैं) इस तरह की व्याखाओं को जरूरी अगर न भी माना जाए, तो भी फेलीनी की हर फिल्म एक साधारण अनुभव तो नहीं ही होती है। और स्वयं फेलीनी भी इस बात को लेकर जागरूक रहे हैं कि मैं जिस आँख से अपने सिनेमा में चीजों को देखता हूँ उसमें स्वैरकल्पना की काफी बड़ी भूमिका है। पर फेलीनी का सिनेमा अति यथार्थवादी सिनेमा नहीं है। हालाँकि इस तरह के सिनेमा और साहित्य और कला के अनेक रूप उनके सिनेमा में अपने ढंग से हमें मिलते हैं।

अभी हम 'ला दोल्चे वीता' के अनेक महत्त्वपूर्ण प्रसंग नहीं गिना पाए हैं। मिसाल के लिए सिलविया का रात में मारचेल्लो को सड़क पर अचानक मिल गई एक बिल्ली के लिए दूध की खोज के लिए भेजना या उन दोनों का संत पीटर के गुंबद की बालकनी में खड़े होना, जब सिलविया एक पादरी की काली पोशाक पहने हुए है। माद्दादेना (आनुक ऐमे), जो 'कामोन्मादिनी' किस्म की धनी स्त्री है, एक पुराने रहस्यमय किले की मुलाकात में मारचेल्लो के साथ एक खास शैली में

बात कर रही है। वह कमरे से बाहर है और मारचेल्लो एक कुर्सी पर बैठा हुआ है। मारचेल्लो रह-रहकर माद्दादेना को पुकार रहा है और बाहर माद्दादेना उसकी डूबी हुई बातचीत को अनसुना करके एक दूसरे व्यक्ति की बाँहों में चली जाती है। 'ला दोल्चे वीता' में एक पूरा प्रसंग भीड़ के उन्माद का भी है। यह खबर फैल जाती है कि दो बच्चों ने संत कुँवारी मरियम को 'देखा' है। 'अमारकोर्द' में भी सारा शहर एक जहाज को देखने निकल पड़ता है।

दरअसल 'अमारकोर्द' की ही तरह 'ला दोल्चे वीता' के प्रसंगों में पूरी जिंदगी है। इसीलिए फेलीनी के सिनेमा को देखने का बड़ा मतलब यह भी है कि हम इस पूरी जिंदगी के स्वप्नों, दुःस्वप्नों, लड़ाइयों, कमजोरियों, उसके वीभत्स और साथ ही उसके मोहिनी रूपों को देख रहे हैं।

1976

तीता की दुनिया

इटली के फेदरीको फेलीनी (54 वर्ष) की ताजा फिल्म 'अमारकोर्द' (मुझे याद आ रहा है) हमें 1935 के इटली में ले जाती है। किसलिए? क्या यह बताने के लिए कि फासीवाद कितना घृणित और कितना निकम्मा और बेहूदा था? पर नहीं, सिर्फ यह साबित करने के लिए अब फिल्म बनाने की जरूरत नहीं है (नात्सियों के इसी घृणित पक्ष को दिखाने के लिए एक वक्त हॉलीवुड को जैसे पेचिश-सी हो गई थी)। फेलीनी कुछ साबित नहीं करना चाहते। यह अलग बात है कि 1935 की यादों को एक और दूसरे प्रसंग से काटते जोड़ते हुए यह साबित हो जाता है कि सिनेमा में फेलीनी की अद्‌भुत प्रतिभा का मुकाबला करना बड़ा मुश्किल है। समारोह में शामिल घटिया, सामान्य और अच्छी फिल्मों की भीड़ के बीच में 'अमारकोर्द' को देखना—फेलीनी की दो घंटे की डायरी को देखना—बड़ा सुखद अनुभव था। फेलीनी की फिल्मकार के रूप में जो सबसे बड़ी ताकत हमें दिखती है वह है उनकी स्वप्न, स्वैरकल्पना, स्मृतियों और अतिसंवेदनशील समझ को एक 'निश्चित आकार' देने की कोशिश। स्वप्न और स्वैरकल्पना का स्मृतियों के भंडार की तरह इस्तेमाल साहित्य और कला में काफी हुआ है—फिल्म में कम हुआ है शायद इसलिए कि उसमें अभी भी 'कहानी' कहीं न कहीं यथार्थवाद बनाम अतियथार्थवाद जैसी किसी बहस में ले जाती है। फेलीनी यही नहीं करते। वह जैसे स्वप्न और स्वैरकल्पना को गणितीय बनावट में कस देते हैं—अक्सर किसी प्रसंग में घटना बहुत धीमी गति से शुरू होती है पर उसकी बनावट की फंतासी दिशा होने के चिह्न बराबर मौजूद रहते हैं। घटना कहीं अचानक तेज़ नहीं होती। पर अचानक जब प्रसंग कहीं 'कट' जाता है, तो दूसरे प्रसंग में 'घुसने' से पहले हम पिछले प्रसंग के प्रभाव की समग्रता के जादुई असर को 'समझ' चुके होते हैं—यानी हम उस जादुई असर में खो नहीं जाते।

'अमारकोर्द' का एक जबर्दस्त प्रसंग ध्यान में रखकर ऊपर की बात समझी जा सकती है। फिल्म का किशोर उम्र का केंद्रीय पात्र तीता (सारे प्रसंगों को तीता की यादों की मदद से जोड़ा गया है) अपने परिवार के साथ शहर से बाहर पिकनिक

में जाता है। सारी तैयारी बहुत धीमी है। एक बहुत लंबे 'अंकल' हमें दीखते हैं। दुबले-पतले पर बहुत लंबे–एक खास तरह का लंबा चेहरा (फेलीनी की चेहरे खोजने की ताकत अद्भुत है)। उस देहाती सैरे में अंकल (जिससे हम परिचित नहीं हैं) और तीता का परिवार (जिससे हम परिचित हैं) एक खास तरह से जुड़ता है। बातचीत करते बड़े; उनकी बातचीत को सहमी सी सुनतीं घर की औरतें; चारों तरफ देखते बच्चे और इन सबमें जियाकोमेत्ती के किसी (ऊपर की ओर उठे) मूर्तिशिल्प की याद दिलाने वाला अंकल। सब लोग एक जगह पर रुकते हैं। फिर हमें पता चलता है कि अंकल एक पेड़ पर चढ़ गए हैं। पेड़ पर ऊपर जा कर बैठ गए हैं। अब वह नीचे नहीं उतरेंगे। क्यों नहीं उतरेंगे? उन्हें एक औरत चाहिए। "मुझे एक औरत की जरूरत है।" अंकल अपने सारे जोर के साथ चिल्लाते हैं कि मुझे एक औरत चाहिए। आखिर में एंबुलेंस और नर्स और डॉक्टर बुलाए जाते हैं। वे लोग अंकल को ले जाएँगे। अंकल पूरी फिल्म में कहीं वापस नहीं आते। फेलीनी अपनी फिल्म में कल्पनाशक्ति को जिस तरह से बुनते हैं, उसके अनुसार अंकल के वापस आने का कोई तर्क भी नहीं है।

एक दूसरा प्रसंग याद आता है। सुबह की धुंध का प्रसंग। ऊपर से देखने पर यह एक बड़ा साधारण प्रसंग है। तीता का छोटा भाई बस्ता लेकर स्कूल जा रहा है। रास्ते में एक बैल उसका रास्ता रोक रहा है। तीता के बाबा इस धुंध में अपने घर के फाटक से बाहर निकलते हैं। फाटक के सामने ही वह भटक जाते हैं। "मेरा घर कहाँ है?" वह परेशान हैं। यह सुबह है, या मृत्यु का कोई साक्षात्कार। इस साधारण प्रसंग का बड़ा रहस्यमय प्रभाव है।

'अमारकोर्द' के शुरू में स्कूल के बड़े चुटीले प्रसंग हैं। वे हँसाने के लिए नहीं हैं हालाँकि उनकी शुरुआत कुछ इसी तरह से होती है। फेलीनी हँसी को उसकी तार्किक परिणति तक ले जाते हैं। लड़के से अध्यापिका ने सवाल पूछा और वह जबाव नहीं दे पा रहा है और उसके साथी एक खास 'ट्रिक' से कुछ ऐसा भ्रम पैदा करते हैं कि सवाल के जवाब में लड़के ने खड़े-खड़े पेशाब कर दिया है, या किसी लड़के ने अपनी सीट पर बैठे-बैठे पाद दिया है और दूसरा लड़का उसकी शिकायत कर रहा है, या कुछ लड़के एक कार में बैठकर अपनी-अपनी फंतासी में हस्तमैथुन की 'प्रतियोगिता' कर रहे हैं। इन सभी प्रसंगों में सिर्फ हँसी नहीं आती। 'इरॉटिक' (शृंगारिक) वातावरण बनाने में फेलीनी बहुत दक्ष हैं। भारी स्तनों और नितंबों वाली स्त्रियाँ चुनने के लिए फेलीनी प्रसिद्ध हैं। पर फेलीनी अपनी दृष्टि को तब साफ करते हैं जब तीता एक दिन उस मोटी दुकानदार औरत के पास अकेले पहुँच जाता है–इस जिज्ञासा के साथ कि इस औरत के स्तन कितने भारी हैं? तीता और उस भारी औरत का प्रसंग सिर्फ यहाँ तक नहीं है कि तीता ने उसे उठा लिया और इरॉटिक आनंद प्राप्त कर लिया। प्रसंग में यह भी है कि

वजनी औरत को उठाने के बाद तीता बीमार है और माँ उससे बातचीत कर रही है। फेलीनी चूँकि प्रसंगों को 'पूरी तरह' से देखते हैं इसलिए यह प्रसंग इस तरह का विस्तार पा सका है। तीता जैसे आसानी से स्त्री के रहस्य को नहीं समझ पाएगा।

'अमारकोर्द' की बहुत-सी चीजें याद की जा सकती हैं। उन पर लिखा जा सकता है। फासिस्टों की परेड, तीता के पिता का समाजवादी व्यक्तित्व, खाने की मेज पर परिवार के प्रेम और झगड़े, एक बड़े जहाज को देखने की खुशी में जाते हुए लोग, तीता की माँ का निधन और अंत में समुद्र किनारे एक विवाह और मोटर दौड़ का एक प्रसंग।

फेलीनी का सिनेमा एक विराट 'इरॉटिक' आनंद का सिनेमा है। लेकिन जो दर्शक आज की फिल्म से कुछ अधिक चाहते हैं, वे 'अमारकोर्द' से निराश नहीं होंगे। हालाँकि अधिक चाहने वालों की माँग पर फेलीनी ने यह फिल्म नहीं बनाई है। 'अमारकोर्द' हमें यह भी बताती है कि दबाव और चिंता के वातावरण में भी जिंदगी जी जा सकती है। एक कलाकर्मी के लिए आज यह बात बतानी कितनी मुश्किल हो गई है।

1975

रेड साम

हंगरी के नामी फिल्मकार मिकलोश यांचो की फिल्म 'रक्त गान' (अंग्रेजी में 'रेड साम' के नाम से विज्ञापित) उन फिल्मों में से है जिन पर कुछ लिखना नहीं, बल्कि जिन्हें देखना जरूरी है। वैसे तो हर अच्छी फिल्म को देखना जरूरी है। पर कुछ फिल्में अपनी शर्त प्रेक्षक के सामने ऐसे रखती हैं कि वह सिर्फ यह कह सके कि बस, बहुत अच्छी फिल्म। हम यहाँ यह सूचना शुरू में ही शामिल कर लें कि 'रक्त गान' को 1972 के कान महोत्सव में सर्वोत्कृष्ट निर्देशन का पुरस्कार मिला था। यांचो की कुछ फिल्मों को भारत में गंभीर दिलचस्पी रखने वाले प्रेक्षक भी याद करते हैं।

'द होपलेस वंस' (अभागे लोग) के चाबुक और घोड़े और भयावह शांति में चुपचाप हिलते-डुलते लोग और सैनिक और जेलों में रखे गए कैदी सब याद आते हैं—'रक्त गान' में ये सभी चीजें हैं पर दो महत्त्वपूर्ण फर्क हैं जो इस फिल्म को 'द होपलेस वंस' से आगे ही बढ़ाते हैं। एक तो यह कि 'रक्त गान' रंगीन फिल्म है और दूसरी बात यह कि इसमें कोई कहानी नहीं है। यह हम न भूलें कि 'द होपलेस वंस' में घटना-जिज्ञासा बहुत महत्त्वपूर्ण थी और उसकी बेचैनी अंत में एक चौंका देने वाला (और दुखद) आयाम दे देती है। 'द होपलेस वंस' का अंतिम दृश्यक्रम हमें फिल्म में वापस ले जाता है जबकि 'रक्त गान' में नृत्य, संगीत और रंगों ने मिलकर एक ऐसी स्थिति बना दी है जहाँ कुछ ऐसा महसूस होने लगता है कि मार्क्सवाद की किसी गंभीर किताब में 'बुक मार्क' की तरह फिल्मकार कभी लाल रिबन और कभी खूबसूरत तितली का इस्तेमाल कर रहा है।

'रक्त गान' का ढाँचा शुरू में ही निर्धारित हो जाता है—हरे भरे रसीले रंग, पागल कर देने वाला (वायलिन और गिटार का) संगीत, एक बड़े मैदान में एक-दूसरे के कंधों पर हाथ रखे हुए मर्द-औरतें, घुड़सवार सैनिक और चाबुक की आवाज का एक खास तरह का इस्तेमाल। तीन नंगी-अधनंगी औरतें। ('द होपलेस वंस' का वह प्रसंग याद आता है जिसमें वहशी सैनिकों का दस्ता औरत को नंगा करके चारों तरफ से उस पर चाबुक बरसाता है जब तक कि वह गिर नहीं जाती) यांचो

ऊपर से तो सिर्फ उन्नीसवीं शताब्दी के एक किसान विद्रोह, उसके दमन और उसकी कहानी को 88 मिनट के एक बैले में बदलते हैं, पर इस फिल्म में सिर्फ यह नहीं है।

यांचो ने जैसे यह साबित कर देना चाहा है कि सिर्फ एक विचार और एक मैदान और कुछ लोगों को लेकर अपनी निर्देशन कला का लगभग जादुई नमूना रखा जा सकता है। इस सीमित वातावरण में यांचो बहुत कुछ देख लेना चाहते थे। नीले, लाल रंगों में लिपटे चेहरों, घोड़ों, चाबुक, घेरे और एक गंभीर बहस के वाक्यों की दुनिया में से होता हुआ कैमरा जब एक मेज पर रखी सब्जियों और फलों पर से धीरे-धीरे गुजरता है तो हमें वह अर्थ मिलता है जिससे जिंदगी को बेहतर बनाने का हमारा काम और उसके प्रति हमारा लगाव गहरा हो जाता है।

'रक्त गान' की ताकत इस सच्चाई में है कि वह जहाँ एक तरफ संगीत, शालीन चेष्टाओं और रसीले रंगों से हममें प्रेम और स्वच्छता भरती है, वहीं हम यह भी देखते हैं कि कोई तेज औजार बाँह को बुरी तरह से चीरकर उसमें से रक्त भी बहा रहा है। 'रक्त गान' का मूल स्वर निराशावादी न हो कर अत्यंत संतुलित और तगड़ा है। पूर्व यूरोप के उस सिनेमा और साहित्य को इससे सबक मिल सकता है जो कुछ कह देने और दर्शक या पाठक पर बहुत कुछ लाद देने की जल्दबाजी करता है।

1975

द टच

अपनी इतालवी फिल्मों की प्रतिष्ठा की मदद से अंतोनीओनी ने अंग्रेजी में जब करीब दस वर्ष पहले 'ब्लो अप' बनाई थी, तो उसे काफी सराहा गया था। 'ब्लो अप' में जिस स्वतंत्रता से अंतोनीओनी ने समकालीन ब्रितानी दुनिया पर तीखी टिप्पणी की थी उस क्रम को आगे बढ़ाते हुए जब उन्होंने अंग्रेजी में ही बनी अपनी अगली फिल्म 'जबरस्की प्वाइंट' में समकालीन अमेरिकी समाज को कैनवास पर रखा, तो अधिकांश अमेरिकी आलोचक अंतोनीओनी की दृष्टि से कुछ इस प्रकार बौखलाए थे—"अंतोनीओनी को हमारे समाज के प्रति इतनी जबरदस्त नफरत दिखाने का कोई अधिकार नहीं है।" बहरहाल अमेरिकी 'मूवी मुगल' अपने पैसे के बल पर दूसरी भाषाओं के महान फिल्मकारों को अपनी कंपनी के झंडे तले फिल्म बनाने की कोशिश हमेशा करते रहे हैं। सत्यजित राय ने हॉलीवुड की मदद से कोई फिल्म बनाई नहीं, पर ऐसे निमंत्रण उन्हें मिलते रहे हैं (और वह भी स्व. डेविड सैलजनिक जैसे खतरनाक 'मूवी मुगल' के द्वारा)। स्वीडन के चोटी के फिल्मकार इंगमार बर्गमैन (जो अपने देश में आयकर अधिकारियों द्वारा सताए जाने से निराश होकर अब स्वीडन छोड़ चुके हैं) ने 1971 में जब अंग्रेजी में एक फिल्म 'द टच' बनाई, तो उन्होंने अपना परिवेश स्वीडन ही रखा। फिल्मकर्मियों का उनका दल भी वही चिरपरिचित रहा। सिर्फ उन्होंने हॉलीवुड के एक अभिनेता एलियट गाउल्ड को एक प्रमुख भूमिका में रख लिया (एलियट गाउल्ड रॉबर्ट एल्टमैन की बहुचर्चित फिल्म 'मैश' में अभिनय कर चुके हैं)।

बर्गमैन की अधिकांश दूसरी फिल्मों की तरह 'द टच' भी एक 'अल्पभाषी' और 'मर्यादित' फिल्म है। सतह से देखने पर उसमें एक चिरपरिचित त्रिकोण नजर आता है जिसे मानों बर्गमैन ने अपनी फिल्मकार की दक्षता से उष्ण बना दिया है। 'द टच' की नायिका कारिन (बीवी एंडरसन) अपने चिकित्सक पति (मैक्स वॉन साइडो) के साथ लगभग पंद्रह वर्ष का सुखी विवाहित जीवन बिता चुकी है—उसके दो बच्चे हैं; घर में इतनी चीजें हैं कि 'इतवार सफाई के लिए सुरक्षित रहता है' यानी वह सब कुछ जो यह बताए कि इस घर की सुख शांति को तोड़ना बड़ा

मुश्किल काम है। पर एक पंद्रह वर्ष के सुखी और सफल और सामान्य से दिखने वाले विवाहित जीवन में भी अभी एक ऐसा स्पर्श बाकी है जो चीजों की पहचान बदल दे। यह स्पर्श एक विदेशी पुराविद् (एलियट गाउल्ड) का है जिसका अपना खास पेशा और उसका यहूदी होना फिल्म में बहुत महत्त्वपूर्ण है। 'द टच' की शुरुआत अस्पताल में कारिन की माँ की मौत से होती है। शांत पड़े शव के हाथ, चेहरा, उँगली में विवाह की अँगूठी—शुरू में चुपचाप यह सब देख रही कारिन नर्स से माँ की अँगूठी पाकर एक अँधेरे कोने में खुल कर के रोती है। अचानक पुराविद् वहाँ आकर रोशनी का बटन दबाता है और कारिन के यह कहने पर कि 'मुझे एकांत चाहिए' वापस अँधेरा कर देता है। इसके बाद फिल्म की नामावली शुरू होती है।

यहाँ हम 'द टच' की जाँच इस कोण से नहीं कर रहे हैं पर यह जानकारी पाठकों के लिए जरूरी हो सकती है कि 'द टच' में बर्गमैन की प्रमुख समस्या ईसाई तथा यहूदी धर्म के टकराव और उसके इतिहास की है। त्रिकोण की इस कहानी के मूल में यही है, पर फिल्म को एक दूसरे स्तर पर भी देखा जा सकता है। यहूदी पुराविद् आत्महत्या का प्रयत्न कर चुका है (इसी से वह कारिन के डॉक्टर पति के संपर्क में आता है)। वह कारिन से पहली ही मुलाकात में प्रेम करने लगता है और बहुत जल्दी ही वह अपना प्रेम जाहिर भी कर देता है (शुरू के एक प्रसंग में डॉक्टर अपनें पारिवारिक फोटो प्रोजेक्टर पर अपने विदेशी मेहमान को दिखलाता है—कारिन भी मौजूद है। शराब के नशे में पुराविद् डॉक्टर से फरमाइश करता है कि 'मैं तुम्हारी पत्नी का नग्नचित्र देखना चाहता हूँ। क्या तुम्हारे पास ऐसा कोई चित्र है?' डॉक्टर एक समझदार मुस्कान के साथ बात को टाल देता है)। पुराविद् एक बहुत पुराने गिरजाघर की खुदाई के काम में लगा हुआ है। इस खुदाई में लकड़ी की बनी कुँवारी मरिया का एक मूर्तिशिल्प सामने आता है। जाँच के बाद यह भी पता चलता है कि इस मूर्तिशिल्प को अंदर से कीड़े खा रहे हैं। बरसों से वे उसे खा रहे थे पर मूर्ति के रोशनी में आ जाने से अब वे उसे जल्दी खा लेंगे।

पुराविद् के प्रेम में जैसा जोश और उसके शरीर की जो नसें हैं उन्हें ठीक-ठीक सँभालना बेचारी सीधी सादी कारिन के बस का नहीं है। पर फिर भी वह उसे सँभालती है—शायद इसलिए भी कि उसे इसकी जानकारी अब होने लगी है कि अपनी इस तथाकथित संतुलित जिंदगी जीने में भी कोई दम नहीं है। फिल्म के अंत में एक प्रसंग में कारिन अपने पति से झगड़ा कर के (जिसे उन दोनों के प्रेम की जानकारी मिल चुकी है और वह प्रस्ताव रखता है कि अगर अब कारिन सब कुछ भुला दे तो, वह फिर से जिंदगी शुरू करने को तैयार है) अपने प्रेमी से लंदन मिलने जाती है। वहाँ उसकी मुलाकात एक खाली और रहस्यमय किस्म के फ्लैट में पुराविद् की बहन से होती है। इस मुलाकात में इतना बुनियादी आतंक

है कि कारिन अपने प्रेमी से मिले बिना ही लौट जाती है। फिल्म के अंतिम प्रसंग में कारिन अपने पति और प्रेमी दोनों को ही 'सँभाल' पाने के जैसे काबिल नहीं रह गई है उसको उसकी दुनिया में छोड़ दिया जाता है।

'द टच' में एक जगह पर प्रेमी प्रेमिका के पत्रों (विदेश से लिखे जा रहे) का आदान-प्रदान एक बहुत ही सामान्य तकनीक और कल्पनाशक्ति की मदद से होता है; दोनों के मिडशॉट 'कट' होते रहते हैं और वे अपने लिखे को बोल रहे हैं। यह एक औसत बल्कि कमजोर प्रसंग है। पर 'द टच' को इस तरह से नहीं, उसे एक पुराविद् के औजारों की मदद से देखा जा सकता है। खासतौर पर बर्गमैन ने पुराविद् के बेचैन स्वभाव और उसके फ्लैट की उपस्थिति जिस रोशनी और रंग में कराई है (या फिर उसके विपरीत लंदन का खाली-सा फ्लैट जहाँ उसकी बहन रह रही है) उसे बराबर कारिन की संतुलित दिखती जिंदगी (बुर्जुआ!) के खिलाफ रखकर देखने में एक बड़े फिल्मकार का स्पर्श है।

1975

एक कलाकार की आहुति

ग्यारहवें अंतर्राष्ट्रीय फिल्म समारोह की जूरी के अध्यक्ष सुप्रसिद्ध क्यूबाई फिल्मकार उम्बेर्तो सोलास के अनुसार स्व. तारकोवस्की की आखिरी फिल्म सेक्रिफाइस (जिसे मैं हिंदी में बलिदान न कहकर आहुति कहना चाहूँगा) पिछले दस सालों की सबसे महत्त्वपूर्ण फिल्म है। इस कथन में कोई अतिशयोक्ति नहीं है। बड़ी आसानी से 'सेक्रिफाइस' को सिनेमा के इतिहास की एक दर्जन विशिष्ट फिल्मों की सूची में भी रखा जा सकता है। यह उन फिल्मों में से है जो किसी क्लासिक किताब की तरह दुनिया भर की सांस्कृतिक विरासत का एक महत्त्वपूर्ण हिस्सा है। सेक्रिफाइस का 'लिटिल मैन' यानी बच्चा, एक दूसरी तरह से तारकोवस्की की पहली कथा फिल्म 'इवान का बचपन' (1962) में भी मौजूद था। पर एक कलाकार द्वारा अपने भीतर के गहरे निराशावाद से मुक्ति पाने की यह एक सार्थक कोशिश भी है। 'सेक्रिफाइस' तक आते-आते उसकी भूमिका, उसका माहौल, उसकी नींद, उसका जागना सब कुछ बदल चुका है। ज्याँ पाल सार्त्र ने इवान को राक्षस बच्चे के रूप में देखा था। 'सेक्रिफाइस' का बच्चा सिर्फ एक प्यारा-सा बच्चा है। वह पेड़ को पानी दे रहा है, वह सो रहा है, वह जाग रहा है। तारकोवस्की नहीं चाहते कि उसकी नींद में दखल दिया जाए। और यह आकस्मिक नहीं है कि तारकोवस्की ने इस फिल्म को अपने बच्चे को समर्पित किया है। भले वह इस फिल्म को 'द मिरर' (1978) से पहले बनाना चाहते थे, पर उन्होंने अपनी आखिरी फिल्म में अपनी फिल्म कला का सारा निचोड़ एक नई तरह से एक नई समग्रता में रख दिया।

गौर करने की बात यह है कि 'सेक्रिफाइस' सिर्फ तारकोवस्की की फिल्म कला का निचोड़ या चयन ही नहीं है। मिसाल के लिए बर्गमैन की फिल्म 'फैनी एंड एलेक्जेंडर' उनकी सभी पुरानी फिल्मों का एक अच्छा और महत्त्वपूर्ण संग्रह है, जबकि 'सेक्रिफाइस' में तारकोवस्की का अतीत, वर्तमान और भविष्य है। इस फिल्म को कई बार देखकर कई तरह से समझा जा सकता है। तारकोवस्की की यह फिल्म 'अँधेरे की चीख' नहीं है यह दरअसल उजाले और आग का सामना

है। फिल्म के आखिर का जलता मकान सुंदर नजर नहीं आता–उस दस मिनट के टेक को देखने का मतलब आधुनिक कलाकार की आहुति के सारे संदर्भों का सामना करना है। आग 'मिरर' में भी थी। 'सेक्रिफाइस' में वह आहुति में बदल जाती है।

जहाँ तक तारकोवस्की के सिनेमा सेंस का सवाल है उसके अद्भुत रूप को बताने की आज कोई खास जरूरत नहीं है। सिनेमा के विद्यार्थी तारकोवस्की की फिल्म भाषा से अपरिचित नहीं हैं। सोलेरिस, मिरर, स्टाकर वगैरह ने इस भाषा को बहुत स्पष्ट कर दिया है। पचास और साठ के दशक में बौद्धिक सिनेमा का मतलब था–बर्गमैन का सिनेमा। सत्तर और अस्सी के दशक में यह जगह तारकोवस्की ने ले ली है। वह बर्गमैन से बहुत दूर भी नहीं है, पर उनसे परे अवश्य है।

'सेक्रिफाइस' स्वीडन में बनी है। उसमें केंद्रीय भूमिका एलांड जोसेफसन ने निभाई है और कैमरे का काम स्वेन निक्विस्ट का है। यानी सतही तौर पर देखें तो एक खास तरह की बर्गमैन की दुनिया को तारकोवस्की के शांत समुद्र तट पर देखा जा सकता है। पर तारकोवस्की का अपना लैंडस्केप (दिमागी भी) इतना जबरदस्त है कि वह बर्गमैन के पात्र, देश और कैमरा निर्देशक से परे चला जाता है।

जाहिर है कि अगर कोई कलाकर्मी आध्यात्मिक मूल्यों की इतनी गंभीर और सार्थक तलाश कर रहा है तो वह प्रकृति को बहुत अच्छी तरह से पहचानता होगा। इसीलिए तारकोवस्की की फिल्म में एक साधारण-सा दृश्य भी खास नजर आने लगता है। पगडंडी पर इकट्ठा पानी, दलदल या कीचड़ को भी वह एक दुर्लभ चाक्षुष अनुभव में बदल देते हैं। इस अत्यंत चाक्षुष संसार का साउंडट्रैक बिल्कुल पक्का होता है। संगीत तो पर्फेक्ट होगा ही–एक गलत आवाज भी आप नहीं सुन सकते। बुनुएल ने 'विरदियाना' में हांडेल का संगीत ही चुना था, तारकोवस्की ने 'सेक्रिफाइस' में सिर्फ बाख का संगीत चुना है। बाख के अलावा उन्हें सिर्फ जापान और स्वीडन के लोक संगीत की जरूरत पड़ी है।

तारकोवस्की के आध्यात्मिक संदर्भ संपूर्ण हैं–बाख का संगीत और नामावली के पीछे लियोनार्दो द विंची की पेंटिंग 'एडोरेशन आफ द थ्री किंग्स' की अनुकृति है। यह अनुकृति उस मकान में टँगी है। जिस तरह से लियोनार्दो के चेहरों की आध्यात्मिकता के पीछे एक-दूसरे तरह की सच्चाई है–खुद लियोनार्दो रात-रात भर जाग कर लाशों की चीर-फाड़ करते थे ताकि शरीर रचना के रहस्य को समझा जा सके–उसी तरह से तारकोवस्की के अध्यात्म को भी समझने की जरूरत है।

इस फिल्म में पेड़ को इकेबाना में बदलने का सपना देखा गया है, गाँधी के साप्ताहिक मौनव्रत को याद किया गया है, तिलचट्टे के गोलाकार चलने को आगे बढ़ने के भ्रम से जोड़ा गया है। पर इन संदर्भ संकेतों से हड़बड़ी में कोई

अर्थ नहीं निकाल लेना चाहिए। शायद हर जागरूक पश्चिमी कलाकार या चिंतक की तरह तारकोवस्की भी यह कहना चाहते हैं कि हमें पूर्व की ओर भी देखना होगा। उसकी उपेक्षा नहीं की जा सकती।

सेक्रिफाइस में कुछ प्रसंग तो असाधारण हैं—सिर्फ उन्हें अद्भुत कहने से काम नहीं चलेगा। मिसाल के तौर पर फिल्म का नायक एलेक्जेंडर जब रात को कसम खाता है (यानी व्रत लेता है) और जब वह मारिया (नौकरानी, जो आइसलैंड की है) के घर जाता है। इसी तरह बच्चे की नाक से खून निकलना और फिर आखीर का जलता हुआ मकान।...और इन सब प्रसंगों में चलता रहता है एक जबरदस्त एकालाप, एक संवाद। हर चीज बड़ी सहज सचाई लगती है, पर उसके गहरे प्रतीकात्मक अर्थ भी स्पष्ट हैं। तारकोवस्की का डाकिया साधारण डाकिया नहीं है। उसका लाया उपहार (मध्यकालीन यूरोप का एक पुराना नक्शा) भी साधारण नहीं है। (बकौल खुद तारकोवस्की हर उपहार के पीछे कोई न कोई बलिदान होता ही है।)

पटकथा में युद्ध के भयावह संकेत हैं तो वहाँ माँ की मार्मिक यादें भी हैं। खिड़की के पास माँ बैठी है। बाहर के बाग को बदलकर फिर खुद माँ की जगह बैठकर चीजों को देखने का संकेत है। युद्ध में मरने के लिए जा रहे बेटे के साथ फोटो खिंचवाकर उसे भूल जाने की कहानी है। बरसों बाद वह बूढ़ी माँ के फोटो के पीछे से झाँकता नजर आता है।

एक कलाकार क्या कर सकता है? युद्ध तो वह नहीं रोक सकता। पर एक ऐसी कलाकृति अवश्य बना सकता है जो शायद कुछ करे। तारकोवस्की ने वही किया है। सबसे पहले तो उसमें एक कलाकार का सार्थक किस्म का 'प्रोटेस्ट' दर्ज किया है। इस फिल्म की सबसे बड़ी सफलता यह है कि इसमें बीसवीं शताब्दी के मनुष्य के निराशावाद से मुक्त होने की अर्थपूर्ण कोशिश है। कलाकार अपने पागलपन, निराशा, उन्माद, अँधेरे, आग के सामने अपना चेहरा देखना चाहता है। वह ये सारे काम तब कर लेना चाहता है जब तक बच्चा सोया हुआ है। वह जागे तो पेड़ को पानी देता दिखाई दे। दुःस्वप्न समाप्त हो चुका हो।

1987

साढ़े चार हजार मर्द और एक औरत

कल्पना कीजिए एक ऐसे आदमी की जो कई-सालों से गहरी नींद में सो रहा हो। और अचानक वह आदमी उठकर एक सिनेमाघर के अँधेरे में चला जाए। वहाँ पर उसे बैठकर एक फिल्म देखनी पड़े। यह फिल्म 'औरत' भी हो सकती है। इस फिल्म को देखकर वह घबरा जाएगा, उसे महसूस होगा कि इस देश में हालत इतनी खराब हो चुकी है कि कोई भी औरत बलात्कारियों के खूँखार पंजों से बची नहीं रह गई है। एक-एक औरत का पीछा हजारों मर्द कर रहे हैं। सब के सब उसे खा जाना चाहते हैं, उससे बलात्कार करना चाहते हैं। फिल्म के अँधेरे से यह आदमी वापस जिंदगी में आकर थोड़ा चैन की साँस लेगा। यह अलग बात है कि अखबारों में हिंसा की खबरें भरी पड़ी हैं और जिंदगी की हालत भी काफी खस्ता है, पर एक बात तय है कि जिंदगी इतनी खराब नहीं हुई है, जितनी मुंबइया फिल्मों में वह नजर आती है।

शुरू में सेंसर ने 'औरत' को पास करने से इनकार कर दिया था। काफी विवाद के बाद यह फिल्म दर्शकों तक पहुँच पाई। बाबूराम इशारा के निर्देशन में बनी यह फिल्म दर्शक में जुगुप्सा के अलावा और पैदा भी क्या कर सकती है! बेसिर पैर की कहानी में बदलते हुए जमाने की औरतों की कहानी कहने का दावा किया गया है। लेकिन इस तरह की फिल्में औरतों के मन में दहशत तो पैदा करेंगी ही मर्द भी इसे देखकर जिंदगी से निराश हो सकते हैं।

'औरत' का पहला प्रसंग ही भयावह है। उर्वशी नाम की एक लड़की घर पर गुंडों के हमले से बदहवास होकर मंदिर के दरवाजे पर आकर गिर पड़ती है। चार गुंडों ने इस लड़की की माँ के साथ बलात्कार करके उसे आत्महत्या के लिए मजबूर कर दिया। उर्वशी बड़ी होकर जीनत अमान के रूप में बदल जाती है। उसे हम नारी जागरण समिति के सुधारवादी कामों में लगा हुआ देखते हैं। इस समिति की कोशिश है कि नारी का व्यापार करने वाली संस्थाओं को बंद किया जा सके। धीरें-धीरे उर्वशी के नेतृत्व में औरतों के व्यापार के कई अड्डे बेकार होने लगते हैं। उर्वशी खुद कोठों में जाकर नाचती-गाती है और वहाँ के मुस्टंडों को बेहोश

करके लड़कियों को बाहर निकालने के हास्यास्पद काम करती नजर आती है।

जाहिर है कि औरतों के व्यापार में लगा तंत्र उर्वशी के इन खतरनाक कारनामों से घबरा जाता है। इस तंत्र के सरदार हैं गिरधर (सदाशिव अमरापुरकर)। वह एक प्रसंग में कहते हैं कि एक अकेली औरत उर्वशी ने हमारे ताकतवर धंधे को चौपट कर रखा है। गिरधर के साढ़े चार हजार गुंडे शहर में उर्वशी का पीछा कर रहे हैं, पर यह कंबख्त औरत उनके हाथ में नहीं आ रही है।

इस फिल्म में एक नायक (शशि कपूर) भी हैं, पर वह बड़े ही बेचारे किस्म के नायक हैं। पेशे से वह वकील हैं और बलात्कारियों को कानून के पंजों से बचाने का बारीक काम करते हैं। पर एक दिन वकील साहब को भी सबक मिलना ही चाहिए। इसके लिए कहानीकार ने उनकी एक मासूम बहन की कल्पना की है। गिरधर के गुंडे उससे बलात्कार करते हैं और उर्वशी अपने दल बल के साथ अदालत में इस लड़की का मुकदमा लड़ती है। वकील साहब को पता नहीं है कि जिस लड़की के खिलाफ वह दलीलें दे रहे हैं, वह उनकी बहन है। भरी अदालत में लड़की घूँघट में छिपी खड़ी है, पर वकील साहब प्रमाण न होने के कारण गुंडों की रिहाई की पूरी कोशिश कर रहे हैं। अब जब उन्हें पता चलता है कि यह लड़की तो उनकी बहन है, तो वह गुस्से से बौखला जाते हैं। उर्वशी मौके का पूरा लाभ उठाकर एक तालीमार वक्तव्य दे देती है और वकील साहब जवाब में उसे कसकर थप्पड़ लगाते हैं। खैर, यह थप्पड़ बाद में प्रेम में बदल जाता है और नायक-नायिका का विवाह हो जाता है। लेकिन कहानीकार की अनोखी कल्पनाशक्ति यहाँ अपना एक नया रूप दिखाती है। गिरधर के गुंडे सुहागरात के समय वकील की बेरहमी से हत्या कर देते हैं। अब बच जाती है उर्वशी। फौरन कहानीकार उन चार गुंडों को वापस ले आते हैं जिन्होंने शुरू में उसकी माँ के साथ बलात्कार किया था। अब वे उर्वशी के साथ बलात्कार करते हैं। उर्वशी को बदला लेना ही है। वह एक हिट लिस्ट तैयार करती है, जिसमें इन चार गुंडों के बाद गिरधर का नाम है। एक-एक करके इन चार गुंडों का सफाया होना शुरू हो जाता है। उर्वशी ने देवी का प्रचंड रूप धारण कर लिया है और हाथ में पिस्तौल लिए दुनिया भर के बलात्कारियों को मौत के घाट उतार रही है।

इस फिल्म में इतने बलात्कार और इतनी हत्याएँ हैं कि अच्छा-खासा हिसाब रखने वाला आदमी भी चकरा जाए। कहानीकार को अंत में भी चैन नहीं आता। वह खुद भी मैदान में उतर आते हैं और कहानी के साथ ही बलात्कार कर देते हैं। यानी दर्शकों को पता चलता है कि नायक शशि कपूर गुंडे गिरधर का बेटा था।

बेतुकी कहानियाँ तो मुंबइया फिल्मों में अक्सर देखने को मिलती हैं, पर 'औरत' को बेतुकेपन का माउंट एवरेस्ट कहा जा सकता है।

सेंसर इस तरह की फिल्मों पर आसानी से रोक नहीं लगा सकता है। दरअसल दर्शकों की अदालत ही इन फिल्मों को फलने-फूलने से रोक सकती है। औरतों की लड़ाई को अर्थपूर्ण ढंग से पेश करने की बात तो बहुत दूर की है, सारी चीजों को घटिया और अमानवीय बना दिया गया है। फिल्म में न तो ढंग के गाने हैं और न ही कैमरे का अच्छा काम है। उर्वशी के रूप में जीनत अमान कोई प्रभाव नहीं छोड़ पातीं। राष्ट्रीय पुरस्कार प्राप्त अभिनेता शशि कपूर इस फिल्म में क्यों हैं, यह जानना जरा मुश्किल काम है। वह शायद हमें बताएँ कि अच्छी फिल्में बनाने के लिए घटिया फिल्म में काम करना जरूरी है। केवल सदाशिव अमरापुरकर ही अभिनय को थोड़ा-बहुत सँभाल पाए हैं। पर लचर पटकथा ने उनकी प्रतिभा को भी बेकार कर दिया है।

1986

बचे हुए लोग

कूबा का फिल्म उद्योग जाहिर है कि अभी बहुत पीछे है। ज्यादा फिल्में नहीं बनती हैं। एक वर्ष में आठ-दस कथाफिल्में बन जाती हैं। वृत्तचित्र अधिक संख्या में बनते हैं। उनका औसत लगभग पैंतालिस (वार्षिक) है। तोमास आलीया कूबा के चर्चित फिल्मकारों में से हैं। 1928 में जन्मे आलीया बंगलूर भी आए थे। उनकी चर्चा बहुत ज्यादा तो नहीं हुई पर फिल्म कला से परिचित दर्शक आलीया की महानता को पहचानते हैं। 1968 में बनी उनकी फिल्म 'अविकसित अवस्था की स्मृतियाँ' दुनिया भर के फिल्म प्रेमियों में चर्चा का विषय रही हैं। आलीया कूबा को तीसरी दुनिया में नहीं गिनते (साम्यवादी देशों की तरह उनकी दुनिया भी 'दूसरी' है)। बंगलूर में आलीया की ताजा फिल्म दिखाई गई 'द सरवाइवर्स' (बचे हुए लोग)। मूल रूप से यह 'कॉमेडी' फिल्म है लेकिन हमें भयभीत कर देने वाली 'कॉमेडी' कि आदमी किन शर्तों पर जीना चाहता है? बंगलूर में पत्रकारों से बातचीत में आलीया ने एक बहुत अच्छी बात कही कि समाजवादी देशों में अगर अच्छी फिल्में बनें, तो समाजवाद का यह एक अच्छा प्रचार है। जरूरी नहीं है कि बार-बार क्रांति की घुट्टी पिलाई जाए।

'द सरवाइवर्स' की दुनिया 1959 के कूबा की दुनिया से शुरू होती है। मूल कहानी एक पैसे वाले परिवार की है। कैसे उसके सदस्य अपने नष्ट हो चुके मूल्यों से चिपके पड़े हैं। वे मरने को तैयार हैं लेकिन अपने आपको बदल नहीं सकते चूँकि इसके लिए काम करना जरूरी है। परिवार की एक स्त्री खाने की मेज पर भूखा उठ जाने के लिए तैयार हो जाती है लेकिन सिद्धांत रूप में वह इस स्थिति के लिए तैयार नहीं है कि अच्छा खाने के लिए काम भी करना जरूरी है। परिवार के एक दो सदस्य अपने को बदलना चाहते हैं पर ज्यादातर लोग इस नई हालत के सामने चित पड़े हैं। बदहवास हैं। अपने साथी को ही खा जाना चाहते हैं।

'द सरवाइवर्स' में हँसना आसान नहीं है। हँसते-हँसते अचानक यह अहसास होता है कि इसमें हँसने की क्या बात है। परिवार का एक बूढ़ा सदस्य काम करने के विरोध में जब अपना तर्क देता है कि मेरी उँगलियाँ काँपती हैं तो उसके हाथों

में झाड़न बाँध दिए जाते हैं ताकि उससे लंबे समय से हवेली में जमा हो चुकी धूल (नौकर सब भाग चुके हैं) हटाने का काम हो सके। वह व्यक्ति धूल झाड़ते हुए मलबे के नीचे दबकर मर जाता है। परिवार की मालकिन खेत में बिजूका बन कर बँधी पड़ी रहती है—खूँखार पक्षी उसे खा जाते हैं।

आलीया की दृष्टि में बुनियादी मानवता है। एक बुर्जुआ परिवार की नष्ट हो चुकी हास्यास्पद और साथ-साथ करुणाजनक हालत में भी वह व्यक्तियों के साथ अपनी सहानुभूति को नहीं खो देते। इन मूल्यों का सिर्फ मखौल उड़ाने का कोई आसान रास्ता आलीया के यहाँ नहीं है। पटकथा कसी हुई है और संवाद चुस्त हैं। खाने की मेज पर परिवार का एक सदस्य कहता है कि एस्कीमो लोग जब किसी काम के काबिल नहीं रह जाते हैं तो वे अचानक गायब हो जाते हैं।

एक अन्य प्रभावशाली प्रसंग में परिवार का एक पागल-सा हो गया सदस्य परिवार के गौरवशाली इतिहास के पन्ने हवा में उड़ा देता है, तो एक दूसरा 'जिम्मेवार' सदस्य उन्हें इकट्ठा करने की कोशिश में जब असफल हो जाता है, तो खिसिया कर कहता है कि कोई बात नहीं, सब कुछ मेरे दिमाग में सुरक्षित है।

'द सरवाइवर्स' में परिवार के सदस्यों के संबंध धीरे-धीरे आदिम अवस्था को छूने लगते हैं। जंगलीपन उनमें पहले से ही है (नौकरों के साथ अत्याचार का एक प्रसंग है) लेकिन उस जंगलीपन के अंतिम छोर पर वे सब पहुँच जाते हैं जहाँ सिर्फ एक-दूसरे को खा लेने का काम रह जाता है। आखिर कोई एक काम तो उन्हें करना ही है।

1980

1900

इतालवी फिल्मकार बरतोलूच्ची की फिल्में भारतीय फिल्म-प्रेमियों को महोत्सवों अथवा अन्य विशिष्ट प्रदर्शनों में भी नहीं देखने को मिलती हैं जबकि पिछले कुछ वर्षों में बरतोलूच्ची की फिल्में ('लास्ट टैंगो इन पेरिस' के सेक्स चित्रण के कारण ही नहीं) दुनिया भर के फिल्म क्षेत्रों में चर्चित रही हैं। बंगलूर महोत्सव के अंतिम दिन बरतोलूच्ची की फिल्म '1900' (दोनों खंड मूल अंग्रेजी के संवादों के साथ) दिखाई गई। इन दिनों बरतोलूच्ची की बिल्कुल नई फिल्म भी हालाँकि पश्चिम में आलोचकों की तीखी दृष्टि का शिकार हो रही है पर बंगलूर में '1900' का शामिल होना भी एक घटना ही है। अपने गुरु स्व. पासोलीनी की फिल्मों की ही तरह बरतोलूच्ची की फिल्में भी भारत में आसानी से नहीं देखी जा सकती हैं। पासोलीनी की ही तरह बरतोलूच्ची भी मूल रूप से कवि हैं लेकिन सिनेमा में अपने मार्क्सवाद और सेक्स के मेल के कारण वह पासोलीनी की लोकप्रियता को कहीं पीछे छोड़ गए हैं। '1900' में भी सेक्स प्रसंगों और फाशी क्रूरता का खूब जमकर चित्रण हुआ है पर अपने समग्र रूप में इस फिल्म को एक असफल फिल्म ही कहा जा सकता है। बरतोलूच्ची की फिल्म-कला की 'महानता' का परिचय कहीं-कहीं ही हो पाता है (और वह भी ज्यादातर पहले खंड में ही जिसमें फिल्म के दो केंद्रीय पात्रों के बचपन का चित्रण है)।

फिल्म '1900' जैसा कि नाम से ही संकेत मिलता है इस शताब्दी को समझने की एक कोशिश है कि कैसे मशीन और दमन और शोषण के सामने किसान आंदोलन कुचला जाता है और कैसे वह फिर अंत में विजयी होकर सामने आता है। फिल्म के दो मुख्य पात्रों में से एक जमींदार ('पादरोने' यानी मालिक) घराने का है और दूसरा एक किसान घर का है। इन दोनों पात्रों के जन्म से फिल्म शुरू होती है (पहला प्रसंग हालाँकि 1945 का है जब फिल्म का खलनायक अतीला अपनी प्रेमिका के साथ भागने की कोशिश में पिटता है)। पहला खंड कहीं-कहीं (अपने लैंडस्केप के कारण भी) फेलीनी की 'अमारकोर्द' की याद दिलाता है। पहले खंड में दोनों बच्चों और उनके बाबाओं की जिंदगी के अनेक दिलचस्प और बहुत कुछ बताने

वाले प्रसंग हैं। दूसरे खंड में बरतोलूच्ची की असफलता का एक बड़ा कारण काली कमीज वाले फासिस्टों के कुकृत्यों का विस्तार से चित्रण है। 'पादरोने' परिवार का बेटा (रॉबर्ट डी नीरो) धीरे-धीरे जो रूप ले लेता है वह तार्किक तो है पर उसमें कोई खास दम नहीं है। बरतोलूच्ची अगर आसान नुस्खों में चीजों को बदलने के लिए उतावले न होते तो शायद अधिक प्रभावशाली नतीजे निकलते। क्रूरता के चित्रण में अधिक कल्पनाशक्ति की जरूरत थी। क्रूरता का जहाँ तक प्रश्न है—अब आखिर क्या दिखाया जा सकता है! (युगोस्लाविया की फिल्म '26 चित्रों में आधिपत्य' में फाशी क्रूरता का जो सिनेमाई संस्करण है उसे देखने के लिए भी हिम्मत चाहिए!)

जहाँ तक बरतोलूच्ची के सेक्स प्रसंगों का सवाल है उनमें वह अधिक सफल हुए हैं। निश्चित रूप से वह सेक्स पर बहुत जोर देते हैं लेकिन इन प्रसंगों में अपनी बात को वह प्रभाव के साथ कहते हैं। फिल्मकार के इस विश्वास के साथ एतराज हो सकता है कि पैसे वाले लोग सेक्स का आनंद सिद्धांततः ले ही नहीं सकते हैं लेकिन बरतोलूच्ची पृथ्वी में ही चाहे छेद क्यों न कर रहे हों—सेक्स उन की कल्पनाशक्ति के केंद्र में अपनी ताकत के साथ है।

बरतोलूच्ची के सिनेमा में कैमरे का बड़ा जबरदस्त सहयोग है। उसकी तेजी देखने वाली है।

1980

एक चिड़िया की साहसिक उड़ान

बहुचर्चित फिल्मकार तोमास आलीया की नई फिल्म बहुत से फिल्मप्रेमियों को सामान्य नजर आएगी। दरअसल 'मेमरीज आफ अंडरडेवलपमेंट' तथा 'द लास्ट सपर' सरीखी फिल्मों के निर्देशक से दुनिया भर के फिल्मप्रेमी बहुत ज्यादा उम्मीदें करते हैं। लेकिन यह कहना गलत होगा कि 'अपटू ए प्वाइंट' एक निराशाजनक अनुभव है। पुरुष के पाखंड के बारे में यह फिल्म बहुत कुछ कहती है। नए समाज में नई स्त्री की जगह के बारे में इसमें कई अर्थपूर्ण सवाल उठाए गए हैं। केवल 70 मिनट की इस फिल्म में अनेक प्रासंगिक सवाल सामने आते हैं। भारतीय फिल्म प्रेमियों को यह फिल्म देखते हुए महेश भट्ट की 'अर्थ' की याद आई होगी और शायद यह भी अनुभव हुआ हो कि पत्नी और प्रेमिका के बीच फँसे पाखंडी पुरुष की कहानी को एक बड़ा फिल्मकार कितने गहरे अर्थ दे सकता है। 'अर्थ' में तो सब सतह पर ही रह जाता है!

'अपटू ए प्वाइंट' में एक बास्क लोकगीत का इस्तेमाल कई जगहों पर किया गया है। इस गीत के भाव कुछ इस प्रकार हैं कि मुझे चिड़िया की उड़ान पसंद है। मैं उसके पंख काट कर ही उसे प्राप्त कर सकता हूँ लेकिन तब वह उड़ नहीं पाएगी।

आस्कर एक अधेड़ लेखक और फिल्मकार है। वह हवाना के गोदी कर्मचारियों में स्त्री-पुरुष संबंधों पर खोज करके एक फिल्म बनाना चाहता है। उसकी खोज का मुख्य विषय है 'मर्दाना हेकड़ी' चूँकि गोदी कर्मचारियों में वह खूब पाई जाती है। इस सिलसिले में वह बहुत से लोगों से मिलता है। उनके वीडियो इंटरव्यू लेता है। लीना एक साहसी स्त्री है। अपने बच्चे के साथ अकेले रहती है। चीजों को लेकर उसके मन में व्यर्थ की जटिलताएँ नहीं हैं।

आस्कर की पत्नी भी एक अभिनेत्री है। फिल्म में उसे लीना की भूमिका निभानी है। लीना उसका माडेल है।

लीना आम स्त्रियों से अलग है। वह एक मजदूर है, खूब मेहनत करती है और वह एक सपने देखने वाली औरत भी है। आस्कर अपनी बीवी से ऊबा हुआ